KB202409

아르케
북스

001

박호원朴昊遠

한국정신문화연구원(현 한국학중앙연구원)에서 「솟대신앙의 연구」(1987)로 석사를, 「한국 공동체신앙의 역사적 연구」(1997)로 박사학위를 취득하였다. 국립민속박물관에서 근무하면서 한국 장승·솟대신앙의 현지조사, 전국 어촌생활사 조사 및 근대 이후 생활사 관련 자료의 수집 및 조사에 종사하였다.

주요 논저로는 『서낭당』, 「고려 무속신앙의 전개와 그 내용」, 「장승의 기원과 신앙 형성」 등이 있다.

현재는 일제 식민지시대 생활문화에 관심을 갖고, 이 시기의 식민 권력과 대중이 문화의 도입과 소비에 어떻게 대응해 왔는지에 대해 연구하고 있다.

한국
마을신앙의
탄생

초판1쇄 발행 | 2013년 1월 1일

지은이 박호원   펴낸이 홍기원

총괄 홍종화
디자인 정춘경
편집 오경희·조정화·오성현·신나래
　　　정고은·김정하·김민영
관리 박정대·최기엽

펴낸곳 민속원   출판등록 제18-1호
주소 서울 마포구 대흥동 337-25   전화 02) 804-3320, 805-3320, 806-3320(代)   팩스 02) 802-3346
이메일 minsok1@chollian.net   홈페이지 www.minsokwon.com

ISBN 978-89-285-0383-4
SET 978-89-285-0359-9   94380

ⓒ 박호원, 2013
ⓒ 민속원, 2013, Printed in Seoul, Korea

※ 책 값은 뒤표지에 있습니다.
※ 잘못된 책은 바꾸어 드립니다.
※ 저자와의 협의하에 인지는 생략합니다.

minsokwon archebooks 001 민속원 아르케북스

한국 마을신앙의 탄생

| 박호원 |

민 속 원

머리말

70년대 말 강원도의 한 마을에서 우연히 솟대를 보았다. 현지에서는 이를 짐대라 하였는데, 이후 관련 책을 통해 장대에 새를 올려놓은 형태의 것을 솟대로 부른다는 것도 알게 되었다. 사실 솟대라는 말도 이때 처음 알게 되었다. 당시 주민이 이런 솟대를 신앙의 대상으로 여기는 것도 매우 신기하였지만, 어린 시절부터의 교육 탓인지 주민의 이런 태도들은 비합리적인 관습으로만 생각되었다. 그러면서도 주민의 간절한 마음을 담아 솟대를 세우고 위하는 행위만으로 이를 미신으로 단정 지어온 자신에 대해서도 다시 생각해보게 되었다. 제도권 종교의 대상물에 대한 신자의 바람과 이런 솟대에 대한 주민의 바람 그 자체에 뚜렷한 차이점을 찾아볼 수 없었기 때문이다. 말 그대로, 대상의 차이일 뿐 소구訴求 그 자체만으로 비합리적, 미신적인 행위로 간주할 근거는 되지 않았다.

이후 틈나는 대로 마을 여기저기를 돌아다니며, 마을신앙의 대상에 대한 관심을 지속해 왔다. 이 과정에서 산신·성황신을 모신 신당들과 장승·솟대 등 이른바 마을의 주요 신들로 신앙되어 오는 대상에 대해 현지 조사를 진행하였다. 현지 조사에서 느낀 점은 이런 마을신앙이 점차 소멸해가는 추세에 있으면서도 아직 여러 지역에서 전승해오는 현상에 대한 놀라움이었다. 동시에 마을신앙은 마치 오래전부터 아무런 변함없이 지금 모습 그대로 전승해 왔다는 필자의 몰역사적인 인식이었다. 그도 그럴 것이 주민 또한 자신의 마을신앙은 아주 오래전부터 옛 모습 그대로 전해져왔다고 증언을 해주고 있었기 때문이다. 하지만 마을신앙은 오랜 기간 전근대적인 미신, 비합리적인 관행으로만 간주하여 폐지되어야 할 대상이었다. 이런 이유로 주민의 마을신앙에 대한 인식에도 복합적이고 중층적인 관념들이 전해져 온다.

다시 말해, 마을신앙에는 오랜 전통이라는 자부심과 미신이라는 자괴감의 공존현상이 있어 왔다. 이에 필자는 마을신앙의 이런 현상이 역사적으로 어떤 과정을 통해 형성되어 온 것인지 하는 의문이 들었다. 같은 신앙 대상을 두고 전통과 미신으로 구분하여 한편으로는 전승해야 할 문화로 여기면서 또 한편으로는 폐지해야 할 구습으로 여겨온 이면에는 신앙에 대한 당대의 가치가 반영되어 있다. 게다가 이런 가치관은 어떤 점에서 당대인들의 신앙에 대한 인식을 보여주는 것이기도 하다. 절대자를 향한 인간의 귀의라는 원초적인 신앙 목적과는 상관없이 당대의 집권층은 어떤 형태로든 신앙을 통해 자신의 의지를 구현하고 이를 주민에게 요구하였다. 주민 또한 권력의 요구에 한편 순응하면서도 또 한편으로는 신앙 본래의 목적에 맞춰 자신들의 신앙생활을 유지해 오기도 하였다. 이런 점에서 우리의 마을신앙에는 권력의 강제와 갈등이 내재해 왔다고 할 수 있다.

　이 책은 마을신앙에서 주요 신으로 신앙되어 온 산신과 성황신을 중심으로 그 형성과 전승을 살펴본 것이다. 본래 필자의 박사학위논문으로 발표한 내용이지만, 출간에 맞춰 일부 내용을 수정·보완하였다.

　1장에서는 문제 제기와 연구사 검토를 통해 이 책의 집필 방향을 제시하였다. 이어 2장에서는 상고대 제천의례의 여러 양상과 천신신앙의 의미와 쇠퇴 원인을 검토하였다. 이를 통해 제천의례와 천신신앙이 상고대 왕실의 신성성과 정당성을 부여하고 왕권 강화를 이념적으로 제시하는 행위 표현이자 신앙체계임을 제시하고자 하였다. 3장과 4장에서는 산신제와 성황제의 전승과 변화에 대해 살펴보았다. 특히 고대의 산신제가 신라의 삼국통일을 전후로 이에 앞선 천신제를 대체하는 현상에 주목하여, 산신제의 정치적 지향성을 제시하였다. 이런 지향성은 이후 고려와 조선 시대에 들어와 산신과 성황의 국가 사전기구화로 정비되고 있음을 해명하고자 하였다. 이 과정에서 산신과 성황신에 대해 왕실과 집권층, 중앙 관료와 지방 세력가 그리고 지역 주민 간에 다양한 인식과 갈등이 내재하여 온 점을 밝히고자 하였다.

5장에서는 산신·성황제의 마을제화, 즉 마을신앙의 대상으로 정착되는 과정을 검토하였다. 앞장에서는 주로 집권층에 의해 전승된 산신, 성황신을 살펴보았지만, 여기서는 주민 사이에 전승된 산신, 성황신을 통해 마을신앙의 형성 과정과 배경을 밝히고자 하였다. 특히 산신·성황신과 함께 동구신洞口神으로서 마을신을 구성하는 장승에 대해 그 연원과 전승을 검토함으로써 장승이 마을신으로 등장하는 과정을 가설로 제시하였다. 그리고 6장은 일제 강점기 및 근대 마을신앙의 전승 현황을 살펴본 것인데, 여기서는 전근대 왕조 시대의 산신, 성황신이 현재의 마을신으로 전승되고 있는 여러 양상에 대해 살펴보았다. 마지막으로 7장에서는 지금까지의 논의를 정리함으로써 이 책의 결론으로 삼았다.

이상과 같이 이 책은 구성되어 있는데, 이 책을 집필함에 많은 분으로부터 도움을 받았음을 밝히고 싶다. 필자를 우리의 마을신앙에 대한 역사와 문헌에 대한 관심으로 이끌어주신 장주근 선생님과 서영대 선생님, 그리고 문옥표 선생님의 조언과 격려는 이 책의 근간이 되었다. 대학원 재학 시절 마을신앙에 대한 주민의 대응 전략에 관심을 갖도록 고무시켜주신 고 김한초 선생님의 학덕 또한 잊을 수 없다. 민속박물관에 근무하면서 꾸준히 마을신앙을 공부할 수 있도록 마음 써 주신 이종철 선생님의 배려와 지원도 빼놓을 수 없다. 이외에도 실로 많은 분이 필자를 독려하였다. 그럼에도 필자의 능력 부족으로 많은 부분에서 결함이 노출되었다. 이는 앞으로 필자가 감당해야 할 부분들이다.

끝으로 수년 전부터 이 책의 출간을 기획하여 필자를 괴롭힌 민속원의 홍종화 사장님께도 감사의 말씀을 전하고 싶다. 아마 홍 사장님의 독촉이 없었다면, 그나마 이 책은 출간되지 않았을 것이다. 아울러 이 책의 교정과 편집을 담당하여 준 민속원의 여러 직원 분에게도 이 자리를 빌려 그간의 노고에 고마움을 전하고자 한다.

2012년 12월
박호원

차례

서론

01 ——————

문제 제기
연구사 검토
연구 방법과 목적

1. 문제 제기

일정 지역 내의 구성원들이 상호 친밀한 대면성對面性을 지니면서 공동의 유대와 협동을 유지하는 집단을 공동체共同體로 간주하는데 별 이견이 없다면,[1] 공동체 신앙은 이와 같은 공동체 성원들이 지니는 동일한 목적의 추구를 종교적으로 달성 또는 해결하고자 하는 과정이라 할 수 있다. 이렇게 볼 때, 현재 마을단위로 전승되고 있는 마을제[洞祭]를 공동체 신앙으로 주목하게 된다.

주지하듯이 마을제란 마을신에게 마을의 제재초복除災招福을 기원할 목적으로 지내는 주민의 정기적인 제사이다. 이러한 마을제의 전승에서 먼저 주목되어 온 것은 상고대의 제천의례祭天儀禮이다. 그것은 이 시기의 제천의례가 정기적으로 시행되었으며, 참여 계층에서도 남녀노소의 제한이 없는 '국중대회國中大會'로 치러졌으며 치제致祭에 음주飮酒 가무歌舞를 수반하였다는 점에서 흔히 한국 마을제의 선행적 형태로 간주하여 오기 때문이다.[2] 무엇보다도 이런 제천의례에 남녀노소의 참여가 따랐다는 내용에 근거하여 이를 곧 공동체 신앙으로 간주하여 온 근거가 되기도 한다. 사실 상고대의

1_ 김경일 역, 「공동체의 개념」, 愼鏞廈 編, 『공동체 이론』(文學과知性社, 1985), 18~51쪽.
2_ 崔吉城, 「韓國部落祭의 構造와 特徵」, 『新羅伽倻文化』 5(大邱 : 嶺南大學校, 新羅伽倻文化研究所, 1973), 93쪽; 李杜鉉·張籌根·李光奎 共著, 『韓國民俗學槪說』(一潮閣, 1991), 182쪽.

제천의례가 한국 최초로 조직화한 신앙 체계이며, 당시 사회를 유지하는데 있어서도 일정한 역할을 수행하였을 것이란 점에서 신앙사적인 의의를 인정해야 할 것이다. 또한 '국중대회'로 표현된 거국성擧國性은 본래 이 시기의 제천의례가 기본적으로 공동체적인 유대를 기반으로 하였음을 시사한다.[3]

그러나 부여夫餘·고구려高句麗의 사례에서 보듯이, 이 시기는 국가가 이미 성립되어 있었고, 신분적으로도 왕을 정점으로 그 밑에 귀족貴族과 평민平民·천민賤民으로 사회가 분화된 단계였다. 또한, 삼국사회三國社會에서와 같이 소국小國들이 점차 국가 지향적인 사회로 나가는 단계였음을 고려할 때, 이때의 사회 구성이 정치·경제·신분 등에 있어서 결코 동질적이었다고 할 수도 없다. 이런 점에서 제천의례가 운용되던 사회를 곧 공동체적인 사회였다고 간주할 수는 없다.

그보다는 이 시기에 국가라고 하는 더욱 상위의 통합체로서의 사회가 운영되고, 이에 따라 제천의례가 지닌 의의는 국가가 주도하는 신앙 또는 제사의 확립이라고 하는 점에 있었다고 생각된다. 즉 천신신앙과 제천의례는 국가의 성립과 국가 권력의 원천을 천신에게서 연원하는 것으로 설명함으로써, 국가권력의 정점이기도 한 왕의 출현을 신성화·정당화하려고 한 점에 본래의 목적이 있었다고 할 수 있다.

이처럼 이 시기의 국가나 소국들이 보여주고 있던 사회상이 동일하지 않았다고 볼 때, 이와 같은 상황에서 표출된 천신신앙이나 제천의례 역시 일률적으로 동일한 신앙 형태였다고 가정할 수도 없다. 사회 발전의 정도에 따라 어느 경우는 국가 제사로 승화되기도 하였지만, 또 다른 면에서는 국가 내 일정 지역에서의 신앙으로만 유지된 경우도 생각해 볼 수 있기 때문이다. 부언하자면 이 시기의 신앙은 국가가 주관한 사례도 있을 수 있고, 반면 국가 제사로까지 승화되지는 못하였지만, 지역적인 신앙 형

3_ 국가가 출현하기 이전의 新石器時代에도 씨족이나 부족 단위로 전해지는 토템이나 시조신 등의 수호신 신앙이 있었을 것이며, 이러한 신앙이 그다음 시기로 이어져 왔다고 하는 추론은 설득력이 있다. 이런 점에서 迎鼓나 東盟과 같은 제천의례도 이전 시기의 신앙을 배경으로 하여 전승되어 온 것이라고 할 수 있다. 그리고 국가 출현 이전의 시기를 아직 계급 분화가 뚜렷하게 진전되지 못한 단계로 간주할 때, 이때의 신앙이 곧 공동체적인 기반 하에 유지되었을 것으로 간주하더라도 무리는 없어 보인다. 한편 이와 관련하여 濟州道 巫歌에서 흔히 들을 수 있는 '본풀이'나, 제주도 이외 지역에서의 마을 수호신이나 시조신의 來歷談 등을 그 이전 단계의 전승과 연결하여 공동체 신앙의 역사성을 제기한 견해가 참고 된다(조동일, 『한국문학통사』(지식산업사, 1982), 58쪽).

태로 전해지는 일도 있었을 것이다. 따라서 당시 신앙적인 양상을 배제한 채, 이 시기의 제천의례를 현재의 마을제와 동질적으로 이해하는 것은 신앙이 사회상社會相이나 사회社會 변화變化와 무관한 정태론적停態論的인 것으로 보는 시각을 반영한다.[4]

더욱이 이 시기 천신신앙이 왕권王權을 이념적으로 뒷받침하는 지배 이데올로기적인 성격이 강하다고 하는 점[5]도 공동체 신앙으로서 천신신앙을 유지하는데 그 자체 한계를 보여 주는 것이기도 하다. 왜냐하면, 왕의 출자出自와 권위의 원천을 천신에게서 유래하는 것으로 설명하는 천신신앙은 기본적으로 왕 이외의 자에게는 배타적인 성격이 내포될 수밖에 없기 때문이다. 따라서 천신신앙과 그 행위 표현으로서의 제천의례는 왕권의 신성성과 권력의 집중 및 국가의 유지에는 효과적일 수 있겠으나, 그 구성원 모두에게 개방될 수 없는 신앙이라는 한계가 있다. 이렇게 볼 때, 상고대 제천의례를 공동체 신앙으로 간주하여 온 종래의 견해는 재고되어야 할 것이다. 바로 이런 점에 근거하여 이 글에서는 제천의례를 검토하고자 한다.

이와 관련하여 상고대의 천신이 다음 시기의 전승에서 점차 퇴색되어 가는 경향도 일면 천신신앙이 지닌 한계 상황을 보여주는 것이기도 하다. 즉 삼국시대三國時代는 물론이고 고려·조선에 들어와서도 국가가 주관하는 신앙이 지속하여 왔지만, 천신을 대신하여 산천신山川神이나 성황신城隍神과 같은 신격神格들이 국가의 새로운 신앙 대상으로 등장하는 점을 볼 수 있기 때문이다. 이 과정에서 각 왕조는 국가 제사의 등급별 대상으로서 사전체제祀典體制를 도입·유지하면서 왕 중심의 제사 체계를 확립하고, 이런 신격들에 대해 민民들의 치제를 금지함으로써 신앙의 이원화二元化 현상現象을 보이게 된다.

이에 산신·성황 신앙은 크게 국가 주도의 신앙과 민간 주도의 신앙으로 양분되기 시작하며, 이후 이와 같은 현상은 왕조의 변천에도 변함없이 조선 후기까지 이어져 왔다. 이어 조선 왕조의 멸망에 따라 국가의 사전체제로 유지되어 온 국가 제사도 함

4_ 이기태, 「공동체 신앙의 역사」, 『한국민속사론총(韓國民俗史論叢)』(지식산업사, 1996), 249쪽.
5_ 최광식, 『고대한국의 국가와 제사』(한길사, 1994).

께 소멸하였으나, 삼국시대 이래 민간에서의 산신·성황 신앙은 여전히 민들의 신앙 대상으로 이어져 오고 있다.

역대 왕조에서는 산신과 성황을 국가 제사로 승격시킴과 동시에 산신·성황에 대한 일반 민들의 신앙이나 제사를 '음사淫祀'라 하여 이를 금지하게 한 점에서 이념적 측면이 내재해 있었다고 할 수 있으나, 신앙의 목적에서는 과거에서부터 현재에 이르는 동안 사실 뚜렷한 차이는 찾아볼 수 없다. 다시 말해, 산신·성황 신앙에서 주체로 나선 왕실이나 국가가 필요에 따라 내세운 이념적인 측면만 배제한다면, 신앙 자체로부터 거의 본질적인 차이나 변화는 찾아볼 수 없다는 것을 의미한다. 즉 현재의 마을제에서와 같이 역대 왕실은 물론 그 체제하의 민民들도 산신에게 기풍祈豊·기복祈福·제액除厄 등을 목적으로 신앙하고 있었으며 치제하였다고 하는 것이다. 결국, 산신·성황 신앙은 역사의 전개 과정이 어떠했든 일관된 신앙으로 지속하여 왔다고 할 수 있다.

그러나 이미 제의 주도권의 변화變化 양상樣相에 따라 마을제의 역사를 보고자 하는 견해[6]도 제시되었듯이, 한국 산신·성황 신앙의 전승 양상이 각 시기에 따라 그에 대응하는 신앙 체계로 전개되어 온 점 또한 주목할 필요가 있다. 더욱이 신앙의 대상역시 시기에 따라 변화를 보여준다거나 동일한 신격에 대해 국가와 민의 입장이 달리나타나는 점 등은 산신·성황 신앙을 정태론적인 시각이나 현지에서 전승되고 있는 민속 위주의 사례만으로 이해하고자 하는 태도에 반성을 촉구한다.

또한, 산신·성황 신앙의 정태론적 파악은 이런 신앙이 자칫 시대에 대응하지 못하는 전근대적인 것으로 오인할 우려도 있으며, 산신·성황 신앙이 역사를 지니지 못한 신앙 체계라는 오해를 초래할 수도 있다. 실제 동일한 신앙의 대상인데도 그것이 국가의 제사 대상으로의 수용 여부에 따라 국가 제사로 대우를 받거나 아니면 음사淫祀로서 금지의 대상이 되기도 하였다. 게다가 일제 강점기 이후 산신·성황 신앙은 미신迷信으로 간주하여 민족 고유문화의 통제에 따른 명분이 되었으며, 해방 이후에도 근대화·서구화에 따른 합리성을 내세워 한동안 미신으로 여겨져 온 사실은 잘 알려져 있다.

6_ 이기태, 앞의 논문, 249~270쪽.

현재 전하는 마을신앙의 방식은 크게 무격과 주민 참여 하에 지내는 '음주가무형飲酒歌舞型 당堂굿', 제관만의 참여 하에 지내는 유교儒敎 제례식祭禮式 동제洞祭로 구분하여 볼 수 있다.[7] 당굿은 주로 도서 벽지와 내륙 일부 지역에서 전승되어 오며 점차 단절되어 가는 추세이고, 전국적인 전승 현황으로 볼 때 유교식 마을제가 널리 행해지고 있다. 음주가무형은 고대 제천의례의 '연일음주가무連日飲酒歌舞'에서부터 보이기 시작하여, 고려·조선조에 걸쳐 꾸준히 이어져 온 한국의 전통적인 제사 방식이라 할 수 있다. 반면, 유교 제례는 고대로부터 국가의 질서 및 통치 이념을 유지하는 규범이자 공식화된 제사로 수용되어 왔다.

이와 같은 유교 제례는 형식상 신분별로 준수해야 할 제사 범위와 절차 등이 규정되어 있으며, 내용상 자연신·조상신 등을 그 대상으로 한다. 더욱이 유교 제례에서 산신·성황신에 대한 민간에서의 제사를 금지함으로써 이후 산신제·성황제의 주관과 전승을 두고 국가와 민, 중앙과 지방간에 갈등이 노출되는 계기가 되기도 하였다.

여기서 한국 공동체 신앙으로 마을제를 다루고자 할 때, 제천의례는 물론 산신·성황제도 국가와 민 또는 중앙과 지방의 신앙 운영이라는 점에서 검토할 필요성이 제기된다. 게다가 국가가 주도하는 유교 제례의 시행과 관련하여 마을신앙에서도 보이는 유교 제례적인 요소의 도입과 시행에 따른 갈등도 검토되어야 한다. 이러한 과정의 검토를 통해 비로소 마을신앙의 형성과 전승에 대한 역사적 이해도 가능할 것이기 때문이다. 이 글에서 목적하는 한국 공동체 신앙의 역사를 곧 마을신앙의 형성과 전승과 관련하여 고찰하고자 하는 점도 바로 이런 이유에서이다.

2. 연구사 검토

한국의 마을신앙 연구는 대부분 현재, 현지에서 전승되고 있는 내용을 통해 이루어

7_ 李杜鉉, 「洞祭와 堂굿」, 『韓國民俗學論考』(學硏社, 1984), 146~181쪽.

지고 있다. 즉, 마을신앙의 유형·제의 방식과 절차·기능·마을 조직과의 관련성·신당의 형태 등의 구명과 전국별 현지 사례의 축적이 집중적으로 시행되어 온 사례들이 이런 경향을 반영한다. 그리고 이러한 마을신앙 연구 및 조사 사례를 통해 마을신앙에 대한 이해도 그만큼 심화하여 왔다고 생각된다.[8]

해방 이전 마을신앙 연구에서는 당시 전승되고 있던 마을신앙의 전국별 현황을 파악하고자 한 것과 마을신앙의 기원을 제시하고자 한 시도가 확인된다. 무라야마 지준村山智順은 한국의 전국에 관한 설문지 조사를 바탕으로 1930년대 마을신앙의 현황을 개관하였다. 여기서 무라야마는 한국 마을신앙의 여러 사례를 소개한 뒤, 마을신앙의 대상신對象神·제사祭祀·제기祭期와 제비祭費·동회洞會와의 관계 등으로 나누어 마을신앙을 분석하였다.[9] 그 결과 마을신앙에서의 신은 자연신이 우세하고, 제사 방식에서는 유교식과 도당굿(별신굿)의 두 가지로 구분하였으며, 제기와 제비의 분석을 통해서는 유교식이 주로 제일 자정을 전후하여 엄숙하게 진행되는 반면 도당굿은 여러 날에 걸쳐 주민 참여 하에 축제적인 성격을 지닌다고 하였다. 또 마을신앙 전후에 개최되는 동회에도 주목하였는데, 동회에서 마을제의 비용을 결산할 뿐 아니라 이를 통해 주민이 마을의 현안들에 대해 논의하는 점을 들어 마을신앙과 동회가 주민의 지연성地緣性과 자치성自治性 강화에 기여한다고 하였다.

아키바 다카시秋葉隆는 마을신앙이 주민 스스로에 의해 준비되고 제사되며, 제사 후의 공동 음복飮福 등을 통해 주민의 결합을 강화하여 준다고 보았다. 또 이러한 마을신앙의 유형을 정기제定期祭와 임시제臨時祭로 나누어, 전자는 주로 남성 중심의 유교식 제례로 매년 진행되며, 후자는 여성 중심의 당굿으로 몇 년 간격으로 여러 날에 걸쳐 행해지는 점을 지적하였다.[10] 또한, 마을신앙이나 마을신앙의 대상물을 북아시아 여러 민족의 사례들과도 비교함으로써 한국의 마을신앙이 이러한 북아시아의 전통을 보여준다고 주장하였다.[11]

8_ 최길성, 「部落信仰의 연구사」, 『한국민간신앙의 연구』(대구, 계명대학교출판부, 1989), 117~188쪽.
9_ 村山智順, 『部落祭』(朝鮮總督府, 1937).
10_ 秋葉隆, 「村祭の二類型」, 『朝鮮民俗誌』(東京, 六三書院, 1954).

무라야마와 아키바秋葉는 마을신앙을 긍정적으로 파악하였다는 점과 제의 방식을 유교식과 무속식으로 구분한 점에서 선구적인 시각이었으며, 이러한 견해는 이후 학자들에게 영향을 주었다. 그러나 이들의 마을신앙 연구는 마을신앙 자체를 현상적으로만 파악한 한계를 지닌다. 또 마을신앙의 유형으로 유교식과 무속식을 제시하였을 뿐, 마을신앙에 이러한 현상이 나타나게 된 원인 규명에는 전혀 언급이 없다. 그뿐 아니라, 마을신앙의 남성 위주 유교식과 여성 중심의 무속식이라는 구분은 단순한 도식화에 지나지 않으며,[12] 오히려 마을신앙의 참여에 따른 성별 대립을 강조함으로써 마을신앙을 긍정적으로 파악한 이들의 견해와도 모순되는 시각이기도 하다.

손진태는 마을신앙의 대상물이기도 한 솟대蘇塗·장생長栍·누석단累石壇(돌무더기) 등에 대한 문헌과 현지조사를 통해 마을신앙의 기원과 전승을 다루었다.[13] 여기서 그는 솟대·장승·돌무더기가 모두 원시 부족사회의 경계표境界標 관념에서 유래된 것이라는 경계표 기원설을 제시하였다.[14] 즉, 솟대·장승·돌무더기는 본래 마을과 마을의 경계를 드러내기 위해 건립하였던 것인데, 이것이 점차 경계의 신이 거처하는 성소聖所로 인식되어 후에 마을신앙의 대상신이 되었다고 한다. 손진태는 현상의 제시에 그친 무라야마와 아키바에 비해 현지조사를 기반으로 하여 마을신앙의 기원과 전승을 문헌으로 뒷받침하였다는 점에서 마을신앙에 대한 새로운 접근 방식을 보여 주었다. 그러나 마을신앙의 기원론으로 제시한 원시 경계표설은 실증된 것도 아니며, 솟대·장승·돌무더기의 고형성古形性이 이후 아무런 변화 없이 현재의 마을신앙으로 전승되어 왔다는 시각은 자칫 마을신앙의 원시성原始性·정체성停滯性으로 오해될 소지가 있다.

해방 이후 마을신앙의 연구는 기원이나 전승 과정에 관한 관심[15]과 함께 참여관찰

11_ 秋葉隆, 「朝鮮民俗と北アジア民俗」, 『朝鮮民俗誌』(東京, 六三書院, 1954), 263~269쪽.
12_ 현지조사를 통해 볼 때 어촌지역에서는 최근까지 유교식과 무속식의 혼합된 동제가 전해 온 점을 볼 수 있다 [국립민속박물관, 「어로신앙」, 『어촌민속지』 경기도·충청남도편(1996), 126쪽].
13_ 「蘇塗考」·「長栍考」·「累石壇과 蒙古의 鄂博에 就하여」에 대해서는 孫晉泰, 『朝鮮民族文化의 硏究』(乙酉文化社, 1948) 참조.
14_ 孫晉泰, 앞의 책.
15_ 마을신앙을 상고대 제천의례 이래의 전승물로 보는 견해로는 張籌根, 『韓國의 鄕土信仰』(乙酉文化社, 1975), 228~230쪽; 崔吉城, 「韓國 原始宗教의 一考」, 『語文論集』(高麗大學校 國語國文學會, 1968), 64~81쪽; 柳

을 통해 마을신앙이 지니는 기능론을 강조하는 경향을 보여준다.[16] 또한, 마을신앙을 전통문화로 간주하는 분위기하에 마을신앙의 현지 전승 양상을 지역별·사례별로 조사하고 그 내용을 분석하는 접근이 현재까지 이어져 오고 있다.[17] 이러한 조사에서는 주로 조사 대상 마을신앙의 유래由來, 형태形態, 제일祭日, 제당祭堂, 제의의 준비 및 진행, 금기 사항 등을 자세히 기록·분석하고 있다. 이들 조사 연구는 비록 특정 지역의 사례이긴 하지만, 각 개별적인 조사를 종합해 볼 때 마을신앙이 전국적으로 거의 유사한 내용과 기능을 지닌 것으로 판단된다. 즉 마을신앙은 고대의 전승물로서 전승되고 있는 다양한 신앙의 명칭을 제외한다면, 지역에 따른 차이점이 거의 찾아지지 않는다는 것이다. 특히 이 글의 관심사이기도 한 제례 방식에 대해서는, 무속식이 본래의 마을신앙 방식이었는데 유교의 영향을 받아 유교식 제례가 나타나게 되었다는 지적이 일반적이다.

또한, 유교식을 제외한 마을신앙이 주민 전원의 참여하에 축제적인 측면을 지닌 것도 마을신앙이 본래 남녀 상·하의 구별이 없는 민주적이고 지연을 강화하는 협동의식의 표현으로서 긍정되어야 할 요소로 간주하고 있다. 또 제일의 경우 정월 보름과 시월 등이 많은 것은 마을신앙이 본래 농경의 풍요와 수확에 대한 감사를 위한 의례인 점을 반영하는 것으로 해석된다. 결국, 마을신앙이란 고대 이래 민들의 자연발생적인 신앙 표현으로서 농경 제례의 성격을 지니며, 무속식이 본래의 방식이었으나 점점 유교식으로 전환되어 왔다는 견해로 요약된다.

東植,『韓國 巫敎의 歷史와 構造』(延世大學校出版部, 1981); 李鐘哲,「西道 部落祭의 考察」,『文化人類學』4(韓國文化人類學會, 1971) 등이 있다.

16_ 張籌根,「韓國 民間信仰의 社會的 機能」,『韓國民俗論考』(啓蒙社, 1986), 40~53쪽; 崔吉城,「韓國部落祭의 構造와 役割」,『新羅伽倻文化』(大邱, 嶺南大學校新羅伽倻文化研究所, 1973), 83~102쪽. 이외 마을신앙의 상징적 측면과 그 의미 해석에 관심을 둔 연구도 근본적으로는 마을신앙이 사회에 일정한 역할을 하는 문화 전승물로 보는 시각을 반영한다. 李淇泰,「洞祭의 象徵과 커뮤니케이션 體系」,『人類學研究』5(大邱, 嶺南大學校文化人類學研究會, 1990).

17_ 몇몇 사례를 들면 다음과 같다. 康龍權,「釜山地方의 별신굿考」,『文化人類學』3(韓國文化人類學會, 1970); 李殷昌,「錦江流域의 部落祭 研究」,『藏菴池憲英憲華甲論叢』(同刊行會, 1971); 金基卓,「慶北 尙州地方의 部落祭研究」,『文化人類學』7(韓國文化人類學會, 1975); 金善豊,「東海岸의 城隍說話와 部落祭考」,『關東大論文集』6(江陵, 關東大學校, 1978); 이관호,「충남서해안의 마을공동체 신앙 연구」(한양대학교대학원 석사학위논문, 1992).

장주근張籌根은 민속신앙을 전근대적인 전승물로 여겨온 사회적 분위기하에서 민속신앙이 지닌 사회적 역할을 강조함으로써 마을신앙의 보존과 이에 관한 관심을 촉구하였다. 즉 마을신앙은 주민 공동의 기원을 통해 화목과 단합을 강화함으로써 통합적 기능을 지닐 뿐 아니라 마을신앙 전후에 개최되는 동회洞會를 통해 마을신앙의 결산이나 마을의 혼상婚喪·공동共同 노역勞役 문제 등을 자체적으로 처리함으로써 정치적 기능을 지니고 있으며, 또 마을신앙에 수반되는 신성기간神聖其間의 설정은 성소聖所의 청소와 제관의 목욕재계 및 주민의 금기 사항 준수를 통해 지역과 주민을 정화해주는 기능이 있고, 걸립乞粒이나 가면假面 놀이는 마을신앙을 축제화하는 기능과 전통예능의 전승을 유지해주는 기능을 지녔다고 하였다.[18] 또 신라 김알지 신화를 영남지방 골매기 동제와 비교하여, 왕실의 시조신화인 김알지 신화가 당시 민속신앙의 반영이라는 견해를 제시하였다.[19] 이는 민속신앙이 경우에 따라 왕실 제례로 승화되기도 하였으며, 마을신앙이 그만큼 유구한 신앙 전승물임을 부각하는 시각이기도 하다.

이두현李杜鉉은 경기도 양주군의 사례를 통해 유교식 마을제와 무속식 마을제를 비교 조사하여 마을신앙이 지닌 종교적 기능이 약화되어 있음을 밝히면서 동시에 마을신앙의 사회적 통합기능에 주목하였다. 또한, 당굿이 본래의 마을신앙 방식이었을 것이나, 유교식 제례가 민간에 널리 보급됨에 따라 점차 유교식 마을제로 전환되어 간 것이라고 하였다.[20]

박계홍朴桂弘은 충남 칠갑산 주변 마을신앙을 조사하여, 마을신앙이 집단 단합에 중요한 계기가 되는 사회적 기능을 지닌 점 외에도 집단의 평안과 안정을 유지하는 심리적 기능도 지니고 있음을 지적하였다.[21] 임동권任東權은 은산별신제恩山別神祭와 강릉단오제江陵端午祭의 현지조사[22]를 통해 민속제의民俗祭儀의 조사방법을 제시하였으며, 마

18_ 張籌根, 앞의 논문, 40~53쪽.
19_ 장주근, 「김알지신화와 영남지방의 민간신앙」, 『한국신화의 민속학적 연구』(집문당, 1995), 91~113쪽.
20_ 李杜鉉, 앞의 논문.
21_ 朴桂弘, 「忠南地方의 現代部落祭와 民俗信仰」, 『忠南大論文集』 10(忠南大學校, 1971). Christian Deschamps
(車基善)도 마을신앙이 기본적으로 사회적·심리적 기능을 지닌다는 점에서 박계홍과 동일한 견해를 보이고 있다[Christian Deschamps, 「民間信仰의 形態와 特性」, 『朝鮮學報』 76(1985)].

을신앙의 유형을 소원형所願型과 감사형感謝型으로 구분하기도 하였다.[23]

하지만 마을신앙의 대상이기도 한 개별 신격神格들에 대해서는 거의 관심을 두지 않은 결과, 자연 마을신앙의 대상신에 대한 연구에서는 소홀히 해 온 감이 있다.

우선 천신신앙天神信仰에 대해서는 천신을 한국 마을신앙의 원류적 신앙 대상으로 간주하면서도, 실제 이에 대한 민속학 분야에서의 연구는 전혀 없었다고 할 수 있다. 특히 동이족東夷族의 제천의례를 마을신앙의 선행적 형태를 보여주는 것으로 인식하고 있을 뿐, 이에 대한 접근은 개설서槪說書 수준을 벗어나지 못하고 있다.[24] 게다가 제천의례에 대한 이해도 기풍祈豊과 추수감사秋收感謝에 따른 농경 의례적인 성격으로 파악하는데, 실제 이와 같은 이해는 미시나 아키히데三品彰英의 견해를 그대로 수용한 것이다.

미시나 아키히데三品彰英는 부여·고구려·동예·삼한사회 등에 전하는 제천의례를 농경 제례로 파악하고, 이런 농경제례적인 모습이 그대로 한국의 마을신앙으로 전해지고 있다고 보았다. 그런데 미시나三品의 이와 같은 견해는 곧 한국의 문화를 정체론적停滯論的으로 인식하고자 하는 식민사관植民史觀과 결코 무관하지 않은데도, 이후 한국학계에서 이를 그대로 수용하고 있는 것은 반성의 여지가 많다.

반면 역사학계에서는 일인日人들의 식민사관을 극복하는 가운데 동이 사회의 천신신앙이나 제천의례를 주체적으로 해석하고, 이를 사회 발전과 밀접한 신앙형태로 파악하고 있다.[25] 즉 천신신앙은 고대의 왕권을 정당화하거나 강화하는 이념으로 해석하고, 이런 이념을 배경으로 제천의례는 국왕이 주도하는 국가 제례로 전해졌다고 한다. 다시 말해, 천신신앙이나 제천의례는 신분상의 구분 없이 구성원 전체가 참여한 신앙 형태라는 견해를 배척하고 있는 것이다. 물론 이러한 견해에도 문제가 없진 않으나, 동이 사회에 전하는 극히 단편적인 내용을 엄격한 사료 비판을 통해 당시 사회

22_ 은산별신제와 강릉단오제에 대해서는 任東權, 『韓國民俗學論考』(集文堂, 1971)가 참고 된다. 한편, 이처럼 지역축제화된 마을신앙에 대해 단절과 재전승을 전통의 의미 해석과 관련하여 접근한 시각도 주목된다. 柳貞娿, 「河回 탈놀이의 意味變化」(서울大學校大學院 文學碩士學位論文, 1989); 정은주, 「향토축제와 '전통'의 현대적 의미」(서울大學校大學院 文學碩士學位論文, 1993).

23_ 任東權, 『韓國의 民俗』(세종대왕기념사업회, 1974).

24_ 朴桂弘, 『韓國民俗學槪說』(大邱, 螢雪出版社, 1983), 144쪽.

25_ 최광식, 앞의 책.

상과 연관 지어 신앙 성격을 파악하고 있는 분석 틀은 설득력이 있다고 생각된다.

현행 마을신앙에서 산신신앙山神信仰이 차지하는 비중에도 그에 관한 연구는 손진태孫晉泰·임동권任東權·요다 치요코依田千代子 등에 의해 주목할 만한 성과가 보일 뿐이다. 손진태는 민속에서 산신이 주로 기호노인상騎虎老人像으로서의 남성 신으로 전하고 있으나 산명山名 및 전설傳說 등을 통해 고대 산신의 성이 본래 여성이었음을 밝히고, 여성 신에서 남성 신으로의 성별性別 변화變化를 가부장적 사회구조의 이행 결과라 하였다.[26] 반면 임동권은 고대의 산신에는 여신은 물론 남신도 보이므로 산신의 성이 반드시 여성에서 남성으로 변했다고 할 수 없으며, 남녀 산신이 한동안 공존했을 것이나 유교 사회를 거쳐 오는 동안 여신이 도태된 것이라 하였다. 또 산신의 거처를 산정山頂·중복中腹·산하형山下型으로 구분한 뒤, 산정에서 산하로 거처가 내려오는 것은 산신이 점차 농경지로 내려오는 과정을 반영하는 것이며, 이는 기능상 산의 생활에서 농경 생활로 접근하고 산신이 풍흉을 담당하는 것으로 인식된 결과라고 하였다.[27]

요다는 한국의 산신신앙이 수렵민 문화와 농경민 문화를 반영하는 것으로 파악하여, 이의 해명에 주력하였다. 즉, 산신과 동물動物과의 밀접한 관계를 수렵민 문화의 반영으로 간주하고, 동물 형태의 산신으로 호랑이가 등장하는 점이나 동물 형태를 한 여신과 사냥꾼과의 혼인담, 그리고 단군신화의 곰熊과 호虎 등을 통해 이를 밝히고 있다.[28] 또 농경민 문화의 반영으로는 산신의 촌락 수호신이나 농경신 또는 자식을 점지하거나 수명을 관장하는 점을 그 예로 제시하고, 산신의 성격으로는 수호신적 측면과 함께 가해자적 측면도 있음을 제시하였다.[29]

성황城隍 또는 서낭신앙에 대해서는 문헌에 전하는 성황의 형태가 중국이나 한국 모두 신묘神廟(또는 신당神堂)로 나타나고 있는데 반해, '서낭'이라고도 불린 돌무더기는 그 형태의 차이에도 성황과 상호 동일시되고 있다. 이런 현상은 이미 조선 후기 이규경李

26_ 孫晉泰, 「朝鮮 古代 山神의 性에 就하여」, 앞의 책, 264~275쪽.
27_ 任東權, 「山神考」, 『韓國民俗文化論』(集文堂, 1983), 324~342쪽.
28_ 依田千代子, 「狩獵民의山의神及び狩獵民文化」, 『朝鮮民俗文化의研究』(琉璃書房, 1985), 372~410쪽.
29_ 依田千代子, 「農耕民의山神信仰」, 위의 책, 422~467쪽.

圭景이 "우리나라 곳곳의 고갯마루에는 선왕당先王堂이 있는데 이것은 성황城隍의 잘못"[30]-이라 하여 돌무더기 형태의 서낭이 성황의 와음訛音이라 한 데에서 보듯이, 조선 후기부터 서낭은 성황과 혼용되고 있다. 사실 성황과 서낭은 음이 서로 유사할 뿐 아니라, 현행 민속에서도 한자로는 '성황'이라 쓰고 '서낭'으로 읽는 있는 예를 자주 보게 된다. 이런 점에서 신당을 지칭하는 경우의 성황과 서낭을 굳이 구별될 필요는 없어 보인다. 그러나 반대로 서낭을 돌무더기 형태를 지칭하는 것으로 규정하고 이에 따라 서낭을 성황과 동일한 것으로 간주하게 되면 성황 신앙에 대한 이해에 상당한 곤란을 초래하게 된다.

우선 문헌에 보이는 성황 신앙에 대해 이능화李能和는 「조선무속고朝鮮巫俗考」에 관련 자료들을 정리하여 놓은 것이 전한다. 여기서 이능화는 중국의 성황사城隍史에 대해 개략적으로 진술한 후, 조선조에 들어와 성황제城隍祭가 국행제國行祭의 하나로 확립되는 과정과 조선 중기 이후 민간에서 행해진 성황 신앙 등에 대한 자료들[31]-을 정리함으로써, 이 방면 연구에 따른 자료 이용을 가능하게 하였다. 그러나 관련 자료들을 주로 조선조의 문헌에서 취급함으로써 이전 시기의 자료들은 경시한 경향이 있고, 그나마 조선조의 자료들도 부분적으로 이용한 데 그치고 있어 자료 발췌 및 활용에는 문제점이 있다. 반면 중국 성황의 역사에 대한 개략적인 기술은 한국의 성황 신앙을 중국과 비교하여 취급할 수 있는 귀중한 시각이었으나, 자료 발췌가 지나치게 단편적이었다는 아쉬움이 있다. 어쨌든 이능화의 성황 신앙 인식에는 성황을 돌무더기로서의 서낭과 연결하고자 하는 시각은 찾아지지 않는다.

반면 손진태는 돌무더기 서낭을 고유한 민속에서 기원한 것이라 하여, 본래 경계표境界標의 의미로 쌓았던 것이 점차 신神의 처소棲所로도 인식되면서 촌락 수호신으로 신앙되어 온 것으로 추정하였다. 또한, 이런 신앙 형태를 몽골의 '오보'와 비교하여 고형성

30_ 李圭景, 『五洲衍文長箋散稿』 卷43, 華東淫祀辨證說條. "我東八路嶺縣處 有先王堂 卽城隍之誤".

31_ 李能和, 「朝鮮巫俗考」, 『啓明』 19(啓明俱樂部, 1927). 특히 第17章 城隍 및 19章 地方 巫俗及神祠에 성황신앙과 관련된 자료들이 게재되어 있다. 이능화의 「조선무속고」에 대한 자세한 역주에 대해서는 서영대 역주, 『조선무속고』(창비, 2008)를 참조.

古形性을 볼 수 있다고 하였지만, 서낭이란 명칭은 성황의 와음訛音으로 간주하였다.[32] 즉 누석단의 민속기원설을 제시하면서, 그 명칭만큼은 성황에서 유래하였다는 것이다. 손진태의 이런 견해는 서낭의 민속기원을 주장한 것이면서도 명칭을 중국 성황과 관련 지어 이후 서낭과 성황 신앙에 대한 이해에 상당한 혼선을 초래하였다고 생각된다.

　손진태의 서낭신앙 민속기원설은 이후 관련 학자들에게 긍정적으로 수용되어, 서낭 신앙의 연원을 한국의 고유한 민속에서 찾고자 하는 견해가 제시되고 있다. 가령, 조지훈趙芝薰은 서낭신앙의 연원을 단군신화檀君神話에서 구할 뿐 아니라, 이외 신목神木·신간神竿·조간鳥竿[솟대]·목우木偶[장승] 등의 기원도 단군신화에서 찾고 있다.[33] 김태곤 金泰坤은 서낭의 어원이 본래 산신을 뜻하는 '산왕'에서 음운 전화된 것이라 하여, 서낭 신앙의 본질을 한국 고유의 산신신앙과 그에 선행하는 천신신앙에서 구하고 있는데, 이 역시 고유 민속에서 서낭신앙의 기원을 보고자 한 예이다.[34] 또한, 서낭당이 석전 石戰에 대비하여 고갯마루 등에 돌을 쌓아 놓은 것에서 발생한 것으로 보는 견해[35]도 기본적으로는 민속기원설로 간주되고 있다. 이미 잘 알려졌다시피, 석전은 고구려에 서 비롯하여 최근까지 전승되어 온 민속인데, 이러한 민속과 연관 지어 돌무더기 서 낭당의 연원을 구하는 것은 곧 서낭이 고유한 민속에서 비롯되었다고 보는 태도가 되 기 때문이다.

　한편 이와 같은 자생설自生說에 비해, 돌무더기 서낭이 몽골의 '오보'에서 전래하였 다고 하는 견해도 제시되고 있다. 오보란 흙이나 돌을 원뿔꼴로 쌓아올리고 그 상부 에 버드나무가지 한 묶음을 꽂아 두거나 목간木竿을 세워 놓은 것을 말한다.[36] 그리고 오보를 통과하는 사람은 반드시 하마下馬하여 이에 배례拜禮하고 지나가며, 이때 공물 로 예백禮帛을 오보의 나뭇가지에 걸어 놓거나 오보에다 돌을 던져 기원하기도 한다. 흔히 오보가 위치한 곳은 산상山上이나 구상丘上·호숫가 등이지만, 종종 마을의 경계

32　孫晉泰,「朝鮮의 累石壇과 蒙古의 鄂博에 就하여」, 앞의 책, 159~162쪽.
33　趙芝薰,「累石壇·神樹·堂집信仰研究」및「서낭竿攷」,『趙芝薰全集』7(一志社, 1973).
34　金泰坤,『韓國民間信仰研究』(集文堂, 1983), 92~125쪽.
35　신복룡,「서낭(성황)의 군사적 의미에 관한 연구」,『학술지』26(건국대학교, 1982), 225~255쪽.
36　赤松智城·秋葉隆,『滿蒙의 民族과 宗敎』(大阪書屋, 1941), 252쪽.

나 라마 묘와 같은 성역 등에 건립된 것도 보인다. 또한, 그 형태에 한 개의 돌무더기로만 있는 독립 형태와 한 개의 대형 오보를 중심으로 소형 오보가 일렬로 배열된 형태 및 십자형으로 배열된 형태로 건립되기도 한다. 이런 오보에 대해 몽골인은 산신이나 수신의 처소로 여겨 신성시하며, 개인이나 집단이 매년 5월에서 7월 사이에 제사를 올려 여행의 안전과 마을의 평안 또는 목축의 번성 등을 기원하곤 한다.[37]

그런데 오보는 몽골뿐 아니라 시베리아를 비롯하여 중국의 동북부에서 서북부에 이르는 유라시아 대륙 북부에 널리 분포하며 그 중심체는 돌무더기[38]라고 하는 점에서 보면, 우리의 서낭당도 이 유라시아 돌무더기 분포권에 속함은 물론 그 형태나 신앙 요소에서도 몽골 오보와의 유사성과 친연성이 확인된다고 할 수 있다. 특히 여행의 안전을 빌기 위해 돌을 던진다거나, 오보의 나뭇가지에 포백布帛 조각이나 오색천 등을 묶는 현납속懸納俗, 돌무더기를 신의 거소居所로 인식하고 이를 신성시하여 제의의 대상으로 여기는 점 등은 서낭과 오보신앙에 양자 사이의 밀접한 관계를 보여주는 요소들이다. 이런 점에서 앞으로 우리의 서낭과 몽골의 오보 간에 있었을 영향 관계에 대한 보다 실증적인 조사를 통해 이의 규명이 요청된다고 할 수 있다.

이처럼 서낭을 몽골 오보와 비교하는 시각 속에는 서낭이 곧 돌무더기라는 점을 전제하고 있다고 할 수 있다. 그런데 이후 현지사례 조사에서는 돌무더기와 무관한 형태로서 마을신앙의 신당 형태를 서낭당으로 보고함으로써 이후 돌무더기 서낭과 신당 형태의 서낭이 상호 구별되지 않고 있는 점이 확인된다.[39] 사실 이러한 혼동은 이미 손진태의 견해에서부터 찾아지지만, 현재 학계에서 서낭 또는 성황에 대해 명확한 구분이나 개념의 설정 없이 사용되고 있다는 점은 분명 지양되어야 한다.

이에 비해 역사학에서는 사료에 보이는 성황에 주목하고 있다. 류홍렬柳洪烈은 성황은 본래 중국에서부터 전해진 것으로, 국가의 사전기구祀典機構로 승화되어 관행제官行祭의 대상이었다고 하였다. 그러다가 조선 중기 이후 점차 민속화 하여 누석累石(즉 서

37_ 赤松智城・秋葉隆, 『朝鮮巫俗の硏究』(大阪書屋, 1941), 263쪽.
38_ 김광언, 「고산지방의 오보신앙 현장」, 『바람의 고향・초원의 고향』(조선일보사, 1993), 315쪽.
39_ 장정룡, 「강원도 서낭신앙의 유형적 연구」, 『韓國民俗學』 22(民俗學會, 1989).

낭)과 사묘祠廟의 형태로 편제된 것이라 하였다.[40] 정승모鄭勝謨는 중국 성황이 당대에 성행한 점을 들어 당唐과 문화적 교류가 빈번했던 통일신라統一新羅 때 성황 신앙이 전래하였을 가능성을 제시한 뒤, 경상도 해평현 성황사의 사례를 통해 성황신앙이 향촌 사회에 지닌 의의를 규명하고 있다.[41] 김갑동金甲童은 고려 시대의 성황 신앙에 대해 연원·기능·변천·의의 등의 규명을 통해 당시 지배계층이 성황신앙을 통해 효과적인 지방통치를 위한 수단으로 활용한 사실을 입증하고 있다.[42] 서영대는 고려 시대 민속신앙을 전반적으로 다루면서 고려 성황에 대해서도 서술하고 있는데 주로 신앙적인 측면에서 이해하고 있다.[43] 그리고 남풍현南豊鉉은 순창淳昌 성황당 현판懸板의 분석을 통해 고려에서 조선 후기에 걸치는 성황 신앙의 전승 양상과 그 구체적인 내용에 대해 알려준다.[44] 이처럼 역사학에서의 접근은 사료상의 성황을 일차자료로 하여 성황 신앙이 지닌 역사적 의미를 동적으로 파악하고 이를 통해 성황 신앙의 위상이 다양하게 검토되고 있다.

그러나 사료상의 성황과 민속에서의 서낭 또는 성황이 어떻게 연결되는지 하는 문제에는 방법론상 한계를 지닐 수밖에 없다. 사료에 전하는 성황을 통해 볼 때, 무엇보다도 민속에서의 돌무더기 서낭과 형태상 무관하다는 점은 성황과 서낭을 상호 연결하는데 난점을 준다. 또한, 마을신앙의 대상으로 전해지는 성황 또는 서낭은 기본적으로 고려·조선조의 성황 신앙과 연결할 수는 있겠으나, 돌무더기로서의 서낭이 주로 개인적인 신앙 양상을 보여준다는 것은 무엇보다도 마을신앙으로서의 성황과 개인 신앙으로서의 서낭이라는 차이를 보여주고 있다. 그럼에도 민속학에서 서낭과 성황이 구분 없이 상호 혼용되고 있는 것은 실제 두 신앙 형태에 대한 이해에 전혀 도움이 되지 않는다. 그리고 문헌상 보이는 성황 관련 내용에 대해서도 전혀 주목하고 있지 않은 점도 반성 되어야 한다. 그것은 문헌에 전하는 성황을 통해 민속에서의 성황 또

40_ 柳洪烈, 「朝鮮의 山士神 崇拜에 對한 小考」, 『민속의 연구』 I (정음사, 1985), 248~261쪽.
41_ 鄭勝謨, 「城隍司의 민간화와 鄕村社會의 變動」, 『泰東古典研究』 7(1993), 3~27쪽.
42_ 金甲童, 「고려시대의 성황신앙과 지방통치」, 『한국사연구』 74(한국사연구회, 1991).
43_ 서영대, 「민속종교」, 『한국사』 16(국사편찬위원회, 1995).
44_ 南豊鉉, 「淳昌城隍堂 懸板에 대하여」, 『古文書研究』(韓國古文書學會, 1995), 69~92쪽.

는 서낭신앙을 이해하는 수준도 한 단계 높일 것으로 기대되기 때문이다. 만약 신묘로 전해진 성황을 발음상 서낭으로 호칭한다면 이는 문제가 되지 않는다. 동일한 신앙 형태나 대상을 두고 발음상의 차이에 불과하기 때문이다. 그러나 성황을 돌무더기를 지칭하는 서낭과 동일시한다면 이는 역사적으로 분명 그 실체가 인정되는 성황에 대한 이해도 그만큼 곡해시킬 수 있다.

이상에서 본 바와 같이 선학들의 산신·성황 신앙에 대한 현지조사와 연구를 통해 신앙의 기능적 요소들이 새롭게 인식되면서 종전의 편파적인 견해가 점차 불식되고 있으며, 최근에는 전통문화의 계승과 보존이라는 명목 하에 산신·성황 신앙을 과거 미신으로 여기던 것에서 전통문화로 간주하는 인식의 전환을 보여주고 있다. 이에 따라 한국 산신·성황 신앙에 대해 점진적인 이해의 폭과 깊이도 더해가고 있지만, 산신·성황 신앙의 형성과 전승 과정에 관한 연구는 거의 이루어지지 않았다고 해도 지나친 말은 아니다.

이런 점에서 민속학·역사학·종교학 등에서 산신·성황 신앙 등 한국 마을신앙의 역사에 관해 관심을 표명한 업적[45]들이 나오고 있는 것은 매우 고무적인 현상이라 생각된다. 그러나 이들 연구에서는 산신·성황 신앙을 대체로 '현재'와 '민'만을 기준으로 하고 있어, 국가가 주관하였던 신앙을 상호 유기적으로 인식하지 못한 한계가 있다. 이 때문에 산신·성황 신앙이라 할 경우 국가 제도와 무관하며, 민에 의해서만 단선적으로 전승되어 온 것으로 이해하려고 하는 경향을 볼 수 있다.

이는 국가와 민을 상호 대립적이고 변별적인 대상으로 간주하여, 민속 문화는 민의 문화로 단정하고 있는 점에서도 기인한다. 그리고 이런 인식 태도는 한국 산신·성황 신앙의 전승 과정을 살펴보는 데에도 장애가 된다. 왜냐하면 산신·성황 신앙의 성행과 전승은 국가에서는 물론 일반 민 사이에서도 모두 확인되기 때문이다. 따라서 한

45_ 한국 전통신앙의 史的 전승 과정에 주목한 通史的 연구 성과로는 다음과 같은 論著를 들 수 있다. 任東權, 「韓國原始宗教史」, 『韓國文化史大系』 Ⅳ(高大民族文化研究所, 1970); 柳東植, 『韓國巫教의 歷史와 構造』(延世大學校出版部, 1975); 金榮珍, 『韓國自然信仰研究』(民俗苑, 1997); 서영대, 「무교·도교·풍수지리설」, 『한국사특강』(서울대학교출판부, 1990); 趙興胤, 「巫教思想史」, 『韓國宗教思想史』(延世大學校出版部, 1990).

국 산신·성황 신앙은 국가와 무관한 민의 신앙으로만 형성·전승된 것은 아니라고 해야 한다. 오히려 국가와 민의 신앙이 상호 영향을 주고받으며 역사의 변천과 함께 변화하여 왔고 오늘날에는 왕조의 멸망으로 마을 주민의 신앙으로만 남아 전한다고 보아야 한다.

이와 같은 관점에서 한국의 천신·산신·성황 신앙의 전승 과정을 볼 경우, 산신과 성황신은 국가와 민 모두에게 주요한 신앙 대상이었다는 점이 환기될 필요가 있다. 그런데 산신과 성황신의 경우, 흔히 단편적인 관련 사료의 제시로 기원의 유구성을 제시한 후 중간 단계의 전승 양상에 대해서는 간과하고, 현재의 마을신앙으로 이어진 다고 보는 태도는 몰역사적일 뿐만 아니라 비학문적인 태도이다. 따라서 여기서는 산신·성황 신앙이 과거에서부터 현재에 이르는 사이 전혀 변함없이 전승되어 왔다고 보는 견해를 비판하면서, 산신·성황 신앙의 전승 과정을 각 시대의 역사적 상황을 통해 살펴보고자 한다.

이상 개략적으로 살펴본 바, 한국 산신·성황제에 대한 연구는 대부분 현재에 치중된 관심을 보여주고 있다. 반면 산신·성황제의 형성이나 사적史的 전승 과정과 산신·성황제의 마을신앙화에 대한 관심은 찾아보기 어려운 실정이다. 이는 민속 자체가 점차 소멸하여 가는 추세에서 현재 전하는 자료나마 먼저 조사할 수밖에 없던 사정에 기인하는 것이기도 하다. 그러나 그간 마을신앙에 관한 전국적인 조사가 어느 정도 이루어진 실정에서 산신·성황제의 마을신앙화民俗化 과정에 관해서도 관심을 두어야 할 시점에 있는 것으로 판단된다. 그것은 현재의 마을신앙을 이해하기 위해서도 필요한 전제이기 때문이다.

3. 연구 방법과 목적

민속문화에 관한 조사 및 자료의 수집이 현지조사에 의한다는 것은 상식에 속한다. 그런데 현지조사란 기본적으로 현재를 기준으로 현장에서 전승되고 관행되어 오는 민속문화에 관심을 두고 있으므로 자연히 현재에 관심이 치중될 수밖에 없다. 이처럼 현지조사를 강조하는 경향에는 현재의 민속문화가 과거로부터 전승되어온 것임을 전제하면서도 관심의 영역은 현재 및 현지라는 시간과 공간에 맞추어져 있음을 의미한다. 그런데 민속학이 본래 전승문화를 중시해 왔음에도, 전승에 따른 과정을 추적하기 위한 노력이나 관심 표명은 찾아보기 어려운 것도 사실이다. 인류학에서의 현지조사 방법론이 무문자無文字 민족民族들의 문화를 연구하기 위한 방법론으로 대두된 이래 상당한 성과를 거둔 점 또한 확인할 수 있다. 그러나 현지에서의 전승성을 강조하는 민속학에서 현재를 중시한 결과 과거사에 대한 복원은 추측으로 일관되어 왔다고 하지 않을 수 없다. 더욱이 우리의 경우 무문자 전승뿐 아니라 문헌 기록 또한 적지 않다고 하는 사실에 비추어 볼 때, 지금까지 문헌자료에 대한 정리가 등한시되어 온 점 충분히 반성하여야 한다.

그리고 마을신앙의 단순한 복원이 아닌 신앙의 형성과 전승 및 변천 등을 동태적動態的으로 파악하고자 하는 이 글의 목적상 일차적인 자료는 관련된 해당 시기의 문헌 자료일 수밖에 없다. 그러나 관련 사료의 단순 나열이나 그 발생 순서별로 재정리가 이루어졌다고 하여 결코 신앙사적인 의미가 제대로 파악될 것으로 기대되지는 않는다. 민속신앙의 성격은 어느 시기든 현실 위주의 기복적祈福的인 측면이 강하게 반영되어 나타나고 있지만, 이런 신앙을 둘러싸고 일어났던 국가 제도적인 측면과 지방 세력가나 일반 민의 대응 방식을 보기 위해서는 신앙사의 변동을 초래한 상황들에 대한 이해가 전제되어야 한다. 즉 신앙사와 관련된 문헌 자료의 수집과 정리 못지않게 그 주변적인 상황이나 배경과 관련된 자료들도 주목할 것이 요구된다.

종래 보여 온 한국 마을신앙에 관한 연구 및 이해에 따른 문제점에 주목하여, 이 글에서는 현재 전해져 온 현상에 대한 관심보다는 주로 신앙의 사적史的 전승 과정에 관심을 두고 한국 마을신앙의 전개에 따른 두 부류, 즉 국가와 민을 중심으로 한 신앙의 전개 및 이러한 신앙의 형성과 전승 양상에 관심을 두고자 한다. 이를 위해 한국 마을신앙의 기원적 형태로 간주하여 온 천신신앙을 비롯하여 현행 마을신앙의 주요 신격인 산신·성황신 등을 연구의 대상으로 한다. 이런 점에서 이 글은 어느 면에서 현재의 마을신앙 형성과 전승 과정의 해명에 목적이 있다고도 할 수 있다. 그러나 마을신앙의 주요 대상신들이 한편 국가 제사의 대상이기도 하였다는 점에서, 국행제國行祭로 전해진 천신·산신·성황신의 전승 양상을 마을신앙의 형성과 상호 관련지어 정리하여 보고자 하는 것도 이 글에서 의도하고 있는 또 하나의 목적이다.

또한, 이 글에서는 유교 제례의 시행과 관련하여 나타난 산신·성황제의 국가 제사와 민의 제사라는 이원화된 제사 양상과 이 과정에서 제사 주관과 방식을 두고 드러난 유교 제례와의 갈등, 그리고 민의 산신·성황제가 마을신앙으로 성립되는 과정 및 유교식 마을제로 이어지는 의미 등에 대해서도 규명하고자 한다. 이를 위해 첫째 각 왕조에서 행해진 사전祀典의 정비와 유교 제례화 과정, 둘째 산신·성황제의 시행을 둘러싼 중앙과 지방의 대응 양상, 셋째 민의 산신·성황제가 마을신앙화되는 배경과 유교식 마을제가 지닌 의미 등으로 나누어 살펴보고자 한다.

이상과 같은 목적을 지닌 이 글은 각장에 걸쳐 천신·산신·성황신 등에 대해 각각 개별적으로 검토한 후, 이와 같은 신앙이 마을신앙으로 수렴되는 과정을 종합적으로 검토하는 방식을 택하였다. 그런데 신앙의 전개 양상을 주된 관심으로 하면서, 이를 더듬어 볼 수 있는 일차적인 자료가 문헌이므로 자연 신앙사의 복원자료는 왕실王室을 비롯한 지배계층支配階層에 한정되어 있으므로, 일반 민 사이에서 유지되었을 신앙의 내용에 대해서는 그만큼 이해의 폭이 제약될 수밖에 없다고 생각한다. 따라서 일반 민이 지녀 왔을 신앙은 부득이 왕실이나 귀족들의 신앙을 통해 유추하는 방법을 이용하였다. 비록 왕실에서의 신앙이 일만 민들의 그것과 다소 변별되는 점이 있을지라도 산신·성황제의 목적에 흔히 나타나는 제재초복성除災招福性은 비교적 전 계층에 걸쳐 신앙 되었을 것이며, 현재의 마을신앙에서도 확인되고 있다는 점에서 그렇게 볼 수 있기 때문이다.

그러나 이런 문헌자료가 결코 풍부하게 전해지는 것도 아니며 그나마 전하는 자료들도 유신儒臣들의 부정적인 인식에 따라 기록된 것이 대부분이므로, 자연 문헌을 통한 신앙사의 접근은 한계를 지닐 수밖에 없다. 또 문헌에서 확인되지 않는다고 하여, '있었을 지도 모를 사실들' 또는 '있었을 가능성이 있는 사실들'이 존재하지 않았다고 가정하는 태도도 문헌을 통한 신앙사의 접근이 지닌 한계라 생각된다. 물론 문헌자료의 빈약함은 이후 새로운 관련 자료의 발견을 통해 보완될 수는 있을 것이다. 따라서 이와 같은 마을신앙사에 대한 이해의 부족을 다소나마 메우기 위한 한 방법으로 필요한 경우 연구자의 현지조사 자료도 공시적인 비교를 위해 활용하였다. 그러나 이에 앞서 그나마 전하는 자료들을 정리하여 보는 것도 일차적인 의의는 있다고 생각한다.

이상에서 말한 바와 같이 이 글은 문헌을 통한 접근이라고 하는 점에서 그만한 한계가 있지만, 몇몇 관련된 문헌자료를 통해 당시의 정치·사상·사회적 동향과 관련을 지으면서 한국 마을신앙의 형성과 전승, 즉 한국 마을신앙의 탄생에 대해 살펴보고자 한다.

제천의례의
신앙 성격과
그 변화

02

　한국사의 여명기를 장식하는 건국신화의 내용을 보면, 한국인들은 이른 시기부터 천강天降 시조전승始祖傳承을 통해 천天에 대한 신앙을 지니고 있었음을 알 수 있다. 또한, 부여·고구려·예·마한·백제·신라 등의 제천행사를 통해서도 천신신앙이 이른 시기의 한민족에게 보편적으로 나타나는 신앙적 행위 표현으로 전해져 왔다는 점도 확인된다.

　이런 한국 상고대의 신앙 및 의례에 대해서는 최근 활발한 연구가 진행되고 있다. 그 결과 상고대의 신앙 및 의례에 보이는 내용이나 목적 등이 결코 단순하지만은 않다는 점도 밝혀졌다.[1] 그뿐 아니라 선학들의 이런 연구 성과를 통해 천신신앙과 제천의례가 당시 사회에서 차지하고 있던 비중이나 의의 등도 결코 경시될 수 없다는 것도 분명해 졌다.

　상고대의 천신신앙에 대해서는 민속학[2]을 비롯하여 역사학[3]·종교학[4] 등에서 주

1_ 古代 祭儀에 대한 연구사적 검토로는 崔光植, 「韓國 古代 祭儀에 대한 硏究史的 檢討」, 『韓國傳統文化硏究』 6(大邱, 曉聖女子大學校 韓國傳統文化硏究所, 1990), 41~59쪽 및 전호태, 「신화의 세계와 제의」, 『한국역사입문』 ①(풀빛, 1995), 240~256쪽이 참고 된다.

2_ 조흥윤, 「天神에 대하여」, 『東方學志』 77·78·79(延世大學校 東方學硏究所, 1993); 황패강, 「天神思想」(제23차 민속학전국대회 발표 요지문, 1994).

3_ 최광식, 「토착신앙과 제사의례」, 『한국사』 4(한길사, 1994), 229~264쪽; 姜英卿, 「新羅 天神信仰의 機能과 意義」, 『淑明韓國史論』 2(淑明女大 史學科, 1996), 1~35쪽.

4_ 柳東植, 『韓國巫敎의 歷史와 構造』(延世大學校出版部, 1975); 李恩奉, 『韓國古代宗敎思想』(集文堂, 1984).

목할 만한 연구 성과가 발표된 바 있으나, 특히 제천의례는 공동체의 의례로서 집중적인 연구 대상이 되어 왔고, 그 결과 이 시기 제천의례가 현행 마을제의 원류를 이루고 있는 것으로 간주하여 왔다. 그러나 공동체의 의례로서 제천의례와 마을제가 지닌 상호 공통적인 요소들, 가령 농경 의례적인 측면에 대해서만 지적되었을 뿐, 시대적인 상황에 대해서는 거의 도외시한 정태론적停態論的 분석에 치우친 감이 있다. 따라서 당시 제천의례가 행해졌던 시대적 상황과 현재 마을제가 전승되고 있는 사회적 배경이 상호 동일한 것으로 파악하는 인식의 한계가 문제로 제기될 수 있다. 또한, 제천의례는 이 시기 지배적인 의례 행위였으나 대체로 통일신라시대를 전후하여 소멸하여 갔다는 사실에 대해서 간과하고 있는 점도 보게 된다. 이 때문에 제천의례의 전승과 소멸이라고 하는 현상적 측면에서의 원인 분석에는 도달하지 못하고 있다.

이런 점에 근거하여 여기서는 먼저 상고대 한국사회에서 행해진 제천의례의 여러 양상을 살펴봄으로써 그 성격을 검토한 후, 나아가 제천의례가 지닌 의미에 대해서도 살펴보고자 한다. 또한, 천신으로 대표되는 한국 상고대의 토착신앙이 외래종교가 수용된 후 양자 간의 갈등을 보이다가 차차 융합되어 가는 변화상과 함께 제천의례의 소멸 원인에 대해서도 생각하여 보고자 한다.

문헌기록으로 볼 때, 한국 상고대의 신앙대상은 크게 천신天神·지신地神(성모신聖母神)·시조신始祖神 등으로 나눠 볼 수 있으며, 이들 신격에 대해서도 그에 따른 신앙과 의례도 함께 전해졌을 것으로 추측된다. 그러나 이러한 신격神格 중 지신에 대해서는 다음 장章의 산신신앙山神信仰에서 검토하기로 하고, 시조제始祖祭는 그 성격이 천신과도 내용상 중복되므로 제천의례에서 함께 다루고자 한다. 특히 천신신앙에 대해서는 한국의 건국신화建國神話[5]-나 중국 문헌에 전하는 관련 내용을 통해 그 실체에 대해 어느 정도 접근할 수 있겠으나, 여기서는 천신신앙에 대한 행위 표현으로서의 의례에 초점을 두었기 때문에 제천의례를 중심으로 하여 이에 반영된 천신신앙을 주로 살펴보고자 한다.

5_ 羅景洙, 「韓國의 建國神話 硏究」, 『韓國의 神話硏究』(敎文社, 1993).

1. 제천의례의 양상

1) 부여의 영고

『삼국지』 부여전夫餘傳에는 영고라고 불린 부여의 제천의례에 대해 다음과 같은 내용이 실려 있다.

> 은력殷曆으로 정월正月에 하늘에 제사지내며 나라의 큰 모임으로서 여러 날 마시고 먹으며 노래하고 춤춘다. 이를 영고迎鼓라 하며 이때 형옥刑獄을 중단하여 죄수들을 풀어 준다.[6]

또 『후한서後漢書』에도 이와 비슷한 내용이 전한다.

> 납월臘月에는 하늘에 제사지내며 여러 날 크게 모여 마시고 먹으며 노래하고 춤춘다. 이를 영고迎鼓라 하며 이때 형옥을 중단하여 죄수들을 풀어 준다.[7]

부여의 제천의례는 영고라는 제의 명과 『삼국지』에서 말한 은력殷曆이 구체적으로 어느 달을 가리키는지에 따라 그 목적이나 성격이 분명해지므로, 종래에는 이에 대한 해석에 관심이 모아졌으며, 그 해석 여하에 따라 여러 주장이 제시되었다.

우선 제의 명칭인 영고에 대해 고유어의 차음借音이라는 설[8]과 뜻을 딴 한자어로

6_ 『三國志』 卷30, 魏書 30 東夷傳 夫餘傳. "以殷正月祭天 國中大會 連日飮食歌舞 名曰迎鼓 於是時斷刑獄 解囚徒" 그런데 斷刑獄에 대해서는 일반적으로 '형옥을 중단하다'의 뜻으로 보아 왔지만, 근래 들어 '옥에 갇힌 죄수의 죄의 유무・경중을 결단하다'의 뜻으로 보는 견해[茶山研究會 譯, 『목민심서』 5 刑典 六條(1985), 8쪽]도 제기되고 있다. 그러나 국중대회로서 공동체 성원들의 축제이기도 한 영고에서 죄인을 처단하였다기보다는 오히려 죄인을 사면해 줌으로써 일체감을 조성한 것으로 보는 것이 합리적인 해석인 듯하다. 또한, 뒤에서 보겠지만, 고구려나 백제에서 祭禮를 거행하고 나서 국왕이 죄수에 대해 대사령을 내리는 일도 이런 맥락에서 이해된다.

7_ 『後漢書』 卷85, 東夷列傳 75 夫餘國. "以臘月祭天 大會連日 飮食歌舞 名曰迎鼓 是時斷刑獄 解囚徒".

8_ 金宅圭, 「迎鼓考」, 『韓國民俗文藝論』(一潮閣, 1980), 22~32쪽.

보는 견해[9]-가 있다. 그리고 영고의 실시 시기인 은력 정월에 대해서는 문맥 그대로 해석하여 정월로 간주하고 이에 따라 농사의 풍요를 기원하는 예축제豫祝祭[10]-로 보는 견해도 있다.[11]- 한편 12월이란 농산물의 수확기나 파종기도 결코 아닐뿐더러 납臘은 렵獵과도 통하는 용어이고, 또 렵獵이 본래 짐승을 수렵하여 선조를 제사하는 데서 비롯되었다는 점에서 영고를 수렵과 관련된 의례로 파악하기도 한다.[12]-

실제 『후한서』에서도 거의 같은 내용을 전하면서 제천 시기만큼은 납월 즉 12월로 개서改書한 것은 은력 정월이 곧 12월에 해당하였기 때문일 것이다.[13]- 그러나 『삼국지』에 "일기가 고르지 못하거나 오곡五穀이 익지 않으면 그 책임을 왕에게 돌렸다"고 한 점[14]-으로 보아, 당시 부여에서 농사가 차지하고 있던 비중도 결코 경시할 수는 없다.

그리고 영고가 제천의례로 행해진 만큼, 영고에서의 숭배대상은 당연히 천신으로 보아야 한다. 부여의 건국신화에 나타나는 시조 동명東明이 천天의 아들로 여겨진 것[15]-도 부여에서 일찍부터 천신신앙이 전승됐음을 보여준다. 그런데 동명 신화의 내용에서 천강天降한 동명이 시련을 극복하여 지상에 부여를 건국하였다는 점에 유의한다면, 동명은 어디까지나 천의 대리자일 뿐 천신 자체는 아니라는 것을 알 수 있다.

위 예문에서 보듯이, 영고는 국중대회國中大會로서 "연일음식가무連日飮食歌舞"하며 형벌을 중단하고 죄수를 방면하는 것이었다. 영고가 국중대회로 치러지며 "연일음식가무"를 하였다는 것으로부터 공동체 성원의 의례였으며, 이와 함께 의례 참석자들에 의해 상당한 음식이 소비되었음을 말해 준다. 이처럼 영고에 참석한 공동체 성원들은

9_ 神崎勝, 「夫餘・高句麗の建國傳承と百濟王家の始祖傳承」, 『日本古代の傳承と東アジア』(吉川弘文館, 1995), 266~267쪽.
10_ 井上秀雄, 『古代朝鮮史序說』(寧樂社, 1978), 96쪽; 金宅圭, 『韓國農耕歲時의 研究』(大邱, 嶺南大學校出版部, 1985).
11_ 李基白・李基東, 『韓國史講座』 Ⅰ(一潮閣, 1982), 117쪽.
12_ 최광식, 『고대한국의 국가와 제사』(한길사, 1994), 145쪽.
13_ 張籌根, 『韓國의 歲時風俗』(大邱, 螢雪出版社, 1984), 39쪽.
14_ 『三國志』卷30, 魏書 30 東夷傳 夫餘條. "舊夫餘俗 水旱不調 五穀不熟 輒歸咎於王 或言當易 或言當殺".
15_ 『三國志』夫餘傳에 인용된 『魏略』에는, 異氣感孕의 결과로 태어난 동명을 왕이 죽이고자 가축우리에 두었는데 오히려 가축들이 보호해 주는 것을 보고 비로소 '하늘이 낸 자손天子'임을 깨닫고 그 母에 다시 돌려주었다고 하였다.

여러 날에 걸쳐 음식을 소비하였다고 하는데, 이것은 당시 부여사회의 생산력이 어느 정도 향상되지 않고서는 불가능했을 것이다. 따라서 영고에서 "연일음식가무"가 행해질 수 있었던 것은 부여사회의 생산력 발전을 기반으로 하여 거행되었음을 의미한다.

여기서 부여의 왕이 생산력에도 직접적인 책임을 지고 있었던 점을 고려할 때, 이와 같은 영고는 결국 왕의 지도력이나 권위까지도 격상시키는 효과를 가져왔을 것이다.[16] 그러면서 영고의 시행 시 형벌을 중단하고 죄수를 방면한 것은 국중대회로서의 영고가 지닌 목적, 즉 공동체 성원의 화합과 결속을 다지는 의미[17]에서 나온 것으로 생각된다. 그러나 영고에서 "단형옥斷刑獄 해인도解人徒"를 행할 수 있었던 자라면, 이는 당연히 부여의 지배계층으로서 제가諸加를 비롯한 왕의 존재를 생각하여 볼 수 있다.[18] 그렇다고 하더라도 형벌에 따른 최종 결정만큼은 왕이 행사하였을 것이다. 따라서 영고를 국중대회라 한 것은 왕은 물론 귀족들과 일반 백성까지 모두 참여하여 진행되는 국가의례였다는 의미로 받아들여진다. 그리고 이와 같은 국가의례에서의 왕의 형벌권은 왕의 권위나 권력 강화에도 부수적인 효과를 초래하였을 것이다.

이처럼 영고는 공동체 성원들의 유대를 다지는 의례이기도 하였지만, 일면 왕권 강화를 위한 의례였다고 할 수 있다. 그리고 이와 같은 왕권 강화가 제천의례로 구현될 수 있었던 배경에는 권력의 원천이 천신으로부터 연원된다고 여긴 관념과 밀접한 관련이 있다. 실제 이와 같은 관념은 부여가 시조 동명이 천신의 대리자로서 지상에 강림하여 세운 나라라고 한 건국신화[19]에서도 엿볼 수 있다. 따라서 제천의례로서의 영고는 천신으로부터 명을 받아 부여를 건국한 시조의 후계자들이 천신에 정기적으로 제사함으로써 천신으로부터 명을 받은 왕의 통치권을 과시하고 이를 정당화하며, 이를 통해 공동체 성원들의 통합을 강화하고자 한 의례였다고 할 수 있다.

16_ 최광식, 앞의 책, 146쪽.

17_ 조동일, 앞의 책, 59~60쪽.

18_ 『三國志』夫餘傳에는, 夫餘의 사회계층으로 王이 있고, 馬加·牛加·猪加·狗加·大使·大使者·使者 등의 관직자와 豪民·下戶 등의 존재를 보여주고 있다. 또 諸加들은 별도로 四出道를 주관하는데, 큰 곳은 數千家, 작은 곳은 數百家였다고 한다. 이 중 왕과 제가들이 곧 부여의 지배계층이었음은 분명하다.

19_ 부여의 건국신화에 대해서는 『論衡』·『魏略』·『後漢書』 등 중국측의 여러 문헌에 전하여 온다.

한편 제천의례에 보이는 이와 같은 천명天命의 현시는 전쟁과 같은 유사시에 행하는 비정기적인 제천의례에서도 확인된다.

> 군사軍事가 있을 때도 하늘에 제사한다. 소를 죽여 발굽을 보아 길흉을 점치는데, 발굽이 벌어져 있으면 불길한 것이고 합치면 길한 것으로 여긴다.[20]

즉 유사시의 제천에서 소를 희생으로 하여, 그 발굽이 합쳐지고 벌어짐에 따라 길흉을 판단하였다고 한다. 이러한 형식의 점복占卜은 상고대 한국사회에서 행한 동물점의 한 형태[21]로서, 은殷나라의 복골卜骨과도 유사한 모습을 보여준다.[22] 그런데 소의 발굽으로 길흉을 점치면서 이를 제천의례로 행하였다는 것은 결과에 대한 예측과 그 결과를 천신의 뜻으로 판단하였음을 의미하는 것이다. 따라서 이와 같은 내용을 통해서 볼 때 제천의례는 천신의 의지가 공식적으로 표명되고, 이를 사회적으로 공인 받고자 하는 절차였던 것으로 이해된다.

요컨대 영고에는 공동체 의례로서의 성격도 있지만, 궁극적으로는 이를 주도하는 왕의 권위 및 통치권의 신성성을 뒷받침하는 이념으로서의 성격을 지니고 있으며, 천신신앙 역시 왕권과 연결되는 사상으로서 왕의 통치를 합리화하는 수단으로 운영되었다는 것이다. 이에 따라 부여의 제천의례는 정기적인 치제를 통해 천신과 연결된 왕자의 권위를 가시화함으로써 통치권을 정당화하고, 유사시 행하는 비정기적인 제천의례를 통해서는 천신의 의지를 내세워 예측할 수 없는 결과에 대해 심리적 안정을 꾀함으로써 그 결과를 사회적으로 인정케 하는 역할을 하였다고 할 수 있다.

20_ 『三國志』 卷30, 魏書 30 東夷傳 夫餘傳, "有軍事赤祭天 殺牛觀蹄以占吉凶 蹄解者爲凶 合者爲吉"
21_ 任東權, 「三國時代의 巫·占俗」, 『韓國民俗學論攷』(集文堂, 1971), 305쪽.
22_ 李亨求, 「文獻資料上으로 본 우리나라의 甲骨文化」, 『東方思想論攷』(종로서적, 1983).

2) 고구려의 교제와 동맹제

『삼국지』에 전하는 고구려의 제천의례인 동맹제東盟祭보다 시기상 선행하는 제천의 례로서 『삼국사기』에는 고구려의 교제郊祭에 대해 다음과 같은 내용이 전하여 온다.

○ 유리명왕琉璃明王 19년(기원전 1) 8월 교사郊祀에 쓸 돼지가 달아났다. 왕이 탁리託利와 사 비斯卑를 시켜 쫓아가게 하였다. 그들이 장옥택長屋澤에 이르러 돼지를 잡았는데, 칼로 그 다리 힘줄을 잘랐다. 왕이 이를 듣고 노하여 말하기를 "하늘에 제사할 희생에 어찌 상처를 낼 수 있느냐"하고 마침내 두 사람을 구덩이 속에 던져 죽였다. 9월에 왕이 병들었는데, 무巫가 말 하기를 "탁리·사비가 빌미가 된 것입니다."라 하자 왕이 사과케 하니 곧 나았다.[23]

○ 유리명왕 21년(기원후 2) 3월 교사郊祀에 쓸 돼지가 달아났다. 왕이 장생掌牲 설지薛支를 시켜 쫓아가게 하였다. 국내國內 위나암尉那巖에 이르러 돼지를 잡아 그곳 인가人家에 두어 기 르게 하고 돌아와 왕을 뵙고 말하기를 "신이 돼지를 쫓아 국내 위나암에 갔는데, 그곳 산수 山水를 보니 깊고 험하여 땅은 오곡에 알맞고 또 미록麋鹿과 어별魚鼈이 많았습니다. 왕께서 만약 도읍을 옮기신다면, 민리民利가 무궁할 뿐만 아니라 전란도 면할 것입니다."라 하였다. …(중략)… 22년 겨울 10월 수도를 국내로 옮기고 위나암성을 쌓았다.[24]

○ 산상왕山上王 12년(208) 11월 교시郊豕가 달아났다. 담당자가 쫓아갔는데, 주통촌酒桶村에 이르러 (돼지가) 이리저리 달아나 잡을 수가 없었다. (이때) 20세쯤 되는 한 여자가 곱고 예 쁜 얼굴로 웃으며 앞질러 나가 잡아 주었다. 그런 연후에 쫓아가던 자가 잡게 되었다.[25]

여기의 교시郊豕란 곧 제천의례에서 사용되는 희생犧牲을 가리키므로, 위 예문들은

23_ 『三國史記』卷13, 高句麗本紀 1. "(琉璃明王) 十九年 秋八月 郊豕逸 王使託利斯卑追之 至長屋澤中 得之以刀 斷其脚筋 王聞之 怒曰 祭天之牲 豈可傷也 遂投二人 坑中殺之 九月 王疾病 巫曰 託利斯卑爲崇 王使謝之 卽愈"

24_ 위의 책, 같은 조. "(琉璃明王) 二十一年 春三月 郊豕逸 王命掌牲薛支 逐之 至國內尉那巖得之 拘於國內人家 養之 返見王曰 臣逐豕至國內尉那巖 見其山水深險 地宜五穀 又多麋鹿魚鼈之産 王若移都 則不唯民利之無窮 又可免兵革之患也 …(中略)… 二十二年 冬十月 王遷都於國內 築尉那巖城"

25_ 『三國史記』卷16, 高句麗本紀 4. "(山上王) 十二年 冬十一月 郊豕逸 掌者追之 至酒桶村 躑躅不能捉 有一女 子 年二十許 色美而艶 笑而前執之 然後追者得之"

고구려의 제천의례와 관련된 내용이다. 이런 내용을 통해 고구려에서는 건국 초부터 기원 3세기 초까지 제천의례가 행하여 온 점을 알 수 있다. 다만 이러한 고구려의 제천의례를 교제郊祭라 칭한 것이 본래의 제의 명칭인지는 현재로서 판단하기 어렵다. 또 교시가 달아난 달이 9월·3월·11월 등으로 전해지고 있으므로, 제천시기도 실제 어느 달이었는지 명확하지 않다.[26]

교제 또는 교사郊祀란 본래 중국의 천자天子가 국도國都의 교외郊外에 단壇을 쌓고 천지를 제사하는 것을 말한다.[27] 중국에 있어서 교제의 기원은 상당히 소급된다고는 하지만, 실제 한대漢代에 들어와 황제에 의한 교제가 행해지고 있었던 점[28]에 비추어 볼 때, 고구려에도 중국의 교제郊祭가 알려졌을 가능성은 있다.[29] 그렇다면 유리명왕 당시부터 교제라 하였는지도 모른다.

그렇다고 하더라도 이는 어디까지나 중국식 명칭일 뿐이고, 실제 내용에는 중국의 교제와 다른 모습이 찾아지므로 고구려의 제천의례가 중국 교제의 영향으로 성립되었다고 단정할 수만은 없다. 가령 중국의 교제에서는 희생으로 붉은 수소를 사용[30]하였는데 반해, 고구려에서는 돼지를 제천의 희생으로 한 점이 그러하다. 이와 관련하여 부여夫餘[31]나 읍루挹婁[32]·숙신肅慎[33]에서 보듯이 돼지는 일찍부터 북아시아의 민족들에게 친숙한 동물이었던 점을 고려할 때, 고구려의 제천의례에서 돼지를 희생으로 한 것도 이러한 북아시아적인 전통에서 연유된 것이 아닐까 추측된다. 그렇다면 고구려의 제천의례는 본래 고구려의 고유한 전통에 따른 행사라 할 수 있다. 다만 내용상

26_ 琴章泰는 郊祭 시기가 희생이 달아난 이후에 해당할 것이라 하였고, 또 당시 행해진 제천시기가 흔히 5월·10월·12월이므로 교제 시기도 이처럼 추정한 바 있다[琴章泰, 「祭天儀禮의 歷史的 性格」, 『儒教思想과 宗教文化』(서울대학교출판부, 1994), 98쪽]. 그런데 그렇다고 하더라도 교제가 일정한 달에 행해지지 않았다는 점만큼은 분명하다.

27_ 佐伯富, 「郊祀」, 『アジア歴史事典』 3(平凡社, 1971), 236쪽; 『大漢和辭典』 卷11, 郊祭條, 11781~11782쪽.

28_ 藤川正數, 「郊祀祭について」, 『漢代における宗教の研究』(風間書房, 1968), 197~236쪽; 吉岡完祐, 「中國郊祀의 周邊國家への傳播」, 『朝鮮學報』 108(朝鮮學會, 1983), 10~14쪽.

29_ 琴章泰, 앞의 논문, 98쪽.

30_ Henri Maspero, China in Antiquity[김선민 역, 『古代中國』(까치, 1995), 148쪽].

31_ 『三國志』 卷30, 魏書 東夷傳 夫餘傳. "國有君王 皆而六畜官名 有馬加牛加猪加狗加"

32_ 위의 책, 挹婁. "其俗好養豬 食其肉 衣其皮 冬以豬膏塗身 厚數分 以禦風寒"

33_ 『晉書』 卷97, 列傳 67 四夷 肅慎氏에 "無牛羊 多畜豬 食其肉 衣其皮 績毛以爲布"라는 내용이 있다.

제천의례라는 점에서 교제로도 불린 것으로 생각한다.

그런데 고구려의 제천의례도 중국에서와 같이 왕이 직접 주관하였을 것으로 보인다. 그것은 위 예문 유리명왕 19년조에서 교시郊豕가 달아나자 왕이 담당자에게 교시를 잡아오도록 명하고, 또 이들이 희생에 함부로 상처를 내자 왕이 이들을 바로 처형하고 있는 점에서 엿볼 수 있기 때문이다. 다시 말해 왕의 이러한 강경한 조치는 이 의례가 왕에게 중요한 제사로 인식되었으며 왕에 의해 주제된 것임을 시사한다. 또한, 왕이 희생에의 상처를 이유로 담당자들을 처형하였다는 것은 제천의례의 실시에 따라 왕권이 행사되기도 하였음을 뜻하는 것이기도 하다.

그러나 이 시기까지의 왕권은 아직 절대적이지는 않았다고 생각된다. 그것은 같은 해 9월 왕의 발병 시 무巫가 질병의 원인을 처형된 자들에게 빌미 된 것이라고 하자, 왕이 이들에게 사과하고 있는 점에서 엿볼 수 있기 때문이다. 결국, 위의 내용은 제천의례를 명분으로 왕이 제물 담당자를 처형할 만큼 왕권을 행사하였으나, 이 때문에 국왕과 신하 사이에 노출된 갈등이 결국 병이 되고 무巫의 중재로 국왕이 사과함으로써 갈등이 해소되었던 사정을 보여주는 것이라고 해석된다. 따라서 국왕과 신하 사이에 노출된 갈등에서 국왕이 사과할 수밖에 없었다는 것은 왕권이 그만큼 강력하지 못하였던 사정을 보여주는 것으로 해석할 수 있다.

한편 유리명왕 21년의 교제에서는 달아난 교시를 쫓아갔다가, 그 결과 천도遷都가 행해지게 된 과정을 보여준다. 또 산상왕 12년의 경우, 달아난 교시로 말미암아 왕이 촌녀村女와 관계하여 자식을 낳아 이를 교체郊彘라 하였는데,[34] 이 자가 후에 산상왕을 이어 동천왕東川王[35]으로 즉위하게 된다. 말하자면, 천도라든가 왕자의 출생과 같이 국가의 중요한 일에 교시가 관련되어 있음을 엿볼 수 있다. 이런 점에 근거하여 돼지가 지닌 영이성靈異性[36]을 찾아볼 수도 있다. 그런데 이때 돼지의 이와 같은 능력을 왕에

34_ 『三國史記』 卷16, 高句麗本紀 山上王條 參照.
35_ 『三國史記』 卷17, 高句麗本紀 東川王條. "諱憂位居 小名郊彘 山上王之子 母酒桶村人"
36_ 천진기, 「한국문화에 나타난 돼지(亥)의 상징성 연구」, 『돼지의 생태와 관련민속』(제27회 국립민속박물관 학술강연회, 1994), 16~18쪽; 윤광봉, 「돼지의 민속과 상징」, 『열두띠 이야기』(집문당, 1995), 393~394쪽.

게 보고한 자가 장생자掌牲者였다는 점에 주목한다면, 천도나 왕자의 출생에 이들이 깊이 연관되어 있다는 것도 알 수 있다.

즉 이들의 진언眞言으로 왕은 천도를 결정하게 되거나 촌녀와 관계하여 왕자를 얻고 있다. 결과적으로 왕의 결행에 장생자들이 영향을 준 것이지만, 이렇게 된 데에는 교제가 그 바탕에 있었다는 것을 뜻한다. 이렇게 보면 왕은 장생자들의 도움을 받아 천도나 촌녀와의 사통私通을 행하였는데, 왕의 이와 같은 행위는 교제에 사용될 교시를 통해 마치 천명인 양 정당화하고 있는 점을 볼 수 있다. 이런 점에서 교제는 왕의 결행을 정당화하는 기능을 지녔다고 할 수 있다.

이상에서 고구려 초기의 교제는 왕이 주관하는 제천의례이며, 이를 통해 왕권의 행사가 정당화되기도 하였음을 보았다. 그런데 교제와 달리 동맹제東盟祭라고 하는 또 하나의 제천의례가 고구려에서 시행되고 있었다. 동맹제에 대해서는 『삼국지』에 다음과 같이 전한다.

10월에 하늘에 제사지내는데 나라의 큰 모임으로 동맹東盟이라 한다. 그 공식모임에서는 모두 비단에 수를 놓은 의복을 입고 금은金銀으로 장식한다. 대가大加와 주부主簿은 머리에 책幘을 쓰는데 (중국의) 것과 비슷하지만, 뒷부분이 없다. 소가小加는 절풍折風을 쓰는데 그 모양이 고깔과 같다. 나라 동쪽에 큰 동굴이 있어 수혈隧穴이라 하며, 10월 국중대회國中大會 때 이 수신隧神을 나라 동쪽에 맞이하여 제사를 지내며 나무로 만든 수신隧神을 신좌神座에 앉힌다.[37]

흔히 『삼국지』의 편찬 연대를 3세기 후반[38]으로 간주하고 있는바, 이런 내용의 동맹제 역시 3세기경의 제천의례를 전하는 것으로 보아 왔다. 그러나 동조同條 서두에

37_ 『三國志』卷30, 魏書 30 東夷傳 高句麗傳. "以殷正月祭天 國中大會 名曰東盟 其公會 衣服皆錦繡金銀以自飾 大加主簿頭著幘 如幘而無餘 其小加著折風 形如弁 其國東有大穴 名隧穴 十月國中大會 迎隧神還于國東上祭之 置木隧于神座"
38_ 全海宗, 『東夷傳의 文獻的 硏究』(一潮閣, 1982), 47쪽.

보면 고구려의 강역에 대해 "요동의 동쪽 천 리에 있으며 남쪽은 조선・예맥과, 동쪽
은 옥저, 북쪽은 부여와 접해 있다."라고 하는 내용이 보인다. 잘 알려졌듯이, 고조선
은 한무제漢武帝에 의하여 기원전 108년에 멸망한 나라이므로, 여기 고조선의 존재를
보여주는 이 기사는 기원전 2세기 말경 고구려의 상황을 전하는 것이라고 해야 한
다.[39] 물론 그렇다고 하여 이 기사만으로『삼국지』고구려조가 모두 기원전의 상황을
보여준다고는 할 수 없다. 그것은 동서同書 고구려조에 동천왕東川王 16년(242) 서안평西
安平의 공략과 유주자사幽州刺史 관구검毌丘儉의 고구려 침략(244)의 기록까지 보인다는
점에서 3세기 중반까지의 사실을 전하고 있음을 알 수 있기 때문이다. 따라서『삼국
지』고구려조의 내용은 기원전 2세기 말에서부터 기원후 3세기 중반에 걸치는 기록이
혼재된 것이므로, 동맹제도 일단 기원전 2세기 말에서 기원후 3세기 전반 어느 시기
의 내용을 전하는 것으로 간주하여야 한다.

그렇다면 이 시기 고구려에서 시행된 제천행사인 교제를 주목하지 않을 수 없다. 왜
냐하면, 교제가 행해진 시기와『삼국지』에 나타난 동맹제의 시기가 거의 일치하기 때
문이다. 이렇게 보면, 당시 고구려의 제천의례를 교제 또는 동맹제라고도 한 것이 아
닐까 추측되기도 한다. 그러나 그렇다고 하더라도『삼국지』가 편찬된 3세기 이후에는
고구려의 제천의례로서 교제라는 명칭이 더는 나타나지 않는 점과 또 동맹제를『삼국
지』편찬 당시의 전승으로 볼 소지가 전혀 없는 것도 아니라는 점에 유의할 필요가
있다. 뒤에서 다시 보겠지만, 이것은 이 무렵부터 고구려의 제천의례가 왕실 위주의
교제를 지양하면서 보다 규모가 확대된 국중대회로서의 동맹제로 전환된 사실을 반영
하는 것이 아닌가 한다.

동맹제에 대해서는 이미 선학들에 의해 연구가 상당히 진척[40]된 결과 동맹제란 왕
이 친제하는 국가의례로서, 시조 동명을 위하는 제사이자 수확에 감사하는 농경의례

39_ 최광식, 앞의 책, 148쪽.

40_ 李丙燾,『國史大觀』(普文閣, 1948), 45~57쪽; 三品彰英,『古代祭政と穀靈信仰』(平凡社, 1973), 158~172쪽; 井
上秀雄,「高句麗・百濟の祭祀儀禮」,『古代朝鮮史序說』(寧樂社, 1978), 91~135쪽; 井上秀雄,「高句麗の祭祀儀
禮」,『古代東アジアの文化交流』(溪水社, 1993), 59~73쪽; 최광식,「토착신앙과 제사의례」,『한국사』4(한길사,
1994), 231~233쪽.

라는 점이 밝혀졌다. 또한, 동맹제가 시조 동명에 대한 제사라는 점에서 신화를 행위화한 제의로 간주하기도 한다.[41] 요컨대 동맹제는 천신신앙에 바탕을 둔 농경제이자 시조제였다는 것이다. 이와 같은 동맹제의 성격에는 별 이견이 없겠으나, 동맹제가 시조제라는 것에는 다소 검토의 여지가 있다.

고구려에서 시조묘를 보여주는 내용으로서 가장 이른 시기의 것은 대무신왕大武神王 3년(20) 3월에 "동명왕묘東明王廟를 세웠다"[42]고 한 기사이다. 이때 동명왕묘를 구체적으로 어디에 세운 것인지에 대해서는 기록되어 있지 않다. 그러나 이후 역대 왕들의 친사시조묘親祀始祖廟가 다음과 같이 졸본卒本에서 행해지고 있는 것으로 보아, 동명왕묘는 졸본에 있었다고 추정된다.

```
 8代 新大王 3年(167)     9月 王如卒本 祀始祖廟 10月 王至自卒本
 9代 故國川王 元年(179)   9月 王如卒本 祀始祖廟
11代 東川王 2年(228)     2月 王如卒本 祀始祖廟 大赦 3月 封于氏爲王太后
12代 中川王 13年(260)    9月 王如卒本 祀始祖廟
16代 故國原王 2年(332)   2月 王如卒本 祀始祖廟 巡問百姓老病賑給 3月 至自卒本
22代 安臧王 3年(521)     4月 王幸卒本 祀始祖廟 5月 王至自卒本 所經州 邑貧乏者 賜穀人一斛
25代 平原王 2年(560)     2月 王幸卒本 祀始祖廟 3月 王至自卒本 所經州 郡獄囚除二死 皆原之
27代 營留王 2年(619)     4月 王幸卒本 祀始祖廟 5月 王至自卒本
```

만약 동맹제를 시조제始祖祭로 간주한다면, 『삼국지』가 편찬된 3세기까지 행해진 친사시조묘親祀始祖廟도 동맹제로 간주하여야 할 것이다. 그런데 시조묘에의 친사 시기는 2월에 3회, 4월에 2회, 9월에 3회 시행된 것으로 전하므로 친사시조묘의 실시 횟수와 시기를 동맹제와 비교한다면, 정기적인 10월 동맹제와는 명확히 구별된다는 것을 알

41_ 徐永大, 「高句麗 始祖神話와 天神의 意味」, 『韓國古代 神觀念의 社會的 意味』(서울대학교 대학원 박사학위논문, 1991), 190~191쪽.
42_ 『三國史記』 卷14, 高句麗本紀. "(大武神王) 三年春三月 立東明王廟"

수 있다.

시조묘始祖廟에 대한 제사는 국왕이 졸본卒本으로 가서 친히 행하였으며, 12대 중천왕의 경우를 제외하고는 즉위 원년이거나 2~3년 이내에 실시하고 있다. 따라서 친사시조묘는 신왕의 즉위의례적인 성격을 지니고 있다는 것은 분명해 보인다.[43] 또한, 신왕의 즉위의례인 만큼 그 시행 횟수도 특별한 경우를 제외하고는 원칙적으로 치세 중 1회가 시행되었을 것으로 보인다. 그런데 고구려에는 이와 같은 시조묘 외에 또 종묘宗廟가 있었다.

> 동천왕 21년(247) 2월 왕은 환도성丸都城이 전란을 겪어 다시 도읍할 수 없게 되었으므로 평양성平壤城을 쌓고 백성과 종묘宗廟·사직社稷을 옮겼다.[44]

즉 종묘宗廟는 동천왕 21년 이전에 이미 세워져 있었지만, 전란으로 환도丸都(현 길림성 집안)에서 평양으로 옮겼다는 것이다. 그러나 시조묘에 대한 제사는 동천왕 이후에도 여전히 국왕이 졸본에서 행하고 있었다. 따라서 고구려에는 시조묘와 종묘가 별도로 있었다는 것을 알 수 있다. 다만 시조묘는 계속 졸본에 있었으나, 종묘는 경우에 따라 옮겨질 수도 있었다는 점이 다르다.

한편 종묘를 왕실에서만 세웠던 것은 아니었다.

> 연노부涓奴部는 본래 국왕이었는데, 지금 비록 왕 노릇을 하지 못하나 그 적통대인適統大人은 고추가古鄒加라 하며 종묘宗廟를 세울 수 있었고 영성靈星과 사직社稷을 제사한다. 절노부絶奴部는 대대로 왕실과 혼인하였으므로 고추古鄒(가加)란 칭호를 더하였다. 모든 대가大加들은 스스로 사자使者·조의皁衣·선인先人을 두었는데 그 명단은 모두 왕에게 보고하여야 한다.[45]

43_ 井上秀雄, 앞의 논문, 107쪽; 최광식, 앞의 책, 182쪽.
44_ 『三國史記』 卷17, 高句麗本紀. "東川王 二年 春二月 王以丸都城經亂 不可復都 築平壤城 移民及廟社"
45_ 『三國志』 卷30, 魏書 30 東夷傳. "涓奴部本國主 今雖不爲王 適統大人得稱古鄒加 亦得立宗廟 祠靈星社稷 絶奴部世與王婚 加古鄒之號 諸大加亦自置使者皁衣先人 名皆達於王"

이 예문에서와 같이 고추가古鄒加라 불린 세력가는 자신의 종묘를 세울 수 있었을 뿐 아니라 영성과 사직에도 제사를 지내고 있었다. 게다가 왕실에서와 같이 자신의 신하를 두고 있었다. 이때 대가大加와 같은 귀족들이 제사한 종묘·영성·사직이란 단지 중국 용어로 표현된 것일 뿐, 실제로는 고구려의 토착신을 가리키는 것으로 이해된다.[46] 따라서 귀족들은 일정한 영역을 담당하면서, 여기서 자신의 조상에게 제사하였으며, 또 자신이 담당하고 있는 지역의 신들에게도 독자적으로 제사를 지냈을 것으로 보인다.

이렇듯 귀족들이 자신의 종묘와 함께 영성·사직에도 제사할 수 있었다면, 제사권에 관한 한 귀족들도 국왕과 동등한 자격을 지녔다는 것이 된다. 이렇게 보면 국왕도 결국 여러 귀족 중의 하나에 불과할 뿐이다. 따라서 각 귀족의 독자적인 제사권은 그만큼 국왕과의 변별성을 약화할 수 있는 요인이 된다. 반면 국왕으로서는 귀족들의 독자적인 제사권이 국력이나 왕권 강화에 저해 요인으로 판단될 수밖에 없었을 것이다.

이 때문에 왕실에서는 귀족들에 대한 우월성을 확보하고 국력을 결속시키고자 하는 의도에서 국가의 시조묘를 내세웠던 것이 아닌가 한다. 이런 점에서 고국양왕故國壤王 때 세워진 국사國社[47]도 귀족들의 개별적인 사직과 달리 국가 전체의 사직이라는 의미로 사용된 명칭으로 추정된다. 또한, 왕은 국가의 시조 제사를 독점함으로써 귀족과의 차별화를 시도하고 아울러 국왕의 권위를 내세우고자 의도한 것이 아닌가 추정된다. 이와 함께 친사시조묘가 즉위의례의 하나로 시행되었던 점을 고려한다면, 이는 동시에 신왕의 즉위가 국조國祖에 의해 정당화되는 절차였다고도 할 수 있다.

이상에서 고구려의 시조의례가 지닌 성격을 살펴보았다. 요컨대 국왕의 시조의례는 귀족에 대한 왕권의 우월성과 왕위 계승의 정당성을 보증하는 의미가 있었다고 할 수 있다. 동시에 이것은 왕이 지닌 권한의 원천이 곧 시조에게서 유래된다는 점을 의미하기도 한다. 이처럼 왕권의 원천을 시조에서 구하였다면, 시조의 이런 권한은 무엇

46_ 田村專之助,「魏志高句麗傳にみえたる宗廟·靈星·社稷について」,『東洋史會紀要』4(1994).
47_ 『三國史記』卷18, 高句麗本紀 6. "(故國壤王) 九年春三月 … 命有司 立國社修宗廟"

에 근거한 것인지도 검토되어야 한다.

고구려의 건국신화建國神話에 의하면 시조 주몽朱蒙은 일광日光에 감잉感孕하여 알로부터 출생한 자로 전하고 있다.[48] 그리고 이러한 내용의 고구려 건국신화가 이미 5세기 전반에 고구려인들에게 전승되어 왔다는 사실이 '광개토왕릉비廣開土王陵碑'(414년, 장수왕 2년 건립)나 '모두루묘지牟頭婁墓誌'(5세기 전반 건립)에서 확인되고 있다. 이들 금석문에서 주몽은 자신을 "천제지자天帝之子",[49] "황천지자皇天之子"[50] 또는 "일월지자日月之子"[51]로 밝히고 있는데, 이것은 당시 고구려인들이 시조를 천신의 아들로 여겨 왔다는 명백한 증거이다. 또한, 주몽이 후에 비류국왕沸流國王 송양松讓과 건국建國의 선후를 놓고 다투다가 자신을 "천제지손天帝之孫"이라 하고 송양은 "선인지후仙人之後"라 하자, 주몽이 송양에게

지금 왕은 신神의 자손이 아닌데 억지로 왕이라 일컬으니 만약 나에게 복종치 않으면 하늘이 반드시 그대를 벌할 것이다.[52]

라 하였다고 전해진다. 이 대목은 비록 후대의 문헌인 『구삼국사舊三國史』에 보이는 내용이긴 하지만, 『삼국사기』에서도 주몽이 "나는 천제의 아들로서 모처某處에 도읍하였다고 하자, 송양이 자기는 여러 대에 걸쳐 왕 노릇을 하였는데 땅이 좁아 두 임금을 용납할 수 없다"[53]고 하는 말에서 『구삼국사』와 유사한 관념이 비교적 일찍부터 전승되어 왔음을 시사하여 준다.

어쨌든 이런 내용에서 건국의 정당성이나 신성성이 천명天命으로 뒷받침되고 있는

48_ 『魏書』 卷100, 列傳 88 高句麗.
49_ '廣開土王陵碑'에서 이와 관련된 내용을 보면 다음과 같다. "惟昔始祖鄒牟王之創基也 出自北夫餘 天帝之子 母河伯女郎 剖卵降世 生而有聖德 □□□□□命駕巡幸南下路由夫餘奄利大水 王臨津言曰 我是皇天之子 母河伯女郎 鄒牟王 爲我連葭浮 龜應聲卽爲連葭浮龜 然後造渡於沸流谷忽本西城山上而建都焉"
50_ 위와 같음.
51_ '牟頭婁墓誌'에 "河伯之孫 日月之子 鄒牟聖王 元出北夫餘 天下四方知此國都最聖□"이라는 내용이 보인다.
52_ 李奎報, 『東國李相國集』 卷3, '東明王篇'에 인용된 『舊三國史』 참조.
53_ 『三國史記』 卷13, 高句麗本紀 始祖 東明聖王條.

점이 주목할 만하다. 이에 의하면, 주몽이 건국하기 이전에 선인仙人의 후손을 자처한 송양松讓의 비류국이란 나라가 이미 존재하고 있었다. 그러나 송양은 결코 천명을 받은 자가 아니며, 따라서 송양의 비류국도 천명을 받은 자에게 복종하여야 한다는 것이었다. 결국, 이런 내용에서 천명을 받은 자에 의한 건국만이 정당하다는 것을 읽을 수 있다. 그리고 고구려는 바로 천신의 자손인 주몽에 의해 세워진 나라임을 말함으로써 건국과정을 합리화하고 있다. 5세기 이래 고구려의 건국신화에 시조가 천신의 후손으로 내세워진 데에도 실제 이와 같은 관념들이 그 배경을 이루었을 것이다. 이런 점에서 시조신화란 정치권력의 정당성을 뒷받침하는 기능을 가졌다고 볼 수 있으며,[54] 아울러 이와 같은 정당성은 곧 천신에게서 유래하는 것임을 명시하고자 한 것이었다.

그런데 국왕의 친사시조묘親祀始祖廟는 어디까지나 시조를 대상으로 한 치제일 뿐, 천신에 대한 제의라고는 할 수 없다. 다만 시조가 본래 천손天孫으로 강림하였다가 후에 다시 승천昇天[55]하였으므로 시조제를 천신제로 볼 수 있는 소지는 있다. 그렇다고 하더라도 승천이란 용어를 죽음에 대한 단순한 관용적인 표현으로 볼 수도 있을 뿐 아니라, 시조신화에도 천제 또는 황천이라는 더욱 상위의 천신 관념이 보이는 한, 시조묘제가 이러한 천신까지 대상으로 삼는 천신제였다고 단정할 근거가 되지는 않는다.

요컨대 시조제는 하늘로부터 명을 받은 시조를 대상으로 한 것이고 동맹제는 천신을 대상으로 한 것이므로, 이런 점에서 양자는 구별되어야 한다. 앞에서 3세기 후반의 동맹제가 그 이전 시기에 행해진 왕실의 교제를 지양하여 국중대회로 확대된 것이라고 보았는데, 그렇다면 이 점에 대해서는 좀 더 구체적으로 살펴볼 필요가 있다.

동맹제를 국중대회라 한 것은 부여의 영고를 국중대회라 한 것과 같은 의미로 간주된다. 따라서 동맹제 역시 국가의례로 볼 수 있는데, 이 점은 동맹제에 대가大加·주부主簿·소가小加 등의 귀족들이 모두 공복公服을 입고 참여하는 것으로 알 수 있다. 이

54_ 서영대, 앞의 논문, 182쪽.
55_ '廣開土王陵碑'에 "王於忽本東岡 黃龍負昇天"이라 보인다.

점 역시 영고에 제가들이 참여한 것과 대비되는 것이기도 하다. 또한, 귀족들이 공식적으로 참여하고 있는 사실에서는 동맹제의 참여 계층이 교제에 비해 더욱 확대되었던 사실도 알려준다. 특히 동맹제가 왕에 의해 주관되었다는 것도 동맹제의 국가 의례적인 성격을 분명히 보여주는 점이라 할 수 있다.

> 그 나라 풍속에는 음사淫祀가 많아 영성신靈星神·일신日神·가한신可汗神·기자신箕子神을 섬긴다. 나라의 도성 동쪽에 큰 굴이 있어 신수神隧라 하며, 모두 10월에 왕이 친히 제사한다.[56]

이에 의하면, 왕은 10월 동맹제를 포함하여 그 외의 여러 신에게도 제사하고 있다. 이처럼 고구려의 왕이 여러 신에 대한 제사를 관장하였다면, 그 이유는 무엇이었을까 하는 점이 규명되어야 할 것이다. 한마디로 그것은 왕이 여러 신과 직접적인 교감을 이룰 수 있는 자로서, 왕의 사제자적인 모습을 드러내는 데 있었다고 생각된다. 다시 말해, 왕은 정치와 종교 모두를 관장하는 지도자로서의 모습을 국가의례를 통해 과시하고자 한 것이었다. 특히 동맹제는 성격상 천신을 주제하였으므로, 이런 의례를 통해 왕이 천신과도 교감할 수 있는 자로서 왕의 종교적 권위를 한층 돋보이게 하는 면도 있었을 것이다.

한편 고구려에서는 이러한 동맹제와 다른 또 하나의 제천의례가 『삼국사기三國史記』 온달전溫達傳에서 찾아진다.

> 고구려에서는 항상 3월 3일에 낙랑의 언덕에 모여 사냥을 하여, 잡은 돼지와 사슴으로 하늘과 산천신에 제사하였다. 이날 왕이 나가 사냥하는데 여러 신하와 오부五部의 병사들이 모두 따라갔다.[57]

56_ 『舊唐書』卷199 上, 列傳 149 上 高麗. "國城東有大穴 名神隧 皆以十月 王自祭之"
57_ 『三國史記』卷45, 列傳 5 溫達傳. "高句麗常以春三月三日 會獵樂浪之丘 以所獲猪鹿 祭天及山川神 至其日王出獵 羣臣及五部兵士皆從"

온달은 평원왕대平原王代(559~589)의 사람이므로, 왕이 낙랑 언덕에서 실시한 제천은 대략 6세기 후반에 행한 것으로 볼 수 있다. 또 낙랑 언덕에서 사냥하였다는 것으로 보아, 이와 같은 행사는 고구려가 낙랑을 복속시킨 이후인 미천왕美川王 14년(313)[58] 후가 되어야 가능하였을 것이다. 따라서 낙랑 언덕에서 행한 제천은 빨라야 4세기 전반경부터 시행되기 시작하여 늦어도 6세기 후반까지는 이어져 온 왕실의 제천의례라 할 수 있다.

그리고 제천시 돼지를 희생으로 한 사례는 이미 유리명왕대의 기사에서 확인되고, 또 사슴을 희생으로 한 것 역시 주몽이 비류국왕 송양을 굴복시키고자 하늘에 기도할 때의 사례에서도 볼 수 있다.[59] 따라서 낙랑 언덕에서 돼지와 사슴을 희생으로 하여 제사한 것은 왕실의 전통적인 관행이었다고 생각되며, 특히 사냥한 동물을 희생으로 삼았다는 점에서 수렵 의례적인 성격도 찾아진다고 할 수 있다.

특히 여기서는 천신과 함께 산천신까지 대상으로 삼아 제사하였던 점이 주목된다. 왜냐하면, 천天이 왕권의 정당화를 보증하는 대상으로 치제되었다면, 산천은 곧 천명을 받은 왕에 의해 통치되고 있는 영역의 신격으로 신앙된 것임을 보여주기 때문이다. 따라서 왕이 천은 물론 산천에까지 치제하고 있는 것은 국토에 대한 통치권의 확보를 의미하는 것일 수 있다. 그러나 산천제에 나타나는 이와 같은 성격에 대해서는 3章에서 설명하기로 하고 여기서는 생략한다. 다만 제천과 함께 산천제의 등장은 천신에게서 연원된 왕권의 정당성이 국토에 대한 왕의 지배력 강화를 위한 또 다른 측면으로 전개되어 갔다는 점만 지적해 두고자 한다.

3) 예의 무천

『삼국지』에 보이는 예濊의 사회에서는 대군장大君長은 없고 단지 후侯·읍군邑君·삼

58_ 『三國史記』 卷17, 高句麗本紀 5 美川王 14年 10月條.
59_ 『東國李相國集』 卷3, '東明王篇'에 인용된 『舊三國史』 참조.

로三老[60] 등의 관직이 있을 뿐이었다고 한다.[61] 이는 당시 예가 대군장에 의한 통치가 행해질 정도로까지 정치적인 통합을 이루지는 못하고, 지역사회의 우두머리들에 의해 각 지역이 통치되던 상황을 말해 준다. 이런 상황에서 예는 읍락邑落을 기본적인 사회 단위로 한 공동체 사회였을 것으로 생각된다.[62] 이렇게 보면, 예의 사회가 자신들의 거주 지역을 중히 여겼다는 것도 이해된다. 즉,

> 그 나라의 풍속은 산천을 중요시하여 산과 내마다 각기 구분이 있어 함부로 들어가지 않
> 는다. …(중략)… 또 읍락邑落을 침범하면 곧 벌로 생구生口와 소・말을 부과하는데, 이를 책화
> 責禍라 한다.[63]

여기 "산천각유부분山川各有部分"에 보이는 부분部分이란 곧 읍락이 자리 잡은 곳으로 생각되고 있다.[64] 그리고 이런 읍락에 침범했을 시에는 '책화'라 하여 노예・소・말 등으로 배상하는 관행이 있었다는 것이 위의 내용이다. 결국, 이런 내용을 통해 예 사회가 각 읍락별로 공동체적 생활을 영위하였다는 것으로 이해되지만, 그 이면에는 각 읍락 간에 배타적이고 고립적으로 영위되었던 모습도 찾아진다.

그렇다면 이와 같은 읍락 고립에 따라 읍락 내 성원 간의 유대감 강화 또는 읍락의 보호를 위해서도 제사에의 의존도도 강할 수밖에 없었을 것이다.

> 항상 10월에는 하늘에 제사지내는데, 밤낮으로 술 마시고 노래하며 춤추는데 이를 무천舞
> 天이라 한다. 또 호랑이를 신으로 여겨 제사한다.[65]

60_ 이들 명칭은 漢나라가 토착사회의 크기에 따라 그 지역의 우두머리에게 부여한 職名으로 파악된다[國史編纂委員會 編, 『中國正史朝鮮傳譯註』 1(1987), 279쪽 참조].

61_ 『三國志』 卷30, 魏書 30 東夷傳 濊傳. "無大君長 自漢已來 其官有侯邑君三老 統主下戶"

62_ 邑落은 삼국 초의 기본적 사회 단위로서 청동기나 초기철기문화를 기반으로 형성된 것으로 간주된다[윤선태, 「촌락구조와 민」, 『한국역사입문』①(풀빛, 1995), 205쪽].

63_ 『三國志』 卷30, 魏書 30 東夷傳 濊傳. "其俗重山川 山川各有部分 不得妄相涉入 …(中略)… 其邑落相侵犯 輒相罰責生口牛馬 名之爲責禍"

64_ 서영대, 「東濊社會의 虎神崇拜에 대하여」, 『역사민속학』 2(역사민속학회, 1992) 77쪽.

65_ 『三國志』 卷30, 魏書 30 東夷傳 濊傳. "常用十月節祭天 晝夜飮酒歌舞 名之爲舞天 又祭虎以爲神"

10월에 제천하였다는 내용에서 알 수 있듯이, 예의 무천은 수확제에 따른 농경의례의 성격이 짙다. 그러나 제천을 주제한 자에 대해서는 전혀 언급이 없어 분명치 않으나 "주야음주가무畫夜飮酒歌舞"라고 한 것으로 보아 고구려의 동맹과 같이 공동체적인 의례였던 것만큼은 분명하다. 다만 고구려와 달리, 예의 제천은 국왕에 의해 행해지는 의례가 아니었으므로 정치적인 성격은 찾아볼 수 없고 공동체 성원 간의 결속과 유대를 다지는 의의가 강하였다고 보인다.

한편 예에서는 호신제虎神祭를 통해 호랑이를 읍락의 수호신으로 신앙하였던 것이 아닌가 생각된다. 이처럼 읍락 수호를 위해 호신제를 지냈다면, 읍락 구성원들에게는 신의 보호를 받는다는 동질감을 부여하였지만, 다른 읍락에 대해서는 배타적인 측면으로 작용할 수도 있다. 따라서 예의 호신제가 단지 읍락 수호를 목적으로 한 제의로만 그칠 경우, 예의 사회가 다른 읍락과 연계감을 지닐 가능성은 그만큼 줄어들었을 것이다. 그리고 예의 사회가 읍락사회를 벗어나 더욱 발전된 사회로 통합되지 못하였던 것도 이와 같은 예 사회가 지닌 고립성·폐쇄성에서 찾아지는 것으로 이해된다.

결국, 예의 무천도 부여나 고구려에서와 같이 하늘을 대상으로 한 공동체적 의례였지만, 주제자가 국왕으로 대표되는 최고의 지배자에 의해서 행해진 것이 아니라는 점을 볼 수 있다. 반면 무천이 읍락 단위의 공동체 의례로 지속하여 읍락민들의 일체감 조성이라는 긍정적인 역할을 하였지만, 다른 읍락에 대해서는 배타적인 의례로 작용할 수 있었다. 이런 점이 예사회가 보다 발전된 사회로의 통합을 성취하지 못한 하나의 이유가 되지 않았을까 생각된다.

4) 마한의 천신제와 백제의 제천지

『삼국지』 한전韓傳에 의하면 마한의 종교의례에 대해 자세한 내용을 볼 수 있다. 그런데 여기에는 마한의 종교의례가 마치 관련된 하나의 내용인 듯 실려 있지만, 신앙 대상으로 나타나고 있는 귀신이 결코 동일한 신격이 아니므로 내용상 구분하여 살펴보는 것이 편리하다.[66]

a) 항상 5월에 씨 뿌리기를 마치고 귀신鬼神에게 제사한다. 여럿이 모여 노래하고 춤추며 술 마시고 노는데 밤낮으로 쉬지 않고 한다. 그 춤은 수십 명이 함께 일어나서 서로 따라가며 땅을 밟고 구부렸다 치켜들었다 하면서 손과 발로 서로 장단을 맞추는데, 그 가락과 율동이 (중국의) 탁무鐸舞와 비슷하다. 10월에 농사일을 마치고 나서도 이렇게 한다.

b) 귀신鬼神을 믿는다. 국읍國邑마다 각각 한 사람씩을 세워 천신天神의 제사를 주관하게 하는데 이를 천군天君이라 한다. 또 여러 나라에 각각 별읍別邑이 있으니 그것을 소도蘇塗라 한다. 큰 나무를 세우고 방울과 북을 걸어 놓고 귀신鬼神을 섬긴다. 그 지역으로 도망온 사람은 누구든 돌려보내지 않으므로 도적질하는 것을 좋아한다. 그들이 소도蘇塗를 세운 뜻은 부도浮屠와 흡사하나 그 행하는 바의 좋고 나쁨에는 다른 점이 있다.[67]

a)의 내용은 의례의 실시 시기가 5월과 10월이라는 점에서 농경의례로 간주된다. 따라서 이때 제사된 귀신鬼神이란 농경과 관련된 신격이었다고 할 수 있다. 게다가 이런 의례로부터 당시 마한인들은 농사의 결과를 신의 의지에 의한 것으로도 여겼던 관념이 확인된다. b)에 보이는 귀신은 천군天君이 주제主祭하였다고 한 것으로 보아 천신天神으로 이해된다. 다만 별읍에서 말하고 있는 귀신의 신격은 분명치 않다. 이처럼 당시 마한에서 신앙되고 있었던 귀신은 어느 특정한 신격을 의미한 것이 아니라, 토착신에 대한 범칭으로 보는 것이 타당하다.

그런데 b)에서 국읍마다 천군이 있어 천신에 대한 제사를 주관한다고 한 것은 마한에서도 제천의례가 행해졌다는 단서가 된다. 당시 마한馬韓 54국國에는 각 국마다 장수長帥라는 우두머리가 있었으며, 그 세력의 강약에 따라 신지臣智와 읍차邑借라 칭하였

66_ 최광식(앞의 책, 159~160쪽)과 井上秀雄(『古代東アジアの文化交流』, 183~187쪽)은 예문에서 든 b)의 내용을 다시 천군이 주제한 귀신과 별읍사회에서 신앙된 귀신으로 나누고 있다. 반면 宋華燮은 이를 農耕儀禮와 蘇塗儀禮를 의미하는 것으로 보고, 위 예문의 a)는 농경의례로, 그리고 b)는 소도의례로 구분한 바 있다[宋華燮, 「三韓社會의 宗教儀禮」, 『三韓의 社會와 文化』(신서원, 1995), 66~68쪽]. 여기서는 송화섭의 견해에 따른다.

67_ 『三國志』卷30, 魏書 30 東夷傳 韓傳. "常以五月下種訖 祭鬼神 羣聚歌舞 飲酒晝夜無休 其舞數十人俱起相隨 踏地低昂 手足相應 節奏有似鐸舞 十月農功畢 亦復如之 信鬼神 國邑各立一人 主祭天神 名之天君 又諸國各有別邑 名之爲蘇塗 立大木 懸鈴鼓 事鬼神 諸亡逃至其中 皆不還之 好作賊 其立蘇塗之意 有似浮屠 而所行善惡有異"

다고 한다.[68] 따라서 마한의 각국에는 장수라는 정치적 지도자와 천군이라는 사제자가 각기 정치와 종교를 분장하였다는 것이 된다.

그런데 b)에 보이는 별읍別邑, 즉 소도蘇塗[69]는 여러 나라마다 각각 있었다고 하였다. 그렇다면 각국마다 천군이 있었다는 국읍國邑과 또 여러 나라에 각기 있었다고 한 별읍이 결코 별개가 아니라, 국읍 중에서도 특히 천군이 관장하는 영역을 별읍으로서 소도蘇塗라 한 것이 아닌가 생각된다.[70] 별읍인 소도가 내용상 제장祭場[71]으로 전해지는 점과 이런 지역에 범법자의 도주 시 체포와 같은 강제력이 미칠 수 없었다고 하는 것도 이런 추측을 뒷받침한다.

그렇다면 별읍에서 섬긴 귀신도 천신으로 볼 수 있고, 천군의 종교적인 권위가 장수가 지닌 정치적인 권력보다 상위에 있었다고 할 수 있다. 그뿐 아니라 국읍에 비록 정치적인 지도자가 있었을지라도 민民들과 함께 거처[72]하고 있던 상황에서, 따로 별읍을 관장하는 천군의 위세가 당연히 높았을 것으로 보인다. 그리고 이처럼 천군이 지닌 종교적 권위가 유래하는 바는 실은 의례를 통해 천신과 교감할 수 있는 존재였다는 점에 있었을 것이다. 말하자면 천군의 종교적 권위란 곧 천신에게서 연원된다는 것이다.

더욱이 위 농경의례에서 보는 바와 같이, 신의 의지를 믿었던 마한인들의 입장에서 보더라도 천신과 교감할 수 있는 자로서 천군의 위상을 결코 낮추어 볼 수 없었을 것이다. 따라서 정치권력이 종교적 권위에 종속되는 상황에서 군장에 의한 사회통합은 기대하기 어렵다. 이 때문에 정치지도자에 의한 사제권의 장악이 사회발전에 필수적인 요건으로 나타나게 된다. 그리고 바로 이 점을 보여주는 사례가 마한 54국의 하나

68_ 위의 책. "各有長帥 大者自名爲臣智 其次爲邑借"
69_ 최근 宋華燮에 의해 소도 관련 문헌에 대한 전반적인 검토가 행해진 바 있다. 宋華燮, 「蘇塗關係文獻記錄의 再檢討」, 『震山 韓基斗博士 華甲紀念 韓國宗敎思想의 再照明』(이리, 圓光大學校出版局, 1993), 17~39쪽.
70_ 村上正雄, 「魏志韓傳に見える蘇塗の一解析」, 『朝鮮學報』 9(朝鮮學會, 1956); 許回淑, 「蘇塗에 관한 硏究」, 『慶熙史學』 3(慶熙大 史學會, 1972); 박호원, 「솟대신앙에 관한 연구」(한국정신문화연구원 석사학위논문, 1985).
71_ 金貞培, 「蘇塗의 政治史的 意味」, 『歷史學報』 79(歷史學會, 1978), 1~27쪽; 金杜珍, 「三韓 別邑社會의 蘇塗信仰」, 『韓國古代의 國家와 社會』(一潮閣, 1985), 93~124쪽.
72_ 『三國志』 卷30, 魏書 30 東夷傳 韓傳. "國邑雖有主帥 邑落雜居"

인 백제국伯濟國에서 찾아진다.

백제국은 본래 부여족夫餘族 계통의 고구려 유이민에 의해 건국된 나라로서 후에 백제로 발전하였다는 것이 역사학계의 일치된 견해이다.[73] 이와 같은 모습은 백제의 건국신화에 주몽이 시조로 전승되어 온 점[74]이나 시조묘에서 동명이 치제되고 있던 사실[75] 등에서 엿볼 수 있다. 이런 백제국이 비교적 이른 시기부터 천신뿐 아니라 지신을 포함하여 산천신에게도 치제하는 관행이 있었던 것으로 『삼국사기』에 다음과 같이 전하고 있다.

1代	溫祚王	20年(2)	2月	王設大壇 祠天地
		38年(20)	10月	王築大壇 祠天地
2代	多婁王	2年(29)	2月	王祀天地於南壇
8代	古尒王	5年(238)	正月	祭天地 用鼓吹
	古尒王	10年(243)	正月	設大壇 祀天地山川
	古尒王	14年(247)	正月	祭天地於南壇
			2月	拜眞忠爲右輔 眞勿爲左將 委以兵馬事
11代	比流王	10年(313)	正月	祀天地於南郊 王親割牲
13代	近肖古王	2年(347)	正月	祭天地神祇 拜眞淨爲朝廷佐平
17代	阿莘王	2年(393)	正月	又祭天地於南郊 拜眞武爲左將 委以兵馬事
18代	腆支王	2年(406)	正月	祭天地於南壇 大赦
24代	東城王	11年(489)	10月	王設壇 祭天地

이처럼 비교적 이른 시기부터 단壇을 쌓고 시행한 백제의 천지제는 사실 중국 천자가 남교南郊에 단을 쌓고 행한 교제사郊祭祀와 흡사하다. 이 때문에 이런 내용을 중국

73_ 李基白·李基東, 앞의 책, 130~131쪽.
74_ 『三國史記』 卷23, 百濟本紀 1 始祖 溫祚王.
75_ 『三國史記』 卷32, 雜志 1 祭祀.

천자의 제사를 본뜬 것으로서 백제 고유의 의례가 아니라고 하는 견해[76]도 있으나, 부여·고구려·동예에서와 같이 범부여계 민족들이 흔히 제천의례를 행하고 있었던 만큼 백제의 제천의례 자체까지 부정할 수는 없을 것이다. 그보다는 백제의 제천지祭天地를 범부여계의 공통된 문화의식으로서 고유한 유래와 전통을 가진 것으로 파악하는 견해[77]가 설득력 있어 보인다. 게다가 유교사관에 입각하여 편찬된 『삼국사기』에 중국 천자례를 행한 백제의 기사가 그대로 게재되고 있었던 것도, 비록 형식에서는 중국화된 것일지라도 백제 고유의 전승으로 판단한 증거가 아닐까 한다.

이런 관점에 근거하여 백제의 천지신제를 검토하기로 한다. 우선 주목되는 것은 백제에서는 왕이 천天과 함께 지地에 대해서도 치제를 행하고 있는 점이다. 여기의 지地는 천天에 대응되는 우주론적宇宙論的 '지地'로 간주할 수도 있겠으나,[78] 보다 구체적으로는 당시 백제의 통치영역을 의미하는 것으로 볼 수 있다. 따라서 이 경우 지地란 당시 백제인들이 거주하고 있던 지역과 곡물을 산출하는 대지 모두를 포함하는 개념으로 이해된다. 더욱이 제천지가 행해진 시기가 정월이나 2월 또는 10월로 나타나고 있는 것도 이 의례의 목적이 본래 기풍이나 예축 또는 수확제를 위한 것이었음을 보여준다.[79] 그리고 바로 이와 같은 사정을 마한사회와 비교하여 보면 그 차이점이 더욱 분명히 드러난다.

즉 마한사회는 앞서 본 바와 같이 정치적 군장과 종교적 사제장이 분화되어 있었을 뿐 아니라, 종교의례에서도 농경의례와 천신의례로 나누어져 있었다. 다시 말해 이런 내용은 마한사회가 정치적 통합성이나 종교적 의례 행위에서 그만큼 사회적 결속을 약화시키는 요인들을 내포하고 있었음을 보여주는 것이다. 반면 백제는 이른 시기부터 국왕에 의한 천지제가 행해짐으로써 정치와 종교의 일원화一元化가 이루어졌으며,

---

76_ 洪淳昶,「古代 韓民族의 大地 및 穀物崇拜에 대하여」,『東洋文化』9(大邱, 嶺南大 東洋文化研究所, 1969), 99~100쪽.

77_ 車勇杰,「百濟의 祭天祀地와 政治體制의 變化」,『韓國學報』11(一志社, 1978), 62쪽.

78_ 琴章泰, 앞의 논문, 99쪽.

79_ 井上秀雄,『古代東アジアの文化交流』(1993), 189~190쪽; 최광식,「토착신앙과 제사의례」,『한국사』4(한길사, 1994), 234쪽.

또한 국왕의 천지제에는 농경 의례적인 요소까지 포함되어 있었다. 따라서 백제는 이와 같은 의례의 실시를 통해 사회통합이 쉽게 이루어졌을 것으로 가정할 수 있다.

한편 제천지와 관련하여 알동명묘謁東明廟가 행해지고 있었던 점도 유의할 필요가 있다. 시조묘로는 온조왕 원년(기원전 18) 5월 동명왕묘東明王廟의 건립[80] 후, 『삼국사기』 백제본기百濟本紀에 다음과 같이 역대 왕들에 의한 알동명묘의 사례가 찾아진다.

2代	多婁王	2年(29)	正月	謁始祖東明廟
6代	仇首王	14年(227)	4月	大旱 王祈東明廟
9代	責稽王	2年(287)	正月	謁東明廟
10代	汾西王	2年(299)	正月	謁東明廟
11代	比流王	9年(312)	4月	謁東明廟 拜解仇爲兵官佐平
12代	契王	2年(345)	4月	謁始祖東明廟祭祀志에만 보임
17代	阿莘王	2年(393)	正月	謁東明廟
18代	腆支王	2年(406)	正月	王謁東明廟

이처럼 백제왕들의 알동명묘는 주로 즉위 2년 정월에 행해지고 있는데, 이 역시 고구려나 신라에서와 같이 시조묘제가 곧 신왕의 즉위의례였다는 점을 보여준다. 그런데 알동명묘를 다시 위의 천지제와 비교하여 보면, 다음 사실이 확인된다. 즉 다루왕多婁王·아신왕阿莘王·전지왕腆支王은 모두 즉위 2년 정월에 알동명묘를 행한 후 제천지를 행하고 있다. 따라서 국왕의 제천지는 즉위의례의 목적으로도 행해졌을 가능성이 높다. 더욱이 근초고왕의 경우 알동명묘는 행하지 않았지만 대신 즉위 2년 정월에 제천지를 실시하고 있는 점에서 보더라도 제천지가 지닌 즉위의례적인 성격은 명백하다.[81] 따라서 즉위의례로서의 알동명묘 또는 제천지는 신왕의 즉위를 시조 또는 천지

80_ 『三國史記』 卷23, 百濟本紀 1 始祖 溫祚王.
81_ 吉岡完祐, 앞의 논문, 40~44쪽.

신에게 고함으로써 이들로부터 이를 승인받는 절차였다고 할 수 있다. 특히 고이왕古 尒王 이후 제천지나 알동명묘 때 중신重臣을 임명한 기사도 나타나는데, 이는 이러한 의례행위가 동시에 어떤 정치적인 의의를 지닐 수도 있었다는 점을 보여주는 것이기 도 하다. 즉 신왕의 즉위에 따른 의례의 일환으로서 중신 임명과 같은 일대 혁신을 꾀함으로써 새로운 시대의 시작을 천명한 것으로 해석된다.

이상에서 백제의 제천지에는 농경의례·즉위의례·정치개혁의 천명 등과 같은 성 격이 있다는 것을 보았다. 요컨대 백제의 이와 같은 제천지는 국왕이 천지신과 교감 할 수 있는 자라는 것을 의미하기도 하므로, 마한사회에서 천군이 행한 제천에 비해 사회 통합적인 면이나 정치적인 의의가 더 강하게 나타나고 있었다는 것을 뜻한다.

이외 『주서周書』(557~581년 사이 간행)에서는 백제의 제사에 대해 다음과 같은 내용을 전하고 있다.

> 왕은 4중월仲月에 천天 및 오제신五帝神을 제사한다. 또 해마다 네 번 시조始祖 구태묘仇台廟에 제사한다.[82]

그런데 『삼국사기』에서는 백제의 제천의례가 5세기 말인 동성왕대東城王代에 그치고 있는 데 반해, 『주서』는 6세기 후반에 이르러서도 백제의 왕이 여전히 제천의례와 함 께 시조제를 지낸 사실을 보여준다. 더욱이 6세기 후반에는 전시기에 보이지 않던 오 제신五帝神까지 새로 치제의 대상이 되었음을 알 수 있다. 여기 오제五帝는 동東·서 西·남南·북北·중앙中央의 천제天帝를 가리키는 것으로 보이므로,[83] 오제신의 수용을 통해 곧 중국제례의 도입을 시사 받을 수 있다. 그러나 1년 4회씩 치러지는 의례는 본래 이러한 의례가 시행되던 목적에서 벗어나 형식화된 의례로의 전환을 보여주는 것이기도 하다. 따라서 이 시기에 전승되던 왕의 제천의례나 시조묘제는 단지 왕의

82_ 『周書』 卷49, 列傳 41 異域 上 百濟. "其王以四仲之月 祭天及五帝神 又每歲社祠其始祖仇台之廟" 또한 이와 거의 동일한 내용이 『隋書』와 『册府元龜』(卷95, 外臣部土風 1 百濟條)에도 인용되어 있다.
83_ 井上秀雄, 앞의 책, 187쪽.

권위를 보조하는 형식적인 절차에 불과하였을 것으로 생각된다.

5) 신라의 제천

『삼국사기』제사지祭祀志에는 신라가 본래 산천제는 지내왔으나 제천의례는 행하지 않았다고 하여 다음과 같이 말하고 있다.

> 사전祀典에 나타난 것이 다 국내의 산천山川뿐이고, 천신天神・지신地神에는 미치지 않았다.[84]

그러나 신라 건국신화에 시조 박혁거세朴赫居世와 6촌장村長이 모두 하늘로부터 강림하였다는 내용[85]이 보이고, 김씨의 시조 알지閼智도 하늘로부터 경주의 시림始林으로 내려왔다고 하는 전승[86]이 있었던 것으로 보아, 신라에서도 일찍부터 천신신앙이 전승됐을 것으로 추정된다.

그뿐 아니라 '연오랑延烏郞・세오녀細烏女' 설화說話에서는 신라 초기에 제천행사가 행해졌던 흔적도 찾아볼 수 있다. 즉 아달라왕阿達羅王 8년(161) 동해변東海邊에 살던 연오랑・세오녀 부부가 바위를 타고 일본으로 건너가 왕이 되었는데, 이 일로 신라에는 해와 달이 빛을 잃게 되었다고 한다. 그래서 왕은 사신을 시켜 두 사람을 찾아가게 하였더니, 연오가 말하기를,

> "내가 일본에 오게 된 것은 하늘이 시킨 것이니 지금 어찌 돌아갈 수 있겠는가. 그러나 나의 왕비가 짠 비단으로 하늘에 제사한다면 될 것이다"라 하고 그 비단을 주었다. 사신이 돌아와 아뢰니, 그 말대로 제사를 지냈다. 그런 후 해와 달이 예전과 같이 되었다.

84_ 『三國史記』卷32, 雜志 1 祭祀條. "又見於祀典 皆境內山川 而不及天地者"
85_ 『三國遺事』卷1, 紀異 2 新羅始祖 赫居世王.
86_ 『三國遺事』卷1, 紀異 2 金閼智 脫解王代.

고 하였는데, 이 일로 제천지소祭天之所를 영일현迎日縣이라 하였다고 한다.[87]

실제 아달라왕 7년에는 폭우로 인가人家가 떠내려가고 성문이 무너진 일이 있었고, 8년에는 곡곡穀·어물魚物에 피해가 있었으며, 9년에는 왕이 지금의 영덕盈德으로 추정되는 사도성沙道城에 순행한 사실이 연차적으로 기록되어 있다.[88]

이런 사실로 보아 아달라왕 8년의 제천 사실을 단지 설화적인 허구로만 간주할 수는 없다. 그보다는 당시 국가에 초래된 재난을 하늘의 견책으로 여긴 왕실에서 이에 대한 대응 방식으로서 제천을 행한 것이 아닌가 생각한다. 더욱이 재위 9년에 왕이 순행한 사도성이 현재의 영일 부근이므로, 이를 8년의 제천과 관련지어 본다면 1년의 차이를 두고 동해변에서 제천과 순행이 있었다는 것이 된다. 다시 말해 비슷한 장소에서 비슷한 시기에 제천과 순행이 행해졌다는 것이다.

본래 왕자王者의 순수巡守에는 하늘과 산천에 제사지내는 제의적 측면과 지방관의 통제·풍속의 교정·민심의 수습 등과 같은 정치적 측면이 있었다는 점을 고려할 때,[89] 아달라왕이 제천과 관련하여 순행하였다는 것은 결코 이상하지 않다. 또한, 왕은 국가적인 재난에 치제致祭를 통하여 신의 도움을 청하기도 한 사실[90]에서, 아달라왕 9년의 순행은 8년 제천의 부수적인 행사로서 행해진 민심 수습을 위한 것이었는지도 모른다. 더욱이 『삼국사기』가 유가적儒家的인 시각에 근거하여 편찬된 것임을 고려할 때, 왕이 제천을 행한 사실을 삭제하고 순행 사실만을 남긴 것이 아닐까 생각된다. 다만 이런 사실이 한편에서는 설화적 표현으로 민간에 전해진 것이고 다른 한편에서는 합리적인 서술로 기술된 결과 이와 같은 차이가 나오게 된 것으로 보인다. 요컨대

87_ 『三國遺事』 卷1, 紀異 2 延烏郎·細烏女. "我到此國 天使然也 今何歸乎 雖然朕之妃有小織細綃 以此祭天可矣 仍賜其綃 使人來奏 依其言而祭之 然後日月如舊 … 祭天所名迎日縣"

88_ 『三國史記』 卷2, 新羅本紀 2 阿達羅尼師今條.

89_ 金瑛河, 「新羅時代 巡守의 性格」, 『民族文化研究』 14(高麗大學校 民族文化研究所, 1979), 199~247쪽.

90_ 天災에 대한 대응으로 행한 국왕의 치제에서 보듯이, 국왕은 제사장적인 성격을 지닌 자이기도 하다. 이에 대해서는 다음 논문들이 참조된다. 井上秀雄, 「王者의 死와 天災」, 『古代朝鮮史序說』(1978), 199~296쪽; 서영대, 「한국 고대의 종교전문가」, 『仁荷』 20(仁荷大學校, 1984), 382~396쪽; 申澄植, 「三國時代 王의 性格과 地位」, 『韓國古代史의 新研究』(一潮閣, 1984), 92쪽; 羅喜羅, 「新羅初期 王의 性格과 祭祀」, 『韓國史論』 23(서울대 국사학과, 1990), 443~490쪽.

신라 초기 왕실에서 행한 제천의례의 편린을 신라의 시조신화와 '연오랑·세오녀' 설화를 통해 확인할 수 있다.

한편 '문무왕릉비文武王陵碑'에 의하면, 실제로도 신라 왕실에서 제천을 행한 사실이 확인된다. 비문에서 관련 내용만 보면 아래와 같다.

> 그 신령스러운 근원은 멀리서부터 내려와 화관지후火官之后에 창성한 터전을 이었고, 높이 세워져 바야흐로 융성하니 이로부터 □지枝가 영이함을 담아낼 수 있었다. 투후秺侯 제천지윤祭天之胤이 7대를 전하여 …… 하였다.[91]

'문무왕릉비文武王陵碑'에는 대체로 신라에 대한 찬미와 함께 신라 왕실의 내력과 태종무열왕(654~661) 및 문무왕(661~681)의 사적, 그리고 문무왕의 유언과 장례 사실 등이 기록되어 있다.[92] 이 중 위에 제시한 비문의 내용은 문무왕에 이르는 왕실의 유래와 문무왕의 위덕을 찬양한 부분에 보인다. 따라서 비문에 "제천지윤祭天之胤 전칠엽傳七葉"이란 말은 제천을 행한 선조로부터 7대가 전해져 문무왕에 이르렀다는 것으로 이해된다. 이에 근거하여 문무왕으로부터 7대조를 소급하여 보면 바로 지증왕智證王(500~514)이 이에 해당한다. 그러므로 제천지윤 전칠엽"은 지증왕이 처음 제천을 행한 후 문무왕에게까지 이어져 왔다는 것으로 해석할 수 있다. 아울러 이런 내용은 제천의 례가 지증왕 이후 문무왕에 이르기까지 김씨 왕족에 한정되어 전승되어 온 사실을 보여주는 것이기도 하다.[93]

이상 신라의 시조신화를 통해서 막연하나마 신라에도 천신에 대한 신앙이 있었으며, '연오랑·세오녀' 설화에 근거하여 비교적 이른 시기에 행해진 제천의 사례를 보았다. 그리고 '문무왕릉비文武王陵碑'는 6세기 전반부터 삼국통일기인 7세기 후반까지

91_ 명문과 판독문은 韓國古代史會硏究會 編, 『譯註 韓國古代金石文』II(1992)에 근거하였다. "靈源自夐 繼昌基於火官之后 峻構方隆 由是克□□枝載生英異 秺侯祭天之胤 傳七葉以□□焉" 참고로 이 비의 건립 연대에 대해서는 神文王 1년(681) 또는 신문왕 2년(682)설 등이 제기된 바 있다.

92_ 위의 책, 124~127쪽.

93_ 浜田耕策, 「新羅の神宮と百座講會と宗廟」, 『東アジアにおける儀禮と國家』(日本古代史講座 9, 1992).

신라 왕실에서 행해 온 제천의례의 전승을 보여준다는 점에 주목하였는데, 결국 이런 사례들은 신라에서도 제천의례가 시행되었다는 것을 보여준다.

지금까지 대략 1세기에서 7세기에 걸쳐 한국사회에서 행해진 제천의례의 여러 양상에 대해 살펴보았다. 이를 통해 제천의례에는 농경 의례적인 성격은 물론 부여나 고구려에서와 같이 수렵 의례적인 전통도 잔존해 있다는 것을 알 수 있었다. 그러나 제천의례는 단지 이와 같은 생산 의례적인 성격만 지니고 있었던 것은 아니었다. 이 점에 대해서는 제천의례를 보면서 일부 언급하긴 하였지만, 제천의례가 지닌 의미라는 측면에서 절을 달리하여 좀 더 구체적으로 살펴보기로 한다.

2. 제천의례의 의미

제천의례가 지닌 의미를 검토하기에 앞서 제천의례에서 대상으로 나타나는 천신에 대해 살펴보고자 한다. 이는 당시 사람들에게 있어서 천신이 어떻게 인식되었느냐 하는 문제의 규명은 물론 제천의례가 지닌 본래의 의미도 더 분명하게 밝혀질 것으로 기대되기 때문이다.

한국의 천신신앙으로는 선사시대의 유물 등에 보이는 태양 숭배적인 요소를 통해 천신신앙의 연원과 이에 대한 의례 실시의 가능성도 엿볼 수 있지만,[94] 이 이상의 접근은 현재로서 곤란한 형편이다. 그보다는 건국신화建國神話에 보이는 천신관을 통해 당시 사람들의 천신신앙에 대해 접근하는 것이 이해의 폭을 넓힐 수 있다고 생각한다.

이를 위해 먼저 각 신화에서 시조의 출생出生 유래由來 부분部分만 발췌하여 보면 대략 다음과 같이 정리된다.

94_ 崔根泳,「韓國 先史·古代人의 太陽崇拜思想의 一側面」,『千寬宇先生還曆紀念 韓國史學論叢』(正音文化社, 1985), 23~49쪽.

古朝鮮 桓雄	천상으로부터 태백산太伯山으로 강림(『삼국유사』)
夫餘 東明	천상으로부터 그 모母에게 내려온 이기異氣에 감잉感孕된 후 출생(『논형論衡』)
高句麗 朱蒙	천제天帝(또는 황천皇天)의 자子로 난생卵生(광개토왕릉비廣開土王陵碑)
百濟 溫祚	동명東明의 자子(『삼국사기』)
新羅 朴赫居世	천상으로부터 양산楊山으로 강림(『삼국유사』)
駕洛 首露	천상으로부터 구지봉龜旨峰으로 강림(『삼국유사』)

이처럼 건국신화에 보이는 시조는 백제의 온조 전승을 제외하고는 모두 천상에 연원을 둔 자로 되어 있다. 이런 사실은 당시 사람들이 대부분 자신의 시조를 천상에서 강림한 자로 여겼으며, 이를 통해 시조의 신성함과 건국의 합리화를 의도하였음을 알수 있다. 여기서 건국신화란 천상에서 강림한 시조에 의한 통치의 정당성을 설명함으로써, 기본적으로 정치권력을 정당화하고 신성화하는 기능을 지녔다고 할 수 있다. 이런 점에서 시조의 신성함과 권력의 정당성이 곧 천상으로부터 유래된다는 점에 주목하게 된다. 이때 천상은 단지 물리적인 현상으로 존재하는 것이 아니라 보다 근원적이고 초월적인 존재로서의 지고신至高神으로 나타나게 된다.

지고신이란 하나의 종교현상에서 최고의 지위를 차지하는 신으로서 창조력을 지니며 전지전능全知全能한 존재로서 인간사人間事에 직접 간여하기도 하지만, 흔히 창조와 인간사에 도덕이나 법칙 등을 제정한 후에는 '사라지는 신(Deus Otiosus)'[95]으로서의 속성을 지니고 있다. 따라서 인간도 특별한 경우가 아니라면 지고신에게 직접 제의를 행하지 않으며, 지고신에 대한 신전神殿이나 신상神像도 없는 경우를 보게 된다.[96] 대신 지고신은 그 역할의 대부분을 보다 전문화된 기능신에게 대치하는 경우가 많다. 또한, 지고신은 일반적으로 천상에 거주하는 것으로 생각되며 남성 즉 천부신天父神으

95_ 大林太良, 『神話學入門』(中央公論社, 1988), 74쪽.
96_ 서영대, 「단국신화와 고조선의 천신숭배」, 『한국사』 2(한길사, 1994), 299쪽.

로 나타나지만, 어떤 민족에서는 지모신地母神으로 나타나는 사례도 전한다.[97] 그리고 이 경우 천부신으로서의 지고신은 주로 수렵狩獵·유목문화적遊牧文化的인 전승이며, 지모신은 농경 문화적인 전승으로 이해되고 있는데, 이때 전지성全知性만큼은 천부신에게만 나타나는 고유한 속성으로 이해된다.[98]

이렇게 볼 때, 건국신화 상의 천신에게는 창조신이 지녀야 할 성격이 그렇게 뚜렷이 나타나지 않는 점을 보게 된다. 그러나 무가巫歌에 천지개벽과 같은 창세 신화적인 요소[99]가 보이는 만큼 창조신의 존재도 가정할 수 없는 것은 아니다. 또 단군신화의 환인桓因[100]이 환웅桓雄에게 천부인天符印과 함께 풍백風伯·우사雨師·운사雲師를 거느리고 지상으로 하강케 하여, 인간의 농사·생명·질병·형벌 등 360여 사를 주관케 한 것[101]은 환인이 지고신[102]으로서 지상의 주재자인 점을 명시해 주는 것으로 생각된다.

신화에서뿐 아니라 천신의 초월적인 관념은 『삼국사기』나 『삼국유사』 등의 문헌에 보이는 천신신앙을 통해서도 확인되는데, 관련 사례를 몇 개 들어보고자 한다. 다만 제천의례가 지닌 농경 의례적인 성격에 대해서는 이미 앞에서 살펴본 바 있고, 이는 천신이 농사의 풍흉을 좌우하는 신으로 인식되었음을 의미하는 것이기도 하므로, 굳이 이런 사례에 대해서는 제시할 필요는 없다고 본다.

○ 부여왕 해부루解夫婁가 자식을 얻자 이를 하늘이 주었다고 함(『삼국유사』 권1, 기이2)

97_ Raffaele Pettazzoni, "至上者"[M. Eliade & Kitagawa ed, 1974, The History of Religion : 李恩奉 譯, 『宗教學入門』(成均館大學校出版部, 1982), 102~103쪽].

98_ Raffaele Pettazzoni(李恩奉 譯, 위의 책, 111쪽).

99_ 김헌선, 『한국의 창세신화』(길벗, 1994).

100_ 桓因이란 명칭에 관해서는 '하늘·하느님'의 音譯이라는 주장[李丙燾, 「檀君說話의 解釋과 阿斯達問題」, 『韓國古代史硏究』(博英社, 1976)]과 佛敎의 '釋迦提桓因陀羅' 또는 '帝釋桓因'에서 나온 것이라는 주장이 있다[黃浿江, 「檀君神話의 한 硏究」, 『白山學報』 3(白山學會, 1967)]. 또 환인의 신격에 대해서도 天神으로 보는 견해(이필영, 「단군신화의 기본구조」, 『白山學報』 26(白山學會, 1981), 12~13쪽]도 있지만, 대부분 太陽神으로 이해하는 경향이 강하다. 환인을 태양신으로 보는 견해에 대해서는 다음과 같은 논문들이 있다. 崔南善, 「檀君古記箋釋」, 『思想界』 2월호(思想界社, 1954), 70쪽; 金廷鶴, 「檀君神話와 토오테미즘」, 『歷史學報』 7(歷史學會, 1954) 286~287쪽; 朴時仁, 『알타이神話』(三中堂, 1980), 102쪽; 李萬烈, 「韓國古代에 있어서의 토오테미즘的 要素에 대하여」, 『李海南博士華甲紀念史學論叢』(1970), 12쪽.

101_ 『三國遺事』 卷1, 紀異 2 古朝鮮.

102_ 李恩奉, 『韓國古代宗敎思想硏究』(集文堂, 1984), 77~83쪽.

○ 탈해왕脫解王이 시림始林의 궤에서 남아男兒가 나오자 이는 하늘이 자신에게 자식을 점지한 것이라 함(『삼국사기』 권1, 신라본기1)

○ 상왕上王이 자식을 얻자 이를 하늘이 사자嗣子한 것이라 함(『삼국사기』 권16, 고구려본기4)

○ 경덕왕景德王이 표훈대사表訓大師에게 청하여 천신에게 남아를 점지해 달라 함(『삼국유사』 권2)

○ 이와 같은 자는 하늘의 죄를 얻을 것이다.(울진봉평신라비蔚珍鳳坪新羅碑)[103]

○ 김암金巖이 산정山頂에 올라 기천祈天하여 황재蝗災를 없애다.(『삼국사기』 권43, 열전3)

○ 대무신왕大武神王은 군량軍糧이 다하자 천신天神에게 음조陰助를 바라다.(『삼국사기』 권14, 고구려본기2)

이상 몇몇 예를 들어보았는데, 여기서 천신은 기자의 대상이거나 천벌의 시행자 또는 방재防災나 음조의 대상신으로 인식되고 있었던 점을 볼 수 있다.

흔히 지고신은 자신의 대리자로 하여금 지상에서의 통치를 대행케 하기도 하는데, 이와 같은 천신의 모습 역시 건국신화에서 찾아진다. 즉 건국신화에 시조의 부계父系를 천상에서 구하고 있는 것이 그런 사례인데, 이는 시조가 천부신天父神의 자손子孫으로서 지상에 강림한 점을 드러내고자 한 것으로 이해된다. 따라서 이와 같은 건국신화의 전승을 통해 천신이 지고신으로 인식된 관념이 그 바탕에 있었다고 생각된다.

한편 이러한 지고신의 관념을 중국의 지고신 관념[104]과 비교해 볼 때, 양자 모두 정치권력의 정당성을 뒷받침한다거나 그 원천을 하늘에서 구하고 있다는 점에서 공통성이 있지만, 중국과 차이점도 찾아볼 수 있다. 즉 한국은 천상에서 내려온 시조에 의해 바로 건국이 이루어지는 데 반해 중국에서는 천상에서 내려온 시조에 의해서가 아니라 그 시조의 후손 대에 와서 건국이 행해진다는 점이다. 따라서 이것은 한국이 중

103_ 崔光植, 「蔚珍鳳坪新羅碑의 釋文과 內容」, 『韓國古代史研究』(知識産業社, 1989), 89~108쪽

104_ 中國에서 지고신으로서의 天神觀은 殷代의 上帝에서부터 찾아진다(池田末利, 「續帝釋・天」, 『中國古代宗教史研究』(東海大學出版會, 1981), 47~63쪽]. 그러나 周代에 들어와서는 지고신적 측면과 함께 점차 윤리적 측면이 강화되어 이른바 天命思想이 대두되는 것으로 이해된다(金能根, 『儒教의 天思想』(崇實大學校出版部, 1988)].

국과 비교하면 지고신의 후손이라고 하는 관념을 보다 뚜렷하게 지닌 것으로 해석될 수 있다고 한다. 또 주대周代에 들어와 성립되는 천명설天命說, 즉 지고천신에 의한 왕자王者의 선택이라는 관념도 한국에서는 두드러지지 않는데, 이것 역시 그런 차이점 중의 하나라고 할 수 있다.[105]

이와 같은 지적은 매우 타당하다고 생각되며, 이에 따라 건국신화가 시조의 신성함과 건국의 정당성을 들어내고자 하였다는 것은 분명해 보인다. 그리고 바로 이런 점에서 시조와 시조를 낳은 천신은 서로 구별되는 존재로 볼 수 있는 근거가 되기도 한다. 다시 말해, 천신은 시조에 비해 더욱 상위의 존재로 여겨졌다는 것이다. 이미 앞에서 본 바와 같이, 고구려와 백제는 천신제와 시조제에 왕의 즉위의례적인 성격이나 농경 의례적인 성격이 포함되어 있다는 점에서 내용상 미분성未分性을 보여주긴 한다. 그뿐 아니라 신라新羅 6촌장村長의 시조전승始祖傳承[106]이 시사하듯이, 시조와 천신은 매우 밀접한 존재이기도 하다. 더구나 여기서는 시조를 천신의 후손으로 관념한 시조전승을 통해, 시조와 천신신앙의 밀접성은 물론 천신신앙의 배타적인 측면과 그리고 이는 기본적으로 지배층의 권익을 옹호하는 신앙체계였다는 것도 알 수 있다. 더욱이 이것은 천신신앙의 형성 배경과 제천의례의 실시 배경으로서의 정치적 지배계층의 등장이라고 하는 점을 엿보게 한다.

그러나 예나 마한사회에서는 강력한 정치 지배자의 확립을 이루지 못하였는데도 제천이 행해진 사실을 본 때, 천신신앙의 형성을 일률적으로 정치적 발전과 결부시킬 수는 없다고 생각한다. 그렇지만 예와 마한사회가 이후 고구려나 백제로 흡수된 사실에 주목한다면, 예와 마한사회의 제천의례 또한 고구려나 백제의 의례로 흡수되었거나 아니면 더 이상의 전승이 허용되지 않았을 것으로 보인다.

한편 고구려·백제·신라 등 삼국에서는 모두 시조에 대한 제사가 제천의례 못지 않은 비중을 차지하고 있었다. 특히 제천의례와 시조제에서는 의례 실시와 관련하여

105_ 서영대, 앞의 논문.
106_ 『三國遺事』 卷1, 紀異 2 新羅始祖 赫居世王條.

대사大赦나 사곡賜穀·임명任命 등의 부수적인 조치가 취해지곤 하였다는 점에 두 의례 간의 유사한 양상을 볼 수 있다. 가령 대사大赦는 고구려 동천왕과 백제 전지왕이 각각 시조묘제와 천지제를 행한 후 내리고 있다. 또 진급賑給이나 사곡은 고구려 고국원왕과 안장왕이 시조묘에 제사를 지낸 후에 행해지며, 그리고 백제의 사례이지만 대신의 임명은 고이왕·근초고왕·아신왕의 경우 천지제에서 보이고 비류왕은 동명제에서 각각 행한 바 있다. 또한, 신라도 시조묘始祖廟나 신궁神宮에의 제사 후, 대사大赦 또는 대신 임명 등의 조치는 흔히 수반되고 있었다.[107]

이처럼 삼국 모두 국가적인 의례에서 대사·대신 임명·사곡 등의 조치를 수반하고 있다는 것은 이런 조치가 곧 제의에 따른 부수적인 행사였다는 점을 시사하고 있다. 따라서 대사나 대신 임명이 제의의 정치적 측면[108]이라거나 혹은 그런 결정의 신성성을 종교적으로 정당화하기 위해서라는 견해[109] 등이 참고 된다. 그렇지만 대사나 대신 임명이 특정인을 대상으로 한 것과는 달리 진급이나 사곡은 백성 일반에 대한 왕의 사여라는 점에서 유교적 덕치주의의 발현을 보게 된다. 그리고 이는 다소나마 유교적 왕도 사상의 수용을 추정케 하며, 이런 점에서도 고구려는 비교적 일찍부터 중국의 유교사상을 받아들였을 것이라는 추정[110]은 수긍된다.

이처럼 제천이나 시조제에서 삼국 모두 대사大赦나 대신의 임명 등을 행하고 있는데, 여기서 제의 대상의 차이에도 제천례나 시조제에서 모두 동일한 조치들이 취해지고 있다는 점에 주목하게 된다. 다시 말해 두 의례가 각기 천신과 시조신을 대상으로 한 것이면서도, 대사나 대신의 임명과 같은 조치는 제의의 대상과 상관없이 공통으로 나타난다는 것이다. 이렇게 볼 때, 제천의례와 시조제는 그 성격상 뚜렷한 차이가 나

107_ 新羅 始祖廟 및 神宮祭와 관련된 기존 논의의 검토로는, 崔在錫,「新羅의 始祖廟와 神宮의 祭祀」,『韓國古代社會史研究』(一志社, 1986), 244~255쪽; 姜種薰,「神宮의 設置를 통해 본 麻立干時期의 新羅」,『韓國古代史論叢』6(駕洛國史蹟委員會, 1994), 193~204쪽 등에 정리되어 있다. 또 신라 왕실의 조상제사와 왕권과의 관계를 다룬 논고로, 羅喜羅,「한국 고대의 신관념과 왕권」,『國史館論叢』69(國史編纂委員會, 1996), 117~154쪽이 참고 된다.
108_ 崔在錫, 위의 논문, 236~243쪽.
109_ 盧重國,「4~5世紀 百濟의 政治運營」,『韓國古代史論叢』6(駕洛國史編纂委員會, 1994), 167쪽.
110_ 鄭璟喜,「三國時代 社會와 儒敎」,『韓國古代社會文化研究』(一志社, 1990), 354~363쪽.

타나지 않는다고 할 수 있다.

그러나 그렇다고 하여 이런 사실이 시조제와 천신제를 동일한 제의로 단정할만한 근거가 되는 것도 아니다. 왜냐하면, 시조제는 그 성격상 왕실에 한정된 전승일 수밖에 없지만, 제천은 이를 지양한 국중대회로서 거국적인 측면이 더 강하기 때문이다. 바꿔 말하면, 시조제가 시조와 신왕新王과의 관계를 강조하고 있다면, 제천의례에서는 왕과 천신과의 관계를 부각함과 동시에 천신이 마치 지상의 모든 것을 주재하듯이 제천을 통해 왕이 천신의 대리자로서 지상에의 통치를 정당화하였다는데 그 의미가 있다. 따라서 친사시조제親祀始祖祭가 신왕의 즉위를 정당화하는 절차였다면, 제천의례는 왕이 초월적인 천신과 직접 연결되는 존재라는 점을 거국적으로 인식시키는 절차였다는데 본질적인 차이가 내재해 있다고 할 수 있다.

또한, 제천의례는 매년 정기적으로 치러졌지만, 친사시조제는 기본적으로 즉위의례였기 때문에 특별한 경우를 제외하고는 대체로 왕의 재임 중 1회에 한해 치러졌다는 것도 두 의례가 보여주는 차이점이다. 다만 제의의 목적만 성취될 수 있다면, 그 대상이 천신이나 시조신에 상관없이 어느 신에게든 기원하고자 하는 현상은 있을 수 있는 일이며, 이것이 오늘날의 민속신앙에서도 찾아볼 수 있는 현상이다.

그러나 삼국의 시조제는 모두 건국 초기부터 말기까지 지속적으로 행해진 데 비해 제천의례는 전혀 그렇지 않았다는 점에 주의할 필요가 있다. 이것은 삼국 모두 제천의례보다 시조제의 시행에 보다 관심을 두었다는 점을 의미한다. 게다가 고구려나 백제의 제천의례 역시 신라에 의해 나라가 통합된 후로는 더 시행될 수 없었다는 것도 제천의례의 소멸을 초래한 이유가 된다. 이런 점에서 제천의례가 지니고 있던 정치지향적인 측면을 부정할 수 없을 것이다.

한편 현실적으로 제재초복을 위해 치제되는 목적에서 제천의례나 시조제 모두 똑같이 적용될 수 있다는 점도 제천의례의 소멸을 가져온 또 하나의 이유가 된다. 이에 비해 시조제를 삼국 모두 지속적으로 시행하여 왔다는 것은 제천의례보다 시조제에 큰 비중이 두어졌다는 것을 의미하는 것이기도 하다. 즉 제천의례를 통해 왕권의 신성성과 정당성을 내세우기보다는 시조와의 연관성 속에서 왕권계승의 정당성을 추구하고 있다는 것은 왕권이 과거보다 확고해졌다는 것을 의미하기 때문이다. 따라서 삼국 모두 신왕 즉위 시 시조제의 시행을 중시하게 된 것이고, 반면 제천의례는 상대적으로 그 비중을 상실하게 된 결과 점차 쇠퇴하게 되었다고 여겨진다.

요컨대 제천의례는 천신신앙에 나타난 지고신관을 바탕으로 상고대 왕실의 연원과 왕권을 천신에 결부시킴으로써 왕권의 신성성과 정당성을 합법화하고, 왕권 강화를 이념적으로 제시해 주는 신앙체계이자 행위적 표현이었다는 점에서 본래의 의미가 찾아진다. 그러나 점차 왕권이 강화됨에 따라 왕권 강화에 따른 이념적 표출로서의 제천의례보다는 건국시조와의 연관성을 통해 정당한 왕권 계승자라는 의식의 확립이 시조제를 보다 중시하게 한 이유였고 동시에 제천의례의 소멸을 가져온 요인이었다는 것이다.

결국, 제천의례의 소멸 또는 쇠퇴에는 왕권에 대해 달라진 인식이 작용하고 있었던 것이다. 그러나 단지 이런 이유만으로 제천의례가 쇠퇴하였던 것은 아니며, 여기에는 왕권을 이념적으로 뒷받침하는 유교·불교와 같은 외래사상의 수용도 그 이유로 지적할 수 있다.

3. 천신신앙의 쇠퇴

1) 외래사상의 수용

천신신앙에 근거한 상고대의 사회는 중국으로부터 불교나 유교와 같은 외래사상을 받아들임으로써 기존의 신앙체계에 변화가 나타나게 된다. 이 중 유교는 덕치주의德治主義를 표방하면서 기존의 제천의례나 시조제에 일부 나타나는 것으로 보아 어느 정도 영향을 미쳤다고 생각되지만, 천신신앙 자체의 변화까지 초래한 것은 아니다. 다만 유교 제례에서 제천祭天은 천자만이 행할 수 있다고 여겨진 관념으로부터 제후국의 제천례祭天禮는 당연히 그 시행이 문제시되지 않을 수 없었다. 또한, 유교의 왕도사상王道

思想의 수용을 통해 종래 왕권의 신성성을 내세운 천신신앙으로부터 천신의 명을 받아 건국한 시조와의 연관성을 중시하는 시조제의 강화도 그 이면에 유교적 이념의 침투를 보게 된다. 즉 왕자의 출자出自보다는 확립된 왕권의 절대성을 강조하면서 시조와의 정당한 계승 관계를 중시하는 제례의 출현에는 바로 이와 같은 유교사상儒敎思想의 영향이 있었던 것으로 짐작된다.

반면 불교는 전래 및 수용에 따라 천신신앙 자체의 변화를 초래하였다. 이처럼 불교의 전래 및 수용에 따라 천신신앙에 변화가 나타났다면, 이는 천신신앙에 근거한 왕권에도 어떤 형태로든 영향을 미쳤다고 가정할 수 있다.

그럼에도 불교의 전래 및 수용에서 적극성을 띤 것은 주로 왕실 측이었다는 것은 불교의 수용이 왕실에 의해 국익이나 왕권 강화의 측면에도 긍정적인 것으로 인식되었다는 점을 의미한다. 이 때문에 고대국가는 불교의 수용을 통해 왕권 및 중앙집권화가 이루어졌다고 보는 견해가 있어 왔다.[111] 이에 반해 고대국가에 이미 왕권 강화가 이루어졌기에 불교와 같은 외래사상의 수용이 왕실에 의해 가능했다고 보는 주장도 있다.[112] 이와 같은 상반된 견해 중에서 상고대의 천신신앙이나 제천의례가 궁극적으로는 왕권 강화를 위한 이념으로 기여하였음을 볼 때, 후자의 견해가 보다 설득력이 있다고 생각된다.

특히 천신신앙을 비롯한 토착신앙과 외래사상의 갈등상은 불교의 전래 이후 두드러지고 있으며, 이후 두 신앙체계 간에 갈등과 융합 과정을 거치면서 불교의 정착을 보여준다. 게다가 이와 같은 과정은 결과적으로 토착신앙의 민속신앙화와 외래사상의 국가 수용이라는 신앙의 분극화分極化를 초래하기도 하였다. 그리고 이와 같은 분극화 현상은 종래의 천신신앙에 의해 왕권의 신성함과 사회통합이 유지될 수 있었던 신앙체계에까지 변화가 나타나게 된다. 그것은 결과적으로 종래 토착신앙이 행하여 온 역할에도 어떤 형태로든 변화를 초래하였다는 것을 의미한다. 그리고 이러한 변화의 하

111_ 李基白, 「三國時代 佛敎傳來와 그 社會的 性格」, 『歷史學報』 6(歷史學會, 1954); 李丙燾, 「新羅佛敎의 浸透過程과 이차돈 순교문제의 신고찰」, 『韓國古代史硏究』(博英社, 1976).
112_ 신종원, 「불교의 전래와 토착화과정」, 『한국불교사의 재조명』(불교시대사, 1994), 63쪽.

나로서 제천의례나 이에 기반을 둔 천신신앙의 변화를 지적할 수 있다.

2) 제천의례에 미친 외래사상의 영향

본래 불교에서 말하는 천 또는 천신은 불법이나 계율에 수행 정진하며 선행을 쌓는 자라면 누구나 될 수 있다고 하여 수많은 천신이 존재하는 것으로 상정된다고 한다.[113] 이 말은 곧 불교에서의 천신이란 결코 불변의 절대 권력을 행사하는 지고한 존재가 아니라는 것을 뜻한다. 또한, 불교의 천신은 불법이 이 세상에 보급될 수 있도록 설법을 권장하며, 불타의 설법도장說法道場에도 내현來現하여 청법請法·봉불奉佛하고 불법을 수호하는 신격이기도 하므로, 호법護法·호국護國의 신으로 신앙되었다.[114] 그리고 이와 같은 불교의 천신관도 신라에 불교가 수용됨에 따라 자연히 알려지게 되었을 것이다. 그러나 신라에 전해진 불교의 천신은 불교 본연의 천신관 그대로 수용되었던 것은 아니었다.

또한, 신라에서는 불교의 천신이 재래의 천신신앙과도 상호 융합의 과정을 보임으로써 재래의 천신이 불교신화佛敎神化한다든가 또한 불교 본래의 신관神觀에 토착 신앙상의 천신적인 요소가 나타나는 등의 변화를 볼 수 있다. 따라서 종래의 천신신앙에 근거하여 권력의 정당성을 유지하여 온 계층에서도 이제는 그와 같은 의의를 찾아볼 수 없게 되었다고 할 수 있다. 동시에 이것은 종래 신라에 불교가 전래한 후 공인에 이르기까지 토착신앙과 불교가 상호 대립과 갈등을 보여 오다가 차츰 융합 과정으로 나아가는 양상을 보여주는 것이라고도 생각된다. 신라에서도 불교의 천신은 대체로 호법·호국의 신격으로 나타나고 있지만, 한편 융합의 결과 종래 토착적인 천신이 수행하여 온 본래의 의의도 그만큼 변질하는 결과를 초래하기도 하였다.

113_ 金煐泰,「新羅佛敎 天神攷」,『新羅佛敎硏究』(1987), 427~432쪽.
114_ 金煐泰, 위의 논문, 432쪽.

(진평왕眞平王) 즉위 원년(579)에 천사天使가 대궐 마당에 내려와 왕에게 말하기를 "상황上皇께서 내게 옥대玉帶를 전해 주라고 명하였소"라 하니 왕이 친히 무릎을 꿇고 받았다. 그런 후 천사는 하늘로 올라갔다. 무릇 교제郊祭·종묘宗廟·대사大祀에서는 모두 이 띠를 착용하였다.[115]

즉 천신이 천사를 통해 진평왕에게 옥대를 내려 주었다는 것이다. 진평왕은 자신의 가족을 석가의 가족에 비긴 자이자 내제석궁內帝釋宮을 창건한 왕이었다는 사실에서 보아, 이때 왕에게 옥대를 준 천신은 곧 제석신으로 생각된다. 그런데 내제석궁은 일명 천주사天柱寺라고도 하였다 한다.[116] 이런 명칭에서 볼 때, 이 내제석궁은 궁궐 내에 둔 사찰로서 소지왕대의 내전과도 맥락을 같이하는 것[117]으로 생각될 수 있고, 일명 천주라고도 한 것에서 이곳이 바로 '천상을 떠받는 곳' 또는 '천상과 지상과의 통로'로 설정되었던 일면을 보여주는 것이라고도 생각된다. 그렇다면 이것은 왕실이 직접 제석신과 연결되는 성역을 궁궐 내에 마련함으로써 불교 천신의 수용에도 적극적이었다는 것을 전하는 내용이다.

이처럼 왕실에서 불교의 천신을 적극 수용하고자 한 것은 기존의 절대적인 천신관에서 상대적인 천신관으로의 변화와 함께 불법을 수호하는 왕실과 국가의 보호를 기원하기 위한 것으로 추정된다. 또한, 이 옥대가 신라 호국삼보護國三寶의 하나였다는 것도 불교의 천신이 호법·호국을 위해 기여하였다는 점을 말하여 준다. 결국, 이런 사실에 근거할 때 기존의 천신이 불교의 천신으로 나타나면서 왕실과 국가의 수호신으로 등장하는 점을 볼 수 있다. 만약 여기서 좀 더 억측한다면, 이런 사실은 천신신앙을 지녔던 귀족들마저 왕실과 국가를 수호하는 천신신앙으로 전환되는 과정을 반영하는 것이라고 볼 수 있다.

115_ 『三國遺事』卷1, 紀異 2 天使玉帶. "(眞平王) 卽位元年 有天使 降於殿庭 謂王曰 上皇命我傳賜玉帶 王親奉跪受 然後其使上天 凡郊廟大祀皆服之"
116_ 위의 책, 같은 조에서 一然이 註로 "內帝釋宮 亦名天柱寺 王之所創"라 한 것을 볼 수 있다.
117_ 신종원, 앞의 논문.

한편 불교의 천신이 호법을 위해 그 외의 신앙을 배척하였다는 것도 어떤 의미에서
는 당연하다고 할 수 있다. 그리고 이는 토착신앙의 경우에도 불교의 천신이 이와 같
은 역할을 하였다는 점에서 분명히 드러나 있다.

> 제27대 선덕왕 즉위 5년(636) …(중략)… 자장법사가 유학하여 오대산에서 문수보살로부
> 터 불법을 전수받았다. 문수보살이 말하기를 "너희 나라 왕은 바로 천축의 찰리종왕刹利種王
> 인데 일찍이 불기佛記를 받았으므로 특별한 인연이 있어 동이나 공공족과는 다르다. 그러나
> 산천이 험하므로 사람들의 성품이 난폭하고 대부분 사도邪道를 믿어 때때로 천신天神이 재앙
> 을 내리기도 하였다. 그러나 나라에 승려가 많다고 들었는데, 이 때문에 군신君臣이 평안하고
> 백성이 화평한 것이다"라 하였다.[118]

선덕왕(632~646)은 진평왕에 이어 왕위에 오른 자로서, 이 왕대에도 신라 왕족이 석
가와 같은 찰리종족刹利種族이라는 의식을 지니고 있던 점이 확인된다. 이런 의식의 저
변에는 신라 왕족을 다른 귀족들과 변별 짓고자 하는 의도가 있었다는 것은 분명하
다. 그리고 이를 통해 신라 왕족은 귀족들보다 우위에 설 수 있는 관념체계를 확보할
수 있었다.

게다가 이 예문에서는 불교가 공인되어 약 1세기가 지난 뒤에도 일부 신라인들은
여전히 사도邪道 즉 토착신앙을 신봉하고 있었다는 것을 보여준다. 이 때문에 천신이
때때로 재앙을 내린다고 하였는데, 이 경우 천신의 재앙이란 호법을 위하여 이단을 배
척하고자 나타난 징벌로 해석된다. 따라서 위의 천신은 호법을 위한 천신으로서 토착
신앙에 반대하고 있었다는 것을 알 수 있다. 그리고 이때 호법을 지지하는 자가 왕이
었다면, 이에 반해 토착신앙을 지지하는 자들이란 왕에 반대하는 자들로 가정된다. 그
렇다면 천신의 재앙이란 이런 자들에 대한 징벌로 나타난 것으로 볼 수 있고, 이 역시

118_ 『三國遺事』 卷3, 塔像 4 皇龍寺九層塔條, "新羅 第二十七善德王卽位五年 …(中略)… 慈藏法師西學 乃於五
臺 感文殊授法 文殊又云 汝國王是天竺刹利種王 豫受佛記 故別有因緣 不同東夷共工之族 然以山川崎嶇 故人
性麤悖 多信邪見 而時或天神降禍 然有多聞比丘 在於國中 是以君臣安泰 萬庶和平矣"

귀족에 대한 왕실의 우위성을 설화화한 것이라고 할 수 있을 것이다. 결국, 여기서도 불교의 천신이 호법을 지지하는 왕실의 수호신격으로 나타나고 있는 점이 확인된다.

또한, 같은 왕대에 밀본법사密本法師가 귀신 병에 걸린 김양도金良圖를 치료하러 올 때, 수많은 천신이 나타나 밀본을 맞이하였다는 것도 토착신앙을 부정하는 천신의 모습을 보여주는 사례이다.[119] 이처럼 불교의 천신이 호교를 위해 기여하고 있는 점은 통일신라에 들어와서도 확인된다. 따라서 신라에서는 일관하여 불교의 천신을 호법·호국의 신으로 인식하였다고 할 수 있다.

그러나 실제 천신은 호법·호국의 신으로만 신앙되었던 것도 아니었다. 고조선의 천신 환인을 제석으로 이해한 것은 고려조에 들어와 전통적인 천신을 불교신명으로 대체한 경우이지만, 이보다 앞서 토착 신앙상의 신격이 불교를 적극 후원하는 것으로 나타나는 사례는 토착신앙과 불교와의 융합화를 보여주는 사례라 할 수 있기 때문이다. 가령 선도산성모仙桃山聖母가 불전佛殿의 수리를 후원한 후, 그 벽상壁上에 53불佛과 육류성중六類聖衆 및 여러 천신과 오악五岳의 신을 함께 그려 놓도록 한 것은 그러한 사례가 된다.[120] 그리고 문무왕文武王 원년(661) 지통智通이란 승려가 변재천녀라고도 전해지는 산신에게 낭지법사朗智法師를 만날 수 있도록 도와준 것 역시 이와 유사한 사례이다.[121]

한편 경덕왕대景德王代(742~764)의 표훈대사表訓大師 사례를 통해서는 토착적인 천신의 성격이 불교의 천신에 그대로 반영되어 있는 점도 볼 수 있다.

　　(경덕)왕이 하루는 표훈대덕表訓大德에게 말하기를, "내가 복이 없어 자식을 얻지 못하였으니 바라건대 대덕께서는 상제上帝께 청하여 아들을 점지토록 해 달라"고 하였다. 표훈이 올라가 천제께 말하고 돌아와 말하기를 "천제께서 딸을 원한다면 할 수 있으나, 아들이라면 안 된다고 하였습니다."라 하였다. 왕이 말하기를 "딸을 아들로 바꾸어 주기 바란다."고 하니 표훈이 다시 하늘로 올라가 청하였다. 천제가 말하기를 "그렇게 할 수는 있겠으나 남자

119_ 『三國遺事』 卷5, 神呪 6 密本摧邪條.
120_ 『三國遺事』 卷5, 感通 7 仙桃聖母隨喜佛事條.
121_ 『三國遺事』 卷5, 避隱 8 朗智乘雲 普賢樹條.

라면 나라가 위태로워질 것이다."라 하였다. 표훈이 돌아가려고 할 때, 천제께서 다시 불러 말하기를 "하늘과 인간은 혼란될 수 없는데 지금 너는 마치 이웃마을 다니듯 왕래하며 하늘의 비밀을 누설하니 이후 다시 왕래하지 마라."고 하였다.[122]

여기서 불교의 천신이 자식을 점지해 준다고도 믿어졌다는 것을 보여준다. 그런데 불교의 천신에는 본래 자식을 내려 주는 신이란 관련이 뚜렷하지 않다고 한다.[123] 반면 토착 신앙상의 천신관에서는 국조나 시조가 하늘로부터 내려온다고 여겨졌다든가, 부여왕 해부루解夫婁나 고구려의 산상왕山上王이 천신에게 자식을 기원하고 있듯이 천신이 자식을 내려 준다고 하는 관념이 찾아진다. 따라서 위의 설화는 이와 같은 토착 신앙상의 천신관이 불교에 반영되어 나온 결과로서 결코 불교 본연의 천신관은 아니라고 할 수 있다.

이상의 사례를 통해 신라에 전해진 불교의 천신이 토착신앙의 천신과 상호 융합된 양상을 살펴보았다. 그 결과 융합양상은 다음 두 가지로 요약된다. 즉, 불교 천신의 우위를 바탕으로 하면서 토착 천신의 불교신화佛敎神化와 불교 본래의 천신에 토착신앙의 천신관이 투영된 것이 그것이다.

그러나 이러한 융합과정은 동시에 토착 신앙상의 천신 본래의 성격에도 상당한 변질이 초래되었음을 의미하는 것이기도 하다. 다시 말해, 천신신앙을 통해 권력의 근원과 정당성을 유지하여 오던 관념체계가 이제는 의미가 없게 되었다는 것을 뜻한다. 오히려 불교적인 천신의 등장으로 말미암은 호법·호국관의 우세가 현저해지는 점을 주목할 필요가 있다. 그리고 이러한 호국관의 등장은 국왕이 통치하고 있던 영역에의 관심으로 이어지면서 신앙적으로는 산천신의 중시관과 천신신앙의 쇠퇴화를 가져오게 된 하나의 원인이 되었다고 할 수 있다.

122_ 『三國遺事』卷2 景德王·忠談師·表訓大德條. "王一日詔表訓大德曰 朕無祐 不獲其嗣 願大德請於上帝而有之 訓上告於天帝 還來奏云 帝有言求女卽可 男卽不矣 王曰 願轉女成男 訓再上天請之 帝曰 可則可矣 然爲男則國胎矣 訓欲下時 帝又召曰 天與人不可亂 今師往來如隣里 漏洩天機 今後宜更不通"
123_ 서영대, 앞의 논문. 261쪽.

한편 유교사상의 전래 또한 기존의 천신신앙에도 영향을 미쳤는데, 이는 단적으로 말해 기존의 토착적인 제천의례의 약화 내지는 단절을 초래하는데 크게 작용한 것으로 보인다. 가령 신라에서 삼국통일 후 제정한 것으로 보이는 사전祀典에 다음과 같은 내용이 보인다.

사전祀典에 나타난 것이 다 국내의 산천뿐이요, 천신·지신에는 미치지 않았으니 아마도 왕제王制에 …(중략)… "천자天子는 천지天地와 천하의 명산대천을 제사하고, 제후는 사직과 자기 영역 내에 있는 명산대천만을 제사한다." 하였으므로 감히 (제후의) 예를 벗어나지 않고 실행한 것인가 한다.[124]

즉 신라에서는 제천의례를 행하지 않았다는 것이다. 또한, 이는 제후국으로서 감히 천자의 제례를 행하지 않은 것이라고도 하였다. 『삼국사기』의 이와 같은 견해는 제천의례란 천자만이 행할 수 있다고 하는 유교적 봉건의례에 따른 사대주의적 시각에서 나온 것일 테지만, 한편 이러한 시각을 통해 유교의례가 고유한 제천의례 및 천신신앙의 약화에 미친 영향도 결코 간과할 수 없다.

그런데 이미 앞에서 본 바와 같이, 고구려와 백제에서 행한 제천의례는 주로 초기에 한정되어 있었다. 이는 물론 기록상의 누락일 수도 있겠지만, 제천의례와 같이 국가의 중요한 행사를 고의로 누락하였다고 단정할 수도 없다. 오히려 삼국 모두 시조묘에 대한 국왕의 직접적이고 혈연적인 제사의 의의가 보다 강화되면서, 천신을 대상으로 한 의례의 의미도 그만큼 상실되었던 것이 아닌지 추측된다. 물론 시조를 모신 사당에서의 치제를 고유한 천신신앙의 전승이라고도 볼 수 있겠지만, 천자7묘天子七廟·제후5묘제諸侯五廟制에 따라 신라왕실에서도 5묘제가 점차 정착되는 것으로 보아 통일신라에 와서는 적어도 왕실의 조상숭배는 유교의례의 영향을 받은 제례로 이행되

124_『三國史記』卷32, 雜志 1 祭祀條. "又見於祀典 皆境內山川 而不及天地者 …(中略)… 天子祭天地天下名山大川 諸侯祭社稷 名山大川之在其地者 是故 不敢越禮而行之者歟"

었던 것이 아닌가 생각된다.

또한, 여기에는 삼국 사회에 점차 유교에 대한 이해가 심화하면서 유교의례의 적용도 뒷받침되었다고 생각된다. 다시 말해 고유한 천신신앙을 제도적으로 약화시킨 측면에는 봉건적 유교의례의 적용이 뒤따랐다는 것이다. 실제 신라의 사전에 편재된 제사 대상들은 모두 경내의 산천이 포함되어 있을 뿐, 중국과는 달리 대사大祀에 천신을 제사하는 원구제圜丘祭는 행해지지 않았다. 따라서 통일신라에 들어와서는 고유한 천신신앙을 바탕으로 한 제천의례가 더는 행해지지 않았다고 보인다.

또한, 앞에서 신라에 불교가 공인된 후 불교의 천신이 고유한 천신관에 미친 영향을 보았지만, 이러한 점 역시 신라의 천신신앙을 약화시킨 요인이 되었다. 비록 유교의례에 따른 것이라고 할지라도, 신라에서 제천의례를 행하는 대신 경내 산천에 대한 제사를 국가적으로 재편한 것은 결국 천신에 대한 의의가 상실되면서 새로 편입된 영역에 관한 관심이 산천제로 나타난 것이라고 할 수 있다.

그러다가 국가에서 다시 제천의례를 시행한 것은 고려에 들어와서이다. 즉 성종成宗 2년(983) 정월에,

왕이 원구圜丘에 풍년을 기원하고 태조太祖를 배향하였다.[125]

라 한 것이 고려에서 원구를 쌓고 제천을 행한 최초의 기록이 된다. 이때 성종이 태조의 신위를 배향한 것은 중국에서도 천자가 제천의례를 지낼 때 흔히 시조를 배향한 예가 있는 것으로 보아, 성종의 원구제는 이를 모방한 것이라 할 수 있다. 또한, 원구제를 지낸 목적은 중국에 있어서도 풍년을 기원하고자 한 점이 확인되는 만큼, 성종이 원구제에서 기풍을 드러낸 것 역시 중국의 전례에 따른 것이라고 보인다. 따라서 성종이 행한 원구제는 중국 천자의 제천의례를 본 따 행한 것으로서, 고려의 원구제는 일면 고려가 중국과 대등한 국가라는 자주 의식을 드러낸 것이라고도 할 수 있다.

125_ 『高麗史』 卷3, 世家 3 成宗 2年 正月 辛未. "王祈穀于圜丘 配以太祖"

그런데 고려의 원구제가 국가의례로서 가장 상위인 대사大祀에 포함되어 있었으나 실제 성종 이후 역대 군주들에 의해 정기적으로 치러지고 있지는 않았다. 기록에서 확인되는 바로는, 성종 이후 예종대에 2회,[126] 인종대 2회, 원종 1회, 충렬왕 2회, 그리고 충선왕·충숙왕·공민왕대 각 1회씩 실시한 기사가 찾아진다. 이와 같은 원구제의 실시 기사는 혹시 누락된 것도 있을 수 있겠지만, 여타 국가행사의 빈번한 기록을 볼 때 결코 누락된 것으로만 볼 수 없게 한다. 따라서 고려에서 원구제가 본래 정기적으로 치러졌다기보다는 국왕 개인에 따라 일시적으로 행하였다고 생각된다. 그나마 이와 같은 부정기적인 제천행사도 대부분 기우를 목적으로 행하고 있는데, 이런 점에서 고려의 제천의례는 기우제적인 성격에서 크게 벗어나지는 않았다고 할 수 있다.

반면 고려에서 시행한 대부분의 제천행사는 도교道敎의 초제醮祭로 행한 것이 많다.[127] 그러나 초제란 "궐정闕庭에서 천지天地와 경내境內 산천을 두루 제사하는 것"[128]이므로 결코 제천만을 목적으로 하지 않고 모든 신에게 종합적으로 지낸 제례로서 대개 기복을 위해 행한 것으로 보인다.

따라서 고려의 제천의례는 한편 유교 의례상의 원구제로 행해지기도 하였지만, 오히려 활발하게 시행된 것은 도교의 초제였다고 할 수 있다. 그리고 이러한 제천행사도 본질상 기곡이나 기우와 같은 풍년을 기원한다거나 기복을 위한 제례로 행하여졌을 뿐 군주의 권위를 천신에게서 구하고 있지는 않았다는 점이 확인된다. 이런 점에서 고려의 제천의례는 농경제 또는 기복제적인 성격이 강하였다고 할 수 있으며, 상고대의 제천의례와는 그 성격상 차이가 확인된다.

이어 조선 시대에 들어와서는 초기에 원구제의 시행 여부를 놓고 한동안 조정에서 논란이 오고 가다가, 세조 3년(1457) 국가의례로서 행한 뒤 중단되기에 이른다. 그러다가 고종 34년(1897)에 고종이 황제로 즉위하기에 앞서 황제의 권위를 확보하기 위한

126_ 睿宗代에는 元年 7月 己亥, 15年 7月 庚戌, 16年 5月 辰巳에 제천행사가 모두 3회 시행되었다. 그러나 원년 7월의 제천행사는 會慶殿에서 실시한 것이므로 이를 원구제라 할 수는 없을 것이다.
127_ 琴章泰, 「祭天儀禮의 歷史的 性格」, 『儒敎思想과 宗敎文化』(서울대학교출판부, 1994), 105쪽.
128_ 『高麗史』 卷63, 志 17 禮 5 雜祀條. 顯宗 3年 12月.

상징적인 의례로서 행한 일이 있다. 이후 국가의례로서 국왕이 행하는 제천의례가 소멸하면서 이에 따라 천신신앙도 왕자와 연관된 의의를 상실하게 된다. 이로써 천신신앙은 민간적인 차원에서 일부 지역에서만 행하여지는 민속신앙의 대상으로 전하여 오고 있다.

여기서는 한국 마을제의 연원을 검토하기 위해 먼저 상고대 제천의례의 여러 양상을 함께 살펴보았다. 그 결과 상고대의 제천의례는 강한 정치적 성격을 수반한 것과 함께 동예나 마한사회에서와 같이 비정치적인 측면이 더욱 강조되는 의례로 대별됨을 알 수 있었다. 또한, 비정치적 제천의례를 유지한 사회는 사회통합을 이루지 못하였지만, 정치적 측면이 강한 제천의례를 유지한 부여·고구려·백제 등에서는 이를 통해 왕권 강화와 사회 통합을 성취한 점을 알 수 있었다.

그리고 건국신화나 제천의례에 반영된 천신신앙의 의미에 대해서는 지고신관을 바탕으로 상고대 왕실의 연원과 왕권을 천신에 결부시킴으로써 왕권의 신성성과 정당성을 합법화하고, 왕권 강화를 이념적으로 제시해주는 신앙체계이자 그 행위적 표현이었다는 점을 확인하였다.

그러나 제천의례나 천신신앙으로 유지되던 상고대 한국사회에 중국으로부터의 불교와 유교의 전래는 기존의 토착신앙에도 영향을 초래하였다. 고구려나 백제에서는 불교의 수용을 왕실이 주도하였는데, 이는 불교의 수용이 왕실에 의해 왕권 강화나 국익에 긍정적인 것으로 인식되었다는 것을 의미한다. 반면 고구려나 백제에 비교하면 신라는 불교 전래가 상당한 갈등을 보인 후 법흥왕대에 공인되고 있다. 이런 현상을 제천의례 및 천신신앙과 결부시켜 볼 때 고구려나 백제는 제천의례나 천신신앙을 통해 강화된 왕권 하에 불교 수용이 왕실 주도하에 이루어졌다고 가정된다.

결과적으로 삼국 모두 불교 수용은 호국 불교로 활용되었고, 이를 통해 왕권 강화에도 기여하였다는 점이 공통으로 확인된다. 따라서 불교는 기존의 제천의례나 천신신앙을 대신하여 새로운 왕권 강화 이념으로 자리할 수 있었던 것이다. 또한, 고대국가로의 성장 시 전래하였을 것으로 추정되는 유교 역시 봉건적 왕권을 뒷받침하는 이념으로 수용되었는데, 이는 불교나 유교가 기존의 천신신앙을 대신하여 왕권 강화의 이념으로 작용할 수 있는 계기였다.

　게다가 신라의 삼국통일은 고구려나 백제에 전승되던 제천의례나 천신신앙의 폐지까지 초래하여 7세기 무렵을 기점으로 기존의 제천의례나 천신신앙이 점차 쇠퇴하는 계기를 초래하였다. 또한, 통일신라에는 유교 제례에 대한 이해가 심화하면서 제천의례의 소멸을 가져오게 된 또 하나의 이유가 되기도 하였다. 대신 왕이 지배하는 영역에의 관심 내지 왕토 사상이 전해지면서 산신신앙의 성행을 가져온 것으로 생각된다. 그래서 산신신앙의 연원과 전승에 대해 장을 달리하여 다음에서 살펴보고자 한다.

산신제의
전승과
변화

03 ————————

　한국 건국신화상建國神話上의 시조들이 천상에서 지상으로 강림 시 주로 산을 이용하고 있다는 사실은 산신신앙山神信仰의 연원淵源을 살펴보는 데 있어 시사하는 바가 크다. 이것은 고대인의 정신세계에서 산은 단지 자연환경을 구성하는 요소로만 생각되었던 것이 아니라, 시조가 강림降臨한 곳으로서 외경畏敬과 숭배崇拜의 대상으로 여긴 성산관념聖山觀念을 보여준다. 이런 점에서 산은 천신신앙이나 시조(조상)숭배와도 연관된 신앙의 대상으로 인식되어 왔다고 할 수 있다. 그뿐 아니라 산은 고대인들에게 중요한 삶의 거점으로서 생존에 필요한 일체의 것을 제공하고, 외부로부터 자신들을 지켜주는 수호신으로 인식되어 그 자체 자연 숭배적인 요소를 지닌 것이기도 하였다. 특히 산신제山神祭는 현행 마을제洞祭의 주류를 형성하고 있다는 점에서 산신신앙의 형성 과정 및 전개 양상을 살펴보는 것은 의미 있는 작업이라고 생각된다.

1. 고대 산신제의 전승과 국가제사화

　여기에서는 먼저 고대 및 통일신라 산신신앙의 전개 양상과 산신제의 성격에 대해 검토하고자 한다. 삼국통일 이전 고대의 산신제는 몇몇 단편적인 자료를 통해 고대 산신신앙이나 산신제의 목적 또는 기능을 개관한 후, 고신라古新羅에 전해진 산신신앙의 내용에 대해서 살펴보기로 한다. 이어 통일신라에 들어와 유교 제례로 편재된 산악신앙과 불교와 융합된 산신관, 그리고 나말여초 풍수지리의 성행에 따라 반영된 산악관을 통해 산신신앙 및 산신제의 변화 양상에 대해서도 주목하고자 한다.

1) 삼국통일 이전 산신제의 전승

(1) 고대 산신제의 전승 양상

삼국통일 이전의 산신신앙에 대해 전하는 자료는 매우 영성한 편으로, 특히 산신제에 대해서는 더욱 그러하다. 다만 이시기의 산신신앙 또는 산신제에 대한 단서로 건국신화建國神話를 비롯하여 신라 6촌장村長의 출자설화出自說話[1]- 및 '점선현신사비秥蟬縣神祠碑'[2]-에 보이는 산신, 동예족東濊族의 호신虎神,[3]- 물길족勿吉族의 성산숭배聖山崇拜,[4]- 고구려·백제의 산천제山川祭[5]- 등을 통해 개략적이나마 알 수 있을 뿐이다.

이와 같은 산신 관련 사례들로부터 고대인들이 일찍이 산을 시조始祖의 강탄지降誕地이자 풍요豊饒의 신神·씨족氏族의 수호신守護神 등으로 신성시하여 온 사실을 확인할 수 있다. 그리고 이런 산신 사례들에 대해서는 앞 장章의 천신신앙天神信仰 및 제천의례祭天儀禮에서도 일부 언급하긴 하였으나, 여기에서 고대 산신신앙의 성격이나 제의의 목적과 관련하여 좀 더 구체적으로 살펴보기로 한다.

흔히 건국신화에 나타나는 산이 천상과 지상의 연결 통로로서의 의미를 지닌다고 하는 것[6]-은 이미 잘 알려진 사실이다. 심지어 산신에 대한 제사가 천신과 관련된 것임을 보여주는 사례에서는 산신과 천신과의 미분성未分性조차 엿보인다. 즉 동부여왕 해부루가 후사後嗣를 얻기 위해 산천에 제사 지낸 후 자식을 얻자 "이는 하늘이 나에

1_ 『三國史記』 卷1, 新羅本紀 1 始祖赫居世條 및 『三國遺事』 卷1, 紀異 2 新羅始祖赫居世王條.

2_ 韓國古代史研究會 編, 『譯註 韓國古代金石文』 I (1992), 201~205쪽.

3_ 『三國志』 卷30, 東夷傳 濊傳.

4_ 『魏書』 卷100, 列傳 88 勿吉國條. "國南有徒太山 魏言太白 有虎豹羆狼害人 人不得山上溲汗 行逕山者 皆以物盛"

5_ 『三國史記』 卷32, 雜志 1 祭祀條

6_ 李恩奉, 『韓國古代宗教思想』(集文堂, 1984), 99~148쪽.

게 자식을 줌이로다.”[7]-라 한 점에서 보듯이, 이런 경우의 산신제는 곧 천신을 대상으로 한 것이기도 하였다.

그러나 고대의 산신이 천신신앙과 관련되어 있다고 하여 산신신앙을 단지 천신신앙의 연장으로만 파악하는 것은 그만큼 산신신앙에 대한 이해의 폭을 좁히는 결과가 된다. 따라서 관념적인 산신신앙에 비해 더 구체적으로 산신신앙 또는 산신제의 내용을 보여주는 자료를 통해 고대 산신신앙의 내용을 살펴보는 것이 필요하다.

> □□□년年 4월月 무오戊午에 점선현秥蟬縣 장長□□
>
> □건승속국회建丞屬國會 …
>
> 신사神祠(를 건립하고) 그 사辭를 각석刻石하니 이르기를
>
> □평산군平山君(산신)의 덕은 대산代山・숭산嵩山의 산신과 비견하고, 승천承天…
>
> 점선현秥蟬縣에 □우佑하고 좋은 비바람을 일으키고 기름진 토전土田의 혜택을 내리시니
>
> □□이 수고壽考하고 오곡이 풍성하며 도적이 일어나지 않고
>
> □□칩장蟄藏하고 길吉하고 이利로움이 출입하여 모두 신의 광덕光德을 받게 하나이다.[8]-

예문例文은 1913년 세키노關野貞・이마니시今西龍 등이 발견한 '점선현신사비秥蟬縣神祠碑'의 내용으로, 비석은 평남平南 용강군龍岡郡 해운면海運面 어을동於乙洞에 있다. 비의 건립 연대에 대해서는 후한後漢 장제章帝 원화元和 2년(85)으로 보는 견해와 후한 영제靈帝 광화光和 원년元年(178)으로 추정하는 견해가 있는데, 주로 전자의 견해가 지지받고 있

7_ 『三國遺事』卷1, 紀異 2 東扶餘條.

8_ 비문의 판독이나 해석에는 이견이 있으나, 여기서는 韓國古代史研究會의 판독문에 근거하였다.(韓國古代史研究會 編, 앞의 책)

　　□□□年 四月 戊午 秥蟬長□□
　　□建丞屬國會□□□□□
　　□神祠刻石辭曰
　　□平山君 德配代嵩 承天□□
　　□佑秥蟬 興甘風雨 惠閏土田
　　□□壽考 五穀豊成 盜賊不起
　　□□蟄藏 出入吉利 咸受神光

다.[9]- 그것은 장제章帝 원화 2년 황제가 명을 내려 "치제할만한 산천신들은 모두 증수增修토록 하라"는 기사[10]-에 근거하고 있기 때문이다. 따라서 이 해 황제의 명에 의해 낙랑군樂浪郡에서도 속현屬縣인 점선현에 산신사를 세우고, 이 사실을 비문으로 남긴 것으로 생각된다. 비록 이 비가 후한 황제의 명에 따라 한인漢人들이 세운 것이지만, 점선현秥蟬縣에 있던 □평산平山이란 본래부터 이 지역 토착민들에 의해 신성시되었던 산이었을 것이다. 그러다가 이때 주재한인관리駐在漢人官吏들에 의해 공식적인 제사 대상으로 편입되었던 것으로 보이므로, □평산신平山神이란 곧 토착 신앙상의 산신으로 볼 수 있다.[11]-

비문의 내용은 □평산平山에 신사神祠를 세운 뒤, □평산이 중국의 태산泰山과 숭산嵩山에 비길만한 명산이라 칭송하고, □평산신이 점선현을 보호하여 풍우風雨를 제때 내려주고 옥토沃土를 주었다는 것이다. 아울러 산신에게 농사의 풍년과 재앙의 방지도 기원하고자 한 것으로 되어 있다. 요컨대 이 비를 통해 1세기에 이미 산신은 일기를 조절하여 농사의 풍흉을 관장하며, 그 외 제재 초복의 신격으로도 인식되었다는 점을 알 수 있다.[12]- 이처럼 농사와 관련하여 산신제를 지낸 사례는 백제에서도 찾아진다.

> 아신왕阿莘王 11년(402) 여름 크게 가물어 벼 싹이 타서 마르므로 왕이 친히 황악黃岳에 제사하였더니 비가 내렸다.[13]-

즉 가뭄으로 벼가 마르므로 왕이 산신에게 제사하여 기우祈雨하였다는 것이다. 또

9_ 韓國古代史研究會 編, 위의 책, 201~205쪽.
10_ 『後漢書』章帝紀 元和 2年條. "詔曰 今山川鬼神 應典禮者 尙未咸秩 其議增修群祀以祈豊年"
『後漢書』祭祀志. "章帝卽位 元和二年正月 詔曰 山川百神應祀者 未盡 其議增修郡祀 宜享祀者"
11_ 李丙燾,「樂浪郡考」,『韓國古代史研究』(博英社, 1976), 148쪽.
12_ 이와 같은 산신제의 목적은 현행 마을제에서도 거의 유사하게 나타나고 있다. 따라서 산신에 대한 신앙이나 제의의 목적은 오랜 시간의 경과에도 뚜렷한 변화가 발생하지 않았다고 생각된다. 이는 기본적으로 농경민족이 지닌 신앙이나 제의는 생업방식의 변화가 초래되지 않는 한 신앙 목적에서는 거의 靜的으로 전승된다고 하는 사실도 시사한다.
13_ 『三國史記』卷25, 百濟本紀 3 阿莘王條. "十一年 夏 大旱 禾苗焦枯 王親祭黃岳乃雨"

한, 고구려와 신라에서도 이와 마찬가지로 가뭄 시에는 산천에 기우제를 지냈다.

○ 평원왕平原王 5년(563) 크게 가물어 왕이 평소의 음식을 줄이고 산천에 기도하였다.[14]
○ 첨해왕沾解王 7년(253) 5월부터 7월까지 비가 내리지 않으므로 조묘祖廟 및 명산名山에 기도하였더니 비가 내렸다.[15]

그뿐 아니라 농작물에 해를 미치는 황재蝗災의 제거를 위해서도 일찍부터 산천에 제사를 지냈던 것으로 보인다.

파사왕婆娑王 30년(109) 7월 누리가 곡식을 해치므로, 왕이 두루 산천에 제사하여 기양祈禳하였더니 누리가 없어져 풍년이 들었다.[16]

이처럼 산신은 가뭄이나 황재 등 농사에 지장을 초래하는 일기나 재해를 관장하였으므로, 이 때문에 농사의 풍흉을 좌우하는 신으로도 여겨졌다. 이외 고구려 산상왕山上王은 기자祈子를 위해 산천에 기도한 예도 보인다.[17]

결국, 이런 사례들로부터 삼국통일 이전 고대의 산신제는 대부분 풍년의 초래나 제재 초복의 목적으로 행해졌다고 할 수 있다. 또한, 산신에 풍년이나 제재 초복을 기원하였다는 것은 산신이 동시에 주민의 수호신으로도 인식되었다는 것을 의미한다. 그리고 이와 같은 산신제의 목적은 현행 민속 상의 산신제에서도 대부분 마을수호 · 풍년의 초래 · 재앙의 방지 등으로 나타나고 있는 점에서 확인되는 것이기도 하다. 따라서 산신제는 고대에서 현재에 이르기까지 기본적으로 국가나 마을의 수호, 또는 풍년의 초래라든가 기복 등과 같은 목적을 위해 행해져 왔다는 점이 확인된다.

14_ 『三國史記』 卷19, 高句麗本紀 7 平原王條. "五年 夏 大旱 王減常膳 祈禱山川"
15_ 『三國史記』 卷2, 新羅本紀 2 沾解尼師今條. "七年 自五月至七月不雨 禱祀祖廟及名山 乃雨"
16_ 『三國史記』 卷1, 新羅本紀 1 婆娑尼師今條. "三十年 秋七月 蝗害穀 王遍祭山川 以祈禳之 蝗滅 有年"
17_ 『三國史記』 卷16, 高句麗本紀 4 山上王條. "七年 春三月 王以無子 禱於山川"

한편 이와 같은 점에서 산신신앙에는 지연공동체地緣共同體의 이익을 옹호하는 성격이 찾아지며[18], 이에 따라 일정 지역에 거주하는 자들의 영역의식도 반영된 신앙이라고 할 수 있다. 특히 이러한 영역관의 표출은 왕이 순수巡狩에서 행한 망제望祭에도 잘 나타나 있다.

○ (일성니사금逸聖尼師今) 5년(138) 10월에 왕이 북방에 순행巡行하여 태백산太白山에 제사하였다.[19]

○ (기림니사금基臨尼師今) 3년(300) 3월 우두주牛頭州(춘천春川)에 이르러 태백산太白山에 망제望祭하였다.[20]

일성逸聖과 기림왕대基臨王代 당시 신라의 영토가 강원도江原道에까지 미치지 못하였으므로, 왕이 태백산에 제사하였다고 한 사실을 그대로 신빙할 수는 없다.[21] 따라서 이 기사는 후대의 사실이 부회된 것이 아닌가 여겨진다. 비록 그렇다고 하더라도, 이런 기사를 통해 왕이 순행시巡行時 지역의 명산에도 제사하였던 사실만큼은 분명해 보인다.

그리고 왕의 순행은 자신의 통치권 내에 있는 민심民心의 수습收拾과 영역에 대한 확인으로 행해졌다고 하는 점에서 볼 때,[22] 이와 같은 순행의 일환으로 행한 왕의 산악제에도 거의 유사한 의미가 찾아지지 않을까 생각된다. 다시 말해, 왕의 순행이란 그 자체가 자신의 통치영역에 한정되어 있었으므로 왕의 산악제에는 자신의 영역을 확인 또는 과시하고자 하는 의미가 있었다는 것이다. 물론 이때 산신에게 국가의 수호[23]를

18_ 姜英卿, 『韓國 傳統信仰의 政治·社會的 機能 研究』, 淑明女子大學校 大學院 博士學位論文(1991), 45~46쪽.
19_ 『三國史記』 卷1, 新羅本紀 1. "(逸聖尼師今) 五年 冬十月 … 北巡 親祀太白山"
20_ 『三國史記』 卷2, 新羅本紀 2. "(基臨尼師今) 三年 三月 至牛頭州 望祭太白山"
21_ 李丙燾 譯註, 『國譯 三國史記』(乙酉文化社, 1982), 35쪽.
22_ 金瑛河, 「新羅時代 巡守의 性格」, 『民族文化研究』 14(高大民族文化研究所, 1979), 199~245쪽.
23_ 당시 고구려나 말갈이 신라에 자주 침공해 왔기 때문에, 왕이 이곳을 순행하면서 민심을 수습하는 한편 태백산신에게 호국을 기원하였을 것으로 보기도 한다(金瑛河, 위의 논문, 223쪽 참조).

비롯하여 백성의 평안 및 풍년의 초래 등도 아울러 기원하였겠지만, 이는 부차적인 의의를 지닌 것일 수도 있다.

왜냐하면, 제왕의 순수에 따른 제의적인 측면은 정치적인 측면에 비해 비중이 낮았기 때문이다. 비록 후대의 사례이지만, 진흥왕眞興王(539~575)의 순수비巡狩碑에 나타나 있듯이 순수에는 영역관의 표출이 강하게 드러나 있는 점도 그 실례이다. 요컨대 신라 초기의 태백산제를 통해 산신제에 나타나는 기본적인 목적, 즉 풍년·기복·수호 등의 기원 외에도 산신제에는 영역의 확인 또는 과시라고 하는 의미도 찾아진다는 것이다.

이상에서와 같이 고대인들에게 있어 산은 건국신화를 통해 천신인 시조가 강림한 곳으로서의 산신신앙 및 성산 관념이 그 배경으로 찾아지지만, 그렇다고 하여 시조에 대한 숭배로서 산신제가 행해진 것은 아니었다. 오히려 산 자체에 대하여 국가의 수호나 농사의 풍년, 기복·기자를 비롯한 제재 초복 등과 같은 실제적인 목적을 위해 산신제를 지낸 사례가 일반적으로 나타나고 있다. 따라서 이와 같은 산신제를 통해 일정 지역에 대한 이익을 반영하는 영역관의 표출이라는 측면을 엿볼 수 있다.

(2) 고신라 산신제의 전승 양상

고대 한국의 산신신앙은 고구려나 백제와 비교하면 신라의 자료가 비교적 풍부하기 때문인지 대부분 신라를 중심으로, 특히 사전祀典에 편재된 3산山 5악岳의 정치·제도사적인 의미 추구나 그 지리적 고증에 치중된 측면이 많다. 이러한 연구 경향은 자료의 한계에 따른 것이라고밖에 할 수 없다. 이런 이유로 여기에서도 주로 신라의 사례를 통해 고대의 산신신앙을 다루어 보고자 한다. 그러나 신라에서 행한 산신제라도 일성逸聖·기림니사금대基臨尼師今代의 기사를 제외하면 거의 전해지는 것이 없으므로, 이 시기 산신신앙의 모습을 통해서 고신라古新羅의 산신제에 대해 유추하고자 한다.

먼저 신라의 건국신화에 나타난 산악관부터 보기로 한다. 잘 알려졌듯이, 신라 건국신화는 사로육촌斯盧六村 시조의 유래 및 혁거세赫居世의 출자出自와 국왕으로의 추대로부터 시작되고 있다. 이들 시조는 모두 천상에서 산정으로 강림한 것으로 되어 있다. 이런 사실은 신라인들도 천상과 지상의 통로로서 성산 관념을 지녔다는 것을 보여준다. 이 경우 시조를 같이하는 동일 혈족원들에게 있어서 시조가 강림하였다는 성산은 곧 동일 시조에 대한 동질감과 결속을 강화하는 기능을 하였다고 생각된다. 그런데 6촌 시조의 유래를 말해 주는 성산 관념에는 이들 시조가 각각 6촌의 촌장이 된 것으로 전하고 있다. 이 점을 주목한다면, 6촌의 시조설화는 결국 촌장의 신성성을 드러내고 촌장의 혈족원들에 대한 통치를 합법화한 것이었다는 점이 분명해진다. 그리고 바로 이런 점에서 천신신앙의 표상으로서 지니는 성산 관념에는 시조의 신성함과 이런 이유로 시조의 후계자에 의한 통치의 합법화 과정이라는 의의를 찾아볼 수 있다.

그러나 앞서도 말했듯이, 성산 관념에는 단순히 이와 같은 의미만 있는 것은 아니다. 그것은 6촌이 모두 성산 관념을 지니고 있었으므로, 이런 점에서 각 촌이 다른 촌과 구별될 수 있는 변별성을 찾아보기 어렵기 때문이다. 그리고 이와 같은 상황에서 각 촌은 다른 촌에 대하여 서로 대등한 상황에 있었으므로, 각 촌은 자신들이 고유성과 개별성을 유지하기가 어려웠을 것이다. 이 때문에 각 촌은 자신들의 변별성을 확보하기 위한 수단으로 각 성산을 중심으로 지연의식의 강화를 도모하지 않았을까 추측된다. 다시 말해 촌락 구성원들은 각자의 성산 관념을 통해 자신들의 일정한 영역을 인식하게 되고, 이에 따라 지연의식도 강화할 수 있었다는 것이다.

〈표 1〉 육촌시조의 강림처 및 촌명

	降臨處	村名	部名	姓
1	瓢嵒峰	閼川 楊山村	及梁部	李
2	兄山	突山 高墟村	沙梁部	鄭(崔)
3	伊山	茂山 大樹村	漸(牟)梁部	孫
4	花山	觜山 珍支村	本彼部	崔(鄭)
5	明活山	金山 加利村	韓歧(漢祇)部	裵
6	金剛山	明活山 高耶村	習比部	薛

이 점을 보다 구체적으로 살피기 위해 먼저 6촌의 출자설화를 검토해 보기로 한다.

서술의 편의상 6촌 시조들의 강림처降臨處와 촌명村名 등을 도표화하면 위와 같다.[24-] 이 표에서처럼, 각 촌의 시조들은 모두 하늘에서 산으로 강림하여 각 산을 중심으로 한 일정 지역을 점거하면서 각 씨족의 조상이 되고 있다. 게다가 각 촌의 촌장들은 알천閼川에 모여 같은 천손계天孫系인 혁거세를 왕으로 추대한 것 외에 6촌장의 역할은 이 이상 나타나지 않는다.

이와 아울러 흔히 건국신화에는 시조의 비범성으로 천강天降·신혼神婚·이상출생異常出生 등의 초인적인 요소[25-]가 제시되고 있는 데 반해, 신라 6촌장에게는 천강의 요소 외에는 전해지지 않는다는 것도 6촌 시조가 지닌 설화의 빈약성이라 생각된다.[26-] 다만 이들 6촌이 후에 왕경王京의 6부部로 바뀌었다는 내용만 보일 뿐이다.[27-] 더구나 이후 신라의 왕은 박朴·석昔·김씨金氏에서 나오고 있지만, 이들 6촌장에게서는 더 이상의 활동이 찾아지지 않는다. 따라서 6촌 시조들의 천강신화란 단지 시조들의 신성성을 뒷받침하는 의미밖에 없었다고 생각된다.

이처럼 각 촌의 시조들에 나타나는 천강적인 요소는 단지 시조의 신성성을 드러낼 뿐, 그 이상의 의미는 찾아볼 수 없다. 그뿐 아니라 박혁거세가 일국의 시조이자 천손으로서 권위를 나타내고자 할 때, 그 외의 각 촌 시조들이 지닌 천강신화는 상대적으로 약화될 수밖에 없었다. 다만 각 촌에도 천강신화가 잔존하여 있었다는 것은 그만큼 신라 초기의 왕권이 미약하여 귀족 연합적인 상태에서 출발하였음을 시사하는 것이라고 볼 수 있다. 요컨대 동일한 천강신화를 지닌 자가 왕으로 추대된 상태에서 각 촌의 천강신화란 이 이상 그 구성원들에게 뚜렷한 의의를 지니지 못하였을 것이다.

그보다 각 촌의 천강신화가 지닌 의의는 이들 6촌의 활동 영역이 주로 산을 거점으로 하면서 이후 신라 발전에 기여한 점에서 찾아보아야 한다. 그것은 6촌이 6부로 전

24_ 表는 『三國遺事』 卷1, 紀異 2 新羅始祖 赫居世王條에 의거하였다. 단 ( )는 『三國史記』에 전하는 내용이다.

25_ 許慶會, 『韓國의 王朝說話 硏究』, 全南大學校大學院 博士學位論文(1987), 71쪽.

26_ 이 점에 대해서는 사로 6촌이 사로국으로 성장하면서 이전에 존재하던 村長들의 정치적 중요성이 점차 줄어들게 되었고, 자연 6촌장 세력에 대한 이해도 줄어들었기 때문이라고 해석하는 견해도 있다(李鍾旭, 『新羅國家形成史研究』(一潮閣, 1982), 14쪽).

27_ 『三國史記』 卷1, 新羅本紀 1 儒理尼師今 "九年 春 改六部之名 仍賜姓 楊山部爲梁部 姓李 高墟部爲沙梁部 姓崔 大樹部爲漸梁部(一云 车梁) 姓孫 于珍部爲本彼部 姓鄭 加利部爲漢祇部 姓裵 明活部爲習比部 姓薛"

환 시 자신들이 본래 점거하고 있던 지역을 단위로 하여 집단으로 개정되고 있기 때문이다. 그리고 그 근거지의 중심에는 각 촌의 시조가 강림한 산이 내세워지고 있다. 따라서 각 촌의 성산 관념이 지닌 의미에서 시조의 천강적인 요소가 퇴색될 때, 오히려 각 촌의 구성원들이 각각의 고유성과 개별성을 유지할 수 있었던 것은 산을 중심으로 한 지연의식과 혈연의식의 동질성에서 찾는 것이 자연스럽다.

결국, 시조 강탄지로서의 성산 관념은 각 구성원에게 동일 시조의 후손들이 함께 거주하는 곳으로서의 일체감 및 외부(즉 다른 촌락)와 구별되는 변별성을 부여하는 의미가 찾아진다. 그리고 바로 이런 점에서 신라 초기의 산악신앙은 일정 지역을 거점으로 각기 나뉘어 있던 각 촌에 지역 내의 결속과 외부와의 변별성을 유지해 주는 기능이 있었던 것으로 간주할 수 있다.

한편 이와 달리 신라의 산악신앙은 왕실과의 밀접성을 보여주고 있으며, 특히 신모신앙神母信仰과 관련된 여산신신앙女山神信仰의 전승도 주목된다.

a-1) 신모神母는 본래 중국 제실帝室의 딸로 이름은 사소娑蘇라 한다. 일찍이 신선의 술법을 체득하여 우리나라로 와 머물며 오랫동안 돌아가지 않았다. … 그가 처음 진한辰韓에 이르러 성자聖子를 낳아 동쪽 나라의 첫 임금으로 삼았으니 아마 혁거세·알영의 두 성인을 출자한 것이 된다.[28]

a-2) 설說하는 자가 말하기를 "(혁거세는) 서술성모西述聖母가 낳았다"고 한다. 그러므로 중국 사람이 선도성모仙桃聖母를 찬미하는 글에 '어진 사람을 임신하여 나라를 창건하다.'라 한 말이 이것이다.[29]

즉 예문 a-1), a-2)는 서술산西述山(선도산仙桃山) 신모神母가 시조 혁거세를 낳았다고 하는

28_ 『三國遺事』卷5, 感通 7 仙桃聖母隨喜佛事. "神母本中國帝室之女 名娑蘇 早得神仙之術 歸止海東 久而不還 … 其始到辰韓也 生聖子爲東國始君 盖赫居閼英二聖之所自也"

29_ 『三國遺事』卷1, 紀異 2 新羅始祖 赫居世王條. "說者云是西述聖母之所誕也 故中華人讚仙桃聖母 有娠賢 肇邦之語是也"

내용이다. 여기서 신라인들에게는 시조 박혁거세의 천강난생설天降卵生說외에 신모에 의한 출생이라는 또 다른 시조 출자설이 있어 왔다는 것을 알 수 있다. 그런데 이와 같은 두 계통의 전승에 대해서는 신모설이 후세에 혁거세의 탄생담으로 차용되었을 것이라는 견해가 일반적이다.[30] 실제 선도성모仙桃聖母에 의한 혁거세의 출생담에는 신모가 중국 황실의 딸로 전한다든가 또는 신모에 도교적인 요소가 보이는 바와 같이 신라 본연의 시조 전승으로 보기에는 어려운 요소들이 내재해 있다. 그뿐 아니라 선도성모가 혁거세를 낳았다는 설화는 김부식이 고려 예종睿宗 11년(1116) 송에 사신으로 갔다 온 후 비로소 알려지게 되었다는 점[31]도 후세 차용임을 엿보게 하는 내용이다.

그러나 그렇다고 하여 신모에 의한 시조의 출생 전승이 반드시 후세에 형성되었다고 할 수는 없다. 가령 고구려에서는 부여신扶餘神과 시조始祖 고등신高登神이 모자母子로 설정[32]된 전승이 그리고 가야伽倻에서는 가야산신 정견모주正見母主가 천신 이비가夷毗訶의 감응을 받아 대가야왕大伽倻王 뇌실주일惱窒朱日과 금관국왕金官國王 뇌실청예惱窒靑裔를 낳았다는 전승[33]도 전하고 있듯이, 시조와 결부된 신모신앙神母信仰[34]은 그 외 여러 지역에서도 찾아지기 때문이다. 따라서 서술산 신모에 의한 시조의 출생담도 본래부터 신라에 전승되던 것으로 가정할 수도 있다. 다만 서술산과 선도산이 혼재되고 여기에 중국 황실과도 결부되는 요소 등은 후세에 시조와 신모의 출자를 중국 황실에 빗대어 그 권위를 드러내기 위해 부회한 데 불과할 뿐이라고 생각한다.

설령 여산신이 시조를 낳았다는 전승이 후대에 나타난 현상이라 할지라도, 이런 전승은 또 다른 산신신앙을 전한다는 것임이 분명하다. 왜냐하면, 산신과 시조의 출생

30_ 金庠基, 「國史上에 나타난 建國說話의 檢討」, 『東方史論叢』(서울大學校出版部, 1984), 14~32쪽.
　　金鉉龍, 『韓國古說話論』(새문사, 1984), 154~161쪽.
　　김준기, 「古代神話에 나타난 神母信仰」, 『韓國民俗學報』 4(韓國民俗學會, 1994), 19~20쪽.
31_ 『三國史記』 卷12, 新羅本紀 12. "論曰 … 政和中 我朝遺尙書李資諒 入宋朝貢 臣富軾 以文翰之任輔行 詣 佑 神館 見一堂設女仙像 館伴學士王黼曰 此貴國之神 公等知之乎 遂言曰 古有帝室之女 不夫而孕 爲人所 疑 乃泛 海 抵辰韓生子 爲海東始主 帝女爲地仙 長在仙桃山 此其像也"
32_ 『三國史記』 卷32, 雜志 1 祭祀.
33_ 『新增東國輿地勝覽』 卷29, 高靈縣 建置沿革條. "按崔致遠 釋利貞傳 伽倻山神正見母主 乃爲天神夷毗訶之所 感 生大伽倻王惱窒朱日 金官國王惱窒靑裔二人"
34_ 金哲埈, 「'東明王篇'에 보이는 神母의 性格」, 『韓國古代社會硏究』(서울大學校出版部, 1990), 54~62쪽.

을 결부시키고자 한 것은 결국 시조始祖의 비범성과 건국의 정당성 등이 산신에게서 유래된 것임을 말해 주기 때문이다. 이러한 여성으로서의 산신과 신모 관념의 결부는 신라 제2대 남해왕南解王의 비 운제부인雲帝夫人이 운제산雲梯山의 성모聖母[35]로 여겨진 점이나, 내물왕대奈勿王代(356~401) 박제상朴堤上의 처妻가 사후 치술산鵄述山의 신모[36]로 숭앙된 사례에서 보듯이, 4세기 말까지 신라사회에서 그러한 전승이 유지되어 왔음을 보여준다.

게다가 서술산 신모설화에는 시조 출생지로서의 산신신앙과 신모신앙이 결합한 여산신이 나타나고 있다. 그리고 다시 혁거세의 서술산 신모 출생설화와 6촌 시조들의 강림처가 산이었다는 점을 비교하여 보면, 산은 시조가 처음으로 그 모습을 나타낸 곳이었다는 공통된 관념의 잔존성도 찾아볼 수 있다. 이것은 신라 초기의 산신신앙에서 신모적 속성을 지닌 여산신으로 신앙된 점과 특히 시조를 낳은 신모로서도 산신을 숭배하였던 점을 반영한 것이 아닌가 한다.

그러나 김유신에게 현현한 3산신山神, 즉 내림奈林・혈례穴禮・골화骨火의 모습에서 이전의 여신성女神性은 남아 있으나 신모관념神母觀念은 찾아지지 않는다. 대신 이 3산신이 스스로 '호국지신護國之神'[37]이라 말하고 있듯이, 7세기경의 신라의 산신신앙에는 산신의 호국성이 보다 강조되고 있는 점을 보게 된다. 이것은 신라가 이 무렵 삼국통일을 준비하는 과정에서 산신의 국가수호적 성격이 부각되던 사회적 분위기를 반영하는 것으로 추측된다. 그리고 삼국 항쟁 및 이에 따른 국가의 수호라는 산신의 성격 변화는 동시에 여성보다는 남성으로서의 산신을 출현하게 되는 또 하나의 동기가 되었다.[38]

이와 같은 신라 건국 시기부터 삼국 항쟁 시기에 이르는 동안 산신의 성격 변화는

35_ 『三國遺事』卷1, 紀異 2 南解王. "南解居西干 … 妃雲帝夫人(一作 雲梯 今迎日縣西有雲梯山聖母 祈旱有應)"

36_ 『三國遺事』卷1, 紀異 2 奈勿王・金堤上. "…(前略) 久後夫人不勝其慕 率三娘子 上鵄述嶺 望倭國痛哭而卒 仍爲鵄述神母 今祠堂存焉". 그러나 『三國史記』卷45, 列傳 5에는 朴堤上으로 되어 있다.

37_ 『三國遺事』卷1, 紀異 2 金庾信條. "我等奈林穴禮骨火等三所護國之神". 그런데 『三國史記』 祭祀志에는 奈林이 奈歷으로 나와 있다.

38_ 姜英卿, 앞의 논문, 26쪽.

탈해설화脫解說話를 통해서도 다시 확인된다.

> b-1) (탈해脫解가) 토함산吐含山에 올라 돌무덤을 만들고 7일간 머물렀다. … 사후 뼈를 부숴 소상塑像을 만들어 동악東岳에 두었다.
>
> b-2) 문무왕文武王 2년(680) 탈해가 태종에 현몽現夢하여 자기의 뼈를 소상塑像으로 만들어 토함산에 안치하라고 하였다.[39]

탈해는 본래 동해의 용성국龍城國에서 태어났으나, 그 나라에서 버림받아 궤짝에 실려 신라에 왔으며 후에 신라 제 4대 왕에 오른 자였다. 그런데 b-1)에서 보면, 왕위에 오르기 전 탈해는 먼저 토함산에 올라 돌무덤을 만들고 그 속에서 7일간 머문 후 다시 세상에 나오는 행위를 연출하고 있다. 여기서 이런 행위 자체가 탈해 자신의 죽음과 재생을 상징하고 있다는 점은 분명하다. 다만 문제는 탈해가 이런 행위를 연출한 장소가 토함산이라는 데 있다.

남해왕조南解王條에 의하면[40] 신라 오악五岳의 하나인 토함산은 초기 신라 시대부터 외적外敵의 침략을 막는 동쪽의 중요한 국방상의 요충지였던 듯하다. 그리고 탈해가 토함산에 오른 이유도 바로 이런 점에서 찾아진다. 탈해가 토함산에 올라 돌무덤에 머무르는 상징적인 죽음과 재생은 곧 탈해가 토함산신의 자子로 새롭게 태어났음을 의미한다. 그리고 이것은 마치 박혁거세가 산신의 자로 태어났듯이 신모에 의한 왕자王者나 시조始祖의 출생 전승을 탈해가 재현한 것이라고 해석할 수 있다. 그러므로 이런 행위를 통해 탈해 자신이 산신의 자로서 신라에 새로 태어난 것임을 드러내어 자신의 신성성을 과시하고자 한 것이었다고 할 수 있다. 또한, 외래족인 탈해로서도 이미 토착 신라인에 의해 국가 수호의 신산神山으로 숭앙되던 토함산과 관계를 맺음으로써 당대의 호국신앙에도 부응하여 민심을 얻을 수 있었을 것이다. 결국, b-1)의 기사

39_ 『三國遺事』 卷1, 紀異 2 脫解王條.
40_ 『三國史記』 卷1, 新羅本紀 南解王 11年條 參照.

는 신라 초기의 산악숭배와 결부된 신모 신앙의 전승 사실을 시사하는 증거가 된다. 게다가 토함산의 호국성은 b-2)의 기사에서도 확인할 수 있다.

즉 탈해가 토함산과 다시 관련을 맺는 것은 b-2)에서 볼 수 있는데, 그것은 문무왕 대文武王代로 나와 있으나 실제 태종 무열왕武烈王의 꿈에 현몽한 것으로 되어 있다. 무열왕이 신라의 삼국통일을 주도한 인물임은 잘 알려진 사실이지만, 여기서 탈해가 무열왕에게 현몽한 사실은 삼국통일에 따른 전쟁과 결코 무관하지 않을 것이다. 그리고 무열왕에게 부탁한 탈해의 요청이란 토함산에 자기의 소상을 만들어 달라고 한 것이었다. 여기서 토함산이 남해왕 대부터 이미 신라 수호의 신산이었음을 고려한다면, b-2)는 탈해가 호국의 토함산신으로 좌정된 사실을 전하는 것으로 해석할 수 있다. 그런데 선도성모 또한 호국의 신으로도 신앙[41]-되었으므로 신라에서 산신을 호국신으로 여긴 관념 역시 일찍부터 전해 내려온 것인지도 모른다. 그러나 산신의 여신에서 남신으로의 성별 전환에는 호국에 따른 강력한 자로서 남성을 보다 중시하였던 관념을 반영하는 것임이 분명하다.

요컨대 왕자 출산과 국가 수호의 신격으로도 신앙되던 신모 신앙에서 삼국 항쟁기에 빈번한 전쟁의 수행 과정에서 호국을 목적으로 하여 더욱 강력한 남성신격으로의 산신의 전환 과정[42]-이 탈해가 토함산에 올라 죽음과 재생을 상징하고, 후에 토함산신으로 좌정하였다는 설화에 반영되어 있는 것이다. 그렇다면 탈해설화는 신라 초기의 산신신앙에 보이는 신모에 의한 시조의 출생 전승을 행위로 재현한 것이면서 동시에 삼국 통일기에 이르러 전쟁 수행에 따라 기존의 여산신을 대신하여 호국의 산신으로 남성신이 등장하는 과정을 보여주고 있는 것이라고 할 수 있다.

그뿐 아니라 탈해설화와 관련하여 주목되는 또 하나의 사실은 토함산이 동악으로 나타나고 있는 점이다. 앞서 본 서술산西述山을 한편 서악西岳[43]-이라고 한 점과 김유신에게 현현한 3산신을 함께 고려한다면 신라의 3산 5악에 대한 신앙은 늦어도 문무왕

41_ 『三國遺事』 卷5, 感通 7 仙桃聖母隨喜佛事條. "神母久居玆山 鎭祐邦國 靈異甚多"
42_ 姜英卿, 앞의 논문, 26쪽.
43_ 『新增東國輿地勝覽』 卷21, 慶州 山川條. "仙桃山 在府西七里 新羅號西岳 或稱西述 或稱西兄 或稱西鳶"

대(661~680)에는 형성되어 있었던 것이 아닐까 추측된다. 3산의 위치에 대해서는 대체로 신라의 발상지인 현 경주평야를 중심으로 한 지역에 해당하는 것으로 보지만[44]-, 5악에 대해서는 통일 전과 후의 위치가 서로 다르게 전해지고 있다. 따라서 이러한 3산 5악체계[45]-는 통일신라 이후 나타나는 산신신앙이나 산신제를 보는 데 중요한 단서이므로 항목을 달리하여 살펴보기로 한다.

2) 통일신라 산신제의 변화

(1) 3산山 5악岳과 사전의 성립

통일신라에 들어온 이후 산신신앙의 변화로 주목할 만한 점은 사전祀典의 성립이다. 사전이란 국가의 공식적인 제사 대상을 수렴하여 의례화한 규범으로서, 그 비중에 따라 대大·중中·소사小祀로 등차等差를 둔 제사체계를 말한다. 그뿐 아니라 이런 사전의 성립에는 각 등급의 차이에 따라 세부적인 의례 절차도 갖추어지게 마련이다. 즉 제단祭壇의 규모라든가 제물의 진설, 제의祭儀 진행 방식, 제기祭器의 종류, 희생犧牲의 사용, 축문祝文과 같은 예식禮式에 관해 구체적으로 그 내용이 마련되어 있다.

중국에 있어서 이와 같은 대·중·소사제의 근거는 『주례』에서 찾아진다. 한대漢代에 들어와서 대체로 대사에는 천지天地와 종묘宗廟가, 중사에는 일월성신日月星辰과 사직社稷·오사五祀·오악五嶽이, 그리고 소사에는 사명司命·사중司中·풍사風師·우사雨師·산천山川·백물百物 등이 포함되었다. 그리고 이후 수隋와 당唐나라에서도 비록 각 등급에 따른 제사 대상에는 다소 차이가 보이지만, 사전상의 기본적인 삼사체계三祀體系는 그대로 유지하고 있다〈표 2〉 참조).

신라의 사전 역시 중국의 이와 같은 사전체계를 본받아 대·중·소라고 하는 삼사

44_ 李基白, 「新羅 五岳의 成立과 그 意義」, 『新羅政治社會史研究』(一潮閣, 1981), 195쪽.
　　최광식, 「新羅 大祀·中祀·小祀의 祭場研究」, 『역사민속학』 4(한국역사민속학회, 1994), 51~53쪽.
45_ 그런데 3산 5악 체계는 신라에서 뿐 아니라 백제에서도 성립되었을 것이라 한다(李道學, 「泗沘時代 百濟의 4方界山 護國寺刹의 成立」, 『百濟佛教文化의 研究』(忠南大學校百濟研究所, 1994), 200~225쪽).

체계로 나타나며, 이는 통일 이전의 신라 때 이미 수용된 것으로 보인다.

    c-1) 천사天使가 대궐 마당에 내려와 왕에게 말하기를 "상황上皇께서 내게 명하여 옥대玉帶

를 전해 주라 하였다" 하니 왕이 친히 무릎을 꿇고 받은 후 그 천사는 하늘로 올라갔다. 무

릇 교묘郊廟와 대사大祀에는 모두 이를 착용하였다.[46]

    c-2) (선도산仙桃山)신모神母가 오래도록 이 산에 머물며 나라를 진호하여 영이함이 매우 많

았다. 이에 나라가 있어 온 이래 항상 삼사三祀의 하나로서 등급이 여러 산천 제사의 으뜸이

었다.[47]

    c-1)은 진평왕眞平王 즉위 원년(579) 천제天帝가 왕에게 옥대를 내려 주었다고 하는 것
인데, 이후 이 옥대는 교묘제와 대사 때 착용되었을 뿐 아니라 신라 삼보三寶의 하
나[48]로 전해지게 된다. 또한, 교묘와 대사에서 옥대를 착용한 것으로 보아 각 제례에
따른 예복이라든가 일정한 격식 등도 당연히 갖춰졌을 것으로 짐작된다. 그리고 c-2)
역시 진평왕대(579~631)에 관련된 일로 전해지며, 호국신으로서의 선도산 신모를 위한
제사가 삼사의 하나로서 여러 산천제 중 으뜸이었다고 한 것이다. 여기의 삼사란 곧
대·중·소사의 삼사를 의미할 것이다. 따라서 신라는 통일 이전에 국가 제사로서의
삼사체계를 어느 정도 갖추고 있었다는 것은 분명하다. 다만 통일 이전 삼사의 제사
대상에 대해서는 후술하는 것처럼 대사에 삼산三山이 포함되었다는 점을 제외하고 자
세하지 않다.

46_ 『三國遺事』 卷1, 紀異 2 天使玉帶條. "卽位元年 有天使 降於殿庭 謂王曰 上皇命我傳賜玉帶 王親奉跪受 然
    後其使上天 凡郊廟大祀皆服之"
47_ 『三國遺事』 卷5, 感通 7 仙桃聖母隨喜佛事條. "神母 久據玆山 鎭祐邦國 靈異甚多 有國已來 常爲三祀之一
    秩在群望之上"
48_ 『三國遺事』 卷1, 紀異 2 天使玉帶條에 의하면 신라 三寶는 玉帶와 함께 皇龍寺丈六尊像과 皇龍寺九層塔을
    가리킨다.

	大 祀	中 祀	小 祀
隋	昊天上帝·五方上帝 日月·皇地祇 新州社稷·宗廟	星辰·五祀·四望	司中·司命·風師 雨師及諸星 諸山川
唐	昊天上帝·五方上帝 皇地祇·新州 宗廟	日月·星辰 社稷·先代帝王·孔宣父 齊太公·諸太子廟 嶽鎭海瀆·帝社·先蠶	司中·司命 風師·雨師·靈星 山林·川澤

이처럼 국가 제사 체계로서의 사전祀典은 신라에서는 이미 삼국통일 이전에 형성되었을 것으로 추정되지만, 현재 전하는 『삼국사기』 「제사지祭祀志」[49]에 보이는 신라 사전의 내용은 대체로 통일신라 이후에 편재된 내용을 반영하는 것으로 보인다.[50]

제사지에는 먼저 시조묘始祖廟·신궁神宮·오묘제五廟制와 같은 종묘의 변천과 사직社稷, 팔석八楷, 선先·중中·후농제後農祭, 풍백風伯, 우사雨師, 영성靈星 등 중국식 제례의 수용을 기술한 다음, 3산 5악 이하 명산대천名山大川에 대한 제사를 대사大祀·중사中祀·소사小祀, 그리고 잡사雜祀 등으로 나누어 기술하고 있다. 여기서 산신제와 관련된 부분은 각각 대·중·소사로 분재分載된 3산 5악 이하의 산악들이므로, 이들 산악만을 제시하면 다음과 같다.

大祀　三山 奈歷(習比部), 骨火(切也火郡), 穴禮(大城郡)

中祀　五岳 東吐含山(大城郡), 南地理山(菁州), 西雞龍山(熊川州), 北太白山(奈巳郡), 中父岳(一云
　　　　公山), 押督郡)

　　　　俗離岳(三年山郡), 推心(大加耶郡), 上助音居西(西林郡), 烏西岳(結巳郡), 北兄山城(大

49_ 『三國史記』 卷32, 雜誌 1 祭祀條 參照. 이하 제사지의 내용은 모두 이에 준한다.
50_ 辛鍾遠에 의하면, 신라 사전은 智證王代(500~513) 국가체제의 정비 과정에 수반하여 중국 祭禮의 수용을 통해 1차 祀典이 성립되었으나, 삼국통일 후 神文王代(681~691)에 들어와 영토의 확장에 따라 다시 中·小祀를 개편하는 2차의 사전개정이 이루어졌으며, 宣德王代(780~784)에는 그 성격이 諸侯의 禮로 格下되는 3차 사전으로 성립되어 있다고 하였다(辛鍾遠, 『新羅 初期佛敎史 硏究』, 高麗大學校 大學院 博士學位論文(1988), 28~67쪽].

城郡), 淸海鎭(助音島)

四鎭 東溫沫懃(牙谷停), 南海恥也里(一云悉帝推火郡), 西加耶岬岳(馬尸山郡), 北熊谷岳(比烈忽郡))

小祀 霜岳(高城郡), 雪岳(迂城郡), 花岳(斤平郡), 鉗岳(七重城), 負兒岳(北韓山州), 月柰岳(月柰郡), 武珍岳(武珍州), 西多山(伯海郡, 難知可縣, 月兄山(柰吐郡沙熱伊縣), 道西城(萬弩郡), 冬老岳(進禮郡, 丹川縣), 竹旨(及伐山郡), 熊只(屈自郡, 熊只縣), 岳髮(一云髮岳, 于珍也郡), 于火(生西良郡, 于火縣), 三岐(大城郡), 卉黃(牟梁), 高墟(沙梁), 嘉阿岳(三年山郡), 波只谷原岳(阿支縣), 非藥岳(退火郡), 加林城(加林縣, 一本有靈岩山虞風山, 無加林城), 加良岳(菁州), 西述(牟梁)

우선 신라의 사전은 중국과 달리 대·중·소사에 모두 산천을 제사 대상으로 한 점이 특징이다.[51] 이는 중국 사전을 모방하여 삼사 체계를 갖췄다고 하더라도 그 이면에 신라에서의 독자적인 운영을 엿보게 하는 점이다.[52]

그리고 '제사지'에 보이는 중사中祀 5악岳 중 서악西岳 계룡산雞龍産·남악南岳 지리산地理山·북악北岳 태백산太白山 등이나 소사小祀의 일부 산악처럼 구고구려舊高句麗 및 백제百濟·가야伽倻지역의 영역까지 포함된 것을 통해 볼 때, 이런 사전체계는 삼국 통일 이후 확대된 영토를 배경으로 하여 성립된 것임이 분명하다. 그러나 '제사지'에 보이는 5악과는 달리, 신라의 3산 5악은 다음 예에서 보듯이 이미 통일신라 이전부터 찾아진다.

d) 우리는 내림奈林·혈례穴禮·골화骨火 등의 세 호국신으로, 지금 적국敵國 사람이 그대를 유인하는데 그대가 이를 모르고 나아가니 우리가 당신을 만류하고자 여기까지 온 것입니다.[53]

51_ 浜田耕策, 「新羅の祀典と名山大川の祭祀」, 『㳌沫集』 4(學習院大學史學科硏究所, 1984), 153쪽.
52_ 최광식, 「新羅와 唐의 大祀·中祀·小祀 비교연구」, 『韓國史硏究』 95(韓國史硏究會, 1996), 1~21쪽.
53_ 『三國遺事』 卷1, 紀異 2 金庾信條. "我等奈林穴禮骨火等三所護國之神 今敵國之人 誘郎引之 郎不知而進途

e) 주존主尊 3불상佛像을 꾸미고, 벽에는 53불佛과 6류성중六類聖衆 및 천신天神과 오악신五岳神 도 그리도록 하라[54]

d)는 김유신이 고구려의 첩자 백석白石에게 유인되어 갈 때 세 명의 여자가 나타나 김유신에게 말한 내용이다. 여기서 알 수 있듯이, 세 명의 여자는 곧 호국신으로서 내림奈林(력歷)・혈례穴禮・골화骨火의 여산신이었다. 이 3산의 위치에 대해서는 대체로 경주를 중심으로 한 인근 지역이라는 점에 별 이견이 없다.[55] 그리고 이 3산이 그대로 사전의 대사로 등재되어 있다. 따라서 대사의 대상이기도 한 3산은 통일 이전은 물론 이후에도 아무런 변동이 없었다고 해야 한다.[56]

그리고 e)는 선도성모가 비구니 지혜智惠의 불전佛殿 창건을 도와준 후에 건넨 말이다. 이는 진평왕 대의 일로 전하므로 여기에서의 5악은 물론 통일 이전의 5악이다. 결국, 신라의 3산 5악은 통일 이전에 이미 형성되어 있었다는 것을 확인할 수 있다. 그런데 통일 이전의 5악에 대해 동악 토함산을 제외하고는 '제사지'의 5악과 전혀 다른 산악들로 전해지고 있는 것을 볼 수 있다. 즉,

○ 동악東岳 토함산吐含山

○ 서악西岳 선도산仙桃山[57]

○ 남악南岳 함월산含月山[58]

我欲留郎而至此矣"

54_ 『三國遺事』卷5, 感通 7 仙桃聖母隨喜佛事條.

55_ 비록 선학들 간에 3산의 위치 비정에 대한 이견은 있지만 3산이 현 경주시와 그 주변의 영천군이나 청도군・영일군 등을 벗어나지 않는다는 점에서는 일치하고 있다. 이는 3산이 곧 경주시 주변에 있는 것으로 보는 견해를 반영한다.

56_ 한편 惠恭王代에 들어와 大祀에 새로 未鄒王에 대한 제사가 大廟에 포함되었던 것으로 생각하게 하는 기록이 전한다. 미추왕은 사후에 儒理王代 伊西國의 침략을 막아 준 바 있고, 또 惠恭王 14년(779)에도 김유신에게 호국에 진력하도록 만류하였다고 하는 설화가 전한다(『三國遺事』卷1, 紀異 2 未鄒王竹葉軍條). 이에 나라 사람들이 미추왕의 덕을 사모하여 3산과 더불어 제사를 같이하고 끊지 않았으며, 등급은 五陵의 위로서 大廟라 칭하였다고 한다. 비록 미추왕이 호국에 끼친 설화적인 내용으로 전하는 것이기는 하지만, 혜공왕대 미추왕을 대묘에 포함하여 대사로 치제하였던 것이 아닌가 한다.

57_ 『新增東國輿地勝覽』卷21, 慶州府 山川條 參照.

○ 북악北岳 북형산北兄山[59]・금강산金剛山[60]

○ 중악中岳[61] 단석산斷石山[62]

으로도 불렸다는 점 역시 통일 전후의 5악이 결코 동일하지 않았음을 보여준다. 그렇다면 통일 이전의 5악도 3산과 마찬가지로 주로 경주를 중심으로 한 지역에 편성되어 있었다는 것이 된다.[63] 따라서 통일 이전의 3산 5악은 신라의 발상지인 경주 주변의 산악신앙을 배경으로 형성된 신앙체계라고 할 수 있다.

또한, 통일 이전의 3산 5악은 주로 호국과 관련하여 신앙의 대상이 되고 있었으므로,[64] 이를 통해 볼 때 당시 산신제의 주목적이 호국이었다는 것도 보여준다. 다만 통일 전의 3산이 대사인 점은 분명하나 5악의 제사등급이라든가 선정 경위 및 의미 등은 현재로선 분명치 않을 뿐이다. 어쨌든 신라의 5악 체계는 삼국통일을 전후로 하여 변화가 있었던 점만큼은 분명하다.

그런데 3산의 대상은 통일을 전후하여 전혀 변동이 없었으며, 또 3사 중에서도 최상위에 해당하는 대사大祀에 편재되고 있다. 이는 통일신라에서도 3산이 5악보다 중요시되었다는 점을 시사한다. 그러나 5악은 통일 후에 일부 변화를 보여 고구려와 백제의 영토까지 포함하는 새로운 5악 체계로 편성되었다. 신라의 5악이 통일 이전부터 신라의 영역에 한정되어 국가 수호를 기원하였다면, 통일 후에 새로 편성된 5악에 대한 신앙이나 치제도 역시 호국이 주목적이었을 것이다. 그러나 이와 같은 신앙상의 의의 못지않게, 5악 체계가 통일신라의 확대된 영토관념을 상징[65]하고 있다는 점 또

58_ 위의 책, 같은 조.
59_ 위의 책, 같은 조 및 洪淳昶, 「新羅 三山・五岳에 대하여」, 『新羅文化祭學術發表會論文集』 4(新羅文化宣揚會, 1983).
60_ 위의 책, 같은 조.
61_ 『三國史記』 卷41, 列傳 1 金庾信傳 上.
62_ 金庠基, 「花郎과 彌勒信仰에 대하여」, 『東方史論叢』(서울大學校出版部, 1984), 63쪽.
63_ 李基白, 앞의 논문, 206쪽.
64_ 文暻鉉, 「新羅人의 山岳崇拜와 山神」, 『新羅文化祭學術發表會論文集』 12(新羅文化宣揚會, 1991), 17쪽.
65_ 李基白, 앞의 논문, 215쪽. 한편 최광식은 새로 편성된 5악은 군사상 방어의 요충지로 선정된 것이라 하여, 국방상의 의의를 강조한다(최광식, 앞의 논문 참조).

한 부인하기 어렵다.

다시 말해 통일 이전의 신라 영역을 벗어나 확대된 영토에 대한 관심이 새로 편성된 5악 신앙에 반영되어 있다는 것이다. 물론 여기에는 삼국으로 나뉘어 있던 기존의 체제를 지양하여 통일된 국가라는 테두리 하에 삼국인들을 포용하고자 한 의지도 찾아볼 수 있다. 그렇다고 하더라도 이를 상징하는 것이 곧 산악신앙으로 나타나 있다는 점에는 결코 변함이 없다. 그리고 바로 이 점이 통일 이후의 5악 신앙에 반영된 영역관의 의미라는 점을 지적하고자 한다.

게다가 3산 5악을 비롯하여 전국에 걸친 여러 산악이 통일신라의 사전祀典에 각각 대사大祀와 중사中祀로 등재되어 국가 제사의 대상이 된 것은 기존의 전통적인 산신신앙이 국가적 차원에서의 제도화된 의례의 대상으로 수용된 사실을 가리킨다. 그러나 지방에 소재한 5악이나 소사小祀의 산악에까지 국가의례에 따른 산신제를 수행한다는 것은 중앙집권적인 국가권력의 뒷받침 없이는 그 시행이 어려웠을 것이다. 그러므로 사전의 성립과 이에 따른 국가의례로서 산신제의 제도화란 단지 제사상의 문제를 넘어 전국에 걸친 중앙집권화의 수반을 전제하여야 한다.[66] 그리고 이 3산 5악에는 왕 자신이나 왕을 대신하여 신하가 제사 지냈을 것으로 보이는데, 이는 한편으로 산악에 대해 민간에서의 자의적인 제사의 시행을 금하는 의미도 있었을 것이다. 왜냐하면, 민간에서의 산신제의 시행은 곧 왕의 제사권에 저촉되는 행위, 즉 왕권의 행사에 반하는 행위였기 때문이다. 따라서 유교 제례 상의 산신제는 왕의 독점적인 제사권을 뒷받침하는 왕권 강화의 측면이기도 하였다. 또한, 이는 산신제와 같은 토착적인 제의가 신분에 따라 구별되는 제의로 전환되어 갔음을 의미하기도 한다.

따라서 3산 5악의 산악신앙은 일반 민보다 주로 왕실에서 신앙되었던 것으로 보인다. 3산 5악신이 종종 왕에게 출현하는 것도 바로 이 점을 반영한다.

(경덕景德) 왕王은 나라를 24년간 다스렸는데, 5악과 3산의 신들이 때때로 혹 나타나 대궐

66_ 辛鍾遠, 앞의 논문, 60~63쪽.

의 뜰에 나타나 왕을 모시었다.[67]

즉 3산 5악의 신이 종종 나타나 왕을 모셨다는 것은 그만큼 이들 산악신과 왕실과의 밀착된 모습을 보여주는 사례이자, 경덕왕(742~765)의 재위 동안 3산 5악에 대한 치제가 그만큼 중요시되었다는 점을 의미하는 것이기도 하다. 또한, 헌강왕憲康王이 포석정鮑石亭에 갔을 때, 출현한 남산신을 측근자들은 보지 못하고 오직 왕만 볼 수 있었다는 것[68]도 왕실과 결부된 산신신앙을 보여준다. 그뿐 아니라 헌강왕에게 나타난 북악신北岳神이나 지신地神이 국가의 멸망을 예시豫示하고 있는 것도 호국신앙으로서의 산신신앙과 함께 왕실에 밀착된 신앙성을 전하는 사례이다.

결국, 3산 5악의 사전 편재에는 전통적인 산신신앙이 중앙집권화된 왕권으로 흡수된 산신신앙이라고 하는 질적 변화가 수반되었음을 뜻한다. 아울러 이것은 왕실 중심의 산신신앙이 국가 제사로 승화되었다는 점과 왕권의 한 표현으로서 지방에까지 확산된 왕토王土 관념을 의미한다.

(2) 불교와 융합된 산신신앙

삼국 사회에의 불교 전래 과정과 이에 따른 기존신앙, 특히 천신신앙과의 관계에 대해서는 앞장에서 이미 살펴본 바 있다. 따라서 여기서는 신라의 토착신앙 중 산신신앙에 한정하여 불교의 전래에 따른 기존 산신신앙의 변화에 대해 살펴보고자 한다.

토착신앙으로서의 산신신앙 역시 천신신앙과 마찬가지로 불교가 삼국 사회에 확산하여 감에 따라 그 영향을 받지 않을 수 없었다. 이러한 예로 적절한 것이 불교 수용 이전에 산천을 대상으로 지내던 기우제가 불교 수용 이후 사찰에서도 기우제를 지낸 사례이다.

67_ 『三國遺事』 卷2, 紀異 2 景德王・忠談師・表訓大德條. "王御國二十四年 五岳三山神等 時或現侍於前庭"
68_ 『三國遺事』 卷2, 紀異 2 處容郎・望海寺條

○ 크게 가물어 (법法)왕王이 칠악사漆岳寺에 가 비를 빌었다.[69]

○ 성덕왕聖德王 15년(716) 6월 가물었다. 거사居士 이효理曉에게 기도케 하니 비가 내렸다.[70]

　　그러나 천신신앙과 달리 산신신앙은 불교에 의해 대체된 것이 아니라 상호 영향을 주고받았다는 점에서 토착신앙과 불교와의 융합 양상을 보여주는 매우 좋은 사례가 된다. 다만 토착신앙과 불교가 처음부터 융합 양상을 보여주었던 것은 아니다. 즉 불교 전래 초기에는 양자 간에 충돌이나 갈등이 발생하였다. 고구려나 백제에서는 불교 전래 자체가 왕실 또는 국가에 의해 수용[71]되었으므로 불교와 토착신앙과의 갈등 양상은 비교적 찾아보기 어렵다. 그러나 신라는 이차돈의 순교설화[72]에서 보듯이 불교의 수용 과정에 적잖은 갈등이 있었음을 알 수 있다. 그리고 이런 사실은 신라에 있어서 불교 수용이 그렇게 순조롭지만 않았다는 것을 단적으로 말하여 준다.

　　비록 이차돈 순교의 표면상 이유가 불교의 공인을 위한 것으로 전해지고 있지만,[73] 이차돈과 관련된 여러 사료를 검토한 최근의 연구[74]에서는 이차돈 순교의 직접적인 이유가 토착신앙과의 갈등에서 비롯된 것임을 밝히고 있어 주목된다. 즉 법흥왕法興王은 불법을 존중하여 흥교興敎할 뜻이 있었으나 군신群臣들의 반대가 있을까 주저하던 중, 흥교의 강경한 태도를 보이던 이차돈에 의해 창사創寺의 결심을 하고 이차돈에게 그 책임을 부여한 것이라 한다. 그러나 이차돈은 이왕 창사를 할 바에는 고유신앙의 성소인 천경림天鏡林에 사찰을 둠으로써 불교 진작에 대한 의지를 확실히 하고자 하였고, 이에 군신들이 반발하고 나서자 왕은 군신들의 반발을 무시할 수 없고, 왕도 비록

69_ 『三國史記』卷27, 百濟本紀 5 法王條. "大旱 王幸漆岳寺祈雨"
70_ 『三國史記』卷8, 新羅本紀 8 聖德王條. "十五年 … 夏 六月 旱 又居士理曉祈禱則雨"
71_ 李基白, 「三國時代 佛教 受容과 그 社會的 意義」, 『新羅思想史研究』(一潮閣, 1986), 5~6쪽; 金煐泰, 「佛教信仰의 展開樣相과 생활체계」, 『傳統과 思想』Ⅲ(城南, 韓國精神文化研究院, 1988), 91쪽.
72_ 『三國史記』卷4, 新羅本紀 4 法興王 15年條
73_ 이차돈의 순교와 관련된 설화들에 의하면, 이차돈의 순교가 한결같이 법흥왕의 불교 공인과 관련되어 있음을 볼 수 있다.
74_ 崔光植, 『韓國古代의 祭儀研究』(高麗大學校大學院 博士學位論文, 1989), 178~198쪽.

이차돈에게 창사를 명하기는 하였지만 천경림에 창사한 것은 어디까지나 이차돈 개인의 자의적인 행위였으므로 결국 교명죄矯命罪에 저촉되어 처형하였다고 한다.[75]

천경림天鏡林이 삼천기三川岐·용궁남龍宮南·용궁북龍宮北·사천미沙川尾·신유림神遊林·서청전婿請田 등과 함께 『삼국유사』에는 소위 "전불前佛 때의 가람터(전불시가람지허前佛時伽藍之墟)[76]"로 되어 있으나, 이들 지역은 실은 신라에서 전통적으로 신성시되어 온 성역聖域들로 보이며,[77] 특히 림林·천川 등을 붙인 곳은 더욱 그럴 가능성이 짙다.[78] 또한, 이와 같은 신라의 성역은 박혁거세의 나전蘿田이나 김알지金閼智의 계림鷄林,[79] 선도성모가 거처하는 서악산 등과 같이 시조와 관련된 영역들도 당연히 이런 성지聖地에 속한 것으로 볼 수 있다.

재래의 성역에 사찰이 들어서는 것은 불교 측으로부터도 물론 추진되었을 것이다. 위의 이차돈 설화에 보이는 천경림에의 창사례創寺例도 그러했지만, 이에 앞서 미추왕 2년(263) 아도阿道가 신라에 와 있을 때 공주가 병이 들자 무의巫醫도 못 고친 것을 아도가 치유한 일이 있는데, 이에 왕이 아도에게 소원을 묻자 아도는 "바라는 바는 없고 다만 천경림에 창사하는 것일 뿐[80]"이라고 한 적이 있다. 이것은 고구려나 백제뿐 아니라 신라 역시 불교가 전래되기 이전의 일이므로 사료로서 취할 만한 것은 못되지만, 어쨌든 이 설화로 보면 신라의 전통적인 성역에 사찰을 짓고자 하는 것이 불교 측의 의도였음을 알 수 있다.

또한, 그것은 신라사회에서의 토착신앙의 위상을 불교가 대신하고자 한 것으로도 이해된다. 그리고 이차돈 설화에서 보듯이 불교의 진작을 위해서는 재래의 성역에 창사를 하고자 했던 것이며, 또 이를 반대한 것은 군신들로 나타난 기존의 토착세력이

75_ 최광식, 위의 논문, 189~193쪽.
76_ 『三國遺事』, 卷3, 興法 3 阿道基羅條.
77_ 李基白, 앞의 논문, 29쪽.
78_ 金宅圭, 「新羅 및 古代 日本의 神佛褶合에 대하여」, 『韓國古代文化交涉史研究』, 260쪽.
79_ 金東旭, 「新羅의 祭典」, 『新羅文化祭學術發表會論文集』 4(新羅文化宣揚會, 1983), 19~20쪽; 張籌根, 「金閼智 神話와 嶺南地方의 民間信仰」, 『韓國民俗論攷』(啓蒙社, 1986), 278~279쪽.
80_ 『三國遺事』 卷3, 興法 3 阿道基羅條.

었다. 이처럼 일단 토착세력에 의해 천경림에의 창사는 좌절되었지만, 이차돈의 처형으로 왕의 권위는 일층 강화되었고, 이 강화된 왕권 하에서 마침내 불교가 공허公許됨[81]-으로써 천경림에의 흥륜사興輪寺 창건을 추진하게 된다.

이후 신라 불교사의 전개에서 토착적인 신앙과 불교와의 관계는 갈등에서 상호 융합되어 가는 모습이 찾아진다. 가령, 재래신앙에 바탕을 둔 제사 집단적 성격이 강했던 화랑을 미륵의 화신으로 인식[82]-한다거나, 승려에게도 주술사적 기능이 보이는 점[83]- 등이 그러하다. 그러나 이러한 융합의 양상은 산신신앙과 불교와의 관계에서도 더욱 밀접하게 나타나고 있다. 그러면, 신라사회에서 불교와 융합된 산신신앙의 내용을 보다 구체적으로 검토하기로 한다. 먼저 몇몇 사례들을 제시하면 다음과 같다.

f-1) 이차돈의 처형 시 잘린 목이 금강산정金剛山頂으로 날아가 떨어지자 이곳에 장사지내고 자추사刺楸寺를 세움[84]-

f-2) 진지왕眞智王(576~578) 때 흥륜사興輪寺의 진자眞慈라는 승僧이 평소 미륵 만나기를 바라던 중, 노인으로 나타난 산신이 진자에게 이미 미륵을 만났다고 말을 해줌. 진자는 이 말을 듣고 놀라 다시 미륵을 찾아 나섬[85]-

f-3) 진평왕眞平王(579~631) 때 안흥사安興寺의 비구니가 새로 불전佛殿을 짓고자 하였으나 힘이 미치지 못하자 선도 성모가 나타나 불전을 짓도록 도와줌[86]-

f-1)은 이차돈의 순교 후 신라 사령지四靈地의 하나인 금강산에 사찰이 들어섰음을 보여준다. 사령지란 동은 청송산靑松山, 남은 우지산亏知山, 서는 피전皮田, 북은 금강산

81_ 李丙燾, 「新羅佛教의 浸透過程과 異次頓殉教問題의 新考察」, 『韓國古代史研究』(博英社, 1976), 665쪽; 신종원, 「불교의 전래와 토착화과정」, 『한국불교사의 재조명』(불교시대사, 1994), 63쪽.
82_ 金東旭, 「兜率歌研究」, 『韓國歌謠의 研究』(乙酉文化社, 1961), 61~63쪽.
83_ 李基白, 앞의 논문, 37쪽.
84_ 『三國遺事』 卷3, 興法 3, 原宗興法・厭髑滅身條.
85_ 『三國遺事』 卷3, 塔像 4, 彌勒仙花・未尸郎・眞慈師條.
86_ 『三國遺事』 卷5, 感通 7, 仙桃聖母隨喜佛事條.

金剛山의 네 곳을 말하는데, 여기는 신라의 대신大臣들이 모여 대사大事를 의논하던 장소였다.[87] 이 사령지에 보이는 산들은 신라에서 전통적으로 신성시되어 온 산악신앙의 대상으로서의 성역이었을 것이다.[88]

아울러 대신들의 회의처이기도 한 사령지는 재래의 산악신앙에 더하여 정치적 의의까지도 찾아지는 성지라 할 수 있다. 어쨌든 이 사령지의 하나인 금강산에 사찰이 들어선 것은 기존의 성소에 사찰이 들어섰다는 것으로 이해된다. 그리고 이는 종래 산악신앙을 지녔던 토착세력이 자신들의 성역에 사찰이 들어서는 것을 더는 통제할 수 없었던 사회적 분위기를 반영하며, 아울러 불교의 토착화가 산악숭배를 모태로 하고 있었음을 보여주는 것이기도 하다.

f-2)는 평소 미륵의 현현을 바라던 승僧 진자眞慈에게 산신이 출현하여 "이미 미륵을 만나고도 또 와서 무엇을 구하는가(이견미륵선화已見彌勒仙花 경래하구更來何求)[89]"라는 다소 힐난조의 말을 들려주자, 진자를 이를 듣고 놀랐다고 하는 설화의 일부이다. 즉, 진자는 미륵을 이미 만났음에도 미처 그 사실을 깨닫지 못하고 있었지만, 산신은 이런 사실을 알고 있었다. 여기서 불승이 미처 인식하지 못한 점을 산신은 알고 있었다는 것인데, 이는 불교에 대해 토착적인 산신의 초월성 또는 우월성을 암시하고 있다.

다시 말해 법흥왕의 불교 공인 및 진흥왕 대의 홍교를 거쳐 진지왕대眞智王代(576~578)에 들어와 불교가 사회 전반에 차츰 교세를 확충시켜 나가자 토착신앙 측은 위기의식을 가지고 불교에 대해 산신의 우위성·초월성을 보다 부각하고자 한 것이 이 설화 속에 반영된 의미라고 생각된다. 그러나 산신의 말을 듣고 진자가 깨달아 미륵을 다시 찾아 나서게 되었다는 것은 일면 재래신앙의 우위를 견지하면서 불교에 협조하는 모습을 보여주는 것이기도 하다. 결국, 이런 사례는 토착신앙과 불교가 점차 융합되어 가는 양상을 보여주는 것이라 할 수 있다.

87_ 『三國遺事』 卷1, 紀異 2 眞德王條. "新羅有四靈地 將議大事 則大臣必會其地謀之 則其事必成 一曰東靑松山 二曰南亏知山 三曰西皮田 四曰北金剛山"

88_ 이런 靈地에서 대신들의 회의와 관련한 선행적인 형태로 사로 6촌의 촌장들이 자제를 데리고 금성의 알천에 모여 혁거세를 추대한 것을 예로 들 수 있다.

89_ 『三國遺事』 卷3, 塔像 4 彌勒仙花·未尸郎·眞慈師條.

f-3)의 사례는 안흥사의 비구니가 사찰을 확충시키고자 했을 때, 선도산 성모의 도움을 받아 가능했다는 것이다. 이 사례 역시 산신신앙의 우위성에 바탕을 둔 불교의 수용 사실을 보여준다. 여기서는 선도산 성모가 사찰의 건립을 직접 도와주고 있다는 점으로 미루어 볼 때, 토착신앙 측에서 불교를 적극적으로 맞아들이는 모습까지도 보인다. 즉 산신신앙과 불교가 이제는 대립적인 양상을 보여주는 것이 아니라, 상호 융합해 나가는 과정이 점차 드러나고 있음을 본다. 그리고 이것은 불교가 점차 성행하자 이 사실을 결코 외면할 수 없었던 토착신앙이 보다 적극적으로 불교를 수용하고자 한 것으로 생각되며, 불교 역시 토착신앙의 도움 없이는 신라사회에의 정착이 어려웠던 사정을 보여주는 사례라 할 것이다.

　　이상의 사례를 통해 통일 이전의 불교와 융합된 산신신앙을 종합하면 다음과 같다. 법흥왕의 불교 공인 이전부터 사찰은 주로 신라의 전통적인 성지에 들어서고자 하였는데, 이는 종래 토착신앙이 차지하고 있었던 비중을 불교가 대신하고자 했기 때문이었다. 그리고 법흥왕의 불교 공인 후 사찰은 점차 종래의 성역에 들어서게 되었으며, 산신신앙으로 대표되는 토착신앙 측에서도 불교의 확충이라는 사실을 외면할 수 없게 되었다. 이에 기존의 토착적인 산신숭배를 유지하는 과정에서 산신신앙의 우위성을 내세운 사찰의 수용으로 나타나게 되었다. 또한, 불교 측에서도 기존의 산신신앙을 배제하고서는 신라사회에 정착하기 어려울 것으로 판단하였기에 상호 융합의 과정을 밟게 되었던 것이다.

　　이어 통일신라에 들어와서도 산신신앙과 불교와의 융합 상은 기본적으로 유지되고 있었다. 그러나 통일 전과는 달리 불교의 우위 하에 기존의 산신신앙이 흡수되는 경향이 나타나고 있는 점을 볼 수 있다. 이는 그만큼 불교가 사회 전반에까지 확산된 추세를 반영하는 것이기도 하다. 또한, 신라 하대下代 지방에 근거지를 두고 성립되기 시작한 선종禪宗은 호족豪族의 종교[90]로서, 나말여초羅末麗初 사회적 전환기에 따른 산신신앙의 전개에까지 새로운 양상을 초래하고 있다. 선종에 대해서는 뒤에서 다시 살펴

90_ 李基白, 『韓國史新論』 改正版(一潮閣, 1982), 130쪽.

보기로 하고, 여기서는 통일 후 불교와 융합된 산신신앙의 양상에 대해서만 검토하기로 한다.

다만 제시된 사례가 모두 설화인데, 이런 설화를 통해 당시의 상황을 파악한다는 점에는 문제가 있겠으나 불교와 융합된 산신신앙이란 점에서 불가피하다. 관련된 설화를 들어보면 다음과 같다.

g-1) (대성大城이) 하루는 토함산吐含山에 올라 곰 한 마리를 잡고 산 밑 마을에 묵었는데, 꿈에 곰이 귀鬼로 나타나 탓하기를 "녀는 어찌하여 나를 죽였는가. 내가 한생하여 녀를 잡아 먹겠다."라 하였다. 대성大城은 무서워 용서를 빌었다. 귀가 말하기를 "나를 위하여 절을 지어 줄 수 있겠는가"라 하자 대성大城은 그렇게 하겠다고 맹세하였다. 꿈에서 깨어 보니 땀이 흘러 요를 적셨다. 이후 대성大城은 사냥을 금하였으며, 곰을 잡았던 곳에 곰을 위한 장수사長壽寺를 세웠다.[91]

g-2) 삽량주歃良州 아곡현阿曲縣 영취산靈鷲山의 승僧 낭지郎智가 여러 해 암자에 거처하던 중 까마귀의 도움으로 제자 지통智通과 조우遭遇하게 되자 산신령의 도움이라 하였다. 전하는 말로, 이 산신령은 변재천녀辨才天女라고 한다.[92]

g-3) 헌덕대왕憲德大王(809~825) 때의 승僧 심지心地는 중악中岳에 머물러 있다가 속리산俗離山에서 심공深公이 진표율사眞表律師의 골간자骨簡子를 전해 받는 법회法會에 참석하러 갔다. …(중략)… 돌아오는 길에 산신을 만났는데, 산신이 심지를 바위 위에 앉히고 계율戒律을 받았다.[93]

g-4) 하루는 다섯 봉우리에 올라가 함께 예배하고자 하니 동대東臺인 만월산滿月山에는 1만 관음觀音의 진신眞身이, 남대南臺인 기린산麒麟山에는 8대보살八大菩薩을 위주로 1만 지장地藏이, 서

91_ 『三國遺事』 卷5, 孝善 9 大城孝二世父母條. "一日登吐含山 捕一熊 宿山下村 夢熊變爲鬼 訟日 汝何殺我 我還啖汝 城怖懷請容赦 鬼日 能爲我創佛寺乎 城誓之日喏 旣覺 汗流被蓐 自後禁原野 爲熊創長壽寺於其捕之"

92_ 『三國遺事』 卷5, 避隱 8 郎智乘雲·普賢樹條. "歃良州阿曲縣之靈鷲山 有異僧 庵居累紀 … 殆山靈之陰助也 傳云山主乃辨才天女"

93_ 『三國遺事』 卷4, 義解 5 心地繼祖條. "釋心地 … 寓止中岳 適聞俗離山深公傳表律師佛骨簡子 …(中略)… 地頂戴歸山 岳臣率一仙子 迎至山椒 引地坐於嵒上"

대西臺인 장령산長嶺山에는 무량수여래無量壽如來를 위주로 1만 대세지大勢至가, 북대北臺인 상왕산象王山에는 석가여래釋迦如來를 위주로 5백百의 대아라한大阿羅漢이, 중대中臺인 풍로산風盧山은 지로산地盧山이라고도 하는데 비로차나毘盧遮那를 위주로 1만의 문수보살文殊菩薩이 나타났다.[94-]

g-5) 태평흥국太平興國 7년 임년壬年(982) … 악신岳神의 이름은 정성천왕靜聖天王으로, 일찍이 가엽불시대迦葉佛時代에 부처의 부탁을 받고 맹세하여 산중山中에서 일천만의 수도자가 나기를 기다렸다.[95-]

g-1)은 신문왕대新文王代(681~691) 김대성金大城이 토함산에 장수사長壽寺를 창건한 설화이다. 토함산이 신라 5악의 하나로서 국가적으로 숭배를 받던 성산聖山이었음은 앞에서 이미 본 바 있다. 그런데 이런 성산에서 대성에 의해 토함산의 곰이 살해되는 일이 일어났다.

이 설화의 곰이 사후에 귀鬼로 나타나는 점에서 볼 때, 여기의 곰은 결코 범상한 동물이 아니라고 생각된다.[96-] 그런데 다행히 이와 같은 곰의 신격에 관해 시사하는 사례가 찾아진다. 즉 효소왕대孝昭王代(692~701) 혜통惠通에게 굴복한 기장산機張山의 웅신熊神이 그것으로, 이 곰은 본래 인간에게 질병을 주는 용이었다. 그런데 혜통에게 쫓겨나 기장산의 곰신으로 화하여 백성에게 큰 피해를 주었다고 한다. 이에 혜통이 이 산으로 다시 와서 용에게 타일러 불살계不殺戒를 주었더니 용의 해독이 멈췄다는 것이다.[97-] 그런데 용은 왕권과 밀접한 영물이기도 하지만, 한편으로는 토착신앙의 대상이기도 하여 불교 측에서는 포섭되기 이전의 용을 인간사회에 해악을 끼치는 독룡이나 악룡으로 인식하였다는 견해[98-]가 참고 된다. 그렇다면 기장산의 곰신은 용신이자 산

94_ 『三國遺事』 卷3, 塔像 4 臺山五萬眞身條. "一日同上五峯瞻禮次 東臺滿月山 有一萬觀音眞身現在 南臺麒麟山 八大菩薩爲首一萬地藏 西臺長嶺山 無量壽如來爲首一萬大勢至 北臺象王山 釋迦如來爲首五百大阿羅漢 中臺風盧山亦名地盧山 毗盧遮那爲首一萬文殊"

95_ 『三國遺事』 卷5, 避隱 8 包山二聖條. "太平興國七年壬年 … 神名靜聖天王 嘗於迦葉佛時 受佛囑 有本誓 待山中一千人出世 轉受餘報"

96_ 鬼는 일반적으로 인간의 사후 정령을 의미한다고 보아, 이 설화 속의 곰도 정령을 지닌 동물로 간주하여 이에 따라 곰과 인간을 서로 동일시하는 관념의 소산, 즉 곰을 토테미즘으로 파악하기도 한다(姜英卿, 앞의 논문, 95쪽).

97_ 『三國遺事』 卷5, 神呪 6 惠通降龍條.

신으로서 곧 토착신앙을 반영한다고 해석할 수 있다.

따라서 토함산의 곰도 어떤 영물靈物[99]로서 신성시된 토착신앙의 대상임을 보여주는 것으로 생각된다. 그렇지만 이 무렵 토함산은 전통적인 호국 성산으로서의 의의가 상당히 퇴색되었기에 일반 민들이 사냥을 하는 장소로도 이용되었을 것이다. 그리고 이러한 성산 숭배의 퇴조는 자연 산신에 대한 신앙의 약화를 그 배경으로 하고 있을 것이다.

결국, 토함산은 통일 후에도 여전히 5악의 하나로서 국가에 의한 치제 대상이었음에도 신라인에게 숭앙받던 토함신에서 일어난 곰의 살생은 일반 민들이 토함산을 더는 성산으로 여기지 않았음을 뜻한다. 비록 토함산이 사전에 등재된 산악일지라도 일반 민들에게서는 그러한 의미를 찾아보기 어렵다. 다시 말해 일반 민들은 토함산을 단지 속화俗化된 장소로 인식하였다는 것을 의미하며, 동시에 이는 일반 민들에서의 산신신앙의 퇴조를 말해 주는 것이기도 하다.

이렇게 볼 때, 곰이 대성에게 나타나 나무랐다는 것은 산신신앙을 지닌 기존세력이 이를 저버리는 일반 민들에게 항변한 것이 아니었을까 추측하게 한다. 그런데 곰의 항변이란 자신을 위해 절을 지어 달라는 것이었다. 여기서 전통적인 산신신앙은 이제 불교에 의거하여야만 '길이 살 수 있는[長壽]' 존재로 전환되고 있음을 보게 된다.

g-2)는 산신이 낭지郎智와 지통智通의 사제師弟 결연에 따른 조우를 까마귀를 통해 알려주었다고 하는 설화이다. 낭지와 지통의 조우 시기는 용삭龍朔 초년(661)이라 하였는데, 이는 신라가 백제를 병합한 바로 다음 해에 해당한다. 여기서도 산신은 불교에 대해 협조적인 모습을 보이고 있으며, 낭지 역시 이 도움이 산신에게서 나온 것임을 알고 있었다는 점에서 산신신앙과 불교가 서로 배타적이지 않은 우호적인 양상을 전하여 준다. 더욱이 이 산신은 당시 변재천녀辨才天女로 전해졌는데, 이런 점에서 이 내용은 산신의 여신성과 천신성을 보유한 비교적 고형古形의 신앙 전승이라고 할 수 있다.

98_ 松前健, 「古代韓族の龍蛇崇拝と王權」, 『朝鮮學報』 57(朝鮮學會, 1970), 1~9쪽.

99_ 토함산의 산신이 탈해인 점을 고려한다면, 여기의 곰을 바로 산신으로 간주하기는 어렵다. 아마 산신의 사자 이거나 아니면 산신의 보호 하에 있는 성스러운 동물로 생각할 수 있다.

g-3)에서는 중악中岳의 산신이 심지에게 계율을 받는 모습을 보여준다. 여기서는 산신이 불교에 대해 비교적 우위에 있던 통일 이전의 양상과는 달리, 산신이 오히려 종속적인 위치에서 승려에게 계율을 부탁하고 있다. 이는 위 g-1)의 사례에서와 같이 산신이 불교 쪽으로 흡수되는 경향을 보여준다는 점에서, 통일 후 불교와 융합된 산신신앙의 변화된 양상을 보여주는 사례이다. 또한, 산신에게 계율을 내리는 심지를 통해서는 종래와 달리 불교가 우월한 입장에서 산신을 맞이하는 모습도 볼 수 있다.

g-4)는 정신대왕淨神大王의 태자인 보천寶川과 효명孝明 두 형제가 불교에 뜻을 두어 오대산五臺山에 들어가 암자를 짓고 수행하던 중, 형제가 함께 오대산의 봉우리에 올라 예배하고자 할 때 봉우리마다 불보살이 직접 현신하였다는 내용이다. 즉 오대산의 봉우리마다 불보살이 좌정하고 있는 모습을 전하는 것이다. 따라서 이 내용은 이 시기 신라의 전통적인 산악신앙을 대신하여 불교가 차지한 위상을 전하는 사례라고 할 수 있다.

또한, 일연이 정신·효명·보천을 각각 신문왕神文王·효소왕孝昭王·성덕왕聖德王으로 추정한 점에서, 이런 내용의 설화는 7세기 말에서 8세기 전반의 어느 시기엔가 성립되었을 것으로 생각되기도 한다.[100] 그렇다면, 이런 사례는 7세기 말에서 8세기 전반에 걸치는 시기에 신라의 산악신앙이 점차 불교적인 내용으로 넘어가는 양상을 보여주는 것이라고 할 수 있다.

g-5)의 내용은 정성천왕으로 불린 산신이 신라에 불교가 전래하기 이전부터 불교와 관련된 신이었다는 것이다. 그러나 이 정성천왕 역시 앞의 변재천녀와 같이 천신으로서 산신과 맥락이 닿는 신라의 전통적인 산신이었을 것이다. 따라서 신라의 전통적인 산신을 이미 전불시대前佛時代부터 불교의 신이었다고 하여, 이를 불교적으로 수용하고자 한 것이 이와 같은 설화로 나타난 것이 아닌가 생각된다. 결국, 정성대왕으로 불린 산신이 이미 불교와 관련된 신이었다는 것은 '전불 가람터'에서처럼 신라가 본래부터 불교국이었으며, 신라 중심의 불국토관과 함께 산신신앙을 불교가 흡수하고자 한 경

100_ 李箕永, 「7·8世紀 新羅 및 日本의 佛國土思想」, 『宗教學研究』(韓國宗教史學會, 1973), 9~15쪽.

향이 신라 말기에 이르기까지 지속적으로 이어져 왔음을 보여준다.

이상의 사례들은 일연의 『삼국유사』가 비록 호교의 목적에서 편찬된 것이라고 할지라도, 신라 중대 이후의 변화된 사회상을 살펴보는 데 있어 어느 정도의 객관성을 유지하고 있는 것으로 보인다. 특히 불교와 융합된 산신신앙의 경우, 통일 전과 비교할 때 차이점이 찾아진다는 점에서 위의 사례들이 반드시 호교를 위해 찬술된 것만은 아니라는 인상을 준다. 다만 사례의 해석에 지나친 비약과 억측이 있었던 점을 자인하면서, 통일 전과 달라진 양상을 요약하는 것으로 통일 후에 들어와 불교와 융합되어 변화된 산신신앙의 성격을 제시하여 본다.

첫째, 통일 후에는 불교 측에서 산신신앙을 흡수하고자 하는 경향이 두드러졌다. 통일 이전에는 산신신앙과 불교가 대등하거나 아니면 산신신앙 측이 불교에 협조적이었던 데 반해 통일 후의 사례는 산신신앙보다 상승한 불교의 위상이 나타나 있다. 또한, 유교 제례 상의 5악에까지 각각 사찰이 들어선 것[101]-도 주목되는 점이다. 이것은 통일 후 유교와 불교가 서로 대립적이지 않았던 점을 보여주는 것이기도 하지만, 한편 이 시기의 산악신앙에서 불교가 차지하는 비중을 엿볼 수 있게 한다. 이는 불교 측에서 불교의 저변 확대를 위해서 신라에 토착화하는 방편으로 기존의 산신신앙을 매개로 하거나 아니면 이를 대체하고자 한 점에서 나온 조치였다고 할 수 있다.

둘째, 통일 후에는 이와 같은 경향 속에서 자연 산신신앙이 불교에 종속되고 있는 점을 들 수 있다. 이는 특히 7세기 후반 이후에 현저해지는데, 산신이 승려에게 계율을 받는다거나 각 산악에 불보살이 좌정한 것으로 인식되었던 점에서 알 수 있다. 심지어 신라의 산신들은 이미 전불시대 때부터 불교와 인연이 있는 신격으로까지 인식되기도 하였다.

101_ 즉 동악 토함산에는 佛國寺와 石佛寺(石窟庵)가, 서악 지리산에는 華嚴寺가, 남악 계룡산에는 岬寺가, 북악 태백산에는 淨岩寺 · 淨石寺가, 그리고 중악 공산에는 地藏寺 · 桐華寺가 각각 개창되었다.

(3) 나말여초의 풍수지리에 반영된 산악관의 변화

나말여초라고 하는 사회적인 전환기에 따라 사상계에서도 이에 상응하는 변화가 일어나고 있었다. 이 시기를 대표하는 사상계의 두드러진 변화 중의 하나는 중대中代 이후 경주 중심의 왕실불교·귀족불교인 교종敎宗을 대신하여 지방에서는 호족과 연결된 선종禪宗이 새로 대두되고 있는 점을 들 수 있다.[102]

교종敎宗은 신라 중대 이래 전제왕권을 이론적으로 뒷받침하여 주는 사상체계로 이용되어, 왕즉불사상王卽佛思想과 윤회전생설輪廻轉生說에 입각한 중앙집권적 체제 및 골품귀족들의 신분적 특권을 옹호하였으나, 소의경전所依經典에 의거한 교학불교敎學佛敎로서 난해한 이론에 치우쳐 일반 민중들로부터는 점차 지지기반을 상실해 가고 있었다. 이에 반해 선종禪宗은 이른바 '불립문자不立文字 견성오도見性悟道'를 내세워, 복잡한 교리를 떠나 좌선을 통한 심성의 도야로 자신의 마음속에 있는 불성을 깨달을 것을 표방하고 있었다.

선종의 이와 같은 특성은 개인주의적인 성향을 강하게 지닌 것이라 할 수 있으며, 또한 당시의 선문禪門 가운데 대표적인 9산 선문이 대부분 경상도를 벗어난 지방에 있었다는 점도 유의할 필요가 있다. 왜냐하면, 선종의 이러한 경향은 중앙의 통제에서 벗어나고자 하는 지방 세력가들에게 독립할 수 있는 사상적 근거를 제공한 것으로 이해되고 있기 때문이다.[103] 따라서 선종은 왕실이나 중앙귀족에 기반을 둔 교종불교에 대하여 이를 반성하고 극복하는 성격을 지닌 것으로, 한편으로는 지방의 호족세력을 사회적 기반으로 하면서 국내 각처에 선문을 성립시킨 것이었다.[104]

게다가 선종과 풍수지리설의 밀접성[105]으로 선종의 지방에의 거점과 선종을 지원하는 호족이 연결되면서 호족들에게는 자신의 근거지에 대한 명당관明堂觀을 제시하여 주는 의미도 있었다.

102_ 崔柄憲, 「佛敎·風水圖讖思想」, 『한국사연구입문』 2판(지식산업사, 1987), 205쪽.

103_ 朴容雲, 『高麗時代史』(一志社), 39쪽.

104_ 崔柄憲, 「羅末麗初 禪宗의 社會的 性格」, 『史學硏究』 25(韓國史學會, 1975), 1~26쪽.

105_ 崔柄憲, 「道詵의 生涯와 羅末麗初 風水地理說」, 『韓國史硏究』 11(韓國史硏究會, 1975), 101~146쪽.

풍수란 지형이나 지기地氣가 인간의 행·불행에 영향을 미친다는 관념에 근거하는데, 이에 따라 추길追吉·피흉避凶을 목적으로 도읍·주택·능묘 등을 선정하는 일종의 지상학地相學[106]이라 할 수 있다. 따라서 길처吉處 즉 명당에 자리를 잡으면 국가나 개인이 번영할 수 있지만, 반대로 악처惡處에 자리한 경우에는 불행을 가져다준다는 것이 주된 내용을 이룬다.[107] 이와 같은 풍수관의 기원에 대해서는 우리 민족의 역사와 함께 자체적으로 발생한 것으로 보는 자생설自生說[108]과 통일신라 이후 당과의 문화적 교류로 전래된 것이라는 도입설導入說[109]이 있으나, 그보다는 우리 민족 본래의 풍수적 사고방식에 체계화된 중국의 풍수 이론이 도입됨에 따라 성행[110]하였다고 하는 주장이 비교적 설득력이 있어 보인다. 어쨌든 풍수지리가 하나의 사회적 의의를 지니면서 중시된 것은 통일신라 말의 도선道詵에게서 비롯된다고 할 수 있다.

도선 역시 선종 9산문의 하나인 동리산계桐裏山系의 선승禪僧으로 활동하면서 풍수지리를 통해 왕건王建의 가계家系와 연결되고 있던 점은 잘 알려진 사실이다. 그런데 선승으로서의 도선이 풍수지리에 대해 지식을 지니고 있었던 점은 단지 도선뿐만 아니라 당시의 선승 일반에게도 나타나는 경향이었다. 선승들의 이런 모습은 다음 몇몇 사례들을 통해서도 알 수 있다.

우선 산문의 개창 때 선사들이 풍수지리설에 따라 사원의 터를 선정하고 있는 점을 볼 수 있다. 가령 희양산파曦陽山派의 지증도헌智證道憲이 희양산 기슭에 봉암사鳳巖寺를 창건하는 과정에서, 물줄기를 끌어들이고 철불鐵佛로 기운을 누른다고 한 표현으로 미루어 풍수와 비보 사탑의 관념이 찾아진다든지,[111] 도굴산파闍崛山波의 2조 낭공행적이 석남산사에 이르러 뛰어난 땅의 형세를 보고 마침내 삶을 끝마칠 장소로 삼고 머무르

106_ 李龍範, 「風水地理說」, 『한국사』 6(국사편찬위원회, 1975), 271쪽; 崔昌祚, 『韓國의 風水思想』(民音社, 1984), 32쪽.
107_ 李丙燾, 「風水地理說의 本質과 그 傳來」, 『高麗時代의 研究』(亞細亞文化社, 1980), 29쪽.
108_ 朴容淑, 『神話體系로 본 韓國美術論』(一志社, 1975), 13쪽.
109_ 李龍範, 앞의 논문; 李丙燾, 앞의 책, 21~30쪽 참조.
110_ 崔昌祚, 「풍수지리·도참사상」, 『한국사』 16(국사편찬위원회, 1984), 301~307쪽.
111_ 추만호, 『나말려초의 선종사상사 연구』(이론과 실천, 1992), 236쪽.

게 되었다고 하는 것 등이 그러하다. 그뿐 아니라 선사들은 사후 자신이 묻힐 부도浮屠의 터나 혹은 비문의 건립지까지도 풍수지리에 근거하여 장소를 선정하기도 하였다.[112]

여기서 산문의 개창이나 부도의 터 선정 등에 있어서 선승들이 풍수지리에 따라 지형地形과 지세地勢에 유의하였다는 것은 그만큼 이 시기의 선승들과 관련된 풍수지리와의 밀접성을 보여주는 것이라 할 수 있다. 특히 산문의 개창에 풍수 지리적 조건을 따져 개창하고 있다는 것은, 이 시기의 사찰 건립이 종전과는 달리 산신신앙의 도움이나 혹은 산신을 포용하는 관념들과 관련된 것이 아니라 풍수지리에 전적으로 근거하고 있었음을 의미한다. 그리고 만약 산에 풍수 지리적 결함이 있다면, 이를 비보하는 사탑을 세움으로써 보완하고자 하였다. 결국, 이런 경향에서 선문에 의한 사찰 개창이 산에 대한 신성성을 고려하지 않고 풍수 지리적 입장을 주로 고려하여 이루어지게 되는 과정을 볼 수 있다.

이처럼 풍수지리에 따라 전통적인 산신신앙이 선종으로부터 어느 정도 배제되고 있었으나, 선종을 매개로 한 선승들의 풍수 지리관이 호족들에게도 전해졌다는 것은 또 다른 의의를 지닌다. 호족들이 풍수지리를 적극적으로 수용하였다는 것은 도선과 왕건 가계와의 관계에서 미루어 추정되지만, 이는 단지 왕건 가계에서만 보이는 현상이 아니라 다른 호족들도 마찬가지였을 것으로 추측된다.

풍수지리가 본래 산세와 수세를 중시하여 입지를 선정하고 그에 따른 행幸·불행不幸의 결과성에 중점을 둔 설명체계라는 점[113]에 비추어 볼 때, 호족은 자신들이 근거를 두고 있는 지역에 대해 이런 조건에 합당한 지형적인 설명을 통해서, 또는 이런 조건에 부합되는 곳에 자리를 잡음으로써 합당한 명분을 구했을 것이다.

또한, 풍수지리가 지세와 지형을 통해 흥성과 몰락의 원인을 합리화하는 것도, 이제 경주의 운명이 다하고 지방에서의 새로운 세력의 등장을 정당화할 수 있는 이론으로

112_ 崔柄憲,「道詵의 生涯와 羅末麗初 風水地理說」,『韓國史硏究』 11(韓國史硏究會, 1975), 133~138쪽.
113_ 洪承基,「高麗初期 政治와 風水地理」,『韓國史市民講座』 14(一潮閣, 1994), 26쪽.

호족들에게 받아들여졌을 것이다.[114] 따라서 지방의 호족들은 자신의 근거지에 대해 새로운 인식을 하게 되었을 것이며, 특히 자신의 세력권 하에 있는 산악들에 대해서도 풍수지리적인 조건 여부를 추구하였을 것으로 보인다. 그 결과 지방에 소재한 산악들에 대한 인식의 전환이 이루어졌으며, 이는 전래의 산신신앙과 연결되어 호족 가계의 신성성을 분식하는 장치로도 이용되었던 것이다.

결국, 풍수지리는 호족의 세력 신장을 합리화하는 명당明堂의 선정 등에 적극 활용되었으며, 또한 호족들의 근거지에 대한 정당성과 독립성을 제시하여 주는 이론체계로도 환영받았을 것으로 생각된다. 더욱이 호족들의 풍수지리는 전통적인 산신신앙과도 한편으로 연결되고 있었음이 고려 태조에게서 확인되는데, 이런 점에서 호족들의 풍수지리는 선사들의 풍수지리와 그 성격을 다소 달리한다고 할 수 있다. 왜냐하면, 호족들은 산신신앙을 풍수지리와 연결시켜 자신의 가계를 신성화함과 동시에 자신의 입지에 대한 정당성도 풍수지리에서 구하고자 하였기 때문이다. 그리고 이러한 경향은 특히 고려 태조에게서 찾아볼 수 있다. 반면 선종에서의 선문 개창은 주로 풍수지리적인 입지조건만이 고려되었을 뿐, 종래의 산신신앙과 거의 연결되지 않는다고 할 수 있다.

어쨌든 선종의 지방에서의 성행과 호족과의 연결은 경주 중심의 귀족문화를 대신한 지방문화의 등장이라는 의의를 지니고 있으며, 지방에 근거를 둔 호족들에게는 자신의 입지를 사상적으로 뒷받침하는 성격을 지닌 것이었다.[115] 게다가 선종을 통해 풍수지리가 호족에게 수용됨으로써 지방에 소재한 산악들에 대해서도 새로운 의미가 부각되었으며, 이는 종래 경주 중심의 산악에서 벗어나 전국에 걸친 산악들에 관한 관심으로 전환되고 있다는 점에서 '국토재개편안적國土再改編案的'인 성격을 보여주는 것이라고도 할 수 있다.[116] 그리고 이러한 풍수지리는 다시 전통적인 산악관에 반영되어 호족의 세력 성장에 활용되기도 한 사실이 고려 왕건 가계를 통해 확인된다.

114_ 李基白, 「한국 風水地理說의 기원」, 위의 책, 14쪽.
115_ 崔柄憲, 「羅末麗初 禪宗의 社會的 性格」, 『史學研究』 25(1975), 9~13쪽.
116_ 李龍範, 「處容說話의 一考察」, 『韓滿交流史 研究』(同和出版公社, 1989), 56쪽.

2. 고려 산신제의 전승이 보이는 다양성

1) 고려 초기 산신신앙과 산신제의 내용

(1) 호경설화에 반영된 산신의 의미

고려의 산신신앙山神信仰을 살펴볼 때, 고려 왕실의 시조인 호경虎景이 평나산平那山 산신과 관련을 맺으면서 시작되는 세계설화世系說話[117]-에 주목할 필요가 있다. 그것은 무엇보다도 호경설화에 나타나는 산신을 통해 고려의 가장 이른 신앙 형태 중의 하나가 산신신앙임을 확인할 수 있기 때문이다. 또한, 설화에 보이는 여산신[118]-은 이 설화가 그만큼 고대의 산신신앙을 전하는 것으로 간주할 수 있는 근거가 된다. 따라서 호경설화의 배경으로 일단 고대 산신신앙의 전승을 생각해 볼 수 있다.

그러나 고려의 지배계층들은 왕실의 세계를 작성하는데 이와 같은 산신신앙을 정치적으로 이용하였다는 점에서 전대와는 다른 신앙 성격을 보여준다. 왜냐하면, 호경설화를 통해 왕실의 역사성과 신성성을 드러낼 목적으로 고대의 여신을 시조와 연결시키고자 한 것이기 때문이다. 이런 점에서 호경설화는 고려 산신신앙의 형성 및 전승에 지배계층으로부터의 강한 영향력을 보여주는 것이기도 하다. 먼저 관련 내용을 보면 다음과 같다.

> (자칭 '성골장군聖骨將軍'인 호경虎景이) 하루는 마을 사람 9명과 함께 평나산平那山에 매를 잡
> 으러 갔다가 마침 날이 저물어 바위 굴속에서 자게 되었다. 그때 범 한 마리가 굴 앞을 막고
> 큰 소리로 울었다. 열 사람이 서로 말하기를 "범이 우리를 잡아먹고자 하니 시험 삼아 각자

117_ 張德順, 「高麗國祖神話」, 『韓國說話文學硏究』(서울大出版部, 1978), 55~69쪽; 김열규, 「고려왕조의 신화·전설」, 『한국의 神話·民俗·民談』(正音社, 1983), 96~118쪽; 河炫綱, 「『編年通錄』과 高麗王室世系의 性格」, 『韓國中世史硏究』(一潮閣, 1993), 6~24쪽.

118_ 한국 고대의 산신이 인격신으로 나타날 경우 주로 女性이었다. 또한, 산악의 명칭에 있어서도 여성적인 요소가 의외로 많이 찾아진다. 이런 사실에서 한국의 산신은 본래 여신이었다고 추정할 수 있다. 이에 대해서는 다음 논문이 참고 된다. 孫晉泰, 「朝鮮 古代 山神의 性에 就하여」, 『朝鮮民族文化의 硏究』(乙酉文化社, 1948); 金映遂, 「智異山 聖母祠에 就하야」, 『민속의 연구』Ⅰ(정음사, 1985), 306~336쪽.

의 모자를 던져 그 모자를 무는 자가 나가서 일을 당하기로 하자"고 하여 모두 자기의 모자를 던졌다. 범이 호경의 모자를 물자 호경이 나가서 범과 싸우려고 하는데 범은 갑자기 없어지고 굴이 무너져 아홉 사람은 나오지 못하고 모두 죽었다. 호경은 돌아와서 평나산에 알리고 다시 산으로 와 9명의 장사葬事를 지내 주었다. 먼저 산신에게 제사를 지냈더니 그 신이 나타나 말하기를 "나는 과부로서 이 산을 주관하고 있었는데, 다행히 장군을 만나 부부가 되어 함께 이 산을 다스리고자 하니 청컨대 이 산의 대왕大王이 되어 주시오." 라고 하였다. 말이 끝나자 호경과 함께 사라지고 보이지 않았다. 고을 사람들은 호경을 대왕으로 봉하여 사당을 세워 제사지내고 아홉 사람이 함께 죽었기 때문에 산 이름을 고쳐 구룡산九龍山이라고 하였다.[119]

비록 이 설화를 역사적 사실로서 받아들이기는 어렵지만, 설화에 반영된 내용을 통해 당시 사람들이 지니고 있던 가치관이나 관념, 시대적 배경 등의 유추는 가능하다고 본다. 이런 관점에서 이 설화가 지닌 신앙적 배경으로 고대 여산신신앙의 전승이라고 하는 성격부터 검토하기로 한다.

물론 『고려사』 찬자纂者들은 궁극적으로 호경설화를 통해 고려 왕실의 세계를 산신과 연결시킴으로써 가계家系의 신성성을 드러내고자 한 의도였겠지만, 그러기 위해서는 먼저 당대인들에게 산신이 존귀한 자로 인식되고 있었다는 점이 전제되어야 할 것이다. 다시 말해 고대로부터 산신은 존귀한 자 또는 신성한 자로서의 신앙성이 유지되고 있었기에 이와 같은 호경설화의 등장이 가능했다고 하는 것이다. 결국, 호경설화는 고대의 여산신에 대한 일반 민들의 신앙을 고려 왕실의 시조에게 귀착시킴으로써, 고대의 산신신앙이 고려로 전승되는 과정을 보여준다고 할 수 있다.

또한, 설화에 나타난 호경의 활동 연대를 통해 이 설화의 시대적 배경으로 다음과 같은 추정이 가능하다. 즉 왕건王建은 당唐 건부乾符 4년(887) 출생[120]으로서, 호경은 왕

119_ 『高麗史』 '高麗世系' 참조.
120_ 『高麗史』 卷1, 世家 1 太祖 序文. "(太祖) … 唐乾符四年丁酉正月丙戌生"

건의 7대조代祖이므로 대략 1대代를 30년으로 계산한다면 호경의 활동 연대는 서기 700년대 전후로 추정된다. 이런 점에서 호경설화에 반영된 시대적 배경을 7세기 말에서 8세기 초로 잡을 수 있다. 그리고 바로 이 시기는 신라가 삼국 통일을 완수하고 당군唐軍마저 국토에서 축출한 후로서, 비교적 통일신라의 초기에 해당되는 때였다는 점에 주목하고자 한다. 왜냐하면, 신라의 삼국통일전쟁이 초래한 신앙사적 변화로 다음 두 가지 점을 들 수 있기 때문이다.

첫째, 전쟁 수행 과정에 따라 여성보다는 남성의 전사적戰士的 기능을 중시한 사회적 분위기[121] 하에 산신의 성이 여성신에서 점차 남성신으로의 전화轉化가 이루어졌다는 점,[122] 둘째로는 불교의 호국적 기능이 기존의 산신신앙과 기능상 중복되면서 상호 융합을 가져온 점이 그것이다.

이런 점을 고려할 때, 호경설화에 평나산 산신이 여성으로 나타나고 있는 것은 늦어도 이 설화가 삼국통일 이전의 여신신앙을 배경으로 하고 있음을 시사한다. 그러나 여기에 다시 여신의 배우자로 호경이 설정됨으로써 삼국통일 전 여신만이 존재하던 산신형태에서 벗어나 남녀 산신의 공존이라고 하는 사실을 볼 수 있다. 이와 같은 남녀 산신의 공존은 신앙사적 변화로서도 주의를 끄는데, 이 점에 대해서는 뒤에서 다시 살펴보고자 한다. 그리고 설화에 산신신앙과 불교와의 융합 요소가 전혀 보이지 않는다는 점도 호경설화가 아직 불교와 융합되기 전의 고유한 산신신앙의 내용을 전하는 것임을 반증하는 것이 아닌가 한다. 그렇다면 호경설화는 고대의 여산신신앙을 전하는 자료이자 아직 불교와 융화되기 전 신라의 한 변경邊境에서 유지되어 온 전통적인 산신신앙의 전승을 보여주는 것으로 해석할 수 있다.

그리고 설화에서 산신 스스로 '평나산을 관할하는 신'으로 말하고 있듯이, 평나산신은 곧 평나산의 주관자였다. 그러나 그렇다고 하여 평나산신이 단지 평나산의 주관자로만 그치는 것이 아니라, 평나산을 포함한 평나군 일대를 수호하는 신이기도 하였을

121_ 金哲埈, 「三國時代의 禮俗과 儒敎思想」, 『韓國古代社會研究』(서울大學校出版部, 1990), 317쪽.
122_ 姜英卿, 앞의 논문, 26쪽.

것이다. 이것은 신라 시대의 경우를 보더라도 오악五岳의 신이 단지 그곳의 신으로만 존재하였던 것이 아니라, 신라의 삼국통일에 따른 영토의 확대에 따라 통일신라 전역을 수호하는 신으로도 신앙되었던 점에서 수긍할 수 있다.[123] 따라서 평나산신도 평나산을 포함한 평나군 전체를 관할하는 신으로 신앙되었다고 생각된다. 결국, 평나산신은 평나군의 수호신守護神이자 동시에 평나군의 영적靈的 주관자主管者로 간주할 수 있다. 따라서 이런 산신과 부부가 되어 대왕大王으로 봉해진 호경 역시 산신의 부군夫君으로서 그 지역의 통치자가 되었다고 하는 의미가 된다. 즉 이 설화에서 호경은 기존의 평나산신이라고 하는 존귀한 자와 맺어짐으로써 평나군의 통치자가 되었다고 하는 신분 상승의 사실을 보여준다.

또한, 호경의 신분 상승을 보다 구체적으로 보여주는 사실로서 평나산신으로부터 대왕大王[124]이라는 호칭이 호경에게 부여되고 있는 점을 들 수 있다. 종래 호경은 자칭 장군이라 한 점으로 보아, 지위나 신분이 그렇게 높지는 않았던 것으로 보인다. 그런데 새로 산신과 맺어지면서 호경이 대왕大王으로의 신분 상승을 하고 있다. 더욱이 군인이 호경을 "대왕으로 봉하고 신사를 세워 제사하였다(군인 인봉호경위대왕因封虎景爲大王 입사제지立祠祭之)"고 하였는데, 이것은 군민 도 그를 대왕으로 인정하였다는 것을 의미한다. 요컨대, 호경은 종래 '자호장군自號將軍'에서 군민도 인정하는 대왕이 되었다.

그런데 호경의 이와 같은 신분 상승을 신앙사적信仰史的인 측면에서 검토할 때 다음 두 가지 점이 관심을 끈다. 첫째, 산신과의 혼인을 통해 호경도 산신으로의 신격화가 가능했다는 점이다. 둘째, 당연한 말이지만 그 계기는 혼인에서 초래되고 있는 점이다.[125] 여기서 이 두 가지 점을 종합하면, 호경이 여산신과 혼인하여 산신이 되었다는

123_ 李基白,「新羅 五岳의 成立과 그 意義」,『新羅政治社會史研究』(一潮閣, 1974).

124_ 大王이 정치적인 의미로 쓰일 때 그것은 흔히 偉業을 이룩한 군주에 대한 후세의 호칭이었다. 반면 산신을 大王이라고도 하였는데, 가령 신라 제54대 景明王(917~923)이 仙桃山에 매사냥을 하러 갔다가 매를 놓치자 선도산 신모에게 "만약 매를 찾으면 꼭 봉작하겠다"고 약속한 후 조금 있다가 매가 다시 돌아오자 신모를 대왕으로 봉한 사실이 그것이다(참고『三國遺事』卷5, 感通 7 仙桃聖母隨喜佛事條). 여기서 본래 위대한 군주에게 사용된 대왕이란 호칭이 차츰 산신에게도 수여되었던 사실을 볼 수 있다. 또한, 호경이나 경명왕의 사례가 統一新羅를 전후하여 末頃에 해당되는 점을 고려할 때 산신에 대한 대왕이란 호칭도 이 무렵부터 사용되었던 것으로 보인다.

것이 된다. 그리고 이런 사실로부터 여신에게도 배우자가 설정되어 남녀산신의 공존 과정을 추출할 수 있다. 이것은 더 선행한 여신신앙에서 차츰 남신 일변도로 나아가기 전의 과도기적 상황을 반영하는 것이 아닌가 추측된다. 즉 여산신으로 신앙되던 고대의 산신 형태에서 점차 남성화된 산신이 등장하기 전의 과정으로 남녀 산신의 공존화가 혼인으로 설정되고 있다는 것이다.

게다가 평나산신은 호경과 맺어지기 전 "여이과부予以寡婦"라 하여 이미 혼인한 적이 있었음을 밝히고 있다. 이렇듯 평나산신의 초혼 또는 재혼 기사에서도 전대前代와는 달리 여신에게 배우자가 설정됨으로써 남녀신의 공존이 의도되는 변화된 신앙 형태가 찾아진다. 요컨대, 이러한 내용은 삼국통일 전의 일반화된 여신신앙에서 차츰 삼국통일을 전후한 시기에 남녀 산신이 배우자로 공존하다가 이후 남신으로 넘어가는 신앙사적 변화를 보여주는 것이라고 가정된다. 또한, 이런 변화는 앞에서도 잠시 언급했듯이 전쟁에 따른 여성의 역할이 남성보다 상대적으로 미약해지자 자연 여신의 능력에 대해서도 의문시되고, 그 결과 남신이 등장할 수밖에 없었던 시대 상황을 반영하는 것이라고 할 수 있다. 그러나 그렇다고 하더라도 아직 종래의 전통적인 여신신앙이 전적으로 포기될 수도 없는 상황이었으므로, 그 대안으로 혼인을 통한 남성과의 공존이 나타나게 된 것이라고 추정된다.

이외 호경에 대한 신격화가 단지 형식적인 데 그치지 않고 실제 주민에 의해 행해진 점도 주의해야 한다. 주민의 호경에 대한 구체적인 신앙 행위는 '입사제지立祠祭之'라 한 점에서 알 수 있지만, 이것은 주민이 기존의 평나산신에 대한 신앙 외에 호경도 새로 신앙의 대상으로 삼았다는 것을 의미한다. 주민이 호경의 사당을 세운 것으로 보아, 호경에 대한 신앙은 어디까지나 주민에 의한 자발적인 성립임을 암시하고 있다. 즉 삼국통일 이전부터 평나군의 주민에 의해 유지·전승되어 오던 전통적인 산신신앙에 호경이 산신과 결부되면서 주민의 새로운 신앙의 대상이 되었다는 것이 곧 호경

125_ 설화에서는 마치 평나산신이 혼인을 먼저 제기한 것처럼 되어 있으나, 여신과의 혼인을 통해 신분 상승이 가능했던 호경이 먼저 제의했을 가능성도 없지 않다.

의 사당을 세우고 제사한 의미로 풀이된다.

이런 점에서 호경설화는 혈연적인 조상숭배가 지연에 얽힌 주민의 공동 치제의 대상으로 승격되는 과정을 말해 주며, 결과적으로 평나군에 대한 통치의 합법화 및 신성성이 곧 산신으로부터 유래하는 것임을 보여준다.

평나산의 산신신앙은 삼국통일 이전부터 주민 스스로에 의해 전승되어 오던 것이었으며, 그 배경에는 신라 이래의 전통적인 산신신앙의 모습이 반영되어 있다. 그러면서도 호경설화에는 전대와는 다른 신앙 형태로서 남녀 산신이 배우자로 설정되는 과정도 보여주고 있다. 따라서 이 설화를 통해 여신만이 존재하던 신앙 형태에서 남성의 역할이 증대되어 가던 사회적 분위기의 반영을 읽을 수 있다. 이런 점에서 호경설화는 당시의 신앙사를 전하는 사례이며, 이는 호경설화가 결코 어느 한 개인에 의한 창작이라고 하기보다는 당시 사람들에게 일반적으로 인식되고 있었던 산신신앙의 내용을 배경으로 하였다고 생각된다. 다만, 고려 왕실에서는 이와 같은 산신신앙의 내용을 가계의 신성성이나 건국의 합리화 또는 주민에 대한 통치의 합리화를 위해 이용하고자 하였던 것이 호경설화에 내포된 본래의 목적이었을 뿐이다.

요컨대, 호경설화는 당시 사람들이 지니고 있던 전통적인 산신신앙을 배경으로 고려 왕실의 가계를 신성화하고자 하는 의도에서 형성되었던 것이다. 여기에는 당시 사람들이 지니고 있던 전통신앙적인 요소들을 왕실의 신성화에 동원함으로써 고려 왕조의 통치를 합리화하고자 하였다는 사실도 볼 수 있다.[126] 그리고 호경을 산신과 연결시킨 점은 무엇보다도 산신이 당시 사람들에게 신성시되고 있었기 때문에 나타난 현상으로 생각된다. 결국, 호경설화는 일반 민들의 산신신앙을 바탕으로 왕실의 가계를 산신에 연결시킴으로써 새로운 왕조의 건국과 통치가 산신에게서 유래된 것임을 드러내고자 한 것이었다. 이처럼 호경설화에 보이는 산신은 고려 산신신앙의 형성 및 그 내용에 정치적 성격이 강하게 반영되어 있음을 뜻하는 것이기도 하다.

126_ 사실 고려 왕실의 先代說話에는 산신·龍神과 같은 전통적인 신격들과 맺어지고 있는 점과 함께 風水圖讖的인 요소나 심지어 唐 皇室과의 혈연관계도 보여주고 있다. 이런 점에서 고려 왕실 및 지배계층에서는 왕건에 의한 고려 건국과 이에 따른 통치를 신성화하기 위한 모든 수단을 동원하였다고 할 수 있다.

(2) 태조와 산신신앙

위에서 고려의 지배계층이 '고려세계高麗世系'에 왕실의 시조를 산신과 연결시킴으로 써 기존의 산신신앙을 정치적으로 이용한 점에 대해 살펴보았다. 그런데 이와 같은 고려 건국 초의 산신신앙에 정치적인 의의가 강하게 내포되어 있는 점은 태조 왕건이 보인 산신신앙의 내용을 통해서도 확인된다. 실제 태조 자신이 산신신앙과 같은 전통 신앙의 신봉자이기도 하였지만, 한편에 있어 태조는 일반 민들의 산신신앙을 자신의 통치에 적극 반영함으로써 건국 초의 민심이 자신을 지지하도록 하는 의도를 지니기 도 하였다. 그러면 태조가 전통적인 산신신앙을 통치에 직접 이용한 사례들을 통해 고려 초 산신신앙의 성격에 대해 살펴보기로 한다.

a-1) 그 말을 난들 왜 모르겠는가. 그러나 우리나라의 산천은 신령스럽고 기이하며 편벽 된 지역에 있으므로 백성의 성품이 부처나 신을 좋아함으로써 복리福利를 구하려 한다. 지금 전쟁이 그치지 않아 안위安危를 결정짓지 못해 아침저녁으로 두려워하면서 어찌할 바를 모른 다. 그리하여 부처와 신의 은밀한 도움과 산천의 영험에 혹 잠시 안정시키는 효과가 있을까 생각할 뿐이지 어찌 그것으로 나라를 다스리고 백성을 얻는 큰 법으로 삼겠는가. 난亂이 평 정되어 안정되기를 기다린다면 풍속을 바꾸고 교화를 아름답게 할 수 있을 것이다.[127]

a-2) 위로는 부처님의 힘을 의지하고 그다음으로 신비한 위엄을 짚어 … 거룩한 부처님의 붙들어 주심에 보답하고 산신령의 도움을 갚기 위하여 … 절을 세워 그 산은 천호天護라 이름 하고 그 절은 개태開泰라 이름 하였습니다.[128]

a-3) 나는 삼한三韓 산천山川의 도움으로 대업大業을 이루었다.[129]

a-4) 나의 지극한 관심은 연등燃燈과 팔관八關에 있다. 연등이란 부처를 섬기는 것이요, 팔

127_ 『補閑集』 卷上. "斯言朕豈不知之 然我國山水靈奇 介在荒僻 土性好佛神 欲資福利 方今兵革未息 安危未決 旦夕恓慓 不知所措 唯思佛神 陰助山水靈應 儻有效於姑息耳 豈以此爲理國得民之大經也 待定亂居安正 可以移 風俗 美教化也"
128_ 『補閑集』 卷上. "上憑佛力 次杖玄威 … 答佛聖之維持 酬山靈之贊助 … 刱造蓮宮 乃以天護爲 山號 以開泰 爲寺名"
129_ 『高麗史』 卷2, 世家 2 太祖 26年 4月條. "朕賴三韓山川陰佑 以成大業"

관은 천신天神과 오악五嶽·명산名山·대천大川·용신龍神을 섬기는 것이다. 함부로 증감하려는 후세 간신들의 건의를 절대 금지할 것이다. 나 또한 당초에 연등과 팔관을 국가 기일忌日을 범하지 않도록 하여 군신君臣과 함께 즐기기로 맹세하였으니 마땅히 삼가 이대로 행할 것이다.[130]

a-1)는 고려 건국 초 유신儒臣 최응崔凝이 태조에게 "난세亂世일수록 문덕文德을 닦아 인심人心을 안정시켜야지 음양술陰陽術이나 불교에 의해 천하가 얻어지는 것은 아니다."[131] 라고 하자, 이에 태조가 답변한 내용이다. 태조의 이 답변에서 당시 민民들간에 불교나 산신은 주로 현세복리現世福利를 위해 신앙되고 있었으며, 아울러 이런 신앙이 매우 성행했던 사실도 짐작할 수 있다. 더욱이 개성지역의 호족이기도 한 태조로서도 민들의 이와 같은 신앙이 생업을 안정시키고 특히 전시戰時와 같은 상황에서 심리적으로 의지할 수 있는 대상이라는 점도 분명히 인식하고 있었다. 따라서 태조의 답변 그 이면에는 민들의 이와 같은 신앙이 무시되고서는 결코 민들이 자신을 지지하지 않을 것이라는 점도 암시되어 있다. 비록 태조는 표면상 민들의 불교나 산신신앙에 대한 중시책이 어디까지나 "이국득민理國得民"을 위한 임시방편인 것처럼 말하고 있지만, 실제 태조 자신도 불교나 산신에 대해 결코 민들과 다른 생각을 하고 있지는 않았다. 그리고 이 점을 분명히 보여주는 것이 a-2)·a-3)의 내용이다.

a-2)는 태조가 후백제 신검의 군대를 대파한 후 그 보답으로 연산連山에 개태사開泰寺를 창건하고 쓴 원문의 일부인데, 이 글은 태조 자신이 지은 것으로 알려져 있다. 따라서 여기에 보이는 내용은 승전에 대한 단순한 수식적인 표현이 아니라 태조 자신의 견해가 직접 표현된 것이라 할 수 있다. 원문에 의하면, 태조는 이번 전투에서의 승리가 곧 불력佛力과 산신에 힘입은 것임을 분명히 하고 있다. 따라서 그 보답으로 산신에게는 천호라는 산명을, 그리고 새로 창건한 사찰에는 개태사라고 하는 사명을 붙여

130_ 위의 책, 같은 조. "朕所至願 在於燃燈八關 燃燈所以事佛 八關所以事天靈及五嶽名山大川龍神也 後世姦臣建白加減者 切宜禁止 吾亦當初 誓心會日 不犯國忌 君臣同樂 宜當敬依行之"
131_ 註 129)와 같음.

주었다고 하였다.

이런 명칭 자체에서 보면, 이번 전투에서의 승리는 산신의 가호와 불력의 도움을 받아 태평한 시대가 열렸다고 하는 의미가 된다. 그리고 이와 같은 명칭은 태조 자신이 작성한 원문에 나타난 것이므로 태조 스스로 그렇게 여겨 사용한 것으로 보아도 무방할 것이다. 더욱이 예문 a-1)에서와 같이 예문 a-2)에서도 태조는 산신을 불교와 함께 언급하고 있는데, 이것은 태조가 산신신앙과 불교를 상호 동질적인 것으로 인식하고 있었다는 점을 의미한다. 다만 a-1)에서는 산신과 불교의 현세 복리적인 신앙이 부각되고 있지만, a-2)에서는 호국의 측면이 보다 강조되고 있는 차이가 있을 뿐이다.

앞에서 통일신라 이후 산신신앙과 불교는 서로 융합되어 온 것으로 보았다. 따라서 고려 초의 이러한 신불의 병칭 사례를 통해 통일신라 이후 산신신앙과 불교의 융합이 고려 초에 이르러서도 여전히 유지됐다는 것을 알 수 있다. 말하자면, 이 시기 신불의 병칭은 산신신앙과 불교와의 융합화가 상당히 진척되었던 모습을 보여주는 것이다.

a-3)은 '훈요십조訓要十條' 중 제5조에 보이는 내용의 일부이다. 주지하듯이, 태조의 '훈요십조'는 자손들에게 앞으로 고려사회를 경영하는 데 있어서 준수해야 할 규범들을 제시한 것이므로, 태조 자신의 견해가 직접 반영된 것으로 볼 수 있다. 그리고 이 중 제5조에서는 산신의 중시를 통해 왕실의 안녕을 도모토록 한 것이었다. 여기서 태조는 후손들에게 산천신의 도움을 받아 후삼국의 통일 및 고려 건국의 성취가 가능했다고 하는 자신의 견해를 밝히고 있다. 뒤에서 다시 보겠지만, 고려 시대 내내 산신신앙은 역대 왕들에 의해 중시됐으며, 또 고려 산신신앙의 전승과 유지에는 이와 같은 호국신앙이 기저基底에 있었다. 그리고 이런 호국신앙으로서의 산신신앙이 이미 태조에게서부터 나타나고 있는 점을 볼 수 있다.

어쨌든 태조는 후삼국 통일의 성취가 산신의 도움에 의한 것으로 믿고 있었다. 따라서 a-3)은 a-2)에 보이는 내용과도 거의 유사한 견해임을 알 수 있다. 이런 점에서 태조가 지닌 산신신앙은 기본적으로 호국 신앙적인 성격이 강하였다고 보인다. 또한, 태조에게 보이는 이런 견해는 이후 고려사회에 전쟁이 있을 때마다 출정出征에 앞서 미리 산신에게 전승을 기원한다거나, 또는 승전 후에는 이를 산신의 도움으로 여겨,

산신에게 감사의 제사를 지내 온 고려 산신신앙[132]-의 전승에 영향을 주었을 것으로 생각된다.

한편 태조의 토착신앙土着信仰에 대한 관심은 태조 자신의 개인적인 믿음을 초월하여 국가적인 행사로까지 중시토록 하고 있다. 이 점을 보여주는 것이 a-4)인데, 이것은 태조가 '훈요십조' 제6조에서 언급한 연등燃燈과 팔관八關의 내용이다. 본래 연등과 팔관회는 재가수행자在家修行者가 행하는 불교의식상佛敎儀式上의 법회法會를 가리킨다. 그런데 태조는 a-4)에서 보는 바와 같이 연등은 불교를 섬기는 것이라고 하면서도, 팔관은 불교 행사와 전혀 관련이 없는 천신·산신·용신 등과 같은 토착신앙의 신격들을 섬기는 것이라 하고 있다. 따라서 태조가 말한 팔관은 일단 불교의 법회를 의미하는 것이 아니라, 전대前代부터 전해져 오던 토착신앙 전반을 가리키는 것이었다고 생각한다.[133]-

그리고 태조는 이러한 토착신앙의 신격들에 대해 연등회와 마찬가지로 전 국민이 함께 참여하는 국가적인 행사로 거행할 것을 강조하고 있다. 단적으로 말해, 이것은 종래의 토착신들을 국가의 신으로 승격시키고자 했던 태조의 의도를 반영하는 것이다. 이를 통해 태조는 나말여초羅末麗初 각 지역의 호족들에 의해 개별적으로 행해지기도 하였던 토착신앙의 제사를 새로 국가의 제사로 통합시킴으로써 고려 왕실의 수호와 국가의 안녕을 기원하고, 아울러 새로운 왕조에 대한 민民들의 국가의식을 강화시키고자 하였던 것이 아닌가 한다.

요컨대, 태조는 후삼국이라는 혼란한 시기에 민들의 현세 기복적 산신신앙을 수용함으로써 민심이 자신을 지지하도록 하였으며, 또한 산신의 호국 신앙적 기능을 통해 국가의식의 강화를 꾀하였던 것이다. 그뿐 아니라 태조는 산신신앙을 팔관회라는 국

132_ 金甲童,「高麗時代의 山嶽信仰」,『韓基斗博士華甲紀念 韓國宗敎思想의 再照明』(이리, 圓光大出版部, 1993), 57~58쪽.
　　徐永大,「민속종교」,『한국사』16 – 고려전기의 종교와 사상(국사편찬위원회, 1994), 337~338쪽.
133_ 팔관회가 신라 이래의 전승이라는 것은 잘 알려졌지만, 鮑石亭이 신라에서 팔관회를 개최한 聖所였을 것이라는 견해도 제시된 바 있어 주목된다[姜敦求,「鮑石亭의 종교사적 이해」,『韓國思想史學』4·5(韓國思想史學會, 1993), 43~66쪽].

가적인 행사로 결집함으로써 전 국민의 일체감을 조성하기도 하였다. 이와 같은 점에서 태조는 일반 민들의 산신신앙을 자신의 통치에 적극 활용하였다고 할 수 있다.

(3) 성종의 산천제 산정이 지닌 의미

고려의 팔관회는 태조 원년(918) 11월에 처음 열린 후 매년 상례로 치러진 국가의 정기적인 행사[134]였다고 하는 표면상의 의의에서뿐 아니라, 왕실에서 팔관회를 주도함으로써 왕권 강화에도 일정한 기여를 하였고, 개국 초의 고려사회에 민들을 정신적으로 결집시켜 주는 역할도 하였다는 점에서 또 하나의 의의가 찾아진다. 이런 점에서 연등과 팔관회는 고려사회의 안정에 긍정적인 역할을 한 것으로 평가할 수 있다. 또한, 민들 사이에서의 연등·팔관회에 관한 관심과 참여도 결과적으로 연등과 팔관회가 성행할 수 있는 조성 기반이기도 하였다.

그러나 새로운 유교이념에 입각하여 고려사회의 운영을 바라는 유신들에서 볼 때 이러한 행사들은 오히려 저해 요인이 될 수도 있었다. 즉위 초부터 유교 이념을 정치에 반영하고자 한 성종(981~997)의 구언책求言策에 응해 최승로崔承老는 시무時務 28조[135]를 제시하였는데, 그 중 제13조와 20조에 연등·팔관 및 산천제와 관련된 내용이 찾아진다.

> (13조) 우리나라에서는 봄에 연등을 열고, 겨울에는 팔관을 개최하기 위해 사람들을 징발하여 노역이 매우 번다하니 바라건대 부담을 경감하여 백성의 힘을 펴도록 하소서. 또 여러 가지 우상偶像을 만드는데 드는 노력과 비용이 매우 많이 들며, 한번 사용하고는 곧 부숴 버리니 매우 쓸데없는 일입니다.[136]

134_ 『高麗史』 卷1, 太祖 元年 11月條. "始設八關會 御儀鳳樓觀之 歲以爲常". 그런데 팔관회는 이후 성종 즉위
    년까지 매년 행해졌다고 하는 기록은 보이지 않는다. 이것은 팔관회가 상례적으로 행해졌기 때문에 일일이 기
    록되지 않았던 것이 아닌가 생각된다[柳東植, 『韓國巫敎의 歷史와 構造』(延世大學校出版部, 1975), 131쪽].
135_ 『高麗史』 卷93, 列傳 6 崔承老傳.
136_ 위와 같음. "我國 春設燃燈 冬開八關 廣徵人衆 勞役甚煩 願加減省 以紓民力 又 造種種偶人 工費甚多 一進
    之後 便加毀破 亦甚無謂也"

(20조) 불교를 믿는 것은 자신을 다스리는 근본이요, 유교는 나라를 다스리는 근원을 구하는 것입니다. 자신을 다스리는 것은 내세의 복을 구하는 것이며, 나라를 다스리는 것은 오늘의 급무입니다. … 우리나라에서는 종묘·사직의 제사도 아직 법도法度에 맞지 않는 것들이 많은데, 산천 제사와 성수星宿에 대한 기도는 매우 번잡스럽게 행하고 있습니다. … 제사의 비용은 모두 백성의 고혈膏血과 그들의 부역에서 나오는 것입니다. 신이 생각하기로 만약 백성의 힘을 쉬게 하여 환심歡心을 얻는다면 그 복은 반드시 기도하여 얻는 복보다 많을 것입니다. 바라건대 성상께서는 별례別例의 기도와 제사를 그만두소서.[137]

이렇듯 최승로는 연등·팔관·산천제·성수제 등과 같은 제사를 유교 이념으로부터 비판하고 있다. 그리고 비판의 근거는 이들 제사가 직접 백성의 노역과 부담에서 나오고 있다는 것에 있었다. 가령 연등·팔관회의 경우 백성으로부터의 부역과 비용의 지출, 그리고 행사의 번거로움 등을 표면상의 이유로 하여 그 폐지를 건의한 것인데, 실제 성종은 이 건의를 받아들여 팔관회를 중단시키기도 하였다.[138] 그런데 이 행사를 위해 백성을 동원할 수 있었던 왕실의 측면에서 볼 때, 연등·팔관회는 국초 아직 왕권이 미약하였던 시기에는 오히려 왕권 강화의 계기가 될 수도 있었다. 그럼에도 이런 기능을 하였던 연등·팔관회의 폐지 건의는 연등·팔관회가 유교 이념에 따른 정치를 구현하는데 저해되는 요소로 인식되었기 때문일 것이다. 게다가 성종 또한 팔관회를 폐지한 것도 이 시기에 들어와 어느 정도 강화된 왕권에 따른 자신감에서 나온 조치일 수도 있다.

한편 최승로는 산천·성수제의 경우 그것이 곧 백성의 비용으로 행해지기 때문에 중단해야 한다고 하였다. 또한, 현세의 급무를 위해서는 내세 지향적인 불교를 대신

137_ 위와 같음. "行釋敎者 修身之本 行儒敎者 理國之源 修身是來生之資 理國乃今日之務 … 我朝宗廟社稷之祀 尙 多未如法者 其山嶽之祭 星宿之醮煩瀆 … 祭祀之費皆出於民之膏血 與其力役 臣愚以爲若息民力 而得歡心 則 其福必過於所祈之福 願聖上除別例祈祭"

138_ 팔관회의 중지는 성종세가에서 두 차례 언급되고 있다. 즉 卽位年 11月條에서는 "八關雜技不經且煩擾 悉罷之"라 하였고, 또 6年 10月條에서는 "命停兩京八關會"라 보인다(『高麗史』 卷3, 世家 3 成宗 卽位年 11月條 및 6年 10月條).

하여 유교를 실시할 것과 아직 미비한 종묘·사직과 같은 국가의례를 정비하자고 하였다. 그러면서 최승로는 백성의 부담을 이유로 산천제와 같은 토착신앙의 준행과 성수제와 같은 도교의 초제醮祭를 폐지하도록 건의하고 있다. 즉 최승로는 이 건의를 통해 내세 지향적인 신앙에서 벗어나 현실 정치사회 면에서 유교로의 전환을 의도한 것이다.[139]

더구나 이 산천제와 성수제는 달리 '별례기제別例祈祭'라 하여 왕실에서 주제主祭한 것인 듯, 최승로는 바로 성종에게 이런 별례기제의 중단을 요청하고 있는 점이 주목된다. 만약 이 별례기제가 뒤에서 다시 보게 될 별기은別祈恩과 같이 무巫가 왕실의 기복을 위해 명산대천에서 행한 제례였다면, 고려 왕실에서는 이미 성종 대 이전부터 이러한 제사를 지내 온 것이라 할 수 있다. 그렇다면 토착신앙에 따른 산천제가 태조 이래 왕실에서 행해 온 것이 되며, 또한 왕실의 산천제는 당연히 민간에도 영향을 주었을 것이다. 따라서 성종 초까지만 해도 토착적인 산신제가 왕실에서부터 민간에 걸쳐 전 계층에서 보편적으로 행해져 왔다고 가정할 수 있다.

최승로의 시무책에 보이는 내용은 표면상 백성의 경제적 부담과 제사의 번거로움을 내세워 이런 제사를 중지하자고 한 것이지만, 실은 불교·도교·토착신앙과 같은 제사의례의 폐지를 목적하고 있었다. 대신 종묘·사직제와 같은 유교의례의 준행을 통해 국가 제사를 확립함으로써 왕실의 권위와 국가의식의 강화를 도모하고자 한 것이라고 보인다. 그리고 바로 이와 같은 토착신앙 및 유교의례가 왕권 및 국가의식의 강화라는 그 본래의 목적에서는 서로 동일한 것이었음에도 유교의례로의 이행을 위하여 기존의 토착신앙을 폐기하려 한 점을 볼 수 있다.

성종 또한 자신의 재위 기간 중 꾸준히 유교의례의 시행 및 도입을 추진하고 있었다.[140] 특히 재위 9년(990) 9월, 서경西京 행행幸行에 앞서 반포한 '기묘교서己卯教書'에서

139_ 金忠烈, 『高麗儒學史』(高麗大學校出版部, 1987), 79쪽.
140_ 성종이 추진한 유교의례의 시행 및 도입과 관련된 내용을 '成宗世家'에서 摘出하면 다음과 같다.

    2年(983)   正月   辛未 圓丘祭의 실시
                     乙亥 籍田禮의 시행
           5月   甲子 博士 壬老成이 宋으로부터 귀국하여 大廟堂圖·社稷堂圖·文宣王廟圖 각 1폭과 大

는 명산대천의 제사제도를 새로 정하겠다고 하는 주목할 만한 내용이 보인다.

다음 10월에는 요성遼城(즉 서경西京)으로 가서 조상의 옛 규례를 실행하고 국가의 새 법령을 반포하려고 한다. 다만 산천山川 관방關防의 형세만을 보려는 것이 아니라 겸하여 백성의 형편을 알며, 고을 관원들의 수를 증감하고 명산대천의 제사제도를 정하려고 한다.[141]

예문에서 보는 바와 같이, 우선 성종이 취하고자 한 '명산대천名山大川의 산정刪定'은 서경 순행에 따른 것임을 알 수 있다. 성종 스스로 밝히고 있듯이, 이번 순행의 목적은 경내境內의 형세 및 백성의 형편과 지방 관원들의 수를 살피는 것과 맞물려 있었다. 즉 국토의 영역을 확인하고 백성의 생활을 살피며, 군주를 대리하여 직접 백성을 다스리는 지방관들의 동향을 보자는 것이 성종의 순행 의도였던 것이다. 이렇게 보면, 성종의 순행은 곧 자신의 통치권 하에 있는 영토와 백성에게 교화와 덕치가 제대로 시행되고 있는지를 직접 살피고자 한 유교적인 이념에서 나온 것이라고 할 수 있다.

따라서 서경에 순행하여 여기에서 산정하려 한 명산대천제도 일단 유교 이념과 결코 무관한 것은 아니었다고 생각한다. 다만, 성종이 행하고자 한 산천제의 구체적인 산정 내용을 보이는 자료가 전혀 전해지지 않으므로 현재로서 이 점에 대해서는 자세히 알 수 없을 뿐이다. 그러나 성종 대 활발하게 추진된 유교의례의 도입과 관련하여

			廟堂記・社稷堂記・祭器圖・七十二賢贊記 각 1권씩을 바침
7年(988)	2月	壬子	李陽의 立春土牛禮・籍田禮・月令 등을 시행하자는 건의에 대하여 이를 허락하고 아울러 정월 중순 이래 公私間의 제사에 희생으로 암컷의 사용을 금함. 또한 이를 兩京 및 12牧의 지방관도 준수하도록 명함
	12月	乙丑	처음으로 五廟를 정함
8年(989)	4月	乙丑	太廟의 건축을 시작함
9年(990)	9月	乙卯	己卯敎書를 반포함
10年(991)	閏2月	癸巳	처음으로 社稷을 세움
11年(992)	12月	庚申	大廟의 준공에 따라 교서를 반포하여 宗廟의 의례를 논의・결정하라고 함
		丙寅	종묘에서 친히 제사를 지냄
12年(993)	3月	乙未	종묘의 昭穆을 정함
13年(994)	4月	甲辰	대묘에 제사하고, 각 묘마다 신하를 배향함

141_ 『高麗史』卷3, 世家 3 成宗 9年 9月 己卯條. "十月言邁遼城 行祖禰之舊規 布邦家之新令 非但視關河之 夷險 將兼知黎庶之安危 減增尹牧之員 刪定山川之祀"

볼 때, 이 산천제의 내용 역시 유교의례에 준하였을 것으로 가정된다.

기묘교서에 이미 나타나 있지만, 실제 다음 달인 10월에 성종은 서도(즉 서경)로 순행을 하고 있다. 그리고 서경에서 다시 교서를 내리고 있는데, 이 교서에 "모반죄謀叛罪 등 이하의 죄수 사면과 평양부平壤府·개주開州(개성) 등의 주州·현縣에 곡식을 사여하고, 또 나이 80 이상의 관리에게는 관복을 품계에 따라 주고, 나이 80 이상의 백성에게는 곡식과 포를 지급하라"[142]고 하는 내용이 보인다.

그런데 '죄수의 방면이나 곡식의 사여 또는 노인 공경' 등은 이른바 칠사수성七事修省[143]이라 하여 군주의 덕치가 제대로 시행되지 않을 때, 이를 쇄신하기 위해 군주가 베푸는 유교 덕목들과 부분적으로 일치되는 내용이다. 이런 점에서 성종이 서경에서 반포한 교서는 앞의 기묘교서에서 밝힌 유교 이념의 표출에 따른 구체적인 실천 항목으로 나타난 것이었다고 할 수 있다. 결국, 성종의 교서 내용이 모두 유교 이념의 표출과 실천의지를 드러낸 것이었고, 또 이런 교서 속에 반영된 명산대천제의 산정 역시 유교의례로의 이행을 천명한 것이었다는 점에 주목한다면, 이 무렵부터 유교의례화된 산천제로의 전환이 시도되었다고 볼 수 있다.

그런데 성종의 교서에서 본 유교 이념의 표출은 뒤에서 다시 살펴보게 될 목종穆宗(997~1009) 이후의 산천신에 대한 가호加號 관련 교서에서도 흔히 나타나는 내용이었다. 따라서 성종의 산천제 산정 및 서경에서 밝힌 교서를 다시 목종 이후의 가호 관련 교서들과 비교하여 볼 때, 성종의 산천제 산정에는 경내 산천신의 가호와 관련된 내용도 들어 있었을 것으로 추정된다. 또한, 이때 산정된 산천제가 『예기』[144]에 보이듯이 "천자는 천지에 제사하고, 제후는 경내의 산천에 제사한다"고 하는 명분이 적용되었

142_ 『高麗史』 卷3, 世家 3 成宗 9年 10月 甲子條.

143_ 七事修省이란 "治冤獄, 賑鰥寡獨, 輕徭簿賦, 進賢良, 黜貪邪, 恤恐曠, 減膳羞"(『高麗史』 卷20, 世家 20 明宗 24年 6月 庚寅條)을 말하는데, 군주가 한발을 당하여 이를 곧 자신의 不德이나 失政을 책하는 하늘의 꾸짖음으로 여겨 自省하는 의미에서 행하는 項目이었다. 군주의 이와 같은 자성 항목들은 군주에 따라 또는 시대에 따라 결코 일정하지는 않았지만, 군주의 逸脫을 방지하여 유교 이념을 실천하도록 하는 기능적 의의를 지니고 있었던 점은 분명하다.

144_ 『禮記』 王制條. "天子祭天地 諸侯祭社稷 大夫祭五祀 天子祭天下 名山大川 五嶽視三公 四瀆視諸侯 侯祭 名山大川之在其之者"

을 것이다.[145] 그렇다면 이와 같은 명분은 천자와 제후로 구분되는 봉건적 신분질서를 통해 각각의 제사를 엄격히 구분하고, 제사의 범위에도 제한을 둠으로써 제사 영역의 차별화를 강조한 것이라 할 수 있다. 반면, 이런 명분은 제후에게만 경내 산천에 제사할 수 있는 권한을 부여함으로써 일반 민들의 산천제가 부인되는 사상적 근거로 적용됨과 동시에 군주의 권위를 강화하는 이론적 틀이 될 수 있었다.

즉, 경내 산천에 대한 제사권을 군주가 장악함에 따라 지금까지 호족이나 일반 민들이 개별적으로 지내기도 한 산천제는 이제는 행할 수 없게 되었음을 뜻한다. 결국, 성종의 산천제 산정 조치에는 종래 각 계층에서 지의적으로 행해 온 산천제를 금지하고자 한 것으로 해석되며, 나아가 왕실에서의 별례기제와 같은 토착적인 산천제의 폐지를 의도한 것임을 보여준다. 이는 궁극적으로 군주에 의한 산천에의 일원화된 제사를 전국에 적용함으로써 왕권 강화를 유교 제례로 뒷받침하고자 한 것이었다. 따라서 성종의 산천제 산정의 궁극적인 목적은 유교 제례로의 전환을 통한 왕권 강화였다고 해야 한다.

게다가 유교 제례로서의 산천제는, 종전에서와 같이 인격신으로서의 산신에 대한 신앙이라기보다는 경내의 산천으로 제한되는 영토의식과 더 밀접한 관련을 지닌 의례였다. 이것은 다시 말해 인격신에 대한 산신신앙에서 자연물로서의 산천에 유교 제례를 통해 왕토王土와 왕권王權을 확인하는 예제화禮制化로의 전환이었던 것이다. 또한, 이는 기존의 토착적인 산천제를 폐지하고 대신 유교 이념에 따른 제례로의 전환을 도모한 것이었다고 할 수 있다.

이상에서 태조 이래 성종 대에 걸치는 고려 초기 산신신앙의 형성 및 성격에 대해

145_ 이 명분은 조선 건국 후에도 儒臣들이 조선의 산천제를 정하는 데 있어 준용된 원칙이었다. 즉, 제후국인 조선으로서 천자의 예인 祭天祭를 지내서는 안 된다는 것과 또 제후만이 경내 산천에 제사할 수 있으므로 일반 민들의 산천제는 당연히 금지되어야 한다는 논리였다(『太祖實錄』 卷1, 太祖 元年 8月 庚申條). 그러나 고려 성종은 재위 중 실제 천자의 예인 원구제를 지냈을 뿐 아니라, 일반 민들의 산천제를 금지시킨 사례가 찾아지지 않는다. 따라서 성종이 산천제를 산정할 때 이 명분을 적용하였다고 보기에는 다소 의문이지만, 이것은 어디까지나 유교의례의 도입 및 이에 대한 이해가 아직 부족했던 초창기에 나타난 현상으로 생각된다. 실제 유교화를 강력히 추진한 성종이 유교 경전의 하나인 『禮記』의 이런 내용을 몰랐다고 보기 어려우며, 또한 고려 중기 이후 유신들은 민간 산신제를 금지시키는 명분으로 『禮記』의 이 내용을 들고 있었기 때문이다.

살펴본 바 이를 요약하면 다음과 같다. 고려왕실의 세계에 보이는 산신은 당시 일정 지역을 관할하는 신으로서 존귀한 자로 여겨졌던 관념을 반영하고 있다. 이 때문에 고려 왕실에서는 자신의 시조를 산신과 연결함으로써 가계의 신성함을 부각하고자 하였다. 태조 왕건 역시 토착적인 산신신앙의 신봉자로서 고려의 건국을 곧 산신의 도움이라 여겼을 정도였다. 또한, 태조는 민들이 지니고 있던 전통적인 산신신앙을 자신의 통치에 적극 반영함으로써 건국 초 민심이 자신을 지지하도록 의도하기도 하였다.

한편 태조의 이와 같은 견해는 '훈요訓要'에 반영되어 역대 왕들에 의해 팔관의 행사로 중시되었다. 팔관은 고려의 산신제가 토착적인 산신신앙을 바탕으로 한 것임을 뜻하며, 이 행사는 국초 민심을 결집하고 왕권을 강화하는 역할을 하기도 하였다. 또한, 왕실에서도 별례기제를 통해 산신신앙의 전승을 보여주는데, 이와 같은 왕실의 산신신앙은 다시 민간에도 영향을 주어 전 계층에 걸친 산신신앙의 성행을 초래했을 것이다.

그러나 성종 대 들어와 최승로의 건의와 성종 자신의 유교화 정책에 따라 팔관과 같은 토착적인 산신신앙이 폐지되고 대신 유교 제례에 따르는 산천제로의 전환이 시도되었던 것이다. 그리고 성종이 기묘교서에서 밝힌 '명산대천제의 산정'은 본래의 신앙적인 성격에서 단지 경내의 산천과 이에 대한 군주의 독점적인 제사권이 강조된 것이었다. 비록 이를 통해 왕토 및 왕권의식이 더욱 강화될 수는 있었으나, 일반 민의 산천제가 금지됨으로써 종래의 산신신앙이 해 온 전 국민의 일체감 조성은 그만큼 제약될 수밖에 없었다.

2) 고려 왕실의 산신신앙에 대한 인식

(1) 고려 왕실의 산신관

앞에서 10세기 말 성종에 의한 '산천제의 산정'이 경내 영토를 상징하는 산천을 대상으로 유교 제례를 통해 왕도정치의 구현 의지를 표명한 것이라고 보았다. 그러나 그렇다고 하여 왕실에서 지녀 온 기존의 전통적인 산신신앙이 일시에 단절되었다고는 할 수 없다. 다만 성종의 이와 같은 의지가 이 시기 들어와 고려 왕실의 산신에 대한 새로운 인식의 성립을 뜻한다는 점에서 주목될 뿐이다. 또한, 이러한 유교 제례로의 전환은 성종 자신의 개인적인 견해에 그치지 않고, 이후 고려의 역대 군주들에게 이념상 유지됐다는 점에서 이 산정이 지닌 의의가 찾아지기도 한다. 왜냐하면, 고려 군주들은 경내의 산악에 대해서 왕도정치의 구현이나 덕치·교화 또는 군주의 자성 등에 의한 통치를 표명하는 대상으로 인식하였기 때문이다.

그리고 이와 같은 유교 제례의 이념을 지닌 산제를 문종 18년(1064)의 기사에 의하면, 중앙에서 파견된 관리들에 의하여 봄·가을로 치제되었음을 알 수 있다.

> 옛 제도에 의하여 봄·가을로 외산제고사外山祭告使를 10여도十餘道에 파견했는데, 사명使命이 번다煩多하여 역로驛路가 피폐해졌다. 지금부터는 동북東北 양계兩界 감창사監倉使와 패서도浿西道 안찰사按察使가 모두 제고사를 겸하도록 하고, 산남山南의 각 도道는 종전대로 사신을 파견하되 이것을 항식恒式으로 삼으라.[146]

여기서 문종이 말하고 있는 옛 제도란 곧 성종 9년 9월에 산정된 산천제를 가리키는 것으로 생각된다.[147] 그렇다면 10세기 말 이후 11세기 중반까지 왕실에서는 정기적인 산천제를 매년 봄·가을마다 행해 왔고, 또 외산제고사로 불린 제관들이 있었다는 것을 알 수 있다. 그런데 제관들의 빈번한 사행에 따른 폐단으로 문종은 동북 양계 및 패서도에서는 해당 지방관이 제관을 겸임하고, 그 이외의 도는 종전대로 하도록 하여 성종의 산천제를 일부 개정한 것이다.

경내의 산천에 대한 제사가 제후의 권한이었음을 고려할 때, 이 관리들은 어디까지나 왕을 대신하여 각 도로 파견되어 산천제를 지낸 것으로 보아야 한다. 그리고 이들

146_ 『高麗史』卷8, 世家 8 文宗 18年 2月 癸酉條. "准舊例發遣春秋外山祭告使一 十餘道使命煩多 驛路凋弊 自今東北兩界監倉使 浿西道按察使 皆兼祭告使 其山南諸道 依舊遣史 以爲恒式"
147_ 성종 9년의 山川祭 改定 이후 문종 18년의 山祭 規定까지 산제와 관련된 내용은 찾아지지 않는다. 따라서 문종이 말한 옛 제도란 곧 성종 9년의 산정된 산천제를 가리키는 것으로 보인다.

이 유교 이념이 반영된 산천제를 왕을 대신하여 지낼 수 있었다면, 유교 제례에도 어느 정도 지식을 갖춘 유신들이었을 것이다. 따라서 유신에 의한 산천제의 등장은 종래 별례기제와 같은 무격에 의한 토착적인 산신제와는 다른 유교 제례로의 정착화를 보여준다고 할 수 있다.

이처럼 매년의 정기적인 산천제의 목적이 군주의 유교 이념에서 나온 것인 이상, 이런 산천제는 기존의 산신에 대한 신앙적인 목적과도 달랐을 것이다. 다시 말해, 유교 이념에 입각한 왕실의 산제는 그 치제의 목적이 산악으로 상징되는 군주의 영역과 그 영역 내의 인민들에 대한 군주의 덕치를 구현하거나 군주의 통치를 개선하기 위한 대상으로 나타나고 있었다. 그리고 이 점을 더 분명히 보여주는 것으로 인종 (1122~1146)의 다음과 같은 조서를 들 수 있다.

> 내가 부족한 사람으로 임금의 자리에 앉아 덕이 없어 천의天意를 받을 만한 일을 하지 못하였고 백성에게 미칠 만한 은혜도 베풀지 못하였다. 기강紀綱은 날로 해이하여지고 백성은 피폐하게 되었으므로 밤낮 조심하고 두려워 편안할 겨를이 없다. 바라건대 지극한 정성으로 천지의 화기和氣를 빌리려 하나니 해당 관리는 제물을 갖추어 국내의 명산대천에 제사지낼 것이다.[148]

이 예문에서 알 수 있듯이, 군주는 결코 산신에게 어떤 신앙적인 목적을 기원하기 위해 산천제를 지내고 있지는 않다. 오히려 군주가 통치를 수행함에 뚜렷한 치적이 없으면, 군주는 정치의 쇄신 의지를 경내의 명산대천에 제사하는 것으로 표명하고 있다. 여기서 군주의 통치가 제대로 이루어지지 않을 때 이를 곧 군주 자신의 잘못으로 간주하는 유교적인 관념의 표출과 또 이에 대한 반성과 개혁의 의지로서 군주에 의한 산천제가 구현되고 있는 점을 본다. 특히 군주의 이와 같은 정치 개혁의 의지는 산신

148_『高麗史』卷16, 世家 16 仁宗 16年 5月 庚子條. "朕以寡昧 獲在尊位 無德享天 無恩及物 綱紀日廢 人民凋瘵 夙夜祇懼 不敢遑寧 願以至誠 格天地之和氣 宜令有司 備物致祭 國內名山大川"

을 포함한 경내境內의 신들에게 가호를 내릴 때 구현되기도 하는데, 이 점에 대해서는 뒤에서 산신에 대한 가호와 관련하여 다시 살펴보기로 한다.

어쨌든 성종 9년의 산천제 산정에 의해 고려 국왕들에게 산신제 또는 산신에의 가호가 비록 유교 이념 하에서 행해져 오기는 했지만, 그렇다고 해서 고려 왕실의 산신에 대한 인식이 기존의 산신신앙의 성격에서 확연하게 벗어나 있었던 것도 아니었다. 왜냐하면, 왕실에서는 한편으로 유교 이념의 표출로서 매년 정기적인 산천제를 지내 왔지만, 또 한편으로는 여전히 기복이나 호국과 같은 종전의 산신제도 지내 왔기 때문이다.

가령, 선종 4년(1087) 정월 왕이 "유사에 명하여 산천과 종묘·사직에 제사하여 신병으로 전투를 도와달라."[149]고 한 점이라든가, 동왕 6년(1089) 2월에 "왕 스스로 구정毬廷에서 천지산천에 제사하여 복을 빌었다"[150]고 하는 것 등이 기존 산신신앙의 전승을 보여주는 사례이다. 이를 통해 왕실에서도 호국이나 기복을 목적으로 한 산천제를 지냈으며, 이때의 산신은 호국의 신·기복의 신으로 신앙되었음을 알 수 있다. 또한, 왕실에서는 산신이 일기를 조절하는 능력이 있는 것으로도 믿어, 홍수나 가뭄 때 이에 대한 소재消災를 위해 산악에서 치제하게 한 사례가 상당수 전하기도 한다. 이외에도 산천신에게 왕의 병이 낫기를 기원[151]한다거나 또는 기자祈子를 위한 매제禖祭를 산에서 지내기도 하였다.[152] 이러한 사례를 통해 왕실의 산신관에는 유교 이념의 표출로 행해진 산천제와 별도로 기존의 현세 이익적인 산신신앙의 전통도 유지되어 온 점을 알 수 있다. 특히 왕실의 이와 같은 토착적인 산신신앙을 보여주는 것으로 별기은別祈恩을 들 수 있다.

별기은이란 왕실과 국가의 안과태평을 위하여 무격巫覡이 명산대천에서 정기 또는 비정기적으로 지내던 국행제國行祭[153]를 말한다. 본래 별기은은 불교의 불사나 또는

149_ 『高麗史』 卷10, 世家 10 宣宗 4年 正月 己巳條. "命有司 祭山川廟社 以祈神兵助戰"
150_ 『高麗史』 卷10, 世家 10 宣宗 6年 2月 辛酉條. "親祀天地山川于毬廷 以祈福"
151_ 『高麗史』 卷14, 世家 14 睿宗 17年 3月 癸未條. "王不豫 分遣人禱 于山川神祇"
152_ 『高麗史』 卷20, 世家 20 明宗 15年 5月 丙戌條. "遣右散騎常侍宋端 禖祭于白馬山 爲太子祈嗣"
153_ 李惠求, 「別祈恩考」, 『韓國音樂序說』(서울大學校出版部, 1975), 299~336쪽; 이필영, 「조선 후기의 무당과 굿」,

도교의 초제醮祭로 행해진 것이었고,[154] 나라에서도 환란患亂의 기양祈禳이나 외적外敵의 퇴치를 위해 별례기은도감別禮祈恩都監을 설치[155]하기도 하였다. 그리고 실제 외산기은 별감外山祈恩別監이 각처로 파견되기도 하였는데,[156] 외산外山이라 한 것으로 보아 이들 기은도감들은 산에서 기은제를 지낸 것으로 보인다. 그런데 이 별기은이 고려 중기부터는 점차 무격의 행사로도 치러지다가, 고려 말에 오면 전적으로 무격의 치제로 행해진 듯, 공양왕恭讓王 3년(1391) 성균대사성成均大司成 김자수金子粹는 다음과 같은 상서上書를 올리고 있다.

불교佛教의 말도 오히려 믿기 어렵거늘 하물며 황당한 무격에 있어서이겠습니까. 나라 안에 무당을 설치한 것도 이미 불경不經하거늘 이른바 별기은別祈恩을 지내는 곳이 10여 개소나 됩니다. 사시四時로 지내는 제사에 또 수시로 지내는 별제別祭에 이르기까지 일 년의 낭비를 이루 다 기록할 수 없습니다. 제사를 지낼 때에는 비록 금주령禁酒令이 엄하여도 여러 무巫들이 무리를 지어 나라에서 행하는 것이라 하니 담당 관리라도 감히 힐난하지 못합니다. 이에 (무巫들은) 태연히 술 마시며 거리에서 북치고 나팔 불며 춤추고 노래하며 하지 못하는 바가 없으니 풍속의 아름답지 못함이 이보다 심함이 없습니다. 유사有司에 명령을 밝히시어 사전祀典에 등재된 것 외의 음사淫祀는 모두 금禁하도록 하소서.[157]

이 기사記事에 의해, 고려 말의 별기은이 국행제國行祭를 표방한 무격의 제사로 행해졌으며, 계절별로 지내는 정기제와 또 수시로 지내는 비정기제가 있었고, 그 제장祭場은 10여 개소나 된다는 것을 알 수 있다. 게다가 이런 별기은의 제장이 실제 덕적德積·백

『정신문화연구』53(한국정신문화연구원, 1993), 23쪽.
154_ 李惠求, 앞의 논문, 300~301쪽.
155_『高麗史』卷77, 志 31 百官 2 別禮都監條.
156_『高麗史』卷28, 世家 28 忠烈王 元年 6月 戊辰條. "分遣外山祈恩別監 于忠淸慶尙全羅東界道"
157_『高麗史』卷120, 列傳 33, 金子粹傳. "浮屠之說 猶不可信 況怪誕荒幻之巫覡乎 國中設立巫堂 旣爲不經 所謂別祈恩之處 又不下十餘所 四時之祭 以至無時別祭 一年靡費 不可殫記 當祭之時 雖禁酒之令方嚴諸巫作隊 托稱國行 有司莫敢詰焉 故崇飮自若 九街之上 鼓吹歌舞 靡所不爲 風俗不美 斯爲甚矣 乞明勅 有司除祀典所在外一禁淫祀"

악白岳·송악松岳·목멱木覓·감악紺岳·개성대정開城大井·삼성三聖·주작朱雀 등의 명산대천이었다는 것은 『태종실록』[158]의 기사를 통해 확인된다. 따라서 고려 말에 이르러 별기은은 명산대천에서 왕실의 기복과 국가 수호를 목적으로 하는 무격의 제례로 행해졌으며, 이는 기본적으로 고려 왕실의 산천신에 대한 제재초복적除災招福的인 신앙에서 나온 것이라 할 수 있다. 이처럼 무격에 의한 별기은이 국행제로 치러졌다고 하는 것은 곧 사제자로서의 무격의 기능을 국가가 인정하였다고 하는 점을 의미하기도 하지만,[159] 한편 여기에는 산천신을 대상으로 하는 왕실의 뿌리 깊은 기복신앙이 무격을 통해 구현되고 있던 점도 볼 수 있다.

결국, 왕실의 산신에 대한 인식이 일면 군주의 통치나 교화가 제대로 행해지지 않을 때 그 자성의 표현으로 산천제를 행하기도 하였지만, 신앙적인 측면에서는 산신이 호국이나 제재초복과 같은 기존의 신앙전통에서 크게 벗어나 있지 않았던 것이다. 반면, 고려 왕실의 유교 이념이 산신에 표출된 또 하나의 사례로 볼 수 있는 것이 산신 등에 대한 가호이다.

(2) 산신에 대한 가호와 그 의미

고려에서 산신은 국초부터 왕실과 밀접한 관계를 유지하며 신앙되고 있었다. 특히 이런 관계는 왕실에서 수시로 산신에게 작호爵號나 덕호德號·훈호勳號·존호尊號 등과 같은 가호加號를 내려 준 사실[160]에서 볼 수 있는데, 먼저 고려 전 기간에 걸쳐 왕실에서 행한 가호 관련 내용을 제시하면 아래와 같다.[161]

158_ 『太宗實錄』卷22, 太宗 11年 7月 甲戌條.

159_ 박호원,「高麗 巫俗信仰의 展開와 그 內容」,『민속학연구』창간호(국립민속박물관, 1994), 79쪽.

160_ 산신에게 加號를 한 사실은 이미 新羅 54代 景明王(917~924) 때 보인다. 즉 경명왕이 仙桃山에 올라갔다가 매를 잃어버리자 이 산의 神母에게 빌어 매를 찾게 되면서 선도산신모를 大王으로 封爵하였다고 한 것이 그것이다(『三國遺事』卷5, 感通 7 仙桃聖母隨喜佛事條).

161_ 加號 관련 기사는 주로 『高麗史』世家에서 拔萃한 것이다. 이외 태조가 連山에 天護라는 號를 내려 준 사례와 禮志 雜祀條에 文宗 9年 3月 宣德鎭의 新城에 城隍祠를 두고 崇威의 號를 준 일이 보인다. 그러나 世家에 보이는 加號만으로도 그 의미 파악이 가능하므로, 더 이상의 사례는 필요한 경우에만 언급하기로 한다.

穆宗	卽位年	12月	국내의 모든 신에게 勳號를 내리다
	7年	6月	산악과 州·鎭의 신들에게 勳號를 내리다
	9年	6月	국내의 신들에게 勳號를 주다
	10年	10月	국내의 신들에게 勳號를 주다
顯宗	卽位年	4月	모든 산신에게 勳號를 주다
	2年	5月	平壤의 木覓·橋淵·道知巖·東明王 등의 신에게 勳號를 주다
	5年	12月	海·瀆·山川神에게 각 勳號를 주다
	9年	2月	국내 산천신에게 勳號를 주다
文宗	8年	5月	국내 명산대천에 聰正의 功號를 내리다
	33年	4月	국내 명산대천의 신에게 知幾라는 號를 내리다
	36年	11月	還京하는 도중 통과한 산천신에게 號를 내리다
肅宗	卽位年	11月	명산대천에 모두 加號하다
	3年	10月	명산대천에 神號를 내리다
	5年	2月	명산대천에 神號를 내리다
	6年	3月	왕이 楊州의 三角山을 다녀온 후 통과한 명산대천의 신에게 仁聖이란 號를 내리다
	7年	11月	왕이 서경에 머물며 통과한 명산대천의 신에게 德號를 내리다
睿宗	3年	2月	국내 명산대천에 加號하다
	3年	3月	국내 명산대천에 加號하다
	11年	4月	서경과 왕이 개경에서부터 거쳐 온 곳의 산천신에게 모두 加號하다
	17年	4月	모든 명산대천으로 祀典에 실린 것에는 神號를 내리다
仁宗	7年	3月	서경과 왕이 거쳐 온 곳의 州·縣의 山川神에 모두 尊號를 내리고, 새 궁궐의 主山을 祀典에 새로 올리다
	8年	10月	서경으로부터 왕이 돌아오면서 왕이 거쳐 온 곳의 산천신에게 加號하다
毅宗	21年	9月	왕이 南京으로부터 돌아와 명산대천에 爵號를 내리다

	23年	4月	왕이 西京으로부터 돌아와 명산대천에 神號를 내리다
明宗	4年	12月	內外의 명산대천에 加號하다
神宗	卽位年	11月	국내의 명산대천과 耽羅의 신들에게 모두 加號하다
高宗	23年	9月	蒙古軍이 大敗하자 城隍神의 도움이라 하여 神號를 내리다
	40年	6月	명산대천에 德號를 내리다
	40年	10月	국내 명산대천 및 耽羅의 신에게 각 濟民의 號를 내리다
元宗	14年	5月	無等山神의 陰助에 대해 爵號를 내리다
忠烈王	2年	10月	국내 명산대천의 신에게 德號를 내리다
	7年	正月	中外의 城隍과 명산대천으로 祀典에 실린 것에 모두 德號하다
	8年	5月	松嶽 및 境內 산천신에게 德號를 주다
	13年	6月	紺嶽山 산신의 둘째 아들을 都萬戶로 封하다
	13年	7月	경내 산천신에게 號를 내리다[162]
忠宣王	卽位	11月	城隍과 국내 명산대천으로 祀典에 실린 것에 모두 加號하다
忠肅王	12年	6月	경내의 산천신에게 號를 내리다
	12年	10月	국내 명산대천으로 사전에 실린 것에 모두 德號를 내리다
恭愍王	元年	2月	祀典에 실린 명산대천 및 神廟에 德號를 내리다
	5年	6月	社稷과 祀典에 실린 산천신에게 德號를 내리다
	20年	12月	국내의 명산대천으로 祀典에 실린 것에 德號를 내리다

　이처럼 신들에 대한 가호는 국내의 모든 신격을 대상으로 하고 있지만, 주로 산천신을 대상으로 한 것이 많다. 또한, 고려 중기 이후부터 사전에 등재된 신들에 한정하여 가호를 내리고 있는 점도 볼 수 있는데 이는 고려사회에 유교 제례가 점차 정비되면서 경내의 신들이 국가의 제사 대상인 사전으로 흡수되어 갔던 사정을 반영하는 것으로 보인다.

162_ 이외 충렬왕 대에 羅州 錦城山神이 丁寧公으로 封해진 일이 있다(『高麗史』 卷105, 列傳 18 鄭可臣傳 참고).

가호는 목종穆宗 즉위년(997) 국내 신들에게 훈호勳號를 사여賜與한 이래 고려 말까지 지속적으로 행해 온 것이므로, 일단 국가적 차원에서의 신들에 대한 배려였다고 할 수 있다. 그러면 왕실에서는 이러한 가호를 어떤 이유에서 행했으며 또 그 의미가 무엇인지에 대해 살펴보기로 한다. 그런데 신들에 대한 가호가 성종 대 유교 제례의 정비를 거친 이후부터 집중적으로 나타나고 있다는 점에 유의할 필요가 있다. 왜냐하면, 경내 신들에의 가호는 성종 대 유교적 통치이념의 정비와 강화된 왕권을 바탕으로 전 국토가 왕의 영지領地에 속한다고 하는 왕토 관념과도 밀접한 관계를 이루는 것이기 때문이다.

우선 목종 즉위년 12월에 행해진 훈호의 내용을 보면 다음과 같다.

왕이 위봉루威鳳樓에 나가 사령赦令을 내리고 효자孝子・손순자孫順者를 포상하였으며 무죄한 사람들의 누명을 벗겨 주고 질병을 구제하여 주었다. 문무관과 승려들에게는 품계를 한 급씩 올려 주었고 국내의 모든 신에게는 훈호를 주었으며 아울러 백성에게 크게 잔치를 하루 동안 베풀어 주었고, 모母 황보씨皇甫氏를 높여 왕태후로 삼았다.[163]

목종은 이해 10월 성종으로부터 선양을 받아 그다음 달 거란에 이 사실을 통보[164]하고 나서 12월에 위와 같은 조처를 취하였다. 따라서 이때의 훈호는 신왕新王의 즉위에 따른 국가적인 경사를 기념하는 의미에서 행해졌다고 할 수 있다.[165] 실제 신왕新王의 즉위와 관련하여 신들에게 가호를 내린 일은 목종 즉위년 외에도 현종顯宗 즉위년(1009)[166]・숙종肅宗 즉위년(1095)[167]・신종神宗 즉위년(1197)[168]・충선왕忠宣王 즉위년

163_ 『高麗史』 卷3, 世家 3 穆宗 卽位年 12月 壬寅條. "御威鳳樓 赦 褒孝順 洗痕累救疾病 文武官及僧徒 加一級 國內神祇 皆加勳號 仍賜內外大酺一日 尊母皇甫氏 爲王太后"
164_ 『高麗史』 卷3, 穆宗 卽位年 10月 戊午條 및 11月條.
165_ 徐永大, 앞의 논문, 340쪽.
166_ 『高麗史』 卷4, 世家 4 顯宗 卽位年 4月 戊戌條.
167_ 『高麗史』 卷11, 世家 11 肅宗 卽位年 11月 癸卯條.
168_ 『高麗史』 卷21, 世家 21 神宗 卽位年 11月 庚子條.

(1308)[169]・공민왕恭愍王 원년(1352)[170] 등에서도 찾아진다. 따라서 즉위년의 가호는 신왕의 즉위에 따른 일종의 즉위의례적인 성격을 지녔다고도 보인다. 다만 그것이 어떤 정연한 의례절차를 수반했던 것은 아니고, 신왕의 즉위에 따른 새로운 시대의 시작을 백성과 신들에게 선포하는 의미라고 할 수 있다. 이렇게 함으로써 경내의 모든 인민과 신들에게 신왕의 즉위에 따른 은택을 베풀고, 또 이를 통해 인민과 신들이 직접 왕의 교화권 하에 있다는 점을 드러낸 것이라 할 수 있다. 즉 경내의 인간계와 신계가 모두 왕의 통치 범위라는 것을 의미한다.

그런데 목종이 즉위년에 행한 신들에의 훈호 사어 시 사령赦令이나 효자・손순자의 포상, 무죄로 억울하게 형을 살고 있는 자들의 누명 해제, 질병 구제 및 문무관・승려들의 품계를 한 급씩 올려 주는 등의 조처가 함께 취해진 것을 볼 수 있다. 그리고 이와 같은 내용을 성종이 서경에서 반포한 교서와 비교할 때 거의 유사한 내용이라는 것도 알 수 있다. 따라서 성종에 의해 표명된 유교 이념이 그대로 목종에게도 계승되고 있다는 점도 확인된다. 또한, 목종이 행한 훈호의 사여와 함께 사면이나 포상 또는 병자의 구휼 등은 이후 하나의 선례를 이루어, 신들에게 가호를 내릴 때 흔히 수반되는 항목들을 이루게 된다.

가령, 현종은 즉위한 해에 노인과 병자의 구휼, 부세의 경감과 함께 산천신에 훈호를 주고 있으며, 또 12월의 해독산천신에의 훈호 사여 시에도 죄수의 사면・경중인京中人에의 사곡賜穀 및 효자・손순자・의부・절부 등을 포상하고 있다.[171] 특히 효자나 손순자・의부・절부 등을 포상하고 있는 것은 유교의 실천윤리로 이런 덕목들을 내세우고자 하였던 당시의 사회적 분위기를 반영한다.[172] 게다가 사면이나 구휼 등의 실시도 치자가 백성에게 베푸는 교화의 하나로서 군주에게 요구되는 덕목이었다. 이처럼 신들에게 가호가 흔히 유교적인 통치이념에 따른 덕목들의 구현과 함께 시행되

169_ 『高麗史』 卷33, 世家 33 忠宣王 卽位年 11月 辛未條.
170_ 『高麗史』 卷38, 世家 38 恭愍王 元年 2月 丙子條.
171_ 『高麗史』 卷4, 世家 4 顯宗 5年 12月 丁巳條.
172_ 李熙德, 「儒教政治理念의 成立과 孝思想의 展開」, 『高麗儒教 政治思想의 研究』(一潮閣, 1984), 187~224쪽.

었다고 하는 것은 그만큼 가호의 시행이 유교 이념과 결코 무관하지 않다는 사실을 말해 준다. 즉 가호란 어느 면에서 군주가 경내 신들에게 행하는 유교 이념의 표출로도 나타나고 있었다.

한편 가호는 천재지변天災地變을 당하여 정치를 쇄신하고자 할 경우에도 행해졌다. 가령 예종睿宗 17년(1122) 4월의 교서에 보이는 내용은 이에 관한 적절한 사례가 된다.

> 내가 천명에 순응하여 외람스럽게 위업을 이어받은 후 나라를 다스린 지가 여러 해 되었으나 일 처리를 제대로 하지 못하여 음양이 순조롭지 않고 천재지변이 생겼으며 게다가 병이 들어 위독하게 되었으므로 더욱 걱정되고 두려워 자신을 격려하고 은혜를 크게 베풀어 신령과 인민들에게 사례하려 한다. 모든 명산대천으로 사전에 실린 곳에는 각각 신호神號를 더하고 여러 죄수 중에 참형斬刑과 교형絞刑을 제외하고는 이를 다 용서할 것이며 귀양 간 자들은 적당히 옮겨 주도록 하라.[173]

이처럼 예종은 자신이 왕위에 오른 뒤로 음양이 순조롭지 않고 천재지변이 자주 발생하자, 이에 신령과 백성에게 은혜를 크게 베풀어 사례하고자 산천신에 가호한다고 하였다. 이외 충숙왕忠肅王이 근래 천변이 자주 나타나므로 교화를 일신하고 풍속을 개변하기 위해 산천신에 가호[174]한 것도 이와 같은 경우로 들 수 있다.

그런데 충숙왕도 가호와 함께 죄수의 사면이나 형벌의 경감, 선조에 대한 존호의 추증追贈 등이 따르고 있다. 따라서 천재지변 시 행해진 가호 역시 기본적으로 유교 이념에 근거한 것으로 정치를 개신하고 군주의 교화를 새롭게 하려는 방편의 하나로 간주된다. 또한, 이를 통해 군주는 명계明界와 유계幽界 전체에 은혜를 베풂으로써 세계의 질서를 일신하고, 아울러 천재지변의 제거를 위해 신에 대한 가호를 매개로 도

173_ 『高麗史』 卷14, 世家 14 睿宗 17年 4月 己丑條. "寡人祇承天命 叨纘丕緒 御牛家邦 多歷年所 然臨事制宜 莫知其方 以致陰陽失序 穹壤挺祅 加疾病以彌留愈憂懼 而自勵兼推渙汗 以謝幽明 凡名山大川 秩在祀典者 各加名號 諸有罪者 除斬絞者外 皆原之 流配者 量移"

174_ 『高麗史』 卷35, 世家 35 忠肅王 12年 10月 乙未條.

움을 청한 것이 아닌가 보인다.

가호가 행해진 세 번째의 경우는 왕이 순수巡狩 시 거쳐 간 곳의 신들에게 주어진 사례이다. 가령 숙종肅宗이 양주楊州의 삼각산三角山을 보고 돌아온 후 "삼각산으로 가면서 통과한 명산대천의 신호神號에 각각 인성仁聖이란 글자[175]를 붙이도록"한 이래, 예종·인종·의종 등도 서경이나 남경의 순행 시 통과한 곳의 신들에게 가호를 주고 있다. 그리고 이때의 가호에도 역시 죄수의 사면이나 노인老人·환과고독자鰥寡孤獨者·폐질자廢疾者에의 사물과 효자·손순자 등의 포상이 수반되고 있었다. 따라서 이런 경우도 군주의 경내 순행에 따른 유교 이념의 표출로 행해진 것임을 알 수 있다.

그러나 가호가 반드시 유교 이념의 표출만을 뜻한 것은 아니었다. 현종 2년(1011) 5월 거란의 격퇴 후 서경의 여러 신에 대한 훈호나, 원종 14년(1273) 5월 삼별초군의 진압이 광주 무등산신이 음조한 결과로 여겨 이에 작호를 한 사례[176]나, 충렬왕 13년(1287) 6월 원정遠征에 앞서 감악산신의 둘째 아들을 도만호都萬戶로 봉한 사례 등은 유교 이념과 무관한 가호였다. 여기서 전쟁戰爭의 종식終熄이나 원정遠征 또는 외적外敵의 격퇴擊退 후 종종 산신에게 가호가 행해진 점을 볼 수 있는데, 이는 산신이 국가 수호를 위해 음조한 결과이거나 또는 그런 음조를 기원하는 가호로 간주된다. 그러므로 이런 경우에는 산신의 음조에 대한 감사나 기원의 성격을 띤 가호였다고 할 수 있다.

게다가 가호에 수반하여 죄인의 사면이나 형벌의 경감·효자 포상 등의 조치도 취해지지는 않았다. 따라서 이때 산신의 음조에 대한 가호는 결코 유교적인 이념에 따라 취해진 것은 아니고, 오히려 산신 본연의 기능으로도 여겨졌던 전통적인 호국 신앙관에서 나온 것으로 생각된다. 이런 점에서 전쟁의 결과에 따른 보답성의 가호는 태조 이래 고려 국왕들이 산신을 호국신으로도 신앙하여 온 또 하나의 전승 형태를 보여준다고 할 수 있다.

한편 공민왕 19년(1370) 명明으로부터 고려 신들에게 주어진 가호를 모두 폐지하라

175_ 『高麗史』 卷11, 世家 11 肅宗 6年 3月 丁亥條.
176_ 『高麗史』 卷27, 世家 27 元宗 14年 5月 庚辰條.

고 하는 요구가 있었다. 즉 이해 6월 명에서 신들에의 가호가 예제禮制에 어긋난 것이라 하여 이를 폐지하면서 아울러 고려에서도 가호를 모두 삭제하도록 강요하였다.[177_] 명에서 행해진 예제 개정의 결과 경내 산천신에 대한 가호가 잘못된 것으로 이해되고 또 고려에서도 이를 따를 것을 강요한 것은 분명 국가 자주권과도 관련되는 문제였다. 또한, 경내 산천신에의 가호가 군주의 권한이었음을 고려한다면, 명의 이와 같은 요구를 받아들인다는 것은 곧 고려의 산천도 명의 한 영역에 속한다는 것을 은연중 강요하는 의미도 내재하고 있었다.

그런데 공민왕은 다음 해(1371) 정치 쇄신의 의지를 천명한 교서敎書[178_]에서 산천신에게 가호를 내리고 있다. 이미 정치 쇄신과 관련하여 가호가 행해지는 경우는 자주 있었지만, 공민왕의 사례는 명의 가호 폐지 요구 후 취해진 것이었다는 점에서 성격을 다소 달리한다. 즉 공민왕은 명의 가호 폐지 요구를 거부하고, 전례前例대로 정치 개혁의 의지를 경내 산천신에 가호를 통해 분명히 하고자 한 것이다. 또한, 공민왕의 이 가호는 명으로 대변되는 천하의 질서에 예속되지 않겠다는 의지의 표명이자 고려의 명에 대한 자주성과 대등성을 드러낸 것이었다고 볼 수 있다.

이상에서 고려 왕실의 산신관과 그 구체적인 표현으로서 산신에의 가호에 대해 살펴보았다. 요컨대 고려 왕실의 산신관은 기복적인 신앙관에서 성종 대 유교 이념의 도입 후 산천제를 정기적인 유교 제례로 치름으로써 군주의 교화와 통치를 자성하는 하나의 수단이었다. 그러나 유교 제례에 따른 산천제와 별도로 왕실에서는 여전히 기복과 호국 등을 위해서 토착적인 산신제를 지내기도 하였다. 반면 유교 제례로서의 산천제가 정기적으로 치제되는 제도화된 의례였다면, 기복이나 호국제로서의 전통적인 산신제는 필요에 따라 수시로 행해진 임시적인 제사였다.

한편 고려 왕실의 이와 같은 산신관은 가호에도 그대로 반영되어 나타나고 있다. 즉 가호 관련 내용을 통해 고려 국왕들에 의해 행해진 가호가 크게 유교 이념적인 것

177_ 『高麗史』 卷42, 世家 42 恭愍王 19年 7月 壬寅條.
178_ 『高麗史』 卷43, 世家 43 恭愍王 20年 12月 己亥條.

과 호국 신앙적인 것의 두 가지 형태가 있음을 보았다. 그러나 가호는 흔히 유교 이념에 따라 사여되는 경우가 일반적이었다. 한편 유교 이념에 따른 가호의 형태일지라도, 이면에는 실제 산신에의 가호를 통해 신의 음조陰助를 기대했던 공리적인 측면도 없지는 않았다. 그리고 이런 측면을 보여 주는 것이 곧 고려 일대에 걸쳐 나타나는 산신신앙의 성격이라고도 할 수 있다.

3) 고려 산신신앙의 기능과 성격

(1) 고려 산신신앙의 기능

수호의 기능   비록 10세기 말 이후 고려 왕실의 산신관에 유교 이념이 반영되어 있을지라도, 본래의 신앙목적에는 양재禳災나 기복祈福과 같은 측면이 유지되고 있었다. 사실 태조가 훈요에서 산천의 음우陰祐에 의해 대업을 성취하였고 또 팔관은 천신·산천신·용신을 위하는 것이라고 천명한 이래, 왕실을 비롯한 치자층治者層에서부터 민간에 이르기까지 산신은 고려 전 기간에 걸쳐 이와 같은 목적을 위해 신앙되어 왔다.

특히 성종 대에 일시 중단된 팔관회가 현종 원년(1010)에 다시 열리게 된 것도 산신의 수호신적 측면에 대한 재인식에서 나온 것으로 볼 수 있다. 왜냐하면, 현종의 팔관회 복설復設이 거란주契丹主가 고려 침공을 통보한 직후 나타나고 있기 때문이다.[179] 이것은 거란의 침입이라고 하는 국가적 위기에 처하여 국가 수호와 전 국민의 결속이 필요한 상황에서 팔관회가 이런 역할을 수행하기 위해 다시 주목되었다는 점을 시사한다. 즉 산신을 포함한 여러 신을 위한 팔관회를 통해 신들에게 국가의 수호를 빌고, 아울러 전 국민의 신앙적 결속을 도모하기 위해 팔관회가 재등장한 것이라 할 수 있다.

실제 이해 11월 거란이 서경으로 침범하였을 때, 서경의 신사에서 갑자기 선풍이 일어나 거란군마軍馬들이 모두 죽었다고 하는데,[180] 이는 거란군의 내침에 서경의 신

179_ 『高麗史』 卷4, 世家 4 顯宗 元年 11月條. "丙子 契丹主 遣將軍蕭凝 來告親征 庚寅 復八關會 王御威鳳樓 觀樂"

들이 음조한 사례이다. 게다가 이와 같은 신들의 음조가 바로 팔관회 복설 직후에 나오고 있다. 따라서 팔관회 복설과 신의 음조가 결코 무관한 것은 아니었다고 할 수 있으며, 현종 자신은 팔관회를 통해 산신을 비롯한 여러 신에게 고려의 수호를 기원한 것으로 보인다.

또한, 거란군이 장단長湍과 개경을 침범하였을 때에도 산신이 거란군을 격퇴하였다고 하는 사례가 다음과 같이 전하기도 한다.

> b-1) 현종 2년(1011) 2월, 거란군이 장단長湍에 이르니 갑자기 눈보라가 일어나 감악신사紺岳神祠에 마치 깃발과 토마土馬가 있는 것 같아 거란병이 두려워 감히 전진하지 못하였다.[181]
>
> b-2) 그 신神은 본래 고산高山이라고 했다. 나라 사람들이 전하기로, '상부祥符 년간年間(1008~1016)에 거란이 왕성王城을 침입하자 숭산崧山의 신이 밤중에 수만 그루의 소나무로 변하여 사람 소리를 냈다. 오랑캐들은 원군이 있는지 의심하여 곧 철수하였다. 후에 그 산을 봉하여 숭崧이라 하고 사당을 마련하여 그 신을 제사 드렸다'고 한다.[182]

그리고 현종 2년 5월에는 서경의 목멱木覓 · 교연橋淵 · 도지암道知巖 · 동명왕東明王 등의 신에게 훈호가 주어지고 있는데, 이것이 앞의 서경 신사의 음조에 대한 보답성의 가호일 것이라고 하는 점은 앞서 언급한 바 있다. 따라서 음조를 보인 서경의 신사란 목멱 등의 신사를 가리킨 것이라 할 수 있으며, 목멱사木覓祠란 목멱산木覓山에 있던 신사[183]를 뜻하므로 이 역시 목멱산의 산신이 국가 수호를 위해 기여한 사례로 간주된다.

이처럼 현종 대 거란의 침입에 따라 서경의 목멱산신 · 장단의 감악산신 · 개경의 숭산신 등이 음조한 것으로 전하는데, 이 사례들은 모두 팔관회의 복설 이후에 나타나고 있다. 따라서 현종 원년의 팔관회의 복설은 주로 산신의 음조를 빌기 위해 행해

180_ 『高麗史』 卷4, 世家 4 顯宗 元年 11月 癸亥條. "西京神祠 旋風忽起 契丹軍馬皆僵

181_ 『高麗史』 卷63, 志 17 禮 5 雜祀條 顯宗 2年 2月條. 『高麗史節要』 卷3, 顯宗 2年 2月條.

182_ 『高麗圖經』 卷17, 祠宇 崧山廟. "其神曰高山 國人相傳祥符中 契丹侵逼王城 神乃夜化松數萬 作人語虜疑有援卽引去 後封其山爲松 以祠奉其神也"

183_ 『新增東國輿地勝覽』 卷51, 平壤府 山川條. "木覓山在府(平壤府)東四里"

진 것이 아닐까 추측된다.

위의 사례에 보이는 산신의 기능은 결과적으로 호국을 위해 기여한 것이지만, 한편 산신이 서경·장단·개경이라고 하는 어느 특정 지역의 안위安危를 담당하는 수호신[184]으로 나타나고 있는 점도 주목된다. 이처럼 산신이 어느 특정 지역의 수호신으로 나타난 사례는 그 외 충주忠州 월악산신月嶽山神에게서도 확인할 수 있다.

> b-3) 월악산月嶽山 신사神祠에서 갑자기 구름과 안개가 끼면서 바람이 불고 비가 내리며 뇌성이 들리고 우박이 동시에 쏟아지니 몽고군은 우리에게 산신령의 도움이 있다 하여 공격을 하지 못하고 물러갔다.[185]

즉 충주에 몽골군이 침입하자 월악산신이 신험神驗을 보여 몽골군을 물리쳤다고 하는 것인데, 여기서도 산신은 충주지역의 수호신으로서 몽골군이 이 지역에 침략해오자 이를 격퇴해 준 것으로 전해진다.

결국, 이런 사례들에서 산신이 기본적으로 어느 특정 지역의 수호신으로 신앙되고 있었던 점을 볼 수 있다. 그러나 산신의 수호신적 기능은 동시에 외적의 침입과 같은 국가적인 위기에는 지역신적 속성에서 벗어나 국가 전체의 수호를 위한 기원신祈願神으로 나타나고 있다.

> c-1) 근일 변방邊方의 환란이 긴박하니 … 또 근신近臣을 시켜 진봉산進鳳山과 구룡산九龍山에 가 각각 빌게 하였다.[186]
>
> c-2) (정鄭)지地가 병선兵船 47척을 거느리고 … 남해南海의 관음포觀音浦에 이르러 정찰한 다음 아군이 겁을 먹고 있다고 생각하였다. 때마침 비가 내렸으므로 정지鄭地는 사람을 보내 지리산智異山 산신山神에 기도하기를 "나라의 존망存亡이 이 일거一擧에 달렸으니 나를 도와 비

184_ 金甲童, 앞의 논문, 57쪽.
185_ 『高麗史』 卷24, 世家 24 高宗 43年 4月 庚寅條. "月嶽山神祠 忽雲霧風雨雷電俱作 蒙兵以爲神助 不攻而退"
186_ 『高麗史』 卷13, 世家 13 睿宗 4年 6月 戊子條. "近日邊患窘迫 … 且命近臣分禱于進鳳九龍兩山"

를 멈추어 주십시오."라 하니 과연 비가 멈췄다.[187]

　　c-3) 적도賊徒가 일어났으므로 중앙과 지방산천의 신묘에 제사하여 도움을 구하였다.[188]

　　c-1)는 여진과의 전쟁이 계속되던 때 예종睿宗이 신하를 진봉산과 구룡산[189]에 보내 전승戰勝을 기원케 한 내용이다. 이 경우는 어느 특정 지역의 수호를 산신에게 기원한 것도 아니며, 산신 역시 특정 지역의 수호를 위해 기여한 것으로 전하지도 않는다. 따라서 이때 진봉산과 구룡산에 대한 치제의 목적은 전란에 따른 국가 수호나 전승을 산신에게 직접 기원하기 위한 것이라 할 수 있다.

　　c-2)는 우왕禑王 9년(1383) 왜적을 격퇴하기 위해 출전하던 정지鄭地가 지리산신에게 기원한 내용이다. 지리산신에게 국가의 존망을 위해 비를 그쳐 달라고 하고 있듯이, 산신에 대한 기원이 곧 국가의 운명과 관련되어 여겨지고 있다. 그리고 c-3)은 공민왕 8년(1359) 홍건적의 침입에 따라 경내 산천신에게 도움을 청했다고 하는 것인데, 전국의 산천신에게 외적의 격퇴를 구한 것은 곧 산신이 특정 지역의 수호신으로서보다는 국가의 수호를 위한 대상으로 신앙되었던 것임을 보여준다.

　　이처럼 산신의 호국 기능은 주로 전란戰亂과 관련하여 나타나고 있는데, 이 때문에 산신은 전쟁戰爭에서의 수호신 또는 승전勝戰의 기원신이기도 하였다. 또한, 산신의 이런 기능은 단지 전란戰亂이 외적의 침입에 따라 초래되었을 때뿐만 아니라, 내전內戰과 같은 상황에 의해 유발되었을 때도 똑같이 적용되고 있다. 가령 최충헌崔忠獻의 집권 시 신라 부흥을 내세운 경주민慶州民의 항거를 토벌하기 위해 편성[190]된 중앙군이 경주로 가면서 여러 신에게 제사를 지낸 것을 들 수 있다. 이 중 토벌군의 일원으로 참여한 이규보가 작성한 지리산智異山·팔공산八公山·북형산北兄山·경주의 동악東嶽·서악西嶽 등에의 제문祭文[191]이 전하는데, 그 내용은 전쟁에서 자신들을 보호해 달라는

187_ 『高麗史』 卷113, 列傳 26 鄭地傳. "(鄭)地帥戰艦四十七艘 … 至南海之觀音浦 使胡之 以爲我軍怯懦 適有雨 地 遣人禱智異山山神祠曰 國之存亡 在此一擧 兼相子無作神羞雨 果止"
188_ 『高麗史』 卷63, 志 17 禮 5 恭愍王 8年 12月條. "以賊起 祭中外山川於神廟 以求助"
189_ 『新增東國輿地勝覽』 卷42, 牛峯縣 祠廟條.
190_ 『高麗史』 卷21, 世家 21 神宗 5年 12月 丙子條.

것과 적을 소탕해 달라는 것이었다. 또 고종 24년(1237) 초적草賊 이연년李研年을 치기 위해 나주羅州로 내려온 전라도지휘사全羅道指揮使 김경손金慶孫이 금성산신錦城山神에게 제사를 올린 것[192]도 산신에게 미리 승전을 빌기 위해서였다.

그리고 외적의 격퇴에 공이 있는 산신에게 국가로부터 가호나 감사의 제사가 행해졌듯이, 내전의 진압 후 이를 산신의 도움으로 여겨 이에 대한 특별한 예우가 산신에게 주어지기도 하였다.

○ 원종 14년(1273)에 탐라耽羅에서 삼별초를 토벌할 때 무등산신의 음조가 있었으므로 춘추春秋로 치제致祭토록 하였다.[193]

○ 충렬왕 3년(1277) 5월 임진壬辰, 전번 탐라역耽羅役에 금성산신錦城山神의 음조가 있었으므로 소재관所在官에게 명하여 해마다 쌀 5석石을 보내어 그 제사를 받들게 하였다.[194]

즉 산신의 음조에 대한 보답으로 국가에서는 춘추로 치제하게 한다든가 또는 소재 지역의 미곡米穀을 매년 지급하게 하여 그 제사 비용으로 충당케 하는 등의 조치가 취해진 것이다. 또한, 국가에 의한 제사는 이런 신들을 공식 제사 대상으로 인식하였다는 것도 의미한다.

이상에서와 같이 산신은 어느 특정 지역이나 국가의 수호신으로 신앙되어, 어느 지역에 외적이 침범하였을 시 산신이 이를 격퇴해 주는 것으로 인식되었으며, 이는 동시에 산신의 호국신적 기능으로 나타나기도 하였다. 특히 전시戰時 같은 경우에는 산신이 전쟁의 신으로 신앙되었고, 이와 같은 산신의 기능은 비교적 외침이 잦았던 고려 전 기간에 걸쳐 산신신앙을 중시하게끔 하는 정신적인 기반을 이루기도 하였다.

191_ 『東國李相國集』 卷38, 祭文 參照.

192_ 『高麗史』 卷108, 列傳 16 金慶孫傳.

193_ 『高麗史』 卷63, 志 17 禮 5 雜祀條, "元宗十四年 討三別抄于耽羅也 無等山神有陰助之驗 命春秋致祭" 및 『高麗史』 卷27, 世家 27 元宗 14年 5月 庚辰條.

194_ 『高麗史』 卷63, 志 17 禮 5 雜祀條, "忠烈王三年五月壬辰 以耽羅之役 錦城山神有陰助之驗 令所在官 歲米五石 以奉其祀"

비[우雨]의 조절기능調節機能　　　한편, 고려 산신이 지닌 또 하나의 중요한 기능으로는 강우降雨·지우止雨와 같이 비를 조절하는 능력을 들 수 있다. 산신이 비와 관련된 신으로서 신앙된 것은 이미 전대前代 이래의 일로, 신라 첨해왕沾解王 및 헌덕왕憲德王이 명산이나 산천에서 비를 빈 사례가 있고,[195] 민간에서도 가물 때 운제산성모雲梯山聖母에게 비를 빌면 영험함이 있었다[196]고 하는 사례가 전한다.

산신에게 보이는 강우나 지우의 기능 역시 고려 전 기간에 걸쳐 나타나며, 특히 군주의 덕화德化와도 관련되어 홍수나 가뭄의 초래 시 행하는 치제의 대상이 되기도 하였다.

d-1) 늦여름이 이미 지나고 첫가을도 거의 반이나 지났는데 아직 비가 오지 않으니 대단히 걱정되는 바이다. 정치 교화가 잘못된 것은 아닌지, 형벌과 포상이 적절하지 않은 것은 아닌지 모르겠다. 감옥을 열고 죄수들을 석방하며, 정전正殿을 피하고 상선常膳을 줄이며 정성껏 사원과 산천에 기도하였으나 아직 비가 내리지 않고 가뭄이 점점 심하여지고 있다. 나의 덕이 부족하여 이런 가뭄을 초래하였으니 노인을 공경하는 행사를 거행하며, 농사를 걱정하는 나의 성의를 보이려고 한다.[197]

d-2) 금년은 봄부터 비가 적게 내리니 전례前例에 따라 억울하게 옥에 갇힌 죄수들을 심사 처리하고 가난한 백성을 구제하며 객사한 시체를 거두어 매장한 다음 우선 북쪽 교외에서 비를 내리게 할 수 있는 악진해독岳鎭海瀆과 모든 명산대천名山大川에 빌고 다음에는 7일마다 한 번씩 종묘宗廟에서 빌되 이렇게 하여도 비가 내리지 않을 때에는 다시 악진해독에 처음과 같이 빌며 가뭄이 심하면 기우제를 지내고 시장을 옮기며 일산日傘과 부채를 들지 못하게 하고 가축 도살을 금지하며 관아官衙의 말들에게도 곡식을 먹이지 말게 해야 한다.[198]

이외 왕실에서 기우 또는 지우를 위해 산신에게 치제한 예는 일일이 들기 어려울

195_『三國史記』卷2, 沾解尼師今 7年條 및 卷10 憲德王 9年條.
196_『三國遺事』卷1, 紀異 1, 南海王條.
197_『高麗史』卷3, 世家 3 成宗 10年 7月 己酉條.
198_『高麗史』卷6, 世家 6 靖宗 2年 5月 辛卯條.

정도[199]-이므로, 더 이상의 사례는 제시하지 않기로 한다. 그러나 오랫동안 비가 내리지 않거나 장마가 질 때 이를 군주의 실정失政에 인한 것으로 여기는 유교적 통치 이념에서는 가뭄이나 장마를 천견天譴으로 여겨, 일차적으로 군주의 자성自省과 근검으로 천견에 답하고, 이차적으로는 백성에 대한 덕정德政을 베풀거나 특정 행위의 금기를 통해 이에 대응하고자 하였다.[200]-

그러나 그럼에도 가뭄이나 홍수가 계속될 때에는 초월적인 신격들을 대상으로 그 목적을 달성하고자 하였다. 그리고 그 방식에서도 유교·불교·도교 및 무속의례 등 다양한 기우제가 동원되고 있다.[201]- 즉 환구圜丘나 종묘宗廟·사직社稷 등에서의 기우제나 불교의 도장道場, 도교의 초제醮祭, 또는 취무도우聚巫禱雨 및 기타 악진해독岳鎭海瀆·명산대천名山大川·신묘神廟 등에서의 기우제가 전해지고 있어 당시 고려사회에서는 이의 대처에 상당히 부심하였음을 보여준다. 또한, 기우나 지우를 위해 여러 방식이 복합적으로 행해지기도 하였는데, 이는 고려사회의 다종교주의적多宗敎主義的 상황狀況[202]-을 반영하는 것이기도 하다.

고려조의 비교적 이른 시기의 산천 기우제가 위의 사례 d-1)·d-2)에 보이는 것처럼 표면상으로는 군주의 유교 이념을 표방하고 있지만, 지방관들도 역시 이와 같은 견해를 지니고 있었다. 이규보는 계양도호부부사桂陽都護府副使로 재임 중 가뭄이 들자, 이 가뭄이 자신의 잘못에서 온 것으로 간주하면서 산신에게 비를 빌고 있는데 그 배경에는 곧 치자治者의 잘못이 재이災異로 나타난다고 하는 인식을 볼 수 있다.

그런데 이와 같은 산천 기우제가 반드시 유교 이념 하에서 나온 것만은 아니고, 이면에는 민간에서의 오랜 토착적인 산신신앙의 전승도 부정할 수 없을 것이다.[203]- 운제산雲梯山은 이미 신라 이래 민간에서의 기우처로 신앙되어 왔으며, 충렬왕 14년(1288)

199_ 『高麗史』卷54, 志 8 五行 2에 의하면, 고려 전기간에 걸쳐 행해진 기우의 관련 내용을 볼 수 있다.
200_ 李熙德, 「祈雨行事와 五行說」, 『高麗儒敎 政治思想의 研究』(一潮閣, 1984), 152~176쪽; 任章赫, 『雨乞い儀禮の比較民俗學的研究』(筑波大學歷史人類學研究科 博士學位論文, 1992), 24~45쪽.
201_ 朴桂弘, 「中世社會의 祈雨儀式에 對한 考察」, 『韓國民俗研究』(大邱, 螢雪出版社, 1974), 129~161쪽.
202_ 조흥윤, 「조선 전기의 민간신앙과 도교적 성향」, 『韓國思想史大系』 4(城南, 韓國精神文化研究院, 1991)
203_ 徐永大, 앞의 논문, 362쪽.

송악松岳에서의 기우제[204]- 역시 민간에서 행해진 사례이다. 이처럼 민간 기우제가 산에서도 행해진 것 역시 산신이 비를 조절할 수 있다고 여긴 토착적인 산신신앙에서 나온 것이라 해야 한다.

　치병·기복의 기능　　이외 산신은 질병疾病의 치유나 역질疫疾의 방지 또는 기자祈子·기복祈福 등을 위해 신앙되기도 하였다. 기자나 기복을 위해 산신에게 기도한 것은 이미 앞에서 언급했으므로, 여기서는 주로 질병이나 전염병의 퇴치를 산신에게 제사한 것에 대해서만 보기로 한다.
　먼저 질병의 치유를 산신에게 빈 사례로는,

　　○ 예종　　17년 3월 계미　왕의 병이 낫지 않자 사람을 파견하여 산천신에 기도하다
　　○ 인종　　6년 정월 정해　왕의 병이 낫지 않자 종묘·사직·산천 및 불사佛祠·도우道宇
　　　　　　　　　　에 기도하다
　　○ 충렬왕　원년 6월 기사　왕이 병들자 지리산신에게 제사하다

등이 보인다. 왕의 병과 같은 중대 사항에서조차 산신에게 치유를 빌고 있는 것은 산신이 질병 치유에 효험이 있는 신으로 신앙되었기 때문일 것이다. 또한, 민간에서도 "질병이나 재앙의 초래 시 숭산신사崧山神祠에 옷이나 말을 바치고 기도했다"[205]-고 하는데, 산신에 대한 질병 치유나 기양祈禳의 신앙은 역시 민간에서도 성행되었던 것으로 보인다. 그리고 전염병의 퇴치를 산신에게 빈 예로,

　　○ 예종　　4년 12월 을유　유사有司에 명하여 송악과 제신사에 제사하여 역질을 물리치
　　　　　　　　　　도록 하다

204_ 『高麗史』 卷85, 志 39 刑法 2 忠烈王 14年 4月條.
205_ 『高麗圖經』 卷17, 祠宇 崧山廟條. "民有災病 施衣獻良馬 以禱之"

라 하여 여러 신사神祠와 함께 송악에서도 역질의 기양祈禳을 위한 사례가 전해진다.

이처럼 산신은 질병이나 전염병을 다스릴 뿐 아니라 인간에게 생명을 부여하며, 또 기복의 대상신으로도 여겨졌다. 이는 고려 사회에 차지하는 산신신앙의 다양한 기능을 보여주는 것이자 동시에 산신이 인간의 생사화복生死禍福 전반을 지배하는 신[206]으로 신앙되었던 점을 보여준다.

고려 시대 유교적 제사 의례의 형성 과정은 『고려사』 예지禮志 서문序文[207]에서 볼 수 있다. 이에 의하면 성종대成宗代의 원구·종묘와 같은 유교 제례의 도입을 거친 후 예종대睿宗代 처음으로 관련 부서가 두어져 여기에서 의례가 제정되었으며 이후 의종대毅宗代 최윤의崔允儀가 『상정고금례詳定古今禮』 50권을 간행함으로써 고려의 유교적 제사 의례가 마무리된 것으로 보인다. 그러나 실제 고려 전 기간에 걸쳐 보더라도 국가에서 행한 유교적 제사의례는 종묘宗廟·사직社稷·환구圜丘·선농先農·방택方澤·문묘文廟 등 수종에 불과했으며, 오히려 국제國祭의 주류를 이루었던 것은 사전상 잡사조雜祀條에 보이는 제례들[208]이었다. 먼저 예지禮志에 보이는 고려 사전의 편성 내용을 보면 아래 표와 같다.[209]

〈표 3〉 高麗 祀典(大·中·小祀) 내용

大祀	圜丘 方澤 社稷 太廟(別廟·景靈殿·諸陵)
中祀	籍田 先蠶 文宣王廟

206_ 柳東植, 『韓國巫教의 歷史와 構造』(延世大學校出版部, 1978), 123~124쪽.
207_ 『高麗史』 卷59, 志 13 禮 1 序文. "高麗太祖 立國經始 規模宏遠 然因草創 未遑儀禮 至于成宗 恢弘先業 祀圜丘耕籍田 建宗廟立社稷 睿宗始立局 定禮儀 然載籍無傳 至毅宗時 平章事崔允儀 撰詳定古今禮五十卷(下略)…"이라 하여 고려 사전의 성립 과정에 대해 알려주고 있다. 즉, 성종 대에 들어와 원구·적전·종묘·사직과 같은 유교 의례가 도입되고, 예종대(1105~1122)에 비로소 유교의례를 전담하는 부서가 두어졌다가 의종대(1146~1170)의 『詳定古今禮』로 정비되어 갔음을 알 수 있다. 따라서 고려 사전의 성립 시기는 12세기 중반 경으로 잡을 수 있다.
208_ 金海榮, 「詳定古今禮와 高麗朝의 祀典」, 『國史館論叢』 55(國史編纂委員會, 1994), 84~86쪽.
209_ 『高麗史』 禮志 吉禮條에 보이는 祀典에서 雜祀는 小祀 다음 항목에 별도로 나오고 있다. 이 때문에 잡사를 소사의 한 항목으로 이해하기도 하고 또는 잡사와 소사를 각각 별개의 것으로 해석하기도 한다. 반면, 고려의 대·중·소·잡사는 어디까지나 예지 찬자의 편의적인 기준이므로 이런 분류 자체를 무의미한 것으로 보기도 한대金海榮, 앞의 논문, 75쪽 참조].

小祀	風師 雨師 雷神 靈星 馬祖 先牧 馬社 馬步 司寒 諸州縣文宣王廟 大夫・士・庶人 祭禮
	雜祀(老人星・醮祭・纛祭・岳海瀆・山川・城隍・歷代 始祖廟・壓兵祭・五溫祭 등)

잡사雜祀란 본래 중국의 유교 제례에는 없던 항목[210]-이므로, 고려 사전에 보이는 잡사는 고려만의 특수성을 보여주는 것이라 할 수 있다. 실제 『고려사』 예지 잡사조의 내용을 보더라도, 대・중・소사와는 달리 의례규정에 관한 기술은 전혀 찾아지지 않는다. 다만 역대 왕들이 행한 제사를 연대기적인 기록으로 남기고 있으며, 또 치제 내용도 주로 초제醮祭나 재래의 토속적인 신격들이 중심을 이루고 있다. 그런데 초제란 '궐정闕庭에서 천지 및 경내의 산천신에 두루 제사하는 것'[211]-을 뜻하기도 하므로, 이 경우의 초제는 전통적인 천지산천신에 대한 종합적인 치제를 가리키는 것으로 보인다.[212]-

이처럼 유교 제례의 대상이 아닌 신격들을 모두 잡사로 편성하여 빈번히 치제하였다는 것은 그만큼 군주의 잡사에 대한 치제의 비중을 말해 주고 있다. 다시 말해, 잡사는 비록 유교 제례에 어긋난 것이기는 하지만, 이를 유교 제례의 한 항목으로 편성하여 군주의 치제를 정당화하고 아울러 이들 잡사를 유교 이념의 표출로 간주하고자 한 것이다. 나아가 이는 재래의 토속적인 신격들이 국가의 유교적 제사 대상으로 흡수된 것을 의미하기도 한다.

그런데 신라에서는 산악이 각각 대・중・소사로 편성되어 있었던 데 비해 고려에서는 산악이 잡사의 하나로 구성되어 있었던 점이 주목된다. 이는 표면상 고려의 산악신앙이 신라에 비해 비중이 낮았던 것은 아닌지 생각하게 한다. 그러나 실제 고려의 산신제가 정기적인 춘추제[213]-로서 뿐 아니라 그 외에도 수시로 치제[214]-되곤 하였던 점을 본다면 결코 신앙적인 측면에서의 비중이 낮았던 것으로 보이지는 않는다.

210_ 李範稷, 「『高麗史』 禮志 五禮의 分析」, 『韓國中世禮思想研究』(一潮閣, 1991), 82쪽.
211_ 『高麗史』 卷63, 志 17 禮 5 文宗 3年 7月條. "遍祭天地 及境内山川 于闕庭 謂之醮"
212_ 金澈雄, 「高麗中期 道教의 盛行과 그 性格」, 『史學志』 28(檀國大史學會, 1995), 116쪽.
213_ 『高麗史』 卷8, 世家 8 文宗 18年 2月 癸酉條.
214_ 왕실에서 수시로 지냈던 산신제가 이에 해당한다.

그리고 잡사의 대상이었던 산악에는 전대 이래의 명산들도 일부 포함되었을 것으로 생각되지만, 인종 7년 3월 서경에 궁궐이 완성되자 그 주산主山을 사전에 올린 사례[215]에서와 같이 고려조에 들어와 새로 사전에 등재된 산악들도 적지 않았을 것이다.[216]

(2) 고려 산신신앙의 혼합적 성격

이상에서 살펴본 바와 같이, 고려 산신신앙은 기본적으로 토착적 산신신앙의 전승으로서 기능상 제재 초복성의 성격을 보여주고 있다. 게다가 고려 산신에게 보이는 이런 기능은 왕실을 비롯한 지배계층이나 서민에 이르기까지 전 계층에 걸쳐 보편적으로 나타나는 산신신앙이기도 하다. 그러나 이와 같은 고려 산신신앙의 성격 속에는 지배계층에서 유교적 통치이념을 산악에 반영시키고자 한 점도 볼 수 있다.

이런 측면은 특히 산신에 가호나 또는 잡사의 제례를 사전으로 편재하고 있는 점에 나타나고 있다. 물론 이와 같은 가호나 잡사에서도 산신에 대한 재래의 기복적인 성격이 없는 것은 아니었으나, 그럼에도 가호나 잡사가 일정하게 유교적 통치이념을 산악에 반영시키고자 한 점 또한 부정하기 어렵다. 특히 고려 중기 이후 사전체제가 정비되면서 고려 말에 오면 주로 사전에 등재된 산신들에게 가호가 주어지고 있는 점도 점차 국가의 제사를 사전에 준하여 행함으로써 유교적 이념을 재강화하고자 한 것으로 해석된다.

고려 산신신앙의 또 하나의 성격으로는 산신신앙에 불교나 도교·풍수도참적인 요소가 복합되어 있는 점이다.[217] 산신신앙과 불교 또는 도교와의 융합은 이미 통일신라 이래 이어져 온 것이기도 하지만, 여기에 다시 풍수지리적인 요소가 결부되어 국기國基의 연장과 관련되어 나타나는 것은 고려조에 들어와서 비롯된다.

215_ 『高麗史』 卷16, 世家 16 仁宗 7年 3月 庚寅條. "新闢主山 秩在祀典"
216_ 『高麗史』 卷63, 志 17 禮 5에 보이는 元宗 14年條와 忠烈王 3年 5月條에 보면 無等山과 錦城山이 三別抄의 평정에 도움을 주었다고 하여 매년 제사지내도록 한 것이 이런 사례에 해당한다.
217_ 金榮振, 『韓國自然信仰研究』(民俗苑, 1996), 134~136쪽.

즉 태조의 훈요 제5조에, "짐은 삼한 산천의 음우陰佑로 대업을 이루었고 서경西京은 수덕水德이 순조로워 우리나라 지맥地脈의 근본으로 만대萬代 왕업王業의 기지基地이다.[218]"라 하고 있듯이, 산천의 음우와 지맥의 설정으로 국운國運의 융성을 기하고 있는 점이 그것이다. 그런데 고려에 있어서 이러한 관념이 줄곧 유지되어 왔다고 하는 것은 구체적으로 묘청妙淸의 팔성당八聖堂에서 확인된다.

팔성당이란 묘청이 인종에게 서경 임원역林原驛에 궁궐을 지어 거주한다면 천하를 병탄할 수 있을 것이라 하여 임원궁성林原宮城을 축성한 후 궁중에 설치한 것으로, 그 내용은 다음과 같다.

> 첫째는 호국백두악태백선인護國白頭嶽太白仙人으로 실체는 문수사리보살文殊師利菩薩이고, 둘째는 용위악육통존자龍圍嶽六通尊者로 실체는 석가불釋迦佛이고, 셋째는 월성악천선月城嶽天仙으로 실체는 대변천신大辨天神이고, 넷째는 구려평양선인駒麗平壤仙人으로 실체는 연등불燃燈佛이고, 다섯째는 구려목멱선인驅麗木覓仙人으로 실체는 비파시불毘婆尸佛이고, 여섯째는 송악진주거사松嶽震主居士로 실체는 금강색보살金剛索菩薩이고, 일곱째는 증성악신인甑城嶽神人으로 실체는 륵차천왕勒叉天王이고, 여덟째는 두악천녀頭嶽天女로 실체는 부동우파이不動優婆夷인데 모두 화상을 그려 안치하였다. … 정지상鄭知常 등은 이것이 성인聖人의 법으로서 나라를 이롭게 하고 국기國基를 연장하는 술術이라 하여 왕에게 팔성에 제사 지내도록 청하였다.[219]

여기서 묘청이 제시한 팔성 중 네 번째의 평양을 제외하고는 모두 산악을 가리키고 있다. 그리고 이런 산악 중 백두악(즉 백두산)을 비롯하여 서경의 목멱산과 개경의 송악은 고려인들에게 이미 영험 있는 산으로 숭배되어 온 점을 고려할 때, 나머지 산악들도 분명 고려의 영산靈山으로 신앙되었을 것으로 보인다. 이런 영산에 다시 선인·천선 등 도교계 명칭과 문수보살·석가불 등 불교계 명칭이 결부되어 있는 것은 기존의

218_ 『高麗史』 卷1, 世家 1 太祖 26年 4月條. "朕賴三韓山川陰佑 以成大業 西京水德調順 爲我國地脈之根本 大業萬代之地"
219_ 『高麗史』 卷127, 列傳 40 妙淸傳.

산악신앙에 도교와 불교가 결부된 결과이다. 즉 묘청의 팔성이란 국내의 명산에 각기 선불의 제신격諸神格을 합쳐 놓은 것이라 할 수 있다.[220]

그런데 묘청의 팔성八聖 설치에 대해, 정지상鄭知常이 이를 '이국연기지술利國延基之術'이라 한 것[221]은 팔성신앙이 이국연기利國延基를 위한 대상으로도 인식되었다는 것을 뜻한다. 다시 말해, 팔성신앙 속에는 산천의 비보神補를 통해 국가의 운명을 연장하고자 한 풍수 지리적 비보 관념의 내재를 엿볼 수 있다. 또 이와 같은 예는 최충헌崔忠獻의 산천비보도감山川神補都監 설치를 통해서도 확인된다.

> 신종神宗 원년(1198) 재추宰樞와 중방重房의 관원들과 최충헌 등이 술객術客 등을 모아 국내
> 산천의 비보神補로 국기國基를 연장시킬 것에 대해 논의하여 마침내 도감을 설치하였다.[222]

이처럼 산천비보도감의 설치 역시 국운國運의 연장을 목적으로 행해진 것이었다. 그런데 이에 앞서 이러한 관념은 이미 통일신라 말 고려 초의 일부 선승禪僧들을 통해 호족들에게도 수용된 것으로서 태조 역시 산천비보 관념의 신봉자였다. 다만 고려의 건국 후에는 산천비보 관념이 개인적인 것에서 국가적인 것으로 확대 적용되고 있다는 점에서 질적 차이가 찾아진다.

어쨌든 산천의 비보로 국운이 연장될 수 있다고 하는 관념은 고려 초 이래 일반화된 사실로서, 최충헌의 산천비보도감 또한 이런 관념이 관제화官制化된 것이라고 할 수 있다. 그러나 여기서 산천의 비보를 통해 국운을 연장할 수 있다고 한 데에는 초월적인 신의 도움에 의존하고 있기보다는 산천 자체의 풍수 지리적 조건에 연유하고 있음이 주목된다. 이 때문에 최충헌은 산천비보도감의 설치 논의 시 술객을 참여시킨 것으로 보이는데, 아마 이들은 국운을 비보할 만한 산악을 선정하는데 유능한 자로서 풍수지리가였을 것이다.

220_ 李丙燾,「仁宗朝의 妙淸의 西京遷都運動과 그 叛亂」,『高麗時代의 硏究』(亞細亞文化社, 1980), 204~205쪽.
221_ 위의 책 참고.
222_『高麗史』卷77, 志 31 百官 2 諸司都監各邑條.

따라서 국운 연장의 비보처로 택해진 산들은 주로 풍수 지리적 조건에 합당한 산들로 선정되었을 것이며, 이것은 다시 고려의 산악신앙에 풍수 지리적 조건이 중시되는 또 하나의 관념체계를 낳게 된 것으로 보인다. 즉 기존의 산악신앙에 풍수 지리적 조건이 갖춰진 산악이 새로운 명산名山·명당明堂으로 간주하는 동기로 작용하게 되었다.

이렇듯 고려 산신신앙에는 기본적으로 제재 초복성을 바탕으로 하고 이에 유교적 통치이념이 반영되어 있으며, 한편으로 불교·도교·풍수 지리적 요소가 결부되어 있었다. 그리고 고려 산신신앙에 보이는 이와 같은 성격은 비교적 전 계층에 걸쳐 고려 후기까지 이어지고 있지만, 반면 중기 이후 민간에서의 산신신앙이 점차 유신儒臣들에 의해 음사淫祀로 규정되면서 고려 산신신앙의 계층적 동질성에도 서서히 변화가 나타나게 된다.

4) 고려 산신신앙의 변화

고려에서는 산악 자체를 숭배의 대상으로 하기도 하였지만, 산에 따로 신사를 두고 여기에서 치제가 행해지기도 하였다. 조선 시대의 문헌[223]에서 미루어 볼 때, 고려의 신사에는 흔히 신상神像이 봉안되어 있었던 것으로 보인다. 아마 신상은 신에 대한 막연한 숭배관념에서 더욱 구체적이고 가시화可視化된 신앙대상물이 필요해짐에 따라 나타난 것이 아닌가 한다. 게다가 신상은 인태화人態化된 신관神觀을 반영하는 것이기도 하다.

또한, 고려에서는 종종 역사상의 실존인물이 산신으로 신앙되기도 하였으며, 이 경우 모두 남성으로 나타나고 있는 점을 본다.

○ 구룡산九龍山 : 국조國祖 성골장군사가 있으므로 성거산이라고도 한다.[224]

223_ 『世宗實錄』 卷49, 世宗 12年 8月 甲戌條.
224_ 『高麗史』 卷56, 志 10 地理 1 開城府 牛峰郡條. "國祖聖骨將軍祠在焉 故又號聖居山"

○ 감악紺岳 : 신라 이래 소사로 되어 있다. 산 위에 사당이 있고 춘추로 향축을 내려 제사

　　　　　한다 … 전하기를 신라인들은 당장唐將 설인귀를 산신으로 제사한다고 한

　　　　　다.[225]

○ 태영산胎靈山 : 신라 때 만노군의 태수 김서현의 처 만명이 유신을 낳아 그 태를 현의

　　　　　남쪽 15리 지점에 묻었더니 신으로 화하므로 태령산이라 불렀다. 신라 때부

　　　　　터 사당을 두고 춘추로 향을 내려 제사하였는데, 고려에서도 그대로 하였

　　　　　다.[226]

○ 해룡산海龍山 : 박영규朴英規가 죽어 해룡산신이 되었다.[227]

○ 인제산麟蹄山 : 박란봉朴蘭鳳이 죽어 인제산신이 되었다.[228]

　여기서 국조 호경의 사례를 제외하고는 모두 실존했던 인물이다. 이 중 김유신과
설인귀는 통일신라 이후 산신으로 신앙되었을 것으로 추정되지만, 박영규나 박란봉의
경우는 고려에 들어와 산신화된 것으로 이해된다. 또한, 이들은 남성으로서, 박란봉을
예외로 하면 모두 무인으로 활약한 인물들이었다. 이는 분명 전대와는 달라진 산신관
으로서, 통일신라 이후 고려에 이르는 동안 역사상 실존했던 장군이거나 남성을 산신
으로 신앙하였던 상황을 반영하고 있다.

　고려 산신사로서 가장 이른 시기의 것은 앞의 고려 왕실세계王室世系에서도 본 바 있
는 구룡산九龍山 신사이다. 그런데 이 신사에 대해서는 다시 의종조毅宗朝(1146~1170) 때
의 기사에서 다음과 같이 전하고 있다.

　(함유일咸有一이) 여러 산신사山神祠 중 이적異跡이 없는 것은 모두 불태워 버렸다. 구룡산신

225_ 『高麗史』 卷56, 志 10 地理 1 積城縣條. "自新羅爲小祀 山上有祠宇 春秋降香祝行祭 … 諺傳羅人祀唐將薛
　　仁貴爲山神"
226_ 『高麗史』 卷56, 志 10 地理 1 鎭州條. "新羅時 萬弩郡太守金舒玄妻萬明 生庾信 藏胎於縣南十五里 化爲神
　　因號胎靈山 自新羅置祠宇 春秋降香行祭 高麗仍之"
227_ 『新增東國輿地勝覽』 卷40, 全羅道 順川都護府 人物條.
228_ 위의 책 참조.

九龍山神이 가장 영험하다는 말을 듣고 신사神祠로 가 신상神像에 활을 쏘니, 갑자기 선풍이 불고 문이 닫히면서 화살을 막아냈다. 또 용수산사龍首山祠에 와 영험을 시험하였으나 드러나지 않자 불태워 버렸다. 이날 밤 왕의 꿈에 신이 구원을 청하므로 다음날 유사有司에 명하여 그 사당을 다시 짓게 하였다.[229]

함유일은 평소 무격의 배척 및 민간의 토속신앙을 배척한 인물로도 잘 알려진 자이다.[230] 위의 인용 사례는 그가 실제 행한 산신사에 대한 훼분의 내용을 보여준다. 즉 함유일에 의해 영험이 없는 산신사가 훼분되던 중 다행히 구룡산 신사는 영험함이 나타나 훼분을 면할 수 있었다. 그러나 용수산사는 이적이 드러나지 않아 결국 훼분되고 말았지만, 왕(의종)의 꿈에 용수산신이 나타나 구원을 청해 옴에 따라 왕은 용수산사를 다시 세우게 하였다는 것이다.

본래 구룡산은 고려 왕실의 시조 호경과 직접 관련된 성산聖山으로서, 이 산에는 호경을 모신 신사가 있었다.[231] 따라서 여기의 구룡산 신사란 곧 호경을 모신 신사로 추정된다. 이렇게 볼 때, 이 신사를 훼분한다는 것은 고려 왕실의 시조를 모신 신사를 침해함을 뜻한다. 비록 구룡산신의 영험함이 드러났기 때문에 신사의 훼분은 면할 수 있었지만, 이때 구룡산신이 보인 영험성이란 단지 설화적인 표현에 불과할 뿐이다. 왜냐하면, 더 실제적인 의미에서 함유일의 구룡산 신사 훼분에 맞서 신사를 유지하고자 한 어떤 세력에 의해 신사의 훼손이 저지되었다는 것이 그 본래의 뜻이 아니었을까 생각되기 때문이다. 그리고 여기서 신사의 유지세력이란 왕을 중심으로 한 세력으로 보이는데, 그것은 용수산 신사의 훼분 후 왕이 다시 그 복구를 명하고 있다는 점에서 그렇게 유추할 수 있다.

게다가 함유일의 산신사 훼분은 함유일 자신이 자의적으로 행한 것이지 왕명에 의

229_ 『高麗史』 卷99, 列傳 12 咸有一傳. "諸山神祠 無異跡者 亦皆毁之 聞九龍山神最靈 乃詣祠神像 旋風忽起 闔門兩扇 以防其矢 又至龍首山 試靈無驗 焚之 是夜王夢 有神求救者 翼日命有司 復構其祠"
230_ 위의 책, 同 列傳 및 咸有一墓誌名[許興植 編, 『韓國金石全文』 中世 下(亞細亞文化社, 1984), 869~871쪽].
231_ 『牧隱集』 卷15, 九龍山歌에 "何時長嘯上絶頂 萬里青天見秋隼 焚香再拜虎景祠 尸素區區謝不敏"이라 보인다. 여기서 고려 말까지 구룡산에 호경사가 있었음을 알 수 있다.

해 행한 것도 결코 아니었다. 만약 이것이 왕명에 의한 것이었다면, 뒤의 용수산사 훼분 후 왕에 의해 즉시 신사를 복구하는 일은 행해지지 않았을 것이다. 또 용수산사의 훼분 후에 그 신이 꿈에 나타나 왕에게 도움을 청하였다는 것 역시 설화적인 분식에 불과하며, 실은 어떤 자가 왕에게 신사의 훼분을 알린 사실을 이렇게 표현한 것으로 보인다.

그런데 의종조를 전후하여 산신과 같은 전통신앙에 대해 배척을 내세운 자는 비단 함유일 뿐만 아니었다. 이미 인종 9년(1131)에 일관日官의 무격축출巫覡逐出 건의[232]-가 있었던 후 무격배척론은 고려 말까지 꾸준히 지속되고 있었으며, 또 민간에서 산신제를 지내지 못하도록 하는 금령禁令[233]-도 나타나고 있었다. 이처럼 12세기 이후의 고려 사회에서 전통신앙에 대한 타파 논의가 일부 신하들에 의해 서서히 제기되고 있었으나, 왕실에서는 대체로 전통신앙을 옹호하는 입장에 있었다.

의종 역시 전통신앙을 옹호하는 입장에 있었다고 하는 것은 신사의 복구를 명하고 있는 점에서도 알 수 있지만, 이 점에서 특히 의종에 대한 사관史官의 평評은 적절한 예시가 된다.

> 왕은 불법佛法을 숭봉하고 신들을 공경하여 따로 경색經色·위의색威儀色·기은색祈恩色·대초색大醮色을 두고 재齋를 지내는 비용을 무리하게 거둬들여 부처와 신을 섬기기에 몰두하였으며, 이복기·임종식·한뢰 등과 같이 간사하고 아첨하는 자들을 신하로 두었고, 정함·왕광취·백자단 등과 같이 간사한 자들을 내시로 두었으며, 영의·김자기 등과 같이 아첨하는 자들을 술사로 두었다.[234]-

이에 의하면, 의종은 전통신앙뿐 아니라 불교·도교 등에도 상당한 관심을 지니고

232_ 『高麗史』 卷16, 世家 16 仁宗 9年 8月 丙子條.
233_ 『高麗史』 卷85, 志 39 刑法 2 禁令. 忠烈王 14年 4月條 및 忠宣王 3年 4月條.
234_ 『高麗史』 卷19, 世家 19 毅宗 24年條 史臣 金良鏡의 贊. "夫王崇奉佛法 敬信神祇 別立經色·威儀色·祈恩色·大醮色 齋醮之費 徵斂無度 區區事佛事神 而姦諛若李復基·林宗植·韓賴 爲左右 憸王若鄭諴·王光就·白子端 爲內宦 阿曲若榮儀·金子幾 爲術士"

있었던 점과 이복기·임종식 등과 같은 자들이 의종의 총애를 받고 있었음을 알 수 있다. 특히 술사術士라고 한 영의榮儀는 본래 복자卜者 출신인데, 의종에게 국가 기업基業과 수명 연장을 위해 각 신사에서 기양祈禳하도록 권한 자이기도 하였다.[235] 그리고 김자기金子幾에 대해서는 분명치 않으나 사관史官이 술사로 들고 있는 점에서 보아 영의와 비슷한 역할을 한 자로 생각된다. 즉 이 술사들은 의종에게 신사에의 기도를 권한 자들로서, 당연히 신사가 유지되기를 바란 자들이었다고 할 수 있다.

한편 의종 주변에는 함유일과 같이 전통신앙을 타파하고자 한 자들도 있었다. 그리고 이처럼 전통신앙의 타파를 내세우게 된 데에는 예종조睿宗朝(1105~1122)부터 강화되기 시작하는 유교 진흥책과 결코 무관해 보이지 않는다. 아마도 예종의 유교 진흥책에 따라 등용된 유신들은 군주에게도 유교 이념에 따른 제례를 실시하도록 요구하였을 것이며, 또한 유교 제례에 어긋나는 사신행위祀神行爲는 모두 음사로 탄핵하고자 한 것으로 이해된다. 바로 이와 같은 이념적 배경으로부터 12세기 이후 유신들의 전통신앙에 대한 타파 건의가 나타나게 된 것으로 생각된다.

요컨대 함유일의 산신사 훼분 사건도 의종 대에 신사의 존폐를 두고 대립한 왕실 주변의 토착신앙파土着信仰派와 유신儒臣간의 갈등을 보여주는 사례이다. 즉 왕실세력은 왕의 긍정적인 전통신앙관에 편승하여 이를 유지함으로써 기득권을 계속 확보하고자 한 것이고, 반면 일부 신하들은 전통신앙의 구심처인 산신사를 훼분함으로써 왕에게 유교적 통치이념이 실현되도록 촉구하고자 하였다. 그러나 유신들의 전통신앙 타파 건의가 이후로도 계속 나타나고 있는 사실로 보아 전통신앙의 폐지는 그만큼 쉽지 않았다는 점도 알 수 있다. 그리고 유신들의 이러한 시도는 마침내 조선 건국 후 유교 제례의 법제화로 이어지게 된다. 어쨌든 12세기 이후 유신들의 유교적 이념에 따른 산신제 논의는 고려 산신신앙의 새로운 국면으로서, 이 시기부터 민간에서의 산신제가 유신들에 의해 음사로 규정되고 있는 점을 보게 된다.

종래 고려의 산신제는 전 계층에 걸쳐 보편적으로 나타나는 신앙 행위였다. 그러다

235_ 『高麗史』 卷123, 列傳 36 榮儀傳.

가 12세기 이후 왕실의 기복적인 산신신앙을 중지코자 하는 경향과 함께 민간에서의 산신제도 금지시키고자 하는 조치가 다음과 같이 취해졌다.

> e-1) 국가에서 계속되는 가뭄으로 곡식이 익지 않는데 무식자들이 송악松岳에 제사한다고 하며, 무리 지어 산골짜기에서 술 마시다가 실행失行하는 자 있으므로 법사法司에서 이미 나라 에 청하여 명을 받은 바가 있었다. 그러나 금령이 점점 해이해져 오늘날 다시 성행하고 있 다.[236]

> e-2) 감악산에 제사지내는 것을 금지하였다. 이때 귀신을 숭상하여 공경公卿에서 사서士庶 에 이르기까지 모두 감악산에 제사지냈는데, 혹 장단長湍을 건너다가 익사하는 자도 있었으 므로 헌사憲司에서 상소하여 금지한 것이다.[237]

e-1)은 충렬왕 14년(1288)에 나온 금령禁令의 일부이다. 즉 백성이 송악에서 기우제를 지내지 못하도록 한 내용을 전하고 있다. 더욱이 송악제에의 금령은 이때 처음 행해진 것이 아니라 이미 이에 앞서 취해진 것이었음을 예문에서 알 수 있다. 그럼에도 민간에서는 여전히 송악제를 지내고 있기 때문에 왕은 다시 그 금령을 엄히 하라고 촉구한 내용이다. 여기서 거듭 금령의 대상이 되고 있는 것은 민간에서의 송악제였다. 따라서 이 송악제는 이전부터 민간에서 행해 오던 기우제의 전승이라 할 수 있다.

그리고 e-2)는 충선왕 3년(1311)에 취해진 감악산신제의 금령 내용이다. 여기에서는 당시 감악산신이 전 계층의 신앙 대상이었던 점을 알려준다. 감악산신은 이미 현종 때 거란군의 퇴치에 영험성을 보여준 바 있어, 일찍이 고려인들에게 신성시되었을 것이다. 또한, 감악산신에 대한 신앙은 어느 특정 계층만의 것이 아니라 고려인 전체가 지닌 신앙으로서, e-2)는 바로 이런 점을 보여준다. 따라서 이 감악산신제에도 역시 이전

236_ 『高麗史』 卷85, 志 39 刑法 2 忠烈王 14年 4月條. "國家連因旱乾 禾穀不登 無識之徒 因祭松岳 群飮 山谷 因緣失行者有之 故法司已會論請受判 然禁防稍弛 今復盛行"
237_ 『高麗史』 卷85, 志 39 刑法 2 忠宣王 3年 4月條. "禁祭紺岳山 時尙鬼 公卿士序 皆親祭紺岳 或有過長 湍溺 死者 憲司上訴禁之"

부터 민간에서 행해 오던 산신신앙의 전승을 보여주는 것으로 보아도 좋을 것이다.

그런데 이 금령들은 12세기 유신들에 의한 자의적인 규제와는 달리 국가로부터 취해진 공식적인 제재라는 점에서 주목된다. 즉 13세기 이후 고려사회에서 전통신앙에 대한 제도적인 금지 조치가 서서히 대두하고 있었던 것을 엿볼 수 있다. 다만 이러한 금령의 실효성에 대해서는 다소 의문이지만, 어쨌든 점차 이 시기부터 민간에서의 산신제를 금지하고자 하는 경향이 나타나고 있던 점만큼은 분명하다.

또한, 그 금지의 이유로 들고 있는 실행失行이나 익사溺死는 혹 풍속의 문란함을 방지하는 한편 애민愛民하는 치자治者의 심정으로도 볼 수 있지만, 그보다는 민간의 산신제를 음사淫祀로 간주하는 유신들의 시각에서 나온 것으로 생각된다. 즉 본래 산천에 대한 제사는 제후諸侯만이 지낼 수 있는 것인데, 사士·서인庶人들도 산천에 제사지내고 있으므로 이를 금하는 명분으로 음사를 내세우게 된 유교적 시각이 그 바탕에 있었던 것이라고 보인다.[238]

반면 기존의 산신신앙을 유지하고자 하는 또 하나의 계층으로 지방세력가들을 들 수 있다.[239] 가령 나주인羅州人 정가신鄭可臣이 나주 금성산에 대해 다음과 같이 말하고 있는 점은 이에 관한 적절한 사례이다.

> 나주 사람들이 칭하기를 "금성산신이 무巫에게 내려 말하기를 '진도·탐라의 정벌에 내가 실로 공이 많았는데, 장수·군사들에게는 상을 주면서 나에게는 녹祿을 주지 않는 것은 어째서인가. 반드시 나를 정녕공定寧公으로 봉하라'고 하였다." 가신可臣이 그 말에 혹惑하여 왕에게 넌지시 말하여 정녕공으로 봉하게 하고, 그 읍의 녹미祿米 5석石을 걷어서 그 산신의 사당에 해마다 보내게 하였다.[240]

238_ 이외 고려 중기 이후 산신신앙의 한 변화로서 성황신앙과의 혼합상을 들 수 있다. 이 점에 대해서는 김갑동이 이미 지적한 바 있다.

239_ 김갑동, 앞의 논문, 63~65쪽.

240_ 『高麗史』卷105, 列傳 18 鄭可臣傳. "羅州人稱 錦城山神 降于巫言 珍島耽羅之征 我實有功 賞將士而 不 我祿何耶 必封我丁寧公 可臣惑其言 諷王封丁寧公 且輙其邑祿米五石 歲歸其祠"

여기에서 말하고 있는 진도·탐라의 정벌이란, 원종 대에 삼별초가 진도에 근거지를 두고 인근 읍을 침범하던 때의 일을 가리킨다. 이때 삼별초가 나주에도 이르렀는데, 당시 나주의 호장戶長이었던 정지려鄭之呂는 이에 맞서 싸울 것을 주장하고, 또 사록司錄 김응덕金應德이란 자가 금성산에 목책을 만들어 삼별초를 물리친 일이 전한다.[241] 정지려와 김응덕은 나주의 토성土姓인 정·김씨[242]로서, 이들이 나주의 위기에 처하여 행동을 같이하여 전면에 나서고 있는 점에서 보듯이 나주의 실제적인 지배세력이었다고 할 수 있다.

또한, 정가신의 부父는 향공진사鄕貢進士였고, 정가신은 고종조에 급제한 이후 충렬왕 때에는 세자(후의 충선왕忠宣王)에게 유학儒學을 가르친 자였다.[243] 따라서 정가신 역시 나주의 사성土姓으로서, 한편 유학에도 정통했던 인물이라고 할 수 있다. 그런 그가 왕에게 금성산신을 정녕공으로 봉해 주도록 한 것은 곧 금성산의 격을 높이는데 일조함으로써, 나주에서의 정씨의 위상을 강화시키고자 한 점과 결코 무관하지 않을 것이다. 다시 말해, 금성산에의 봉작封爵을 성사시킴으로써 이 지역 다른 토성들은 물론 지역민들에 대해서도 그만큼 정씨의 영향력 확대를 도모하고자 한 것으로 해석된다.

이처럼 산신을 통한 특정 성씨姓氏의 위상 강화는 나주 정씨뿐 아니라, 순천順天 박씨朴氏의 사례에서도 찾아진다. 순천의 사례는 박씨朴氏 외에도 김金·신辛·임林 등의 토성土姓이 전하는데, 특히 순천 김씨와 박씨의 우위 다툼이 있었던 것으로 보인다. 그것은 순천 김씨의 시조격인 김총金惣이 이 지역의 성황신으로, 그리고 순천 박씨의 시조격인 박영규朴英規 및 그 후손으로 보이는 박란봉朴蘭鳳 역시 이 지역의 산신으로 내세워지고 있는 점[244]에서 그렇게 추측된다. 아마 이들은 그 후손들에 의해 각각 해당 지역의 신으로 받들어졌을 것이다. 이처럼 각 후손이 자신의 선조를 신으로 내세운 이유는 무엇보다도 가문의 신성성을 내세워 지역 내의 주도권을 장악하고자 한 이유

241_ 『高麗史節要』 卷18, 元宗 11年 9月條.
242_ 『新增東國輿地勝覽』 卷35, 羅州牧 姓氏條.
243_ 『高麗史』 卷105, 列傳 18 鄭可臣傳.
244_ 『新增東國輿地勝覽』 卷40, 順天都護府 人物條.

에서 나온 것으로 볼 수 있다.

그런데 순천 박씨의 사례는 자신들의 선대先代를 직접 산신으로 내세우고 있다는 점에서 앞의 나주 정씨와 비교하면 산신신앙과의 밀착도는 더욱 강하다고 할 수 있다. 왜냐하면, 나주 정씨는 단지 금성산신의 봉작을 통해 재지在地에서의 위상 강화를 도모한 것임에 반해, 순천 박씨는 자신들의 선조를 직접 이 지역의 산신으로 내세움으로써 가문의 신성성과 함께 산신신앙을 매개로 하여 지역민들과의 결속 및 위상의 강화를 보다 효과적으로 꾀할 수 있었기 때문이다. 또한, 자신의 선조를 산신으로 신격화한 이상, 그 제사도 당연히 이들 후손이 관장했을 것이다.[245]

그런데 산신에 대한 제사권의 장악이 단지 그 지역의 지배권만 의미하는 것이 아니라 심지어 일국一國의 지배권 장악으로까지 인식되기도 하였다. 이 점은 고려말의 원명 교체기에 명에서 사신을 보내 고려의 산천제를 주관한 다음 사례에서 분명히 나타난다.

> 명明의 황제皇帝가 도사道士 서사호徐師昊를 파견하여 산천에 제사하게 하였는데, 그 축문祝文에 이르기를 … "천자는 산천의 제사를 지냄에 통하지 않는 곳이 없었다. 그러므로 사신을 보내어 제물을 가지고 제사를 지내어 신령에게 보답하게 하니 신령은 살피라"고 하였다.[246]

즉 공민왕 19년(1370) 명明에서 서사호를 보내어 고려의 산천제를 지내게 하였는데, 그 의도는 고려가 곧 천자의 영역에 속한다고 하는 점을 드러내고자 한 것이었다. 천자는 속국의 왕을 봉封해줌과 동시에 그 속국의 제사권을 관장하는데, 이는 '천자의 산천제는 통하지 않는 곳이 없기 때문'이었다. 이는 단적으로 말해 고려가 명의 관할 하로 들어서게 되었음을 의미하는 것이기도 하다. 그리고 이에 대한 가시적이고 상징적인 표현이 천자를 대행한 사신의 고려 산천제였던 것이다. 이렇게 볼 때, 명으로부

245_ 이필영, 『마을 신앙의 사회사』(웅진출판, 1994), 265쪽.
246_ 『高麗史』卷42, 世家 42 恭愍王 19年 4月 庚辰條. "帝遣道士徐師昊來 祭山川祝文曰 … 天子於山川之祀 無所不通 是用遣使 敬將牲幣 修其祀事 以答神靈 惟神鑑之"

터 고려 산천제의 시행은 결코 신앙적인 의미에서 나온 것이 아니라, 고려에 대한 지배권의 확보를 가시화하고자 한 정치적인 의도에서 나온 것임이 분명해 보인다.

요컨대 고려의 각 토착세력은 자신들의 재지에서의 세력을 강화하고자 하는 한 방편으로 기존의 산신신앙을 활용 내지는 유지하고자 하였다. 그러나 재지세력의 독자적인 산신신앙을 통한 지역 내 지배권의 강화는 국가의 입장에서 볼 때 오히려 중앙집권적인 통치에 방해되는 요인이었다. 이 때문에 조선 건국 초기부터 중앙집권화의 일원으로 유신들에 의해 지방에서의 자의적인 산신제를 금하고자 하는 시도가 나타나게 되었던 것이다. 이것은 여말 선초의 산신신앙에는 단지 신앙적인 의의만 있었던 것이 아니라 정치적인 의의 역시 무시 못 할 요소였다는 점을 시사한다. 또한, 고려 말 명으로부터 고려 산천제의 주관을 통해 고려에 대한 지배권의 확보를 시도한 것도 이 시기 들어와 산천제에 정치적인 의의가 부각되고 있었던 점을 말해 준다. 그리고 고려 말에 보이는 이와 같은 산신제의 의미는 이어 조선 초기 산신신앙의 성격을 규정짓기도 하였다.

이상에서 고려의 산신신앙에 대해 국초國初의 형성에서부터 말기末期의 변화에 이르는 과정을 살펴보았다. 먼저 고려 산신신앙의 형성에 대해서는 호경설화虎景說話와 태조(918~943)의 산신신앙, 그리고 성종(981~997) 이전에 행해진 팔관회八關會의 기능 등을 대상으로 비교적 고려 초기 산신신앙의 내용을 보고자 하였다. 이를 통해 고려 초기의 산신신앙은 민심의 결집結集과 왕권 강화에도 긍정적인 역할을 한 것으로 이해된다. 그리고 호경설화에서는 삼국통일 이전의 산신신앙이 고려로 이어지는 과정에 주목하였다. 특히 호경설화가 고려 왕실의 신성화를 도모할 수 있었던 데에는 일반 민들에게 신앙되고 있던 산신이 신성한 존재로 여겨지고 있던 관념에서 유래된 것이며, 또한 호경설화에 보이는 산신의 내용을 통해 여산신에서 남녀 산신이 배우자로 공존하는 단계를 추정해 보았다. 한편 태조는 전통적인 산신신앙을 자신의 통치에 적극 활용함으로써 민심을 얻을 수 있었다는 점과 팔관회가 국초國初 고려인의 결속과 왕권 강화에도 기여한 점을 지적하였다. 따라서 고려 초의 산신신앙은 고려의 정치·사회적 관계를 반영하며 형성된 것임을 알 수 있다.

그런데 성종 대 유교 이념의 도입에 따라 전통적인 산신신앙이 음사淫祀로 간주되면서 점차 유교 제례로서의 산제山祭가 제도화로 나타나게 된다. 이때 그 직접적인 계기로 나타난 것이 곧 성종 9년 9월의 기묘교서己卯教書와 그다음 달 서경에서 반포된 교서教書의 내용이다. 또한, 유교 이념이 반영된 산천제는 성종 이후 역대 군주들에 의해 이념상 유지됐으나, 유교 이념이 반영된 산천제는 신앙적인 목적에서 행해졌다기보다는 군주의 덕치德治와 교화를 드러내는 수단으로 나타나고 있다. 그러나 아직 전통신앙을 반사회적反社會的 행위로 규정하여 이를 근절根絶하고자 하는 움직임은 나타나지 않고 있었다. 이런 점에서도 이와 같은 유교 제례로서의 산천제와 별도로 종래의 전통적인 산신신앙이 지닌 제재초복除災招福의 성격이 존속되어 온 점을 확인할 수 있다.

한편 고려 왕실의 유교 이념이 반영된 산천제와 공리적 측면이 강한 전통적인 산신제의 병행을 왕실의 산신관 및 산신에 대한 가호를 통해 살펴보고자 하였다. 즉 10세기 말 이후 유교 이념의 확산에 따라 군주를 비롯한 치자계층治者階層에서는 산신을 양재禳災의 대상으로 신앙하기보다는 치자 자신의 민에 대한 자성自省의 대상으로 인식되고 있었다. 반면 왕실에서는 호국護國이나 기복을 위해 수시로 산신제를 지내기도 하였다. 결국, 이런 사례들을 통해 왕실에서도 유교 이념과 별도로 여전히 전통적인 산신신앙이 유지되어 온 점을 볼 수 있다. 또한, 왕실의 이러한 산신관은 산신에 대한 가호에도 반영되어 있다. 왜냐하면, 가호는 크게 유교 이념의 표출로서 나타난 경우와 호국이나 기복을 위해 행해진 두 가지 유형이 전하기 때문이다. 결국, 왕실의 산신신앙을 통해 10세기 이후 한동안 유교 이념과 전통적인 산신신앙이 공존해 온 점이 확인된다.

그리고 고려 산신신앙의 기능적 측면을 크게 수호와 비의 조절기능, 기타 기복이나 기양祈禳·질병 방지 등의 사례로 나누어 살펴보았다. 이런 기능을 통해 고려 산신신앙이 기본적으로는 제재 초복의 성격을 지니고 있음을 알 수 있다. 반면 고려의 산신관에는 유교 이념성이 강하게 반영된 점도 확인하였으며, 아울러 불교나 도교·풍수지리 등의 요소가 복합된 점도 고려 산신신앙에 나타난 성격으로 간주하였다.

마지막으로 고려 산신신앙의 변화를 통해 12세기 중기부터 유신들에 의한 산신신

앙의 타파와 재지세력在地勢力들에 의한 산신신앙의 활용에 유의하였다. 즉 유교 이념
의 도입에 따라 10세기 이후 공존해 온 유교와 토착신앙과의 관계가 마침내 유신들에
의해 전통적인 산신신앙이 음사淫祀로 간주되면서 이에 대한 타파의 움직임이 나타나
고 있다. 그러나 토착신앙을 신봉하는 왕과 측근세력들에 의해 유신들의 이러한 의도
는 추진될 수 없었다. 한편 재지세력들은 전통적인 산신신앙이 지닌 기능적 측면을
활용하여 자신들의 위상을 강화하는 데 활용한 점도 고려 중기 이후 산신신앙이 성행
한 데에 따른 결과임을 보았다. 결국, 12세기 중기 이후 고려 산신신앙에 나타난 변화
로서 산신신앙이 유신들에 의해 타파의 대상으로 인식되었지만, 전통신앙을 지지하는
세력과 재지세력들에 의해 일단 그러한 움직임은 좌절되었던 것이다. 그러나 국가 권
력에 의한 산신신앙의 변화는 조선조에 들어와 시도되기 시작한다.

3. 조선 산신제의 전승과 유교 제례화

1) 산신제의 유교 제례화가 지닌 의미

(1) 사전의 개편과 산신제

고려 중기 이후 유신들에 의해 무속이나 산신신앙과 같은 유교신앙의 규제가 제기
되어 온 점은 앞에서 간단히 살펴본 바 있다. 그렇지만 유신들은 국가 제사로서의 산
천제 자체까지 부정하였던 것은 결코 아니었다. 왜냐하면, 제후諸侯의 경내 산천에 대
한 제사는 군주의 권리라고 할 만큼 중요한 유교 제례였기 때문이다. 따라서 여말 선
초 유신들에 의해 규제의 대상이 된 것은 어디까지나 민간에서의 산천제였으며, 그
금지에 따른 직접적인 이유는 군주의 제사를 민들이 지낼 수 없다는 명분론에서 나온
것이었다.

유신들의 이와 같은 태도는 사전에 등재되지 않는 제사를 음사淫祀로 간주함으로써
조선 개국 직후 집권 유신들에 의해 제도적인 통제를 받기에 이른다. 그리고 선초의

전통신앙에 대한 제도적인 통제는 곧 사전의 정비로 나타나게 된다. 선초의 사전 개편 요청은 개국 직후인 태조 원년(1392) 8월 예조전서書 조박趙璞의 상서上書에서 찾아지는데, 이는 이후 조선 사전의 기본 방향을 제시하고 있다는 점에서 매우 주목되는 내용이다. 조박은 이 상서에서 먼저 종묘宗廟·적전례籍田禮와 같은 유교 제례에 대해 아래와 같이 말하고 있다.

신臣 등이 삼가 역대歷代의 사전祀典을 보건대, 종묘宗廟·적전籍田·사직社稷·산천山川·성황城隍·문선왕석전제文宣王釋奠祭는 고금에 널리 통행通行되었으며, 국가의 상전常典입니다. 지금 월령月令의 규식規式대로 아래에 갖추어 기록하니 청컨대 유사攸司에 내려 제때 거행토록 하소서[247]_

즉 종묘·적전을 비롯하여 산천·성황제 등은 국가의 상전常典이므로 이를 규식대로 준행할 것을 청한 뒤, 이어 구체적으로 국가 제사에서 치제해야 할 대상과 혁파 대상에 대해 다음과 같이 언급하고 있다.

① 원구圜丘는 천자가 제천祭天하는 예禮이므로 이는 폐지할 것
② 여러 신묘神廟와 여러 주군州郡의 성황城隍은 나라의 제소祭所이나, 다만 모주某州·모군某郡 성황지신城隍之神이라 일컫고 위판位板을 설치하여 각기 고을 수령이 매년 봄·가을마다 제사지내도록 하고, 전물奠物·제기祭器·작헌爵獻의 예禮는 모두 조정朝廷의 예제禮制에 의거할 것
③ 불교·도교의 제례는 모두 혁파할 것 등
④ 단군檀君·기자箕子 및 고려의 혜종惠宗·현종顯宗·충숙왕忠肅王·충렬왕忠烈王 등에 제사할 것[248]_

247_ 『太祖實錄』 卷1, 太祖 元年 8月 庚申條. "禮曹典書趙璞等上書曰 臣等伏觀歷代祀典 宗廟籍田社稷山川 城隍文宣王釋奠祭 古今通行 有國常典 今將月令規式 具錄于後 請下攸司 以時擧行"
248_ 위의 책, 같은 조. "圜丘天子祭天之禮 請罷之 諸神廟及諸州郡城隍國祭 所請許只稱某州某郡城隍之神 設置

그런데 여기서 조박이 제시한 치제 및 혁파 대상은 고려의 사전을 가리키는 것이다. 왜냐하면, 고려에서 원구제圓丘祭는 대사大祀의 하나로 중시되어 왔을 뿐 아니라 군주가 원구제를 시행한 기록도 보이며, 또 잡사조雜祀條에 불교·도교의 제례가 포함되어 있었기 때문이다. 따라서 조박의 건의는 고려에서 관행으로 하여 온 이런 제례들을 비난한 것이라고 생각된다. 이런 점에서 조박의 상서는 일단 고려의 사전을 부인하는 견해에 있었지만, 한편으로 유교 제례에 합당한 경우에는 수용하자는 뜻이었다. 그러나 유교 제례라 하더라도 원구제는 천자만이 지낼 수 있는 제천례이므로 제후국인 조선에서는 결코 지낼 수 없다는 점을 내세워 금지할 것을 제시하고 있다. 이것이 유교에서 말하는 명분名分인데, 이는 신분에 따라 제사해야 할 대상이 정해져 있다는 것을 의미한다. 마찬가지로 제후만이 경내의 산천에 제사지낼 수 있으므로, 민간에서의 산천제 역시 명분에 어긋나기 때문에 금지의 대상이 될 수밖에 없었다.

요컨대 조박의 상서는 사전에 합당한 국가적인 제사는 규식대로 행하되, 명분에 어긋난 일체의 제사는 혁파하자는 것이었다. 또한, 이런 의도 속에는 유교 제례의 명분에 근거하여 신분에 따른 치제 대상을 확립함으로써 조선 건국 초의 취약한 왕권을 강화하고자 하는 측면도 있었다고 생각한다.

그리고 조선 건국 초 유신들의 이러한 시각은 다음 사례에서도 분명히 알 수 있다.[249]

…(전략) 옛날에 천자天子는 천지天地에 제사하고, 제후諸侯는 산천山川에 제사하며, 대부大夫는 오사五祀에 제사하고, 사士·서인庶人은 조부祖父에게 제사하여 각각 당연히 제사해야 할 것

位板 各其守令 每於春秋行祭 奠物祭器酌獻之禮 一依朝廷禮制 春秋藏經百高座法席 七所親幸道場 諸道殿神祠醮祭等事 前朝君王 各以私願 因時而設 後世子孫 因循不革 方今受命更始 豈可蹈襲前弊 以爲常法 請皆革去 朝鮮檀君 東方始受命之主 箕子始興教化之君 令平壤府 以時致祭 前朝惠王顯王 忠肅王忠烈王 俱有功於民 亦於 麻田郡太祖廟附祭"

249_ 다만 여기서 한 가지 유의할 사항은 민들의 산신제가 이 시기에 들어와 갑자기 성행되었다는 것은 아니라는 점이다. 선초에 유신들의 민간 산천제에 대한 금지 논의가 빈번하게 나타난다고 하여 이 시기에 들어와 민간에서의 산천제가 갑작스럽게 성행되었다고 간주할 근거는 전혀 없기 때문이다. 오히려 민간 산천제는 이전부터 행해 오던 신앙 전통으로 보는 것이 합당하다고 생각한다.

을 제사하였습니다. 그러하니 어찌 스스로 착한 일은 하지 않고 오로지 귀신만 섬겨 그 복福의 이치를 얻겠습니까. 바라건대 지금부터는 사전祀典에 등재되어 합당하게 제사할 것을 제외하고는, 그 나머지 음사淫祀는 일체 금단禁斷하심을 상전常典으로 하고 위반하는 자는 엄하게 다스리십시오.[250]

이는 태조 원년 9월 21일 대사헌大司憲 남재南在 등이 상언上言한 내용인데, 앞의 조박의 상서문과 거의 유사한 시각이 전제되어 있음을 알 수 있다. 즉 신분에 따라 제사해야 할 것을 마땅히 제사해야 한다는 것이다. 그런데 여기서 말하고 있는 사전이란 아직 조선의 사전이 정비되기 전의 것이므로 고려의 사전을 가리키는 것임이 분명하다. 따라서 이 무렵까지도 집권 유신들은 일단 고려의 사전을 준용하여 치제하되, 이런 사전의 명분에 어긋난 제사를 금지하고자 하는 시각이 일반화되어 있었다고 보인다.

또 같은 해 9월 24일 도평의사사의 배극렴裴克廉·조준趙浚 등이 태조에게 상언한 조목 중에도 유교 제례와 관련된 발언이 찾아진다.

> 문선왕文宣王 석전제釋奠祭와 여러 주州의 성황제城隍祭는 관찰사觀察使와 수령守令이 제물을 풍성하고 깨끗하게 차려 제때 거행할 것이며, 공경公卿에서부터 하사下士들은 모두 가묘家廟를 세워 선대先代에 제사지내게 하고, 서민庶民들은 자기들 정침正寢에서 제사지내게 하고, 그 나머지 음사는 일절 금단하소서.[251]

여기서도 조박이 건의한 것과 거의 유사한 내용이 재차 제안되고 있다. 다만 가묘제家廟祭가 새로 추가되고 있는 점이 다를 뿐이다. 즉 석전제와 성황제는 국행제國行祭

250_ 『太祖實錄』 卷2, 太祖 元年 9月 己亥條. "…(前略) 古者天子祭天地 諸侯祭山川 大夫祭五祀 士庶人祭祖禰 各以所當祭者而祭之 豈有自不爲善 專事鬼神 以獲其福之理乎 願自今除祀典 所載理合祭者外 其他淫祀 一切禁斷 以爲常典 違者通理"

251_ 위의 책, 太祖 元年 9月 壬寅條. "文宣王釋奠祭及諸州城隍之祀 觀察使與守令 豐潔奠物 以時舉行 自公卿 至于下士 皆立家廟 以祭先代 庶人祭於其寢 其餘淫祀 一皆禁斷"

로 해당 관리가 지내고, 공경대부 이하는 가묘제를 지내되 신분에 따라 다소 제한을 두자고 한 것이다.

이처럼 조선 개국 직후 집권층들은 한결같이 신분에 따른 제례의 시행을 주장하고 있다. 이는 조선 건국에 따라 새로운 질서의 확립, 즉 신분별 제례의 시행을 통해 봉건적 질서를 확립하고자 한 것으로 이해된다.

또한, 같은 해 11월 도평의사사都評議使司에서 전조前朝의 사전을 폐기하고 대신 신왕조新王朝의 사전을 새로 상정詳定할 것을 제의해 오자, 태조는 이에 대해 아래와 같이 승낙하고 있다.

'종묘宗廟를 세우고 음사淫祀를 금지해야 할 것이니, 전조前朝에서는 음사를 숭상하여 혹은 신은 하나인데도 몇 곳에 나누어 제사지내기도 하고, 혹은 하루 동안에도 몇 곳에 제사를 두 번 지내기도 하여 사전祀典을 번독煩瀆하게 하고 문란케 하여 멸망에 이르렀다'고 하셨는 데, 도평의사사에서는 이 의논議論이 적당하다고 여깁니다. 바야흐로 하늘의 뜻에 순응하여 천명을 받아 한 시대의 정치를 혁신하게 되었는데, 다시 전조의 폐단을 따를 수는 없으니, 예조禮曹로 하여금 상정詳定하여 시행하게 하소서. …(중략)… 주상께서 말씀하시기를 "음사를 금지하는 것은 예조에 내리어 상세히 상정하여 보고하도록 하라."고 하였다.[252]

이는 도평의사사에서 결의한 네 조목 중의 하나로서, 음사 금지 및 사전 상정에 관한 내용이다. 여기서 태조는 음사 금지건에 대해서만 상정하라고 신하들에게 말할 정도로 음사 통제에 관심을 두고 있었음을 알 수 있다. 비록 태조가 공양왕으로부터 선양의 형식으로 정권을 승계받았다고는 하지만, 개국 초의 조선사회는 아직 고려의 전통에서 벗어나 있지는 못했다. 따라서 태조는 국가의 상징인 종묘를 새로 세우자는 도평의사사의 건의에 대해 굳이 마다할 이유는 없었을 것이다. 게다가 도평의사사의

252_ 위의 책, 太祖 元年 11月 甲午條. "立宗廟禁淫祀 前朝尙淫祀 或一神而分祀數處 或一日而再行數祭 使祀典瀆 亂 以至於亡 使司議得 方令應天受命 以新一代之始 不可復踵前朝之弊 許令禮曹詳定施行 …(中略)… 上曰 其 淫祀之禁 下禮曹備細詳定申聞"

건의 속에는 은연중 고려 멸망의 원인을 사전의 문란으로 돌리고 있는 점도 찾아진다. 즉 고려는 사전에 합당치 못한 음사를 숭상하고 제사함으로써 멸망하게 되었다는 것이다.

여기서 조선 건국의 주체들은 음사를 국가 멸망의 원인으로까지 간주하고 있던 시각을 볼 수 있다. 또한, 이런 시각 속에는 조선의 건국을 천명天命에 의한 것으로 합리화하고, 시대 개혁의 의지로서 사전의 개혁을 시행해야 한다는 당위성이 제시되고 있다. 따라서 조선에서는 전조의 폐단을 되풀이하지 않기 위해서라도 사전을 개편할 수밖에 없었다.

이처럼 조선 개국 직후부터 집권층이 관심을 보인 사전 개편의 논의는 유교 제례의 정비와 이에 따른 음사의 금단禁斷으로 정리된다. 사실 조선 초기 유교 제례의 정비를 논의하는 과정에서 음사의 금단은 계속 언급되고 있었다. 따라서 유교 제례의 정비와 음사의 금단은 각기 진행되었던 것이 아니라 서로 밀접한 관계를 지니면서 동시에 진행되었다고 할 수 있다.

그러나 여기서는 편의상 산신제에 반영된 유교 제례의 정비과정[253]과 음사의 금단을 각각 나누어 살펴보기로 한다. 또한, 선초 유교 제례의 정비는 단지 산신제에만 한정된 것이 아니라 종묘·사직 등의 제례 전반에 걸쳐 광범위하게 논의된 것이므로 이에 대해서도 함께 검토되어야 하겠지만, 이는 이 글의 의도를 벗어나므로 산신제에 반영된 유교 제례에 한정하여 살펴보고자 한다.

산신제의 유교 제례화 과정程   태조대(1392~1398)의 집권 유신들이 추진하였던 민民들의 산신제 금지 논의는 이후 제대로 시행되지 않은 것으로 보인다. 그것은 정종定宗 2년(1400) 12월 이와 유사한 견해가 다시 제기되고 있는 점이 이런 사정을 보여준다.

253_ 선초 유교 제례의 정비과정에 대해서는 다음과 같은 연구 성과가 참고 된다. 金泰永, 「朝鮮初期祀典의 成立에 대하여」, 『韓國史論文選集』 4(一潮閣, 1976), 1~30쪽; 韓沾劢, 「朝鮮王朝初期에 있어서의 儒敎理念의 實踐과 信仰·宗敎」, 『韓國史論』 3(서울大學校 人文大學 國史學科, 1976), 147~228쪽; 韓永愚, 『朝鮮前期 社會思想硏究』(知識産業社, 1983), 20~59쪽; 金海榮, 『朝鮮初期 祀典에 관한 硏究』(韓國精神文化硏究院 韓國學大學院 博士學位論文, 1993).

경연관經筵官 등이 대답하여 말하기를 "천자·제후·사·서인은 각각 제사하는 신이 있습니다. 천자라야 천지에 제사하며, 제후라야 산천에 제사하는 것입니다. 그런데 지금 우리나라의 풍속에 비록 서민이라도 모두 산천에 제사를 지내고 있으니 예로서 마땅히 금지하여야 합니다."라고 하였다.[254]

이는 앞의 태조 대에 보이던 민들의 산신제 금지 논의와 거의 같은 내용으로서, 건국 초 이래 집권 유신들에게 있어 민간 산천제의 금지가 관심의 대상이 되고 있었음을 반증하여 준다. 또한, 이를 통해 건국 초 이래 민들에 의한 산신제의 금지책에도 불구하고 민간에서는 여전히 산신제가 행해지고 있었던 사실도 확인된다.

정종은 경연관들의 건의에 대해 "지금 풍속에 귀신을 숭상하는데 만일 금령禁令을 내린다면 백성이 열복悅服하지 않고 도리어 원망할 것"이라 하여 민간 산천제의 금지 건의에 일단 수긍하지 않는 태도를 보이고 있다.[255] 그런데 이 경연經筵에 배석하였던 응교應教 김첨金瞻은 음사 대체를 위한 방안으로서 '이사법里社法'의 시행을 건의하고 있는 점이 주목된다.[256] 이사里社란 송대宋代에 각 리里마다 토지신土地神을 모신 사당을 말하는데, 김첨은 민간의 산신제를 대신하여 이런 이사제의 도입을 제안하고 있다. 요컨대 위의 인용문에서 천자天子·제후諸侯·사士·서인庶人으로 분별되는 각각의 제례가 내세워짐과 동시에 이에 어긋난 제사는 예제禮制를 벗어난 것이므로 마땅히 금지해야 한다는 논의를 볼 수 있다.

이어 예조에서는 사전 소재의 산천제에 명明의 『홍무예제洪武禮制』[257]를 준수하도록 하고, 왕실에서 국무당國巫堂이나 감악산·덕적산 등에 무녀·사약司鑰을 파견하여 수

254_ 『定宗實錄』 卷6, 定宗 2年 12月 戊申條. "經筵官等對日 天子諸侯士庶人 各有所祭之神 天子然後祭天地 諸侯然後祭山川 今我國俗 雖庶人亦 皆祭山川 禮當禁之"

255_ 위의 책, 같은 조. "今俗尙神 而皆以爲 非神之陰助 無以安其生也 若下禁令 民不悅服 反有怨咨"

256_ 위의 책, 같은 조. "因古制 立里社之法 使民皆得祀焉 則民皆悅從 而淫祀亦將絶矣"

257_ 『洪武禮制』란 洪武年間(1368~1398) 明 太祖의 명에 따라 찬진된 여러 禮書 가운데 하나이다. 내용은 명의 지방관들이 준수해야 할 의례 등에 관한 규정 사항으로 되어 있다(金海榮, 앞의 논문, 42쪽). 따라서 『홍무예제』는 지방관의 의례이지 일국의 군주가 시행해야 할 의례는 아니라고 할 수 있다. 그런데도 조선 초기 사전 개편과 제사 의례를 정비할 때 『홍무예제』는 '時王之制' 또는 '朝廷禮制'라는 명분으로 준용되기도 하였다.

시로 제사하는 관행도 모두 금단하자고 건의한 일이 정종 2년조[258]에 보인다. 민간 산신제를 금지시키자는 논의에서 본다면, 무녀나 사약 등에 의한 산신제도 당연히 금단되어야만 했을 것이다. 이처럼 정종 대에 제기된 산신제의 금지 논의도 태조 때 집권 유신들이 제기한 민간 산신제의 금지라는 연장선상에서 나온 것이라고 할 수 있다.

그러나 음사를 단순히 금단하고자 하기보다는 그 대체를 위해 이사제里社制의 도입이 요청되고 제후의 산천제에 '홍무예제'를 준용하자는 논의가 처음으로 나타나고 있다는 점에 주목할 필요가 있다.

다만 선초의 제례 시행에 즈음하여 '홍무예제'를 준용하자는 논의는 태종대(1400~1418)에 들어와 본격적으로 논의되기 시작한다. 즉 유교 제례에 입각한 산신제의 시행 및 사전상의 개편에 대한 본격적인 논의는 태종조에 들어와 비롯된다고 할 수 있다. 실제 태종대 유교 제례에 입각한 산신제의 정비는 주로 명明의 '홍무예제'에 준하는 제례의 시행을 촉구하는 방향으로 전개되고 있었다. 이 점에 대해서는 태종 11년(1411) 5월 예조에서 산천단山川壇의 제사를 '홍무예제'에 준해 행할 것을 청하는 다음 기사에서 분명히 볼 수 있다.

"홍무예제洪武禮制를 상고하니, 산천단山川壇의 제사에는 풍운뇌우風雲雷雨의 신이 가운데에 있고, 산천의 신이 왼쪽에 있으며, 성황의 신이 오른쪽에 있습니다. 그러므로 우리나라에서도 이 제도에 따라 세 개의 신위神位를 두어 이것에 제사했습니다. 그런데 지금 풍운뇌우의 신은 버리고 산천에만 제사하니 예의에 매우 합당하지 않습니다. 바라건대 지금부터는 가뭄을 만나게 되면, 홍무예제에 따라 풍운뇌우·성황의 신에도 아울러 제사하게 하소서"라 하니, 그대로 따랐다.[259]

258_ 『定宗實錄』 卷6, 定宗 2年 12月 壬子條. "禮曹上言 …(中略)… 願自今 祀典所在 名山大川 一依洪武禮制 盡誠致祭 如國巫堂及 紺岳德積等處 發遣巫女司鑰 非時祭祀 一皆禁斷"

259_ 『太宗實錄』 卷21, 太宗 11年 5月 戊辰條. "禮曹啓 山川壇祭 請依洪武禮制啓曰 …(中略)… 考洪武禮制 山川壇祭 風雲雷雨之神居中 山川居左 城隍居右 故本國亦依此制 設三位而祭之 今捨風雲雷雨之神 而止祭山川 殊未合義 願自今 如遇旱氣 依洪武禮制 兼祭風雲雷雨城隍之神 從之"

이에 의하면, 조선에서도 명明의 '홍무예제'에 따라 산천신·풍운뇌우신·성황신의 신위를 설치하고 제사지내 왔으나 근래에는 산천신에만 제사를 지내왔다는 것이다. 즉 건국 초기에는 '홍무예제'에 준한 풍운뇌우산천성황단風雲雷雨山川城隍壇을 두고 제사 지내다가 태종 때 이르러서는 산천신위에만 제사를 지냈던 사실을 말하여 준다. 이는 풍운뇌우신과 성황신이 중국으로부터 수용된 신위였기에 거부감을 지녔지만, 산천신은 전통적인 신앙대상의 기반 위에서 제사되어 왔기 때문이 아닌가 추측된다.

또한, 태종은 송악松岳·덕적德積·감악紺岳 등의 명산名山의 신神에 대해 축문을 쓰고 신하를 보내어 분향하는 것이 예禮인데, 전조에서 '내행기은內行祈恩'이라 하여 4계절마다 내신內臣이나 사약司鑰·무녀巫女로 하여금 제사지낸 것은 예법에 맞지 않으므로, 예조에 명하여 고려 사전의 시종본말始終本末을 상세히 조사하여 보고하도록 하고 있다.[260] 예조로부터의 고려 사전의 본말에 대한 상세한 보고는 사료에 보이지 않지만, 이와 관련하여 동년同年 7월에 주목할 만한 논의가 태종과 예조 사이에 오고 갔음을 볼 수 있다.

즉 이때까지 고려조에서와 마찬가지로 덕적·백악·송악·목멱·감악 등에 춘추 기은春秋祈恩하고 매번 환시·무녀·사약 등이 제사를 지냈으며 여악女樂도 베풀어졌던 것이다. 이에 태종은 덕적·감악 등의 제례를 정하도록 예조에 명하고, 아울러 환시·무녀·사약 등의 제례를 혁파하고 내시별감으로 봉향제사하도록 명한 것이다. 이런 태종의 명에 대해 예조에서는 송악·백악·감악 등의 제례에 별감이 춘추로 봉향행제奉香行祭하도록 하였는데 백악 등에 별기은제를 행하는 것은 중복된 일이라 지적하자, 태종은 백악 등의 별기은제는 이미 오래전부터 행하여 왔으므로 혁파할 수 없다고 하였다.[261]

260_ 『太宗實錄』卷21, 太宗 11年 5月 癸未條. "上命禮曹曰 松岳德積紺岳等 名山之神 修祝文遣臣行香 禮也 自 前朝以來 稱內行祈恩 每當四節 兩殿使內臣司鑰與巫女 暗行無名之祭 至今未已不合於禮 爾等考前朝祀典所在 終始本末 悉書以聞 予當以禮 行之"

261_ 『太宗實錄』卷22, 太宗 11年 7月 甲戌條. "先是 國家承前朝之謬 於德積白岳松岳木覓紺岳 …(中略)… 等處 春秋祈恩 每令宦侍及巫女司鑰祀之 又張女樂 至是 上曰神不享非禮 今禮官 博求古典 皆罷之 以內侍別監 奉香 以祀之 …(中略)… 禮曹啓 近有旨 松岳白岳紺岳等處 令別監 奉香行祭 (中略) 白岳等處 春秋有祭 又有別祈恩 是疊行也 上曰 別祈恩行久矣 不可廢也"

결국, 태종과 예조 사이에 주고받은 말은 덕적·감악·송악·백악 등의 제례에 환시 및 무녀·사약 등이 이제는 행제하지 못하게 하되, 대신 이에 대한 제례를 내시별감이 봉향행제하도록 한 것이다. 반면 고려 이래의 전통적인 별기은제만큼은 그대로 존속하도록 하였다. 태종의 이러한 조치는 일견 모순되어 보이는 듯하지만, 이것은 단적으로 말해 무격제에서 유교제로의 점진적인 전환을 의미[262]하는 것이라고도 할 수 있다.

또한, 유교 제례로의 전환에 대한 태종의 이 같은 의지는 동시에 '홍무예제'의 준용을 뜻하는 것이기도 하다. 실제 태종은 "백악·목멱산의 신주神主가 오래되고, 옛 제도에도 합당하지 않으니 '홍무예제'에 따라 새로 만들자"는 예조의 상언上言[263]을 그대로 받아들이고 있다. 이는 당시의 제례 원칙이 곧 '홍무예제'에 있었던 것임을 보여준다.

한편 태종은 번국藩國으로서의 합당한 조묘祖廟 및 사직·산천·문묘제례와 관련하여 명明 예부禮部에 번국의식藩國儀式으로 제정된 제례를 문의한 적[264]이 있는데, 이에 대해 명 예부에서는 "본속本俗에 따르라"고 하는 회신을 보내왔다.[265] 이는 명의 번국을 자청한 태종의 처지에서 본다면, 명에서 제정된 번국의례에 준하여 제례를 시행하고자 한 것이었으나 뜻밖에 명明에서는 조선에서 알아서 시행하라고 하는 것이었다. 명의 이러한 회신은 조선이 '홍무예제'에서 벗어나 명明 이전에 시행된 고제古制[266]에 대한 전반적인 조사가 이루어지는 계기가 되기도 하였다.

262_ 韓㳓劤, 앞의 논문, 178쪽.

263_『太宗實錄』卷23, 太宗 12年 2月 辛酉條. "改制白岳木覓神主 禮曹啓曰 白岳木覓神主 制作年久 且不合古制 乞依洪武禮制改制 從之"

264_『太宗實錄』卷22, 太宗 11年 11月 甲子條. "且咨禮部曰 本國祖廟及社稷山川文廟等祭 未知 聖朝所制 藩國儀式 仍用前代王氏舊禮 深爲未便 上項祭禮 理合奏請 如蒙頒降 欽依遵守"

265_『太宗實錄』卷23, 太宗 12年 5月 丙戌條. 그런데 명에 이미 번국의식이 제정되어 있었는데도, 이를 조선에 준용하도록 하지 않은 것은 의외라 할 수 있다.

266_ '古制'란 '옛날의 제도'를 뜻하지만, 단지 '과거의 제도'를 의미하는 것은 아니다. 특히 조선 초기 사전 정비와 관련하여 '고제'가 논의될 때, 이는 존숭되어야 할 '中國 先王의 制度'를 이상으로 하는 것이었다. 따라서 '고제'가 夏·殷·周의 三代를 가리킬 수도 있고, 또는 삼대의 제도를 반영한 唐·宋代의 제도를 의미하기도 하였다. 이처럼 고제는 중국의 제도를 수용하는 데 있어 현실에 맞춰 선택적으로 운용되었으며, 제도 수용에 따른 근거가 되는 것이었다. 조선 초기 사전정비에 따른 고제 참용에 대해서는 金海榮, 앞의 논문, 60~89쪽 참조.

한편 이런 중에도 제후국으로서 제천례祭天禮의 시행에 따른 적절성 여부와 명분에 어긋난 경卿·대부大夫·사士·서인庶人의 산천제山川祭에 대한 금지 논의는 여전히 계속되고 있었다. 가령 태종 12년(1412) 10월 사간원司諫院의 상소에 원단제圓壇祭의 정파停罷와 경·대부·사·서인의 산천제 금지 건의[267]가 다시 제기되고 있는 것이나, 태종이 의정부에 명하여 신불사神佛事를 의논케 하면서 "대신들이 간혹 송악·감악 등에 제사하기 위해 휴가를 청하니 이는 무슨 예인가"[268]라고 힐문한 사실이 이를 반증한다. 이것은 조정에서의 계속된 금지 논의에도 일반 민들의 산천제는 꾸준히 시행되고 있었던 점을 보여 준다.

어쨌든 명의 회자回咨 이후 조정에서는 '홍무예제'의 준용보다는 고제古制에 따른 제례의 운용을 강구하는 경향이 강하였고, 이러한 경향 하에 예조에서는 대大·중中·소사小祀 등의 제사재계諸祀齋戒 일수에 대해서도 일단 고제古制에 따르자고 하는 계啓를 아래와 같이 올리고 있다.

예조에서 제사재계법諸祀齋戒法을 올렸다. "삼가 문헌통고文獻通考 및 전조前朝의 상정고금례詳定古今禮를 보건대 대사大祀에는 산재散齋가 4일이고 치재致齋는 3일이며, 중사中祀에는 산재 3일 치재 2일이며, 소사小祀에는 산재 2일 치재 1일입니다. 그런데 지금 정해진 법식이 없으니 청컨대 고제古制에 의하소서."라 하니 임금이 그대로 따랐다.[269]

이것은 조선사회에서 유교 제례를 운용함에 있어 '홍무예제'보다는 고제古制를 준용하고자 한 사회적 분위기를 반영하는 내용이다. 또한, 이런 상황에서 단행된 사전의 개편도 결국 고제에 준하여 행해지게 된다.

267_ 『太宗實錄』 卷24, 太宗 12年 10月 庚申條.
268_ 위의 책, 太宗 12年 11月 乙巳條. "命議政府 議神佛事 上曰 天子祭天地 諸侯祭山川 今大臣 或以祀松岳紺岳 請暇 是何禮也"
269_ 위의 책, 太宗 12年 11月 庚戌條. "謹啓 文獻通考及前朝詳定古今禮 凡大祀 散齋四日 致齋三日 中祀散齋三日 致齋二日 小祀散齋二日 致齋一日 今無定式 乞依古制"

예조에서 여러 제사의 제도를 올렸다. "삼가 전조前朝의 상정고금례詳定古今禮를 보건대, 사직·종묘·별묘는 대사가 되고, 선농·선잠·문선왕은 중사가 되며, 풍사·우사·뇌사·영성·사한·마조·선목·마보·마사·영제·칠사와 주현의 문선왕은 소사가 됩니다. 신 등이 두루 고전과 전조를 상고하니, 참작이 적중함을 얻었으나 풍사·우사만은 당唐 천보년간天寶年間 때부터 그 시時를 건지고 물物을 기른 공을 논하여 올려서 중사로 들어갔고 동시에 뇌사雷師도 제사하였는데 당이 끝나고 송宋을 거치는 동안 감히 의논하는 자가 없었습니다. 명明 홍무예제에 운사雲師를 더하여 부르기를 풍운뇌우風雲雷雨의 신이라 하여 산천·성황과 함께 한 단에서 제사하였는데 지금 본국에서도 이 제도를 준용합니다. 또 문선왕文宣王은 국학國學에서는 중사가 되나, 주현州縣에서는 소사가 되니 의議에 편안치 않습니다. 그러므로 송제宋制에는 주현의 석전釋奠도 중사로 하였으니 엎드려 바라건대 풍운뇌우의 신을 올려 중사에 넣어 산천성황과 같이 제사하고 주현의 석전도 중사로 올리게 하소서. 그 나머지 여러 제사의 등재는 한결같이 전조의 상정례에 의거하소서."라 하였다.[270]

즉 예조에서 올린 사전 개정의 요지는 풍운뇌우의 신神과 주현 문선왕 석전제釋奠祭를 중사로 승입陞入하고, 그 나머지 일체의 제사는 고려의 상정고금례에 의거하자는 것이다. 위 인용문에서도 보듯이 풍운뇌우의 신과 주현 문선왕 석전은 고려에서는 소사로 치러지고 있었는데, 이때 이 두 치제 대상을 모두 소사에서 중사로 승격한 것이고, 이외는 고려 사전을 그대로 답습하기로 하였다. 또한, 사전 개정의 준거를 적용할 때에도 홍무예제보다는 고제나 고려의 상정고금례를 중시하고 있는 점도 볼 수 있다. 이는 종래 홍무예제의 준용을 중시하던 경향에서 고제 전반에 관한 관심으로의 전환을 보여주며, 세종대世宗代(1418~1450) 들어와 본격적인 고제 연구의 선구를 이루는 것이

270_『太宗實錄』卷25, 太宗 13年 4月 辛酉條. "禮曹上諸祀之制 啓曰 謹按前朝詳定古今禮 社稷宗廟別廟爲大祀 先農先蠶文宣王爲中祀 風師雨師雷師靈星司寒馬祖先牧馬步馬社祭祭七祀州縣文宣王爲小祀 臣等歷稽古典前朝 參酌得中 但風師雨師 自唐天寶年間 論其濟時育物之功 陞入中祀 幷祭雷師 終唐歷宋 無敢議者 皇明洪武禮制 增雲師號曰 風雲雷雨之神 與山川城隍 同祭一壇 今本國遵用此制 且文宣王在國學爲中祀 在州縣爲小祀 於義未安 故宋制州縣釋奠 亦爲中祀 伏望風雲雷雨之神 陞入中祀 山川城隍同祭 州縣釋奠 亦陞中祀 其餘諸祀等第 一依前朝詳定禮"

었다.[271]

그러나 이때의 사전 개정이 풍운뇌우의 신과 주현 문선왕 석전제를 중사로 올리는 정도에서 그치는 소폭의 개정이었던 반면, 2개월 후 다시 예조에서 올린 상소는 사전 전반, 특히 산천제에 대한 개정으로서 이후 조선 사전의 골격을 이루게 된다. 상소의 내용은 장문長文이므로 요지만 제시하면 다음과 같다.

　　첫째 : 산천신에 주어진 작호爵號와 신상神像을 혁거革去하고, 단지 신주神主 1위位만 두고 신 주에 '모산천지신某山川之神'이라 칭할 것
　　둘째 : 경내의 명산대천과 여러 산천을 고제古制(특히 당唐의 예악지禮樂志·송제宋制)에 준하 여 등제等第를 나눌 것
　　셋째 : 제사諸祀의 단유壇壝 및 신주神主·제기고祭器庫·재소齋所 등을 고제古制에 의해 정비할 것[272]

여기서 첫째 조항은 이미 태조 때 조박이 건의하여 윤허를 받은 적이 있는데, 그간 제대로 시행되지 않자 작호의 혁거와 신상의 철거 및 신주의 개칭 등이 이때 다시 제 시된 것으로 보인다. 이 조항은 홍무예제에서도 이미 제시되었던 것이지만, 그렇다고 하여 태종 13년 6월에 보이는 예조의 이 건의가 홍무예제를 그대로 준용한 것이라고 할 수는 없다. 왜냐하면, 다음의 둘째와 셋째 조항들에서 보듯이 여기서는 모두 고제 古制를 준용하고 있기 때문이다. 따라서 이때의 홍무예제의 준용은 이것이 고제와도 어느 정도 부합하였기 때문에 그대로 수용된 것으로 보인다.

두 번째의 조항은 산천신의 등차等次를 구분하자는 것이다. 고려에서 산천신은 한결 같이 잡사雜祀에 해당해 치제되었던 것을 지양하여, 고제 특히 당제唐制 및 송제宋制에 준하여 산천신의 등차를 새로 구분하여 치제하자는 것이었다. 이에 따라 예조에서는

271_ 金海榮,「朝鮮初期 國家 祭禮儀의 정비와『洪武禮制』,『淸溪史學』9(城南, 韓國精神文化硏究院 淸溪史學會, 1992), 21~28쪽.
272_『太宗實錄』卷25, 太宗 13年 6月 乙卯條.

동년 8월 경내 산천신의 등차를 새로 마련하여 태종에게 보고하고 있다.

세 번째는 제단이나 제소祭所의 담, 신주와 제기의 보관처·제관들의 임시숙소 등의 규격 및 설치 등을 역시 고제에 의거하여 정하자는 내용이다. 이 역시 홍무예제의 준용보다는 고제를 기준으로 하고 있는데, 이 역시 조선 전기 제례의 적용에 점차 고제를 중시하여 가던 경향을 보여준다. 또한, 단순히 치제 등급의 순서 및 구분에서 벗어나, 제례에 따른 주변 시설물에까지 관심이 확대되고 있는 점도 볼 수 있는데, 이는 그만큼 유교 제례 전반에 대한 이해의 확산을 의미하는 것이기도 하다.

다음 표의 세 조항 모두 태종에게 윤허됨으로써 이후 시행을 보장받았는데, 이중 경내 산천신의 등차는 앞서 본 바와 같이 당제 및 송제에 준거하여 악해독嶽海瀆은 중사, 그리고 산천은 소사로 하여, 산천의 사전 편재가 다음 〈표 4〉의 내용과 같이 갖춰지기에 이른다.[273]

〈표 4〉 朝鮮 山川祭의 等次 및 對象

	中祀	小祀
京城	三角山·漢江	木覓
京畿道	松嶽山·德津	五冠山·紺岳山·楊津
忠淸道	熊津	雞龍山·竹嶺山·楊津溟所
慶尙道	伽耶津	亏弗神·主屹山
全羅道	智異山·南海	全州城隍·錦城山
江原道	東海	雉嶽山·義館嶺·德津溟所
豊海道	西海	牛耳山·長山串·阿斯津·松串
永吉道	鼻白山	永興城隍·咸興城隍·沸流水
平安道	鴨綠江·平壤江	淸川江·九津·溺水

이외 경기도의 용호산龍虎山과 화악華嶽, 경상도의 진주성황晉州城隍, 영길도의 현덕진

273_ 『太宗實錄』 卷28, 太宗 14年 8月 辛酉條.

顯德鎭・백두산白頭山은 비록 사전에 등재되지는 않았지만, 구례舊例대로 소재관이 치제하게 하고 영안성永安城・정주목감貞州牧監・구룡산九龍山・인달암因達巖은 혁거되었다. 또한, 개성開城의 대정大井과 우봉牛峯의 박연朴淵은 비록 명산대천은 아니지만, 용호산과 화악산의 예에 따라 소재관이 제사하도록 하였다.[274]

그리고 다음 달 예조에서는 여러 제사의 의식을 상세히 정하여 태종에게 계문하여 허락을 받고 있다.[275] 이제 남은 것은 제관祭官의 문제인데, 이 역시 예조에 의해 강구되어 태종 16년(1416) 9월에 악독산천의 제사 시 기내畿內에는 조관朝官을 파견하고, 지방에는 소재지의 감사나 각 고을의 수령이 제때 제사하도록 결정되었다.[276] 이로써 조선 사전의 대강大綱과 이에 따른 의식이 대체로 마련되었다고 할 수 있다.

그런데 사전에 등재된 산천신은 국가의 정기적인 치제의 대상이 되어 각 소재관이 행제行祭하도록 되었음을 의미하는 것이기도 하므로, 민간에서의 제사는 당연히 금지될 수밖에 없었다. 그러나 태종은 민들의 산악제를 갑자기 금하면 백성이 동요할까 우려하여 이에 대한 금령을 다소 늦추라고 하였다.

예조禮曹에 명命하기를 "잡인들이 송악・감악에 치제하는 습속이 이미 오래되었으니 갑자기 변경하기 어렵다. 만약 무지한 서인들이 어쩌다 시령時令이 고르지 못할 때를 만나 질병이라도 나게 되면 반드시 송악・감악의 제사 때문이라고 말을 삼을 것이니, 아직 금하지 말고 점차 풍속이 바뀌기를 기다리도록 하라"고 하였다.[277]

274_ 위의 책, 같은 조. "京畿龍虎山華嶽 慶尙道晉州城隍 永吉道顯德鎭白頭山 此皆仍舊所在官自行 永安城貞州牧監九龍山因達巖 皆革去 又啓 開城大井 牛峯朴淵 旣非名山大川 乞依華嶽山龍虎山例 令所在官行祭" 그런데 이때 사전에 산천신이 등재되는 것으로 사전 개정이 종결된 것은 아니었다. 가령 제주도의 한라산은 이때 사전에 등재되지 않았지만, 태종 18년(1418) 예조에서 이에 대한 제의祭儀를 올리면서 한라산제를 나주 금성산의 예에 따라 사전에 싣고 봄 가을에 제사지내게 하였다. 이는 한라산제가 이때에 들어와 비로소 사전에 등재된 사실을 뜻한다(『太宗實錄』 卷35, 太宗 18年 4月 辛卯條 참조).

275_ 『太宗實錄』 卷28, 太宗 14年 9月 戊寅條. "禮曹 上諸祀儀 詳定祀檀若箕子高麗始祖儀 祀靈星馬祖司寒山川儀 久雨禜祭國門儀 以啓 從之"

276_ 『太宗實錄』 卷32, 太宗 16年 9月 辛卯條. "禮曹 上嶽瀆山川 行祭之式 畿內則朝官差遣 畿外則所在監司與各官守令 以時祭告 從之"

277_ 『太宗實錄』 卷35, 太宗 18年 正月 乙亥條. "命禮曹曰 雜人之致祭 于松嶽紺嶽習俗已久 難以遽變 若無知庶人 幸遇時令不和 致有疾病 必以禁松嶽紺嶽之祭爲辭 姑且無禁以待漸變"

이는 형식상 민들의 산신제를 갑자기 금하게 되면 초래될 수도 있는 백성의 불만을 진정하기 위해 차후 금령을 취하겠다는 태종의 견해였지만, 실제로는 왕실에서 사전에 등재되지 않은 산신제를 행하여 온 이유도 다소 작용했을 것으로 보인다. 즉 사전 등재와 상관없이 왕실에서는 내시별감을 통해 산천신에 대한 비정기적인 제의를 꾸준히 행해왔기 때문이다. 실제 이런 사례는 일일이 들기 어려울 정도이므로 아래에 중요한 몇몇 사례로 대신하고자 한다.

> 태종 14년 2월 임신_ 내시별감內侍別監을 보내어 감악과 해룡산海龍山의 신을 제사하다
>
> 태종 14년 2월 계유_ 내시별감을 보내어 백운산白雲山의 신을 제사하다
>
> 태종 14년 3월 갑술_ 내시별감을 보내어 철원鐵原 보개산寶蓋山·금악산金岳山·소을눌탄所乙訥灘의 신을 제사하다
>
> 태종 14년 3월 무자_ 내시별감을 보내어 양근楊根 성황城隍과 용문산龍門山 용진龍津의 신을 제사하다
>
> 태종 14년 3월 신묘_ 내시별감을 보내어 광주廣州의 성황城隍과 검단산의 신을 제사하다
>
> 태종 14년 윤구월 병오_ 내시별감을 보내어 양근의 성황城隍과 용문산의 신을 제사하다
>
> 태종 15년 2월 갑술_ 내시별감을 보내어 도중途中의 임진臨津·송악松岳·기탄岐灘의 신을 제사하다

어쨌든 태종 14년 8월에 정해진 사전 개정의 내용이 이후 실질적인 조선朝鮮의 사전祀典으로 나타나게 되었다고 할 수 있다. 그리고 이 사전의 내용이 세종대世宗代에 완성된 오례五禮 중의 하나인 길례吉禮로 편제[278]되면서 마침내 조선 사전의 등차와 그 대상이 다음과 같이 확정되었다.

278_ 『世宗實錄』 卷128, 五禮 辨祀條.

〈표 5〉 朝鮮 祀典(大·中·小祀)의 내용

大祀	社稷·宗廟
中祀	風雲雷雨山川城隍·嶽海瀆·先農·先蠶·雨師·文宣王釋奠祭·檀君·箕子·高麗始祖
小祀	靈星·名山大川·司寒·馬祖·先牧·馬社·馬步·七祀·禜祭

음사금단론의 전개　　조선 전기 집권 유신들에 의해 추진된 사전 정비와 함께 논의의 대상이 된 것은 앞서 말한 대로 음사淫祀[279]의 금단이었다. 다시 말해 당시 집권층들은 사전의 정비와 음사의 금단은 동시에 전제되어야 하는 것으로 인식하였음을 의미한다. 그리고 음사에 대한 당시의 일반적인 견해는 흔히 비유교적 제례에 근거한 사신행위祀神行爲 일체를 가리키는 것이었다. 따라서 이러한 음사관은 유교정책을 내세운 선초 집권층들에게 있어서 사전의 정비와 음사의 금단에 대한 사상적 근거를 제시하는 것이기도 하였다.

이에 따라 조선 전기 음사의 금단책은 비유교적 제례에 따른 제사의 근절과 각 신분에서 벗어난 제사의 금지라는 두 방향으로 추진되었다. 따라서 비유교적 제례인 무속[280]이나 불교·도교 등이 음사로 규정되었던 것이고, 신분을 벗어난 제사의 경우도 음사로 간주하여 조선조 내내 규제의 대상이 되었다. 특히 신분을 벗어난 제사는 금지의 대상이 되었을 뿐만 아니라 이를 대신한 가묘제家廟制와 이사제里社制의 여행勵行이 그 대안으로 제시되기도 하였다.

음사淫祀란 명明 태조가 고려 공민왕에게 보낸 조서에 보이듯이 "천하의 신사神祠 중 백성에 공功이 없고 사전祀典에도 응應하지 못하는 것은 곧 음사에 속하므로 유사有司에서 제사지낼 수 없다"[281]고 천명한 이래 음사와 사전은 서로 배치되는 것이었고, 또

279_ 淫祀를 한마디로 규정하기는 매우 어렵다. 曲禮에는 "그 鬼가 아닌데 이를 제사하는 것을 淫祀라고 한다."라 하여 주관적으로 음사를 규정하고 있는 점을 볼 수 있다. 사실 음사는 시대에 따라 동일한 의미로 사용되었던 것도 아니었고, 또 사용자에 따라서도 의미가 다르게 나타나기도 한다. 따라서 여기서는 음사의 의미를 '비유교적 제례로서 각 신분에 합당하지 못한 제사 및 이런 행위 일체'를 지칭하는 것으로 한정하여 사용하고자 한다.
280_ 李能知, 『朝鮮巫俗考』(啓明俱樂部, 1927); 柳東植, 『韓國 巫敎의 歷史와 構造』(延世大學校出版部, 1975); 조흥윤, 「조선 전기의 민간신앙과 도교적 성향」, 『韓國思想史大系』 4(城南, 韓國精神文化研究院, 1991).
281_ 『高麗史』 卷42, 世家 42 恭愍王 19年 7月 壬寅條. "天下神祠 無功於民 應祀典者 卽係淫祀 有司毋得致祭"

한 이런 음사는 당연히 관사官司에서 제사를 지낼 수 없는 것으로 인식되었다. 그러나 관사에서 음사에 대한 제사를 지낼 수 없게 한 것만 아니라 민간에서의 이와 같은 사신행위조차도 음사로 간주하여 규제의 대상으로 하였다는 점에서 조선 전기 음사 금단책의 특성이 나타난다. 또한, 고려에서 성행한 음사를 곧 왕조 멸망의 원인으로까지 인식하였던 선초 집권층들에게는 음사의 금단이 조선 건국의 합리화로 내세워질 수 있는 명분이기도 하였다.

앞서 보았듯이, 태조 원년 9월 대사헌大司憲 남재南在의 상서上書 및 도평의사사都評議使司의 상소上疏[282]에서 비롯된 음사의 금단 논의는 일단 각 신분에 맞는 제사 대상을 전제함으로써 유교적 명분과 사회적 질서를 확보하고자 한 것이었다. 그리고 이런 명분과 질서에 어긋나는 제사를 음사로 간주하였다. 즉 천자는 천지에 제사하고, 제후는 경내 산천신에, 대부는 5대조까지의 조상에, 사·서인은 조부에 제사하도록 한 것이 사전상의 명분이므로, 이런 질서에 어긋나는 일체의 제사는 음사일 수밖에 없었다. 따라서 각 신분에 맞는 제사 대상을 통해 치제致祭를 확립하려 한 것이 선초 집권층의 음사 금단의 의도였다고 할 수 있다. 그리고 민간에서의 산신제는 마땅한 신분을 벗어난 제사였으므로 민들이 지내서는 안 되는 음사로 간주되었다. 대신 민들에게 허용된 제사는 당연히 사전에 규정된 조상제와는 다른 유교 제례였다. 이 과정에서 선초 집권층들이 주된 관심을 두고 추진한 것이 곧 가묘제의 시행[283]과 이사제[284]였던 것이다.

가묘제란 신분에 따라 조상의 제사 범위를 제한한 것이므로, 엄밀히 말해 개인의 문제이지 국가의 치제대상인 사전과는 무관하다고 할 수 있다. 그럼에도 고려의 사전에 일반 사·서인의 제례가 소사의 항목으로 포함되었던 것은 개인의 조상제사까지

282_ 앞의 주 251)·252) 참조.
283_『太祖實錄』卷2, 太祖 元年 9月 壬寅條. "都評議使司裵克廉趙浚等 上書 … 自公卿至于下士 皆立家廟以祭 先代 庶人祭於其寢 其餘淫祀 一皆禁斷" 그런데 가묘제는 이미 고려말 신흥 유신들에 의해 도입(『高麗史』卷 117 鄭蒙周·李詹傳 및 卷118 趙浚傳) 되었던 것으로 보이며, 마침내 恭讓王 3年(1391) 6月 王命으로 시행이 결정(『高麗史』卷63, 志 17 禮 5 小祀條)된 바 있다. 실제 가묘제의 시행을 추진한 자들 대부분이 왕조의 교체를 담당한 자들이기도 하여, 가묘제는 조선에 들어와서도 계속 시행되었다.
284_ 앞의 주 257) 참조.

도 국가에서 법적으로 제도화하였다는 것을 의미한다. 그러나 조선에서는 초기부터 음사 대체의 수단으로 가묘제가 강구되었다는 점에서 고려와 그 성격을 달리한다. 그것은 선초 가묘제의 여행勵行이 유교적 명분의 확립을 통해 음사를 규제하는 수단으로 추진되었기 때문이다.[285]

한편 가묘제의 추진 못지않게 음사 금단의 대체 수단으로 제시되어 사회적 실천이 추진된 것으로는 이사제가 있다. 앞에서 이미 언급한 바와 같이 정종 2년 6월 응교應敎 김첨金瞻은 음사의 대체 수단으로 이사제의 도입을 건의한 적이 있지만, 이후 이사제의 시행에 따른 제도적인 조치는 취해지지 않았다. 그러다가 태종조에 들어와 이사제의 시행 논의가 다시 제기되고 있다. 즉 태종 14년 정월 충청도忠淸道 도관찰사都觀察使 허지許遲가 이사법의 시행을 다음과 같이 건의하고 있는 것이 그것이다.

"조정에서 반포한 예제에는 주부군현州府郡縣에 모두 사社를 세우고 또 향촌에는 이사里社가 있습니다. 지금 각 도주군道州郡에 모두 사社를 세워 수령이 제때 제사하고 있으나, 유독 이사법만은 폐지되어 있습니다. 삼가 이사제를 보건대 각 향촌의 인민은 리里마다 100호戶 내에 단壇 1소所를 세워 오토·오곡의 신을 제사하고 기우祈雨·기청祈晴을 합니다. …(중략)… 청컨대, 이 법에 따라 각 향촌에서 민호의 많고 적음을 헤아리고 지경의 멀고 가까움을 헤아려 40호, 혹은 50호에 각각 1사社를 세워 제사지내게 하소서. 이제부터 무릇 향리의 백성이 규정된 법령을 존중하지 않고 오히려 음사를 행하여 신당神堂이라 칭하고 따로 리중里中에 세운 것은 일체 모두 불태워 없애 버리고 엄격히 다스리소서.[286]

이와 같은 허서의 논의는 앞의 김첨의 그것보다는 이사법의 시행을 구체적으로 촉

285_ 『太祖實錄』卷8, 太祖 4年 12月 甲寅條. "知益州事閔由義 上請革淫祀立家廟 … 上曰 此皆已有著令 第不能 擧行耳 令使司 移牒各"
286_ 『太宗實錄』卷27, 太宗 14年 正月 癸巳條. "朝廷頒降禮制 州府郡縣 皆立社 又於鄕村 有里社 今各道州郡 皆立社 而守令以時致祭 獨里社之法廢矣 謹稽里社之制 凡各處鄕村人民 每里一百戶內 立壇一所 祀五土五穀之 神 祈禱雨暘 (中略) 請依此法 各於鄕村 計民之多寡 量境地之阻近 或四十戶 或五十戶 各立一社而祭之 自今凡 鄕里之民 不遵著令 尙行淫祀 稱爲神堂 別立里中者 一皆燒毁通理"

구하고 있다는 점에서 주목된다. 게다가 허서의 논의에는 중국 이사법의 직접적인 도입만이 아니라, 조선의 실정에 맞게 이사법을 운용하자고 한 점에서 더 진전된 형태의 발상이라고 생각된다. 또한, 조선 초기에 추진된 이사제의 시행이 기본적으로 40~50호 정도를 대상으로 하고 있다는 점에서 그만큼 향촌 사회에까지 국가의 통제력이 확산될 수 있다고 하는 강화된 왕권의식을 찾아볼 수 있다.

그러나 이후 이사제의 지속적인 시행 사례는 확인되지 않으며, 민간에서 음사도 계속 행해지고 있었으므로, 이사제가 제대로 시행되었다고 보이지는 않는다. 실제 이사제의 시행이 법제화된 것도 아니었다. 비록 태종대에 주군州郡에까지 사직단社稷壇은 세워진 것으로 보이지만, 그 이하의 향촌 사회에까지 제도화된 향촌의례로서 이사里社가 두어졌는지는 의문이다. 대신 향촌 사회에는 전통적으로 신당신앙이 존속하고 있었던 것을 볼 수 있다.

이 때문에 조정에서도 이사제에 대한 독려보다는 오히려 음사에 대한 금령을 내리는 일이 빈번하였다. 이것은 민간에 뿌리 깊게 자리한 전통신앙이 그만큼 이사제의 시행을 저해했기 때문이 아닌가 보인다. 사실 음사의 금령은 조선조에 들어와 규정된 음사 자체가 워낙 다양하므로 이런 음사에 대한 금령을 전반적으로 추적한다는 것이 상당히 어려운 작업이다. 따라서 여기에서는 민간의 산신제와 관련된 금령에 한정하여 음사 금단의 양상을 파악하기로 한다.

> (태조太祖는) 이조吏曹에 명하여 백악白岳을 진국백鎭國伯으로, 남산南山을 목멱대왕木覓大王으로
> 봉封하고 경卿·대부大夫·사士·서인庶人이 제사할 수 없게 하였다.[287]

이는 태조 4년(1395) 12월에 취해진 일반 민들의 산신제에 대한 최초의 금령 기사이다. 이 기사에 따른다면, 이때의 금령이 봉작을 받은 백악과 남산에만 해당하는 것인지 아니면 경내의 산악 전체에 대한 것인지 아닌지는 확실하지 않다. 그럼에도 조선

287_ 『太祖實錄』 卷8, 太祖 4年 12月 戊午條. "命吏曹 封白岳爲鎭國伯 南山爲木覓大王 禁卿大夫士庶 不得祭"

조에 들어와 명분에 어긋난 제사를 음사로 간주하여 일반 민들의 산신제에 대한 금지가 내세워지고 있었다는 점에서 주목할 만하다.

앞서 대사헌 남재 및 도평의사사의 상서에서도 보았듯이, 일반 민들의 산신제는 그 자체가 분수를 벗어나고 예를 어기는 행위였기 때문에 선초의 통치 질서를 재확립하는 과정에서 이러한 행위는 사회 질서를 어지럽히는 행위로 간주되었음을 제시하였다. 비록 태종 때의 기사이지만, 조선 초기 집권 유신들의 이와 같은 태도는 다음 사례에서도 분명히 제시되고 있다.

> 천자라야 천지에 제사하고 제후라야 산천에 제사하는 것으로 존비와 상하는 각각 분한分限이 있어 결코 범할 수 있는 것이 아닙니다. …(중략)… 대저 산천신은 경·대부·사·서인이 제사하는 것이 아닙니다. 저들이 비록 제사한다고 하여도 신이 어찌 이를 누리겠습니까. 지금 나라의 백성이 귀신은 가히 속일 수 없으며, 산천은 가히 제사할 수 없음을 알지 못하고 어지럽게 따라다녀 풍습을 이루니 나라의 진산鎭山으로부터 군현의 명산대천에 이르기까지 함부로 제사하지 않는 것이 없어 그 예와 분수를 넘음이 심합니다. 또 남녀가 서로 손을 잡고 왕래하는 것이 끊임이 없으며 귀신에게 아첨하여 곡식을 소비하여 폐가 역시 적지 않습니다. 바라건대 지금부터 중외 대소 신하들이 함부로 산천에 제사지낼 수 없게 함으로써 존비의 분수를 밝히소서. 만일 어기는 자가 있으면 엄히 법으로 다스리고 인귀의 음사에 이르러서도 모두 엄격히 금하여 풍속을 바르게 하소서[288]

이에 의하면, 민들에 의한 산신제의 금지 이유가 백성에게 예와 상하 존비의 분수를 준수케 함으로써 풍속, 즉 바람직한 사회적 질서의 확립에 있었던 것임을 알 수 있다. 따라서 민들의 산신제 금지에 대한 명분의 이면에는 이런 신앙행위가 음사였기

288_『太宗實錄』卷24, 太宗 12年 10月 庚申條. "天子然後祭天地 諸侯然後祭山川 尊卑上下 各有分限 截然不可犯也 (中略) 夫山川之神 非卿大夫士庶人之所當祭也 彼雖諂祀神 豈享之 今國人不識鬼神之不可欺 山川之不可祀 泯泯芬芬 靡然成習 自國之鎭山 以至郡縣名山大川 罔不瀆祀 其越禮踰分甚矣 且男女相摯 往來不繹 媚神費穀 獘亦不小 願自今中外大小人臣 不得檀祀山川 以明尊卑之分 如有違者 痛繩以法 人鬼淫祀 亦皆痛禁 以正風俗"

때문이기보다는 사회적 질서의 재확립이라고 하는 측면에서 음사 금지를 한 방편으로 내세운 것이었다고 할 수 있다.

이렇게 볼 때, 태종의 금령은 건국 초부터 집권 유신들에 의해 제시되었던 민들의 산신제 금지에 대한 왕 자신의 의견으로 보아도 좋을 것이다. 또한, 이 금령의 범위에 경·대부 등의 관리도 포함되어 있다는 점에 유의한다면, 이는 결국 왕과 신하라고 하는 존비의 구분을 명시한 것이었다고도 볼 수 있다. 이 때문에 재상의 산제山祭도 비례非禮로 규탄되어 금지의 대상[289]이 되었던 것이다. 결국, 이 금령이 지닌 의미는 왕조교체에 따른 사회적 분위기에서 유교적 예를 통해 상하 존비의 분수와 신분에 따른 제례를 공식화함으로써 이를 통해 왕권 강화와 사회적 질서의 확립을 천명한 것이라고 볼 수 있다.

이런 점에서 태종대의 음사 금단책도 왕권 강화[290]와 관련하여 시사하는 바가 크다. 태종이 자신의 재임 중 사전 정비를 강력히 추진한 점에 대해서는 이미 앞에서 보았지만, 이와 함께 음사 금단에도 매우 적극적이었다. 태종 원년(1401) 4월, 태종이 "무격들의 음사가 번잡하니 앞으로 봄·가을에는 한결같이 명나라의 예제에 의하여 행하라"[291]고 한 것도 태종의 음사 근절 의지를 보여주는 것으로서, 곧 무속 제례를 유교 제례로 전환하고자 한 것이었다. 그리고 대신들의 송악·감악제에 대한 태종의 힐난[292]도 신권臣權에 대한 왕권王權의 우위를 은연중 과시한 것으로 생각된다.

이처럼 태조~태종대의 음사 금단책에 보이는 특성은 비유교적 제례나 사신祀神 행위行爲를 음사로 규정함으로써 유교적 제례로의 전환을 도모하고, 이를 통해 상하 존비와 신분적 안주에 따른 사회적 질서를 재확립함으로써 왕권 강화를 의도한 것이었다고 할 수 있다.[293]

289_ 『太祖實錄』 卷15, 太祖 7年 12月 戊午條.

290_ 李泰鎭, 「士林派의 留鄕所 復立運動」, 『韓國社會史硏究』(知識産業社, 1996), 127~136쪽. 위 글에서는 조선 전기의 음사 금단책을 왕권 강화와 관련하여 고찰하고 있다.

291_ 『太宗實錄』 卷1, 太宗 元年 4月 辛未條. "巫覡淫祀煩瀆 自今春秋兩節 一依皇明禮制 行之"

292_ 『太宗實錄』 卷24, 太宗 12年 11月 乙巳條.

293_ 조선조에서 음사 금단책이 제대로 시행되지 않은 것은 태종 이후 역대 군주들이 계속해서 음사 금령을 내리

(2) 국행 산신제의 제도화

태조~태종대에 걸친 사전의 정비와 음사의 금단은 사실상 표리를 이루는 시책이었다. 그러나 이 기간에 사전은 어느 정도 정비되어 갔지만 음사의 금단은 그만한 실효를 거두지 못하였다. 그것은 세종대世宗代(1418~1450)에 들어와서도 민간에서의 산신제가 여전히 계속되고 있기 때문이다. 이에 세종은 명산에 대한 국가의 공식적인 제사를 거론함으로써 민간의 산신제를 통제하고자 하였다.

세종 6년(1424) 2월, 세종이 성산부원군星山府院君 이직李稷 등과 주고받은 내용은 당시의 산신신앙을 살피는데 주목되는 자료이다. 즉 세종은 각처의 성황과 산신을 흔히 태왕太王・태후太后・태자太子・태손太孫・비妃라고 칭하는 것이 매우 무리한 일이라 한 후, 옛날에는 단壇을 산 밑에 설치하고 제사지냈는데 지금 감악 등의 산에는 묘廟를 산 위에 세우고 그 산을 밟으며 귀신에게 제사를 지내니 불경不敬하다고 하였다. 또 고제古制에는 오직 국왕만이 경내의 산천에 제사하였는데, 지금은 서민도 산천에 제사하고 있으니 명분이 엄숙하지 않다고 하여 단壇을 산 밑에 설치하고 신판神板에는 단지 '모산지신某山之神'이라 쓰고 국행제를 지냄으로써 민간의 음사를 금하라고 하였다. 그리고 신하들에게 산신에의 봉작과 입묘立廟의 유래를 조사하여 보고토록 하였다. 이에 이직李稷・변계량卞季良 등은 산신에 작爵을 봉하고 산 위에 묘를 세워 상하上下가 모두 치제해 온 것이 오랜 관습이니 관행대로 두어도 무방하다고 보고하였다.[294]

이처럼 세종과 이직・변계량 등이 주고받은 내용을 통해 다음과 같은 사실이 확인된다. 첫째, 성황이나 산신에 대해 흔히 봉작封爵이 행해졌다는 점, 둘째, 산상山上에 묘廟를 세우고 있었던 점, 셋째, 이런 산들을 대상으로 한 산신제를 상하에서 모두 행하고 있었다는 점 등이다.

이중 성황이나 산신에의 봉작이 전대前代에서도 행해진 점,[295] 특히 고려에서의 봉

고 있는 점에서도 알 수 있지만, 한편으로는 왕권이 안정되어 감에 따라 음사 금단에 대한 왕실의 미온적인 태도도 그 이유일 것으로 생각된다.

294_ 『世宗實錄』 卷23, 世宗 6年 2月 丁巳條.

295_ 名山大川의 封爵에 대한 起源은 『書經』 舜傳에 "封十有二山"이라 한 점과 『禮記』 王制篇에 "天子祭天下名山大川 五嶽視三公 四瀆諸侯"라고 한 점에서 보듯이 先秦時代까지로 소급된다.

작이 유교 이념의 표출과 관련되어 있다는 점에 대해서는 이미 앞 절節에서 살펴본 바 있다. 그런데 이와 같은 봉작이 세종대에까지 관행적으로 행해지고 있지만, 조선 초기의 봉작은 유교적 이념의 표출보다는 신왕조의 개창과 관련된 정치적 의미가 내포되어 있다는 점에서 고려와는 다른 성격을 볼 수 있다.

조선이 성황과 산신을 봉작한 시초는 태조 2년(1393) 정월의 기사에 보인다. 즉, 태조 2년 정월 이조吏曹에서 경내境內의 명산대천名山大川과 성황城隍·해도海島 등의 신에 대한 봉작을 청해 오자 이들 신격에 대한 봉작이 다음과 같이 행해졌다.

> ○ 송악 성황은 진국공鎭國公으로, 화녕和寧·안변安邊·완산完山의 성황은 계국공啓國公으로, 지리산·무등산·금성산·계룡산·감악산·삼각산·백악산·진주성황 등 주요 진산은 호국백護國伯으로, 그 나머지는 호국지신護國之神으로 하였다.[296]
>
> ○ 이조吏曹에 명命하여 동산東山을 호국지신護國之神으로 봉하게 하였다.[297]

이 봉작에서 주목되는 것은 조선 건국과 관련하여 태조의 출신지에 대한 배려가 엿보인다는 점이다. 개성의 송악은 이성계가 등극한 곳이었으며, 화주·안변·완산 등은 이성계의 출신지나 활동지였다. 따라서 송악·화주·안변·완산 등지에 대한 봉작은 조선 건국을 이 지역의 신격들이 음호해 준 것으로 간주하여 이에 대한 보답성의 봉작이었다고 할 수 있다. 그리고 지리산 이하 그 나머지 신격들에는 모두 '호국護國' 자字가 붙여지고 있는 점이 보인다. 산신에 '호국' 자字를 부가하고 있는 것은 신왕조의 개창에 따라 민심이 아직 안정되지 못한 상황에서 신왕조에 대한 호국의 역할을 산신에 부여하고자 한 것이 아닌가 생각된다.[298]

296_ 『太祖實錄』卷3, 太祖 2年 正月 丁卯條. "吏曹請封境內名山大川城隍海島之神 松嶽城隍曰鎭國公 和寧安邊完山城隍曰啓國伯 智異無等錦城雞龍紺岳三角白岳諸山晉州城隍曰護國伯 其餘皆曰護國之神". 그런데 이에 앞서 태조 원년에 예조전서 조박은 '모주·모군의 神名'으로만 호칭할 것을 제의한 바 있다. 이것은 태조 원년까지도 고려조의 봉작된 신명이 그대로 답습되고 있었던 사실을 가리킨다.

297_ 『太祖實錄』卷8, 太祖 4年 9月 丙申條. "命吏曹 封東山爲護國之神"

298_ 반면, 이를 신앙적인 측면보다 전 국토를 지배하는 왕권이 경내 자연신을 예우한다는 보편적 의례로서 실행한 것이라고 보는 견해도 있다[金泰永, 「국가제사」, 『한국사』26(국사편찬위원회, 1995), 227쪽].

다시 말해, 왕조 개창에 따라 정통성이 아직 미약한 신왕조로서 왕조 수호를 전통적인 산신의 호국 기능에 의지하고자 한 것이었다. 따라서 조선조에 들어와서도 산신에 '호국' 자字를 부가하고 있는 것은 전통적인 산신신앙의 계승이라고 할 수 있다.

다음으로 한양으로의 천도가 결정된 후 신수도의 산신에 대한 봉작이 취해졌다. 특히 이 봉작은 조선 초기의 봉작이 지닌 정치적 의미를 부각시켜 주는 사례이다.

> 이조吏曹에 명하여 백악白岳을 진국백鎭國伯으로, 남산南山을 목멱대왕木覓大王으로 봉하고, 경卿·대부大夫·사士·서민庶民들이 제사할 수 없게 하였다.[299]

여기서 '진국鎭國'이라고 하는 봉호는 본래 고려의 송악에 주어진 것이었다. 그런데 이 봉호가 한양의 백악에 다시 내려지고 있다. 따라서 이와 같은 봉호의 변경은 고려로부터의 단절과 신왕조 건국의 의지를 천명한 것으로 해석할 수 있다.[300] 또한, 개성의 목멱산을 대신하여 남산南山을 새로 목멱대왕이라 개칭·봉작한 것 역시 고려를 대신하여 조선의 건국을 내외에 공시하고 아울러 이런 신격들에게 신왕조의 수호를 맡기고자 한 의도가 아니었을까 생각된다. 이런 점에서, 이런 봉작의 변화는 고려에서 조선으로의 전환을 상징하는 정치적인 의미가 찾아진다.

그러나 예제의 준용을 통해 왕권 강화를 시도하고 있던 태종대에는 산천신에 대한 작호가 이제는 신왕조와 관련되어 정치적인 의미를 지니고 있지 못했다. 오히려 작호는 예제禮制에 어긋난 관행으로서 혁파되어야 할 대상이었다. 이에 태종 13년(1413) 6월 태종은 예조에서 산천신에의 작호와 신상의 혁거를 건의해 오자 이를 허락하고 있다.[301]

299_ 『太祖實錄』 卷8, 太祖 4年 12月 戊午條. "命吏曹 封白岳爲鎭國伯 南山爲木覓大王 禁卿大夫士庶不得祭"
300_ 이 점과 관련하여 太宗 6年(1406) 正月에 송악 성황의 祿이 백악성황에게 移給되고 있는데, 이것도 고려 송악을 대신하여 조선의 백악에 비중이 이행되고 있는 사실을 상징적으로 보여준다(『太宗實錄』 卷11, 太宗 6年 正月). 또한, 같은 해에 산천단이 숭례문에서 남산 목멱으로 옮겨 개축된 것도 신왕조의 수도인 한양의 입지를 강화하고자 하는 의도로 볼 수 있으며, 태종 12년(1412) 정월 백악·목멱의 神主 改作도 고려를 대신한 조선 건국의 정당성을 이들 신격에 반영하고자 한 조처라 할 수 있다. 그리고 송악 성황에의 기복제를 금지시킨 점도 고려와의 단절을 의미하는 것이 아닐까 측측된다(『太宗實錄』 卷24, 太宗 12年 12月 辛未條).

그럼에도 세종 6년에 이르기까지 성황과 산신에 대한 봉작의 관행은 그대로 이어져 왔으며, 또한 산신이 지니고 있던 전통적인 호국신앙에 대한 인식도 지속되어 온 것으로 보인다. 그러다가 세종은 성황과 산신에 대한 봉작이 매우 무리한 일이라 하여 이를 철폐하고자 했으나 신하들의 반대로 일단 봉작의 철폐는 무산된 바 있다. 그러나 다시 세종 12년(1430) 8월 예조에서 각도산천단묘순심별감各道山川壇廟巡審別監의 계본啓本에 의거하여 작호爵號와 신상神像 등의 폐지를 건의[302]한 것을 볼 수 있는데, 이때에도 그 혁파가 제대로 시행되지 않았다. 그 후 세종 19년(1437) 3월에 이르러 비로소 악해독산천嶽海瀆山川에 봉작된 기존의 신호神號 및 '호국'자字의 삭제가 일률적으로 행해지고 있다.[303]

이처럼 세종대의 전기前期 10여 년에 걸친 작호의 폐지 논의는 그만큼 세종이 산천·성황의 작호 폐지에 열의를 지니고 있었다는 것을 바로 말하여 준다. 그리고 이런 작호의 폐지가 지닌 의미는 전통적으로 산신에 부여되었던 호국신앙이 배제되고 산천신에 대한 유교적 의례로 이행되는 과정을 보여주는 것이라고 할 수 있다.[304] 즉 산신에 대한 신앙적인 성격을 배제함으로써 국가의 공식적인 산신제에 의례적인 성격을 보다 부각시킬 수 있는 국행제로의 전환이라고 하는 의의를 지니게 된 것이었다.

이상 조선 전기의 봉작이 지닌 의미와 그 혁파 과정에 대해 간략히 살펴보았다. 요약하면, 고려조에서와 같이 봉작에 내포된 유교 이념의 표출과 태조~태종대의 봉작이 지닌 정치·신앙적 의의가 세종대에 들어와 혁파되었다는 것이다. 이는 세종대에 들어와서는 봉작이 더 이상 유교 이념의 표출로 간주되지 않고 음사적淫祀的인 것으로 인식되었다는 점을 말해 준다. 대신 세종은 산신제를 비롯한 국가의 공식적인 의례 전반을 오례五禮[305]로 정비함으로써, 유교 제례의 국행제에 따른 제도화의 토대를 구

301_ 『太宗實錄』 卷25, 太宗 13年 6月 乙卯條.
302_ 『世宗實錄』 卷49, 世宗 12年 8月 甲戌條.
303_ 『世宗實錄』 卷76, 世宗 19年 3月 癸卯條.
304_ 金泰永, 앞의 논문, 19쪽 및 韓㳓劤, 앞의 논문, 183쪽.
305_ 五禮란 국가의 공식적인 의례 및 이에 대한 의식 절차 등이 제도화된 것으로서, 吉禮·嘉禮·賓禮·軍禮·凶禮를 말한다. 오례는 이미 고려에서도 시행되고 있었다. 『高麗史』 禮志에 보이는 오례가 그것으로, 이는 仁

축하게 된다.

한편 국행제의 단서는 태종 13년 6월에 정해진 사전에서 일단 찾아볼 수 있다. 왜냐하면, 사전에 등재된 제례는 곧 국가에서 행할 치제 대상의 목록이기 때문이다. 그러나 이 사전에 의해 국가의 치제 대상이 정해졌다고 하더라도 이에 대한 국행제를 지내는 데 따른 의식 절차 전반에 대한 세부적인 규정까지 정비된 것은 아니었다. 이 때문에 '큰일을 당하여서는 예관禮官들이 임의로 변통하는 것을 취하는'일이 빈번하였던 것으로 보인다.[306] 이와 같은 임시변통적인 의례의 운용은 결국 국가 제례에 대한 제도화가 아직 성립되지 않았다는 것을 보여준다.

이에 세종대에는 명明과의 천자 및 외교적 관계, 건국에 대한 정당성의 확립, 왕권의 제약을 위한 신하들의 명분 등에 의해 새로운 오례체제五禮體制가 강구되었고,[307] 마침내 의례 절차 전반에 관한 규정이 조선의 오례五禮로서 새로 정비되었던 것이다.

이 중 산악제와 같은 자연신에 대한 국행제는 길례吉禮에서 찾아지는데, 변사조辨祀條에 의하면 대大·중中·소사小祀의 등차는 이전 태종대의 그것과 거의 같다. 다만 행정구역의 변동에 따라 그 치제 대상에 다소 변화가 있을 뿐인데, 이해의 편의를 위해 세종대에 재편된 내용을 보면 다음 〈표 6〉과 같다.[308] 그러면 이처럼 재편된 악해독 및 산천에 대한 국행제의 세부 사항들이 어떻게 정비되어 갔는지 살펴보기로 한다.

우선 이 점과 관련해서는 세종 3년(1421) 12월에 보이는 다음 기사가 참고 된다. 즉 매년 연말年末에는 내시별감內侍別監을 보내어 불우佛宇와 산천에 복을 빌며 이를 '연종환원年終還願'이라 하였는데, 예조에서 그 절목節目을 아뢰자 세종은 "불우佛宇에 복을

宗 때(1122~1146) 崔允儀에 의해 정리된 『古今詳定禮』가 기본을 이루고 있다. 또한, 이 오례는 조선 시대의 오례에도 많은 영향을 끼친 것으로 밝혀졌다. 그런데 태종대에는 대체로 고려의 오례가 준행되어 왔으나 제도의 미비 때문에 세종대에 들어와서야 이미 시행되던 典禮와 故事를 취하고 唐·宋의 古制와 明의 제도를 참작하여 조선의 五禮가 갖추어지게 되었다. 이상과 같은 조선 초기 오례의 정비과정에 대해서는 李範稷, 『韓國中世禮思想研究』(一潮閣, 1991) 196쪽 및 229~281쪽이 참고 된다.

306_ 『世宗實錄』 卷128, 五禮 序文에 의하면 "太宗命許稠 撰吉禮序禮及儀式 其他則未及 每遇大事 輒取辨於禮官 一時所取"라 하였다.

307_ 張哲秀, 「朝鮮時代의 五禮」, 『朝鮮朝宮中生活研究』(文化財管理局, 1992), 256쪽.

308_ 『世宗實錄』 卷128, 吉禮 序禮條.

비는 일은 폐지하고, 단지 악해독과 산천에만 제사하도록 명하고 있다.[309]

이에 의하면, 연종환원이란 연말에 내시별감이 불사와 선천에 신년의 복을 비는 행사였던 것으로 보인다. 따라서 연종환원에는 불교를 숭상하는 의미도 있으므로, 세종은 이를 폐지하는 대신 유교 제례에 입각한 악해독산천제를 지시함으로써 유교적인 사전체계로의 강화를 꾀한 것이라고 할 수 있다.

이어 세종 11년(1429)에는 전국의 산천에 제실祭室과 위판位版을 설치한 곳을 정하고, 변계량卞季良의 건의에 따라 국가에서 행하는 악독산천의 제품祭品에 따라 국고國庫의 미곡米穀으로 치제致祭하고 제사 후에는 감사監司가 예조에 이문移文하는 것을 항식恒式으로 삼게 된다.[310] 실제 세종 13년(1431) 3월에는 호조戶曹의 계啓에 의해 사전에 등재된 각도별 산천성황사의 위전位田이 확정[311]됨으로써 국행제에 따른 경제적 기반이 확보되기도 하였다. 또 세종 14년(1432) 9월[312]에는 예조에서 단壇과 유壝의 규격과 제향에 따른 악무樂舞를 상정함으로써 전국에 걸쳐 제소祭所 및 제의祭儀의 일률성이 갖춰지게 되었다.

다시 세종 19년(1427) 3월에는 악해독·산천의 단묘壇廟 및 신패神牌의 규식이 상정되고,[313] 동년 5월에는 두만강과 압록강신이 사전에 새로 등재[314]되고 있다. 이것은 사전이 단지 치제 대상의 등차나 나열만이 아니라, 그 이면에 왕조의 영토 범위가 사전을 통해 확인되고 있다는 사실도 보여주는 것이다.[315] 이런 점에서 사전은 영토의식을 반영하는 것이기도 하다.

한편 국행제의 전형적인 예로 사직社稷·종묘宗廟와 같이 국가나 왕실과 직접 관련된 의례를 들 수 있다. 이들 의례는 원칙적으로 왕이 친사親祀하는 의례이므로 국가의

309_ 『世宗實錄』 卷14, 世宗 3年 12月 壬寅條. "卽命罷佛宇 而只祭嶽海瀆山川"
310_ 『世宗實錄』 卷46, 世宗 11年 11月 癸丑條.
311_ 『世宗實錄』 卷51, 世宗 13年 3月 庚午條. "戶曹啓 祀典所在 各道山川城隍 神祠位田 請中祀給二結 小祀 一結五十負"
312_ 『世宗實錄』 卷57, 世宗 14年 9月 丙辰條.
313_ 『世宗實錄』 卷76, 世宗 19年 3月 癸卯條.
314_ 『世宗實錄』 卷77, 世宗 19年 5月 辛亥條.
315_ 李範稷, 앞의 책, 315쪽.

권위와 왕실의 존엄성을 드러내는 계기로 당연히 중시되었을 것이다. 그러나 영의정이 왕을 대리하여 사직제를 지내는 경우도 있었고, 주현州縣에서의 사직제는 지방관이 제관이 되기도 하였다. 그러나 이 역시 왕을 대리하여 지내는 것에 불과하므로, 결국 국행제의 실시는 왕권의 지방에의 확산과 그 확인이라고 하는 의미를 볼 수 있다.

〈표 6〉 朝鮮祀典(中 · 小祀)의 山川

	中 祀	小 祀
京城	三角山 · 漢江	木覓山
京畿道	松岳山 · 德津	五冠山 · 紺岳山 · 楊津
忠清道	熊津	雞龍山 · 竹嶺山 · 揚津溟所
慶尙道	伽倻津	亏弗神 · 圭屹山
全羅道	智異山 · 南海	全州城隍 · 錦城山
江原道	東海	雉岳山 · 義館嶺 · 德津溟所
豊海道	西海	牛耳山 · 長山串
永吉道	鼻白山	永興城隍 · 沸流水
平安道	平壤江 · 鴨綠江	阿斯津 · 松串 · 清川江 · 九津溺水
咸吉道	豆満江	

그리고 국행 산천제와 관련하여 먼저 중시된 것은 풍운뇌우산천성황風雲雷雨山川城隍에 대한 제례였던 것으로 보인다. 그렇지만 산천신을 제외한 나머지 신격들은 모두 중국의 예제에서 수용된 것으로, 이 사실은 조선의 예제가 중국 예제의 영향 하에 구성되었던 것임을 말하여 준다. 풍운뇌우와 산천 · 성황을 한 단에서 합제한 시초는 공민왕恭愍王 19년(1370) 명明의 서사호徐士昊가 송도松都의 남문 밖에 단을 쌓아 치제한 데에서 연유하는데, 이것이 세종 18년(1436) 8월 홍무예제에 합당하지 않다는 이유로 한 때 풍운뇌우와 산천신의 단을 각기 다른 방위에 쌓아 치제하자는 논의가 있었다.[316]

316_ 『世宗實錄』 卷72, 世宗 18年 8月 戊寅條.

그러나 세종은 이것이 태조·태종대 이래 관행되었다고 하여 길례吉禮에 주현州縣의 제례祭禮로 정해져 '풍운뇌우산천성황사의風雲雷雨山川城隍祀儀'[317]로 정리하였던 것이다. 그리고 이 의식은 시일時日·재계齋戒·진설陳設·행례行禮의 4단계로 나누고, 행례 안에 제례의 진행 순서를 세부화한 것으로서 의식의 운용에 따른 모든 절차가 마무리되고 있다.

여기서 풍운뇌우산천성황의는 주현의 제례이므로 소재지의 감사나 수령이 지내는 제의가 되고 있지만, 이와 함께 국왕이 친히 지내는 제례나 국왕을 대리하여 지내는 제례와 같이 모든 제례에 대한 상세한 사항들도 마련됨으로써 국행제 전반에 대한 제도화의 기반이 확립될 수 있었다.[318]

이처럼 세종대에는 각 제단의 규식 및 이들 제례를 지내기 위한 행례 절차가 정비됨으로써 국행제에서의 일률적인 치제가 가능하게 되었다는 데에 의의가 있다. 즉 모든 제례에 각기 제일祭日·단유壇壝·신위神位·축판祝版·폐백幣帛·제기祭器·제물祭物의 진설陳設 및 그 종류種類·재계齋戒·제관祭官·제복祭服 등과 같은 행례行禮 절차節次가 시정始定됨으로써, 국행제의 진행에 따른 세부규정들과 이에 따른 유교 의례의 제도화도 시행될 수 있게 되었다.[319]

가령, 제일祭日의 경우 풍운뇌우산천성황과 악해독 및 명산대천에의 치제는 1년 2회로서, 중춘仲春과 중추中秋에 길일吉日을 점쳐 지내도록 한 것이라든가 제물로는 돼지를 사용한다든가 재계 일수와 금기 사항, 제관 등의 규정[320]에 따라 국행 산신제도 정례화定例化하고 일원화一元化된 제사의 운영원리를 적용하였던 것이다. 그리고 세종대의 오례는 다시 부분적으로 수정되어 성종成宗 5년(1474) 『국조오례의』로 완성됨으로써 이후 조선조의 국행제에서 유교문화의 이념이 폭넓게 수용되는 계기가 될 수 있었다.[321]

317_ 『世宗實錄』卷130, '祀風雲雷雨山川城隍儀'條.
318_ 위의 책, 같은 조.
319_ 國行祭의 세부절차에 대한 儀注들은 모두 『世宗實錄』卷130, 吉禮儀式條에 나와 있다.
320_ 『世宗實錄』卷128 吉禮序例 및 卷130의 각 儀式 참고.
321_ 李範稷, 앞의 책, 400쪽.

이로써 경우에 따라 임시변통적으로 또는 각 지역의 전통에 따라 개별적으로 행해지기도 하였던 제사를 초월하여 국가라는 더욱 확대된 영역에서의 통합된 의례가 확보되었다는 점에서 국행제가 지닌 제도화의 의의를 찾아볼 수 있다.[322] 이것은 다시 말해 전 국토에 대한 보편적인 유교 의례의 적용을 의미하며, 이런 국행제가 기본적으로는 왕을 대리한 지방관들에 의해 수행된다는 점에서 국토 전역에 왕권을 확산시킬 수 있는 여건 조성에도 기여한 것으로 보인다. 따라서 세종대의 국행 산신제의 제도화는 국토의식의 확립과 왕권의 강화 및 유교 의례의 일원적인 운용에 적지 않은 성과가 있었다고 평가된다.

그러나 국행제에 시행에 종교전문가宗敎專門家[323]가 철저히 배제된 채 소재지의 관리가 제관이 되어 치제를 행했다는 것은 이런 국행제가 본래 종교적인 목적보다는 단순한 형식적인 측면만이 부각된 것임을 말해 준다. 게다가 산신제와 같은 자연발생적인 공동체 신앙을 음사로 간주하고, 국행 산신제에 일반 민들의 참여를 배제함으로써 오히려 계층별 위화감이 조성된 점은 조선조의 국행 산신제가 지닌 부정적인 요소라고 할 수 있다. 이 때문에 제도적인 운용이 해이해지거나 단순한 관념으로만 행해지던 조선 중기 이후에는 국행제가 이후 제대로 지속될 수 없었던 이유가 되기도 하였다. 결국, 이것은 민간에서의 신앙적인 지지기반이 없던 국행제의 제도화가 지닌 한계였다. 반면, 일반 민간에서 행해지던 산신제는 숱한 음사 금령에도 꾸준히 행해지고 있었다는 사실이 바로 이런 점을 반증한다.

(3) 조선 전기 민간 산신제의 내용

여기서는 조선 전기에 행해진 제도화된 유교 제례로서의 국행 산신제와는 별도로 당시 민간에서 행해졌던 산신제의 양상을 검토한다. 이를 통해 조선 전기 민간 산신제의 내용 및 성격 파악이 가능할 것이다. 그러나 조선 전기의 민간 산신제와 관련된

322_ 黃善明, 『朝鮮朝宗敎社會史硏究』(一志社, 1985), 77쪽.
323_ 徐永大, 「한국 고대의 종교전문가」, 『인하』 20(仁川, 仁荷大學校, 1984), 382~396쪽.

기록은 극히 단편적이며, 그나마도 유신들의 부정적인 시각이 게재된 것이므로 이런 제약적인 요소들을 극복하여야 본래의 실상을 제대로 파악할 수 있다. 따라서 이와 같은 자료의 한계를 극복하기 위해 민간 산신제와 직접 관련된 내용은 아닐지라도 조선 전기에 음사로 간주된 다른 사례들도 참고함으로써 민간 산신제의 모습에 접근해 보고자 한다.

조선 시대 국행제의 범위는 일단 주현을 한계로 하고 있었던 것으로 보인다. 이것은 주현 이하의 향촌 사회에서는 국행제가 행해지지 않았다는 것을 뜻한다. 따라서 주현 이하 향촌 사회에서의 사신祀神행위는 국행제와는 별도로 촌민村民들에 의해 기존의 방식대로 행해졌을 것으로 간주할 수 있다. 그리고 향촌에서의 치제는 촌락의 수호신을 신당神堂에 모신 형태로 행해진 것으로 보인다. 이와 같은 사실은 전술한 충청도관찰사忠淸道觀察使 허지許遲가 음사를 없애는 방안으로 제시한 이사제의 실시 논의에서 찾아볼 수 있다. 즉 허서가 "민호民戶의 다과多寡와 경지境地의 원근遠近을 따져 40호 또는 50호마다 1사社를 두어 여기에 제사하도록 하고, 이외 따로 이중里中에 신당을 세운 자가 있다면 엄히 다스리자"고 한 것이 그것이다.

이처럼 이사제의 실시에 40호 또는 50호를 범위로 한 것은 당시 향촌 사회의 규모를 말해 주는 것으로서, 이 정도의 규모는 여말 선초의 자연촌으로 해석되기도 한다. 또한, 이런 자연촌이 곧 리里로 재편되고 있는 것은 점차 자연촌들이 성장하여 '리里'라는 독자적인 명칭을 가지게 되었다는 사실을 보여준다.[324] 따라서 당시 1리란 대략 40~50호戶 정도의 자연촌들을 단위로 하여 더 발전된 형태로 재편된 것이었다고 할 수 있다. 그리고 이런 리里에 보이는 신당神堂 역시 이전부터 자연촌에 있어 온 촌락신앙의 구심체적 존재로서 촌락의 수호신을 모신 당이었을 것이다. 또한, 이러한 신당은 흔히 촌민들이 자의적으로 세우기도 했으므로, 허서는 신당의 자의적인 설치자를 엄벌하자고 한 것이었다. 이런 점에서, 신당은 자연촌 규모의 단위에서 촌민들에 의해 유지되어 온 자생적인 신앙 전승물이었다고 생각된다.

324_ 李泰鎭, 「士林派의 留鄕所 復立運動」, 『韓國社會史硏究』(知識産業社, 1986), 131쪽.

게다가 촌민들의 자생적인 신당신앙은 촌락의 전 성원이 참여하는 공동체적인 사신행위祀神行爲이기도 하였다. 그리고 촌락에서 이러한 사신을 위한 조직체의 사례로 사신향도祀神香徒를 주목할 필요가 있다. 태조太祖 2년(1392) 도평의사사의 구폐시의救弊時宜 중에,

> 금년 여러 도道에 가뭄으로 흉년이 되었으니, 만약 일찍이 도모하지 않는다면 기근이 거듭 닥쳐오게 될 것입니다. 또 무지한 백성이 뒷날의 걱정을 도모하지 않고 사신향도계祀神香徒契 등의 일로서 소비하는 것이 적지 않습니다.[325]

라고 한 사신향도계가 그것이다. 사신향도란 말 그대로 신에 대한 제사를 목적으로 결성된 조직체로서, 본래는 기불祈佛을 위한 결사체였다. 이 인용문에 보이는 사례는 가뭄이 닥치자 촌민들이 기우제를 지내는 사신향도계의 모습을 유신들이 부정적으로 표현한 것으로 해석된다. 비록 위 예문에서는 더 이상 향도의 세부적인 활동에 대해 전해 주고 있지 않지만, 다음 몇몇 사례를 통해 볼 때, 향도는 사신행위만을 위해 조직된 단체는 아니었다고 보인다.

> ○ 외방外方의 백성은 부모의 장일葬日에 인리隣里의 향도香徒를 모아 음주가취飮酒歌吹하며 조금도 애통해하지 않으니 예속禮俗에 누累가 됩니다. 바라건대 지금부터 이전의 잘못을 답습하지 못하도록 하고, 위반자는 엄히 다스리소서.[326]
>
> ○ 지금 풍속이 날로 각박해져 가는데 오직 향도鄕徒만이 아름답습니다. 무릇 인리隣里의 천인賤人들이 모두 모이는데, 적은 데는 7~9명이고 많은 데는 혹 100여 명으로 매월 돌아가며 술을 마시며 (후략)…[327]

325_ 『太祖實錄』 卷4, 太祖 2年 11月 己巳條. "今歲諸道 因旱年荒 如不早圖饑饉荐臻 且無知之民 不顧後患 以祀神香徒契內等事 糜費不小"
326_ 『太祖實錄』 卷15, 太祖 7年 12月 辛未條. "外方之民 其父母葬日 聚隣里香徒 飮酒歌吹 曾不哀痛 乞自今毋襲前非 違者通理"
327_ 『慵齋叢話』

○ 술과 음식을 만들어 향도香徒와 음사에 제공할 비용으로도 만듭니다.[328]

이에 의하면 조선 초기 향도香徒는 촌락 내 상장喪葬의 발생 시 함께 참석한다든가 또는 매달 한 차례씩 돌아가며 모임을 갖는 모습을 볼 수 있다. 특히 향도의 상장 활동은 당시 일반적으로 행해졌던 듯 국가에서도 유기된 시신들을 장사지내는데 향도를 동원하고 있으며,[329] 조선 중기 이후로는 향도가 흔히 상장에서의 담여擔轝나 산역山役을 전문적으로 담당하는 자로 인식되기도 하였다.[330] 이런 점에서 향도가 지닌 주된 활동 중의 하나로서, 촌락 내 상장喪葬에의 공동참여를 통해 상장喪葬을 돕는 기능을 들 수 있다.

이외 향도가 정기적인 모임을 통해 그 구성원 간의 유대를 다지는 모습은 이미 고려조의 향도연香徒宴이라고 하는 행사의 전승에서 확인된다. 즉 "국속國俗에 계契를 맺어 향香을 태우는 것을 향도香徒라 하는데, 서로 돌아가며 연희를 베풀어 남녀소장男女小長이 차례로 앉아 공음共飮하는 것을 향도연香徒宴이라 한다[331]"고 한 것이나 목은牧隱 이색李穡이 장단長湍 유배流配 중 북리北里 금퇴金堆에 있는 낭장郎將 이연李延의 집에서 벌어진 향도연의 참관록[332]에서 볼 수 있는 것처럼, 이미 고려 말 이래 성행된 풍속이었다.

그리고 이런 향도연에 남녀노소가 흔히 참가하고 있는데, 이는 향도연이 촌락의 전 성원에게 개방된 공동체적인 행사였음을 의미한다. 비록 향도의 구성원에서의 차이, 예를 들어 적게는 7~9명에서 많게는 100여 명에 이른다든가 경우에 따라 양반 부녀자들로 결성된 향도[333]와 같이 구성원으로 볼 때 향도의 규모나 신분 구성이 결코 일률적이었다고 할 수는 없다. 그러나 예외는 있지만, 향도가 기본적으로 리중里中의 사

328_ 『世宗實錄』 卷111, 世宗 28年 2月 丁卯條.
329_ 『世宗實錄』 卷22, 世宗 5年 12月 丁卯條. "今里里人人 皆結香徒而埋葬之 然有子孫富隣之葬 爭集埋之無子孫貧隣之葬 置之不顧 或爲山火所燒 或爲狐狸所食 致傷和氣 願自今窮人之葬 全屬香徒 督而埋之"
330_ 鄭鐘秀, 『朝鮮 初期 喪葬儀禮 研究』(中央大學校大學院 博士學位論文, 1994), 207~208쪽.
331_ 『高麗史』 卷122, 列傳 35 沈于慶傳. "國俗結契 燒香名曰香徒 相與輪設宴會 男女少長 序坐共飮 謂之香 徒宴"
332_ 『牧隱詩集』 卷35, '李郎將延家 會香徒設醴 老夫往與其間 微醉先出條' "長湍北里有金堆 結社燒香歲幾回 趨取春風黍上座 携來樽酒湑新醉 誰知國相今同席 我以隣翁共擧杯 軟飽微吟眞樂甚 管絃何以動樓臺"
333_ 『世宗實錄』 卷123, 世宗 31年 正月 癸卯條.

람들로 형성되었던 점은 '리리里里'나 '린리隣里'라고 한 표현을 통해서도 알 수 있다.

결국, 이와 같은 향도의 사례에서 조선 초기의 향도는 사신이나 상장과 관련된 행사나 집단적인 연희를 위한 조직체로 활동하고 있었던 것이 분명해 보인다. 또한, 국가가 제도적으로 향도를 조직·운영한 것이 아닌 이상, 향도는 구성원들에 의해 자발적으로 결성되고 운영되었다고 생각된다. 어쨌든 향도가 행하는 활동 중의 하나가 사신을 위한 것이었다는 점에서 볼 때, 신당을 중심으로 한 향촌에서의 사신행위 역시 향도 조직체에서 주관했을 것이다.

> 예조禮曹에서 아뢰기를, "김해金海의 제석당帝釋堂과 나주羅州의 금성당錦城堂, 삼척三陟의 태백
> 당太白堂과 그 밖의 외방外方 각 고을의 신당神堂을 모두 조사하여, 동東·서활인원西活人院과 귀
> 후소歸厚所에 나누어 소속시키고, 그 신神에게 제사하고 물린 물건들은 소재관所在官으로 하여
> 금 이를 거두어 소속된 곳에 바치게 하소서"라고 하니, 그대로 따랐다.[334]

이것은 세종 5년(1423) 3월 예조에서 올린 내용으로, 이를 통해 당시 김해의 제석당·나주의 금성당·삼척의 태백당, 그리고 그 외의 지역에서도 신당이 전해지고 있었음을 볼 수 있다. 더욱이 태종 14년(1414) 이사제의 시행과 이에 따른 향촌에서의 신당을 엄금하자는 논의와 관련하여 볼 때, 이 건의는 이사제의 시행에 따라 전국의 신당 현황을 파악하기 위한 사전 조치가 아니었을까 추측된다. 사실 예조에서는 세종 8년(1426) 8월 사전에 기재된 지방의 신묘神廟 등을 정기적으로 점검하자고 건의하여 그 시행을 허락받은 바 있지만,[335] 이것은 일단 사전에 기재된 신묘에 한정된 조치였다.

반면 세종 12년(1430) 6월 예조에서 보고한 전국의 신당 현황은 사전 외의 것까지 언급되고 있다는 점에서 조선 전기 신당과 산신신앙을 파악하는데 더없이 좋은 자료이다. 그런데 본래 이 보고는 각도산천단묘순심별감各道山川壇廟巡審別監이 조사한 내용

334_ 『世宗實錄』卷19, 世宗 5年 3月 甲申條. "禮曹啓 金海帝釋堂·羅州錦城堂·三陟太白堂 及其他外方神堂並
　　令推刷 分屬東西活人院·歸厚所 其祀神退物 令所在官 收之納于所屬處 從之"
335_ 『世宗實錄』卷33, 世宗 8年 8月 辛巳條.

을 근거로 하여 예조에서 그 폐단의 시정을 건의한 것이므로, 내용상 유교 예제에 어긋난 민간의 신앙형태에 대한 반박으로 일관되어 있다는 점에 주의를 필요로 한다. 이 때문에 아래에서는 관련된 내용 중 그 시정을 촉구한 내용만 적기摘記하기로 한다.

○ 전주성황위판全州城隍位版에 '전주부성황지신全州府城隍之神'이라 되어 있으며, 판위版位 뒤에 5위位의 신상神像이 봉안되어 있음

○ 영흥성황위판永興城隍位版에 '성황계국백지신城隍啓國伯之神'이라 되어 있고, 6위位의 남녀男女 목상木像이 있음 ⋯(중략)⋯

○ 적성현積城縣 감악산신紺岳山神은 위판位版은 없고 주신主神 부처夫妻 2위位와 자신子神 부처 합쳐 모두 6위의 이상泥像이 있음

○ 회양부淮陽府 의관령義館嶺의 신은 사당祠堂외 따로 1칸이 있고 여기에 여신의 목상木像 1위가 있음

○ 송악산성황松岳山城隍에는 위판은 없고 이상泥像 4위가 있어 봄·가을로 남녀가 모여 음사를 지낼 때 풍악을 울리며, 제기祭器로 은수저·잔반盞盤·향로香爐·향합香盒·등잔燈盞·장등長燈·병甁·선鐥·두고리豆古里 등 모두 은銀을 사용하고 있음

○ 대황당大皇堂에는 위판位版은 없고 이상泥像 4위와 제기祭器로 은그릇을 사용함

○ 국사당國師堂에는 위판位版은 없고 제기祭器는 은그릇을 사용함 ⋯(중략)⋯

○ 황해도黃海道 장연현長淵縣 장산곶長山串 위판에는 '장곶지신長串之神'이라 쓰여 있으나, 속설에 국사國師에게 쓰는 희생으로 두부를 올림

○ 평안도平安道 의주義州 압록강鴨綠江의 신은 위판은 없고 제사할 때 종이를 사용하여 '압록지신鴨綠之神'이라 쓰고 제사 후 강물에 던지고 있음

○ 안주安州 청천강淸川江의 신에는 지전紙錢을 사용하여 제사지냄 ⋯(중략)⋯

○ 개성開城 대정신大井神은 위판位版은 없고 신상神像 4위가 있으며, 제기祭器로는 자기磁器와 목기木器를 섞어 사용하고 있음

○ 황해도黃海道 서흥군瑞興郡 부연신釜淵神의 위판位版에는 '부연호국지신釜淵護國之神'이라 되어 있음

○ 나장산정羅帳山頂에 있는 흰돌白石을 국사國師라 하여 '호국신護國神'이라 부르고 있음 …(중략)…

○ 수안군遂安郡의 요동산신遼東山神의 위판位版은 요동산신위遼東山神位라 되어 있음

○ 안악군安岳郡 도곶신桃串神의 위패位牌에 '호국護國' 자字가 보임

○ 곡산군谷山郡의 산마다 봉안된 여러 산신山神을 함께 치제致祭할 것[336]

　이처럼 세종 12년까지만 하더라도 건국 초 이래 꾸준히 추진되었던 유교 예제의 실시가 각도各道에 걸쳐 일률적으로 시행된 것만은 아니었다. 오히려 각도各道에서는 자체의 전승에 따라 치제 방식을 달리해 오고 있었다는 것을 알 수 있다. 또한, 신호神號나 신상神像이 고려에서는 일반적으로 나타나는 현상이었다는 점에서 보면, 이런 현상은 고려적인 전통의 계승이라고 할 수 있다.

　신상은 목상木像 또는 이상泥像이 주로 봉안되고 있으며, 비교적 1위만 봉안된 경우는 드물고 대체로 1쌍雙 이상인 경우가 많다. 또한, 1쌍 내지 그 이상의 신상은 부부 또는 부자라고 하는 가족관계로 설정되고 있다. 사실 예조에서는 이와 같은 신상을 혁거하고 대신 위패로 전환하자고 한 것이었지만, 그 시행이 준수되지 못했던 데에는 고려조 이래 신상의 강한 전승이 유지되어 온 점에 있었다고 생각된다. 더구나 위패가 설치된 곳이라고 할지라도 대부분 예제禮制대로 사용되었던 것도 아니었으며, 일부 지방에서는 위패位牌 대신 지패紙牌의 사용례도 볼 수 있다.

　게다가 바다나 산정山頂에 국사신國師神을 봉안한 사례는 이미 국사신앙國師信仰[337]이 조선 전기에 민간화된 신앙형태로서 향촌 사회에 널리 전승되고 있었다는 점과 해신海神 또는 산신과 융합된 형태로서의 산신신앙의 양상을 보여주는 사례들이다. 황해도黃海道의 나장산羅帳山과 같은 곳에서는 국사신의 신체가 '흰돌白石'이라고 하고 있는데, 이는 국사신앙에 자연신 신앙의 잔존 양상을 보여주는 것이기도 하다. 그리고 곡산군

336_ 『世宗實錄』 卷49, 世宗 12年 8月 甲戌條.

337_ 金泰坤, 「國師堂信仰硏究」, 『白山學報』 8(白山學會, 1970).

谷山郡에서는 산마다 산신이 봉안되어 있었다고 한다. 여기서 민간에서는 산신신앙이 매우 성행하였다는 점과 산신신앙의 개별적인 전승 사실들도 알 수 있다. 이외 신호에 호국이라는 글자가 흔히 부여되고 있던 것도 당시 민간신앙에 미친 호국신앙의 영향이라고 할 수 있다.

또한, 위의 송악산 성황제와 같은 경우는 산신과 성황신이 융합된 형태로서 신당신앙의 모습을 찾아볼 수 있다. 특히 봄과 가을마다 송악 성황에 정기적으로 치제하였다고 한 남녀는 향도의 구성원이 아니었을까 추정되는데, 그렇다면 여기의 송악 성황제는 사신 향도에 의한 치제로 간주할 수 있다. 그런데 송악 성황에는 고려 때 이미 성황신 외에도 국사신·마고신 등과 같은 여러 신이 함께 치제되고 있었다. 이런 점에서 국사신은 결코 고려의 송악에서만 전승되던 신격이 아니라 조선조에 들어와서도 각처에서 흔히 신앙되고 있었다는 점이 확인된다.

그리고 이에 앞서 사간원司諫院에서는 민간에서의 산천·성황제를 금지한 일을 볼 수 있는데, 그 이유로서 "산천과 성황에 사람마다 모두 제사지내며, 무리 지어 술 마시고 돈을 허비하여 가산家産을 탕진"[338]하는 것을 내세우고 있었다. 이것은 앞서 누차 언급한 바로 같이 일반 민들의 산천성황제가 명분에 어긋난다고 하는 점과 재물의 낭비라고 하는 점에서 금령이 취해진 것이었다.

산천성황제를 통한 미비糜費와 파산破産의 지적은 유가儒家의 입장에서 본 과장된 표현임이 분명하다. 게다가 이런 산천성황제에서 음주飮酒를 동반하고 있는 점을 송악 성황제에서의 풍악風樂과 관련지어 볼 때, 일반 민들의 치제 방식에서는 흔히 음주가무飮酒歌舞가 수반된 점을 볼 수 있다. 또한, 사헌부司憲府에서 "금주령禁酒令에도 불구하고 신神에게 제사할 때 금주를 명하지 않았기에 백성이 제사를 구실로 남녀가 모여 음주가무한다."[339]고 한 지적도 당시 일반 민들의 치제 방식이 일반적으로 음주가무에 의한 것이었음을 시사한다.

338_『世宗實錄』卷34, 世宗 8年 11月 丙申條. "山川城隍 人皆得以祭之 群飮糜費 傾家破産"
339_『世宗實錄』卷48, 世宗 12年 5月 乙巳條. "會飮則已曾禁之 而神祀無禁 故無識之徒 托以神祀 多備酒食聚會 男女 沉醉糜費 以至歌舞假衢"

한편 제기祭器도 은기・자기・목기 등 여러 재질이 사용되고 있으며, 그 종류도 각처의 방식에 따른 것이므로 예제상禮制上의 통일성과 다소 거리가 있다. 따라서 예조에서는 위 인용문에 이어 아래와 같은 내용의 건의를 통해 위패와 제기에 관한 규정을 다시 정하고자 하였다.

○ 위판位版은 단유壇壝에 가까운 북쪽에 방 한 칸을 만들어 보관하다가 치제시致祭時 단壇 위에 봉안하여 치제할 것

○ 제기祭器의 경우 봉상사奉常寺의 각색各色 제기祭器를 각도各道로 보내어 이를 주조하여 사용토록 하고, 제기를 보관해 두는 창고를 만들어 단壇지기가 관리하되, 제기祭器의 주조는 우선 자기磁器를 구워 만들 것[340]

이와 같은 위판과 제기에 대한 예조의 규정 역시 조선 전기 예제의 정비과정에 따른 일환으로 행해진 것이었다. 그러나 이런 사실을 통해 세종대에 들어와서도 각 향촌에서 전승되고 있던 신앙형태가 유교 예제와는 다른 양상이었다는 것을 알 수 있다. 단적으로 말해 조선 전기에는 여전히 고려의 신앙전통이 향촌 사회에 지속적으로 전승되고 있었다는 것이다.

지금까지 살핀 내용을 요약하면 아래와 같다.

첫째, 신당에는 대개 1쌍 이상의 신상이 봉안되어 있으며, 신상으로 구현된 신들은 가족관계로 설정되고 있다. 둘째, 신들에게는 일반적으로 작호爵號가 부여되어 있었으며, 호국이라고 하는 신호를 통해서는 호국신앙의 전승을 볼 수 있다. 셋째, 산신이나 성황 또는 산신과 국사신과 같은 신앙의 융합화가 현저한 점이다. 넷째, 이와 같은 신당에서의 치제는 향도에 의해 행해졌으며, 그 구성원에 있어서도 남녀의 구별 없이 모두 참여하고 있다는 점 등이다. 결국, 이와 같은 점에서 15세기 전기까지 향촌에서의 신앙전통은 고려의 것이 답습되어 왔다는 것을 알 수 있다.

340_ 위의 책, 같은 조.

그런데 향촌에서의 산신제가 향도에 의해서만 행해졌던 것은 아니었는데, 이는 다음 사례에서 보듯이 무격이나 경대부들도 흔히 행하는 치제대상이었기 때문이다.

○ 지금의 세속은 여전히 옛 습속에 따라 무격의 요망하고 허탄한 말에 미혹되고 있어, 이것을 높이고 숭상하여 어떤 때는 집에서, 어떤 때는 들에서 행하지 않는 곳이 없습니다. 그리하여 분수를 넘고 예를 지나쳐 명산의 신에게도 누구나 다 제사할 수 있게 되었습니다. 함부로 음탕한 짓을 행하고 주색에 빠져 가산家産을 소비하며 정욕情欲을 제멋대로 다하여 남녀의 분별을 혼란되게 합니다. 다만 서민만이 그런 것이 아니고, 경대부의 집안에서도 습속이 되어 떳떳이 행하며 혹은 기은祈恩이라 하고 혹은 반행半行이라고도 하며 항상 춤추고 노래하면서 왕래함이 잇달았습니다.[341]

○ 판부사判府事 최윤덕崔閏德이 아뢰기를 "… 신臣이 지난해 하삼도下三道의 사사寺社들을 순찰하였는데, 거의 다 혁파되었으나 유독 음사淫祀만이 크게 성행하여 반행원산半行遠山 임신야제林神野祭라 일컫고 노비를 붙여 준다거나 혹은 재물을 맡기기도 하는데 무식한 자들만 그러할 뿐 아니라 사대부의 집에서도 모두 공공연하게 복을 비니 무당의 풍속을 이루 금할 수가 없습니다.[342]

이처럼 민간에서의 산신제는 향도 외에도, 무격들이나 경대부(녀)에 의한 치제 등 거의 전 계층에 걸쳐 행해지고 있었다. 여기서 무격들에 의한 산신제는 이미 고려조에서부터 별기은別祈恩이라 하여 전해 온 것이기도 하지만, 이런 별기은이 조선에 들어와서도 여전히 행해지고 있었음을 알 수 있다. 다만 고려의 별기은에는 왕실을 위한 기복제적인 성격이 강하였지만, 한편 조선의 별기은은 경대부가에서 자신들을 위한 기복제라는 차이를 볼 수 있다.

341_ 『世宗實錄』 卷45, 世宗 11年 9月 癸酉條. "今之世俗 尙循舊習 惑於巫覡 妖誕之說 是崇是信 或家或野 無地不作 以至踰分越禮 名山之神 皆得而祭之 荒淫耽樂 糜費家産 恣情極欲 混亂男女之別 非惟庶民爲然 卿大夫之家 習以爲常 或稱祈恩 或稱半行 恒家恒舞"

342_ 『世宗實錄』 卷52, 世宗 13年 5月 戊寅條. "判府事崔閏德啓 … 臣去歲 巡審下三道寺社 則革去殆盡 獨淫祀大行 稱半行遠山林神野祭 或屬奴婢 或典家財 非唯無識之徒爲然 士夫之家 亦皆公然 繳福巫覡之風 不可勝禁"

그리고 반행半行 역시 흔히 기은祈恩과 병칭幷稱[343]되는 점에서, 기은과 거의 유사한 성격의 제례가 아니었던가 생각된다. 그러나 대체로 기은이나 반행은 향촌 사회에서 지내는 공동체적인 제례는 아니었고, 개인의 기복을 위한 개인제로서의 성격이 두드러진다. 특히 기복제로서의 기은이나 반행은 주로 양반가의 부녀자들이 의뢰한 무격들에 의해 행해졌으며, 이 때문에 사대부녀의 신앙행위와 무풍巫風을 금하는 금령이 함께 내려지는 경우가 흔했다.[344] 물론 이외에도 백성을 대상으로 한 음사 금령은 자주 취해지곤 하였다.

그러나 이러한 금령들에도 민간에서는 여전히 기존의 신앙이 유지되고 있었으며, 여기에는 왕실에서의 음사 금지에 대한 이중적인 시책도 한 이유로 들 수 있다. 또 한편으로는 왕실에서도 점차 왕권의 권위에 거슬리는 면만을 제지하는 데 그치는 소극적인 태도를 들어 볼 수 있다.[345] 가령, 왕실에서의 이러한 태도는 세조世祖(1455~1468)가 한 다음과 같은 말에 잘 표현되어 있다.

음사를 금지하는 것은 그것이 요망妖妄하기 때문이라면 아주 없애 버리는 것이 옳은데, 지금까지 폐지할 수 없는 것으로 성황城隍이 있고 여러 신당神堂에 제사지내는 것이 있으며, 나라에서 향과 축문을 보내고 또 신세포神稅布도 있고 또 무녀巫女로 하여금 병을 고치게 한다. 공가公家에서 이와 같이하면서 백성에게 제사지내는 것을 금지함이 옳겠느냐. 이와 같은 작은 일을 금지하지 말도록 한 적이 여러 번인데, 법사法司에서 여전히 금지하고 있으니, 교활한 아전들이 침어하는 구실이 되는 데 불과할 뿐이다.[346]

사실 음사의 금령이 서민들에게만 해당하는 것은 아니었다. 그런데도 공가公家 즉

343_ 가령, 世宗 8年 11月 丙申條에 "司諫院 上訴曰 … 山川城隍 人皆得以祭之 群飮糜費 傾家破産 … 非唯細民 爲然 卿大夫家 率以爲常 曾不爲怪 或稱祈恩 或稱半行 (下略)…"라 보인다.

344_ 『世宗實錄』 卷52, 世宗 13年 6月 丁巳條.

345_ 李泰鎭, 앞의 논문, 135쪽.

346_ 『世祖實錄』 卷4, 世祖 2年 5月 乙亥條. "禁淫祀爲其妖妄也 則絶之可也 今旣不可廢 而有城隍焉 有諸祀神堂 焉 國遣香祝 又有神細布 又令巫女救病 於公家如此而禁民祀神可乎 如此細事 不許禁約者累矣 而法司因仍禁止 不過爲猾吏 侵漁之資耳"

사대부가士大夫家에서의 음사는 묵인되면서 서민에게만 음사를 지내지 못하도록 하는 금령의 모순성을 세조가 지적한 것이다. 그뿐 아니라 세조는 이 점을 보다 구체적으로 지적하여, 나라에서 신당 등에 향과 축문을 내려 보낸다든가, 무격들에게 신세포神稅布를 받고 구병救病에 무녀를 동원하는 것 외에도, 경대부가에서 이런 제사를 지내면서 백성에게만 음사라 하여 금지시키는 것은 잘못이라 하였다. 세조는 오히려 음사 금령이 활리猾吏들에 의해 백성을 침해하는 구실이 된다고 하여 음사를 금지하지 말도록 하고 있는 것이다.

여기서 음사 금령이 지방 토호들에 의해 백성을 침해하는 하나의 구실이 되는 것으로 인식한 세조의 태도에 유의할 필요가 있다. 즉 세조는 음사 금령을 구실로 지방 토호들이 자의적으로 백성을 침탈하고 있는 것을 우려하고 있었기 때문이다. 이것은 세조가 음사 금지를 명분으로 한 토호들의 지방에서의 자행恣行이 오히려 왕권을 저해하는 요인이 될 수 있는 것으로 간주했음을 시사한다. 이 때문에 세조는 토호들의 세력을 억압하고 왕권을 확산시키고자 음사 금령을 누차 폐지하도록 명한 것으로 생각한다.

이렇게 보면 세조의 음사 금령에 대해 다소 완화된 조치는 궁극적으로 지방토호들의 세력을 억압함으로써 중앙집권적 왕권을 강화하고자 한 의도였다고 할 수 있다. 게다가 세조가 신하들의 반대에도 불구하고 천자의 예인 원구제圓丘祭를 실시하고자 한 것도 신앙적인 측면에서 추진된 왕권강화책의 일환으로 파악할 수 있다.[347]

347_ 조선에서의 원구제 시행 여부는 이미 태조 때에서부터 유신들 간에 논란이 된 문제였다. 대체로 유신들은 유교적 명분에 근거하여 제후국인 조선에서의 원구제의 실시는 참월한 것이라 하여 반대하는 견해에 있었지만, 태종·세종대의 변계량과 세조대의 양성지 등은 중국에 대한 자주적인 입장에서 제천례의 시행을 적극 주장하고 있었다. 조선에서의 제천례의 시행에 대한 연대기적 자료를 들면 다음과 같다.
○태조 원년 예조전서 조박의 건의로 圓丘祭 일시 停罷
○태조 3년 圓丘를 圓壇으로 개칭하여 시행
○태종 11년 11월 河崙·許稠의 주장에 의해 昊天上帝에 대한 제사는 중지하고 東方靑帝에 대한 제사만 지냄
○태종 16년 다시 上帝와 五方帝에 제사지냄(세종 원년, 세종 8년 5월에도 상제와 오방제에 제사함)
○세종 27년, 세종은 '천자만이 제천할 수 있다는 예는 중국영토 내의 제후에게만 해당하는 것이고, 遼·金 등에서도 제천'하였음을 들어 제천행사의 시행을 검토하였으나 신하들의 반대로 행하지 못함
○세조 3년 정월 제천례를 정하도록 하고, 세조 10년 정월에는 친제를 행함
○성종 대 이후 원구제 혁파됨

한편 세조의 이와 같은 견해에 적지 않은 영향을 준 신하로는 양성지梁誠之와 같은 자를 들 수 있다. 그는 이미 세조 2년(1456) 3월 중국과 동등한 조선에서의 산천제를 주장[348]함으로써 중국에 대해 자주적인 태도를 취하였을 뿐 아니라 세조의 원구제를 적극 지지한 자였기 때문이다. 이는 조선이 곧 중국과 동등하다고 하는 견해의 천명으로 이를 통해 조선에서의 왕권을 강화하고자 한 것이 아닌가 생각한다. 게다가 양성지는 향촌 사회에서의 전통적인 관습들에 대해서도 대체로 호의적인 태도를 지니고 있었다. 여기서 양성지의 이런 태도는 사실 음사 금령을 구실로 자행되는 지방토호들의 세력을 억압하여 국가와 농민을 직결시킴으로써 중앙집권을 강화하고, 아울러 전통적인 관습을 장려함으로써 민족의식과 국가의식을 고양하고자 한 것이라는 견해가 참고 된다.[349] 따라서 세조 때 행해진 음사 금령의 완화책은 민간에서의 사신행위가 성행할 수 있는 계기가 되었다.

그러나 왕실에서 음사를 묵인해 주는 것은 어디까지나 일시적인 현상이었다. 이것은 유교 이념을 사회 전반에 확산시키고자 한 성종대成宗代(1470~1494)에 들어와, 특히 향촌 사회에 기반을 둔 사림파士林派가 등용되면서 음사에 대한 금단책이 다시 제기되고 있는 점에서 알 수 있다. 가령, 이 시기 김종직金宗直으로 대표되는 사림파가 성종

이상과 같은 조선에서의 제천례를 둘러싼 왕실과 신하 간의 논의에 대해서는 金泰永, 앞의 논문, 5~13쪽 및 한영우, 앞의 책, 32~37쪽에 정리되어 있다.

348_ 『世祖實錄』 卷3, 世祖 2年 3月 丁酉條 및 『訥齋集』 便宜二十四事條에 의하면, 梁誠之는 조선에 있어서도 중국과 같은 五岳・五鎭・四海・四瀆體制를 설정하여 중국과 대등한 악진해독체제를 다음과 같이 구상하고 있었다.
五岳 : 東岳 金剛山, 西岳 九月山, 南岳 智異山, 北岳 長白山, 中岳 三角山
五鎭 : 東鎭 太白山, 西鎭 松岳山, 南鎭 錦城山, 北鎭 妙香山, 中鎭 白岳山
四海 : 東海 江陵, 西海 仁川, 南海 順川, 北海 甲山
四瀆 : 東瀆 龍津, 西瀆 大同江, 南瀆 漢江, 北瀆 豆滿江
名山 : 木覓山・紺岳山・五冠山・鷄龍山・五臺山・雉岳山・義舘嶺・竹嶺山
大川 : 熊津・臨津・菩提津・龍興江・淸川江・博川江・落東江・蟾津江
이처럼 양성지는 국내의 산천을 오악・오진・사해・사독 및 팔산・팔천으로 나누어 실질적으로 천자와 동격의 國祀體制를 수립하고자 하였다. 또한, 여기서 주목되는 것은 민족의 시조 檀君과 관련된 산악을 새로 사전으로 편입하려 하고 있는 점이다. 가령 단군의 사당이 소재한 구월산이나 태백산과 단군이 흥기한 곳으로 전해지는 묘향산 등을 모두 사전에 새로 포함시킨 것이 그러하다. 비록 양성지의 이런 견해는 사전에 수용되지 않았지만, 어쨌든 양성지가 중국과 대등한 민족의식을 사전체제에 반영시키고자 한 점은 부인할 수 없다. 이에 대해서는 한영우, 앞의 책, 39~41쪽 및 161~228쪽이 참고 된다.

349_ 韓永愚, 앞의 책, 42쪽.

에 의해 등용되면서 사림파는 유교 이념의 사회적 실천화를 추진하였고 이 과정에서 음사 금단책도 빈번하게 나타나고 있는 사실을 보게 된다. 여기에는 성종 자신이 유교적 이념을 정치에 반영하고자 하는 의도도 있지만, 사림파가 향촌 질서를 유교적 이념으로 재편함으로써 향촌 사회에서의 주도권을 장악하고자 한 의도도 강하게 작용한 것으로 보인다. 이러한 점들이 성종 대에 음사 금령책이 다시 나타나는 배경이 되지만, 이런 사실은 한편으로 민간에서의 음사 성행을 역설적으로 반증하여 주는 것이기도 하다.

성종 2년(1471) 6월 사헌부 대사헌 한치형韓致亨의 상서上書[350]에서 불교 및 무풍巫風에 대한 혁파 건의는 성종조에 음사 금단책이 강화되는 시발점이자 세조 이후 신하들에 의해 음사 금단론이 다시 나타나는 사회적 분위기를 보여준다. 사실 성종 때만 하더라도 일일이 나열하기 어려울 정도로 음사 금단론이 자주 제기되고 있었으며, 또 이때의 음사란 주로 무속을 가리키고 있었으므로 음사의 금단은 곧 무속의 근절로 나타나고 있다.

○ 사간司諫 박숭질朴崇質이 아뢰기를 "지난번 무격을 성 밖으로 내쫓고 신사神祀를 금지하도록 명하셨는데, 근래 무녀들이 다시 점차 성으로 들어오니 집집이 맞이하여 음사를 자행하고 있습니다."[351]

○ 사헌부司憲府에 전지傳旨하기를 "무격이 풍속을 이루고 음사가 크게 행하여 무식한 자들이 이에 마음을 두고 있으니 금하지 않을 수 없다. 이미 무격들은 다 성 밖으로 내쫓도록 하였는데, 근년 들어 금령의 기강이 점차 해이해져 도성 안에서 예전처럼 자행하고 거리는 바가 없으니 거듭 엄금하도록 하라"[352]

○ 사헌부司憲府에 전지傳旨하기를 "음사淫祀를 금하는 법으로서 대전大典에 실린 바가 자세

350_ 『成宗實錄』 卷10, 成宗 2年 6月 己酉條.
351_ 『成宗實錄』 卷58, 成宗 6年 8月 癸未條. "司諫朴崇質啓曰 曩者 命黜巫覡於城外 又禁神祀 近來巫女 梢梢 還入城家家邀致 恣行淫祀"
352_ 『成宗實錄』 卷88, 成宗 9年 正月 癸未條. "傳于司憲府曰 巫覡成風 淫祀大行 無識之人 靡然趨向 不可不禁 已令盡黜城外 近年禁綱寢弛 都城之內 恣行如舊 略無所忌 其申明通禁"

하지 않은 것이 아니다. 가령 도성 내에서 야제野祭를 지내는 자, 사족의 부녀가 친히 야제野祭를 행한 자 및 산천성황에 제사를 지낸 자, 사노비를 사사寺社나 무격에 바친 자, 행행시幸行時 길가에서 제사를 지낸 자, 조부모나 부모의 혼을 무가巫家에 둔 자, 지전紙錢이나 그림을 그려 이를 배설하여 제사하는 자, 상인喪人으로 무격을 맞아들여 음사를 행하는 자, 공창무격空唱巫覡을 믿고 따르는 자들은 이미 금단하게 되어 있다.[353]

이처럼 성종 당시 조정에서는 무풍의 근절책으로서 무격을 도성 밖으로 축출하고자 하였다. 그러나 무격을 도성 밖으로 축출한다고 해서 무속이 근절될 리도 없었다. 위 사례에서도 보듯이, 무격 축출령은 이미 수차례 행해진 바 있지만, 그때마다 일시적인 효과를 거둔 것 외에는 결코 실질적인 무풍의 근절책이 되지는 못하였다.

성종조의 이와 같은 무풍의 성행과 함께 특히 음사로서 논란 대상이 된 것은 나주羅州 금성산제錦城山祭를 들 수 있는데, 이는 당시 민간에서 행해지고 있던 산신제의 모습을 잘 보여준다.

a. 전라도민全羅道民들은 사설邪說에 미혹하여 만약 나주羅州 금성산錦城山에 직접 제사하지 않는다면 그해에는 반드시 질병이 든다고 여겨 추수를 마친 후 도내道內의 모든 백성이 가서 제사하고 있습니다. 노인과 어린이로 길에 가득하고, 산에 가서는 남녀가 혼숙하기 때문에 음행을 저지르기도 합니다. (하략)…[354]

b. 본도本道(전라도全羅道)는 음사를 숭상하는데 나주가 더욱 심합니다. 금성산의 국행제 사우 외에도 사사로이 설치한 신사가 많게는 5~6개나 되며, 인근 읍의 사녀들이 구름처럼 몰려들어 유숙하기 때문에 그 배우자를 잃는 자도 있습니다. 이런 풍속과 관계된 바는 금하지 않을 수 없습니다. 그러나 수령이 비록 폐단을 알면서도 금하지 못하는 것은 신당세를 걷고

353_ 『成宗實錄』卷88, 成宗 9年 正月 庚寅條. "傳旨司憲府曰 禁淫祀之法 載在大典 非不詳盡 如都城內 行野祭者 士族婦女 親行野祭 及山川城隍祠祭者 私奴婢施納寺社巫覡者 幸行時 路邊祀神者 祖父父母之魂邀至巫家 或用紙錢 或圖形像 排設享祀者 喪人就巫覡 行淫祀者 趨信空唱巫覡者 已令禁斷"

354_ 『成宗實錄』卷97, 成宗 9年 10月 辛丑條. "全羅道之民 惑於邪設 以爲若不親祭 羅州錦城山 其年必有疾病乃 於秋成後 道內之民無遠近 皆往祭焉 携老扶幼 塡塞道路 及至其山 男女混處 因以淫亂"

있기 때문입니다. 청컨대 그 세금을 철폐하여 금령을 엄히 하소서.[355]

    c. (정鄭)탁鐸이 또 아뢰기를 … "신이 일찍이 전라도 도사都事로서 본도本道의 풍속을 보니 음사를 숭상하여 금성산에 기도하는 자는 단지 인근의 사람만은 아니라 비록 먼데 거처하는 사람이라도 식량을 짊어지고 찾아옵니다. 사족士族의 부녀자들 또한 처녀를 이끌고 와 며칠 묵고 나서 돌아가니 이 때문에 혹 부부가 실행失行하고 추한 소문이 들려 풍속의 훼손됨이 이보다 심함이 없습니다. 비록 수령守令이 금지하고자 하여도 이를 금지시키지 못하는 것은 그 사당의 세미稅米가 해마다 귀후서歸厚署로 들어가기 때문입니다. 청컨대 이를 혁파하여 풍속을 바르게 하소서"[356]

나주 금성산은 이미 고려 때부터 명산으로 알려져 왕실은 물론 민간에서도 신성시 했으며, 조선에 들어와서도 사전에 포함된 국행제의 치제대상이었다. 따라서 이러한 국행제의 대상 신격에 대해 민간에서 제사 지낸다는 것 자체가 유신儒臣들에게 수용될 수 없었다. 그런데 위 인용문으로 본다면, 금성산제가 국행제의 대상이기 때문에 민들의 치제를 금지하자고 한 것이 아니라는 점에 유의할 필요가 있다.

왜냐하면, 표면상 나주 금성산제에서 문제로 삼고 있는 것은 남녀가 몰려다니므로 일어날 수 있는 윤리의 훼손이나 사족 부녀로서의 실행 등을 지적하고 있을 뿐, 국행제의 민간 치제 자체를 참월한 것을 지적한 것은 아니기 때문이다. 이것은 성종 대에는 민간 산신제가 군주의 고유 권한을 침해하는 사신행위라고 하던 조선 초기의 명분론이 매우 퇴색되어 있다는 인상을 준다. 한편 b는 김종직金宗直이 성종 18년(1487) 6월 전라도 관찰사로 출사하면서 올린 내용 중의 하나인데, 나주에서의 음사 성행이 곧 신당세를 걷기 때문이라고 한 것이다. 또한, 이와 같은 견해는 c에서도 다시 확인된다.

355_ 『成宗實錄』 卷204, 成宗 18年 6月 戊子條. "本道尙淫祀 而羅州尤甚 錦城山國祭祠宇外 私設神祠 多至五六 近邑士女 雲集留宿 或有失其配耦者 此風俗所系 不可不禁 然守令雖知其弊 而不禁者 以收神堂之稅也請除其稅 以嚴禁章"
356_ 『成宗實錄』 卷257, 成宗 22年 9月 丙戌條. "(鄭)鐸又啓曰 臣嘗爲全羅道都事 觀本道風俗 尙淫祀 祈禱又錦城 山者 非徒旁近居民 雖遠處人 亦贏糧往來 士族婦女亦率處女 經宿乃還 以此或夫婦相失 醜聲騰聞風俗之毀 莫 甚於此 守令欲禁而不能者 其祠稅米 歲納歸厚署故也 請革之 以正風俗"

비록 a에서는 나주 금성산제에서 윤리의 문제를 들어 금단의 당위성을 제시하고 있지만, 김종직이나 정탁의 경우에는 더욱 구체적인 문제점으로서 나주 금성산제의 성행 이유가 조정에서 세미를 거두기 때문이라고 한 것이다. 즉 조정에서 음사를 금한다고 하면서 음사로부터 세미를 거두는 것 자체가 잘못이라 한 것이었다. 이에 성종은 신하들에게 그 연유를 묻자 신하들이 "그 유래가 이미 오래되어 갑자기 금하기 어렵고, 또 무리지어 음사를 행하는 자가 많으므로 세금을 거두어 억제하고자 한 것인데, 근본을 제거할 수 없다면 세미 또한 폐지해서는 안 된다"고 답변하자 성종도 "비록 세금을 거두는 것을 갑자기 금해서는 안 되겠지만, 음사는 마땅히 금하도록 하라"고 한 후 승정원承政院에 명하여 나주 금성산제를 감사監司가 엄히 금지하도록 하였다.[357]

이렇듯 당시 조정에서는 금성산제의 세미稅米를 두고 이를 철회해야 한다는 주장과 존속시키자는 상반된 견해가 있었음을 볼 수 있다. 그런데 여기서 성종 당시 향촌의 사림士林들과 조정의 대신大臣들간에 향촌 사회의 주도권을 놓고 치열하게 대립하였던 점을 고려할 때[358] 이 역시 그러한 유형이 아니었을까 추측된다. 즉 향촌 사회에서의 유교적 이념을 구현하고자 한 사림파로서는 음사의 성행을 반유교적 행위로 인식했으므로 음사를 그대로 내버려 둘 수 없는 상황에 있었다. 특히 나주 금성산제에서와 같이 그 이면에 세미를 둘러싼 조정의 묵인이라고 하는 문제점을 파악한 사림파로서는 음사 성행의 직접적인 원인이 세미를 묵인하는 자들에 있었다고 공격한 것이 당연하다고 할 수 있다.

이때 세미를 묵인한 자들이란, 성종에게 세미의 존속을 건의한 좌우 신하를 가리키는데, 다만 이들이 구체적으로 누구를 가리키는 것인지에 대해서는 사료에 더 이상 나와 있지 않아 알 수 없다. 그러나 이들은 적어도 세미의 존속을 지지하고, 또 성종에게 영향력을 행사할 수 있으므로, 이런 점에서 사림파계와 이해관계를 달리하는 자

357_ 위의 책, 같은 조.
358_ 李泰鎭, 앞의 논문, 125~185쪽.

들이었다는 것만큼이 분명하다고 생각한다.

그런데 다음 사례를 보면, 나주 금성산제에서의 세미稅米를 지지하는 자들이란 곧 조정의 대신들이었다는 것을 시사한다.

전라도全羅道 관찰사觀察使 김극검金克儉이 급히 보고하기를 "명命을 자주 내려 나주 금성산의 음사가 항상 금단禁斷을 더해 왔지만, 그 신미神米 60석碩은 해마다 귀후서歸厚署로 납입하기 때문에 수령守令은 단지 사족士族의 부녀만을 금할 뿐, 서민들은 금하지 않고 있습니다. 지금 마땅히 조령條令으로 기재된 도승度僧·선승選僧·신포神布·신미神米 등과 성조聖朝들이 이단을 물리치고 음사를 금한 뜻과는 크게 모순됩니다. 청컨대 신미를 거두는 법을 혁파하소서." (성종이) 대신大臣 심회沈澮·윤필상尹弼商 등에게 의논토록 명하니 … 의논하기를 "음사를 금함은 대전大典에 실려 있는 바이고, 금성산의 음사는 통금痛禁하도록 자주 교지를 내리셨는데 어리석은 백성이 사설邪說에 혹하여 감히 법을 어기고 행하는 것입니다. 이는 수령이 단속하지 못했을 뿐인데 어찌 다시 새로 법을 만들겠습니까. 신미神米란 바로 음사를 금하는 것이니 마땅히 관직을 몰수하고 그전대로 하소서"라 하니 이에 따랐다.[359]

전라도 관찰사 김극검의 보고는 앞의 정탁의 경우와 거의 같은 내용으로서, 금성산제로부터 신미神米를 거두지 말자는 것이었다. 게다가 정탁의 상언上言이 있었던 후 불과 한 달 만에 김극검의 보고가 다시 제기되고 있는 점을 보면, 금성산제에서의 신미 문제는 조정에서 상당한 논란의 대상이 된 것임을 알 수 있다. 그러나 이 역시 심회·윤필상 등의 의논에 따라 그대로 시행하게 되었으며, 오히려 음사를 제대로 단속하지 못한 책임을 물어 수령들의 관직을 박탈하는 조치가 취해졌던 것이다.

여기서 세미의 철회를 건의한 정탁이나 김극검이 사림파라는 직접적인 증거는 없지

---

[359]_『成宗實錄』卷258, 成宗 22年 10月 乙未條. "全羅道觀察使金克儉馳啓 累因降旨羅州錦城山淫祀 常加禁斷 然其神米六十碩 歲納歸厚署 以此本邑守令 只禁士族婦女 而不禁庶人 當今條令所載度僧選僧神布神米之類 與聖朝闢異端禁淫祀之意 大相矛盾 請革納神米之法 命議于大臣 沈澮·尹弼商 … 議 淫祀之禁大典所載錦城淫祀 累降教旨通禁 而愚民惑於邪說 冒法行之 是守令不檢察耳 何不更立新法 其神米 乃犯禁之物 當沒官 請仍舊 從之"

만 음사에 대한 부정이 사림파의 입장이었던 만큼, 정탁과 김극검의 나주 금성산제에 대한 견해 역시 사림파와 성격을 같이하는 것이라고 보인다. 게다가 심회·윤필상 등이 성종조의 대신들이었다는 점과 사림파에 의한 유향소 복립운동을 통해 사림파가 향촌 사회에서의 주도권을 점차 장악해 가고 있던 사정을 고려할 때, 이 나주 금성산제에서의 신미를 둘러싼 논의는 결과적으로 조정 대신들과 사림파의 이해관계가 직결된 문제였다고 할 수 있다.

향촌 사회에서의 유교적 이념을 실천하고자 하는 사림파로서는 나주 금성산제와 같은 음사가 당연히 폐지되어야 할 것으로 인식하였으나, 금단에 따른 문제가 조정에서 신미를 거두는 점과 관련되어 있었다. 그리고 이러한 신미를 거두는 문제가 조정 대신들에 의해 지지되고 있었다는 점에서 사림파가 의도한 바는 곧 조정 대신들에 대한 비난의 의미도 있었다고 생각된다.

그렇지만 성종 당시 음사의 성행이 비단 전라도에만 한정된 것은 아니었다.[360] 그럼에도 나주 금성산제가 조정에서 논란이 되고 있는 가운데 전라도의 음사에 대한 금단의 건의가 다시 한 번 제기되고 있다. 비록 여기서는 나주를 직접 지칭하고 있지 않지만, 전라도의 음사를 문제로 삼고 있다는 점에서 위 예문들의 금성산제와 맥락을 같이하는 것으로 볼 수 있다.

> 장령掌令 김미金楣가 글을 올리기를 "전라도는 옛 백제의 터로 그 유풍이 아직 남아 있고 완한頑悍한 풍속이 다른 도에 비해 더욱 심합니다. … 귀신을 숭상하는데 울창한 숲에는 모두 신들이 있어 혹은 목인木人을 세우기도 하고 혹은 지전紙錢을 태우며 피리를 불고 북을 치며 주식을 차려 남녀가 함께 어울리고 무리지어 노숙露宿합니다."[361]

김미의 상언上言은 앞서 본 김종직이 한 b와 내용상 동질의 것임을 이미 지적한 바 있다.[362] 또한, 이를 통해 당시 사림파가 전라도의 음사를 집요하게 제기하고 있는 것은 전라도 지역에서 대신들이 대토지소유자로 군림하고 있던 데 따른 것이라고 하는 점도 밝혀졌다.[363] 따라서 전라도 음사 성행에 대한 사림파의 문제 제기는 이를 묵인하는 대신들에 대한 공격이었다고 볼 수 있다. 요컨대 전라도의 음사를 금단하자는 측은 사림파이거나 사림파에 동조하는 측이었고, 이를 묵인하거나 존속을 지지한 자들은 조정의 대신들이었던 것이다.

사림파의 활발한 유향소 복립운동으로 지방의 주도권이 사림파에 의해 점차 장악되자, 이에 위축된 조정 대신들로서는 사림파계의 신미 철회를 그대로 용인할 수 없는 문제였으며 오히려 이 기회를 이용하여 사림파가 포진한 지방 수령들의 관직을 몰수하는 기회로 이용한 것이 위의 예문例文들이다. 그러나 위에서 보았듯이 나주 금성산제에서의 신미를 둘러싼 사림파와 조정 대신들과의 갈등은 결국 대신들의 승리로 끝나고 말았다. 또한, 이것은 대신들이 정계를 장악하고 있는 동안 신당세神堂稅를 명목으로 향촌에서의 사신행위가 묵인되었음을 뜻하는 것이기도 하다.

그러나 이러한 신당세의 존속도 중종대中宗代(1506~1544)에 들어오면서 사정이 변하게 된다. 그것은 중종中宗 9년(1514) 4월 김숭조金崇祖가 한동안 잠잠했던 신당세의 철폐를 제기함으로써 일단 중종으로부터 철회를 검토 받는데 이르렀기 때문이다.

"나주 금성산은 국사國祀인데, 먼 지방의 어리석은 백성이 무당에게 혹해서 봄가을이 될 때마다 원근의 남녀들이 시끄럽게 모여들어 남에게 뒤질세라 기도하여 재앙을 면하려고 밤을 지내기도 하여 추한 소문이 많으니 풍속을 손상하는 것이 이보다 심함이 없습니다. 그러나 호조戶曹는 교지敎旨를 받아 퇴미退米를 거두어 귀후서歸厚署로 나르되 1년에 받아들이는 양을 60석碩으로 항규恒規를 삼았으므로 수령이 능히 금하지 못합니다. 청컨대 속히 쌀을 받아

362_ 李泰鎭, 앞의 논문, 162~164쪽.
363_ 李泰鎭, 위의 논문, 165~166쪽.

들이라는 영을 거두시어 음사의 폐해를 엄하게 금하소서."라 하니, 전교傳教하기를 "금성 산신당에서 바치는 쌀이 그런 줄 몰랐다. 이렇게 풍속에 관계된 일이라면 엄하게 금하는 것이 마땅하다"고 하였다.[364]

이처럼 중종은 김숭조의 제의를 받아들여 신당세의 철폐를 명하고 있다. 그러나 그 즉시 호조戶曹에서 "신당세를 거두는 것은 법전法典에 등재된 것이므로 가벼이 고칠 수 없다"고 답하자, 이에 중종은 단지 "알겠다."라고만 한 점[365]으로 보아 이때 신당세의 철폐가 정식으로 결정되지는 않았던 것으로 생각된다. 왜냐하면, 중종 11년(1516) 6월 기사관記事官 류성춘柳成春이 "근래 좌도左道가 대부분 혁파되었는데도 유독 나주 금성산 성황제만이 성행하는 것은 신당미를 거두기 때문"이라고 하자 이번에도 중종은 아무런 대답을 하지 못하고 있는 점을 볼 수 있기 때문이다.[366]

중종은 신당미 철폐 건의에 대해 심적으로 동의하고 있었지만, 이를 단행하기에는 아직 역부족이었던 것으로 보인다. 이것은 조정에 신당미의 존속을 지지하는 신하들의 세력이 왕권을 능가하였다는 점을 의미하는 것이라고도 할 수 있다.

그런데 중종 12년(1517) 9월, 중종이 승정원承政院에 전교傳教하여 "무녀, 신당포・세 등의 일은 말단을 억제하기 위하여 거두는 것이지만, 거두는 것이 마땅하지 않으며, 무녀巫女도 활인서活人署에 소속시키지 말라"[367]고 함으로써, 이때 신당세의 철회를 전격적으로 명한 사실을 볼 수 있다. 이것은 이 시기에 들어와서 중종이 권신權臣들의 신당세 존속론에도 불구하고 신당세의 철회를 감행할 수 있을 정도로 왕권이 강화되었다는 것을 시사한다.

364_ 『中宗實錄』卷20, 中宗 9年 4月 甲寅條. "金崇祖曰 羅州錦城山 乃國祀也 荒裔愚民 惑於巫覡 每當春秋遠近 男女 聚集雜沓 祈禱恐後 求免災厄 以至經宿 多有醜聲 傷風敗俗 莫比爲甚 但戶曹受教 收斂退米 輸之歸厚署 一年所納 至六十碩以爲恒規 故守令莫能禁斷 請亟罷納米之令 通禁淫祀之弊 傳曰 錦城山神堂 責納之米 不知 所以然也 如此有關風俗之事 通禁爲當"

365_ 위의 책, 같은 조. "戶曹啓曰 錦城山神堂退米收納事 載在續錄 不可輕改 傳曰知道"

366_ 『中宗實錄』卷25, 中宗 11年 6月 癸丑條.

367_ 『中宗實錄』卷29, 中宗 12年 9月 辛卯條. "傳于政院曰 巫女神堂布稅事 雖爲抑末而收之 然不當收之也巫女 亦勿屬活人署"

그러나 중종 13년(1518) 정월 지평持平 이우李佑가 올린 글에 보면, 중종의 신당세 철회령과 함께 지방관에 대한 음사 금단이 가해지자 조정에서 종전의 신당세 대신 무녀에게 세를 거두고 있다. 이 때문에 이우는 나주 금성산 신당세의 철회가 제대로 행해지지 않는다는 내용을 보고하고 있다.

지평持平 이우李佑가 아뢰기를 "들으니 전라도 나주 금성산 신당의 퇴미를 많이 거두어 귀후서에 바친다 합니다. 지금 음사를 금하고 있는 때에 이와 같은 세를 거두니, 이것은 위에서 그렇게 하는 일입니다." 나주목사羅州牧使가 그 사실을 호조와 본부에 장계狀啓하였는데, 그 올린 글에는 "쌀이 나올 곳이 없으므로 무녀에게 배당시켜 징수했다"고 합니다. … 상上이 이르기를 "이러한 종류의 세는 이미 거두지 못하게 했는데, 그것만은 미처 없애지 않았는가. 마땅히 살펴 처리하라"고 하였다.[368]

즉 신당세의 철회령에 따라 현지 관리도 부득이 이를 따랐으나, 대신 무녀에게 세를 부담시켰던 것이다. 결국, 중종의 신당세 철회령은 현지에서 변형된 형태로 무녀에게 할당되고 있음을 알 수 있다. 이 때문에 중종은 이우의 계언啓言이 있던 다음날 신당세의 철회 의지를 다음과 같이 밝히고 있다.

전교傳敎하기를 "백성에게 무격 음사를 금지했는데, 오히려 퇴미를 징세하는 것은 의미에 매우 마땅하지 않다. 일절 징수하지 않는 것이 옳다"고 하자, 승지承旨 이자李耔가 바로 아뢰기를 "하교하신 뜻은 지극히 아름답습니다. 다만 귀후서나 동서활인서에서 장례와 의료에 쓰이는 비용이 모두 여기에서 마련되고 있습니다. 또 무격 음사를 금하더라도 아주 끊어 버

368_ 『中宗實錄』 卷31, 中宗 13年 正月 戊午條. "持平李佑曰 聞全羅道羅州錦城山神堂 退米多收 而納諸歸厚署 令方禁斷淫祀之事 而有如此之稅 是自上敎之使爲也 羅州牧使 以其狀 呈報于戶曹及本府 其呈文曰 米無出處 故分徵於巫女云 … 上曰 此類之稅 已令不收矣 此獨不及耶 當審處之". 그런데 본문에 이어 바로 "時牧師權希孟 嚴禁淫祀 其民不得上錦城神堂以祀之 而朝廷猶不去退米之稅 神堂則無 復有前日所收之 來 故不得已分徵於巫女"라고 하는 기사를 주로 달고 있다. 즉, 현지민들이 금성산제를 지낼 수 없게 되자 당국에서도 신당세를 거둘 명분이 없게 되자 대신 무녀에게 신당세를 거두었다는 것을 알려준다.

릴 수는 없습니다. 아주 끊어 버릴 수도 없는데, 그에 대한 세를 거두지 않는다면 나라의 수입 예산이 소루할까 염려됩니다."라 하였다.

　전교傳敎하기를 "신당의 세포와 퇴미를 일절 거두지 않는 것이 옳다. 버릴 수 없다고 한 것은 '세포와 퇴미를 거두지 않으면 오히려 더 성해질 것이므로' 금지하고 억제하려는 뜻에서 그런 것이다. 그러나 해조該曹에 말하여 공문을 작성해 정부에 보고해서 처리하게 하라"[369]

이에 따라 중종 12년 이후 중종의 신당세 철회령은 매우 확고하게 관철되고 있다. 비록 승지承旨 이자李耔와 같은 신하의 반대가 있었을지라도 중종은 신당세 철회령을 거듭 확인하고 있었다. 이에 앞서 중종이 몇몇 신하의 신당세 철회 건의에 대해 전혀 대답을 못했던 것에 비한다면, 이 시기에 들어와 중종에게 있어서 신당세의 철회는 그만큼 신념에 가까웠던 것으로 보인다. 또한, 신하의 반대에도 자신의 의견을 관철할 수 있었다는 것은 전에 비해 더 강화된 왕권을 보여주는 점이기도 하다.

이로써 성종 이후 중종 대까지 신하들 간에 논란의 대상이 된 신당세의 존폐는 마침내 폐지로 결정되었다. 이것은 그동안 권신들에 의해 묵인되어 온 신당세의 폐지를 의미하는 것임과 동시에 신당세의 존속을 주장해 온 권신들의 세력도 위축되었다는 것을 뜻한다. 게다가 이는 중종 대에 들어와 조광조로 대표되는 사림계가 재차 부상되고 있던 상황을 반영하는 것이기도 하다.

그리고 중종 12년 이후 금성산제에서의 신당세 논의가 더 이상 보이지 않는 것으로 보아, 조정에서의 신당세 논쟁은 사실상 종식되었다고 할 수 있다. 이것은 권신들에 대한 사림파의 승리를 의미하며, 나아가 사림파가 정계를 주도하게 되는 조선 중기 이후부터는 음사 금단이 기본적인 정책으로 대두하였음을 의미한다.

369_ 『中宗實錄』 卷31, 中宗 13年 正月 己未條. "傳曰 禁民巫覡淫祀 而猶稅其退米 甚不宜於義 可一切勿稅也承旨李耔仍曰 所敎之意 至爲美矣 但歸厚署 及東西活人署 送終活人之費 皆出於此 且巫覡淫祀 雖禁之亦不可頓絶也 不可頓絶 而不收其稅 則恐國計虛踈也" "傳曰 神堂稅布退米 可一切勿收也 其以爲不可棄者以禁抑之意而然矣 然亦可言于該曹 使爲公事 以報府而 處之也"

그러나 음사 금단이 조선 중기에도 기본적인 정책이었을지라도, 민간에서의 음사까지 위축되었던 것은 결코 아니다. 조선 중기 이후 빈번한 음사 금령은 오히려 민간에서의 활발한 사신행위를 반영한 것이기 때문이다. 또한, 사림파의 기본적인 입장이 음사 금단책에 있었을지라도, 금령에 따른 일시적인 효과 외에는 이렇다고 할 만한 성과를 결코 거두지도 못하였다.

이처럼 조선 중기 이후 음사 금단이 미봉책에 그친 데에는 민간에서의 신앙적 욕구의 강인함이 작용하지만, 금령 자체가 단순한 이상에 불과했다는 점에 기인한다. 게다가 이러한 금령에도 왕실에서는 여전히 기복적인 사신행위를 지속하고 있었으며, 조선 중기 이후 정계를 확고하게 장악한 사림파가 더 이상 신당세 폐지를 명목으로 음사 금지에 몰두하지 않았던 점도 들 수 있다. 결국, 이런 요인들 때문에 빈번한 음사 금령에도 조선 중기 이후에까지 민간에서의 사신행위는 존속할 수 있었다.

그러면 지금까지 언급한 나주 금성산제를 통해 당시 민간에서 행해진 산신신앙의 양상을 검토하기로 한다. 첫째, 나주 금성산은 국행제의 대상이었음에도 민간에서의 치제행위가 행해지고 있었다. 위에서 민간에서의 금성산제를 문제로 삼은 것은 비록 명분상 음사를 금단하고자 한 것이었으나 실제로는 신당세의 존폐를 둔 사림파와 조정 대신들 간의 이해 대립에 근거한 것이었음을 본다면, 국행제에 대한 민간에서의 치제를 문제 삼지는 않았다고 할 수 있다. 실제 조선 중기에 들어와서도 조정에서는 국행 산신제를 지내고 있었으며, 민간에서도 이 중 몇몇 산에서 치제를 하고 있었음이 확인된다. 따라서 조선 중기에는 국행제에 따른 민간 산신제에 대한 금단이 초기에 비해 상당히 약화되어 있었다고 할 수 있다.

둘째, 민간 산신제가 대규모로 행해진 점을 들 수 있다. 비록 나주 금성산제라고 하는 자료상의 한계는 있지만, 산신제는 한 도道의 거의 모든 사람이 참여하는 제의로서 남녀노소의 구별 없이 며칠에 걸쳐 행해지며 정도의 차이는 있을지라도 다른 지역의 산신제에서도 거의 유사하게 나타나고 있다.

셋째, 민간 산신제에서의 무격의 치제 사례이다. 다시 말해 무격에 의한 산신제는 아직 유교적인 이념이 반영되지 않은 전통적인 사신행위로 간주할 수 있다는 것이다.

따라서 무격 산신제의 존속은 조선 중기까지 민간에 유교 이념이 충분히 확산되지 않았다는 사실을 시사하고 있다.

마지막으로 민간에서의 산신신앙과 성황신앙의 혼합양상이다. 그것은 나주 금성산제를 말하면서 경우에 따라 성황제도 언급하고 있는 점에서 알 수 있다. 그리고 산신과 성황신의 혼합상이 고려 중기 이래 전해지고 있었던 점에서 볼 때, 이 역시 전대이래의 전승이라고 할 수 있다.

2) 조선 중기 이후 민간 산신제의 성행과 그 요인

(1) 유교 제례로서 산신제가 지닌 한계

태조 이래 성종대에 걸쳐 추진된 사전祀典 정비는 형식상 어느 정도 갖춰졌으나, 실제 시행은 엄격하게 지켜지지는 않았다. 조정에서는 표면적으로 유교적 명분론에 근거하여 민간의 산신신앙이나 무속신앙 등을 금지시키고 있지만, 신앙 자체의 단절까지 가져오지는 못하였다. 여기에는 유신 간에 지니고 있던 음사에 대한 상충된 견해라든가 왕실에서의 기복신앙에 대한 욕구,[370] 민간에서의 신앙전통, 유교가 종교로서지니는 한계 등과 같은 여러 복합요인에 따라 전승이 쉽게 단절될 수 없었던 이유가있었다. 조선 시대에는 국초 이래 유교 이념을 표방하고 중기 이후에는 유교의 사회적 실천을 어느 정도 가시화되긴 하였으나, 조선 전기와 비교하면 음사 금단책이 주로 무속신앙에 한정되고 있었던 점도 이러한 변화로 지적할 수 있다.

16세기에 들어와 조정이나 유신들이 지적한 음사의 성행 내용 가운데 일부를 보면다음과 같다.

370_ 가령 明宗 2年(1547) 5月의 기사에 의하면, 송악·목멱·백악 등에서 기은제가 행해지고 있는 곳을 지적하면서, "이는 寡人(明宗)의 복을 비는 것인데, 반드시 복을 얻을 필요가 있겠느냐"고 하여 이의 혁파를 명하고 있는데, 이것은 당시 왕실의 기복을 위한 기은제가 산악에서 여전히 행해지고 있었던 사실을 보여준다[高麗時 於松岳木覓白岳等山 有祈恩祭 至我 朝太宗以爲 神不歆非類 乃命革之 且於歲季 祈禱于山川 世宗以爲淫祀 已盡革之 而此事猶存 此不過爲寡人祈福也 雖必獲福 亦爲非矣 況不可必獲乎 卽命革罷].

중종	3년	3월	무풍성행
	4년	정월	무풍성행
	5년	정월	국무추방
	5년	12월	무풍의 악폐
	7년	4월	기은제 탄핵
	7년	6월	기은제 탄핵
	8년	10월	무풍성행
	9년	10월	무풍배척
	10년	윤4월	무격방축
	12년	8월	무풍성행
명종	9년	9월	무풍성행
	21년	정월	유행들에 의한 음사 훼분
선조	29년	12월	평산산성平山山城 내 신숭겸申崇謙의 철상鐵像을 신앙함

이는 16세기에 해당하는 중종·명종·선조 때의 기사에서 무작위로 추출한 음사 탄핵 내용 중의 극히 일부이다. 이것만으로도 알 수 있듯이, 당시 음사 탄핵의 대표적인 대상으로 들 수 있는 것은 무속신앙이었다. 그러나 그렇다고 해서 당시 민간의 산신신앙이 근절되었기 때문에 음사 금단에 따라 민간에서의 산신신앙을 금하는 내용이 찾아지지 않는 것은 아니다. 오히려 조정에서 음사로 문제 삼던 것은 무속신앙이었고, 이외의 사신행위는 대체로 묵과되었던 결과 이와 같은 현상이 일어났던 것이 아닌가 보인다. 이것은 후술하듯이, 민간에서 여전히 산신신앙이 행해지고 있던 점을 보더라도 충분히 이해할 수 있다.

따라서 조선 중기 이후 조정의 음사 금단책은 크게 무속신앙의 금지와 민간에서의 산신신앙에 대한 묵과로 요약할 수 있다. 이 두 가지 점은 크게 무속신앙의 금지와 민간에서의 산신신앙의 전개에 매우 중요한 요인으로 작용하고 있다는 점에 주목할 가치가 있다. 왜냐하면, 이후 조선 산신신앙의 전개에 무격에 의한 산신제는 여전히 비난의 대상이 되고 있지만, 향촌에서의 촌민들에 의한 산신제는 대체로 묵인되었기 때문이다. 또한, 이런 점에서 유의해야 할 점으로 향촌 사회의 산신제에 유교적인 치제 방식이 도입되어 제례 방식이 점차 유교식화 되어 가는 과정도 볼 수 있다. 이처럼 조선 후기의 산신제는 종래의 무격에 의한 산신제가 다소 위축되면서 촌민들에 의한 유교적 제례로 이행되어 가는 변화가 일어난다. 이에 따라 여기서는 조선 후기 향촌 사회의 이와 같은 변화상을 염두에 두면서 산신신앙의 양상을 검토하기로 한다.

음사를 둘러싼 유신 간의 대립된 견해는 앞에서 본 바와 같이 사림파가 득세하면서 조선 중기 이후에는 더 이상의 갈등이 보이지 않는다. 대신 왕실에서는 음사를 묵인하거나 소극적으로 대처하면서 왕실과 신하 간에 갈등이 노출되고 있다.

> 연산군燕山君 6년(1500) 2월의 경우, 의정부에서 아뢰기를 감악신앙紺岳信仰과 영선營繕을 없애도록 간청하였으나 왕은 감악과 영선은 제신소祭神所를 위한 것이니 없앨 수 없다고 하였다.[371]

비록 위 사례는 연산군 자신의 자의적인 호신好神 태도를 보여주고 있지만, 유교적 명분에 입각한 사신관이 매우 약화되어 있는 경향을 볼 수 있다. 그런데 이런 상황을 보다 구체적으로 보여주는 사례는 명종明宗 21(1566) 1 송악松岳의 신사 소각 사건이다.

사건의 발단은 개성부開城府 유생儒生들이 송악의 신사를 음사라 하여 소각시킨 일에서 비롯된다. 당시 문정왕후나 권신權臣 윤원형 등이 송악신사에 가서 기복하는 일이 많았고, 이런 상층의 기복행위는 민간에까지 자연히 영향을 미치면서 이에 대한 신앙이 성행될 수밖에 없었다. 이 때문에 유생들의 송악신사 소각사건이 발생한 것인데, 이에 왕대비王大妃 및 중궁전中宮殿은 관련 유생들은 물론 이를 단속하지 못한 개성부 관리까지 잡아들이라는 엄명을 내렸던 것이다. 이에 명종도 유생들을 잡아들이도록 하였으나, 신하들이 유생들의 행동을 옹호라고 나서면서 조정은 이 문제로 한동안 시

371_ 『燕山君日記』 燕山君 6年 2月 丁酉條.

끄러웠다. 그러나 왕대비의 엄명에 굴한 명종은 신하들의 반대에도 개성부 유생 20여 명을 일단 의금부에 투옥했다가 풀어주는 것으로 마무리되었다.

그런데 명종이 유생들을 풀어준 뒤, 개성부 유생 등이 앞서 소각된 음사를 수리하지 말도록 상소해 온 것에 답하여 "음사의 설치는 예전부터 있었으니 국가에서는 이를 도외시하면 그뿐"[372]이라 한 것은 결과적으로 유신들의 음사 탄핵을 다소 주춤하게 할 수 있던 계기이자 조정에서도 음사를 방관할 수밖에 없다는 점을 보여주는 것이다.

한편 선조宣祖 29년(1596) 12월 왜란의 대비책을 논하는 과정에서 평산성平山城에 대한 선조와 신하 간의 다음과 같은 대화 내용은 16세기 민간신앙의 일단을 보여준다.

> "성城 안에 전조前朝의 신臣 장절공壯節公 신숭겸申崇謙의 철상鐵像이 아직 있습니다."라 하니,
> 상上이 "철상鐵像은 지금도 있는가?"라 물었다. 답하기를 "있습니다. 지금 읍민邑民들이 사사
> 로이 기도 하는 바 되어 음사를 행하므로 신이 그 자손子孫을 불러 '네 조상의 상像이 아직
> 남아 있으니 마땅히 사당을 세워 치제하라'고 훈계하고는 회문回文을 내어 비용을 거둬 사당
> 을 세웠습니다."[373]

신숭겸[374]은 고려 태조 10년(927) 견훤甄萱과의 공산전투公山戰鬪에서 태조를 대신하여 전사한 자로, 후에 장절공으로 봉해진 인물이다.[375] 이 예문例文에서 신숭겸의 출신

372_ 『明宗實錄』 卷32, 明宗 21年 正月 丙辰·丁巳·戊午·己未·庚申條.

373_ 『宣祖實錄』 卷83, 宣祖 29年 12月 辛未條. "城中有前朝臣壯節公申崇謙鐵像 猶在 上曰 鐵像時方有之耶曰有之 至今邑人 有所私禱 輒設淫祀 故臣招 其子孫戒曰 汝之祖先 遺像尙在 爾宜造祠致祭 因出回文 出財力以立祠"
『象山錄』에 의하면, 嘉慶 己未年(1799) 봄 豊川郡守 李民秀와 長淵郡守 具絑이 태백산에 놀러 가 성 안에 있는 삼태사의 사당을 본 내용을 전하는데, 사당 안에는 신숭겸·복지겸·유금필의 鐵像이 놓여 있었고 女像 2 軀가 있었다고 한다. 이를 통해 18세기 말까지 신숭겸 등의 철상이 민간에 전해져 왔으며, 이에 대한 사신행위도 전승되고 있었음을 알 수 있다.

374_ 신숭겸은 본래 전라도 곡성현 사람이었다. 태조에게 종사하여 후에 평산을 賜姓 받은 바 있다. 『新增東國輿地勝覽』 卷41, 黃海道 平山郡護府 人物條.

375_ 『高麗史』 卷92, 列傳 5 洪儒傳附申崇謙條.

지인 평산군에서 읍민邑民들이 그를 신앙의 대상으로 하고 있었던 점을 알 수 있다. 예문에 의하면, 읍민들의 사적인 치제를 음사로 여기는 태도도 보이지만 동일한 대상을 두고 사묘祠廟를 세워 후손들이 치제하는 것을 인정하는 경향도 볼 수 있다. 여기서 신앙 대상 자체의 부인이 아니라 주민의 지연에 얽힌 제례를 배척하고 혈연에 의한 조상제례를 권장하는 당시의 분위기를 읽을 수 있다. 다시 말해, 동일한 신앙을 두고도 그것이 조상 제례일 경우에는 허용하되 주민에 의한 치제는 음사로 간주하였던 것이다.

(2) 지방관의 음사 금단이 지닌 한시성

이상의 사례는 왕실에서의 음사에 대한 묵인 내지는 소극적인 대처 방안을 보여주는 내용이다. 또 실제 왕실에서 음사에 대한 금단책을 취했을 때에도 그것은 주로 무풍과 관련된 폐단이 지적되었을 뿐 음사 그 자체에 대한 금압은 아니었다. 반면 신하들은 왕실의 이와 같은 소극적인 태도보다 적극적으로 음사를 근절시키고자 하는 경향을 보였는데, 특히 지방관들에 의한 임지에서의 음사 탄압이 일반적으로 행해지곤 하였다.

> ○ 처음 군민郡民들이 목우木偶를 신神이라 하여 매년 5, 6월 사이에 객헌客軒에 받들어 두고 크게 제사를 지내며, 많은 사람이 모여들어 폐단이 된 지 오래였다. (김金)연수延壽가 부임하여 곧 무격 및 주관자를 잡아다 곤장을 치고 그 목우木偶는 불태워 버리니 제사가 끊어졌다.[376]
>
> ○ 이정악李挺岳이 정안부사延安府使로 있을 때, 옛날부터 이곳에서 행해 온 음사를 훼방하였다.[377]
>
> ○ 정언황丁彦璜이 안동부사로 있을 때 전조前朝로부터 신라공주新羅公主 오금잠신烏金簪神이

376_ 『新增東國輿地勝覽』 卷14, 忠淸道 淸風郡 名宦條. "初郡人得木偶人以爲神 每歲五六月間 奉置客軒 大張祀事 一境坌集 流弊已久 延壽赴官 卽收捕巫覡及首事者杖之 遂大其木偶 妖祀乃絶.
377_ 李能和, 『朝鮮巫俗考』 第19章, 地方巫風及神祠條.

있어 부민府民들이 깊이 신봉하였다. 김효원金孝元이 부사府使가 되었을 때 그 신묘神廟를 분훼焚

毀해 버렸으나, 그 후 이민吏民들이 다시 신을 모시고 해마다 단오가 되면 무당들과 그 신을

봉신하는 신도 수십 명이 떼를 지어 경내를 배회하며, 이들은 이를 단오사端午使라 하였다.

… 공公이 유생儒生들을 모아 그 괴이한 복장들을 모조리 불태워 버렸다.

　○ 이형상李衡祥이 제주목사가 되었는데, 고을에 광양당이란 것이 있어 지방민들이 여기에

기도하는 것이 하나의 풍습처럼 되어 있었다. 이형상이 명을 내려 불태워 버리니 들은 사람

들이 시원하다고 하였다.

　○ 예전에 김치金緻가 영남관찰사로 있을 때 태백산신사를 허문 일이 있다.[378]

　○ 일찍이 세속이 무격을 숭신하는 것을 분개하여 가정에서 이를 엄격히 배척해서 접근

하지 못하게 하였다. … 신당은 그 고을 남산 높은 곳에 있었는데, 속칭 고려 염홍나를 신봉

하였다 하였다.

이처럼 조선 후기에 들어와 지방관들에 의해 이루어진 현지 주민의 사신행위 금지

를 흔히 볼 수 있다. 특히 전자의 예는 충청도 청풍군에 부임한 김연수가 그곳에서

행해지는 사신행위를 금지했다는 내용이다. 그런데 여기서 관심을 끄는 것은 청풍군

에서의 사신행위가 매년 5~6월 사이에 치러지는 정기적인 제사였으며, 이 제사를 무

격과 지방 아전들이 주도하고 있다는 점이다.

비록 청풍군에서의 치제가 지방 아전들에 의해 행해졌다는 구체적인 증거는 없지

만, 객사客舍와 같은 관공서 시설을 제장祭場으로 사용할 수 있는 자라면 신분상 토호

계층이 아니었을까 생각한다. 또 다음에서 보는 바와 같이 이 시기 민간의 사신행위

는 대개 지방 토호들이 주도한 사례들에서도 그렇게 보이기 때문이다.

이형상李衡祥의 제주도 사례 역시 지방관에 의한 음사 금단의 한 예이지만, 여기서

하나 유의하여야 할 점은 광양당廣壤堂이 차귀당遮歸堂[379]과 함께 지금도 확인되는 분명

---

[378] 『牧民心書』 禮典 祭祀條.

[379] 『東國歲時記』 三月 月內條. "濟州俗 每於春節 男女群聚廣壤堂遮歸堂 具酒肉祭神又地多蛇虺蜈蚣 若見灰色
蛇則以爲遮歸之神 禁不殺 秋亦如之"

한 마을제당이라는 사실이다. 다시 말해, 이러한 사실은 이 시기의 제주도에 이미 도민島民들에 의해 마을제가 전해지고 있었다는 것을 의미한다. 그리고 이는 비단 제주도에만 국한된 현상은 아니고 본토에서도 사정이 이와 비슷하였을 것이다. 결국, 이 사례는 당시 마을제의 민간전승 상황의 일단을 보여주는 것으로서, 마을제가 이 이전에 이미 형성되어 있었을 뿐만 아니라 이후에까지 전승되어 온 점을 시사하고 있다.

어쨌든 지방관들에 의한 빈번한 음사 탄압은 민간에서의 사신행위가 그만큼 성행하였다는 것을 반증한다. 비록 지방관이 민간의 사신행위를 금지했다고 하더라도 그것은 어디까지나 한시적인 조치에 불과하였을 뿐이다. 이것은 지방관이 교체되거나 시간이 지나면 사신행위가 자연스럽게 행해지곤 하였기 때문이다. 결국, 지방관들의 개인적인 통제로 민간의 사신행위가 일시 중단되기는 하였으나 결코 단절되지는 않았다.

(3) 향리 주도 산신제의 성행

조선 중기에서 후기에 이르기까지 민간에서 행해진 제의祭儀의 모습을 전하는 자료로는 지리지地理志나 읍지邑志, 문집文集 또는 세시기歲時記 등이 있는데, 여기에 그 내용이 비교적 풍부하게 나타난다. 이런 문헌들을 통해 조선 후기 민간에서의 제의는 현행 민속상의 마을제와 거의 유사한 내용임을 알 수 있으며, 따라서 오늘날의 마을제가 이 시기에 들어와 어느 정도 정형화定形化되었음을 알 수 있다.

그러나 조선 후기에 들어와 민간에서의 제의가 활발해진 것이 결코 이 시기에 들어와 갑자기 성행한 결과를 반영하는 것이라고 할 수 없다. 물론 여기에는 앞에서 본 바와 같이 국가에서의 음사 통제책이 다소 해이해진 점과 지방관의 일시적인 음사 탄압이 결코 효과적일 수 없었던 점이 이 시기 마을제의 성행을 가져온 배경 중의 하나일 것이다. 그러나 그보다는 지방에서 이전부터 꾸준히 전해져 온 신앙 전통이 표면화될 수 있던 사회적인 변화에서 배경을 찾아야 한다.

양난兩亂 이후 조선사회는 피해를 극복하는 과정에서 농업생산력을 발전시키고, 화폐경제의 발달을 보았으며, 대동법의 시행 등에 의해 산업구조가 변화되고 상품경제가 활발해지자 촌락사회도 분화되기에 이르고, 이에 따라 부농층富農層과 이농층移農層

이라는 계층분화도 가속화된 것으로 보고 있다.[380] 한편 부를 축적한 중인층 및 농민층에서는 신분의 향상을 꾀하면서 사회적으로도 광범위한 신분상의 이동현상이 발생하고 있었다.[381] 이처럼 조선 후기는 사회적·경제적인 변동에 따라 자연 지방에서도 그러한 변화가 초래되었을 것이며, 향촌 사회도 기존의 공동체적 유대감에 적잖은 혼란이 있었을 것으로 예측할 수 있다. 따라서 이러한 상황에서 마을제는 주민의 집단 참여와 공동의 이해를 반영하는 제의로서 향촌 사회의 공동체적 결속을 유지하는데 일정하게 기여했을 것으로 추측된다.

그런데 이 시기 지방에서의 제의는 크게 읍에서 행해진 제의와 자연촌에서 행해진 제의로 나누어 살펴볼 필요가 있다. 특히 전자의 사례에서 치제를 지방 토호土豪들이 주도하고 있었던 점은 다소 성격을 달리하는데, 이 점에 대해서는 좀 더 구체적으로 살펴볼 필요가 있다.

a-1) 김유신사金庾信祠는 효령현孝靈縣에 있는데, 속칭 삼장군당三將軍堂이라고도 한다. 해마다 단오端午가 되면 그 고을 수리首吏가 읍민邑民들을 거느리고 신을 맞이하기 위해 역마驛馬를 타고 기를 흔들며 북을 치면서 신을 맞이해 마을을 돌아다닌다.[382]

a-2) 청안淸安의 풍속은, 삼월 초 그 고을 수리首吏가 읍민邑民들을 거느리고 국사신부부國師神夫婦를 동면東面 장압산長鴨山 큰 나무에서 맞이하여 읍으로 돌아온다. 무격들은 주식酒食을 갖추고 쟁고錚鼓를 요란하게 울리며 현아縣衙 및 각청各廳에서 제사를 드린다. 20여 일이 지난 후 다시 신을 그 나무로 보내는데, 2년마다 한 번씩 이렇게 한다.[383]

a-3) 오금잠烏金簪의 유래가 오래되어 그 시초를 알 수 없고 해마다 5월 5일에 무당들을 모아 사흘 동안 큰 제사를 지내는데, 이것은 그 고을 호장戶長이 주관하여 주방이 먼저 대금계

380_ 이해준, 「조선 후기 향촌 사회구조의 변동」, 『한국사』 9(한길사, 1995), 259~284쪽.
381_ 조선 후기에 들어와 양반의 격증과 상민의 격감, 그리고 노비의 소멸이라고 하는 신분제의 변화를 지적하는 것도 이러한 견해를 보여준대鄭奭鐘, 『朝鮮後期社會變動硏究』(一潮閣, 1983), 234~278쪽].
382_ 『新增東國輿地勝覽』 卷25, 慶尙道 軍威縣 祠廟條. "金庾信祠在孝靈縣西岳 俗稱 三將軍堂 每歲端午日 縣首吏率邑人 以驛騎旗鼓 迎神遊于村巷"
383_ 『東國歲時記』 3月 月內條. "淸安俗 三月初 縣首吏率邑人 迎國師神夫婦於東面 長鴨山大樹 入于邑內 用巫親 具酒食 錚鼓喧轟 行神祀於縣衙及各廳 至廿餘日後 還其神於樹 而間二年行之"

제를 행하였다. 제사를 지내기 전에는 나그네도 재우지 않고 사람이 죽어도 곡을 하지 않았다. 이들 몇몇 사람들은 서로 다투어 재산을 소비하면서까지 복을 빌었다. 만약 불경하면 앙화를 당한다 하여 두려워하지 않는 이가 없었고, 관부官府에서도 이를 금하지 못했던 것인데, 부사 정언황이 그 사를 폐하고 오금잠을 석실에 폐장시켰다고 한다.[384]

a-1)은 조선 중기 경상도 군위지방에서 전해 오던 김유신제의 모습이다. 여기의 사祀는 실존인물을 모신 만큼 사묘祠廟이다. 본래 사묘에 대한 치제는 해당 고을 향교에서 유림儒林이 주관하였는데, 김유신제는 보다시피 고을 수리首吏가 주관하고 있다. 따라서 이런 김유신제는 유교식 제례로 치러졌던 것은 아니었다고 보인다. 게다가 단오와 같은 명절에 치제되고 있는 점도 김유신제가 토착성이 강한 민간의 제사로 볼 수 있는 근거가 된다. 고을 수리는 읍민들을 통솔하여 신을 맞아들일 뿐만 아니라 맞아들인 신을 마을로 모시고 다니는 역할을 하고 있다. 이것은 김유신제에 있어서 수리가 주도적인 역할을 하고 있는 점을 보여준다. 또한, 서악西岳에 김유신사를 둔 이유는 김유신을 산신으로 모셨기 때문일 것으로 생각된다.

a-2)는 충청도 청안에서 2년마다 3월 초에 지내던 국사제이다. 여기서도 역시 고을 수리首吏가 신을 맞이하여 읍내로 들이는 역할을 하고 있다. 이렇게 맞이한 신은 무격들에 의해 치제되며, 공공기관에 유숙하였다가 다시 원래의 장소로 돌아가고 있다.

a-3)은 강원도 삼척의 오금잠제로서, 단오제의 하나로 볼 수 있다. 고을 호장이 주관하고 무격이 3일간 제사하였다고 하며, 주방이 먼저 대금계제를 지냈다고 한다. 무격에 의한 제사가 전통적인 방식에 의한 것이라면, 주방에 의한 치제는 유교식 제례 방식이 아니었을까 추정된다. 그것은 뒤에서 볼 강원도 대관령산신제가 유교식과 무속식이 혼합된 제례 형태로서 현재까지 전해지는 것에서 그렇게 생각되기 때문이다. 더욱이 향리들은 지방관들이 지내는 국행제 등의 실제적인 준비를 맡아 했을 것으로 생각되는데, 아마 이러한 국행유교제의 실무경험이 향리들에 의해 유교 제례가 도입

384_ 李能和, 앞의 책(1925), 268쪽.

되는 결과를 가져왔다고 보인다. 만약 그렇다면, 향리들에 의한 치제는 유교적인 방식에 준하여 행하였을 것이다. 그리고 이런 점에서 향리들의 치제는 민간의 무속식 산신제에 유교식이 혼용되는 계기가 되었던 것이다. 또 이것은 위 예문들에서 보는 바와 같이 향리가 주도하고 무격이 참여하는 읍민 전체의 공동제례였다.

이상에서 조선 중기 이후 후기에 이르기까지 향리들은 민간 산신제를 주도한 계층이었다는 점을 알 수 있다. 또한, 해당 지역 국행제의 실무진인 향리에 의한 치제는 민간 산신제에 유교 제례의 도입을 초래하였을 것으로 추정된다. 그리고 이와 같은 유교 제례는 오늘날의 마을제에 헌작·재배·독축과 같은 형식화를 가져왔을 것으로 보인다. 반면 무격에 의한 산신제는 유교제와 상관없이 그대로 전승되어 온 결과, 민간 산신제에 유교와 무속이 서로 혼용되기에 이른 것으로 생각한다. 이런 점에서 이 시기는 마을제의 유교화가 추진되면서 한편으로는 전통적인 치제 방식과 혼용되는 기간이었다고 할 수 있다.

그리고 읍민들의 신앙 대상이기도 한 신神의 속성에서 주목되는 것은 신당에 상주하거나 어떤 특정 장소에 거주하든 가에 관계없이 마을에 왔다가 다시 본래의 장소로 돌아가는 왕래신으로서의 성격이다. 위의 예문 a-1·a-2)가 그런 사례인데, 이 외에도 지역공동체신의 왕래신으로서의 속성은 다음과 같이 전한다.

○ 자재천왕사自在天王祠는 속리산정俗離山頂에 있다. 그 신은 매년 10월 인일寅日에 법주사法住寺로 내려오는데, 사람들은 풍악을 울리며 신을 맞이하여 제사한다. 이렇게 45일을 머문 후 돌아간다.[385]

○ 고성 풍속에는 군郡의 사당祠堂에 매달 초하루와 보름날 관官에서 제사한다. 비단으로 신의 가면을 만들어 당 안에 두었다가, 섣달 20일 이후부터는 그 신이 읍인邑人에게 내렸다고 하면서, 가면을 쓰고 아내衙內를 비롯하여 읍촌邑村까지 도무한다. 집집이 이를 맞이하여 즐기

385_ 『新增東國輿地勝覽』 卷16, 忠淸道 報恩縣 祠廟條. "自在天王祠在俗離山頂 每年十月寅日 下降于法住寺山中 人 設樂迎神以祠之 留四十五日而還"

다가 정월 보름 전에 신을 다시 당으로 보내는데, 해마다 이렇게 한다.[386]

○ 산정山頂에 태산신당이 있는데 그 지방 사람들이 해마다 4월이 되면 신을 맞아다가 반드시 종고와 잡의를 베풀고 원근 사람들이 와서 제사했다.

○ 풍기 풍속에 정월 보름날 읍의 우두머리 아전이 검은 소를 거꾸로 타고 거문고를 안고 관아의 뜰로 들어가 원님에게 절한다.[387]

한편, 조선 중기 이후의 마을제로는 조선 초 이래 사신향도祀神香徒의 전승을 보이는 경상도慶尙道 길안현吉安縣(현 安東地域)의 어구향도御溝香徒를 들 수 있다. 비록 이 사례는 민들이 지낸 성황제 사례지만, 고려 중기 이후 산신과 성황신이 상호 융합되어 온 점을 고려한다면 민들의 촌제 사례로 보아도 무방할 것이다. 즉 『영가지永嘉志』(1608년 간행)에

성 위에 성황당이 있어 촌민들이 매년 입춘 때 제를 올리고 온갖 놀이를 하며 풍년을 기원하는데, 이를 어구향도라 한다.[388]

라고 보이는데, 이를 통해 16세기에 들어와서도 향도가 마을제를 주관한 점과 마을제의 방식에 놀이가 수반되고 있던 점을 알 수 있다. 또한, 이와 같은 제의 방식이 유교식 제의가 아니라는 점도 분명하다. 그렇다면 적어도 이 시기에 들어와서도 아직 유교 제례가 직접적으로 마을제에 영향을 주지 못하였다는 점도 알 수 있다.

이상에서와 같이, 조선 중기 이후의 산신제는 시대나 지역에 따라 제사의 규모나 제일祭日, 치제 방식 등에 있어 다소의 차이는 있으나, 이는 어디까지나 지엽적일 뿐 신앙의 본질에서는 거의 유사하다고 해야 한다. 앞의 사례들을 중심으로 조선 중기

386_ 『東國歲時記』 12月 月內條. "高城俗 郡祠堂 每月朔望 自官祭之 以綿鍛作假面 藏置堂中 自臘月念後 其神下降於邑人 着其假面 蹈舞出遊 於衙內及邑村 家迎而樂之 至正月望前 神還于堂 歲以爲常 盖儺神之類也"
387_ 『東國歲時記』 正月 上元條. "豊基俗 上元日 邑首吏 倒騎黑牛 抱琴而入衙庭 拜于官擊"
388_ 『永嘉志』 卷6, 古跡條. "城上有城隍堂 村氓每歲立春 設齋供呈百戱 以祈有年 仍名曰御溝香徒"

이후 민간 산신제의 모습을 추출해 보면 다음과 같다.

첫째, 읍제의 경우 향리들에 의해 주도되고 여기에 무격이 참여하는 치제 방식이 주류를 이루고 있다. 한편 향리들에 의해 유교식 제례가 도입되면서 전통적인 무속 제의와의 혼용화가 이루어졌다. 둘째, 향리가 읍민들을 거느리고 지내는 산신제는 지역 내 향리의 기득권 유지 및 과시 측면의 동기도 있었을 것으로 추측된다. 그러나 이런 제사가 전적으로 향리 계층에 의해서만 치제되는 것은 아니었고 읍민들도 참여함으로써 지역공동체 구성원의 공동체 의식을 강화하는 기능을 해온 것으로 생각된다.[389]

반면 마을제는 주민의 상당수가 참여하는 집단적인 제의로서, 음주나 가무 또는 놀이가 수반되는 모습을 보여주고 있다. 이런 점에서 마을제의 방식은 제천의례 이래의 전승이라고 할 수 있다. 그러나 조선 중기 이후 후기에 이르기까지의 마을제에는 유교 제례의 요소가 영향을 미치지 못하였던 것으로 판단된다. 그렇지만 이 시기의 읍제에는 유교 제례가 서서히 도입되고 있었던 점에서 볼 때, 마을제에도 유교 제례가 점차 도입되기 시작한 시기가 이 무렵이 아니었을까 추정된다.

여기서는 산신제가 현행 마을제에서도 주요한 대상이라는 점에서 산신제의 형성 및 전개 과정을 보고자 하였다. 특히 고대의 산신제가 역사적으로 신라의 삼국 통일을 전후로 하여 천신제로 대체되는 현상이란 점도 주목하고자 하였다.

삼국 통일 이전의 산신제나 산신신앙과 관련된 자료에 의하면, 산은 천신인 시조가 강림한 곳으로서 성산관념을 배경으로 산신에게 제재 초복이나 풍년 등을 기원한 것으로 전한다. 이런 점에서 산신신앙에는 지연을 강조하는 측면과 일정 지역에 거주하

389_ 이필영, 『마을신앙의 사회사』(웅진출판, 1994), 267쪽. 결국, 이와 같은 제례의 모습은 현행 민속상에서 보더라도 강릉 단오제의 대관령 국사서낭제나 마을제와 거의 유사한 양상임을 알 수 있다. 반면 조선 후기 산신제에는 현행 동제에 거의 보이지 않는 내용도 찾아볼 수 있다. 즉 왕래신으로서의 성격이 거의 전승되고 있지 않은 점이다. 마을신은 주로 신당에 거주하는 것으로 관념되어 신의 구체적인 표지물로서의 신체가 등장하였고, 제례도 신당에서 지낼 뿐 신이 마을로 들어왔다가 돌아가는 양상은 드물다. 또 조선왕조의 소멸과 함께 당시의 신분계층이었던 향리도 소멸되면서 종래 향리가 주도하던 산신제의 모습도 사라진 점이다. 대신 일부 지방에서는 지방유지가 지내는 동제로 대체되었던 것으로 보인다. 그리고 마을로 들어온 신이 공공물에서 유숙하는 현상도 현행 동제에서는 전하지 않는 양상이다.

는 자들의 영역의식이 반영되어 있다고 할 수 있다. 신라 또한 혁거세뿐만 아니라 6촌의 시조 역시 천상에서 산으로 강림하였다는 전승을 전하고 있었다. 그러나 각 촌의 시조들에 나타나는 천강신화적 요소는 단지 시조의 신성함을 드러낼 뿐, 그 이상의 의미가 나타나지 않는다. 게다가 혁거세가 일국의 시조이자 천손으로서 권위를 드러내고자 할 때, 그 외의 각 촌 시조들이 지닌 천강신화는 상대적으로 약화될 수밖에 없다.

다만 6촌마다 천강신화가 잔존한 모습은 신라 초기의 왕권이 그만큼 미약하여 귀족 연합적인 상태에서 출발한 것임을 엿보게 하는 내용이다. 즉, 유사한 천강신화를 지닌 자가 왕으로 추대된 상태에서 각 촌의 천강신화란 더 이상 그 구성원들에게 뚜렷한 의의를 지니지 못할 수밖에 없다. 오히려 각 촌의 천강신화가 지닌 의의는 이들 6촌의 활동 영역이 주로 산을 거점으로 하면서 이후 신라 발전에 기여한 점에서 찾아진다. 다시 말해, 각 촌 시조들이 강림한 성산을 통해 각 촌의 구성원들에게 고유성과 개별성을 부여하는 의미가 산신신앙에 내재되어 있다는 것이다.

한편 신라 왕실의 경우, 산신신앙은 왕실과도 밀접성을 보여주는데 특히 신모신앙과 여산신신앙의 전승은 주목되는 점이다. 또한, 시조의 출생을 산신과 결부시킨 점에서 산은 시조가 출자한 곳이라는 관념과 함께 왕실 또는 국가를 옹호하는 신앙으로 인식되었음을 보게 된다. 그러나 신라의 삼국 통일을 전후하여 보이는 3산5악 신앙은 이 무렵 중국을 통하여 수용된 사전체계를 통해 신라의 산신신앙이 사전으로 흡수되는 변화상을 보여준다. 게다가 통일신라에 들어와 확대된 영역관이 새로 편성된 5악으로 나타나고 있다. 결국, 통일신라의 3산5악은 전통적인 산신신앙이 중앙집권화된 왕권으로 흡수되는 질적 변화를 수반했다는 점과 왕실 중심의 산신신앙이 유교 제례화되고, 왕권의 표현으로서 지방에까지 확산된 영역관을 보여주는 것이다.

이어 영역관념의 표출이자 호국신앙으로서의 산신신앙은 고려에 들어와서도 변함이 없었다. 다만 성종 대 일련의 유교화 시책에 따라 산신제에 명분을 중시하는 유교 제례가 가미되어 왕 이외의 자들에 의한 산신제의 금지 조치가 수반된 점이 달랐다. 이에 따라 토착적인 산신신앙을 음사로 간주하는 시각이 제시되고 점차 유교 제례로서의 산신제가 제도화로 나타나게 된다, 그러나 공권력에 의한 전통신앙의 타파 움직임은 강하게 나타나지 않았다.

그리고 유교 이념이 반영된 산신제는 신앙적인 목적에서 행해졌다기보다는 군주의 덕화와 교화를 드러내는 수단으로 나타날 뿐, 실제 신앙적인 측면에서는 전대 이래의 산신에 대한 수호신·일기의 조절신·기복신으로서의 성격이 그대로 유지되었다. 따라서 고려의 산신신앙은 기본적으로 토착적 산신신앙의 전승으로서 기능상 제재 초복의 성격을 보여준다. 한편, 고려 산신신앙의 질적 변화로는 유교적 통치이념을 산신신앙에 반영하고자 한 점에 있다. 이런 점에서 산신신앙이 점차 국가 제사로서 승화시켜 유교 이념을 재강화하고자 한 것으로 해석된다.

조선은 건국 직후부터 신흥사대부들에 의해 사전 정비가 강구되면서 유교 제례의 국가 제사가 제도적으로 추진되었다. 그 결과 왕 이외의 자에 의한 산신제는 음사로 규정되면서 중앙 정권 및 지방관들에 의한 제도적인 제재 방안이 강구되었다. 그러나 이와 같은 제재에도 민들 간에 여전히 전통적인 기복신앙으로서의 산신신앙은 유지되어 온 것으로 보인다. 한편 조선 후기 민간 산신제를 주도한 계층은 대체로 지방 토착세력인 향리들로 나타나는데, 이는 향리들이 해당 지역에 있어 위세를 유지하거나 오히려 강화하는데 일정한 역할을 하였다. 또한, 유교 이념을 지방사회에 확산시켜야 할 지방관으로서 이들 향리의 협조 없이 지방 통치를 원활히 할 수 없었기에 여기서 지방관과 향리 간의 타협이 발생한 결과 지방관의 음사 묵인과 향리들에 의한 전통신앙의 유교 제례화가 절충되는 방향으로 나아갔다. 이런 배경 하에 산신제도 점차 자연촌을 단위로 한 신앙으로 자리 잡으면서 현재 마을 단위로 전승되는 마을제로 이어져 오고 있다.

성황의
유교 제례화와
민속화

04

고려 성황제의 성립과 유교 제례화
조선 성황제의 전승에 따른 갈등의 표출

한국 민속신앙에서 성황城隍 혹은 서낭은 산신과 함께 마을신앙의 중요한 대상 신격을 구성하고 있다. 그런데 성황 혹은 서낭이 마을신앙으로 인식될 경우, 이 둘은 발음의 차이에 불과할 뿐 실은 동일한 신격이라 할 수 있다. 반면 '서낭'이 형태상 돌무더기를 지칭할 때에는 성황과 서낭은 별개의 것으로 간주하여야 한다. 이와 같은 성황·서낭의 기원에 대해서는 한국의 고유한 민속신앙에서 유래하였다는 견해[1]-와 중국에서 전래되었다고 하는 견해[2]-가 있어 왔다. 또한, 성황과 서낭이 지는 발음의 유사성에 주목하여 서낭을 성황의 와음訛音으로 보는 견해[3]-도 제기된 바 있다.

그러나 문헌에 전하는 성황은 형태상 사묘祠廟로 나타나고 있기 때문에 이를 돌무더기 형태인 '서낭'과 상호 동일한 것으로 보는 시각에는 문제가 있다. 성황과 서낭은 발음상 혼효되고 있으면서 현지 민속에서도 뚜렷하게 구분되고 있지 않지만, 사묘로 전하는 성황을 돌무더기 서낭과 동일한 기원을 갖는 것으로 보는 견해는 재검토를 필요로 한다. 왜냐하면, 이 둘은 음의 유사성을 제외하고는 형태나 신앙 내용 및 신앙

1_ 趙芝薰,「累石壇, 神樹, 堂집信仰 研究」,『趙芝薰全集』7(一志社, 1973); 金泰坤,『韓國民間信仰研究』(集文堂, 1983), 92~125쪽.
2_ 柳洪烈,「조선의 山土神崇拜에 대한 소고」,『민속의 연구』Ⅰ(정음사, 1985); 金甲童,「高麗時代의 城隍信仰과 地方統治」,『韓國史研究』74(韓國史研究會, 1991).
3_ 李能和,「朝鮮巫俗考」,「啓明」19號(啓明俱樂部, 1927); 孫晉泰,「조선의 累石壇과 蒙古의 鄂博에 就하여」,『朝鮮民族文化의 研究』(乙酉文化史. 1948).

주체 등에 있어 구별되고 있기 때문이다. 즉 성황은 문헌상이나 현지 민속상 대부분 건물 형태의 사묘나 신당神堂을 의미하며 정기적인 마을신앙으로 전승되고 주민에게 마을수호신으로 신앙되고 있지만, 서낭은 돌무더기 형태로서 주로 행인들에 의해 여행의 안전을 기원 받는 노신路神으로 신앙되어 왔기 때문이다.

이런 점에서 성황은 돌무더기 서낭과 구별되는 것으로 간주되며,[4] 이 글에서 관심을 두고 있는 것도 사묘로 전해진 성황이다. 이 같은 성황신앙에 대해서는 중국에서도 오랜 시간에 걸쳐 상당한 사례가 전하여 오는데, 이 때문에 한국의 성황신앙을 이해하기 위해서도 중국과의 비교 검토가 필요하다.

주지하듯이 한국사에서 성황은 고려조 때 처음으로 나타나고 있다. 그러나 고려의 성황이 결코 한국 고유의 토착적인 신앙을 배경으로 나온 것이 아니라는 점은 중국 성황신앙사를 통해 이해될 수 있다. 그러나 고려조 때 전래·전승된 성황신앙은 이후 한국사의 전개에 따라 변화를 보이게 된다. 그것은 특히 성황신앙과 무속신앙 또는 기존의 산신신앙과의 융합 양상에서 엿볼 수 있지만, 그와 아울러 중국 성황신앙과의 유사성 및 상이성의 비교도 가능하리라 본다. 그리고 바로 이와 같은 사항들을 알아보기 위해 고려의 성황신앙이 검토될 것이다.

그런 후 조선 시대에 전개된 성황신앙을 통해 조선 초기 유교 예제의 실시 과정에서 성황신앙이 어떠한 변화를 겪었으며, 또 그에 따른 위상·성격 등에 대해서도 살펴보기로 한다. 반면, 민간에서의 성황신앙을 음사로 규정하여 그 폐지를 주장한 양상을 통해 민간에 성행된 성황신앙이 반증되는 자료로 제시될 것이다. 민간에서 행해진 성황신앙의 금지는 그만큼 성황신앙의 성행을 말해 주는 것이기 때문이다. 이런 과정에서 성황신앙이 현재 한국의 중요한 민속신앙의 하나로 자리하여 온 과정과 또 돌무더기로서 전승된 서낭신앙과의 대비를 통해 성황과 서낭이 상호 구별되는 신앙 형태임을 부각하고자 한다. 특히 한국의 성황신앙은 고려 초 중국으로부터 수용되어

4_ 단, 이러한 구분은 祠廟로서의 城隍과 돌무더기로서의 서낭의 형태에 한정하고자 한다. 실제 민속에서는 祭神이나 祭堂의 명칭을 '城隍' 또는 '城隍堂'이라 하면서도 호칭은 '서낭' 또는 '서낭당'이라 하므로, 사묘 형태에서 성황과 서낭의 구분은 전혀 무의미하다.

국가 예제인 사전祀典에 포함되는 한편 고려 중기 이후 조선조에 걸쳐 무속신앙巫俗信仰
및 민간신앙民間信仰과도 결부되어 온 점에 대해서도 주목하고자 한다.

1. 고려 성황제의 성립과 유교 제례화

본래 중국의 성황은 6세기 중반 위진남북조시대魏晉南北朝時代 양자강 유역의 토착신
앙을 배경으로 성城의 수호신앙에서 발생한 것으로, 이후 중국의 성황은 당唐·송대宋
代를 거치면서 점차 중국 전역에 걸친 신앙으로 확산하여, 송대에는 사전에까지 등재
되어 국가로부터 치제致祭 대상이 되는 신앙으로까지 승격된 것이었다.[5]

뒤에서 다시 보겠지만, 중국의 성황신앙이 한국에 전래한 것은 고려 초였다. 그리
고 이 시기는 대략 중국의 오대五代(908~959) 및 송宋 초기初期에 해당하는 때였다. 따라
서 중국으로부터 고려에 전해진 성황신앙도 바로 이 시기, 즉 중국 오대 및 송 초기의
성황신앙이었을 것은 분명하다. 다시 말해, 이는 고려 초 전래한 성황이 이런 시기의
중국 성황신앙이 지닌 내용과 유사했을 것이라는 점을 의미한다. 여기서 중국 오대의
성황신앙이 지방 세력가들에 의해 주관되어 자신들의 위상을 강화하고, 지역주민의
결집에도 일정한 역할을 하였으며, 이런 이유로 통일왕조인 송대에 들어와서는 지방
세력가들에 의해 장악된 개별적이고 분산적인 성황신앙을 국가가 일원화하고자 한 시
책으로 성황 신앙의 통제, 즉 사전에의 등재가 추구되었다는 점을 고려해 볼 필요가
있다.[6]

이와 같은 중국의 성황신앙에 대한 시대적 배경은 곧 고려 초에 전해진 성황신앙을
이해하는 데에도 상당한 도움이 된다. 왜냐하면, 고려 역시 후삼국이라고 하는 지방
분권적地方分權的인 상황을 극복하면서 통일왕조를 지향하였지만, 통일 후에도 한동안

5_ 박호원, 「중국 성황의 사적(史的) 전개와 신앙 성격」, 『민속학연구』 3(국립민속박물관, 1996), 87~121쪽.
6_ 박호원, 위의 논문 참조.

호족들에 의해 중앙집권화中央集權化가 추진되지 못한 실정이었다는 점에서 중국과 시대상이 유사하기 때문이다. 그리고 이러한 상황에서 중국으로부터 성황신앙이 고려로 전래해 왔다.

1) 성황의 전래 배경

종래에는 중국의 성황이 한국에 전래한 시기에 대해서 고려 문종 9년(1055) 선덕진宣德鎭 신성新城에 성황신사城隍神祠를 두었다는 기사에서 구하여 왔다.[7] 그러나 이보다 앞선 성종조成宗朝(981~997)때 경상도慶尙道 사수현泗水縣에 성황당城隍堂이 이미 전해지고 있었음[8]이 밝혀짐에 따라 최근에는 성종조의 성황당에 근거하여 중국으로부터의 성황 전래를 성종조보다도 앞선 신라 때 내지 고려 초기 광종光宗 년간(949~975)으로 보는 견해도 제시되고 있다.[9]

이러한 최근의 견해에서는 일단 성황을 사묘 형태로 전해진 것임을 전제하고, 이런 성황사의 전래시기에 대한 지금까지의 통설이 재검토되고 있다. 아울러 성황신앙의 변천 과정 및 기능·성격 등에 대해서뿐만 아니라 성황 신앙이 지방통치 또는 향촌 사회에 끼친 역사적인 의의 등에 관해서도 관심을 두는 새로운 시각을 제시하고 있다.

그러나 성황의 신라 전래설은 아직 이에 대한 명확한 사료상史料上의 기록[10]이 없다

7_ 中國 城隍의 高麗 文宗 傳來說에 대해서는 『牧民心書』 禮典六條 祭祀에 "高麗文宗九年 宣德鎭新城 置城隍神祠 賜號崇威 春秋致祭"라 한 것이 처음이다(원문은 『高麗史』 卷63, 志 17, 禮 5 雜祠條. "文宗九年三月壬申 宣德鎭新城置城隍神祠 賜號崇威 春秋致祭"에 보인다). 이후 『增補文獻備考』 卷61, 禮考 8 宮廟 城隍條에서도 "高麗文宗九年 宣德鎭新城置城隍神祠 賜號崇威 春秋致祭"라 하여 고려 성황사가 이때 처음으로 설치된 것처럼 인용되어 있다. 또 李能和도 고려 문종 때 성황사를 두었다고 하여 성황의 문종 전래설을 그대로 인정하고 있다(『朝鮮巫俗考』 城隍條).

8_ 『高麗史』 卷90, 列傳 3 宗室 1 安宗郁條. "嘗密遺顯宗金一囊曰 我死以金增術士令葬我縣城隍堂南 歸龍洞 必伏埋".

9_ 鄭勝謨, 「城隍史의 民間化와 鄕村社會의 變動」, 『泰東古典硏究』 7(1991), 4쪽; 金甲東, 「高麗時代의 城隍信仰과 地方統治」, 『韓國史硏究』 74(韓國史硏究會, 1991), 11쪽.

10_ 단, 『三國史記』 卷50, 列傳 10 弓裔傳에 "天祐元年(904)甲子 立國號爲摩震 年號爲武泰 始置廣評省 …(中略)… 障繕府(掌修理城隍)"라 한 데서 城隍이 고려 건국에 앞서 나타나는 최초의 기사이다. 그러나 이는 金甲

는 점에서 하나의 추정에 불과하며, 고려 광종光宗(949~975) 때 전래하였다고 하는 견해도 이를 뒷받침하는 근거가 미약하여 선뜻 받아들이기에는 아직 주저됨이 있다. 따라서 여기서는 먼저 성황의 전래시기에 대해 새로운 시각으로 살펴보고, 아울러 이 시기에 중국 성황이 도입된 배경에 대해서도 생각하여 보고자 한다.

(1) 성황의 고려 전래

앞서 말했듯이, 고려 성황과 관련하여 나타나는 최초의 기록은 문종 9년보다 60~70년 앞선 성종조 때 찾아진다. 즉 성종 11년(992)[11] 태조의 아들인 안종安宗 욱郁[12]이 경종景宗 비妃 헌정왕후獻貞王后와의 사통私通 사건으로 경상도 사수현泗水縣(현 경상남도 사천)에 유배된 일이 있는데, 이곳에서 안종 욱은 헌정왕후와의 사이에 낳은 자신의 아들이자 후에 고려 제8대 군주가 되는 현종顯宗에게 유언으로 다음과 같은 말을 남기고 있다.

> (안종安宗 욱郁이) 일찍이 현종顯宗에게 금金이 든 주머니 하나를 주면서 말하기를 "내가 죽으면 이 금金을 술승術僧에게 주고 나를 현縣의 성황당城隍堂 남쪽 귀용동歸龍洞에 묻되 반드시 엎어서 묻으라."고 하였다.[13]

안종 욱이 유배지인 사수현에서 죽은 것은 성종成宗 15년(996)[14]이었다. 따라서 고려

童도 지적하였듯이 신앙 대상으로서의 '城隍神'이 아니라 방어용 시설물로서의 '城隍'을 지칭한다. 설혹 이를 성황신으로 본다 하더라도 障繕府에 대한 注로 '掌修理城隍'이라 한 것은 『三國史記』가 편찬되던 인종 때 추가된 것으로 보이므로 이 내용을 後高句麗 당시의 城隍信仰이라고는 할 수 없다.

11_ 『高麗史』 卷3, 世家 3 成宗 11年 7月 壬辰條. "流宗室郁 干泗水縣".
12_ 安宗 郁은 太祖의 第8子이다. 母는 신라 敬順王의 큰아버지 金億廉의 딸인 神成王太后 金氏이다. 말하자면 郁은 고려 태조가 신라와 정략적인 혼인을 추진한 결과 태어난 인물이라 할 수 있다. 그런데 郁의 집은 개성 王輪寺 남쪽에 있었고, 그 부근에 景宗의 妃인 獻貞王后 皇甫氏의 私第가 있었다. 景宗의 死後 王后가 이 사제에 나와 있던 중, 郁과 王后가 서로 정을 통하여 王后는 임신하게 된다. 이 일이 발각되어 朝廷에서는 郁을 泗水縣으로 유배 보내게 되었고 헌정왕후는 아이를 낳고 바로 죽었는데, 이 아이가 후에 고려 제8대 왕으로 즉위하는 顯宗이다(『高麗史』 卷90, 列傳 3 宗室 1 참조).
13_ 註 7) 참조.
14_ 『高麗史』 卷90, 列傳 3 宗室 1. "成宗十五年 郁卒干貶所".

에 성황사가 전래한 것은 996년 이전이라 할 수 있다. 말하자면, 이는 10세기 말 이전의 고려사회에는 중국의 성황이 이미 들어와 있었다는 것을 의미한다. 그렇다면 여기서 문제로 대두하는 것은 중국 성황의 전래시기가 구체적으로 언제인가 하는 점이다. 그러나 불행히도 중국 성황의 고려로의 전래시기를 구체적으로 밝혀 주는 자료는 아직 보이지 않고 있다. 따라서 여기서는 이를 간접적으로 더듬어 볼 수 있는 당시의 역사적 상황을 검토해 봄으로써 중국 성황의 고려로의 전래시기에 대한 단서를 추정하여 보고자 한다.

그런데 이 점을 해명하기 위해서는 다음 두 가지 사항이 먼저 검토되어야 한다. 첫째 성황이 10세기 말 이전의 고려사회에 존재하였다는 것, 둘째 당시의 성황당이 경상도 사수현에 소재하고 있었다는 것이 그것이다. 더욱이 성황이 중국으로부터 전래하였다면 그것은 고려와 중국 사이에 접촉이 활발한 시기, 특히 중국 제례祭禮의 수용에 보다 적극적이었던 시기에 전래된 것이 아닌가 하는 가정을 하여볼 수 있다. 반면 고려 최초의 성황당이 소재한 사수현의 역사·지리적 성격을 통해서도 성황신앙의 수용 동기를 검토할 수 있다. 이와 같은 두 가지 점을 염두에 두면서 중국 성황신앙의 고려 전래에 대해 살펴보기로 한다.

우선 중국의 성황이 태조대太祖代(918~943)에는 고려사회에 수용되지 않았음을 간접적으로나마 밝혀 주는 것이 태조의 훈요십조訓要十條[15]-에 보인다. 즉 태조는 그의 훈요십조 중 6조에서 연등燃燈과 팔관八關에 대한 관심을 표명한 뒤 "연등은 부처를 섬기는 것이고 팔관은 천령天靈과 명산대천名山大川 용신龍神 등을 섬기는 것"이라 하여 후손들에게 이의 준수를 당부하고 있는 내용이 그것이다. 이때 태조가 팔관에서 구체적으로 들고 있는 천신·산천신·용신 등과 같은 신격들은 전대前代에서부터 신앙되어 온 대상물로서 이들에 대한 태조의 중시관념은 곧 이런 신격들을 신앙하고 있던 민심民心을 반영하는 것으로 볼 수 있다. 그런데 이때 성황에 대해서 전혀 언급이 없는 것은 성황이 당시 고려사회에 전해져 있지 않았거나 성황에 대한 지식이 전혀 갖추어져 있지

15_ 『高麗史』 卷2, 太祖 26年 4月條.

않았다는 반증이 된다.

또한, 최승로崔承老가 그의 시무책時務策에서 태조의 치적治績을 평가하여 "창업創業의 처음이라 평정平定을 이룩한 지 얼마 되지 않아 종묘宗廟와 사직社稷이 아직 빛나고 숭앙되지 못하였고 예악禮樂과 문물文物이 여전히 많이 궐핍闕乏하며 모든 관리의 품식品式과 여러 내외의 규정과 의식이 수정修定됨에 미치지 못하였다."[16]고 한 것과, 『고려사』 백관지百官志 서序에 태조가 개국한 초기에는 신라新羅·태봉泰封의 제도를 참고하여 사용하였다"[17]고 한 것도 태조 때 성황이 아직 도입되지 않았음을 엿보게 하는 내용이다. 다시 말해 최승로의 지적이나 백관지의 내용으로부터 태조 때에는 주로 전대前代 이래의 제도가 준용되었을 뿐, 아직 중국의 예악 문물이 적극적으로 수용되지 못하였다는 것을 알 수 있다. 따라서 이런 내용을 통해 태조 대에는 아직 중국의 성황이 고려에 전해지지 않았다고 간주된다.

그렇다고 한다면, 태조 이후 즉 혜종조惠宗朝(943~945)에서부터 성종 15년(996)까지 50여 년 사이에 성황이 고려로 전해졌다고 해야 한다. 그리고 이 시기는 앞서 말했듯이 중국의 오대五代 및 송宋의 초년初年에 해당하는 기간이므로, 이 사이 중국의 성황도 오대 혹은 송과의 교류를 통해 고려로 전해진 것으로 볼 수 있다.[18] 그런데 혜종과 정종定宗(946~949) 때인 943년과 949년 사이에 있었던 오대와의 관계는 주로 왕의 즉위 사실 통보 및 왕위의 책봉 요청과 같은 정치적인 교류였으므로,[19] 이 사이에 중국 성황이 전래하였다고 보기는 어렵다.

그러다가 광종대光宗代(946~975)에 들어와서는 고려가 차츰 국내의 안정과 정비를 지

16_ 『高麗史』 卷93, 列傳 6 崔承老. "但以創業之初 治平日淺 宗廟社稷 且未光宗 禮樂文物 猶多闕之 凡百官之品式 及諸內外之規儀 未及修定".

17_ 『高麗史』 卷76, 志 30 百官 1 序. "高麗太祖 開國之初 參用新羅泰封之制".

18_ 太祖 역시 五代의 後唐(936~946)과 외교 관계를 맺었다. 그리고 태조가 오대와 교류한 외교의 목적은 정치·경제·문화적인 욕구에서 나온 것으로 생각되고 있다. 즉 통일을 전후하여 중국으로부터의 정치적인 지원과 인정, 그리고 사절의 파견에 따른 교역에의 욕구가 주된 이유일 것이라 한다. 여기에 문화적인 측면의 교류도 있었으나 그 비중이 크지는 않았다. 또한, 고려 초기의 대중국과의 외교도 주로 이런 범주에서 크게 벗어나 있지는 않았다고 한대李基白, 「高麗 初期 五代와의 關係」, 『高麗貴族社會의 形成』(一潮閣, 1993), 128~146쪽].

19_ 『新五代史』 卷74, 四夷附錄 3 高麗. "開運二年(945) 建卒 子武立 乾祐四年(951) 武卒 子昭立 王氏三世 終五代常來朝貢 其立也必請命中國 中國常優答之".

향함으로써 대중관계對中關係의 양상이 다소 달라짐을 보여준다. 즉 광종은 사절 파견에 따른 교역을 통해 문물교류를 도모하였으며, 후주後周(951~959)로부터는 정치 개혁의 영향을 직접적으로 받아 이를 통해 고려의 정치 개혁에 박차를 가하고 있다.[20] 그리고 이때의 개혁이 주로 후주의 귀화인인 쌍기雙冀를 통해 이루어졌음은 잘 알려져 있는 사실이다.[21] 결국, 광종 대의 대중관계對中關係도 대체로 정치적인 측면이 강하였다고 할 수 있다.

이처럼 태조에서 광종에 걸치는 고려 초기의 대중국교류對中國交流는 정치·경제적인 목적이 주류를 이루었으며, 제도 및 문물의 수용 등과 같은 문화적인 접촉은 비교적 비중이 약한 편이었다. 따라서 중국 성황이 도입되었을 것으로 보이는 가장 적절한 시기는 성종대成宗代일 수밖에 없다. 그것은 무엇보다도 성종成宗 자신이 재위在位 10년(991) 윤閏 2월月 계유일癸酉日에 내린 교서敎書에서 "태조로부터 여러 왕대를 거쳤으나 아직 삼대적三代的의 제사례祭祀禮를 갖추지 못하였다. 짐朕이 왕위를 계승한 이후로는 모든 조치를 반드시 예전禮典에 근거하여 왔다"[22]고 천명하고 있듯이, 성종 자신이 중국 예제禮制의 수용에 많은 관심을 두고 있었던 점에서 짐작된다. 그리고 성종대에 들어와 중국 제례의 수용이 빈번해지고 있는 사실도 이런 추측을 뒷받침한다.[23]

실제 성종은 고려조에서는 처음으로 원구제圓丘祭와 적전례籍田禮를 시행하였을 뿐만 아니라,[24] 사직과 종묘의 설치 및 이의 실시에 노력하기도 하였다.[25] 또한, 그 외의 제사제도라든가 의식 절차의 수립에도 상당한 관심을 두고 있었다. 결국, 성종의 이와 같은 관심과 노력으로 고려 사회는 성종 대에 들어와 종묘와 사직으로 대표되는 중국 예제의 도입이 비로소 시행될 수 있었다. 그리고 이러한 중국 예제의 도입은 곧

20_ 李基白, 앞의 논문, 136~144쪽.
21_ 李基白 編, 『高麗光宗硏究』(一潮閣, 1981).
22_ 『高麗史』 卷3, 世家 成宗 10年 閏2月 癸酉條. "自聖朝 未置夏松之祀 尙虧周要之禋 朕纘承以來 凡所施爲 必禮典".
23_ 2장의 고려의 산신신앙 참조.
24_ 『高麗史』 卷3, 世家 3 成宗 2年 正月 辛未 및 乙亥條.
25_ 社稷은 성종 10년(991) 윤 2월에 세워졌고, 宗廟는 성종 8년(989) 4월부터 짓시 시작하여 동 11년(992) 12월 준공되자 바로 이 해 성종은 종묘제를 친히 지내고 있대『高麗史』 卷3, 世家 3 成宗條 參照].

유교사상에 입각한 통치체계를 확립함으로써 국가의 번창을 꾀하고자 한 성종 개인의 의도와 성종을 통해 유교적 예제 국가의 실현을 시도하고자 한 유신들의 견해가 반영된 것으로 보인다.

이런 유신의 대표적인 인물이 최승로崔承老인데, 그는 성종 즉위 초의 구언책救言策에 응하여 시무時務 28조를 올려 성종의 숭유정책崇儒政策에 상당한 영향을 미친 자로 평가되고 있다.[26] 최승로의 시무책時務策에서 관심을 끄는 것은 제 13조에서 든 연등·팔관 행사의 축소 및 우상偶像 사용使用의 금지, 그리고 제 21조에서 말한 음제淫祭의 금지 등과 같은 토착신앙土着信仰의 배척론이다.[27] 즉 최승로는 시무책에서 불교와 토착신앙과 같은 전대의 신앙체계를 부정함으로써 성종에게 치국治國의 이념理念으로 유교를 채택토록 건의함으로써 성종 대 유교 예제의 정비에 영향을 미치고 있다.[28]

팔관과 같은 불교 행사가 실은 불교의 이름을 빈 토착신앙의 전승임은 이미 잘 알려져 있는 사실이다.[29] 그런데 성종은 이미 즉위한 그 해(981)에, 팔관회의 잡기雜技가 불경不經하고 또 번잡煩雜하다고 하여 일단 그 정파停罷를 뜻하였다가[30] 다시 성종 6년(987)에는 공식적으로 개경과 서경에서의 팔관회 정지를 명하고 있다.[31] 팔관은 태조의 훈요십조訓要十條에서 보듯이 명산대천의 신을 섬기는 것이기도 하므로, 성종의 팔

26_ 최승로의 시무책은 본래 28조였으나, 현재 전하는 것은 모두 22조이다. 金哲俊, 「崔承老의 時務二十八條에 대하여」, 『曉星趙明基博士華甲紀念 佛教史學論叢』(1966), 227~256쪽; 李基白, 「崔承老와 그의 政治思想」, 『崔承老上書文研究』(一潮閣, 1993).

27_ 『高麗史』 卷93, 列傳 6 崔承老.

28_ 가령 이 점은 최승로가 건의한 시무책의 제20조에서 불교와 유교를 비교하여 "佛教를 행하는 것은 修身의 근본이요, 儒教를 행하는 것은 治國의 근원입니다. 修身은 來生의 資요, 治國은 금일의 要務로서, 금일은 지극히 가깝고 내세는 지극히 먼 것인데, 가까움을 버리고 먼 것을 구함은 또한 잘못이 아니겠습니까?"라고 한 데에서 잘 나타나 있다[『高麗史』 卷93, 列傳 6 崔承老].

29_ 安啓賢, 「八關會改」, 『東國史學』 4(東國大學校史學會, 1956), 31~54쪽.

30_ 『高麗史』 卷3, 世家 3 成宗 卽位 11月條. "是月王以八關會 雜技不經 且煩擾 悉罷之".

31_ 『高麗史』 卷3, 世家 3 成宗 6年 10月條. "命停兩京八關會" 한편 팔관회는 현종조 때 부활하여 이후 고려 말까지 역대 군주들에 의해 常禮化되었다. 그런데 팔관회를 실시한 달이 개경에서는 11월이지만, 서경에서는 10월에 팔관회를 지낸 사실이 靖宗 卽位式(1034) 및 7年(1041)·文宗 7年(1053) 및 11年(1057)·宣宗 4年(1087)·肅宗 7年(1102)·睿宗 15年(1120) 등 모두 7건이 확인된다. 이처럼 서경에서 행해진 10월 팔관회는 옛 고구려의 영토에서 전승되어 오던 10월 東盟祭를 고려가 계승하여 국가 제사로 흡수하고 아울러 그 제사권까지 장악하려는 조치였다고 하는 견해도 참고 된다[奧村周司, 「高麗における八關會の秩序と國際環境」, 『朝鮮史研究會論文集』(朝鮮史研究會, 1979), 86面].

관회 중지는 곧 전통적인 산천신에의 제사를 중지하라고 하는 것과 같은 의미라고 할 수 있다. 대신 성종은 9년(990) 9월의 기묘교서己卯教書에서 '산천山川의 제사 제도를 산정[刪定山川之祀]'[32]-하고자 하였다. 이것은 지금까지의 전통적인 산천신 제사를 대신하여 유교 예제에 입각한 새로운 산천신 제사 의례로의 전환을 시도한 것으로 생각된다.

이처럼 지금까지 행해 온 전통적인 산천신 신앙을 중지하고 유교 이념에 따른 신천신 의례로의 새로운 변화는, 경내境內의 산천이 왕의 직접적인 교화敎化 범위에 속한다고 하는 왕토사상王土思想의 발로發露라고도 할 것이다. 고려 초 이래 역대 왕들에 의해 꾸준히 강화되어 온 왕권을 바탕으로 하여 성종이 종래 산천신앙을 대신하여 경내의 산천을 획일적인 유교의례로 통제하려 한 조처가 곧 기묘교서에 의도된 내용이었다고 할 수 있다.

그리고 이에 따른 전례의 정비는 주로 당唐의 제도를 모방하여 추진하였던 것으로 보인다.[33]- 다만 당대唐代에 성황 신앙이 보편화하긴 하였지만, 아직 국가예제國家禮制에까지 등재되어 국가로부터 치제를 받는 대상은 아니었다고 하는 점을 상기해야 한다. 따라서 성종 대 도입된 중국예제에는 성황이 큰 비중을 차지하는 치제 대상은 아니었다고 할 수 있다. 그러나 중국의 성황 신앙이 당대에 이미 전국적으로 확산해 있었고 또 오대 때에는 각지의 지방 세력가들에 의해서도 신봉되고 있었던 점을 고려한다면, 성종 때의 중국 예제 도입 과정에서 성황 신앙도 고려로 전해졌을 가능성이 많아 보인다.

이와 관련하여 주목되는 것은 중국에서는 성황이 송조宋朝에 들어와 비로소 국가예제에 편성되어 국가로부터 치제의 대상이 되었다고 하는 점이다. 이미 송 태조는 건국 직후 성황묘에 건국 사실을 고한 바 있고,[34]- 송대의 지방관들도 임지에 부임하면 성황에 제사지내기도 하는 등, 송대의 성황은 국가의례의 대상이었음은 앞서 살펴본 바 있다.

32_ 『高麗史』 卷3, 世家 3 成宗 9年 9月 己卯條.
33_ 崔順權, 「11·12世紀 高麗의 禮制 整備」(建國大學校 大學院 碩士學位論文, 1994), 8쪽.
34_ 『宋史』 卷102, 禮志 5 告禮條.

따라서 이와 같은 송의 성황에 대한 국가의례가 고려 성종의 의례 정비 시 함께 수용되었을 것으로 보는 것도 결코 무리가 아닐 것이다. 비록 성종 9년의 기묘교서에 명시되지는 않았지만, 송의 예지禮志에 성황이 신천과 함께 언급되고 있는 점에 근거할 때 고려의 성황 전래 시기도 위의 기묘교서의 내용과 연관이 있는 것은 아닌가 생각된다. 그것은 송의 성황이 주州·현縣 등과 같은 지방에서 산신山神·수신水神 등과 함께 지방관에 의해 치제되었다는 점[35]에서 볼 때, 기묘교서에 보이는 경내 산천제사의山川祭祀儀가 제정되면서 성황에 대한 제례도 함께 도입되었을 것으로 추정되기 때문이다.

이런 점에서 고려에의 성황 전래는 성종 9년을 전후한 시기였을 것으로 생각된다. 비록 이때 도입된 성황사(당)가 이후 전국에 획일적으로 설치되지는 않았을지라도, 어느 정도까지는 건립되지 않았을까 생각된다. 그리고 이때 지방에 설치된 성황사(당)의 구체적인 사례가 바로 안종 욱의 기사에 보이는 성황당이었을 것이다. 또한, 이 시기 고려에 전해진 성황신앙의 성격 역시 중국의 그것과 비슷하였을 것이며, 성황사(당)의 소재처도 주로 주州·현縣 등의 행정치소行政治所에 설치되었던 것이 아니었을까 추측된다.

또 이에 앞서 성종 때 추진한 지방제도의 개편도 중국 성황신앙의 설치와 관련하여 주목된다. 즉 성종을 재위 2년 최승로의 건의를 받아들여 전국에 12목牧을 설치하고 지방관을 파견[36]하였으며, 14년에는 다시 전국을 10도로 나누고 12주州에는 절도사節度使를 둔 것[37]이 그것이다. 결국, 성종의 이와 같은 지방제도의 제정과 개편은 그만큼 고려의 집권체제가 정비 강화되어 갔음을 의미한다.[38] 그렇다면 성종 때 지방제도의 제정과 중국 성황의 도입을 함께 고려하여 볼 때, 이즈음 개편된 행정치소에는 성황사(당)를 두고자 하는 시도가 있었을 가능성이 많다. 그리고 바로 이런 사실을 보여

35_ 『宋史』卷102, 禮志 8 諸祠廟條.
36_ 『高麗史』卷3, 世家 3 成宗 2年 2月 戊子條. "始置十二牧".
37_ 『高麗史』卷56, 志 10 地理 1 序文 參照.
38_ 邊太燮,「高麗前期의 外官制」,『高麗政治制度史研究』(一潮閣, 1982), 125쪽.

주는 사례가 사수현의 성황당이었다고 생각된다.

그러나 여기서 한 가지 더 고려되어야 할 사항은 성종 때에는 중앙 권력이 대체로 지방관이 파견된 곳에 그치고, 나머지 지역은 토호들에게 맡겨져 있었다고 하는 점이다. 더욱이 사수현은 성종조까지는 일개 속현屬縣에 불과[39]하였으므로 아직 중앙의 직접적인 통치력이 미치지는 못하였다. 따라서 사수현의 성황당은 중앙의 직접적인 관리 하에 있던 것이 아니라, 이 지역의 토호들에 의해 주관되었을 가능성이 많다. 그리고 바로 이 점에서 성황당이 설치된 사수현의 역사·지리적 의미가 찾아진다. 즉 사수현의 성황당은 국가의 치제대상이기보다 이 지역의 지방 세력[40]이나 민들과 보다 밀접했을 것이라는 추측이다.

이상에서 중국 성황의 전래는 성종 9년을 전후하여 도입되었을 것으로 추정하였다. 그리고 이는 성종 때 활발하게 추진된 유교 예제의 도입 결과였다. 그러나 이때 성황만이 전해진 것이 아니라 이에 대한 예제도 함께 수용되었을 것으로 가정할 수 있다. 이처럼 성종 때 성황사(당)와 성황에 대한 예제가 고려에 도입되었다면, 그것은 어떤 이유에서 수용된 것이며 또 성황의 수용을 통해 성종이 의도한 바는 무엇이었는지가 검토되어야 한다. 그래야만 이 시기 성황의 전래에 대한 시대적 의의가 더욱 분명해질 것이다. 이는 고려에 성황이 도입된 배경을 이루는 것이기도 하므로 항목을 달리하여 검토하기로 한다.

(2) 성황의 전래 배경

성종 9년 성황의 전래 배경으로는 먼저 나말여초羅末麗初의 시대적 상황을 살펴보지 않을 수 없다. 주지하듯이, 이 시기는 통일신라 말末 골품제도骨品制度의 모순에 따른

39_ 사수현은 본래 신라 때의 史勿縣이었다. 신라 景德王이 泗水로 개명하고 이어 성종 2년 전국에 12牧을 설치할 때 晉州牧에 속하였다가, 다시 성종 14년 12州節度使를 두면서 晉州定海軍이라 하여 山南道에 소속되었다(『高麗史』 卷57, 志 11 地理 2 慶尙道 晉州牧條).

40_ 나말여초의 지방 세력은 원래 중앙 귀족이었으나 지방관으로의 파견 또는 중앙에서의 정쟁 등의 이유로 낙향하여 그곳을 본관으로 하면서 지방 세력가가 된 계층과 대대로 그 지방에 토착하였던 村主가 지방 세력화한 두 계통으로 나눌 수 있다(김철준, 「문인계층과 지방호족」, 『한국사』 3(국사편찬위원회, 1984), 599쪽].

진골眞骨 귀족貴族 간의 분열과 대립, 그리고 호족豪族이라 불린 반신라적反新羅的인 지방 세력의 대두擡頭를 시대상의 하나로 흔히 지적한다.[41] 왕건의 출신 자체가 이런 지방 세력 중의 하나였을 뿐만 아니라 왕건 또한 이들 지방 세력들과 연합하여 고려를 건국하였던 것이다. 건국 이후에도 이들 지방 세력은 고려 왕실에 협조하여 귀족화하는 자들도 있었지만, 다른 한편 지방 세력으로 남아 고려에 대해 반독립적半獨立的인 상태를 유지하기도 하였다. 따라서 태조는 이러한 지방 세력과의 타협과 연합 속에서 정권을 유지할 정도[42]로 왕권은 아직 미약한 실정이었다. 비록 광종대光宗代 왕권강화책으로 태조에 동조한 호족 중 상당수가 숙청[43]되었다고 할지라도 이들 호족은 지방에서 여전히 영향력을 행사하고 있었다.

실제 성종 2년(983)에 단행된 향직개편鄕職改編의 내용은 이때까지 호족들이 자체적으로 중앙정부에 비견될 만한 조직체계를 가지고 있었음을 보여준다.

> 성종 2년에 주부군현州府郡縣의 이직吏職을 고쳐, 병부兵部는 사병司兵으로, 창부倉府는 사창司倉으로, 당대등堂大等은 호장戶長으로, 대등大等은 부호장副戶長으로, 낭중郎中은 호정戶正으로, 원외랑員外郎은 부호정副戶正으로, 집사執事는 사史로, 병부경兵部卿은 창정倉正으로 삼았다.[44]

즉, 성종 2년 이전까지 호족들은 병부兵部·창부倉部와 같은 관부官府와 당대등堂大等을 비롯한 여러 관직체계官職體系를 독자적으로 지니고 있었던 것이다. 이것은 나말여초라고 하는 사회적인 혼란기에 처하여 호족들이 독자적으로 군사력을 지님으로써 자신의 지배영역과 민民에 대한 자위능력 및 수취권을 자체 운영하고 있었음을 말하여 주는 사실이다. 즉 이들 호족은 이때까지 스스로 군사력과 경제력을 갖추고 있음으로

41_ 朴龍雲, 『高麗時代史』(一志社, 1988), 21~34쪽.

42_ 李基白, 『韓國史新論』 改訂版(一潮閣, 1982), 126쪽.

43_ 崔承老는 光宗이 역대의 勳臣 宿將을 다 숙청하여, 景宗 즉위 시에는 겨우 40여명이 남았을 뿐이라고 하였다(앞의 崔承老傳 참고). 이때 숙청된 훈신과 숙장들은 태조의 후삼국 통일 과정에서 배후 세력이었던 호족들과 개국공신계 인물들로 보고 있다[河炫綱, 「光宗의 王權强化策과 그 意義」, 『韓國中世史研究』(一潮閣, 1993), 120쪽].

44_ 『高麗史』 卷75, 志 29 選擧 3 鄕職條.

써 고려 왕실에 대해 반독립적半獨立的인 상태를 유지해 오고 있었다.

게다가 이들 호족은 자신의 영역 내의 신앙 및 제사권도 장악하고자 하였다. 특히 호족들의 제사 · 신앙의 주도 현상은 성종 때 행해진 제사의례의 정비와 관련하여 매우 주목되므로, 이에 대해서는 좀 더 구체적으로 살펴볼 필요가 있다.

이미 신라 말에 김해지역金海地域의 새로운 지배세력으로 등장한 충지忠至를 중심으로 하여 그 추종자인 영규아간英規阿干이 수릉왕묘首陵王廟를 후손들로부터 빼앗아 자신이 제사를 지내려고 한 적이 있다.[45] 이는 김해지역에서 예로부터 후손들에 의해 전해져 온 수릉왕의 제사를 신흥세력들이 주도함으로써, 김해지역에 있어서 자신들의 지배권을 정당화하고 아울러 이런 의례를 통해 지역 내의 통합을 꾀하고자 한 것으로 해석된다.[46]

또한, 왕건의 선대先代인 호경虎景에 대한 설화說話를 통해서도 당시 호족들이 자신의 조상을 신격화함으로써 지역민들의 신앙을 관장하고자 했던 점을 볼 수 있다. 즉 호경설화에 호경이 평나산平那山의 산신으로 설정되고 있는데, 이는 왕건의 가계를 신격화하여 고려 건국의 신성성神聖性을 뒷받침하고자 한 것으로 생각된다.[47] 게다가 호경설화에

(平那郡) 사람들이 호경虎景을 대왕大王으로 봉하고 사당을 세워 제사지냈다.[48]

고 하였듯이, 평나산신이 된 호경에게 군민郡民들이 제사를 지내고 있다. 이것은 왕건의 조상 제례가 동시에 지역민들로부터도 제사의 대상이 된 것임을 의미하는 것이기도 하다. 또한, 지역민들이 일정 지역의 지배층과 피지배층이라고 하는 계층 간의 위계를 초월하여 자발적으로 평나산신이라고 하는 같은 신앙대상에 제사를 지냄으로

45_ 『三國遺社』 卷2, 紀異 2 駕洛國記. "新羅季末 有忠至匝干者 功取金官高城 而爲城主將軍 爰有英規阿干 假威 於將軍 奪廟亭而淫祀 當端午而致告祠".

46_ 채웅석, 「고려시대 향촌지배질서와 신분제」, 『한국사』 6(한길사, 1994), 67쪽.

47_ 金烈圭, 「高麗王朝傳承의 巫俗素」, 『韓國神話와 巫俗研究』(一潮閣, 1977), 93~106쪽.

48_ 『高麗史』, 高麗世系條. "郡人因封虎景爲大王 立廟祭之".

써 결국 이런 의례가 내부의 결속을 강화하는 측면도 있다는 점을 엿볼 수 있다.

그런데 이와 같은 공동체 의례를 통해 내부의 일체감은 조성될 수 있겠지만, 외부에 대하여는 폐쇄적인 배타성을 수반하는 것이므로, 호족들에 의한 개별적이고 독자적인 의례의 관행은 중앙 정부의 측면에서 볼 때 자연 경계의 대상이 되었을 것이다. 그러나 왕권이 미약했던 고려 초기에는 호족들의 이러한 개별적인 신앙 및 제사를 중앙에서 통제할 수 없었고, 성종 때 들어와 외관外官의 파견·향직鄕職의 개편·지방 제도의 제정 등을 통해 점차 왕권이 지방에까지 확산됨으로써 비로소 호족들의 신앙을 통제할 수 있게 되었다고 할 수 있다.

한편 호족들에 의한 지역 내 결속 강화는 불교에 있어서도 확인된다. 이 점은 특히 호족들이 신라 말 선종禪宗의 수용 및 보급에 후원자로 나타난 점[49]에서도 볼 수 있지만, 향도香徒라고 하는 불교 신앙 단체를 통해서도 찾아진다.

향도란 본래 기불祈佛이나 불교행사佛敎行事와 같은 불교신앙 활동을 목적으로 신도信徒들이 자발적으로 결성한 신앙단체로서,[50] 신라의 용화향도龍華香徒[51]를 비롯하여 고려·조선조에까지 연연히 이어져 온 조직체였다. 비록 향도 조직은 시대에 따라 결성 목적에 따라 그 성격에 변화를 보여주기는 하지만, 일정 지역민들에 의해 조직된 공동체적인 성격은 조선 후기까지 이어져 온 것으로 이해되고 있다.[52] 어쨌든 나말여초의 향도가 불교와 관련되어 있었다는 것은 분명하고, 또한 이 시기의 향도가 호족들에 의해 불교 행사에 동원되었다는 것도 곧 불교신앙에 의한 호족들과 지역민 간의 통합을 도모한 점에서 주목된다.

이와 같은 사례로는, 이미 신라 경덕왕景德王 8년(749) 촌주村主 간감干甘이 승려僧侶 3인과 함께 향도 100인을 동원하여 사찰을 건립했다던가,[53] 고려 성종 16년(997) 죽주竹

49_ 최병헌, 「도선의 생애와 나말여초의 풍수지리설」, 『韓國史硏究』 11(한국사연구회, 1975), 102~146쪽.

50_ 채웅석, 「향도」, 『한국민족문화대백과사전』 24(성남, 한국정신문화연구원, 1991), 641쪽.

51_ 『三國史記』卷, 列傳 1 金庾信 上. 三國 및 高麗時代의 香徒에 대해서는 다음 논문들이 참고 된다. 김필동, 「삼국·고려시대의 香徒와 契의 기원」, 『한국전통사회의 구조와 변동』(文學과知性社, 1986), 65~104쪽; 李泰鎭, 「醴泉 開心寺 石塔記의 分析」, 『韓國社會史硏究』(知識産業社, 1986), 77~88쪽; 蔡雄錫, 「高麗時代 香徒의 社會的 性格과 變化」, 『國史館論叢』 2(國史編纂委員會, 1989), 87~131쪽.

52_ 李泰鎭, 「17·8세기 香徒 조직의 분화와 두레 발생」, 『震檀學報』 67(震檀學會, 1989), 1~30쪽.

州에서 호장戶長·창정倉正 등이 국태민안國泰民安을 위하여 장명사長命寺의 5층 석탑을 조성[54]한 것과 같은 점을 들 수 있다.[55] 특히 장명사 5층 석탑의 조성 사례는 호족이 주축이 되어 향도를 구성한 예인데, 당시 호족들이 불사佛事를 통하여 지역민들과의 유대를 강화하고 자신들의 세력을 과시하려 한 측면을 반영하고 있다.[56]

그리고 성종 이후의 사례이긴 하지만, 현종顯宗 14년(1023)에 착수하여 22년(1031)에 완성된 정도사오층석탑淨兜寺五層石塔의 '조성형지기造成形止記'에 보면, 약목군若木郡(현 경상도 상주尙州)의 호장戶長과 지역민들이 참여하여 이 탑을 만든 것으로 되어 있다.[57] 그리고 석탑石塔 조성의 주체는 본군本郡의 '군사郡司'였다고 한다. 군사란 호장戶長·부호장副戶長 아래 호戶·병兵·창倉 3계열의 정正·부정副正·사史 등이 갖춰 있는 군郡 자치自治의 장사집단長史集團의 기구를 말한다.[58] 따라서 이 탑 역시 이 지역의 세력가들이 주도한 것임을 알 수 있다. 특히 형지기에 "가국항안家國恒安 병과영식兵戈永息 백곡풍등百穀豊登" 등과 같은 내용이 보이는데, 여기서 이들 지방 세력가들이 불교 신앙에 의해 국가의 안녕과 전쟁의 소멸, 풍년의 초래 등을 기원하고 있는 점이 주목된다. 또 이와 유사한 사례는 선종宣宗 10년(1093) 이 지역의 호장이 조성한 것으로 보이는 '나주서문내석등기羅州西門內石燈記'[59]에도 "성수천장聖壽天長 백곡풍등百穀豊燈 부귀항존富貴恒存 금읍안태錦邑(나주의별칭)安泰" 등의 구절이 있는 것에서도 찾아진다.

그런데 이런 사례들에서 보듯이 지방 세력가들이 국가의 안녕이나 군주의 장수를 기원하고 있는 것은 점차 국가질서로 편입되어 가는 과정을 반영하고 있는 것이기도 하다. 그러나 한편에 있어서 지방 세력가들이 여전히 자신들 지역의 안녕과 풍년 등도 기원하고 있는 점에서는 이들이 신앙을 통해 일정 지역의 구심체적 역할을 해 오

53_ 『朝鮮金石總覽』下, 美黃寺事蹟碑.
54_ 蔡雄錫, 앞의 논문, 98쪽.
55_ 이외에도 호족이 향도를 동원하여 佛事를 행한 예로는 현종 원년에 시공하여 다음해 완공된 예천의 개심사 석탑 조성도 볼 수 있다.
56_ 蔡雄錫, 앞의 논문, 99쪽.
57_ 이에 대해서는 武田幸男, 「淨兜寺五層石塔造成形止記の研究」, 『朝鮮學報』25(朝鮮學會, 1962) 참조.
58_ 李泰鎭, 앞의 논문, 86쪽.
59_ 黃壽永 編, 『韓國金石遺文』(一志社, 1994), 羅州西門內石燈記.

고 있는 점 또한 간과할 수 없다고 생각된다.

이렇듯 지방에 있어서 신앙을 통한 지역민의 결속이 지방 세력들에 의해 주도되고 있는 한, 왕권은 이들 지방에까지 미칠 수는 없었을 것이다. 다시 말해 지방에서의 자의적이고 개별적인 신앙들을 먼저 타파하지 않고서는 결코 중앙으로부터의 일원적一元 的인 통치는 행해질 수 없었다고 판단할 수 있다. 또한, 이처럼 호족들에 의해 주도된 제사 및 신앙의 성행은 왕실의 입장에서는 물론이고, 강화된 왕권을 통해 이상적인 유교 정치를 구현하고자 하는 유신들의 입장에서도 마땅히 금지되어야만 할 현상이었을 것이다.

이 때문에 최승로는 시무책에서 지방에 외관外官을 파견하여 호족을 견제토록 하고, 또 불교 및 음사淫祀에 대한 비판을 제기한 이면에는 호족들의 신앙을 금지하도록 의도한 것이 아니었을까 생각된다. 그리고 성종 역시 유교 이념에 입각한 왕도정치를 구현하고자 호족들이 개별적으로 행해 오던 신앙 의례들을 통제할 목적으로 앞서 본 종묘·사직을 비롯한 국가 의례의 제도화를 꾀했던 것이라고 할 수 있다.

이를 위해 성종은 한편으로 지방제도의 개편 및 외관의 파견, 향직의 개편 등과 같은 일련의 정책을 통해 지방 세력을 통제하면서, 또 한편으로는 종래 지방 세력들에 의해 개별적으로 행해졌던 제사 및 신앙을 부정하기 위해 전국에 걸쳐 일원적인 제사의례의 정비를 시도한 것이었다고 판단된다. 그리고 이것이 바로 기묘교서를 통해 성종이 의도한 내용이었다고 할 수 있다. 즉 호족들의 신앙을 대신하여 제도화된 의례로서 나타난 것이 전국 산천에 대한 유교적인 제사의례 및 성황 의례였다고 하는 것이다.

결국, 성황의 전래는 성종과 유신들이 호족들을 신앙적으로 통제하고 왕권을 지방에까지 확산시키고자 하는 배경 하에서 고려 사회에 나타난 것이었다. 그럼에도 성종대까지 전국에 대한 중앙의 지방 사회에 대한 일률적인 통제는 쉽게 행해지지는 못하였다. 오히려 대부분 지역에서는 여전히 지방 세력들에 의한 신앙 체계가 전해지고 있었다고 보아야 한다. 게다가 이는 성종 이후에도 지속되어 온 현상이었다는 것이 위 약목군若木郡의 정도사淨兜寺나 나주의 사례로부터 알 수 있다. 이 때문에 문종대文宗

代(1046~1083)에 들어와서는 성황사에 대한 새로운 조치가 취해진 것이 아닌가 보인다.

2) 고려 성황신앙의 전개

성종 9년을 전후하여 전해진 것으로 보이는 성황사는 전래 초기의 성격에 대해서는 어떠한 단서도 남아 있지 않다. 다만 문종 9년의 기사[60]에 "선덕진宣德鎭 신성新城에 성황신사城隍神祠를 두고 숭위崇位라는 호를 내려 봄·가을로 제사지냈다"고 한 점에서 보면, 이때 성황이 국가에 의해 봄·가을로 정기적인 제사를 받는 신앙 대상이 되었다는 것은 알 수 있다. 그리고 이는 성황신이 늦어도 11세기 중반부터는 국가의 공식적인 제사 대상[61]으로 수용되었음을 의미한다.

이처럼 고려의 성황은 문종 9년부터 국가의 공식적인 치제대상으로 수용되었지만, 이후 인종仁宗 15년(1137)에 이르기까지 80여 년간 사료에 전혀 나타나지 않는다. 그러나 이 기간 성황은 점차 고려사회에 확산해 갔던 것으로 보인다. 그것은 인종 15년 김부식金富軾이 서경西京에서 묘청妙淸의 난을 진압한 후 승전勝戰에 대한 감사의 표시로 "사람을 보내 여러 성城의 성황신묘城隍神廟에 제사지내게 하였다"[62]고 하는 내용으로부터, 서경의 여러 성에 성황신묘가 있었다고 한 것을 볼 수 있기 때문이다.

여기서 비록 서경의 사례이긴 하지만, 성마다 성황묘가 설치되어 있었던 점에서 선덕진의 사례에서와 같이 진鎭이나 성城에는 흔히 성황묘가 설치되어 있지 않았을까 추측된다. 그리고 이는 그만큼 12세기 전반에 들어와 성황신앙이 고려의 보편적인 신앙으로 성립되었음을 의미하는 것이기도 하다. 게다가 고려의 대표적인 유신儒臣인 김부식이 이런 성황신들에게 사람을 보내 제사를 지내게 하였다고 한 것도 눈여겨볼 점이다. 만약 성황이 국가로부터 인정되지 못한 신앙 대상, 즉 음사淫祀로 여겨졌다면 유신인 김부식이 이런 음사에 치제하지는 않았을 것이기 때문이다. 따라서 김부식이 지낸

60_ 『高麗史』 卷63, 志 17 禮 5 雜祀 文宗 9年 3月 壬申條.
61_ 徐永大, 「민속종교」, 『한국사』 16(국사편찬위원회, 1994), 343쪽.
62_ 『高麗史』 卷98, 列傳 11 金富軾. "使人諸城隍神廟".

성황제는 성황이 이미 국가에 의해 인정된 신앙 대상이었다는 문종 때의 사실을 역설해 주는 것이라고 할 수 있다.

또한, 이 시기의 성황이 국가의 치제대상으로서 해당 지역의 지방관늘로부터 치제되었다는 것은 다음 사례에서도 확인된다.

> (咸有一이) 또 삭방도朔方道 감창사監倉使로 있을 때, 등주登州의 성황신이 자주 무巫에게 내려 국가의 화복을 잘 맞추었다. (함)유일이 성황사에 나가 국제國祭를 행할 때 읍揖만 하고 절하지 않으니 유사有司가 왕의 칭찬을 구하려고 탄핵하여 파면시키었다.[63]

즉 의종毅宗(1146~1170) 때의 사람 함유일咸有一이 삭방도의 감창사로서 등주 성황신에 국제國祭를 지냈다고 한 것은 성황제가 곧 국행제로 치러졌음을 보여주는 내용이다. 다만 그는 평소 이런 성황제에 대해 부정적인 생각을 하고 있었던 듯, 결코 제대로 된 의식 절차에 따라 성황제를 지내지 않았기 때문에 결국 유사의 탄핵을 받아 파면까지 당하고 있다. 이는 그만큼 국가에서도 지방관들의 성황제 실시를 중시하고 있었다는 것을 반영하는 사례이다.

이처럼 성황제가 국행제이기 때문에 함유일이 성황사에 가서 제사를 지내기는 하였지만, 이때 그가 읍만 하고 절을 하지 않을 정도로 성황제를 소홀히 한 데에는 그럴 만한 이유가 있었다. 왜냐하면, 함유일은 평소 무속신앙과 민간의 음사淫祀를 배척하였을 뿐만 아니라, 산신사山神祠 중에서도 영험이 없는 신사를 훼분毁焚하는데 일관해온 것처럼 평소 전통신앙에 부정적인 시각을 지닌 자였기 때문이다.[64] 이처럼 함유일은 전통신앙의 배척을 자신의 임무로 여겨 온 자로서, 여기 등주 성황제도 그와 같은 사례, 즉 등주 성황신을 동시에 무당이 모시는 신이었다는데 있었던 듯하다.

63_ 『高麗史』卷99, 列傳 12 咸有一. "又爲朔方道監倉使 登州城隍神 屢降於巫 奇中國家禍福 有一詣祠 行國祭 揖而不拜 有司希旨 劾罷之".

64_ 그는 橋路都監으로 있을 때 開京의 巫家를 교외로 쫓아낸 적이 있으며, 또 民家에 있는 淫祀를 모두 찾아내어 불태운 자이기도 하다(『高麗史』卷99, 列傳 12 咸有一 참조).

그것은 등주 성황신이 무巫에 자주 강신降神하여 국가의 화복을 예언하였다고 한 점에서 알 수 있다. 말하자면 등주 성황신은 무속신앙과도 밀접하게 결부되어 있었다고 생각되는 것이다. 따라서 함유일은 등주 성황제가 국행제의 대상이었기 때문에 지방관으로서 어쩔 수 없이 치제하긴 하였지만, 그 이면에 등주 성황사가 무당들의 신앙대상으로서 음사화淫祀化되었다는 것에 대한 자신의 불만이 위 예문에서와 같이 성황제에 대한 비례非禮로 나타났다고 생각된다.

또한, 등주 성황신이 국가의 길흉화복을 예언하였다는 것은 성황신이 국가의 안위와 관련하여 신앙되었다는 점과 함께 무당을 매개로 예언되고 있었다는 점도 보여준다. 여기서 12세기의 성황 신앙은 이미 무속신앙이나 점복신앙과도 결부되고 있었음을 알 수 있다. 그뿐 아니라 12세기의 성황신앙과 무속신앙과의 관련성을 보여주는 것으로 또 다음과 같은 사례도 들 수 있다.

> (鄭)彦眞이 이르러 祈恩을 하기 위해 城隍祠에 가 賊을 체포할 계책을 은밀히 무당에게 주었다. 하루는 賊徒의 都領 父子가 성황사에 와 몰래 기도를 하였다. 무당이 짐짓 말하기를 "都領이 군사를 일으켜 장차 新羅를 회복하려 하니 우리도 기뻐한 지 오래입니다. 이제 다행히 뵙게 되었으므로 술 한잔 대접하고자 합니다."라 하고 자기 집으로 데려가 술을 권하여 취하게 한 후 마침내 결박하여 정언진에게 압송하였다.[65]

이 기사는 신종神宗 6년(1203) 경주에서 발생한 민란을 진압하기 위해 초토호치병마중도사招討虎置兵馬中道使로 임명된 정언진이 반란군을 진압하기에 앞서 기도 차 경주 부근의 성황사에 들려 그곳의 무당에게 밀계密計를 주어 반란군의 주도자 이비利備 부자父子를 체포하였다는 내용이다. 그런데 여기의 성황사는 정부군은 물론 반란군도 찾아와 기도할 때 모두 무당과 만나고 있는데, 이것은 이 성황사가 평소 무당의 신사였기 때문이었을 것이다. 따라서 이런 사례는 12세기 이후 성황사가 무당의 신사이기도 했

65_ 『高麗史』 卷100, 列傳 丁彦眞.

으며 지역주민도 찾아와 기도를 드리는 민간화된 성황신앙의 모습을 보여주는 것이라 보아야 한다.

아마 이 성황사는 이전에는 국행제가 거행되어 오던 신사였을 것이다. 그러나 한편으로는 경주민들에게도 신앙의 대상으로 전승되었기에 민란의 주도자인 이비부자도 찾아와 승전을 기원하게 된 이유였다. 요컨대 이런 내용은 민간화된 성황신앙의 모습을 보여주는 것이라 할 수 있다. 물론 여기에는 경주지역이 반란군에 의해 장악되어 한동안 중앙정부의 통제력이 적용되지 못하였던 상황에서 더 이상 지방관에 의한 성황제가 행해질 수 없었던 사실도 한 이유가 될 수 있다. 그렇더라도 이는 지방에 있던 신사가 점차 지역 주민의 신앙대상으로서 지역민들과 밀착된 관계를 보여준다는 점에서 주목되는 내용이다. 특히 이비 부자의 성황사에 대한 치제 목적이 정부군과의 결전을 앞두고 성황신에게 승전을 기원하기 위한 것으로 생각되는데, 이는 결과적으로 지역민들에게 심리적인 안정이나 민심의 결집 등과 같은 효과도 부여하였을 것이다.[66]

또 다음 우왕禑王(1374~1388)대의 사례도 성황사가 고려 중기 이후 계속해서 무격의 신사神祠로 전승된 점을 말해 준다.

고성固城에 사는 이금伊金이란 자가 자칭自稱 미륵불彌勒佛이라 하며 …(중략)… 또 말하기를 "내가 명령을 내려 산천신山川神을 파견하면 왜적倭賊을 다 붙잡을 수 있다"고 하였다. 무격들이 더욱더 존경하고 신임하여 성황사묘를 헐어 버리고 이금伊金 섬기기를 부처님처럼 하고 복리福利를 빌었다.[67]

66_ 民亂의 발발 시 주도자들이 神祠에의 치제를 통해 지역 주민을 결집시키고자 한 경우는 다음과 같은 사례에서도 분명히 나타나고 있다. 즉, 高宗 4년(1217) 西京에서 봉기한 崔光秀는 스스로 後高句麗興復兵馬使·金吾衛上將軍이라 칭한 후 擧事를 일으키고자 여러 神祠에 기도(將擧大事 禱諸神祠)하게 한 사례(『高麗史節要』 卷 15, 高宗 4年 6月條)나 또 同王 24년(1237) 原要·潭陽에서 봉기한 李延年 兄弟에 의해 羅州城이 포위당한 적이 있어 이때 全羅道指揮使 金慶孫이 출전을 독려하고자 하니 막료들이 이를 만류하자, 이에 街頭에서 錦城山神에 제사지낸 사례도 곧 神祠에의 치제를 통해 민심을 결집시키고자 한 것으로 이해된다(『高麗史節要』 卷 103, 列傳 16 金慶孫). 이런 사례들로부터 출전에 앞서 勝軍을 신에 기원하고 아울러 민심의 결집을 의도할 때 흔히 신사에의 치제가 이루어진 점을 볼 수 있다. 이처럼 전승과 민의 결집을 위해 성황사·산신사와 같은 神祠에 치제를 한 점에 대해서는 金甲童도 이미 지적한 바 있다(金甲童, 앞의 논문, 18~19쪽).

이것은 고성固城지방에서 스스로 미륵불을 자칭한 이금伊金이 민간에서 점차 신뢰를 얻어 무격들조차 그를 추종하였다는 내용이다. 그런데 이때 무격들이 성황사묘를 헐어버렸다고 하였는데, 이는 성황사묘가 자신들의 신사神祠이기도 하였기 때문일 것이다. 요컨대 14세기 말까지 성황사가 무격들의 신사로 전해져 왔다는 것을 알 수 있다.

이렇듯 성황신앙은 12세기 이후 무속신앙과 혼합된 양상을 보이고 있지만, 그렇다고 해서 고려 성황신앙이 전적으로 무속신앙으로만 전해져 온 것도 아니었다. 왜냐하면, 고려왕실에서는 국가에 대한 성황신의 음조나 영험함이 드러날 때마다 수시로 성황신에게 봉호封號를 수여하기도 하였으며, 성황제를 지내기 위한 성황위전城隍位田의 책정 등을 통해 국가의 성황신앙에 대한 관심을 보여주고 있었기 때문이다. 먼저 성황신에의 봉호 사례로는 이미 문종 9년 선덕진 신성에 성황사를 두면서 숭위崇位라는 호號를 내려 준 것을 비롯하여,

○ (高宗 23년 : 1236) 몽고군이 온수군溫水郡(지금의 醴陽)을 에워싸매, 그 고을 아전 현려玄呂 등이 성문을 열고 나가 싸워서 적을 크게 부수고 적 2명의 목을 베었으며 우리 측 화살에 맞아 죽은 자가 2백여 명이요 노획한 병기도 매우 많았다. 왕은 그 고을 성황신이 도와준 공이라 하여 성황에 신호神號를 더하여 주고, 현려를 그 고을 호장戸長으로 임명하였다.[68]

○ 지정至正 원년元年(1341) 신사辛巳(즉 忠惠王 復位 2년) 동정원수東征元師 김주정金周鼎이 각 고을의 성황신에 제사지냈는데, 다니면서 신의 이름을 부르면 신령한 일이 나타났으며, (무진茂珍)군郡의 성황은 깃발 위의 방울을 흔든 것이 세 개이었으므로 두루 조정에 함께 보고하여 작爵을 봉하였다.[69]

67_ 『高麗史』 卷107, 列傳 20 權胆 附 權和. "固城妖氏伊金 自稱彌勒佛 …(中略)… 又云吾勅山川神 倭賊可擒也 巫覡尤加敬信 撤城隍祠廟 事伊金如佛 祈福利." 또 같은 책, 卷119, 列傳 32 鄭道傳에도 伊金에 관한 기사가 나온다.

68_ 『高麗史』 卷23, 高宗 23年 9月 丁巳條. "蒙兵圍溫水郡 郡吏玄呂等 開門出戰大敗之 斬首二級 中矢石死者二百餘人 所獲兵伏甚多 王以其郡城隍神 有密祐之功 加封神號 以呂爲郡戸長" 또 『高麗使節要』 卷高宗 23年 9月條에도 동일한 기사가 전한다.

69_ 『新增東國輿地勝覽』 卷35, 光山縣 祠廟條.

등에서 자세한 내용을 볼 수 있다. 이는 성황신에의 봉호가 국가를 위한 공로나 영험성이 드러날 때 봉작되곤 했던 관례를 보여준다. 이외에도 성황신에의 봉호 사례는

○ 충렬왕忠烈王 7년(1281) 정월正月 병오丙午 국내의 성황과 명산대천으로 사전祀典에 실린 것에 모두 덕호德號를 더하였다.[70]
○ 충선왕忠宣王 복위년復位年(1308) 11월 성황과 국내의 명산대천으로 사전祀典에 실린 것에 아울러 가호加號하였다.[71]

라 있다. 여기서 성황신에의 가호가 일단 사전祀典에 등재된 것에 한하고 있는 점이 주의를 끈다. 이것은 사전에 등재된 성황이 곧 국가로부터의 배려를 받는 신앙대상이었음을 의미한다. 반대로 사전에 등재되지 못한 성황신은 이른바 음사淫祀로 간주하였기 때문에 이런 신호神號의 부여 대상에서도 당연히 제외되었을 것으로 간주할 수 있다. 다시 말해, 성황에의 신호 부여란 곧 국가가 성황신을 관장하고 있었다는 사실을 말해준다.

성황城隍 · 향교鄕校 · 지장紙匠 · 묵척墨尺 · 수급水汲 · 도척刀尺 등의 위전은 전례前例대로 지급한다.[72]

이는 우왕禑王 14년(1388) 신흥 사대부계층의 주도 하에 전제개혁田制改革을 단행할 때 취해진 조치 사항 중의 하나인데, 이때 성황 등의 위전만큼은 전례前例대로 지급하라고 하였다. 여기서 전례前例라고 한 것으로 보아, 성황에의 위전 지급은 이미 이전부터 시행해 왔던 것임을 알 수 있으며, 나아가 토지제도의 개편 시에도 여전히 성황제를 지내기 위한 물질적 기반이 국가로부터 필요하였음을 보여준다.

70_ 『高麗史』 卷29 忠烈王 7年 正月 丙午條. "中外城隍 名山大川 載祀典者 皆在德號".
71_ 『高麗史』 卷33, 世家 33 忠宣王 得位年 11月 辛未條. "城隍幷國內名山大川 載在祀典者 竝宜加號".
72_ 『高麗史』 卷32, 志 32 祿科田 禑王 14年 6月條. "位田, 城隍鄕校紙匠墨尺水汲刀尺等位田 前例折給".

한편 고종高宗 6년(1219) 이규보李奎報가 계양도호부사桂陽都護副使로 부임하여, 이 지방에 가뭄이 들자 성황신을 대상으로 기우제祈雨祭를 지낸 일이 있었다.[73] 이는 지방관이 지낸 비정기적인 성황제로서, 성황신이 일기의 조절자로도 여겨졌던 관념을 보여준다. 특히 계양기우성황문桂陽祈雨城隍文에는 "이 고을을 주장하는 자는 신神이요, 백성을 기르는 자는 관리[主郡者神 牧民者吏]"라 하여, 신과 지방관이 함께 고을을 관장하는 자라고 하는 관념도 엿볼 수 있다. 그리고 이런 관념 역시 당대이래 중국 성황신앙에서도 찾아지는 내용이다.

성황사는 10세기에서 11세기 전반 진鎭이나 성城과 같은 군사상의 거점에 주로 건립되고 있었다.[74] 그러다가 앞서 소개한 함유일이나 정언진의 사례에서 보듯이, 12세기 중반에 들어와서는 성황사가 주州・군郡 등과 같은 행정상의 치소治所에도 건립되는 것을 볼 수 있다. 이는 성황신앙이 본래 군사적인 목적 하에서 주로 진鎭이나 성城에 건립되다가 고려 중기 이후에는 점차 주・군・현에까지 건립되고 있었다는 것은 다음 예를 보더라도 명백하다.

공민왕恭愍王 9년(1360) 3월 갑오甲午, 여러 도道의 주州・군郡 성황신묘城隍神廟에 제사하여 승전에 감사드리게 하였다.[75]

이는 동왕 9년 3월 홍두적紅頭賊의 내침을 격퇴[76]한 후, 주와 군의 성황신묘에 감사제를 지냈다고 하는 내용이다. 여기서 성황사가 고려 후기까지 전쟁과 관련하여 신앙된 점과 함께 그 소재처가 주・군 등이었다는 것을 알 수 있다. 그리고 이처럼 성황사가 지방의 주・군과 같은 치소에 설치되고 있었다는 것은 일면 성황사의 건립이 중

73_ 『東國李相國集』 卷37, 哀詞・祭文條. 桂陽祈雨城隍文 및 又祈雨城隍文.
74_ 安宗 郁이 유배된 四水縣 성황당의 경우, 사수현이 당시 군사적 거점이었는지 하는 점에서 의문이 있다. 그러나 사수현을 제외하고는 10~11세기의 고려 성황사가 대부분 군사 거점에 소재하였다는 점도 무시되어서는 안 될 것으로 생각한다.
75_ 『高麗史』 卷63, 志 17 禮 5 雜祀條. "恭愍王九年三月甲午 祭諸道州郡城隍于諸神廟 以謝戰捷".
76_ 『高麗史』 卷39, 世家 39 恭愍王 9年 3月條.

앙정부에 의해 일률적으로 이루어진 것임을 말해 준다.

다시 말해 각 지방의 중심지마다 일률적으로 성황사를 설치하고, 이에 대한 정기적인 춘추제나 비정기적인 성황제를 통해 신앙의 일원화를 도모하고 아울러 효과적인 대민통제對民統制를 의도한 것이었다고 생각된다. 또한, 고려 후기까지 성황사가 주로 주·군에 소재하고 있었다는 것은 성황신앙 역시 이런 지역에서 성행되었음을 의미하며, 이 이하의 행정 단위에서는 아직 성황신앙이 보급되지 않았을 것으로 추측케 한다.

그런데 공민왕대(1351~1374)는 고려의 성황신앙사에 있어서도 새로운 국면에 접하게 되는 시기라는 점에서 주목된다. 그것은 이 무렵 원元이 쇠퇴하고 명明이 새로 일어서는 상황에서 고려와 명과의 외교적 관계에도 변화가 일어나는 점과 결코 무관하지 않다. 특히 의례상儀禮上의 문제와 관련하여 고려와 명의 교류도 빈번해지고 있었다. 즉 공민왕 19년(1370) 4월 명나라에서 도사道士 서사호徐師昊를 보내어 와 고려의 산천에 제사를 지내게 하고, 그 내용을 비석碑石에 새기게 한 일이 있다. 이때 서사호가 고려의 산천에 제사를 지낼 때 사용한 축문에 "천자가 산천에 제사지내는 것에는 통하지 않는 바가 없다"[77]고 하였으며, 또 비문碑文에는 "지난번 고려에서 사신을 파견하여 글을 보내 칭신稱臣하므로, 짐朕이 그 왕을 고려 국왕으로 삼았으니 그 나라의 경내 산천도 이미 귀직歸職한 것"[78]이라고도 하였다. 이것은 말하자면 고려의 산천신에 대한 제사를 명나라에서 거행함으로써, 고려의 산천이 천자국의 영토에 속하는 것임을 보여, 이로써 고려와의 관계를 천자국天子國과 외번국外藩國의 관계로 규정하고자 한 것이었다.[79]

그뿐 아니라 이와 같은 명明의 고려 사전祀典에의 간섭은 성황에도 미치고 있다.

77_ 『高麗史』卷42, 世家 42 恭愍王 19年 4月 庚辰條. "天子於山川之祀 無所不通"라 있다. 또한 『明史』卷47, 志 23, 禮 1, 吉禮 1에 보면, "(洪武) 二年 … 皆臣附其國內山川 宜與中國同祭 諭中書及禮官考之"라 하여 명에서는 건국 다음 해인 洪武 2년(1369)에 이미 고려의 산천제를 중국과 똑같이 지내도록 中書省 및 禮官에 명하고 있다. 이것은 明朝가 고려의 산천을 중국의 영토에 포함되는 것으로 생각하였음을 뜻한다.

78_ 위의 책, "邇者高麗貴使奉表稱臣 朕以封其王爲高麗國王 則其國之境內山川 旣歸職".

79_ 金海榮,「朝鮮初期 國家祭禮儀의 정비와 洪武體制」,『淸溪史學』9(城南, 淸溪史學會, 1992), 12쪽.

들건대 왕의 나라에서는 희생犧牲을 기르지 않는다고 하니 무엇으로 경내의 산천山川·성
황제城隍祭를 올리는가. 나라를 가진 임금은 마땅히 사전祀典을 숭상해야 할 것이다.[80]

라 하여 고려의 성황제에 희생이 사용되지 않는 점을 질책하고 있다. 이처럼 고려에
서 산천제나 성황제에 희생을 사용하지 않았다는 것은 혹시 불교의 영향 때문인지도
모르겠으나, 어쨌든 이는 고려 말에 이르기까지 성황제가 유교 제례에 준하여 행해지
지 않았다는 것을 보여준다.[81]

　또 동왕 21년 7월 명제明帝가 다시 고려에 사신 하상봉夏祥鳳을 보내어 중국에서 행
해진 신의 봉호封號에 대한 개정에 따라 고려에서도 이를 준수할 것을 통지해 왔다.[82]
즉 명제는 명조 이전에 취해진 악진해독嶽鎭海瀆의 신호神號를 모두 폐지하는 대신 악진
해독의 이름에다가 '신神'자字만 붙여 부르도록 하였고, 성황도 각各 주州·부府·현縣
성황城隍을 모부某府·주州·현縣성황지신城隍之神으로 호칭토록 하였으니 고려도 이에
따르도록 한 것이었다. 이처럼 명으로부터는 고려 성황신의 명호名號 개정까지 언급됨
에 이르렀으나, 실제 이러한 신호 개정은 조선 초에 들어와서야 실현하게 된다. 어쨌
든 신호 개정에 대한 명의 요구는 고려에 대한 사대 관계의 준수를 의도한 목적에서
나온 것임은 물론이다.[83] 게다가 명에서는 고려의 제례祭禮를 시찰한다는 명분으로 사
실을 파견하여 사직단과 성황사를 직접 보고자 한 일도 있었다.

　　장부張溥 등이 와서 사직단을 보고 재로齋廬를 갖추지 못하였음을 책망하였으며, 또 성황을
　　보고자 하니 조정에서 의논하기를 높은 곳에 올라가서 국도國都를 내려보는 것은 불가하다
　　하여 정사색淨事色을 가리켜 성황이라고 하였다. 정사색은 별에다 제사하는 곳이었다.[84]

80_ 『高麗史』 卷42, 恭愍王 19年 5月 甲寅條. "聞王之國 糞生不育 何以供境內山川城隍之祀乎 有國之君 當崇祀典"
81_ 이는 고려의 사전에 성황이 잡사에 포함되어 있는 점에서도 알 수 있다.
82_ 『高麗史』 卷42, 恭愍王 19年 7月 壬寅條.
83_ 金海榮, 앞의 논문, 13쪽.
84_ 『高麗史』 卷135, 列傳 48 辛禑傳. "張溥等往 觀社稷壇 責其不營齋廬 又欲觀城隍 朝議以爲不可 登高遍瞰國
　　都 以淨事色爲城隍以示之 淨事色乃醮星所"

이처럼 고려에서는 명사明使가 성황사를 보려 하자, 성황사 대신 정사색淨事色을 보여주었다고 한다. 명사에게 성황사 보여주기를 거부한 것은 성황사가 산정에 있어 국도國都를 내려다보는 곳에 있으므로 명사가 성황사에 올라가 볼 때 국도의 노출을 우려해서라 하였듯이, 고려에서는 명사의 빈번한 내왕을 고려의 정찰로도 생각하고 있었다.

이처럼 명의 고려 사전에의 간섭은 본래 고려와의 주종관계 확인 내지는 강요에서 비롯된 것이었지만 점차 사소한 데에까지 문제시하는 경향을 보이고 있다. 그러다가 홍무洪武 18년(1385)에 다음과 같이 고려의 제례에 더 이상 간섭할 의사가 없음을 알려왔다.

> 장부張溥 은우殷祐 등이 와 천자의 조서를 전하기를 …(중략)… 의례는 본속本俗을 따르고, 법法은 구장舊章을 준수하라.[85]

실제 이 이후 명에서도 고려의 제례에 대해 간섭하지는 않았다. 그러나 명의 고려 사전에 대한 간섭은 오히려 신흥사대부들에게는 사대의례事大儀禮의 준칙으로 적용되었다. 그리고 이와 함께 사전 전반에 대한 예제의 개정이 성리학으로 무장된 신진사대부들에 의해 조선 건국 이후의 과제로 넘어가게 된다.

이상에서 살펴본 고려 성황 신앙의 전개 양상을 요약하면 다음과 같다. 즉 성종에서 문종 대에 걸치는 10세기 말에서 11세기 중반 성황의 전래에 이어 국행 성황제로의 정착을 보게 되었다. 그리고 이때의 성황사는 주로 진鎭이나 성城과 같은 군사상의 거점에 건립되었다. 이어 고려 중기인 12세기에 이르러 성황신앙이 점차 확산되면서 무속신앙과도 결부되어 민간신앙의 대상이 되기도 하였다. 또한, 중기 이후에는 성황사도 종전과는 달리 주·군 등과 같은 행정 치소에도 건립되기에 이르렀다. 그리고 이는 고려 정부가 성황신앙을 대지방對地方 통제책의 일환으로 실시하였던 것으로 해

85_ 『高麗史』 卷135, 列傳 48 禑王 11年 9月條 "張溥殷祐等 來賜詔曰 …(中略)… 儀禮本俗 法守舊章"

석된다. 마지막으로 고려 후기에 해당하는 14세기에는 고려 성황신앙에 있어서도 새로운 국면에 접하게 되는 시기였다. 즉 사대의례를 통해 고려가 중국에 종속되는 경향을 보이고 있기 때문이다. 그리고 사대의례에 따른 유교 예제의 전면적인 검토가 여말 선초에 걸쳐 신흥사대부들에 의해 행해지게 되었다.

3) 고려 성황의 유교 제례화와 민속화

(1) 유교 제례로서의 측면

성종 대인 10세기 말 이전의 고려사회에 이미 성황이 존재하였다는 것은 경상도 사수현의 성황당으로 확인된다. 그리고 이때 건립된 성황당이 실제 어떤 신앙적 성격을 지녔는지는 앞서 성황의 전래에 따른 시대적 배경을 살펴보면서 간략히 언급하였다. 즉 호족과의 연합으로 후삼국의 난립을 극복한 고려로서는 왕권 강화를 위해 건국 초부터 호족세력의 통제가 중요한 과제로 대두되고 있었다. 이에 반해 지방에서는 호족들이 여전히 군사·경제·신앙을 장악하고 있었다. 특히 신앙의 경우만 보더라도 각 지역의 세력층들에 의해 주도되어 온 공동체적인 신앙이 있어 왔다. 이에 성종 2년 중앙집권화의 일환으로 지방에 12목牧을 두고 지방관을 파견하여 지방사회를 중앙의 통제 하에 두고자 하였다. 이것은 성종 초기까지 지방이 여전히 호족들에 의하여 관할되고 있었다는 사실을 말하여 준다.

이런 점에서 지방제도의 제정과 함께 시행된 호족제도의 개편은 곧 호족세력을 통제하고자 한 것이었다고 할 수 있다. 그러나 중앙 정부의 측면에서 볼 때 지방사회에서 호족들이 주도하는 공동체 신앙의 존속은 신앙의 분열과 지배력의 이완을 수반하는 것이기 때문에 이를 그대로 방치할 수는 없는 일이었다. 따라서 이러한 시대적 상황에서 이루어진 성종 대의 성황 전래는 고려 성황신앙이 국가제도와 밀접한 관련을 지녔음을 알게 한다.

요컨대 성황의 전래는 성종 때 행해진 일련의 중앙집권화 과정, 즉 지방제도의 제정·호족제도의 개편·유교 제례의 도입 등과 관련하여 찾아볼 수 있다. 특히 유교 제례의 도입은 제사권의 장악을 통해 왕실의 권위를 일층 강화하고 나아가 각 지역 호족들의 개별적이고 자의적인 신앙을 억제하면서 국가가 직접 관장하는 제례로의 전환을 시도한 것이었다. 이렇게 볼 때, 성황의 전래도 유교 제례의 도입 및 사회적 실천에 따른 일환으로 고려 왕실에 수용된 것으로 이해된다. 다만 중앙집권화가 미진한 상황에서 전래 초기부터 성황사가 전국에 일률적으로 건립되지는 못하였을 것이며, 대신 중앙정부의 행정력이 미치는 곳이나 국가적으로 중요시된 지역에 우선적으로 설치되었을 것이다.

이어 11세기 중반 문종 대에는 성황이 국가의 공식화된 제사 대상으로 인정되면서 매년 봄·가을마다 정기적인 치제가 행해지도록 하는 조치가 취해졌다. 또한, 문종 대 이후 성황사는 점차 군사지역이나 행정지역에 설치되어 나간 점도 앞에서 살펴본 바 있다. 그런데 문종 때 성황사가 진鎭[86]-에 설치되어 있었고, 또 인종 때에는 성황사가 성城에 두어졌다는 것은 전래 초기 성황신앙을 이해하는 좋은 단서가 된다. 게다가 성황이 성의 수호신앙에서 발생한 것임을 고려할 때, 진이나 성과 같은 군사상의 거점에 성황사를 두고 정기적인 치제를 한 것은 전래 초기의 성황은 곧 군사상의 수호신적 의미를 지니고 신앙되었던 것임을 단적으로 말해 준다.

그러나 성황이 전쟁과 관련하여 신앙된 것은 정기적인 성황제에서만 그랬던 것은 아니다. 그것은 비정기적인 성황제에서도 승전의 기원이나 승전에 따른 감사를 표하기 위해 수시로 성황제를 지냈다는 점에서도 엿보여진다. 그뿐 아니라 이와 같은 고려 성황의 전쟁과 관련된 신앙 성격은 고려조 내내 일관하여 나타나고 있는 점이기도 하였다.

그런데 그렇다고 하여 고려 시대에 전쟁에서의 수호를 성황신에만 기원한 것은 물론 아니다. 성황신에 대한 승전 기원이나 감사제와는 별도로 이미 "현종顯宗 2년 2월 거란군이 장단지방長湍地方에 침입하였을 때 갑자기 세찬 눈바람이 휘몰아쳤는데, 그곳

86_ 鎭이란 고려 전기에 주로 北界에 설치된 군사적 구역을 말한다[邊太燮,「高麗 兩界의 支配組織」,『高麗政治制度史研究』(一潮閣, 1982), 196~209쪽].

에 있는 감악신사紺岳神祠에서 마차와 깃발과 군마가 있는 것 같이 보였으므로 거란군이 겁을 먹고 감히 전진하지 못하매 왕은 해당 부서에 명령하여 보사報祀(일종의 감사제)를 지내게 한일"[87]이 그런 사례이다.

따라서 고려 시대에 성황사만이 승전에의 기원과 감사를 받는 유일한 신앙 대상은 아니었다는 것을 알 수 있다. 그렇지만 앞서 본 바와 같이 성황사에 대한 제사의 목적이 전쟁과 밀접하게 관련되어 있다는 점 또한 부정할 수 없다. 다시 말해 문종 대이후 고려 후기까지의 고려 성황신앙에는 전쟁에서의 승리 기원과 승전에 따른 감사제적인 성격이 있었다고 할 수 있다. 결국, 고려의 성황신앙 혹은 성황제는 전래 초기에는 대호족통제의 일환으로 시행되었던 것이 점차 전쟁에서의 승리에 대한 감사나 승전勝戰에의 기원 등과 극히 밀접하게 관련하여 전해졌던 것으로 이해된다.

한편 인종·의종 대의 12세기에 들어와서는 성황사가 성城에는 물론 행정의 중심지에까지 설치되고 있는 점을 보여준다. 성황사가 치소治所에 두어진 것은 성종 대의 사수현에서도 보이지만, 의종 대의 등주登州 성황사나 고종 대의 온수군溫水郡 성황사, 그리고 공민왕 대의 여러 도道의 주군州郡 성황사에서처럼 대체로 12세기 이후의 성황사는 흔히 행정 중심지에 건립되었다는 것을 볼 수 있다.[88] 이처럼 성황사가 공식화된 치제 대상으로서 주로 행정 중심지에 건립되었다는 점으로부터, 성황사란 국가의 지원과 관여가 개입된 사전기구祀典機構였다는 사실을 가리킨다.

이런 점에서 고려의 성황사는 국가와 밀접한 관계를 지닌 기구로서의 성격 부여가 가능하다. 또한, 고려 중기 이후 후기에 걸쳐 나타나는 성황의 사전 등재나 가호도 주州·군郡과 같은 행정 치소에의 성황사의 설치와 함께 12세기 이후 성황이 점차 각 행정 단위에 두어지면서 사전기구로 정비되어 가는 과정을 보여주는 사례들이다.[89] 이

87_ 『高麗史』卷63, 志 17 禮 5 雜祀條.

88_ 徐永大, 앞의 논문, 343쪽.

89_ 城隍의 祀典機構化에 대해 그것이 조선조에 들어와서 이루어진 것으로 보는 견해가 있다(柳洪烈, 「朝鮮의 山土神 崇拜에 對한 小考」, 『민속의 연구』Ⅰ(정음사, 1985), 250쪽; 鄭勝謨, 앞의 논문, 2쪽). 그러나 충렬왕과 충선왕의 사례에서 보듯이 이미 고려조 때 성황은 사전에 포함되어 있었다. 비록 고려 때 조선조에서와 같이 성황의 사전화가 제도화된 것은 아니었고, 각 군현에 일률적으로 설치된 것도 아니었지만, 고려의 성황이 사전에 포함되어 있었던 것과 성황사가 주로 州·郡·縣 등에 설치된 것은 국가가 성황을 사전기구화한 선행 사례로

제4장 | 성황의 유교 제례화와 민속화 271

것은 고려 왕실이 성황의 전래 초기 이후 후기까지 성황신앙을 직접 관장하고자 한 의지의 표현이었다고 생각된다. 특히 성황신앙은 국가의 안위와 관련하여 국가를 수호하는 신앙으로 인식되었기 때문에, 국가에서는 성황신앙을 통해 민심을 거국적으로 결집시킬 수 있는 하나의 구심체적인 역할을 할 수 있었다는 것도 그러한 이유였다고 할 수 있다.

(2) 성황의 민속신앙화

고려 중기 이후 성황사가 행정 중심지에 두어지긴 하였으나, 구체적으로는 해당 지역의 산악에 주로 설치되었던 것으로 보인다. 그것은 우왕 11년(1385) 명의 사신이 와서 고려의 성황사를 보려고 하자 조정에서는 개경의 성황사가 국도가 훤히 내려다보이는 곳에 있으므로 이를 꺼려 대신 정사색淨事色을 보여준 사례로부터 미루어 알 수 있다. 그리고 이 개경의 성황사가 송악에 있었다는 것은 이미 지적된 바 있다.[90]

게다가 성황사가 산중에 건립되곤 함으로써 기존의 산신신앙에 성황신앙이 융합되는 현상을 초래한 것으로 보인다. 이는 성황신앙이 12세기 이후 무속신앙과 결부되면서 민간신앙화가 추진된 점과 함께 성황신앙이 산신신앙과 융합되는 계기로도 작용하게 되었을 것이다. 그리고 성황신앙의 민속화는 성황제에 있어서 민간民間에서 그 제례를 주도하는 현상까지도 수반하였을 것으로 가정할 수 있다.

국가의 공식적인 성황제는 의종대毅宗代 함유일咸有一이 등주登州 성황제를 지냈던 사례에서 보듯이 해당 지역의 지방관이 주관하였다. 이는 중앙에서 파견한 지방관으로 하여금 각 주·현의 성황제를 주관케 함으로써 성황제의 일원화를 도모한 것으로 해석된다. 그러나 중앙정부의 이와 같은 의도와는 달리 성황제가 지방의 토착세력들에 의해 주관되기도 하였다. 특히 토착세력이 해당 지역의 제사를 주도하고 있는 현상은 무신집권기武臣執權期(1170~1273) 이후 현저하게 나타나고 있다.

간주할 수 있다.
90_ 金甲童, 앞의 논문, 8쪽.

어떤 사냥꾼이 사슴 한 마리를 문에다 가져다 놓기에 내가 그 이유를 물었더니, 대답하기를 "이 고을에서는 예로부터 매월 초하루에 우리로 하여금 사슴 한 마리와 꿩이나 토끼를 바쳐 제육祭肉에 충당하게 하고, 그런 뒤에 아리衙吏들이 공봉公俸을 받아서 주찬酒饌을 갖춰 성황에 제사를 지내는 것이 하나의 관례입니다."라 하기에 내가 노하여 매질하면서 꾸짖고 …(중략)… 아리衙吏들에게는 훈계하여 이제부터는 다시 고기를 쓰지 못하게 하였다.[91]

이것은 무신집권기 때 이규보李奎報가 신종神宗 2년(1199) 전주목全州牧에 부임하여 겪은 일인데,[92] 여기서 이규보가 부임하기 이전부터 전주에서는 아리衙吏들이 성황제를 주관해 온 것이 관례였다고 한 점이 주목된다. 다시 말해 전주의 성황제는 토착세력에 의해 행해지고 있었다. 이에 대해 이규보는 사슴을 가지고 온 사냥꾼을 매질하여 꾸짖고 있으나 성황제에 제육祭肉을 쓰고 있던 당사자들, 즉 아리들에게는 단지 훈계만 할 뿐이었다. 이런 사실은 당시 중앙에서 파견된 지방관이 토착세력인 향리들을 쉽게 제어하지 못하였던 일면을 보여준다. 또한, 지방관이 지내야 할 성황제가 토착세력에 의해 주관되고 있었다는 것도 알 수 있다. 이처럼 토착세력에 의한 성황제의 시행은 결과적으로 성황신앙의 토착화·민속화를 가져왔을 것이며, 지방에서의 성황제의 성행과 정착에도 영향을 끼쳤을 것으로 생각된다.

호승胡僧 지공指空이 연복정延福亭에서 계율을 설법하니 사녀士女들이 모여들어 경청하였다. 계림사록雞林司錄 이광순李光順도 역시 무생계無生戒를 받고 임지에 갔는데 주민으로 하여금 성황제城隍祭에 고기를 쓸 수 없게 하고 민간에서 돼지 기르는 것도 금하기를 매우 엄히 하였더니 고을 사람들이 하루 동안 돼지들을 모두 죽여 버렸다.[93]

91_ 『東國李相國集』 卷37, 哀詞 祭文條의 祭神文. "有獵夫致一鹿于門 予徵其由則曰此州自古每月旦 使吾等貢一鹿若雉兔充祭肉 然後衙吏等 受公之俸 備酒饌致祭于城隍 此成例也 予怒而鞭之日 …(中略)… 因戒衙吏自今不復奠肉"

92_ 『東國李相國集』 年譜 참조.

93_ 『高麗史』 卷35, 忠肅王 15年 7月 庚寅條. "胡僧指空說戒於延福亭 士女奔走以聽雞林司錄李光順 亦受無生戒之任令州民祭城隍 不得用肉禁民畜豚甚嚴 州人一日盡殺其豚"

이것은 불교신앙에 독실한 관리가 성황제를 지낼 때 희생犧牲 사용을 금지시킨 것을 말해준다. 만약 이것이 국행제로 치러져야 할 성황제였다면, 정8품에 불과한 사록司錄의 신분으로 이미 사전祀典에 정해진 희생犧牲 사용을 함부로 금지시킬 수는 없었을 것이다. 따라서 위의 사례는 고려 후기 민간에서 행해진 성황제로 간주되며, 이때 희생으로 돼지를 사용한 점과 지방에서 성황신앙이 상당히 성행한 모습을 보여준다. 게다가 이 시기 성황의 민속신앙화는 성황신앙 자체의 세속화를 초래하여, 심지어 '왕의 수렵 시 매와 말이 죽자 왕이 노하여 그곳의 성황신사를 불태워 버리도록 한 일'[94]조차 발생할 정도로 성황에 종래의 호국 신앙적인 성격이 상당히 퇴색한 양상도 보이고 있다.

이처럼 고려의 성황은 12세기 이후 점차 민속신앙화하여 지방사회에서도 성행하고 있었다. 게다가 지방에서의 성황제가 해당 지역의 향리층에 의해 주도되기도 하였으므로, 중앙정부를 대변하는 지방관으로서 이러한 성황제를 방관하고 있을 수만은 없었을 것이다. 이 때문에 제사를 두고 종종 지방관과 향리 간에 갈등이 발생하곤 하였다. 위의 예문에 든 이규보와 이광순의 사례도 그런 사례이다.

여기서 이규보와 이광순은 지방관으로서 성황제에의 제육 사용을 금지시킨 점은 서로 일치하지만, 다만 금지 이유는 각기 달랐다. 다시 말해, 이규보는 백성이 먹을 것이 없어 초목草木으로 연명하는 상황에서 아전들이 주관하는 성황제에서의 육류 사용을 방치할 수는 없었던 것이고, 반면 이광순은 불교계율의 입장에서 성황제 때 살생을 금지시켰기 때문이다. 이것은 지방관이 지닌 사상적 배경의 차이, 즉 유교적 입장과 불교적 입장에서의 차이에 기인하는 것이겠지만, 어쨌든 지방관이 임지에서의 성황제를 규제하고 있는 것은 이런 제사들이 향리들에 의해 자의적으로 행해지고 있었다는 것도 그 하나의 이유였다고 보인다.

○ 우탁禹倬[원종 4년~충혜왕 복위 3년 : 1263~1342]이 영해부사록寧海府四錄이 되었는데, 백성

94_ 『高麗史』 卷34, 忠肅王 6年 8月 壬子條. "王畋于德水縣 王怒海靑及內廐馬之斃 命焚城隍神祠"

이 팔령신八鈴神에 혹하여 제사 받들기를 매우 난잡하게 하였다. 탁倬이 부임하여 곧 그것을 부수어 바다에 던져 버렸더니 음사淫祀가 마침내 끊어졌다.[95]

○ 황우黃瑀가 영춘永春현 충북忠北 단양군丹陽郡 영춘면永春面을 맡아 다스렸는데, 승丞의 딸이 병이 들어 마치 귀신에 씌운 듯했다. 무巫가 말하기를 "이전의 나졸 아무개가 죽어 성황신에 부림을 받게 되었는데, 이것이 빌미가 된 것이다."라 하였다. 우瑀가 노하여 말하기를 "어찌 감히 그렇겠는가."라 하고 그 토우土偶를 매질하여 시냇물에 버렸더니 그 딸의 병이 곧 나았다.[96]

영해의 팔령신은 한편 영해의 성황신으로도 전해진다.[97] 이는 본래 영해지역의 고유한 팔령신앙이 뒤에 전래한 성황신앙과 융합되었던 결과로 볼 수 있다. 또 영춘의 성황신은 아졸 즉 향리와 관계하며 무巫를 중개인으로 하고 있었다. 따라서 이들 지역의 성황신앙은 민속화된 신앙 행위로 간주할 수 있다. 그리고 우탁禹倬이나 황우黃瑀가 이들 지역의 신앙 행위를 금지한 것은, 이것이 국가로부터 인정받지 못한 이른바 음사淫祀였기 때문이다. 음사란 '백성에 아무런 공功이 없어 사전에 등재되지 못한 신사'[98]로서, 유교儒教에서 민간의 신앙 행위·신앙 대상 등을 통틀어 부정적으로 표현한 용어라 할 수 있다. 따라서 사전에 등재되어 있지 않은 이런 신사를 음사로 간주하여 지방관들이 폐지코자 한 행위는 충분히 이해된다. 또한, 지방관들에 의한 음사의 일방적인 폐지는 해당 지역 지방관을 매개로 한 중앙 권력의 강제력이 배경으로 작용하고 있다는 것도 느낄 수 있다.

음사가 토착세력이나 지역민들에 의해 주도되고 있는 한, 지방관으로서는 자신의

95_ 『牧民心書』 禮典六條 祭祀. "高麗禹倬 爲寧海府司錄 民惑八鈴神 奉祀甚瀆 倬至卽醉而沈于海 淫祀遂絶"
96_ 위의 책, 같은 조. "黃瑀知永春 丞有女病 若有物憑之者 巫曰故邏卒某也 死而役於城隍之神 實爲祟 瑀怒曰是安敢然 杖其土偶而投之溪流 女病卽愈."
97_ 『新增東國輿地勝覽』 卷24, 寧海都護府 祠廟條. "城隍祠 在府東六里 諺稱八鈴之神"
98_ 『高麗史』 卷42, 世家 42 恭愍王 19年 7月 壬寅條. "天下神祠 無功於民 不應祀典者 卽係陰祀". 한편 음사에 대한 고전적인 정의로, 『禮記』 曲禮에 "非其所祭而祭之名曰 淫祀 淫祀無福"이라 보인다. 즉, 음사란 지내서는 안 되는 제사를 의미하며, 이런 제사는 지내도 신령이 흠향하지 않으며 따라서 어떠한 복도 주지 않는다고 하였다. 결국, 이 같은 음사론은 신분에 따른 치제 대상을 규정하고 있는 유교 제례의 폐쇄성을 단적으로 보여준다.

통치에도 분명히 저해되는 것으로 인식하였을 것이다. 반면 토착세력들은 이와 같은 음사를 통해 공동체적 결속을 강화하고 제사를 주도함으로써 지역사회에서의 위상을 격상시킬 수 있었다. 따라서 중앙 권력을 배경으로 한 지방관들의 음사 규제 행위는 곧 지방 세력의 와해를 목적으로 하였다고 생각된다. 그러나 지방관들의 음사 금제책 禁制策에도 불구하고 각 지방에서는 고려 후기까지 여전히 민간의 성황제가 꾸준히 성행되고 있었다는 것도 위 사례들로부터 알 수 있다.

또한, 지방에서의 성황제를 향리 계층들이 주관하였다는 점에서 본래 지방관이 주관하던 성황제가 점차 향리들에 의해 수행되어 온 것이 아닌가 생각하여 볼 수 있다. 그것은 무엇보다도 이들 향리는 지역에서 대대로 토착해 온 지방 세력가였지만 지방관은 수시로 교체됨으로써 결코 지역사회에 뿌리를 내릴 수 없는 이방인이었기 때문이다. 따라서 지방관에 의한 국행제의 실시라 할지라도 실제 제의의 준비 및 시행과정에서 이들 지방 세력의 개입을 배제하기는 어려웠을 것이다. 이런 점에서 향리에 의해 성황제가 주도되었다는 것은 성황이 점차 토착세력의 신앙 대상으로 정착되어 갔음을 의미하는 것이기도 하다.

요컨대 문종 대 국행제로 공식화된 성황제는 이후 지방관이 주제하도록 되어 있었지만, 무신집권기 이후 토착세력들이 성황제를 주도하기도 하였다는 것이다. 그리고 이러한 지역에서의 제사는 음사로 간주하여 지방관들의 지속적인 탄압의 대상으로 이어져 왔으나, 그럼에도 토착세력 혹은 지역민들의 성황신앙은 여전히 성행되어 왔다.

특히 이런 현상은 무신집권기 이후 중앙 통제력의 약화에 따라 토착세력들이 다시 해당 지역에서의 공동체적 결속과 지역민들과의 일체감 유지, 제사권 장악에 따른 지역사회에서의 위상 강화 등을 의도하고자 하는 목적에서 성황신앙을 주관해 온 것으로 생각된다. 더욱이 이 시기에 들어와 점차 향리들이 지역사회에서의 입지 기반을 강화하고자 성황신앙을 내세운 흔적도 보이는데, 그 지역의 성황신으로 자신들의 선조를 내세우는 경향도 그런 사례로 들 수 있다. 가령, 『신증동국여지승람新增東國輿地勝覽』에 보면

○ 속설에 당나라 장수 소정방蘇定方이 성황신이 되었다고 한다(卷20, 大興縣 祠廟條).[99]

○ 세상에 전하기를 김인훈金忍訓이 고려 태조를 도와 벼슬이 문하좌시중門下左侍中에 이르렀는데, 그가 죽어 성황신이 되었다고 한다(卷22, 梁山郡 祠廟條).

○ 홍술洪術의 모습이 고려 태조와 비슷하였는데, 백제의 견훤과 싸우다 패배하여 죽었다. 이에 여기에서 제사한다(卷25, 義城縣 祠廟條).

○ 세상에 전하기를 부리府吏 손긍훈孫兢訓이 고려 태조를 도와 공이 있으므로 삼중대광사도三重大匡司徒를 추증하고, 광리군廣理君으로 봉封하였는데, 이가 사신祠神이 되었다고 한다(卷26, 密陽都護府 祠廟條).

○ 신숭겸申崇謙이 죽어 현縣의 성황신이 되었다(卷39, 谷城縣 人物條).

○ 김총金惣은 견훤을 섬겨 벼슬이 인가별감引駕別監에 이르렀다. 죽어 부府의 성황신이 되었다(卷40, 順天都護府 人物條).

우선 사후에 해당 지역의 성황신으로 여겨진 자들의 공통점은 무장武將이라는 점과 소정방을 제외하고는 모두 고려 초의 인물들이라는 점이다. 특히 고려 초의 인물로 성황신이 된 자는 태조의 후삼국 통일에 공로를 세운 자들이었다. 그런데 성종조 때 비로소 성황사가 건립된 점을 보면 이들의 성황신화는 빨라야 성종 이후에 성립된 것으로 간주할 수 있다. 그러나 고려조의 성황신앙이 중기 이후 본격적으로 전개되는 점에서 보면, 이들이 성황신으로 섬김을 받게 된 시기도 중기에 들어와서의 일로 보인다.

게다가 성황신으로 받들어진 자들이 대개 고려 중기 이후 지방 세력으로 성장한 성씨들의 시조[100]인 점을 볼 때, 후손들이 자신의 시조를 성황신으로 내세우면서 지역 사회에서의 위상 승격을 도모한 것이라는 해석은 타당하다고 생각된다.[101] 그리고 이들이 대부분 자신의 출신지出身地에서 사후 성황신화城隍神化되고 있기 때문에 이런 점

99_ 『高麗史』卷56, 志 10 地理 1 大興郡條에 "唐蘇定方祠 在大岑島"라 있다.
100_ 鄭勝謨, 앞의 논문, 4~5쪽.
101_ 金甲童, 앞의 논문, 17쪽.

역시 지방 세력의 성장이란 관점에서 이해되는 것이다.

이처럼 고려 중기 이후 고려의 성황제는 국행제國行祭로서의 성격이 매우 퇴색된 듯하지만, 성황신에 대해 국가에서의 배려가 전혀 없었던 것은 아니다. 왜냐하면, 고려 왕실에서도 기회가 주어지면 성황신의 국가 진호鎭護에 대한 감사와 기대심으로 신호神號를 부여하는 일일 종종 있었기 때문이다. 그리고 공양왕 2년(1390) 호랑이가 한양漢陽의 문하부門下府에 들어와 사람과 가축에게 해를 입히자, 왕이 사신을 보내어 백악산白岳山과 목멱木覓의 성황에 제를 지낸 것[102]도 왕실에서 성황에 대한 제사를 중시한 사례라 할 것이다. 그러나 이때의 성황제도 종전과 같이 국가 진호를 목적으로 한 것이 아니라, 단지 제재除災를 목적으로 한 제재 초복적 성격이 강한 민속신앙에 가까운 것이었다.

이상에서 살펴본 고려 성황신앙은 유교 제례의 수용에 따라 성종 대 도입되고 문종 대에 공식적인 국행제의 대상으로 전해져 왔다. 그러나 12세기의 인종·의종 대에 성황신앙이 확산되면서 무속신앙·산신신앙 등과도 융합되기에 이르렀고, 그 결과 성황신앙이 민속화 되는 과정을 볼 수 있었다. 고려의 성황신앙은 전래 이후 후기까지 전쟁과 밀접한 관련을 지니면서 승전의 기원이나 승전에 대한 감사의 대상으로서 흔히 치제되곤 하였다. 반면 고려 중기 이후 성황의 민속신앙화는 실제 토착세력이나 지역민들에 의해 주도된 결과이기도 하였다. 이에 따라 성황신앙에도 점복이나 제재 초복과 같은 기복성祈福性을 수반하는 신앙으로 변질을 보이고 있다. 따라서 지방관들은 이와 같은 성황제를 음사로 규정하고 금제를 가하고자 하였으나 일시적인 효과만 보았을 뿐 결코 단절하지는 못하였다.

결국, 고려 후기에 들어와 성황신앙은 전래 초기의 유교 제례에 따른 이념의 표출로서보다는 제재 초복을 위한 민속신앙적인 성격으로 성행되었다. 이에 유교 이념을 내세운 여말 선초의 신진사대부들에 의해 이와 같은 민간의 성황제가 음사로 규정되

102_『高麗史』 卷54, 五行志 2 恭讓王 2年 9月 甲寅條. "虎入新都門下府 …(中略)… 虎多害人畜 人皆畏懼 王使 祭白岳木覓城隍以禳之"

면서 재차 폐지론이 대두하게 된다. 또한, 예제의 전면적인 검토를 통해 사전의 정비가 이루어지는 방향으로 전개되면서 성황제의 사전화도 제도적으로 강구된다. 그리고 이는 고려 말의 사회적 모순을 극복하는 조선조에 들어와 추진되기 시작하였다.

2. 조선 성황제의 전승에 따른 갈등의 표출

여기에서는 먼저 조선 건국 직후인 태조에서 성종대에 이르는 성황의 사전기구화祀典機構化 및 이에 따른 성황제의 유교 제례화 과정에 대해 살펴보기로 한다. 이를 통해 조선왕조가 궁극적으로 성황신앙을 통해 의도한 바가 무엇이었는지 하는 점을 검토하고자 한다. 아울러 이 시기 중앙에서의 탄압에도 민간에서의 성황제가 성행·전승될 수 있었던 사회적 기반과 의의에 대해서도 생각해 보는 기회로 삼고자 한다.

다음으로는 조선 중기 이후 민간 성황제에 점차 유교 제례가 침투되는 과정에 주목하고자 한다. 끝으로 이와 같은 조선 성황신앙이 지니는 기능과 의미, 그리고 신사 형태의 성황과 돌무더기 형태의 서낭 등에 대해서도 살펴보고자 한다.

1) 조선 성황제의 유교 제례화

(1) 성황의 사전화 과정

고려에서도 성황은 사전에 포함되어 국가로부터 관리되었으나, 실제 엄격히 시행되었던 것은 아니었다. 오히려 고려 중기 이후 성황은 무속신앙과 결부되어 이른바 음사로서 민간에 성행되어 왔다. 이에 지방관들은 이러한 음사에 대해 제재를 가하고자 하였지만, 결코 제도화된 금지책은 아니었으므로 일시적인 효과만 보았을 뿐이다.

그러나 조선조에 들어와 고려 사전의 전면적인 검토와 함께 성황에도 본격적인 유교 예제의 적용을 시도하게 된다. 특히 왕조의 교체를 합당한 명분에서 구하고자 한 신흥 사대부들은 제례祭禮에까지 이러한 명분을 적용하고자 하였다. 즉 조선 초의 신홍 사대부들은 명분과 상하의 질서를 중시하는 주자학에 근거하여 기존의 신앙과 제사에 대해서도 이와 같은 명분과 질서를 일률적으로 적용하고자 한 의도[103]가 곧 사전기구의 재편으로 나타난 배경이었다고 할 수 있다.

따라서 조선 초기 유교 예제의 재확립과 관련하여 신흥사대부들에 의해 주도된 사전 개편의 진전은 주목할 만하다. 특히 태조太祖 원년(1392) 8월 예조전서禮曹典書 조박趙璞 등이 건의한 사전 개편안은 조선 건국 후 불과 한 달 만에 제기되고 있는데, 이것은 신흥사대부들이 건국 당시 국가 통치나 질서의 확립을 위해 무엇보다도 사전의 확정 혹은 유교 예제의 확립을 중요시하고 있었다는 점을 단적으로 보여주고 있다.[104] 이때 조박이 건의한 내용 가운데 성황과 관련된 조목만 들어 보면,

여러 신묘神廟와 여러 주州·군郡의 성황城隍으로서 국제國祭로 청허請許된 것에는 각기 모주某州·모군某郡의 성황지신城隍之神이라고만 칭하고 위판位版을 설치하여 그곳 수령으로 하여금 봄·가을마다 제사祭祀를 드리되, 제물祭物·제기祭器·작헌례爵獻禮는 한결같이 조정朝廷의 예제禮制에 의거하소서.[105]

라 되어 있다.

우선 여기 국제國祭로 허락되었다고 한 여러 신묘神廟와 주州·군郡의 성황은 내용으로 보아 조선조에 들어와 새로 설치된 것은 아니다. 그보다는 고려조에서부터 설치되어 국행제의 대상으로 전해 온 신사神祠 및 주·군의 성황을 가리키는 것으로 보아야

103_ 조선 초기 신흥사대부의 이와 같은 태도는 『世宗實錄』卷23, 世宗 6年 甲辰 2月 丁巳條에 "古禮唯國君 得祭封內山川 今庶人皆得祭焉 名分不嚴"이라 한 데에서 분명히 나타나 있다.

104_ 태조 원년 조박의 상서가 지닌 내용과 의의에 대해서는 3장 「朝鮮의 山神信仰과 山神祭」에서 살펴본 바 있다.

105_ 『太祖實錄』卷1, 太祖 元年 8月 庚申條. "諸神廟及諸州郡城隍國祭 所請許只稱 某州某郡城隍之神 設置 位板 各其守令 每於春秋行祭 奠物祭器酌獻之禮 一依朝廷禮祭". 이외 조박이 건의한 내용들은 宗廟·籍田·社稷·山川·城隍·文宣王釋奠祭 等은 古今으로 通行되는 國家의 常典이므로 이를 規式대로 거행할 것, 圓丘는 天子 祭天의 禮이므로 이를 罷할 것, 春秋藏經 百高座法席 七所行道場 諸道殿神 祠醮祭 等事는 前朝의 君王들이 私願으로 設行하여 후세 자손이 蹈襲 慣行한 것이므로 이를 모두 革去할 것, 朝鮮檀君은 동방에서 처음으로 天命을 받은 主요, 箕子는 처음으로 교화를 일으킨 君이므로 平壤府로 하여금 때에 맞추어 致祭하게 할 것 등이었다.

한다. 그러므로 조선 건국 초 신흥사대부들의 건의는 전조前朝로부터 인정되어 온 신사와 성황을 그대로 이어 받되, 단지 위판의 설치와 지방관에 의한 행제行祭, 그리고 제물·제기·작헌례 등 의식 절차는 명明의 홍무예제洪武禮制에 맞추어 지내자는 것으로 해석된다.

이런 건의 속에는 국제로 인정되지 않은 민간 성황제의 금지와 함께 국행제라 할지라도 이에 대한 민간에서의 성황제를 제재할 명분과 지방관에 의한 치제라도 예법에 맞춰 지내야 한다는 당위성이 제시되어 있다. 이것은 선초 예제의 정비 과정에서 기존의 성황신앙에 대한 일반 민들의 치제를 금지하는 대신 국가에서 직접 관장하자는 의미로 해석된다. 결국, 이런 조치가 의도한 바는 지방의 성황에까지 왕명을 대리한 지방관이 기존의 성황제를 주도함으로써 전국에 왕권을 정점으로 하는 일원적인 지배질서[106] 하에 성황신앙의 편입을 가능토록 하자는 것이었다.

한편 선초의 신흥사대부들이 민간에서의 성황제를 음사로 간주하여, 음사의 금단禁斷 건의와 함께 각 신분에 맞는 제례의 실시를 주장하고 있었다는 것은 선초 성황신앙의 성격을 이해하는데 주의를 필요로 한다.

○ 대사헌大司憲 남재南在 등이 아뢰기를 … 귀신의 도는 '복선화음福善禍淫'으로 사람이 덕을 닦지 않고 제사한들 무슨 이익이 있겠습니까. 옛날 천자는 천지를 제사하고, 제후는 산천을 제사하고, 대부大夫는 오사五祀를 제사하고, 사士·서庶는 조상을 제사하여 각기 마땅히 제사할 바에 제사하는 것으로 어찌 스스로 선을 행함이 없이 오로지 귀신만을 섬겨서 복을 받을 리가 있겠습니까. 바라건대 지금부터는 사전祀典에 기재되어 이치가 제사에 합당한 것을 제외하고는 그 밖의 음사는 일절 금단하여 이를 상전常典으로 삼고 위반자는 엄히 다스리소서.[107]

106_ 金泰永,「朝鮮初期 祀典의 成立에 대하여」,『韓國史論文選集』Ⅳ(一潮閣, 1976), 17쪽; 韓永愚,「朝鮮前期의 國家觀·民族觀」,『朝鮮前期 社會思想研究』(知識産業社, 1983), 20~21쪽.
107_『太祖實錄』卷2, 太祖 元年 9月 己亥條. "大司憲南在等上言 … 鬼神之道 福善禍淫 人不修德瀆祭何益古者 天子祭天地 諸侯祭山川 大夫祭五祀 士庶人祭祖禰 各以所當祭者而祭之 豈有自不爲善 專事鬼神 以獲其福之理 乎 願自今 除祀典所在理合祭外 其他淫祀 一切禁斷 以爲常典 違者通理"

○ 도평의사사都評議使司에서 아뢰기를 … 문선왕文宣王 석전제 및 여러 주州의 성황제는 관

찰사와 수령이 제물祭物을 갖춰 제때 거행토록 하고, 공경公卿에서 하급 선비에 이르기까지는

모두 가묘家廟를 세워 조상을 제사하고 서민은 자기 침실에서 제사하되, 그 나머지 음사는

일절 금지토록 하소서.[108]

이런 내용으로부터 조선 건국의 주체인 신흥사대부들은 한결같이 사전에 기재된 제
례祭禮와 가묘家廟 이외의 제사를 모두 음사로 간주하여 그 금지를 요청하고 있는 점을
볼 수 있다. 음사란 "천하의 신사 중 백성에 아무런 공功이 없고 사전에도 응應하지
않는 것"[109]을 뜻하는데, 이에 따라 사전에 등재되지 못한 민간에서의 성황제는 음사
로 간주하였다. 따라서 음사로 간주한 성황에는 이후 민간에서 사사로이 제사를 지낼
수 없게 되었으며, 사전에 등재된 성황에 대해서는 일반 민들의 신앙 행위가 규제될
수밖에 없었다. 또한, 가묘家廟란 각 신분에 따라 자기의 선대에게 제사하는 것이므로,
곧 신분의 구별에 따라 조상제사의 범위에 차이를 둔 제도라 할 수 있다.[110]

따라서 가묘제는 신분에 따른 제사 범위를 명분으로 내세워, 공경에서부터 일반 서
민에 이르기까지 개인의 조상제사만 허용하고, 그 이외의 사적私的인 제사는 일체 금
지하고자 한 것임을 뜻한다. 그리고 사전에 등재되지 못한 제사는 음사로 간주하여
금지 조치가 취해진 것이고, 반대로 사전에 등재된 제사의 운용은 전적으로 군주의
권한에 속하며, 군주를 대리한 수령에게 위임된 의무이자 권리로 되었다. 결국, 이러
한 사전기구화는 사직·종묘·석전제·산천·성황제와 같은 국가 제사를 왕권으로
흡수시키고, 이어 개인에게 허용된 조상제사도 국가 제사의 하부 단위로 편재함으로

108_ 『太祖實錄』 卷2, 太祖 元年 9月 壬寅條. "都評議使司裴克廉趙浚等 上言二十二條 …(中略)… 文宣王釋奠祭
及諸州城隍之祀 觀察使與守令 豊潔奠物 以時擧行 自公卿至于下士 皆立家廟 以祭先代 庶人祭於其寢 其餘淫
祀 一皆禁斷"
109_ 『高麗史』 卷42, 恭愍王 19年 7月 壬寅條.
110_ 家廟制는 고려 말 유신들의 주장과 건의에 따라 恭讓王 2년에 결정되어 同王 3년 6월부터 申行되었으나, 제
대로 시행되지는 않았다. 朝鮮에 들어와 太祖 즉위 직후부터 다시 논의되기 시작하여 太宗朝에 한때 가묘 시행
을 강행한 적이 있으나, 그 이후로도 제대로 시행되지는 않았다(韓㳓劤, 「朝鮮王朝初期에 있어서의 儒敎理念의
實踐과 信仰·宗敎」, 『韓國史論』(서울大學校 國史學科, 1971), 158~163쪽].

써 개인의 조상제사까지 왕권 하에 일원적으로 종속시키고자 한 것으로 이해된다.

게다가 여기에는 명분과 질서를 중시하는 신흥사대부의 입장이 드러나 있다. 즉 경내境內 산천 및 성황에 대한 제사가 왕토王土에 대한 군주의 절대적인 권리이므로, 왕을 대리한 수령이 이런 산천·성황제를 관장케 함으로써 왕권을 지방사회로 파급시키고자 하는 의도를 엿볼 수 있다. 따라서 일반 민들의 산천·성황제는 왕권에 저촉되는 행위이므로 금지되어야 하였던 것이며, 이에 따라 민간에서의 산천·성황제의 관행은 왕권의 확산에 저해되는 행위로 간주될 수밖에 없었다. 다시 말해, 민간에서의 성황제는 선초 중앙집권에 역행되는 현상으로 간주되었던 것이고, 금지의 명제로서 음사론淫祀論이 대두하게 된 것이라 할 수 있다. 또한, 이러한 음사론은 심지어 고려왕조의 멸망과 신왕조 개창의 당위성을 합리화하는 이론으로까지 이용되었음을 본다.

> 도평의사사都評議使司에서 아뢰기를 … 종묘宗廟를 세우고 음사淫祀를 금하소서. 전조前朝는 음사를 숭상하여 하나의 신神을 여러 곳에서 제사하기도 하고, 혹은 하루에 여러 제사를 재차再次 행하기도 하여 사전을 어지럽혀 망하였던 것입니다. 도평의사사에서는, 이제 바야흐로 천명을 받아 일대의 정치를 새롭게 해야 하는데, 전조의 폐단을 되풀이할 수 없으므로 예조禮曹에 명하여 시행을 상정하도록 허락하여 줄 것을 의논하였습니다.[111]

즉 신흥사대부들은 고려조에서 음사의 성행과 이에 따른 사전祀典의 혼란이 곧 고려 멸망의 원인으로까지 인식하고 있었음을 알 수 있다. 따라서 새로 건국한 조선에서는 이런 폐단을 다시 밟지 않기 위해서라도 사전을 개편해야 했으며, 조선 건국의 당위성 내지는 합리성으로 사전 개편과 음사 금단이 명분으로 내세워질 수밖에 없었다. 더욱이 조선의 건국이 천명天命에 의한 것임을 드러내어 정치 쇄신의 전제로서 먼저 음사 폐지를 거론한 것은 음사의 문제가 신왕조의 정치 안정을 위한 선결 과제로까지

111_ 『太祖實錄』 卷2, 太祖 元年 11月 甲午條. "都平議使司 … 立宗廟禁淫祀 前朝崇淫祀 或一神而分祀數處 或一日而再行數祭 使祀 典瀆亂 以至於亡 方今應天受命以新一代之治 不可復踵前朝之弊 許令禮曹詳定施行"

인식되었던 점을 말하여 준다.

결국, 태조 때의 성황신앙은 사전 개편과 음사론을 내세움으로써 종래의 성황신앙을 국가에서 직접 통제하고자 한 것으로 요약된다. 이에 따라 사전에 등재된 성황제는 해당 지역의 수령이 왕을 대리하여 지내고, 공경에서부터 사서인土庶人들은 가묘家廟를 세워 각 신분에 따라 제사하되 이외의 제사는 모두 음사로 규정되어 금지의 대상이 되었다. 이는 선초의 사전祀典 개편이 한편으로 국가에서 인정하지 않은 민간에서의 성황제를 음사로 규정하여 금지하고자 한 의도를 보여주는 것이다.

태종대太宗代(1400~1418)에 들어와서도 성황을 국가가 직접 관리하고자 하는 시도에는 변함이 없었다. 이와 관련하여 태종 6년(1406) 한양으로 천도 후 다음과 같은 조치가 취해졌다.

○ 백악의 성황신에게 녹을 주었다. 이전에는 송악 성황신에게 녹을 주었는데, 한양으로 도읍을 정하였기 때문에 옮겨 준 것이다.[112]

○ 예조에서 아뢰기를 "신도新都의 성황신을 예전 터로 옮겨 사당을 세우고 제사하도록 하소서"라 하니 그대로 따랐다. 한양부漢陽府는 성황당의 옛터였다.[113]

○ 명하여 원단·적전·사직·산천단·성황당의 단장壇場과 난원欄園을 수리하게 하고, 인하여 수호하는 인정人丁을 차등 있게 주었다.[114]

즉 한양으로의 천도 후 고려조에서 송악 성황에 주어졌던 급록給祿이 한양의 백악 성황으로 이급되는 조치가 취해졌으며, 한양의 성황사는 예전대로 한양부의 옛 성황당 터에 두어졌고, 원단·적전·사직·산천단·성황당의 단장壇場과 난원欄園을 수리

112_ 『太宗實錄』 卷11, 太宗 6年 正月 戊戌條. "給白岳城隍神祿 前此給祿於松岳城隍神 以定都漢陽 故移給之"

113_ 『太宗實錄』 卷11, 太宗 6年 6月 癸亥條. "禮曹啓新都城隍之神 乞就舊基立堂以祭 從之 漢陽府城隍堂舊基也" 그런데 世宗 7年(1425) 12月에 "禮曹啓 新都城隍之神 令攸可 都城內北面 擇地安之 從之"라 하는 내용이 보인다. 이것으로 보아, 세종 7년에는 한양의 성황사가 移築된 점을 알 수 있다(『世宗實錄』 卷30, 世宗 7年 12月 辛巳條).

114_ 『太宗實錄』 卷12, 太宗 6年 閏7月 戊寅條. "命修治圓壇籍田社稷山川壇城隍堂壇場欄園 仍給守護人丁有差"

하게 하고 아울러 이것들을 수호하는 사람까지 책정하고 있다.

개경에서 한양으로의 천도는 고려와의 단절과 신왕조의 새로운 출발을 상징하는 것이기도 했다. 천도 후 송악 성황에서 바로 백악 성황으로의 이급移給 조치가 취해진 것은 고려 성황신의 폐기와 조선 성황신의 새로운 상정을 의미한다. 즉 이급 조치의 이면에는 성황신이 고려를 떠나 조선으로 옮겨 온 것임을 드러내고자 한 의미가 있다. 이에 따라 송악 성황은 과거 고려의 수도를 진호하는 신격에서 신왕조인 조선의 일정 지역을 관장하는 신격으로 잔존하게 되었다. 또한, 송악 성황을 대신하여 한양의 백악 성황이 신왕조의 성황신으로 책정된 것이 위의 조치였다고도 할 수 있다.

여기서 성황신은 단순한 신앙의 대상으로서만이 아니라 국가 운명의 성쇠를 반영하는 상징물로까지 인식되고 있는 점을 보게 된다. 또 한양의 성황사는 고려조 때부터 한양부에 두어졌던 옛 성황사 터를 그대로 활용하되, 신사만큼은 새로 건립하고 있음을 알 수 있다. 그리고 원단·적전 등과 함께 성황사 시설물의 보수와 그 관리원의 책정 등이 시행된 사실에서 태종 역시 성황사의 관리에도 관심을 두었다는 것을 볼 수 있다. 바로 이와 같은 인식이 있었기에 조선 초의 사전에는 성황이 고려조에서와 달리 대사大祀인 사직社稷과 종묘宗廟에 이어 중사中祀의 하나로 편제되었던 것이다.[115]

이어 태종 11년(1411) 5월 예조에서는 산천단 제사를 '홍무예제洪武禮制'에 따라 행할 것을 청해 오면서 풍운뇌우風雲雷雨·산천山川·성황城隍의 신위神位 배열을 다음과 같이 정하고 있다.

…(전략) 또 '홍무예제'를 상고하여 보니 산천단의 제사에는 풍운뇌우의 신이 가운데에 있고, 산천의 신은 왼쪽에 있으며, 성황의 신은 오른쪽에 있었습니다. 그러므로 우리나라에서도 이 제도에 따라 세 개의 신위를 설치하여 이것을 제사했습니다. 그런데 지금 풍운뇌우

115_ 성황이 太宗 때 이미 中祀로 편제되어 있었음은 風雲雷雨의 신을 洪武禮制에 준거하여 中祀로 승격시켜 산천·성황과 함께 하나의 壇에서 함께 치제하자고 한 예조의 啓에 의해 확인된다(『太宗實錄』 卷25, 太宗 13年 4月 辛酉條). 그런데 태종 14년(1414)에는 예조로부터 다시 사전의 等級을 分定하여, 岳海瀆은 中祀로 하고 산천은 小祀로 하였는데, 이때 일부 성황도 산천과 함께 少祀의 치제 대상으로 되었다(『太宗實錄』 卷25, 太宗 13年 6月 乙卯條).

의 신은 버리고 산천만 제사하고 있으니 의리에 매우 합당치 않습니다.[116]

즉 중국의 '홍무예제'에 따라 조선에서도 풍운뇌우의 신위를 가운데에 두고, 그 왼쪽에는 산천 신위를, 오른쪽에는 성황 신위를 배치했으나 지금 산천 신위에만 제사하는 것은 예제에 합당치 않다고 하는 것이다. 예조의 이런 지적에 따라 태종은 앞으로 가뭄 등으로 산천단에 제사할 때에는 풍운뇌우와 성황에도 함께 치제하라고 하였다.[117] 이처럼 태종 11년까지 풍운뇌우의 신을 산천・성황과 함께 치제하게 된 것은 '홍무예제'에 따른 것이었다. 다만 문제는 이때까지 조선의 사전이 아직 확정되지 않아 대체로 고려의 사전을 준용하였다는 점에 있다.[118]

이에 태종 13년(1413) 6월 예조에서는 고려 사전에 대한 검토와 중국의 전거典據를 참고하여 조선의 사전을 다시 개정하게 된다.[119] 이 개정안에서 특히 관심을 끄는 것은 태조 즉위 초 예조전서 조박의 건의로 성황신에의 작호爵號와 신상神像 및 그 처첩妻妾 등의 폐지가 결정되었는데도 여전히 관행되고 있다는 점이 지적되어, 성황신을 신주神主로 봉안하고 신주에 '모주성황지신某州城隍之神'이라 할 것을 재차 건의하고 있는 점이다. 여기서 고려 성황신앙의 전통이 쉽게 단절되지 않고 있었던 상황을 읽을 수 있다. 그리고 여기서 논의된 성황신에의 신주 설치와 신주에 '모주某州・모부某府 성황지신城隍之神'이라는 칭호는 바로 '홍무예제'에 근거하고 있었다.

그러나 태종 13년 예조가 참고한 사전 개정안의 근거는 주로 '고제古制'에 의거하고 있다는 것도 주목되는 점이다. 즉 태종 때의 사전 개정은 성황을 제외하면 '홍무예제' 보다는 주로 명 이전에 행해진 고제를 준용하고자 하는 예제상의 전환을 볼 수 있다.

116_『太宗實錄』卷21, 太宗 11年 5月 戊辰條. "…(前略) 又考洪武禮制 山川壇制 風雲雷雨之神居中 山川居左 城隍居右 故本國亦依此制 設三位而祭之 今捨風雲雷雨之神 而止祭山川 殊未合義"

117_ 위의 책, 같은 조. "願自今 如遇旱氣 依洪武禮制 幷祭風雲雷雨城隍之神 從之"

118_ 가령 태종 13년 4월 예조에서 올린 啓文에 의하면, 前朝의 『詳定古今禮』에 風師・雨師・雷師가 小祀로 되어 있는데, 중국에서는 풍사・우사・뇌사가 唐 이래 中祀였고 또 明代에 들어가 雲師까지 더하여 중사였으므로, 조선에서도 풍운뇌우를 중사로 승격해야 한다고 한 점을 볼 수 있다. 즉, 태종 13년까지 조선에서는 대체로 고려의 예제를 준수하고 있었던 것이다(『太宗實錄』卷25, 太宗 13年 4月 辛酉條).

119_『太宗實錄』卷25, 太宗 13年 6月 乙卯條.

이에 따라 조선에서도 경내 명산대천과 여러 산천의 등급을 고제에 준하여 나누게 되고, 아울러 단유壇壝·신주神廚·제기고祭器庫·재소齋所 등의 부수 시설물들도 고제에 맞춰 설치하도록 요청되었다.

다시 이듬해 예조에서는 산천제의 등급을 상고詳考하여 악해독嶽海瀆은 중사中祀로, 여러 산천은 소사小祀로 나눌 것을 청하자 태종은 이를 그대로 허락하고 있다. 이때 영길도永吉道의 영흥永興 성황城隍과 함흥咸興 성황이 소사에 포함되어 해당 지방관의 치제를 받게 된다. 또 경상도慶尙道의 진주晉州 성황은 비록 사전에 포함되지는 않았지만, 예전대로 지방관의 치제를 인정하는 조치가 취해졌다.[120] 요컨대 일부의 성황에 한정된 것이기는 하지만, 이 조치로 성황이 고려에서는 잡사雜祀에 속하였는데 반해 조선에서는 중사로 승격되었다고 할 수 있다. 그리고 이는 태종이 성황에 대해서도 관심을 두고 있었다는 앞의 사실을 뒷받침하여 주는 내용이다. 그뿐 아니라 태종의 성황에 대한 관심은 여제厲祭[121]를 지내기에 앞서 성황에 지내는 발고제發告祭를 풍운뇌우단에서 지내도록 하는 조치에서도 드러난다.

예조에서 여제발고제법厲祭發告祭法을 아뢰기를 "전前 3일의 성황발고제城隍發告祭를 이제부터 풍운뇌우단에 가서 치제하소서."라 하니 그대로 따랐다.[122]

이미 조선 초부터 성황은 산천신과 더불어 풍운뇌우의 신과 단壇을 같이하여 합제되고 있었다. 이 때문에 성황에 대한 제사를 풍운뇌우단에서 지내도록 한 것이었다. 뒤에서 다시 보겠지만, 이때 풍운뇌우와 산천·성황을 합제하는 문제는 '홍무예제'의 주현례州縣禮에 따른 것이므로, 군왕君王이 준수할 예가 아니라고 하는 지적이 세종 때 제기되면서 이후 한동안 조정에서 논란거리가 되기도 하였다.

120_ 『太宗實錄』 卷28, 太宗 14年 8月 辛酉條.
121_ 조선 초기 厲祭의 국가제사로의 시행 과정에 대해서는 다음 글 참조. 桑野榮治, 「李朝初期における國家祭祀」, 『史淵』 130(九州大學 文學部, 1993), 140~144쪽.
122_ 『太宗實錄』 卷32, 太宗 16年 8月 甲子條. 厲祭儀注는 세종 22년 확정된다(『世宗實錄』 卷89, 世宗 22年 6月 己亥條).

이상에서 태종대에 행해진 성황의 사전화를 요약하면 '홍무예제'에 근거하여 풍운뇌우·산천·성황을 한 단으로 합제하고, 풍운뇌우 및 악해독은 중사로, 그리고 일부 성황은 소사로 승격한 것이라고 할 수 있다.

그리고 태종의 성황에 대한 관심은 세종조世宗朝(1418~1450)에 와서도 관행화되었으며, 오히려 이 시기 예제상의 진전을 보아 성황의 사전화가 정비되기까지 하였다. 먼저 세종조의 성황의 사전화와 관련하여 주목되는 것은 봉상판관奉常判官 박연朴堧의 제례악祭禮樂에 대해 예조禮曹와 의례상정소儀禮詳定所에서 함께 논의하여 보고한 내용이다. 즉 세종 12년(1430) 박연의 상서문에 "풍운뇌우의 신은 천신인데, 이런 신에 바치는 대려궁大呂宮이라는 음악은 음률陰律이므로 마땅하지 않다"고 하였으며, 또 "산천에 음악을 사용하는 것은 마땅하지만 성황에는 예전부터 음악을 사용했다는 예가 보이지 않는다."고 한 것[123]이 그것이다. 그뿐 아니라, 박연은 "풍운뇌우는 천신에 속하고, 산천과 성황은 지신의 류類이므로 그 기氣와 류類가 같지 않고 존尊과 비卑의 분별이 있다."라 한 뒤, 풍운뇌우와 산천·성황을 합제하는 시초는 '홍무예제'의 주현례에서 비롯된 것이므로 일국을 소유한 국왕이 준수할 예는 아니라고 하였다.[124]

그리고 세종 18년(1436) 4월에도 동지중추원사同知中樞院事 민의생閔義生이 풍운뇌우·성황의 합제는 '홍무예제'의 주현례이므로 이를 폐지할 것[125]을 다시 상서하고 있다. 같은 해 5월 민의생의 상서에 대해 의정부議政府에서는 "풍운뇌우와 산천·성황을 한 단으로 합해 제사 드리는 것이 어디에 따른 것인지 알 수 없지만, 태조·태종도 시행한 것"[126]이라는 전례前例를 들어 준수하도록 하자, 세종도 이를 허락하고 있다. 그런데 세종 20년(1438) 12월 첨지중추원사 박연의 상언上言에 의해 풍운뇌우의 신을 성황과 함께 단을 같이하여 치제하는 것[127]은 명초明初 주부군현州府郡縣의 예제에서나 통용

123_ 『世宗實錄』 卷47, 世宗 12年 2月 庚寅條.
124_ 위의 책, 같은 조.
125_ 『世宗實錄』 卷72, 世宗 18年 4月 辛酉條. "同知中樞院事閔義生上書曰 …(中略)… 以風雲雷雨城隍 合而祭之 此則洪武禮制州縣儀 非審王事也"
126_ 『世宗實錄』 卷72, 世宗 18年 5月 戊寅條.
127_ 풍운뇌우의 신을 산천·성황과 함께 치제한 것은 고려말 공민왕 19년(1370) 明의 道士 서사호가 松都의 南

되는 것이고 제후국인 조선에서는 이의 준행이 불가하다 하여 풍운뇌우와 산천성황을 각각 개별적으로 치제하고, 치제 시에도 각각에 따른 제례악의 사용이 검토되기도 하였다.[128] 즉 박연에 의해 재차 풍운뇌우와 산천·성황의 합제 불가론이 제시된 것이지만, 이번에도 정인지·하륜·허조·황희 등과 같은 대신들은 예전대로 합제를 계속하도록 청해 오자 세종은 결국 합제를 인정하게 되었다.[129] 이에 따라 동왕 21년 풍운뇌우의 제사에 관한 일체의 규례가 정해지면서 풍운뇌우와 산천·성황의 합제례의 세부적인 절차가 확정되고,[130] 이것이 세종조의 오례五禮 길례吉禮로 제도화되었다.[131]

또 세종대의 사전 개정안과 관련하여 주목할 만한 것은 동왕 12년(1430) 8월에 들어와 단묘제壇廟制 및 신패제도神牌制度의 세부적인 규정 조처가 마련된 점을 들 수 있다. 이에 따라 각 성황신의 위패도 '모부성황지신某府城隍之神'으로 할 것과 신상神像들의 철거 및 신호神號에 '호국護國' 등의 글자 삭제가 결정되었다.[132] 결국, 세종대의 이와 같은 신패제 등의 세부적인 규정에 대한 논의들은 유신들의 유교 제례에 대한 이해도 그만큼 심화되었음을 의미하며, 동시에 중국의 유교적인 예제에 입각한 의례화로의 지향을 뜻하는 것이기도 하다. 이런 점에서 선초 유신들이 추진한 제례의 내용은 주로 중국 예제의 준용에 근거한 것이며, 조선의 건국을 기점으로 중국에 대해 같은 유교 문화권으로의 동화를 하나의 세계라는 문화의식의 보편성으로 강조한 예론禮論이자 명분론名分論이라 할 수 있을 것이다.[133] 그러나 신앙적인 측면에서는 초월적인 신격들에 대한 외경이나 숭배에 바탕을 둔 것이 아니므로, 이러한 예론이 단지 형식화

門 밖에 단을 설치하고 풍운뇌우와 산천·성황을 合祭한 데에서부터 비롯된다. 이에 대해 세종조의 閔義生은 풍운뇌우와 산천성황을 하나의 壇에서 함께 사제하는 것은 洪武禮制에서 州·縣에 해당하는 예로 제시된 것이라 하여 제후국인 朝鮮에서는 이를 따를 필요가 없다고 하였다(『世宗實錄』 卷32, 世宗 8年 4月 乙酉條 및 卷72, 世宗 18年 4月 辛酉條).

128_ 『世宗實錄』 卷83, 20年 12月 戊辰條.
129_ 『世宗實錄』 卷83, 世宗 20年 12月 己巳條.
130_ 『世宗實錄』 卷84, 世宗 21年 1月 乙未條. 또한 이때 기우제를 지낼 경우의 山川·城隍儀注도 마련되었다.
131_ 『世宗實錄』 卷128, 五禮 吉禮 序禮 및 卷130, 五禮 吉禮 儀式條.
132_ 『世宗實錄』 卷49, 世宗 12年 8月 甲戌條 및 卷76, 世宗 19年 3月 癸卯條.
133_ 李範稷, 「世宗朝의 五禮의 分析」, 『韓國中世禮思想研究』(一潮閣, 1991), 307쪽.

된 의례의 성격을 벗어나지는 못하였다고 생각된다.

한편 세종 13년(1431)에는 '사전에 실려 있는 각 도의 산천·성황의 신사위전神祠位
田'[134]이 호조戶曹에 의해 책정된 일이 보인다. 고려에서도 우왕禑王 14년 성황 등의 위
전을 전례前例에 따라 급여給與했다는 기록이 있는데, 조선 왕조 역시 사전에 등재된
신사의 치제 및 관리 등을 위해 물질적 기반으로서 신사위전을 마련하고자 하였음을
알 수 있다. 이것은 조선 왕조가 성황을 사전기구화하는 데 있어서 이념에 머물지 않
고, 구체적인 시행에 따른 물적 기반 마련을 위해서도 부심하였다는 것을 말해 준다.
그러다가 세종 27년(1445) 전제田制의 개정 시 의정부로부터 "사전에 실려 있는 악해
독·산천·성황의 제위전祭位田이 혹은 있고 혹은 없기도 하니, 모두 혁파하고 대신
국고國庫에서 지급할 것"[135]이 정해지면서 공식적으로 신사위전이 폐지되기에 이르렀
다. 비록 이때 제위전이 폐지되기는 하였으나, 그 대안으로서 국고에서의 지출을 결
정하고 있는 것으로 보아 조선 왕조에서 여전히 사전을 직접 관리하고자 한 의도를
볼 수 있다.

결국, 세종 때 성황은 풍운뇌우에 붙여 산천과 함께 국가의 공식적인 치제대상이
되고, 또 그 의식에 따른 제반 사항의 절차가 정비되기에 이르렀다는 것이다. 이에 문
종과 세조는 친히 풍운뇌우·산천성황에 향과 축문을 지어 전하기도 하는 등[136] 성황
이 국가 제사의 대상으로서 사전기구화된 모습을 보이게 된다.

그런데 성종대(1469~1494)에 들어와 다시 풍운뇌우단과 산천·성황의 합제 여부가
논의되기 시작했다. 즉 성종 4년(1473) 가뭄과 풍재風災가 계속되자, 예조에서

우리나라는 옛날에 풍운뇌우의 신을 각기 단유壇壝를 설치하여 제사하였는데, 중국의 예
관禮官 서사영徐士英이 우리나라에 와서 풍운뇌우를 한 단유壇壝에 합제하라고 가르쳐 준 뒤

134_『世宗實錄』卷51, 世宗 13年 3月 庚午條. 이에 의하면, 中祀에는 2結, 小祀에는 1結 50負가 給與되었다고
한다.

135_『世宗實錄』卷109, 世宗 27年 7月 乙酉條.

136_『文宗實錄』卷3, 文宗 卽位年 8月 己卯條 및 『世祖實錄』卷83, 世祖 4年 2月 甲午條.

수한水旱과 풍재風災가 계속하여 일어났다고 합니다. …(중략)… 풍운뇌우는 직분이 우택雨澤

을 담당하는데, 본조本曹에서 제사를 지낸 예는 고전에 합당하지 않은 듯합니다. …(중략)…

이는 곧 '홍무예제'에서 주현州縣의 의식이지 번왕蕃王이 할 일은 아니며, …(중략)… 하필 '홍

무예제'에서 주현의 의식을 예로 삼아 준수할 것입니까.[137]

라 하여, 세종조의 논의가 재연되고 있다. 성종도 풍운뇌우·산천성황의 합제가 불가하다고 한 예조의 건의를 인정하고 있는 듯하지만, 성종 5년 간행된 『국조오례의』의 '사풍운뇌우의祀風雲雷雨儀'에 산천과 성황이 부제附祭[138]되어 있는 것으로 보아 풍운뇌우·산천·성황의 합제는 성종 때에도 세종조의 전례가 그대로 계승되고 있음을 알 수 있다.

실제 중종 32년(1537)에도 풍운뇌우와 산천·성황제에의 친제親祭에 따른 절차가 논의되고 있는 것으로 보아[139] 풍운뇌우와 산천·성황의 합제가 준수되고 있었던 사실은 확인된다. 또한 명종대明宗代(1545~1567)에도 모두 네 차례에 걸쳐 왕이 친히 풍운뇌우 및 산천·성황제에 향축香祝을 전한 사례[140]라든지 또는 이 이후 풍운뇌우와 산천·성황의 합제가 더 이상 논란의 대상이 되고 있지 않은 점도 결국 합제가 조선 후기까지 준수되었던 점을 말해 준다.

요컨대 조선의 성황은 세종~성종 때 풍운뇌우와 산천·성황의 합제에 대한 예제상의 논의를 거쳐 세종 때 오례의 하나인 길례로 확정되었고, 성종 5년 『국조오례의』의 길례吉禮로 전승되어 조선왕조 사전기구의 하나로 성립되면서 국가의례로 정착되었다고 할 수 있다. 즉 조선 초기 이래 끈질기게 추진되어 온 예제의 정비를 통해 성황은 마침내 국가 제도권 내로 들어오게 된 것이다. 이렇듯 성황의 사전화가 조선 전기 내내 지속하여 온 것은 앞서도 말했듯이 국가가 성황신앙을 관장하고자 하는 의도에서

137_ 『成宗實錄』卷33, 成宗 4年 8月 癸酉條.

138_ 『國朝五禮儀』卷1, 吉禮 祀風雲雷雨 附山川城隍條.

139_ 『中宗實錄』卷84, 中宗 32年 4月 乙亥條.

140_ 『明宗實錄』卷8, 明宗 3年 8月 戊辰條. 卷14, 8年 2月 己酉條. 卷19, 10年 8月 甲子條. 卷26, 15年 2月 壬寅條.

나온 것이었다.[141]

게다가 왕실에서의 이런 의지는 군현제郡縣制의 정비에 따라 조선 중기 이후 각주 · 부 · 군 · 현마다 성황사가 사직단 및 여단과 함께 일률적으로 두어져 지방에서의 성황제가 관행제官行祭로 행해지게끔 한 조치에서도 충분히 엿보인다. 이것은 중앙 정부에서 성황제를 공식화하는 제도와 맞물려 지방사회에까지 성황신앙을 통제하고자 했음은 물론이다.

〈표 1〉 朝鮮 中期(16세기) 官行 城隍 · 山神祭 · 現況

	경기	충청	경상	전라	강원	황해	합경	평안	계
성황사	44	54	67	58	26	23	22	42	336
산신사	12	5	10	12	7	6	2	1	55
계	56	59	77	70	33	29	24	43	391

출처 : 신증동국여지승람

그런데 조선 중기 이후에는 관행官行 성황제가 이미 법제화法制化되어서인지 치제致祭에 따른 구체적인 기록들은 다시 보이지 않는다. 다만, 세종조의 오례五禮 길례吉禮 중 '사풍운뇌우산천성황儀祀風雲雷雨山川城隍儀'에 제시된 내용[142]이 『국조오례의』에도 등재되어 이후 조선 후기까지 법제적으로 이어져 오는 것만 보일 뿐이다. 그것은 영조英祖 22년(1746)에 간행된 『속대전續大典』에도 선초의 '오례의五禮儀'가 그대로 법제화되어 있을 뿐 아니라, 『성호사설星湖僿說』[143]이나 『목민심서牧民心書』[144] 등과 같은 조선 후기의 문헌에도 관행 성황제의 전거典據로서 '오례의'가 예시되고 있는 점에서 알 수 있다.

조선 중기에는 위 〈표 1〉에서 보는 바와 같이, 각 도道마다 성황사가 건립되면서 지방사회에 점차 성황사가 확산하여 가는 과정을 보여준다. 이 표에서처럼 조선 초의

141_ 국가의 성황당 관리에 대해서는 성종 16년 의금부의 계에 의해 황주의 성황당이 협소하고 불결하므로 담과 신당의 수리를 청하고 있는 점에서도 알 수 있다(『成宗實錄』 卷174, 成宗 16年 正月 戊子條).

142_ 『世宗實錄』 卷130, 吉禮 祀風雲雷雨山川城隍儀條.

143_ 『星湖僿說』 卷4, 萬物門 星湖廟條.

144_ 『牧民心書』 卷23, 禮典 祭祀條.

사전 개정 작업을 거쳐 중기에 이르면 국가에서 건립하여 치제의 대상이 되는 성황사가 각 도道마다 적게는 20여 개에서 많게는 60여 개에까지 이르게 되었다. 그리고 이러한 성황사에는 국가에서 임명한 관리나 각 지방의 수령이 매년 봄·가을로 제사지내도록 하였다. 그런데 성황에 대한 관행제官行祭를 지방에 확산 또는 실천하는 일은 결코 쉽게 이뤄진 것도 아니었고 또 일률적으로 행해졌던 것도 아니었다. 이는 관행제의 실시가 단지 유교적 이념의 표출이었을 뿐, 그 자체는 신앙성을 상실한 극히 의례적이었다는 점과 각 지방에서는 나름대로 신앙이 전승되고 있었다는 사실 등에서 찾아볼 수 있다.

그러나 이런 관행 성황제의 법제화와 구체적인 시행은 별개의 문제이다. 실제 조선 후기에는 관행 성황제가 법제와는 달리 매년 봄·가을마다 정기적으로 치제되지는 않았던 것으로 보인다. 가령 정조正祖 원년(1776) 정조는 사전에 등재된 제사를 엄중히 지내도록 촉구하고 있는데,[145] 이는 그만큼 이 시기에 들어와 사전에 등재된 신격들에 대해서도 관행제가 제대로 이행되지 않고 있었음을 보여주는 사례이다. 또한, 정조 9년(1785) 주·현 사직단의 건물을 비롯하여 부대 시설물들이 황폐화된 상태였고, 심지어 성황단城隍壇이 초목지草木地로 활용될 정도로 관리가 제대로 행해지지 않자 "제사 예절을 의식대로 따르지 않고 있다"[146]고 지적한 것도 이런 맥락에서 이해된다. 만약 지방에서 관행제가 정기적으로 치제되고 있었다면 건물 등이 이렇게까지 황폐화되지는 않았을 것이기 때문이다.

이런 상황을 통해 조선 후기에는 이미 관행 성황제가 결코 법전에 규정된 내용처럼 시행되지는 않았으며, 또한 지방관들도 그 관리를 등한시하고 있었음을 볼 수 있다. 결국, 이런 사실은 조선 후기에 들어와 성황의 사전기구화가 유명무실해지고 관행 성황제도 제대로 시행되지 않았다는 점을 단적으로 보여주고 있다.

145_ 『正祖實錄』, 卷4, 正祖 元年 7月 癸酉條.
146_ 『正祖實錄』 卷19, 正祖 9年 正月 壬子條. "敎曰 我國之壇享 卽古之方丘也 (中略) 如水之在州府郡縣 莫不有社稷之責 曾在先祖 以外邑壇社之潔 屢下飭敎而近聞諸路社壇 多不修治 壇墻則剝落 箭門則頹而守宰視之 若城隍諸壇 致使莫重祀之地 鞠爲草木之場云"

(2) 성황제의 유교 제례화

앞에서는 조선의 성황이 태종·세종조를 거치면서, 중사로 승격되어 국가의 공식적인 치제 대상이 되었다고 하였다. 여기서는 『세종실록』에 부록으로 등재된 오례 가운데 길례吉禮와 성종의 『국조오례의』에 나타나는 성황제가 실제 어떻게 유교 제례로 운영되었는지에 대해 살펴보고자 한다.

우선 『세종실록』 오례 길례조는 크게 서례序禮와 의식儀式으로 편성되어 있다. 서례는 모든 국행제에 공통으로 적용되는 사항으로서 먼저 제사의 등차等差를 정한 후, 이 등차에 따라 각 제사 대상의 시일時日·제단의 담장 규모·신위神位·축판祝版·제물祭物의 종류와 수량 등을 설명한 부분이다. 그리고 의식은 실제 제의 진행에 따른 절차를 서술한 부분으로, 제관의 재계齋戒·제기祭器와 제물의 진설陳設·행례行禮 등에 대해 구체적으로 규정하고 있다.[147] 이상과 같은 서례의 항목과 내용 중 풍운뇌우·산천·성황과 관련된 부분을 정리하면 다음 표와 같다.[148]

〈표 2〉 世宗 五禮 吉禮 序禮 項目 및 內容

項目	內容
辨祀	風雲雷雨(山川·城隍 포함)는 中祀로 등재
時日	仲春(2월)과 仲秋(8월)
神位	풍운뇌우는 壇 위 북방에 두되 남향하게 하며, 산천은 왼쪽, 성황은 오른쪽에 둠
祝版	풍운뇌우에는 "朝鮮國王臣 姓 署名 敢昭告", 산천에는 "國王 姓 署名 敢昭告", 성황에는 "國王 敢昭告"라 칭함
牲牢	풍운뇌우·산천·성황에는 양 3마리, 돼지 3마리를 올림

변사辨祀란 국가 제사의 등급을 대·중·소사로 나눈 것으로서, 산천·성황은 풍운뇌우에 포함되어 중사로 등재되어 있다. 시일時日은 제사 일시를 말하는데, 1년을 단

147_ 『世宗實錄』 卷128~卷130 참조.
148_ 『世宗實錄』 卷128 五禮 吉禮 序禮條.

위로 하여 고정된 제일의 경우와 특별히 좋은 날을 점쳐 제일로 삼는 경우에 대해 설명한 부분이다. 풍운뇌우와 산천·성황은 시일이 중춘과 중추로 고정되어 있었다. 신위神位는 제사의 구체적인 대상, 즉 신주神主를 말한다. 또 축판祝版은 제사를 주관하는 자의 직위와 이름 등을 기재한 것으로 제사의 주제자를 밝힌 것이다. 그런데 치제 대상이 어떤 신격이든 축판에는 모두 '국왕國王'으로 되어 있는 점이 주목되는데, 이는 어떤 국가 제사든 그 주관자가 왕이라는 점을 분명히 하고자 한 의도를 보여준다.[149] 생뇌牲牢는 제사에 올리는 희생으로, 대·중·소사에 따라 종류와 수가 정해져 있다.

이상은 서례에 보이는 내용 중 풍운뇌우·산천·성황과 관련된 부분만 제시한 것이고, 국가 제사의 구체적인 행례 절차를 보여주는 것은 의식儀式의 '사풍운뇌우산천성황의祀風雲雷雨山川城隍儀'[150]에 자세히 나타나 있다. 이 역시 관련 내용만 정리하면 다음 〈표 3〉과 같다.[151]

의식 중에서도 먼저 재계齋戒는 왕명을 받아 제사를 주제하는 자들이 제사 전 준수해야 할 사항으로서 금기가 포함되어 있다. 특히 제관들의 금기 사항에 보이는 일부 내용은 현행 마을제에서도 여전히 나타나는 것들로서 주목된다. 진설陳設은 신위·제기·제물들의 배치 및 종류인데, 관련 내용의 제시는 번잡하므로 생략하기로 한다. 그리고 행례行禮란 제사 진행에 따른 순서와 절차로서, 배례拜禮와 헌작獻爵이 주를 이루고 있다.

대략 이와 같은 내용을 지닌 국가 제사로서의 성황제가 세종 때 오례 중의 길례로 제도화되었던 것이다. 이는 성황의 사전기구화가 이념상으로 추구되었던 것이라면, 이를 실천적으로 시행하기 위한 의례적 측면이 강구된 것이었다고 할 수 있다. 그러나 세종의 길례는 국가 제사로서 유교 제례의 확산을 기도한 것이기도 하지만 시행 범위는 아직 주현州縣 단위까지는 미치지 못하였다. 그러다가 주현제의州縣祭儀의 설정은 성종 대 『국조오례의』에 와서 어느 정도 형성됨을 보게 된다.

149_ 李範稷, 「世宗朝 五禮의 分析」, 『韓國中世禮思想研究』(一潮閣, 1991), 301쪽.
150_ 『世宗實錄』 卷130, 五禮 吉禮 儀式 祀風雲雷雨山川城隍儀條.
151_ 『世宗實錄』 卷130, 五禮 吉禮 儀式條

『국조오례의』는 기본적으로 세종조의 오례를 계승하고 있다. 세종 오례와 차이가 나는 것은 『국조오례의』에서는 서례가 별책으로 구성되어 있다는 점이다. 이는 『국조오례의』가 오례의 의식 절차만을 자세히 설명하였기 때문에 실제 시행에는 때로 적용상의 논란 여지가 있었기 때문이다.[152]

〈표 3〉 世宗 五禮 吉禮 儀式 項目 및 內容

項目	內容
齋戒	제사 전 5일부터 執事官은 3일 동안 正寢에서 散齋하고, 나머지 2일 중 1일은 本司에서, 1일은 祭所에서 함 재계일은 禁酒 및 매운 음식을 금하고, 조상과 문병도 금하며, 풍악을 금하고, 刑罰을 집행하지 않으며 刑殺文書에도 판결·서명하지 않음
陳設	(省略)
行禮	제물 진설·신위 설치·일동 사배·초헌·재배·아헌·재배·종헌·재배·음복·일동 사배·철상 등

이에 서례에서는 참고 사항을 오례의 순서대로 다섯 항목에 걸쳐 설명하고, 각 항목에 대한 도설圖說을 자세히 첨부하고 있다. 또 각 예제에 따른 도설圖說도 상세해지고 있는데, 이는 의례가 형식과 명분에 그친 허구적 대상이 아니고 현실 세계에서 항상 실천되는 의례임을 시사한다.[153]

『국조오례의』 '사풍운뇌우의祀風雲雷雨儀(산천성황부山川城隍附)'조條[154]에는 이에 관한 제사를 시일時日·재계齋戒·진설陳設·전향축傳香祝·성생기省牲器·행례行禮 등으로 나누어 설명되어 있다. 이 중 시일·재계·전향축·성생기는 서례[155]에, 그리고 진설과 행례는 의식조에 그대로 기재되어 있다. 서례는 앞서 말한 대로 국행제 때 일반적으로 적용되는 사항이지만, 『국조오례의서례』 변사조에는 세종 오례에 보이지 않던 주현州縣

152_ 李離和, 「國朝五禮儀解題」, 『國朝五禮儀』(民昌文化社, 1979), 3~4쪽.
153_ 李範稷, 「成宗朝 國朝五禮儀의 成立」, 앞의 책, 397쪽.
154_ 『國朝五禮儀』 卷1, 吉禮 祀風雲雷雨儀條.
155_ 『國朝五禮儀序禮』 卷1, 吉禮條.

사직의社稷儀가 여제厲祭 등과 함께 소사에 새로 포함되어 있다. 이것은 국가 제사의 범위가 세종 때보다 주·현 단위에까지 확대된 것임을 의미한다. 그러나 이 시기 주·현에서의 성황제는 『국조오례의』에 아직 규정되어 있지는 않고 있다. 이것은 주·현에서의 성황제가 아직 관행제로 법제화되지 못하였음을 의미한다.

또한, 세종 이래 풍운뇌우·산천·성황의 합제가 여전히 중사로서 지속하여 왔음을 의미하는 것이기도 하다. 게다가 『국조오례의』'사풍운뇌우의'는 실제 시일時日을 비롯한 행례行禮 등에 있어 세종 오례의 그것과 뚜렷한 차이가 찾아지지도 않는다. 결국, 『국조오례의』'사풍운뇌우의'는 세종 대 '사풍운뇌우산천성황의'의 내용을 계승하는 한편 이를 국가 예제로서 재차 확인하였다는 데에서 그 의의를 찾아볼 수 있다.

이처럼 세종 오례의 하나로서 길례에 포함된 성황제는 풍운뇌우 및 산천과 합제되는 중사로서 성종 대까지 이어져 왔으며, 세종~성종 대 유교 예제의 정비 과정에서 국가의 성황제도 유교 제례로 전환되어 갔음이 확인된다고 할 수 있다. 그리고 이후 성황제가 법제상으로 조선왕조 내내 이 범주에 포함되는 국가 제사였음은 분명하다. 그러나 일부 지방에 소재한 성황이 소사小祀의 대상으로서 지방관에 의해 관행제의 대상이 되기도 하였으며, 성종 대에 주·현제의의 확산이 도모되고 있었던 점을 고려한다면, 지방 소재 성황제도 점차 관행제에 포함되었을 가능성은 있다. 다만 그것이 명백히 『국조오례의』에 명시되어 있지 않으므로, 성종 대에 주·현 성황제까지 제도화되었다고 단정 짓기는 어렵다. 그렇지만 중종 대 이후 각 주·현마다 성황사가 두어지면서 지방관에 의해 관행제가 행해지고 있다는 점을 볼 때, 성종 대의 주·현제의가 그 선구를 이룬 점만큼은 인정해도 좋을 것이다.

2) 민간 성황제의 통제

조선 건국 직후부터 신흥사대부들이 성황의 사전기구화를 추진함에 따라, 성황은 국가 예제의 하나로 제도화되었다. 또 조선 중기에는 각 주州·부府·군郡·현縣과 같은 행정 단위마다 성황사가 두어져 관행제官行祭가 행해지게 되었다. 그러나 이는 어디까지나 법제화로 나타난 것일 뿐, 실제 민간에서는 관행 성황제와 별도로 고려조 이래 무속이나 산신신앙과 융합된 성황신앙이 유지되어 오고 있었다. 이 때문에 조선 왕실에서는 민간 성황제의 금지책을 마련하고자 하는 방안으로 음사론을 부각하였으며 이를 통해 국가에서 성황신앙을 직접 관리하고자 한 의도를 볼 수 있다.

그럼에도 조선 시대에는 민간에서 성황제가 성행되어 왔고, 이것이 현재의 마을신앙과도 연관된다는 점에서 주목할 만한 가치가 있다. 다만 이 시기의 민간 성황제를 보여 주는 자료가 매우 드물다는 점과 그나마 전하는 내용도 집권층의 부정적인 시각이 게재된 것들이란 점에서 그 실상에 접근하기에는 다소 한계가 있다. 그러나 집권층이 음사 금단론을 주장했다는 것은 그만큼 민간에서 이와 같은 '음사'가 성행되고 있었다는 점을 반영하는 것이기도 하다.

이런 관점에서 보면, 선조 집권층에 의해 제기된 음사 금지책들은 이 시기 행해진 민간 성황제의 양상을 살펴보는데 적절한 자료일 수 있다. 따라서 여기서는 선초 음사 금령의 시행 과정과 내용을 검토한 후, 이어 조선 중기 이후의 몇몇 사례를 통해 조선조 민간 성황제의 내용을 정리하고자 한다.

(1) 음사 금령의 시행

앞에서 태조 원년 도평의사사都評議使司의 배극렴·조준 등이 상서한 내용 중에 관찰사 또는 수령의 성황제城隍祭와 공경 이하 서민들의 가묘제家廟祭를 제외한 그 나머지 제사가 모두 음사로 규정되었던 점을 보았다. 즉 이런 규정 속에는 국가로부터 인정받지 못한 제사가 음사라고 하는 시각이 전제되어 있다. 그러나 태조 대에는 음사의 금지가 신하들 사이에서 논의되었을 뿐 음사 금지에 대한 구체적인 금령禁令은 취해지지 않았다.

태조 2년(1393) 도평의사사에서, 여러 도道에 걸쳐 가뭄이 들어 흉년인데도 백성은 이에 대비하지 않고 신神에 제사하는 향도계香徒契 등의 일로써 재물의 낭비가 심하니 이를 금지하도록 건의하고 있다.[156] 이때 도평의사사의 음사 금지에 대한 이유는 표면상 민들의 기우제 때 수반되는 재물의 낭비였다. 그러나 이는 어디까지나 표면상의 이유이고 실제로는 민간에서 한발의 초래 시 행해 온 전통적인 기우제를 금지하고자 하는 의도에서 음사로 단정하였을 것으로 생각된다. 왜냐하면, 가뭄 시 국왕이나 지방관들이 기우제를 지내는 일은 흔히 있던 일이기 때문이다. 따라서 민간의 기우제를 금지한 이면에는 민들의 기우제가 국가로부터 인정받지 못한 제사였다는 데 기인한다고 해야 한다.

반면 정종대定宗代(1398~1400)에 와서는 정종이 음사의 금지를 다소 완화하려 하자, 응교應敎 김첨金瞻이 음사에 대신하여 "고제古制에 따라 이사里社의 법法을 세워 백성으로 하여금 모두 제사하게 하면 백성이 모두 기쁘게 따르고 음사 또한 장차 근절될 것"[157]이라 하여, 이사법의 시행이 건의되고 있는 것을 볼 수 있다. 즉 이사법을 행하면 결국 음사도 근절될 것이라는 의견이었다. 이것은 단순히 음사를 금지하기보다는 더욱 적극적인 대체 방안으로서 이사제의 시행을 내세운 것이었다.

이사제란 '홍무예제'에 보이듯이 "부·주·군·현에는 모두 사직단을 세워 춘추로 행제行祭하고, 서민庶民 또한 이사에 제사하는"[158] 제도를 말한다. 즉, 각 행정구역은 물론 그 이하의 향촌 사회에까지 사社를 세워 주민으로 하여금 여기에서 정기적으로 봄과 가을에 제사하도록 한 것이다. 이는 이사제를 통해 민간에서의 음사를 금지시키고, 향촌 사회에까지 정부의 통제력을 미치고자 한 발상으로 보인다. 그런데 이 이사법에 대한 보다 구체적인 내용은 태종 14년(1414) 충청도忠淸道 도관찰사都觀察使 허지許遲의 상서에서 볼 수 있다. 즉,

> 조정朝廷에서 보내 준 예제에는 주州·부府·군郡·현縣에 모두 사社를 세우고 또 향촌에는 이사里社가 있습니다. 지금 각 도道·주州·군郡에는 모두 사社를 세워 수령이 제때 치제하는데, 유독 이사법만이 폐하여 졌습니다. 삼가 이사제를 살펴보건대, 무릇 각처의 향촌 인민이

156_ 『太祖實錄』 卷4, 太祖 2年 11月 己巳條.

157_ 『定宗實錄』 卷6, 定宗 2年 12月 戊申條. "應敎 金瞻對曰 因古制立里社之法 使民皆得祀焉 則民皆悅從 而淫祀亦將絶矣"

158_ 『太宗實錄』 卷11, 6年 6月 癸亥條.

리里마다 100호 내에는 단壇 일소一所를 세워 오토五土·오곡신五穀神에게 제사하고 …(중략)…
청컨대 이 법에 따라 각 향촌에서 민호民戶의 다과多寡와 경지耕地의 원근遠近을 헤아려 혹은
40호 혹은 50호마다 각각 사를 세워 여기에 제사하고, 이후 모든 향리민鄕里民으로서 이를 어
기고 음사를 행하며 따로 마을 안에 세운 신당은 모두 소각시키고 위반자는 엄히 다스리소
서.[159]

라 하고 있다. 여기서 허지는 중국에서의 이사제는 그대로 조선에 적용하기는 어렵다
고 하면서, 이에 조선의 실정에 맞춰 민호民戶의 많고 적음과 경지耕地의 멀고 가까움
을 헤아려 40호에서 50호를 단위로 하여 사社를 세워 제사하되, 만약 이를 어기고 음
사를 행하며 또 따로 향촌에 세운 신당神堂은 모두 소각하고 위반자는 엄히 다스리자
고 제안한 것이다. 결국, 이사제는 음사를 대체하기 위한 대안으로 제시되어 향촌 단
위에까지 사직을 확산시키고자 한 것이었다. 이런 의미에서 이사제는 선초 통치 질서
확립을 위해 개별성이 강한 음사를 배제할 목적으로 나타난 것이라 할 수 있다.[160]
　　그러나 태종 때의 이사제 시행 논의에도 이사제는 결코 향촌 사회에 정착되지는 못
하였다.[161] 오히려 향촌에서는 종래의 사신행위祀神行爲가 여전히 유지되고 있었다. 그
것은 이후에도 음사에 대한 금령이 계속 나오고 있는 점에서 알 수 있다.[162] 심지어
향촌에서는 사전에 소재된 신사神祠에서조차 촌민들이 모여 사신행사祀神行事를 하는
일도 있었다.[163]
　　어쨌든 왕실의 음사 금지책은 태조 때부터 나타나기 시작하여 마침내 태종 12년

159_ 『太宗實錄』 卷27, 14年 正月 癸巳條. "朝廷頒降禮制 州府郡縣 皆立社 又於鄕村有里社 今各道州郡 皆立社
　　而守令以時治祭 獨里社之法廢矣 謹稽里社之制 凡各處鄕村人民 每里一百戶內 立壇一所 祀五土五穀之神 (中
　　略) 請依此法 各於鄕村 計民戶之多寡 量耕地之阻近 或四十戶 或五十戶 各立一社而祭之 自今凡鄕里之民 不遵
　　著令 尙行淫祀 稱爲神堂 別立里中自 一皆燒毁痛理"
160_ 李泰鎭, 「士林派의 留鄕所 復立運動」, 『韓國社會史硏究』(知識産業社, 1986), 129쪽.
161_ 韓㳓劤, 앞의 논문, 166쪽.
162_ 가령 조선조의 대표적인 음사 금령은 세종 8년 나온 '禁淫祀章疏'에서 볼 수 있다(『世宗實錄』 卷34, 世宗 8
　　年 11月 戊戌條의 禁淫祀章疏).
163_ 『世宗實錄』 卷76, 世宗 19年 3月 癸卯條에, 사전에 등재된 덕산현의 가야압묘의 가야산신을 성황과 함께 縣
　　民들이 치사하고 있는 예가 보인다.

(1412)에는 음사 금지에 대해 더 실제적인 논의들이 보이고 있다.

> a-1) 의정부議政府에 명하여 신神·불사佛事에 대해 의논케 하였다. 임금이 말하기를 "천자
> 는 천지에 제사하고 제후는 산천에 제사하는데, 지금 대신大臣들이 송악과 감악에 제사지내
> 는 일로 휴가를 청하니 이 무슨 예인가. 또 망자의 넋을 건져 주기 위하여 모두 불사를 지으
> 니 잘못된 일이다"[164]
>
> a-2) 사헌부에 명하여 대소大小 인원人員이 송악의 성황에 기복祈福하는 것을 금하게 하였는
> 데, 왕래가 끊이지 않기 때문이다.[165]

a-1)은 대신들이 송악과 감악제를 지내기 위해 휴가를 청하자 태종이 그 비례非禮를
지적한 것이다. 그렇지만 태종의 이런 지적 속에는 산천제가 군주의 제례이기 때문이
라는 것을 문맥으로부터 읽을 수 있다. 또 a-2)는 대소 인원의 송악 성황제를 금지한
것이지만, 그 이유가 사람들의 왕래가 끊이지 않을 정도로 송악 성황제가 빈번히 행
해지고 있기 때문이었다. 그러나 여기에도 성황제의 관행제가 추구되고 있던 시점을
고려한다면 일반 민들의 성황제는 당연히 금지될 수밖에 없었다는 것이 이해된다.

결국, 유교적 예제라고 하는 명분 속에서 민들의 성황제 금지책이 강구되고 있는
점을 볼 수 있다. 반면, 대소인원으로 표현된 일반 민들과 대신들이 기복을 위해 송악
성황제나 감악제 등을 행하고 있다는 내용에서 15세기 초에도 민간 성황제가 빈번히
성행되고 있었다는 점을 알 수 있다.

이처럼 민간에서 성행되고 있던 성황신앙에 대해, 태종 13년 6월 예조禮曹에서는
"성황사에서 여전히 음사가 행해지고 있으니, 태조 때의 조처에 따라 혁거할 것"[166]
을 재차 진언하기에 이른다. 여기서 태조 때의 조처란 성황신에 주어진 작호爵號를 폐

164_ 『太宗實錄』 卷24, 太宗 12年 11月 乙巳條. "命議政府 議神佛事 上曰 天子祭天地 諸侯祭山川 今大臣或以祀
　　 松岳紺岳 請暇是何禮也 又薦亡者皆作佛事 非也"
165_ 『太宗實錄』 卷24, 太宗 12年 12月 辛未條. "命司憲府 禁大小人祈福城隍 以往來絡繹也"
166_ 『太宗實錄』 卷25, 太宗 13年 6月 乙卯條.

지하고 대신 신주神主로 대체할 것과 신상神像의 철폐를 말한다. 이것으로 보아, 태조 때의 금지 조치에도 성황사에는 여전히 작호와 신상이 유지되고 있었음을 알 수 있다. 그리고 민간에서는 이러한 성황사에 모여, 신사 안에 봉안된 신상을 대상으로 치제하였을 것이다.

그런데 태조 때의 성황제 금지 조치에도 민간에서 여전히 성행되어 온 것은 선초 유교 예제에 따른 사전개편안과는 별도로 왕실에서도 전대前代 이래의 명산대천名山大川 · 성황城隍에 호국신으로서의 속성을 부여하여 온 신앙 관행들이 그대로 답습되고 있었기 때문이기도 하다. 이미 고려조부터 왕실에서는 명산대천이나 성황신城隍神에 봉호封號를 수여하는 관례가 있었는데, 이는 대부분 신의 호국 기능에 대한 보답으로서 취해졌던 것이다. 이에 조선조에 들어와서도 태조는 고려조에서와 같이 산천신 · 성황신 · 해도신海島神에의 봉작을 명하고 있는 것을 볼 수 있다.

> ○ 송악 성황은 진국공鎭國公으로, 화녕 · 안변 · 완산의 성황은 계국백啓國伯, 지리산 · 무등산 · 금성산 · 계룡산 · 감악산 · 삼각산 · 백악산과 진주 성황은 호국백護國伯, 나머지는 모두 호국신護國神으로 하였다.[167]
>
> ○ 이조吏曹에 명하여 동산東山을 호국신護國神으로 봉封하도록 하였다.[168]
>
> ○ 이조吏曹에 명하여 백악白岳을 진국백, 남산南山을 목멱대왕木覓大王으로 봉封하도록 하고, 경대부 및 사서인이 제사할 수 없게 하였다.[169]

이처럼 태조에 의한 산천 · 성황신에의 봉작에서도 알 수 있듯이, 신에 대한 봉작은 주로 신의 호국적인 성격에 기인하고 있다. 동시에 왕실에서 신에 봉작을 내린 이면에는 각 해당 신들이 국토 수호에 일정한 역할을 하고 있다는 것을 인정하였기 때문

167_『太祖實錄』卷3, 太祖 2年 正月 丁卯條. "松岳城隍曰鎭國公 和寧 · 安邊 · 完山城隍曰啓國伯 地異 · 無等 · 錦城 · 鷄龍 · 紺岳 · 三角 · 白嶽諸山 · 晉州城隍曰護國伯 其餘皆曰護國之神"
168_『太祖實錄』卷8, 太祖 4年 9月 丙申條. "令吏曹 封東山爲護國之神"
169_『太祖實錄』卷8, 太祖 4年 12月 戊午條. "命吏曹 封白岳爲鎭國伯 南山爲木覓大王 禁鄕大夫士庶不得祭"

이다. 결국, 봉작이란 신의 호국적인 기능을 인정한 것으로서, 왕실의 산천·성황신에 대한 봉작은 결과적으로 지역민들에게 해당 신격의 수호신적 성격을 국가가 인정한 것으로 받아들여졌을 것이다. 요컨대 산천·성황신에의 봉작은 이런 신들의 수호신·기복신적인 기능을 국가에서도 수용한 것임을 의미한다.

그러나 산천·성황신에의 봉작은 유교적 명분에는 어긋나는 것[170]이고, 앞서 예조전서 조박이 건의한 바 있는 '산천·성황은 주州·군郡의 명名만으로 호칭'한다는 원칙에도 어긋나는 조치였다. 이에 태종太宗 13년(1413) 6월 예조禮曹에서는 아래와 같이 산천·성황신에 대한 작호爵號의 폐지를 건의하였다.

b-1) 예조에서 계啓하기를 … "전조前朝는 경내의 산천에 각각 봉작封爵을 더하였고 혹은 처妻·첩妾·자녀子女·생질甥姪의 신상神像을 설치하여 모두 제사에 참여하였으니 진실로 미편未便합니다. 우리 태조께서 즉위한 초기에 본조本曹에서 건의하여 각관各官의 성황신의 작호를 혁거하고 단지 '모주성황지신某州城隍之神'으로 칭하자는 것을 윤허允許를 받아 이미 법령이 되었는데, 유사有司에서는 지금까지 이를 시행하지 않고 오히려 옛것에 따라 음사淫祀를 행합니다. 엎드려 바라건대 태조께서 이미 내린 교지敎旨를 거듭 밝히시어 단지 '모주성황지신某州城隍之神'이라 칭하여 신주神主 하나만 두고, 그 처·첩 등의 신상은 모두 다 없애소서."[171]

b-2) "여러 곳의 성황과 산신을 흔히 태왕太王·태후太后·태자太子·태손비太孫妃라고 칭하는 것은 매우 무리하다. …(중략)… 경들은 모두 산천에 작爵을 봉하고 묘廟를 세우는 고제古制를 상고하여 아뢰라."라 하였다. 이에 이직李稷이 …(중략)… 아뢰기를 "본국에서도 산신에 작을 봉하고 산 위에 묘를 세워서 윗사람이나 아랫사람이 공동으로 제사하는 역사는 이미 오래되었으며 귀신의 배필이 있고 없고는 억측하기 어려우니, 신 등은 생각하건대, 옛날대로 나가는 것이 무방합니다."라 하였다.[172]

170_ 韓永愚, 앞의 논문, 39쪽.

171_ 『太宗實錄』卷25, 太宗 13年 6月 乙卯條. "前朝於境內山川 各加封爵 或設妻妾子女甥姪之像 皆與於祭誠爲未便 及我太祖卽位之初 本曹建議 各官城隍之神 革遷爵號 但稱某州城隍之神 卽蒙允 已爲著令 有司因循至今 莫之擧行 爵號設像尙仍其舊以行淫祀 伏望申明 太祖已降敎旨 但稱某州城隍之神 只留神主一位 其妻妾等神 悉皆去之"

b-1)에 의하면, 태조 원년에 예조전서 조박이 성황신의 칭호에 대한 개정을 요구하여 이미 윤허 받은 바 있었는데도 종래의 성황신앙에 보였던 관행들이 그대로 유지되었던 것을 볼 수 있다. 게다가 성황신은 고려에서부터 산천신과 함께 신의 구체적인 표상으로서 신상의 설치가 행하여져 왔으며, 심지어 성황신의 처나 첩 등의 신상도 있었음을 알려주고 있다. 결국, 예조의 건의는 산천·성황신에 대한 작호와 신상의 혁파를 주장한 것이지만, 이 역시 제대로 지켜지지 않았다. 그것은 세종 6년(1424)에 나온 예문 b-2)를 통해 알 수 있기 때문이다. 즉 태종 13년에 성황신의 작호 폐지가 재차 거론되었는데도 이때까지 이런 관행이 아직 폐지되지는 않았다.

그뿐 아니라 세종 12년 각도산천단묘순심별감各道山川壇廟巡審別監이 보고한 내용에서도 산천신이나 성황신의 신상 및 작호나 처첩妻妾·자신子神 등의 설치[173]도 여전히 이어져 오고 있었다. 그러다가 신들에게 주어졌던 작호는 세종 19년(1437) 3월 신들에주어진 '호국護國'이란 글자를 일체 삭제하게[174] 함으로써 마침내 폐지되기에 이른다.

이처럼 세종대에 들어와 신에 대한 작호 관행은 폐지되기에 이르렀다. 그러나 그동안 있어 온 산천·성황에 대한 작호 부여는 신의 호국신적인 속성을 왕실이 인정한것이기도 하지만, 한편 이는 유교적 사전 개편과는 무관하게 이루어진 조치이기도 하다. 결국, 신격에 대한 봉작은 왕실 스스로 종래의 신앙 전통을 그대로 따른 것이기도하므로, 신왕조에 들어와서 일반 민들에 대해 기존의 신앙을 강제로 금지하려 했을때 당연히 명분과 조치는 제한적으로 작용할 수밖에 없었다. 그러다가 세종 19년의작호 폐지는 산천·성황신들이 지녀왔던 호국 기능 혹은 종교적인 의미를 국가에서더 이상 인정하지 않겠다는 의미였다.

또한, 세종대에는 민간에서의 성황제가 무녀에 의해 주제되기도 하였다. 가령 세종8년(1426)에는 국무당國巫堂을 정파하자는 사간원의 상소에서 "이미 산천과 성황에 각

172_ 『世宗實錄』 卷23, 世宗 6年 2月 丁巳條. "各處城隍及山神 或稱太王太后太子太孫妃 無理爲甚 (中略) 卿等悉稽封立廟古制以聞 於是李稷 本國封爵山神 立廟山上 上下通祭 其來已久 又鬼神配匹有無 難以臆料 臣等以爲莫如仍舊"

173_ 『世宗實錄』 卷49, 世宗 12年 8月 甲戌條.

174_ 韓㳓劤, 앞의 논문, 175~176쪽.

각 그 제사가 있는데 사람마다 이에 제사지내기 위해 무리지어 다니며 술 마시고 돈을 허비하다 가산을 탕진하니, 이는 국가에서 무격으로 하여금 이들 신에게 제사하게 하는 것이 한 이유"라고 한 것에서 볼 수 있다.[175] 조선 개국과 함께 무속신앙은 신흥사대부에 의해 불교와 함께 배척되어야 할 음사淫祀의 대표적인 대상으로 인식되어 이에 대해 갖가지 탄압 조치들이 취해져 온 것은 이미 잘 알려져 있다.[176]

그런데도 조정에서는 무격이 지닌 무의巫醫로서의 기능을 인정하여 태종 때에 무격을 동서활인원東西活人院에 배속配屬시키기도 했고[177], 또는 무격의 사제 능력에 따라 국무당國巫堂[178]을 두기도 하는 등 모순성을 갖고 있었다. 왕실에서의 이런 조치는 무巫의 기능을 긍정적으로 수용한 것이기도 하겠지만, 다른 한편으로는 전통적인 기복신앙이 바탕에 있었던 것임을 부인하기 어렵다. 결국, 왕실에서의 이러한 무속 관행 때문에서라도 일반 민들에 대한 무속신앙은 근절할 수는 없었다.

한편 세종 25년(1443)에는 의정부에서 제정한 음사 금지법의 한 조목에

의정부에서 음사 금지법을 조목별로 진술하였다 …(중략)… "야제野祭 및 무당집, 송악·감악·개성부 대정大井과 각각 그 고을의 성황 등지에 가서 음사를 지내는 자 및 양가良家의 부녀婦女로서 피병避病한다 칭하여 무당집에 붙어 있는 자는 그 가장家長을 제서유위율制書有違律로써 과죄科罪하소서."[179]

175_ 『世宗實錄』 卷34, 世宗 8年 11月 丙申條.

176_ 조흥윤, 「무교사상사」, 『韓國宗敎思想史』(延世大學校出版部, 1990).

177_ 『太宗實錄』 卷29, 太宗 15年 6月 庚寅條. 이외에도 世宗 11年 4月 癸巳條 및 25年 10月 丁酉條에서도 무격을 東西活人院에 배속시킨 사실을 볼 수 있다.

178_ 『世宗實錄』 卷34, 世宗 8年 11月 丙申條에는 사간원에서 국무당의 폐지를 청하고 있다. 이것으로 보아 이 시기 이전에 국무당이 이미 있었음을 알 수 있다.

179_ 『世宗實錄』 卷101, 世宗 25年 8月 丁未條. "議政府條陳禁淫祀之法 …(中略)… 野祭及巫家松岳紺岳開城府大井 各其州縣城隍等處 親往淫祀者 及良家婦女 稱爲避病寓於巫家者 其家長 以制書有違律 科罪." 그러나 정부의 良家 부녀자의 음사 금지법에도 불구하고 顯宗 7년(1666) 7월 사대부 부녀가 성황에 제사지내는 것을 다시 논의하고 있다. 이것으로 보아 부녀자들의 성황제가 계속 행해졌다는 것을 알 수 있다(『顯宗改修實錄』 卷15, 顯宗 7年 7月 乙巳條 참조).

라 한 내용이 전한다. 앞에서도 보았듯이, 무속신앙은 고려 중기부터 성황신과 밀접한 관계를 맺으면서 민간의 성황제를 주도하고 있었다. 그리고 이와 같은 현상은 세종조에 이르기까지 거의 변하지 않았다는 것을 위 예문을 통해 확인할 수 있다. 그뿐 아니라 지방에서의 성황제가 점차 관행제로 변화되고 있었지만, 실제로는 그 고을의 주민이 성황제를 지내기도 하였다는 것을 보여준다.

그리고 고려 중기 이래 무당과 각 고을의 성황제가 관련이 있음을 생각해 볼 때, 위의 성황제 또한 무격이 주관하였을 것임을 짐작할 수 있다. 요컨대 세종조에 이르기까지 민간에서의 성황제는 무속화되어 일반 민들 사이에 보편적으로 성행되고 있었다고 추측된다.

이러한 성황제의 무속화에 대해 세종조에는 무격들을 도성都城 밖으로 내쫓는 것[180]으로 일반 민들의 무속신앙을 근절시키고자 하였으나, 무격의 성외 축출만으로 백성의 뿌리 깊은 기복신앙을 금지할 수는 없었다. 이에 세종은 의정부의 건의에 따라 "각 주현州縣의 성황 등 처에서 음사에 참여하는 자"에 대한 금령禁令[181]을 내리기도 하였는데, 세종의 이러한 금령도 결코 효과적일 수는 없었다. 그것은 민간의 뿌리 깊은 무속신앙이 단지 금령禁令만으로 일거에 혁파될 수 있다고 여긴 것 자체가 무리였기 때문이다.

세조世祖 2년(1456) 5월 을해乙亥 승정원承政院에 전지傳旨하기를 …(중략)… "음사를 금지하는 것은 그것이 요망하기 때문이라면 아주 없애 버리는 것이 가可한데, 지금까지 폐지할 수 없어서 성황이 있고, 여러 가지 제사를 지내는 신당도 있으며, 나라에서 향과 축문을 보내고 신세포神稅布가 있는가 하면 무녀로 하여금 병을 고치게 한다. 공가公家에서 이렇게 하면서 백성에게 귀신에 제사지내는 것을 금지함이 옳겠느냐. 이 같은 작은 일에 금약禁約하기를 허락하지 않은 적이 여러 차례인데도 법사法司에서 그대로 여전히 금지하니, 교활한 아전들이 침

180_ 『世宗實錄』 卷60, 世宗 15年 6月 甲辰條.
181_ 『世宗實錄』 卷101, 世宗 25年 8月 丁未條.

어하는 구실이 되는 데 불과할 뿐이다."[182]

이런 내용을 통해 세조대世祖代(1455~1468)에 들어와서는 음사에 대해 비교적 관용적인 정책이 취해졌음을 볼 수 있다. 이와 같은 세조의 견해에 따라 음사 금지는 다소 완화되었으나, 이 때문에 민간에서의 신앙 행위가 다시 성행될 수 있는 분위기가 조성되기도 하였다. 그러나 유교적 이념의 확산을 시도한 15세기 말의 성종대成宗代에 음사 완화책에 반하는 금단책이 다시 시도되어, 무녀巫女의 무의巫儀를 금한다거나,[183] 무녀를 도성 밖으로 축출케 한다거나,[184] 사족士族의 부녀婦女로서 친히 야제野祭 및 산천·성황에 제사를 지내는 자[185]를 엄히 규찰토록 하였다. 그러나 성종 9년(1478) 성현의 상소에

요즘 세상 사람들이 다투어 가며 귀신을 신봉하여 무릇 길흉화복에 대하여 한결같이 무당의 말만 듣고 화상畵像을 그려 돈을 걸어 놓기도 하고, 영혼을 맞이하여 집안에 들이기도 하며, 공창空唱을 듣기도 하고, 직접 성황에 제사도 지냅니다.[186]

라 하였듯이 민간에서의 성황제는 여전히 성행되고 있었다. 또한, 무속신앙의 금지 시 성황제도 함께 거론되고 있는 것은 음사로서 성황과 무속신앙이 그만큼 밀접하게 관련되어 있었음을 시사한다. 결국, 이와 같은 현상은 15세기 말에 이르기까지 민간에서 성황과 무속신앙이 여전히 융합된 채 전승되어 오던 사정을 보여주는 것이라 할 수 있다.

182_ 『世祖實錄』 卷4, 世祖 2年 5月 乙亥條. "傳于承政院日 禁淫祀爲其妖妄也則絶之可也 今旣不可廢而有城隍焉 有諸神堂焉 國遣香祝 又有神稅布 又令巫女救病 於公家如此 而禁民祀神可乎 如此細事 不許禁約者屢矣 而法司仍禁止 不過爲猾吏侵漁之資耳"

183_ 『成宗實錄』 卷14, 成宗 3年 1月 辛丑條.

184_ 『成宗實錄』 卷58, 成宗 6年 8月 癸未條 및 己丑條.

185_ 『成宗實錄』 卷88, 成宗 9年 1月 및 『成宗實錄』 卷269, 成宗 23年 9月.

186_ 『成宗實錄』 卷98, 成宗 9年 11月 丁亥條.

(2) 민간 성황제의 전승 내용

이렇듯 지방에서 전승되어 오던 신앙 전통 때문에 중앙정부에서는 수시로 음사를 금단하고자 하였지만, 지방사회에서는 무속화된 성황신앙의 관행이 지속하여 오고 있었다. 이에 따라 민간의 성황신앙에 대한 중앙정부의 통제는 민들과 잦은 충돌을 일으켰으며, 이러한 사실은 민간 성황제의 실상을 파악하는데 적절한 사례이다.

나주羅州 금성산錦城山 성황사城隍祠는 신神이 매우 영험하여 그곳을 지나가는 자가 말에서 내리지 않으면 즉시 타고 가던 말이 죽곤 하였다. (홍洪)윤성允成이 주州의 사정을 살피려 할 때 아전이 그런 사정을 말하니, 그는 크게 노하여 말에 채찍질하여 지나갔다. 타고 가던 말이 얼마 못 가 죽으니 윤성이 크게 노하여 … 마침내 그 사당을 불사르고 멀리 총사叢祠로 옮겨 버렸다. 이후 읍인邑人들이 혹 (성황신에) 제사하려 하면 그 신은 "먼저 홍지주洪地主에게 제사하고 나서 나에게 제사하라"고 하였다.[187]

즉 나주 읍민들은 평소 성황신을 경외의 대상으로 섬겨 왔는데, 중앙을 대변하는 홍윤성(1425~1475)이 읍민들의 성황신 숭배를 부정하여 성황당을 멀리 총사叢祠로 쫓아냈다고 하는 것이다. 이것은 중앙에서 관官의 성황제를 지방에 확산시키고자 하는 움직임 속에서 이에 반하는 지방의 신앙 전통을 중앙의 위세로 누름으로써 지방의 성황신앙이 위축되고 있던 15세기 말의 상황을 보여준다.

그러나 이는 어디까지나 일시적인 현상이었을 뿐이다. 그것은 16세기 전반기의 중종대中宗代(1506~1544)의 사례를 놓고 볼 때, 지방에서의 성황신앙이 중앙정부의 의도와는 달리 오히려 기복제祈福祭로서의 성격이 강하게 나타나고 있는 점에서 알 수 있기 때문이다.

187_ 『五山說林草藁』(『大東野乘』 卷5 所收). "羅州城隍祠 有神甚靈 人過者不下 輒殺所騎 及允成之刺州下吏告之故 大怒鞭馬而過 其馬行不里所而倒死 允成大怒 … 遂焚其祠而逐之 其神遂遠徙于叢祠 其後邑人或祀之 其神曰 先請洪地主而享之 後祀我". 『燃藜室記述』 別集 卷4, 祀典典故 淫祀條에도 이와 비슷한 내용이 전한다.

c-1) 본관별차本官別差라 칭하는 자와 대모大母라 칭하는 자가 각기 흑단령黑團領과 자의紫衣를 입고 의장을 갖춰 크게 거동하여 성황당에서 복을 빌며 비록 그 유래가 오래되었다고 하지만, 황폐한 사당에서 절을 하고 야외野外에서 멋대로 다니며 이에 기은祈恩한다고 하니, 어찌 제왕帝王으로서 이처럼 기은祈恩하는 일이 있겠습니까.[188]

c-2) (김金)안로安老가 아뢰기를 이른바 음사란 외방外의 성황당과 같은 것입니다. 때로 성황신이 내린다고 하면 한 도道의 사람들로 가득 메워지고 분주하니 어찌 이처럼 무리한 일이 있을 수 있겠습니까.[189]

c-1)은 국가에서 명을 받고 함경도 영흥 지방으로 내려온 본궁별차 및 대모라는 자가 성황당에서 국가나 왕실을 위해 기복한 사실을 전하는 것으로서, 이는 왕실의 성황제가 기복신앙으로 행해지고 있는 점을 비난하고 있는 내용 가운데 일부이다. 여기서 영흥 성황사가 태종 때 이미 사전에 등재되어 유교 제례의 대상이 된 점을 고려한다면, 16세기 전반에 들어오면 왕실의 성황제가 기복제로 치중되는 경향을 볼 수 있다. 그리고 c-2)는 민들의 성황신앙을 전하는 내용이다. 즉 민간에 성황신이 내린다고 할 때, 이에 대한 민들의 반응을 보여주고 있다. 성황신의 강림 시 한 도의 사람들로 가득하였다는 것은 민간에서의 성황신앙이 그만큼 성행하였다는 것을 보여준다.

이 기사에 이어 기사관記事官 류성춘柳成春은 왕에게 외방外方에서 행해지고 있는 성황제 중에서도 나주 금성산 성황제가 특히 성행함을 들고, 그 이유로서 "국가國家에서 나주 성황당을 인정하여 신당에 쌀을 내려주기 때문이니 이렇게 하면서 어찌 민속의 폐단을 금할 수 있겠습니까?"[190]라 하자, 왕이 이에 답하지 못한 사실을 전하고 있다. 즉 선초 이래 조정에서는 성황을 관행제官行祭로 시행하고자 했던 의도와는 달리, 16세

188_ 『中宗實錄』 卷24, 中宗 11年 2月 甲戌條. "有稱本官別差者 自京下去 著黑團領又有稱大母者 著紫衣備儀杖 爲大擧動 祈恩於城隍堂 雖曰其來已久 而其拜必荒祠叢簿間 而橫行於野外 乃稱祈恩 安有以帝王而爲如此祈恩者哉"

189_ 『中宗實錄』 卷25, 中宗 11年 6月 癸丑條. "安老曰 所謂淫祀 如外方城隍堂之類也 有時城隍神下降云 則一道 塡奔波 安有如此無理之事乎"

190_ 『中宗實錄』 卷25, 中宗 11年 6月 癸丑條. "國家而納米於城隍堂祠 豈能禁民俗之弊乎"

기 전반에 들어와서도 지방사회에서 민에 의한 성황제가 성행하고 있던 점을 볼 수 있다. 이에 신하들은 왕실에서의 음사 묵인 때문에 민들 역시 음사를 숭상한다고 하였지만, 중종中宗이 이에 동조하지 않았음을 보여준다.

또 중종 11년(1516)에도 신하들이 "외방 성황당 및 모든 무격을 금단하도록"[191] 요청한 일이 있는데, 이때에도 중종은 이를 허락하지 않고 있다. 이 역시 신하들의 음사 금지 강화에 대한 중종의 미온적인 태도를 보여주는 사례이다. 다시 중종 12년 정병正兵 최숙징崔淑澄의 상소上訴 중에 "무격이 성행하여 혹세무민하고, 성황과 총사叢祠에 허위虛位를 설치하여 받들고 공양하니, 모두 헐어 버리도록" 청한 일[192] 역시 전년도에 이어 신하들의 계속된 음사 금지에 대해 중종이 여전히 왕실의 기복을 위한 성황제를 지지하고 있었음을 보여 준다. 결국, 이런 내용을 통해 16세기에 들어와 재래의 기복제적인 성황신앙이 왕실의 동조 내지 묵인 하에 지방에서 성행되고 있었으며, 이에 대해 신하들이 반대한 사실을 볼 수 있다.

이처럼 왕실의 음사에 대한 미온적인 태도 때문인지 명종明宗 21년(1566)에는 유생들이 자의적으로 송악의 성황당을 훼분毁焚시킨 사건이 일어났으며, 이 일로 왕의 노여움을 타 조정이 한때 시끄러워지기도 하였다.[193] 이런 내용 역시 이 시기 민간의 성황신앙에 대한 왕실과 신하들의 대립된 견해를 보여주는 사례라 할 수 있다.

이러한 대립의 원인은 조선 중기 이후 왕실에서는 음사가 통치에 지장을 주지 않는 한 비교적 관용적이었음에 비해, 신하들은 지방사회에서 유교적 예치禮治를 직접 담당해야 했으므로 이에 저촉되는 요소로 인식된 음사로서의 성황제는 마땅히 금지되어야 하는 것으로 여겼기 때문이다.[194] 이를 통해 유신들은 조선 중기 이후 해이해진 향촌 사회의 상황이 음사의 성행 때문이라고 생각하고 있었으며, 이는 음사를 통제함으로써 향촌 질서가 회복될 수 있다고 여겼던 관념도 엿볼 수 있다.

191_ 『中宗實錄』 卷26, 中宗 11年 2月 甲戌條.
192_ 『中宗實錄』 卷31, 中宗 12年 12月 戊午條.
193_ 『明宗實錄』 卷32, 明宗 21年 正月.
194_ 李泰鎭, 앞의 논문, 135~136쪽.

어쨌든 이와 같은 사례들을 통해 관행 성황제는 점차 퇴색되어 가는 데 반해, 민간에서의 성황제는 꾸준히 행해지고 있음을 알 수 있다. 비록 단편적인 기록들이긴 하지만 향촌 사회에서의 성황제는 조선 후기에까지 지속적으로 나타나며, 이를 통해 민간 성황제가 계속 행해져 왔음을 알 수 있기 때문이다. 또 조선 중기 향촌 사회에서 행해진 성황제에 대해 다음과 같은 사례들도 볼 수 있다.

○ (현풍玄風의) 성황사城隍祠는 비슬산琵瑟山에 있다. 세속에서는 정성대왕신靜聖大王神이라 전한다. 무릇 홍수나 한발·질병 등에 기도하면 빈번히 영험함이 나타나므로 제사하는 자가 폭주한다.[195]

○ 고성固城 성황사城隍祠는 고을의 서쪽 2리에 있는데, 그 지방 사람들은 항상 5월 1일부터 5일까지 그곳에 모여 두 편으로 나누어 신상神像을 싣고 채기綵旗를 들고 마을을 돌아다닌다. 사람들은 다투어 술과 찬을 갖추어 여기에 제사 지내며 광대들이 모여 여러 가지 놀이를 하기도 한다.[196]

현풍玄風의 성황신은 민간에선 정성대왕으로 인식되었으며, 홍수나 가뭄·질병 치유에 효험이 있는 신격으로 신앙되었다고 한다. 또 고성固城의 성황신은 5월에 제를 지내는 것으로 보아 기풍과 관련하여 신앙되었던 것으로 생각된다. 그리고 현풍 및 고성 성황사는 『동국여지승람』에 기재되어 있는 것으로 보아, 본래 관행제의 대상으로서 지방관이 치제하는 신사였을 것이다. 그렇지만 민들은 이런 성황사에 홍수나 가뭄의 방지, 질병 치유, 풍년의 초래 등과 같이 현실적인 목적의 성취를 위해 제사하고 있었다. 여기에서 현풍 성황제는 공동체의 정례화된 제의 모습은 보이지 않지만, 고성 성황제의 경우는 정기적인 제사로서의 모습과 지역민들이 참여하는 공동체적인 모

195_ 『新增東國輿地勝覽』 卷27, 玄風縣 祠廟條. "城隍祠 在琵瑟山 俗傳靜聖大王之神 凡水旱疾疫祈禱輒應故祭之者輻輳"
196_ 『新增東國輿地勝覽』 卷32, 固城縣 祠廟條. "在縣西二里 其人常以五月一日 至五日 相聚分兩隊 載祠神像 竪綵旗 遊歷村間 人爭以酒饌祭之 儺人畢會 百虛其陣"

습을 보여준다.

그리고 이와 같은 민의 성황제는 무격이 치제하였을 것으로 생각되는데, 그것은 성호星湖 이익李瀷이 "우리나라 풍속에 귀신 섬기기를 좋아하여 혹은 화간花竿을 만들어 놓고 지전紙錢을 달아 놓고 촌무村巫들은 항상 이를 성황신이라 한다."라고 한 것이나 조정에서 흔히 민간 성황제의 금단을 건의할 때에 무격도 함께 매도하였다는 사실을 통해 짐작할 수 있다.

○ 외방성황당外方城隍堂 및 무격巫覡에 관한 모든 일은 마땅히 함께 금해야 합니다.[197]

○ 무격巫覡이 흥행하여 혹세무민惑世誣民하고 성황사城隍祠에 거짓 위패를 만들고 물건을 바쳐 받들어 모시게 하니 청컨대 모두 허물게 하고 대신 후직后稷의 위패를 두어 백성으로 하여금 받들게 하소서.[198]

그러나 민간에서의 모든 성황제가 무격에 의해 치제된 것만은 아니었다. 한편으로는 향촌 사회에서 촌민村民들이 조직한 향도香徒들이 기풍祈豊을 위해 성황당에 가서 제를 지내는 사례도 보이기 때문이다.

길안吉安(현 안동지역安東地域) 석성石城은 고을의 동쪽으로 2리쯤 있는데 둘레가 700보이다. 지금은 허물어져 있다. 성 위에 성황당이 있어 촌민村民들이 매년 입춘 때에는 재齋를 올리고 온갖 놀이를 하며 풍년을 기원하는데 이를 어구향도御溝香徒라 한다.[199]

이미 앞에서 본 고성지방의 성황제가 그 지방 사람들에 의해 매년 5월 1일부터 5일까지 치러지고 있었듯이, 이 길안현의 성황제도 촌민들에 의해 매년 입춘 때 행해지

197_ 『中宗實錄』 卷26, 中宗 11年 10月.
198_ 『中宗實錄』 卷31, 中宗 12年 12月 戊午條.
199_ 『永嘉志』 卷6, 古跡條. "吉安石城 在縣東二里許 周回七百步 今頹圮 城上有城隍堂 村氓每歲立春設齋供呈百戱 以祈有年 仍名曰御溝香徒"

고 있었다. 이런 사례로부터 성황제가 향촌 사회에 정기적인 공동체 신앙으로 정착되어 가는 과정을 살펴볼 수 있다. 아울러 민간 성황제가 흔히 무격에 의해 치제되기도 하지만, 일부 지방에서는 촌민들에 의해 그 지역의 공동체 신앙으로 행해지기도 한 점도 볼 수 있다.

그런데 최근 발견된 순창淳昌의 성황당城隍堂 현판문懸板文[200]에 의하면, 이 순창의 성황당은 고려조 때에는 국제國祭의 대상이었으나 조선조에 들어와 국제國祭에서 제외되면서 이곳 사람들, 특히 향리鄕吏들에 의해 계속 치제되어 온 내용이 전한다. 그러다가 가정嘉靖 연간年間(1522~1566) 순창에 부임해 온 지방관 능성綾城 양씨梁氏라는 자에 의해 순창 성황제에 변화가 나타나게 된다. 즉

…(전략) 군수郡守가 되어 대신大神(즉 성황신)을 받드는 실상을 살펴보니 무당의 무리가 어지럽고 혼잡스러우며 심지어 마을에 횡행까지 하여 그 폐단이 헤아릴 수 없이 많으니 참으로 부당하였다. 음사淫祀를 물리치고 좌도左道의 어지러움을 바르게 한 뒤에, 단지 초하루와 보름에만 제사를 거행하되 제물을 정결하게 준비하고 안전眼前에서 부릴 만한 아전을 보내어 제사지내기 전날에 재계를 하고 정성을 다해 제사를 행하였다. 5월 초하룻날 또 이방 옹세언, 의생 오인호와 축문을 맡은 공생 임대춘을 보내어 역시 재계를 하고 지성으로 제사를 지냈다.[201]

라는 기록을 통해 볼 때, 순창 성황제는 향리들이 주관하고 무격들이 주제하여 오다가 이때 와서 지방관에 의한 유교식 제례로 전환되었음을 알 수 있다. 그리고 이 유교식 제례가 곧 세종조 때 마련된 오례의五禮儀에 준했을 것이라는 지적[202]은 타당하

200_ 南豊鉉, 『淳昌城隍堂 懸板에 대하여』, 『古文書研究』 7(韓國古文書學會, 1995), 69~92쪽.
　　　姜在哲, 「淳昌 '城隍大神事跡' 懸板 研究」, 比較民俗學會 研究發表會 發表文(1995).
201_ 번역문과 원문은 南豊鉉, 앞의 글(1995), 84~85쪽에서 참조하였다. "爲郡之宰 察其大神之行實 如巫覡輩 紛紜混雜 至於橫行閭落 其弊不貲 誠可不當 辟去淫邪與左道亂正之後 只擧朔望 奠物精備 式遣眼前可信衙前 前期齋戒盡情行祭 五月初吉朔 又遣吏房邕世彦·醫生吳仁豪·祝文貢生林大春 亦依齋戒 至誠行祭"
202_ 南豊鉉, 앞의 논문, 86쪽.

다고 생각된다. 요컨대 이 순창 사례는 16세기에 들어와 일부 지방에서 지방관의 의지에 따라 무속식 성황제가 유교식 제례로 전환되었다 하더라도 치제의 주체가 이 지역의 토착세력들이었다는 사실은 주의를 필요로 한다.

단적으로 말해, 순창의 사례는 조선 중기 이후 유교식 제례가 점차 지방사회에 파급되는 과정을 보여주는 것이라 할 수 있다. 게다가 유교식 제례로의 전환 시에 토착세력들이 주체로 나서고 있는 점에서 기존의 공동체 신앙에 유교 제례를 도입하는 데에는 이들의 역할이 적지 않았음을 알 수 있다. 또한, 조선 후기에 이르는 사이 순창 성황당 현판 및 신당神堂의 보수가 몇 차례 행해졌는데, 이때도 항상 이 지역 토착세력들이 주도하고 있었다. 이런 점 역시 조선 후기까지 순창 성황제에 토착세력들이 깊이 관여하고 있었다는 증거가 될 것이다.

그리고 이런 현상은 이미 고려조부터 해당 지역의 토착세력들이 성황제를 지내온 전통을 그대로 보여주는 사례이다. 이런 점에서 민간 성황제의 유지나 유교 제례로의 전환에 토착세력들이 수행한 역할을 결코 간과할 수 없다고 생각한다.

이상 서술한 민간 성황제의 내용을 정리하면, 선초 이래 빈번한 음사 금령과 상관없이 16세기 이후 성황제는 왕실의 기복을 위해 치제되기도 하였으며, 이는 결국 왕실의 묵인 하에 민간 성황제가 성행할 수 있는 배경이 되기도 하였다. 그리고 민간 성황제는 민들의 현실적인 목적, 즉 수한질역水旱疾疫의 방지와 기풍 등을 위한 목적으로 무격에 의해 주로 치제되었다. 그러나 일부 지방에서는 지역민들에 의해 성황제가 공동체 제의로 전승되기도 하였으며, 향리가 이를 주도한 사례도 볼 수 있다. 특히 향리 주도의 성황제는 유교 제례가 민간 성황제에 이입되는 과정을 보여주고 있으며, 나아가 16세기 이후 공동체 신앙에 유교 제례적인 요소가 나타나기 시작했다는 사실을 추정할 수 있는 근거가 되기도 한다.

3) 조선 성황신앙의 기능과 민속신앙화

(1) 조선 성황신앙의 기능

조선 시대의 성황제는 주로 기우祈雨나 질병疾病의 쾌유快癒, 기복祈福·기풍祈豊 등을 위해 지냈던 것으로 보인다. 먼저 기우와 관련된 사례를 보면 다음과 같다.

○ 태종 16년 5월 경술, 무당을 우사단雩祀壇에 모아 삼각산·목멱·한강·풍운뇌우·산천·성황신 등에 비를 빌고 아울러 기도를 하였다.

○ 세종 7년 7월 기사, 예조에서 계하기를 …(중략)… 옛 제도에 의해서 사전祀典을 상정할 때 빼어 버렸던 각 도道의 산천·성황과 여러 신사에 그곳 지방관을 시켜 치제하여 기도하기를 청합니다.

○ 세종 9년 6월 정묘, 각 도道에 명하여 명산대천·성황의 여러 신사와 비록 제사 규정에 기재되지 아니한 곳이라도 제사를 지내어 비를 빌었다.

○ 세종 17년 7월 임신, 예조에서 아뢰기를 "사전에 기재된 외의 각 도 각 고을의 산천·성황 등 여러 신에게 비 오기를 빈 후, 보사제報祀祭는 있는 곳의 관원에게 길일吉日을 가려 행사하도록 하소서.

○ 세종 17년 7월 정유, 풍운뇌우의 단과 성황·산천·삼각산·목멱산·한강에 비 오기를 빌었다.

○ 세종 21년 6월 기해, 예조에서 아뢰기를 "한기旱氣가 있으니 청컨대 각 도에 예전대로 향과 축문을 내리시고 악해독과 명산대천 및 고을에 있는 산천·성황의 여러 신사에 기우하소서.

○ 단종 2년 7월 정묘, 의정부에서 … 지금 한재가 절박하니 종묘·사직·풍운뇌우·산천·성황에 기우하소서. … 비록 사전에 기재되어 있는 바가 아닐지라도 만약 영험이 있는 곳이며 소재 고을의 수령으로 하여금 나가 빌게 하소서.

○ 광해군 1년 4월 계해, 가뭄이 심하여 국내 산천·성황 및 기내 산천으로 사전에 기재된 곳에 기우제를 행하였다.

○ 인조 14년 12월 갑오, 진눈깨비가 그치지 않으니 … 성황당에 중신重臣을 보내어 기청하였다.

○ 현종 11년 3월 경진, 삼각산·백악산·목멱산·한강·풍운뇌우단 및 국내의 산천·성황당, 우사단에 관원을 보내어 기우제를 지냈다.

이상 성황을 대상으로 기우제를 지낸 사례들에서 다음 몇 가지 사항을 알 수 있다. 첫째, 조선 왕실에서는 성황을 사전체제에 포함함으로써 성황신을 한편으로는 경내境內의 기우를 담당하는 신격으로 인정하였다는 점이다. 이것은 성황신이 일기의 조절신으로서 자연신적 속성을 지닌 것으로 인식하였음을 의미한다. 둘째, 조선조에서는 비록 사전체제에 의한 예제를 영위하고자 하였음에도 가뭄과 같은 비상사태의 초래 시에는 사전에 기재되어 있지 않은 성황에도 기우제를 지내고 있다는 점이다. 이는 국가에서 사전에 등재된 신격만을 공식적인 치제 대상으로 삼았다는 것과는 모순되는 조치이다. 그러나 국가도 일기의 이상과 같은 상황에서는 비공식화된 성황도 국가의 치제 대상에 포함할 수밖에 없었음을 보여 준다. 또한, 유교 예제상의 성황은 대체로 신앙적 의의가 절제되어 있는 데 비해, 기우제에서의 성황은 그 자체 종교성을 사실적으로 드러내는 사례라는 점도 유의할만하다. 셋째, 비록 조선 후기의 사례에서는 찾아지지 않지만, 성황에 기우제를 지낸 예는 대체로 조선조 내내 지속하여 왔을 것으로 생각된다. 한편 인조 때에는 성황신에게 기청祈晴한 사례도 보이는데, 이 역시 성황을 일기의 조절신으로 여긴 관념 형태를 보여주는 것임은 분명하다. 반면 조선 후기로 오면서 성황에 기우제를 지낸 사례가 줄어들었다는 사실을 통해 이 시기에 즈음하여 국가의 성황제에 대한 관심도 점차 줄어들었다고 추측할 수 있다.

기우제 다음으로 성황제를 지낸 목적에 많이 나타나는 것은 질병이나 전염병의 방지 또는 치유를 바란 사례이다. 이미 태종 8년(1408)에 태조의 병이 위독하자 태종이 동북면도순문사에게 안변·정주·함주 등 각 고을의 성황신에게 기도하게 한 적이 있다.[203] 또 성종 13년(1482)에도 대비大妃의 병으로 성종이 중외의 명산대천 및 성황에 중신重臣을 나누어 빌게 한 기록도 찾아진다.[204] 이런 사례들로부터 왕실에서도 전조 이래의 민속 신앙적인 성황신관이 그대로 유지되어 오고 있었다는 것을 알 수 있다. 이러한 사실을 통해 왕실에서는 비록 유교적인 예제에 근거하여 성황을 사전상의 정연한 체계로 흡수하고자 하였을지라도, 종래의 제재 초복을 관장하는 초월적인 신앙대상물로서의 성황신의 성격이 결코 일시에 혁파될 수는 없었다고 하는 점을 살펴볼 수 있다.

더욱이 질병 역시 신의 소관에 속하는 것으로 인식되었기에 조선조에서도 이른 시기부터 성황에 질병의 방지를 기원하였는데, 이에 대한 사례가 여제厲祭를 지내기 전 성황에 제를 지내도록 한 조치였다. 여제는 본래 전쟁이나 천재지변 기타 불운한 죽음을 한 원사자寃死者에 대해 지내는 진혼제이다. 또한, 죽어서 제사를 받들 후손이 없는 자도 여귀厲鬼가 된다고 생각하였다. 그래서 이런 자들이 죽어 한을 품고 귀신이 되어 산 자에게 여러 재앙을 준다고 믿었던 것이다. 이에 나라에 재앙이나 질병이 발생하면 이들 원귀의 소행으로 믿어 국가적 차원에서 이를 진정시키기 위해 지낸 것이 여제였다. 그런데 이런 여제보다 3일 전에 미리 성황에 제를 고하도록 한 것은 성황 역시 질병을 관장하는 신격으로 여겨졌다는 것을 말해 준다.[205]

그러나 고려조에서는 아직 성황제와 여제가 결부되어 있지는 않았다. 그러다가 조선조에 들어와 비로소 여제에 성황제가 포함되고 있는데, 태종 16년(1416) 예조에서 여제발고제법厲祭發告祭法을 올리면서 "전 3일의 성황발고제城隍發告祭를 이제부터 풍운뇌우단에서 치제하소서."[206]라 한 것이 처음이다. 이후 세종 22년(1440)에는 여제에 대한 세부적인 절차가 마련되었고, 현종 3년(1662)에 실제 여제를 지낸 기록도 보인다. 그리고 전염병의 유행 시에는 흔히 성황에도 제사를 지냈던 사례가 다음과 같이 보인다.

203_ 『太宗實錄』 卷15, 太宗 8年 5月 丙午條. "命東北面都巡問使 盡誠祈禱于安邊及定州咸州各官城隍之神以 太上王疾篤也"
204_ 『成宗實錄』 卷142, 成宗 13年 6月 丁未條.
205_ 그러나 성황이 질병을 관장하게 된 데에는, 성황이 사후 세계의 관리자로서 여귀도 통솔한다고 믿어 발고제를 지냈다고 보는 것이 합리적이다.
206_ 『太宗實錄』 卷32, 太宗 16年 8月 甲子條.

○ 현종 6년 4월 갑자, 예조에서 아뢰기를 "전염병이 크게 유행하기에 … 이달 12일에 먼저 성황에 발고제를 지내고, 15일에 중신重臣들을 보내 북쪽 교외에 제사를 지내소서.

○ 현종 개종 5년 6월 신축, 전염병이 매우 심하니 … 산천성황제를 지내고 … 여제를 지내소서 (하략)…

○ 현종 개종 24년 12월 경자, (여역癘疫으로) 산천·성황제를 행하고(하략)

○ 숙종 43년 6월 갑신, 경외京外의 여역癘疫이 날로 치성하니 구례舊例에 따라 경중의 산천·성황과 북교에서 여단을 지내되 (하략)…

○ 숙종 44년 3월 병자, 역질이 치열하게 만연하니 중신을 보내어 경도의 산천과 성황당에 제사지내게 하였다.

○ 숙종 44년 11월 갑오, 전염병이 몹시 만연하여 … 임금이 친히 성황발고제의 축문을 지어 내렸다.

○ 정조 10년 4월 계미, 진두疹痘가 매우 심하게 유행하였다. …(중략)… 비록 절제節祭가 아니라도 먼저 성황에 고하는 것은 본래 응당 행해야 할 법이니 발고제를 지내고 나서 각부의 중앙에서 여제를 지내되, 지방 고을에서도 함께 제사를 지내도록 하라.

특히 여기서 주목되는 것은 정조 10년의 사례이다. 정조 스스로 말하고 있듯이, 전염병의 유행 시 여제나 성황제를 지내는 것은 어디까지나 정기적인 제사가 아닌 임시변통적인 제사에 불과하였다. 그러나 질병의 유행과 만연이 결코 예정되어 있던 것이 아니기에, 결국 이에 대한 대책으로서 국가에서는 성황발고제城隍發告祭도 마땅히 거행해야 하는 것으로 합리화한 것이다. 이런 사례 역시 국가가 성황신의 초월성을 인정하였다는 증거이다.

그리고 성황신에게 복을 빈 것은 이미 태종 12년 대소 인원의 송악 성황에의 기복을 금하게 한 것에서 충분히 엿볼 수 있다. 이는 조선 초기부터 성황신앙이 기복을 위한 신앙으로 전승되어 온 점을 말하여 준다. 아마 이때의 기복 내용에는 재앙의 방지·기우·질병 치유·기풍 등 제재 초복이 주를 이루고 있다고 보아야 할 것이다.

그런데 왕실에서도 기복을 목적으로 수시로 성황제를 지낸 사례가 적지 않다. 가령, 태종은 재위 중 강무講武나 수렵狩獵 또는 순행시巡行時 종종 내시별감內侍別監으로 하여금 인근의 성황신을 비롯하여 산신山神·해신海神 등에게 사제祀祭케 하곤 하였다.[207] 그런데 이것은 왕토 내의 모든 신격이 왕의 교화권내敎化圈內에 포함된다는 점을 의미하는 것으로도 볼 수 있지만, 다른 한편으로는 이들 신격에 대한 제사를 통해 국가와 왕실의 평안 등을 기원할 목적으로 그렇게 한 것으로도 볼 수 있다. 왜냐하면, 성황신에의 치제는 이미 태조 때 해당 수령이 매년 춘추에 치제하도록 되어 있음에도 태종의 이 같은 성황제는 상례를 벗어난 왕의 자의적인 치제였기 때문이다. 본래 유교적인 예제에 근거하여 경내의 모든 산천과 성황 등에 치제하는 목적은 제례를 통해 유교적 명분을 분명히 하고 사회질서를 확립하고자 한 것이었는데, 왕의 상례를 벗어난 치제는 당연히 이런 원칙에도 어긋나는 것이다. 따라서 그 목적을 유교적인 예제의 준행으로만 간주할 수는 없으며, 오히려 고려 때의 관행을 따른 것이라고 여겨진다.

그것은 고려 때 왕의 출행 시 통과하는 곳의 모든 신격들에 흔히 훈호勳號를 덧붙여 줌으로써 신의 가호를 바란 사례에서와 같이, 태종의 강무講武나 수렵 또는 순행 시에 내시별감內侍別監을 통해 성황신 등에 제사지낸 것도 고려의 이와 같은 전통과 결코 무관하지는 않다. 그렇다면 태종의 이와 같은 치제의 목적도 고려조의 기복을 위한 성황제와 뚜렷하게 차이가 있는 것은 아니며, 또 이런 점에서 유교적 예제와 상관없이 왕실에서도 종래의 기복제로서의 성황신앙이 일면 이어져 왔다고 할 수 있다.

또한, 왕실에서의 성황신에 대한 민속 신앙적인 인식은 세종대(1418~1450)에 들어와서도 변함없이 이어져 오고 있었다. 즉 세종 역시 태종의 병이 심해지자 산신·성황신 등에게 태종의 쾌유를 기도케 한 점이 그러하다. 이러한 사례 역시 사전에 규정된 예제와 달리 질병 쾌유를 위해 여전히 전통적인 방식으로 기양祈禳에 의존했던 당대의 관념을 보여주는 것으로 생각된다.

반면, 왕실에서 성황신에게 직접 기풍을 하였다는 기록은 보이지 않는다. 이것은

207_ 『太宗實錄』卷26, 13年 10月 丁巳條. 卷27, 14年 2月 壬申·癸酉條. 卷28, 14年 3月 甲戌·戊子·辛卯條. 卷28, 14年 閏9月 丙午條. 卷29, 15年 2月 甲戌條. 卷30, 15年 10月 甲辰條 등에 보인다.

아마 사직제나 적전례 등에 왕실의 기풍의례가 존속했기에 나온 결과가 아닌가 생각된다. 그러나 민간에서의 성황제에 기풍을 의도하고 있는 점은 이미 앞에서 본 바와 같다.

이상 살펴본 조선 성황신앙의 기우·질병 방지 및 치유·기복·기풍 등과 같은 제재 초복적인 성격은 『여한십가문초麗韓十家文鈔』에 실린 「제성황신문祭城隍神文」에도 잘 드러나 있다.

> 고을 수령의 직분은 양陽을 주관하고 신의 직분은 음陰을 주관하므로, 가물고 장마지고 염병과 같은 유행병이 돌고 호랑이가 횡행하여 사람들이 편안하지 못한 것 등은 그 책임이 (성황)신에 있다.[208]

즉 성황신이 가뭄·장마·질병 초래·맹수의 횡행 등을 관장하는 것으로 인식되고 있다. 이처럼 성황신의 초월적인 성격은 유교 제례 상의 예법에서는 결코 강구될 수 없는 것이기에 왕실에서 일반 민에 이르기까지 성황신이 제재 초복을 주관하는 신으로서 기원을 받는 대상으로 여겨져 왔다고 할 수 있다.

지금까지 조선 성황신앙의 기능에 대해 살펴보았는데, 여기서 결코 간과할 수 없는 사실은 고려 시대와 비교하여 성황신의 기능이 더욱 다양화되고 있다는 점이다. 즉 고려 성황신앙이 주로 전쟁과 관련하여 승전 기원이나 승전 시의 감사제로 나타나고 있는 데 반해[209] 조선의 성황신앙에는 기우·기복 등이 덧붙여져 있다는 것이다. 그뿐만 아니라 조선 시대에 성황은 전쟁의 신격으로서의 성격이 매우 희박해지며 제재 초복의 성격이 강화된 점도 볼 수 있다. 결국, 이러한 사실은 성황이 고려 시대에 비해 조선 시대에 와서는 기복신앙의 대상으로 정착되어 온 점을 말해 준다.

208_ 『麗韓十家文鈔』卷10,「告城隍神文」"令之職主陽 神之職主陰 … 旱澇不節 厲疫無時 虎豹橫行 人用不寧 其責在神"

209_ 고려 성황신앙에서 살펴보았듯이, 기복이나 기우의 대상신으로서 성황신앙도 찾아볼 수 있다. 그러나 12세기 이전의 고려 성황신앙에 군사와 관련된 측면이 보다 강하였다는 점에서 이런 현상은 조선과 비교된다.

한편 조선 시대에도 성황사는 고려에서와 같이 주로 산중에 두어졌던 것으로 보인다. 그것은 태종 24년 성산군星山君 이직李稷이 "성황이 비록 높은 산에 있으나, 성황을 제사한다고 하였은즉 산천에 제사하는 것과는 다르다"[210]고 한 말을 통해 알 수 있다. 여기서 이직은 산중에 성황당을 둔 것은 산신이 아니라 성황신을 대상으로 한 것이라 하면서 이 둘을 각각 구별되는 신격으로 인식하고 있다. 이처럼 산신과 성황신이 본래 구별되는 신격인 것은 분명하지만, 산신과 성황신의 융합은 이미 고려조에서부터 보이고 있었다.

그리고 이런 현상은 조선조에 들어와서도 변하지 않았기에 흔히 산신과 성황신이 병칭으로 사용되었던 것으로 생각한다. 게다가 성종 16년(1485) 병조참지兵曹參知 최호원崔灝元이 여제헌관厲祭獻官으로 극성棘城에서 돌아와 진언한 내용 중에 "성황도 산신의 류"[211]라 한 내용이 보이는데, 이는 상류층에서조차 성황과 산신이 서로 유사한 신으로 인식하고 있었던 사실을 보여준다. 또한, 연산군燕山君 9년 목멱산과 백악산에 성황당이 있다고 한 것[212]도 산중에 성황당이 있었던 실례實例이다. 그뿐 아니라 중종 때의 나주羅州 금성당錦城堂[213]은 고려조 이래 산신사와 성황사가 융합되어 양자가 거의 구별되지 않았던 대표적인 사례라 할 수 있다. 또한. 함산咸山의 성황사가 함산 마루턱에 있었다고 한 허균許筠의 말[214]도, 성황사가 산중에 있었던 하나의 사례로 들 수 있다.

이외에도 『세종실록世宗實錄』 지리지地理志에 보이는 성황당산석성城隍堂山石城[215]·성황산석성城隍山石城[216]·성황당석성城隍堂石城[217] 등과 『세종실록世宗實錄』에 "(함흥부) 성 안

210_ 『太宗實錄』 卷24, 太宗 12年 12月 乙巳條. "唯星山君李稷曰 …(中略)… 城隍雖在高山 旣稱祭城隍 則與所謂祭山川似不同"
211_ 『成宗實錄』 卷174, 成宗 16年 1月 戊子條.
212_ 『燕山君日記』 卷51, 燕山君 9年 11月 丙子條.
213_ 『中宗實錄』 卷25, 中宗 11年 6月 癸丑條.
214_ 『惺所覆瓿藁』 卷12, 文部 9 譴加林神.
215_ 『世宗實錄』 卷149, 地理志 忠淸道 淸州牧 沃川郡條 및 新昌縣條에 보인다.
216_ 『世宗實錄』 卷149, 地理志 忠淸道 公州牧 連山縣條 및 『世宗實錄』 卷150, 地理志 慶尙道 慶州府 梁山郡條에 보인다.
217_ 『世宗實錄』 卷150, 地理志 慶尙道 安東大都護府 寧海都護府 및 晉州牧 泗川縣에 보인다.

의 산봉우리에 성황사가 있는데, 소재관으로 하여금 봄·가을로 제사지내게 한다."[218]라 한 것도 성황사가 흔히 산중에 건립되던 사례들이다.

이처럼 성황사가 산중에 있게 되면서 자연히 산신과 성황신의 융합화를 가져왔다. 그리고 산신과 성황신의 융합은 결과적으로 두 신격의 구별이 그만큼 모호해진 것으로도 보인다.[219] 그렇지만 이는 성황사가 산중에 두어진 것에서, 자연 산신과 그 신사神祠의 위치나 성격이 상호 중복됨으로써 점차 동일한 신격으로 인식됐음을 의미하는 것으로 이해된다. 결국, 이런 현상 역시 고려의 전통을 조선조에서도 그대로 유지해 온 것임을 말해 준다.

그런데 풍운뇌우 및 산천·성황신의 합제 시 그 단이 주로 마을 가운데 있어 제사 지내기에 부적절하다고 하는 지적[220]도 제기되고 있던 것으로 보아, 국제로서 치제되었던 풍운뇌우·산천성황은 대체로 거주 지역 근처에 두어졌던 것으로 생각된다. 이것은 사전기구로서의 성황사가 주·부·군·현 등의 행정 단위를 중심으로 치소에 일률적으로 설치되었던 것과 결코 무관하지 않아 보인다. 다시 말해 일부 성황사는 행정 치소 부근에 건립되기도 하였다.

(2) 성황城隍과 '서낭'

지금까지 서술하였듯이, 향촌 사회에서의 성황제는 주로 신사神祠에서 행해지고 있었다. 그런데 조선 중기 이후 수목樹木 하단에 취석聚石을 한 형태의 것을 '선왕당船王堂'이라 하여 성황당과 혼용되어 온 사실이 나타나고 있어 주목된다. 이에 대해서는 『청장관전서青莊館全書』(정조正祖 19년, 1795 간행)에 "길가에 돌무더기가 있고 울창한 나무가 흔들리는 곳을 시속時俗에서는 선왕당船王堂이라 하는데, 이는 성황사의 와전訛傳"[221]이

218_ 『世宗實錄』卷155, 地理志 咸吉道 咸興府. "城內峯頭 有城隍祠 令所在官 春秋行祭"
219_ 산신과 성황신을 並稱한 예는 위 예조의 啓에서도 보이지만, 이외에도 『世宗實錄』卷32, 世宗 8年 4月 乙酉條, 8年 11月 丙辰條, 12年 8月 甲戌條에서도 山川城隍로 병칭하고 있다. 이런 예로 보아 산신과 성황신은 함께 사용되는 것이 일반적인 현상이었다.
220_ 『世宗實錄』卷72, 世宗 18年 4月 辛酉條 및 『成宗實錄』卷33, 成宗 4年 8月 癸酉條.
221_ 『青莊館全書』卷62, 西海旅言 十九日 癸酉條. "路傍聚石 叢樹婆娑 俗爲船王堂 此城隍祠之訛也"

라 한 것에 처음 보인다. 이어 조선 후기의 학자 이규경李圭景도 민간에서의 선왕당은 곧 성황당의 와전이라 하여 다음과 같이 말하고 있다.

우리나라 곳곳의 고갯마루에는 선왕당仙王堂이 있는데 즉 성황의 오전誤傳이다. 옛 총사叢祠에서 유래된 말로 중국의 고개 위에 있는 관색묘關索廟와 같은 것이다. 혹은 집을 지어 사당을 만들기도 하고, 혹은 잔돌을 쌓기도 하고, 수풀의 고목 아래에 돌무더기를 만들어 사당으로 삼기도 한다. 행인은 반드시 이에 절을 하며 침을 뱉고 간다. 혹은 실을 걸어 놓기도 하고 혹은 종이를 군데군데 걸어 놓기도 한다.[222]

이와 같은 기록들에 의하면, 조선 후기 민간에서는 누석累石을 신앙 대상으로 하여 이를 '선왕당'이라 하여 왔지만, 당시 지식인들은 성황당의 와전으로 간주하고 있었음을 알 수 있다. 또한, 누석 형태를 선왕船王·선왕仙王으로 표기하고 있는 것으로 보아 이는 당시 민간에서 불리던 발음을 한자로 표기한 데 불과할 뿐이라고 할 수 있다. 그런데 여기서 서낭당이 "혹은 집을 사당으로, 혹은 고목 아래 돌무더기를 사당으로" 하였다고 한 점이 관심을 끈다. 즉 조선 후기의 지방사회에서 서낭당이 신당 형태로 건립되기도 하였으며, 돌무더기 형태로도 되어 있었다고 하는 것이다. 바꿔 말하면, 조선 후기의 서낭당은 신당 형태 및 돌무더기를 동시에 지칭하기도 하였다는 점을 알 수 있다. 여기서 신당 형태의 것을 서낭이라 한 경우, 그것은 성황의 와음일 가능성이 있다.

그러나 길가에 누석累石으로 된 총사叢祠가 반드시 조선 후기의 성황당에서 연유된 것이라고 할 수는 없다. 그것은 이미 조선 중기에서부터 신사 형태의 성황당城隍堂과는 별도로 길가의 누석총사累石叢祠가 전해져 오고 있기 때문이다.

222_『五洲衍文長箋散稿』卷43, 華東淫祀辯證說條. "我東八路嶺峴處 有仙王堂 卽城隍之誤 是如中國嶺上之關索廟也 或建屋以祠 或疊砂石磊 磧於叢林古樹下以祠之行人必膜拜唾之而去 或懸絲緯 或掛紙條累累然 而其積磎 以祠者"

○ 길가의 오래된 총사叢祠의 나무들은 푸르러, 예로부터 전하기를 총사에 신이 있다 하네 / 길가는 도중 복을 구하는 자 다투어 지전紙錢을 나무에 걸고 가네 / 종종 총중叢中에서 신이 말하기를 모든 일이 잘될 것이며 / 말도 아무 탈이 없을 것이고 손에는 재물이 산처럼 쌓일 것이며 곳곳에 주식이 풍족할 것이라 하네.[223]

○ 총사는 음침하여 낮에도 컴컴한데, 돌을 쌓아 단壇으로 하고 나무로 당堂을 만들었네 / 행인行人은 침을 뱉어 복을 구하며 촌민村民들은 배례拜禮하여 신께 기도하네 / … 밤에는 지전이 추사秋社처럼 흩어지네.[224]

○ 역의 서쪽에 총사가 있어 행인들은 다투어 축언을 한다 / 돌을 쌓아 산처럼 만들었다.[225]

위의 인용문들은 모두 17세기 전반에 편찬된 개인 문집에 보이는 사례들이다. 이는 앞의 『청장관전서靑莊館全書』나 『오주연문장전산고五洲衍文長箋散稿』보다 약 2세기 앞선 자료들이다. 따라서 17세기 전반에, 이미 길가에 돌을 쌓아 두고 나무에는 종이나 베 등을 걸어 놓으며, 행인이 이에 구복求福하는 신앙 형태가 전해지고 있었다는 사실을 알 수 있다. 17세기 당시 이런 누석累石을 어떻게 불렀는지 알 수 없으나, 조선 후기에는 이런 형태를 '선왕당'이라 한 것은 분명하다. 그리고 이런 선왕당이 성황당과 음이 유사하므로 조선 후기의 지식인들은 발음의 유사성 때문에 민간 전래의 '선왕당'을 성황당의 와음으로 간주하였던 것이 아닌가 생각한다.

223_ 『石洲集』 卷2, 叢祠行.
224_ 『芝峯集』 卷4, 路傍叢祠. "叢祠陰畔晝冥冥 聚石爲壇樹作亭 行客來乞福 野人瞻拜爲祈靈 … 夜時看鬼燐青 日暮紙錢秋社散."
225_ 『谿谷集』 卷31, 路傍叢祠.

<표 4> 돌무더기 서낭과 神堂으로서의 城隍

	돌무더기(서낭)	수목이나 당집(성황)
형태	돌무더기 또는 돌무더기와 수목	신당
위치	洞口, 山麓, 고갯마루 등	마을 神域이나 山中
제의 형태	주로 개인제로서 비손, 축언 등	주로 마을 공동체
제의 방식	통행시 돌 던지거나 침뱉기, 수목에 오색천 등의 헌납	정기적인 무속, 유교식 또는 무속과 유교의 절충식
제의 목적	여행의 안전, 질병 치유, 소원 등	마을의 무사, 풍농·풍어, 질병의 방지, 가축의 번성 등

또한 이규경이 예시한 바처럼, 행인들은 이와 같은 돌무더기를 지나갈 때 배례를 하거나 침을 뱉고 간 점, 그리고 선왕당에 실이나 종이를 걸어 놓는 점 등 민속 상의 서낭당과 형태나 내용에서 거의 유사한 양상을 보여 주고 있다.[226] 그리고 민들의 이러한 서낭당에 대한 신앙 양상은 지금까지 살펴본 성황사와는 분명히 다른 형태이다. 따라서 이와 같은 신앙 형태를 지닌 서낭당은 성황사와 별도로 이전부터 민간에서 독자적으로 발생·전승되어 온 것이라 해야 한다.

이처럼 조선 후기의 서낭당은 이미 돌무더기 또는 돌무더기와 수목의 복합 형태를 가리키기도 하였고, 신당의 형태를 가리키기도 하였다. 또한, 이러한 서낭당의 형태에서 전자(돌무더기)는 점차 소멸하여 가는 추세임에 비해, 후자(신당)는 마을 신앙으로 전승되고 있음이 현지사례에서 확인된다. 서낭당을 이렇게 구분하여 내용을 보면 위 〈표 4〉와 같다.

이 표에서와 같이, 서낭당으로 불린 돌무더기와 신당은 당의 형태·위치·제의 형태·제의 방식 및 목적 등에 있어 차이가 있다. 사실 돌무더기는 서낭당에만 보이는 독특한 형태이다. 그러나 이런 돌무더기 서낭당은 현재 잔존 예를 찾아보기 어려울 정도로 소멸 단계에 있다. 한편 수목을 서낭신의 신체로 삼는 사례는 결코 서낭당에만 한정된 것도 아니다. 왜냐하면, 현행 민속에서도 수목은 흔히 산신이나 골매기신

226_ 이종철·박호원, 『서낭당』(대원사, 1994).

또는 당산신의 신체로도 여겨지고 있기 때문이다. 반면 수목에 돌무더기가 쌓여 있을 때에도 이를 서낭당으로 간주하기도 한다. 여기서 수목에 돌을 던져 점차 돌무더기가 형성됨으로써 수목과 돌무더기가 복합된 서낭당이 되었다고 볼 수 있다. 또 반대로 수목과 돌무더기의 복합에서 수목의 노후나 소멸로 돌무더기만 남게 되거나, 아니면 돌무더기가 어떤 이유로 제거되어 결국 수목만 남아 서낭당으로 신앙되고 있는 것으로도 볼 수 있다.[227]

반면 신당으로 전해지는 서낭당 신앙은 위에서도 언급하였듯이 일반적인 마을신앙과 거의 유사한 내용이다. 무엇보다도 신당이 주로 산중에 있다는 점은 서낭당과 산신당의 역할이 서로 중복되고 있음을 의미한다. 이러한 점은 서낭당에서의 제의 방식이나 목적 또한 산신당에서의 그것과 서로 일치하고 있는 점에서 보더라도 분명히 알수 있다. 나아가 이와 같은 현상은 유사한 목적을 지닌 마을 수호신들이 대상신명對象神名의 차이와 상관없이 마을신앙에서 유사한 신격으로 서로 융합되어 가고 있음을 뜻한다.

그리고 돌무더기 누석단이 주로 마을 입구나 산록山麓, 길가 등과 같이 사람이 통행하는 곳에 있는 데 반해, 신당으로서의 서낭당은 비교적 인적이 드문 산중에 있다는 것도 양자 간 변별되는 점이기도 하다. 통행로에 위치한 누석단累石壇에는 사람들이 이를 지나다니면서 돌을 던지거나 수목에 종이나 천 조각 또는 오색 비단 등을 걸어 놓는 행위를 수시로 행할 수 있지만, 산중의 신당에는 정기적인 제사 때 외에는 출입이 금지되곤 한다. 또한, 돌무더기에는 행인行人이 여행의 안전이라든가 또는 생업의 번창이나 가족 중 질병에 걸린 자의 쾌유를 비는 등 개인적인 목적을 위한 신앙 행위가 주로 나타난다. 여기서 돌무더기에 대한 신앙 양상이 주로 개인제個人祭와 관련되어 있음을 알 수 있다. 즉 여행자의 안전을 도모하는 노신路神과 질병의 치유신 및 기타 개인적인 축원의 대상신이라고 하는 성격이 드러난다.

반면 신당으로서의 서낭당에는 평소 일반인의 출입이 금지되며, 무격과 같은 종교전

227_ 金泰坤, 앞의 책, 92~95쪽.

문가 또는 주민 중 제관으로 선출된 자가 일정 기간 금기를 준수한 후에야 비로소 당에 들어가 의례를 집행할 수 있다. 그리고 이 경우 마을의 제재 초복이나 풍요의 초래·질병의 방지·가축의 번성 등과 같이 마을 전체와 관련된 내용을 주로 기원한다.

이처럼 민간에서 돌무더기나 신당을 동시에 지칭하기도 하는 서낭은 발음의 유사성을 제외하면, 형태나 신앙 성격 등에 있어서 상당한 차이가 있다. 그리고 이러한 차이는 양자가 별개의 기원과 전승을 지녀 오다가 어느 시기부터인가 명칭 상의 유사성 때문에 서로 혼용되어 왔음을 시사한다.

이와 관련하여 돌무더기(석적石積)의 신앙적 배경에 대해서도 살펴볼 필요가 있다. 문헌상 돌무더기가 의미를 갖고 처음으로 나타난 것은 삼국시대이다. 즉 『삼국사기』백제본기百濟本紀 근구수왕近仇首王[228]조에 보면, 왕이 고구려군의 침범을 막아 추격하던 중 수곡성水谷城이란 곳까지 이르렀으나 신하의 간諫하는 말에 따라 더 이상의 추격을 중지하고, 그곳에 돌을 쌓아 표시한 뒤 좌우 신하에게 말하기를 "후에 누가 이곳까지 올 수 있겠는가?"라 하였다는 기사가 전한다. 왕이 스스로 신하에게 말했듯이, 이 기사 중의 '돌을 쌓아 표시를 하였다(적석위표積石爲表)'는 의미는 백제가 고구려군을 쫓아 멀리 온 일을 기념하고 아울러 고구려와 백제와의 경계 표시로 쌓은 것이었다. 이러한 사실은 돌무더기가 고대에 이미 하나의 기념물 또는 경계의 표시물로서 건립되었음을 시사한다.

이처럼 석적石積으로써 경계표를 삼은 사례는 또 찾아진다. 『통도사사적약록通度寺事蹟略錄』의 '사지사방산천비보조寺之四方山川裨補條'에 보면, 사찰의 사방에 비보裨補를 위해 장생표長生標를 12기基를 세웠는데, 이때 장생표로 삼은 것은 목방木傍·석비石碑·석적石磧 등이었다고 한다. 여기의 장생표는 물론 사역寺域의 비보를 위해 세운 것이기는 하지만, 그 이면에는 목방·석비·석적 등으로 사찰과 외부를 경계 짓고자 한 경계표의 의미도 찾아볼 수 있다. 또 『탐라지耽羅志』에 보면, 본래 제주도에는 토지의 경계가

228_『三國史記』卷24, 百濟本紀 2, 近仇首王條. "…(前略) 進擊大敗之 追奔逐北 至於水谷城之西北 將軍莫古解 諫曰 嘗聞道家之言 知足不辱 知止不殆 今所得多矣 何必求多 太子善之 止焉 乃積石爲表 登其上 顧左右曰 今日之後 疇克再至於此乎"

없이 백성이 농사를 지어 왔는데 점차 강포한 자들이 토지를 잠식해 가자, 백성의 고통을 안 김구金坵라는 판관判官이 이에 "돌을 모아 담을 쌓아 이로써 경계로 삼게 하였다(취석축원위계聚石築垣爲界)"고 하는 기사가 전한다. 이런 내용도 역시 경계 표시로 돌을 쌓은 사례이다. 또한, 이와 같은 석원石垣은 일부 도서 벽지에서 이른바 '우실'로 전하고 있는 풍속이기도 하다. 우실이란 곧 마을 울타리라는 뜻인데, 자연의 물리적 재해를 막아주는 실용적인 기능 외에도 잡귀·잡신·액·살 등과 같은 비가시적非可視的인 위해危害로부터 보호해 주는 심리적인 기능도 지닌다고 한다.[229]

결국, 이상의 사례에서, 돌무더기의 조성 배경으로 어떤 사건에 대한 단순한 기념 표시물 또는 경계표의 의미를 찾아볼 수 있다. 게다가 돌무더기는 나무보다는 보존성이 강하며, 석비나 선돌과 같은 석괴石塊에 비해 건립하기도 용이하고 또 주위에서 쉽게 구할 수 있다는 점에서 석적의 성행 요인이 되지 않았을까 생각된다. 이처럼 석적의 경계표는 안과 밖을 구분하여, 경계 외의 자들에게는 금표적禁標的인 의미와 함께 경계 수호의 뜻을 지니지만, 경계 내에 거주하는 자들에게는 동질감과 안도감을 부여하는 의미가 있다. 따라서 돌무더기는 이러한 표지물에서 점차 숭배대상으로도 신앙되었다고 할 수 있다.

한편 돌무더기와 형태상 유사한 마을신앙의 대상으로 '돌탑'이 주목된다. 돌탑이란 장방형 또는 원형의 막돌을 밑에서 위로 쌓아 올린 돌무더기인데, 이런 형태의 맨 윗부분에는 대개 거북 모양이나 선돌형의 윗돌이 올려 져 있는 점이 돌무더기 서낭과 형태상 구별되는 점이다. 즉 돌탑은 밑에서부터 의도적으로 쌓아 올린 것이기 때문에 무작위적으로 잔돌을 쌓아 형성된 돌무더기 서낭과는 서로 구별되어야 한다. 그리고 이런 돌탑의 조성 시에는 돌을 쌓기 전 땅속에 미리 오곡五穀을 담은 무쇠 솥이나 주걱 등을 묻어 둔다고 하는 것도 서낭당에서는 볼 수 없는 내용이다. 게다가 돌탑은 주로 동구에 세워져 마을제의 대상이라는 점에서 돌무더기와 기본적으로 성격을 달리하는 대상이라고 해야 한다. 이와 같은 돌탑은 거의 전국에 걸쳐 전승되고 있는 것으

229_ 최덕원, 「우실 「村垣」의 신앙고」, 『韓國民俗學』 22(民俗學會, 1989).

로 확인되는데, 이런 돌탑의 외형을 다음 몇 가지 형태로 분류할 수 있다.

- ○ 사람 머리만 한 돌을 쌓고, 그 상부에 솟대형의 나무를 세운 형태
- ○ 돌무더기 위에 입석이나 거북 형태의 돌을 얹어 놓은 형태
- ○ 단순히 돌을 쌓은 형태
- ○ 돌무더기 위의 나무나 돌에 헝겊, 짚신, 폐백 등을 걸쳐놓은 형태

흔히 이러한 돌탑의 명칭은 돌무더기·돌탑·돌선왕·돌서낭·탑·탑당산·상당·국수당·서낭당·서리탑·수구탑水口塔·수구맥이탑·수구메기 등으로 불리고 있다.[230] 손진태에 의하면 지역적인 명칭으로 전남에서는 할미당, 경북에서는 천왕당, 경기·황해도에서는 선왕당·돌선왕, 평안도에서는 국사당·국수당, 함남에서는 국시당·산제당으로도 불리고 있다고 한다.[231]

이처럼 돌탑은 돌무더기 서낭과 외형상 다소 유사하지만, 조성 목적이나 기법 등 세부적인 내용면에서 뿐 아니라 신앙 양상에서도 마을 공동체와 개인제의 대상이라는 차이를 보여주므로, 돌탑을 광의의 누석신앙에 포함하더라도 신앙적인 측면에서는 구별되는 것이라고 해야 한다.

한국의 일반적인 마을신앙과 마찬가지로 성황신도 마을 수호신으로 신앙되고 있다. 성황신에 대한 제의 또한 지역 주민에 의해 주기적으로 치러지며, 제의 방식에서도 무속식과 유교식이 개별적으로 나타나기도 하며, 또는 무속과 유교식이 절충된 방식으로 진행되기도 하는 등 마을 공동체 신앙의 일반적인 양상을 보여주고 있다. 이런 점에서 마을제로서의 성황신앙도 신명神名을 제외하고는 다른 마을제의 대상 신들과 내용상 뚜렷하게 구별된다고는 할 수 없다.

이상에서 살펴본 돌무더기를 지칭하는 서낭과 신당을 가리키는 성황의 신앙 양상

230_ 이종철, 「장승과 솟대에 대한 고고민속학적 접근 시고」, 『윤무병박사환갑기념논총』(1984), 511쪽.
231_ 孫晉泰, 앞의 논문, 195~219쪽.

및 특성을 정리하면 다음과 같다. 먼저 서낭신앙의 양상으로서 돌무더기 또는 돌무더기와 수목의 복합 형태로 형성된 누석단에 대한 것과 신당 형태로서의 서낭당에 대한 것으로 구별되어야 한다. 즉 돌무더기 서낭과 신당 형태의 성황이 신앙 내용에서 차이를 보이고 있다는 것이다. 돌무더기 서낭의 경우에는 주로 개인적인 목적으로 신앙되는 반면, 신당으로서의 성황은 주로 마을신앙의 대상으로 여겨진다.

또한, 돌무더기 서낭에는 개인제의 형태로서 수시로 신앙이 표출되지만, 공동체 신앙으로서의 성황에는 정기적으로 치제의 대상이 되고 있다. 또 개인제에서는 서낭신이 노신路神이나 질병의 치유신 및 기타 개인의 기원 대상 신으로 신앙되었지만, 공동체 신앙에서는 마을의 무사나 풍요의 초래 등과 같이 마을 전체의 운명과 관련된 신격으로 나타나고 있다. 그리고 개인제의 대상으로서 돌무더기 누석단은 현재 소멸하여 가는 과정에 있으며, 이에 따라 서낭당의 독특한 형태와 이러한 서낭신에 특유한 노신적 성격과 그 외의 다른 속성들도 함께 사라져 가는 것으로 보인다.

지금까지 한국 성황신앙의 형성과 전승 과정을 밝히기 위해 먼저 중국의 성황신앙에 대해 살펴보고, 이어 고려와 조선의 성황신앙에 대해서도 살펴보았다. 이를 요약하면 다음과 같다.

중국 성황신앙은 6세기 중엽 양자강 유역의 토착적인 신앙에서 기원하였다. 이어 성황은 당대唐代에 들어오면 양자강 유역을 벗어난 지역에도 나타나는 등 전국적인 신앙으로 확산되어 갔다. 송대에는 지방적인 신앙 대상에서 국가 예제의 대상으로까지 승격되었고, 명대에는 홍무 2년과 3년의 조치로 성황의 신앙적인 측면이 줄어드는 대신 유교 이념적인 성격이 강화되었다. 성황의 이러한 측면은 법제상 청대에까지 이어져 오지만, 이 시기에 성황신앙의 민간화도 성행되었음을 알 수 있다. 그리고 중국 성황신은 주로 군사상의 수호신, 일기나 기후의 조절신, 사후 인간의 사명신司命神・심판신審判神 등과 관련하여 신앙되었다. 또 실존 인물의 성황신화에 대해서는 해당 인물이 지닌 생전의 공로나 지역과의 연고성 등이 동기로 작용하여 신격화되었다. 한편 중국 성황신앙은 도교와의 밀접한 관련 하에서 전승・발전하여 오면서 민간신앙의 대상이 되기도 하였다.

고려 성황신앙은 성종 9년을 전후한 시기에 중국에서 도입된 것으로 추정하였으며, 이는 성종 대 추진된 유교 예제의 정비 및 왕권 강화가 그 배경을 이루고 있다. 이후 고려의 성황은 문종 대 국가의 공식적인 치제 대상으로 제도화되었으나, 12세기부터 기존의 무속신앙 및 산신신앙과도 융합되는 양상을 보이고 있다. 고려 후기에 들어와 왕실에서는 성황의 사전기구화를 보강하고 국행제를 위한 경제적 기반으로 위전을 책정하는 등 관심을 보이고 있었다. 그러나 왕실은 민간에서 성행되고 있던 성황신앙이나 성황제는 대체로 묵인하는 추세였다.

이와 같은 전승 과정과 관련하여, 고려의 성황은 주로 군사상의 수호신으로 신앙된 점에 주목하였는데, 이는 고려 성황신의 성격은 외침이 잦았던 고려의 역사를 그대로 반영하는 것이기도 하다. 그리고 민간에서의 성황제는 무격이나 향리들이 주도한 사실을 지적하였는데, 이에 대해 일부 지방관들의 규제가 가해지기도 하였으나, 결코 근본적인 통제책이 되지는 못하였다. 또한, 고려조에서는 실존 인물의 성황신 사례가 나타나는데, 이들의 지역 성황신화에 생전 공로나 연고성이 동기로 나타나지만, 중국과 달리 후손들에 의해 신격화된 점을 볼 수 있다.

조선의 성황신앙에서는 개국 직후부터 성황의 사전기구화 및 유교 제례화가 추진된 점을 살펴보았다. 그 결과 태종대의 사전 개편, 세종의 오례, 성종의 『국조오례의』로 이어지는 일련의 예제정비를 통해 성황이 국가 예제의 대상으로 수용되었음을 알 수 있었다. 그러나 빈번한 음사 금령과 지방관들의 금제에도 민간 성황제가 성행된 점을 보았는데, 이는 조선조 성황의 국가예제화가 지닌 한계였다고 할 수 있다. 그리고 민간 성황제를 무격들이 주관하고 민들이 참여하고 기복·기풍하는 형태와 향리들이 주도하는 성황제로 나누어 보았다. 특히 이 시기 성황의 유교 제례화가 민간 성황제에도 영향을 미쳐 일부 민간성황제는 유교 제례식으로 진행되기도 하였으며, 또 이를 주도한 계층이 향리들이었다.

조선 성황신앙의 양상으로서 왕실에서의 기우·질병 치우·기복 등을 바란 사례를 통해 성황의 유교 이념과는 달리 신앙적인 측면에서 제재 초복성이 유지된 점도 지적하였다. 그리고 성황사는 고려에서와 같이 주로 산중에 건립되어 있었으며 이런 이유로 산신과 성황신의 융합이 이루어진 점을 들었다. 마지막으로 성황과 서낭을 비교하여, 조선 후기 이래 서낭이 돌무더기와 신당 형태를 동시에 지칭한 점을 주목하였다. 여기서 신당을 가리키는 서낭은 성황과 밀접한 관계를 지닌 것이지만, 돌무더기를 가리키는 서낭과는 별도의 기원이나 전승을 보이는 것으로 간주하였다.

산신·성황제의
마을제화 및
그 배경

05 ————

　지금까지 각 장章을 통해 천신·산신·성황신앙의 전승 과정 및 성격 등에 대해 살펴본 바, 천신신앙을 제외하고는 산신·성황신앙 등이 현재의 마을신앙으로 자리하고 있음을 알 수 있었다. 그런데 앞의 장章들에서는 각 장별章別로 해당 신앙에 대해 종적縱的으로는 전승 과정을, 그리고 횡적橫的으로는 신앙 주도집단으로서의 국가·지방세력·민들을 상호 관련지어 개략적으로 살펴보았으므로, 정작 중요한 마을신앙의 성립에 대해서는 주목하지 못하였다. 그러나 이는 각각의 산신·성황·장승신앙 등의 형성과 변화에 관심을 둔 데에 따른 것이므로 자연 마을신앙이 현재와 같은 마을문화로 전환된 과정에 대해서는 유보해 둔 결과에 따른 것이었다. 이에 따라 왕조나 시대의 변천과 상관없이 실제 마을신앙의 지지집단으로도 기능하여 온 일반 민들의 모습이나 역할에 대해서도 그만큼 제한적으로 이해한 감이 있다.

　그것은 한국의 마을신앙을 현재 보는 바와 같이 소규모 지연집단地緣集團을 단위로 하여 전승된 문화로 간주할 때 실제 유사한 신격들에 대해서도 신앙과 제사를 지냈던 왕조나 지방 세력가들의 역할이나 영향 등이 간과될 수밖에 없다는 생각에 따른 것이었다. 그렇지만 왕조의 멸망 혹은 교체에 따라 제도화된 국행제國行祭, 또는 지방 세력가의 위상 변화에 따라 신앙의 주도집단 역시 얼마든지 바뀔 수 있다는 사실은 역사를 통해 얼마든지 확인할 수 있다. 그러나 왕조나 시대의 변천에도 그 바탕에는 한결같이 민들이 존재하고 있었다는 점과 이런 민들의 일상적인 생활공간으로서 마을의 존재가 중시되어야 할 필요가 있다. 게다가 현재에 이르기까지 마을제는 분명 마을을 단위로 전승되고 있다는 점도 마을신앙을 이해하고자 할 때 결코 무시할 수 없는 요소이다.

이렇게 보면, 마을신앙과 직접 연결되는 것은 국가 제사로서 제도화된 신앙이라기보다는 각 지방에서 지역민에 의해 독자적으로 주도된 신앙들이었다고 보인다. 바꿔 말해, 마을신앙의 형성에서 보다 강조되어야 할 사항은 특정인에 의한 개인적인 신앙보다는 이해를 같이하는 지역민들의 참여가 확인되는 신앙에서부터 찾아져야 한다는 것이다. 따라서 국왕의 왕권 강화를 목적으로 하여 국왕 이외의 자들에 의한 신앙행위를 통제한 천신신앙은 그 자체 지배 이념적인 성격이 강하므로 공동체 신앙과 직접 연결 짓기는 곤란하다고 생각된다. 한편 산신이나 성황신앙 역시 봉건제 하에서 일반민들의 신앙행위나 제사는 규제했지만, 동시에 이런 신격이 지역민들의 신앙 대상으로 전해 온 점에 대해서는 달리 해석되어야 할 것이다. 바로 이와 같은 점들을 염두에 두고 이 장章에서는 마을신앙으로의 전환 과정, 즉 마을신앙의 형성과 정착화에 주목하고자 한다.

1. 마을제의 연원淵源

마을제를 일정 지역을 배경으로 하여 이에 따른 지연地緣을 단위로 그 성원들에 의한 집단적인 신앙 형태로 간주할 때, 이 같은 마을제의 연원은 상고대 천신신앙에서부터 볼 수 있다. 특히 당시의 제천의례가 남녀음주가무男女飮酒歌舞하는 형태로써 국중대회國中大會라고도 불린 점으로 보아, 천신신앙이 지닌 공동체적 신앙 성격 역시 부인하긴 어렵다. 그러나 신앙이 결코 사회 발전과 무관한 채 전개되지만은 않는다고 하는 점은 당시 천신신앙이 지닌 양상에서 쉽게 확인된다. 따라서 이 점을 간과한 채 일률적으로 당시의 천신신앙을 공동체 신앙으로 파악하는 것은 재고되어야 한다. 왜냐하면, 부여나 고구려의 제천의례에서 보았듯이 이는 국왕 중심의 제의로서 그 목적상 왕권 강화를 위한 지배이념이 강한 속성을 보여주기 때문이다.[1] 따라서 천신신앙에 왕의 권위나 권력이 배경으로 작용하고 있는 한 제천의례는 국가의례로 전승될 수밖에 없었다.

이에 반해 아직 왕권이 강화되지 않았던 동예의 무천이나 삼한사회의 계절제에서 보여주는 천신신앙 또는 제천의례는 비교적 공동체적 신앙 성격의 모습을 반영하고 있다. 그러나 동예나 삼한사회가 이후 보다 선진사회로 흡수 또는 병합되는 과정에서 기존의 제사가 그대로 유지되었다고 보기는 어렵다. 종종 국가의 멸망은 동시에 제사권의 박탈도 가져왔기 때문이다.[2] 더욱이 국왕의 신성성과 왕권 강화를 목적으로 하는 천신신앙이 국왕 이외의 자에 의해 행해질 수 있다는 것은 분명 왕권에 저촉되는 현상으로 이해될 수 있었다. 이 때문에 동예나 삼한사회의 제천의례는 고구려나 백제·신라로 병합되는 과정에서 자연히 소멸하였던 것으로 생각된다.

여기서 천신신앙의 바탕에 공동체적 신앙 성격을 지니고 있긴 하였지만, 상고대 왕권 강화의 지배이념과 결부되면서 국가의례로 승화된 결과를 가져온 점을 보게 된다. 반면 천신신앙이 이후 공동체 신앙으로 계승될 수 없었던 점도 이 같은 배경에서 이해되어야 함을 뜻하는 것이기도 한다.[3] 다시 말해, 한국 상고대의 천신신앙에는 공동체적 결속보다는 국왕 개인의 권위 강화를 목적으로 한 통치 이념적인 성격이 강하다고 할 수 있다.

이어 고대국가에서는 강화된 왕권을 배경으로 중국으로부터 불교나 유교 이념을 수용하게 되는데, 이런 외래사상의 수용은 종래 천신신앙에 근거하였던 왕권을 사상적·제도적으로 보강하는 결과를 가져와 자연히 기존 천신신앙의 내용에도 변질과 쇠퇴를 초래한 것으로 생각된다. 이에 따라 단순히 왕권의 출자出自나 산정山頂으로 강하되는 것으로 전승되고 있던 것에서 보듯이, 산신신앙은 천신신앙의 연장이기도 하

1_ 최광식, 「토착신앙과 제사의례」, 『한국사』 4(한길사, 1994).
2_ 최광식, 『고대한국의 국가와 제사』(한길사, 1994).
3_ 천신신앙 또는 제천의례가 지닌 왕권의 신성성과 권위 강화라는 측면은 중국의 경우도 마찬가지였다. 그것은 제천은 천자만이 행할 수 있는 것으로 인식되고 있던 점에서 확인된다.

였다.

따라서 이런 산신신앙은 기본적으로 정치 지향적 성격이 강하였다고 할 수 있다. 특히 사로 6촌장의 시조 전승이나 가락국의 시조 전승에서와 같이 천신신앙과 산신신앙은 밀접히 결부되고 있는데, 이런 신앙형태로부터 다음 두 가지 해석이 가능하다. 첫째, 각 시조와 연결된 후손들이 천신신앙과 결부된 산신신앙을 통해 자신들의 우위성을 내세우고자 한 측면이다. 둘째, 이런 신앙을 통해 타집단他集團과의 변별성을 확보하고자 한 측면이다. 여기서 천신·산신신앙의 융합 형태는 천신신앙이 지닌 정치권력의 출자성과 함께 일정 지역을 반영하는 신앙으로 나타나게 된 것으로 생각된다. 이런 점에서 이와 같은 신앙 성격 역시 정치적 통합력의 발전에 따라 왕권 강화를 위한 국가의례로 흡수되었을 것으로 보인다.

이렇게 생각할 때, 산신신앙에 천신신앙이 배제된다면 산신신앙은 국가로부터도 비교적 관용되었을 것으로 볼 수 있다. 그리고 이 과정에서 산신신앙은 점차 지역신앙으로 정착·전승되었을 것이며, 아울러 그 지역민들의 결속과 통합에도 기여하였을 것이다. 또한, 일정 지역의 산악·산신을 단위로 한 집단들은 이를 통해 독자성과 폐쇄성을 확보할 수 있었다.[4] 반면 각 지역에 있어서 개별성과 폐쇄성을 드러내는 산신신앙은 반중앙집권적反中央集權的인 현상으로 국가에 의해 파악될 수도 있었다. 이에 삼국통일을 수행한 신라가 중국의 사전체제를 본 따 대大·중中·소사제小祀制를 통해 통일신라의 산천을 국가가 통제하고자 하는 방향으로 나타나게 되었다. 그리고 이를 합리화하고자 하여 중국의 예제를 표방한 것이 "군주만이 경내의 산천을 제사할 수 있다"고 한 명분론이었다. 그러나 그 이면에는 이런 명분을 통해 각 지역에서의 개별적인 산천신 신앙을 금제하고, 대신 국가에 의해 전국의 산천신 신앙을 일원화함으로써 지역적인 신앙의 통제를 도모하고자 한 것이었다. 즉 사전체제는 지역신을 국가신으로 승격시킴으로써 국가 제사체계의 일원화가 성립되었음을 의미한다.[5]

4_ 서영대, 「동예사회의 호신숭배에 대하여」, 『역사민속학』 2(이론과실천, 1989), 88쪽.
5_ 이기태, 「공동체 신앙의 역사」, 『韓國民俗史論叢』(지식산업사, 1996), 254쪽.

그러나 신라 하대下代 왕위 계승을 둘러싸고 이후 150여 년간 지속된 왕실 내부의 갈등은 통치 권력의 이완화를 초래하여 지방 세력이 성장할 수 있는 배경이 되었다. 이에 통일신라 말 장군將軍·성주城主라 불린 지방 세력가들은 자신의 관할 하에 있던 지역민들을 지배하면서 당시 선승禪僧들의 풍수도참설을 적극 수용하여 자신의 세력 기반을 합리화하는 한편 신앙을 통해 지역민들의 결속을 내세우고자 하였다. 이런 사례들은 자칭自稱 미륵불彌勒佛이라 한 궁예弓裔[6]나 김해지역金海地域의 호족 충지忠至를 추종한 영규아간英規阿干이란 자가 수릉왕묘首陵王廟의 제사권을 탈취하려 한 것이나,[7] 풍수지리·산신신앙 등을 중시한 왕건王建을 통해 볼 수 있다. 특히 왕건은 자신의 발흥을 풍수도참으로 합리화하고 있을 뿐만 아니라 선대 호경虎景을 산신으로까지 내세우고 있는 점을 볼 수 있다.[8] 이는 당시 호족들이 자신의 세력권에 따른 지배권을 정당화·신성화하고, 또 이런 신앙을 통해 지역민들의 통합을 꾀하고자 한 것으로 이해된다.

이처럼 나말여초 호족들은 일정 신앙을 통해 지역민들을 결속시키고자 하였다. 동시에 이런 현상은 호족이 제의나 신앙을 통해 신께 기원하고 대변하는 자로서의 위상을 부각하고 동시에 자연의 정상적 운행을 책임지는 자로서의 측면도 보여주고 있으므로, 호족이 지역사회에 지닌 위세를 신앙적으로 강화시켜 주는 측면도 있었다. 따라서 호족들에 의한 각자의 개별적인 신앙 형태의 유지 및 주관 등은 왕실이나 중앙 관료들에게 있어서는 왕권 강화 및 중앙집권에 분명 방해되는 요소로 인식될 수밖에 없었을 것이다.

이에 고려 건국 초부터 유신들은 유교 예제의 시행을 통해 호족들의 신앙을 통제하고자 하였다. 가령 최응崔凝이 태조에게 "난세일수록 문덕文德을 닦아 인심을 안정시켜야지 음양술陰陽術이나 불교에 의해 천하가 얻어지는 것은 아니다."라고 건의한 내용이나[9] 성종 때 최승로가 연등·팔관회의 폐지 및 유교 예제의 시행[10]을 주장한 것

6_ 『三國史記』 卷50, 列傳 10 弓裔.

7_ 『三國遺事』 卷2, 紀異 2 駕洛國記.

8_ 『高麗史』 高麗世系條.

등이 이를 반영한다. 요컨대 고려 초 유신들은 유교 예제의 시행을 통해 중앙집권적인 통치체제를 확립하고 아울러 지방에서의 자의적인 음사 혁파를 요청하였던 것이다. 이에 중앙정부에서는 지방제도의 제정과 향리직의 개편을 통해 지방에 중앙에서 파견한 외관을 통해 지방 세력을 견제토록 하고 또 호족을 향리로 삼아 그 지위를 격하시키고자 하였다.

그러나 그 이후 이 같은 호족들의 후신인 향리들은 여전히 지방사회에서 자신들이 주관하는 신앙을 계속 유지해 오고 있었다. 게다가 이들 유력 향리들은 자신들의 조상을 산신이나 성황신으로까지 신격시하여 자신들이 지역사회에 지닌 위세를 신앙적으로 정당화하고자 한 점도 볼 수 있다. 또한, 지방에서 향리들이 주도하는 신앙 행위는 고려 후기까지 이어지고 있는 것으로 보아 이들의 세력 역시 국가가 쉽게 통제할 수 없었다고 생각된다. 결국, 이런 내용은 고려 후기까지 지방사회에서는 향리가 주관하는 제의가 성행되고 있었음을 의미하는 것이기도 한다.

예를 들면 고려 초 이래 각 지방에서 향리들이 불교신앙 활동을 위한 사종寺鐘·사탑寺塔 등의 조성에 주도적인 역할을 하고 있었을 뿐만 아니라 고려 후기에 이르기까지 그 지역의 제사를 주관하고 있던 사실에서 확인된다. 가령 이규보의 전주全州 성황당城隍堂 규제 시 이 성황제를 주관한 자들이 향리였다는 것과 함께 다음 사례 역시 조선조에서도 여전히 향리들이 제의를 주관하여 온 사실을 전하고 있다.

> 처음에 고을(청풍군) 사람들이 목우木偶를 신神이라 하여 매년 5~6월 사이에 객헌에 받들어 두고 크게 제사를 벌리매 온 경내가 모여들어 폐단이 된 지 오래였다. (김)연수가 부임하며 곧 무격과 주관자를 잡아다 곤장을 치고 그 목우를 불태워 버리니 제사가 끊어졌다.[11]

청풍군의 목우제가 객헌을 제청祭廳으로 하고 있는 것으로 보아 이는 향리들이 주관

9_ 『補閑集』 卷上.
10_ 『高麗史』 卷93, 列傳 6 崔承老.
11_ 『新增東國輿地勝覽』 卷14, 淸風縣 名宦條.

한 제의라고 할 수 있다. 더욱이 이 목우제를 실시할 때 온 경내가 모여들었다고 한 것으로 보아, 이런 향리들의 제의가 동시에 공동체적 신앙 성격을 지닌 점도 볼 수 있다. 비록 이와 같은 향리들의 제의에 중앙정부를 대표하는 지방관에 의한 통제가 행해지곤 하였지만, 결코 근절되었던 것은 아니었다. 반면 향리들의 제의가 주로 자신들의 근거지인 읍사邑司를 중심으로 행하고 있는데, 여기서 고려 후기까지 읍邑 이하 자연촌 단위의 공동체 신앙은 아직 형성되지 못한 점도 엿볼 수 있다.

이상에서 상고대 천신신앙에서 고려 후기의 지역신앙에 이르는 과정을 통해 공동체 신앙의 연원과 전승에 대해 생각해 보았다. 그 결과 천신신앙에 일부 공동체적 신앙 성격이 보이긴 하지만, 이후 역사의 전개 과정에서 천신신앙은 왕권 강화의 지배 이념적 성격으로 수용된 결과 공동체 신앙으로 전승되지 못하였다. 또한, 일정 지역에 거주하는 자들의 결속과 개별성을 강조한 산천신 신앙에서는 어느 정도 공동체적인 신앙 성격을 확인할 수 있다. 그러나 이 역시 정치적으로 이용됨으로써 국가 공동체적 신앙 대상으로서의 국가 제사로 승하되긴 하였지만, 민들의 치제를 금함으로써 진정한 의미에서의 공동체적 신앙 성격은 찾아볼 수 없다. 한편 나말여초 지방 세력가들인 호족들에 의한 주도된 신앙에서 어느 정도 공동체 신앙으로서의 성격이 확인되지만, 여기에도 호족들의 위세 과시가 주목적으로 나타날 뿐만 아니라 여러 지역을 결합한 형태로 전해지고 있었던 점에서 진정한 의미에서의 촌락 단위의 공동체 신앙은 확인되지 않는다고 할 수 있다. 요컨대, 이 시기의 신앙형태에서 일부 마을신앙의 연원이 추구될 수는 있지만 직접 연결된다고 보기는 어렵다.

2. 향도의 공동체적 신앙 성격

1) 불교신앙단체로서의 향도

향도香徒란 본래 기불祈佛이나 불교신앙佛教信仰을 위해 조직된 단체 또는 그 구성원[12]을 말하는데, 그 기원에 대해서는 잘 알려져 있지 않다. 다만 김유신金庾信의 낭도郎徒를 용화향도龍華香徒[13]로도 불렀다는 것으로 보아 삼국통일 이전에 이미 존재했다는 점만 알 수 있을 뿐이다. 그런데 문무왕文武王 13년(673)에 조성造成된 계유명삼존천불비상癸酉銘三尊千佛碑像[14]에 의하면, 이 불상佛像이 현재의 연기지역으로 추정되는 미차내彌次乃에 거주하는 백제계 유민들이 향도를 조직하여 조상造像한 것이고, 백제 대성大姓 중의 하나인 진모씨眞牟氏가 중심이 되어 향도를 결성하고 대사大舍·소사小舍 등의 관등을 가진 유력 계층이 참여하였다는 것을 알려 준다. 같은 시기 미차내에서 조성된 계유명아미타불삼존사면석불명癸酉銘阿彌陀佛三尊四面石佛銘에는 비록 향도의 조직은 보이지 않지만, 전씨全氏 등 50인이 발원하고 내말乃末·대사·소사 등의 관등을 가진 자들이 주도하면서 승려와 함께 조성한 사실이 전하여 온다. 여기서 미차내라고 하는 지역을 중심으로 그곳의 유력자들이 중심이 되고 이에 승려가 동참하는 형태의 조직체, 즉 향도가 일정 지역을 단위로 한 불교신앙 조직체로서 가능했던 모습을 볼 수 있다. 이외 신라 경문왕 5년(865) 철원군 도피안사의 비로자나불을 조성하기 위해 1,500여 인이 향도를 결성[15]한 것도 향도가 불교와 밀접한 조직체라는 점을 보여 준다.

이처럼 불교신앙 단체로서의 향도가 지닌 성격은 고려조에 들어와서도 대체로 전기까지는 거의 그대로 이어져 오고 있었다.[16] 가령, 성종 16년(997) 장명사오층석탑長命寺五層石塔을 건립하기 위해 죽주竹州의 읍사邑司 구성원들이 중심이 되어 향도를 결성[17]한 것이나 현종顯宗 원년(1010) 예천醴泉 개심사석탑開心寺石塔의 조성에 미륵향도彌勒香徒와 추향도推香徒가 동원되고 있는 것 등은 바로 이런 점을 말해 준다. 그런데 장명사 석탑의 건립에 읍사邑司가 개입된 점과 개심사 석탑의 건립에도 이 지역 향리가 간여하고 있는 점 등을 볼 때 향도의 운영 주체는 이들 지방 세력가였으며, 특히 개심사

12_ 채웅석, 「향도」, 『한국민족문화대백과사전』 24(성남, 한국정신문화연구원, 1991), 641쪽.
13_ 『三國史記』 卷41, 列傳 1 金庾信, "金庾信公 年十五歲爲花郎 時人治然服從 號龍華香徒"
14_ 黃壽永 編, 『韓國金石遺文』(一志社, 1994).
15_ 『朝鮮金石總覽』 上, 鐵原到彼安寺毘盧遮那佛造像記.
16_ 蔡雄錫, 「高麗時代 香徒의 社會的 性格과 變化」, 『國史館論叢』 2(국사편찬위원회, 1989), 87~131쪽.
17_ 蔡雄錫, 위의 논문, 98~99쪽.

석탑의 건립 시 지역민 1만여 명이 동원되고 있던 점에서 고려 전기 향도가 거군적擧
郡的인 규모의 조직체[18]였던 것으로 해석된다.

또한, 이처럼 거군적 규모의 고려 전기 향도에서 지역 유력자들이 주도하고 여기에
승려와 지역민들이 참여하는 형태를 이루며, 일정 지역을 단위로 하는 향도의 공동체
적인 성격도 볼 수 있다. 여기서 고려 전기의 향도가 불교신앙을 바탕으로 하면서 일
정 지역의 세력가들이 거군적인 규모로 조직한 단체였다는 점이 주목된다. 그러나 향
도의 불교 행사에 따른 보다 구체적인 신앙 내용에 대해서는 후술後術할 매향의식埋香
儀式을 제외하고는 거의 알려지지 않았다.

다만 이런 점을 보완하는 자료가 이 시기 지방 세력가들이 주도한 석탑·석등·사
종寺鐘 등의 조성에 따른 불교 행사이다. 가령, 현종顯宗 원년 14년(1023)에서 22년(1031)
에 걸치는 8년간 약목군若木郡의 정도사淨兜寺 오층석탑五層石塔 조성造成에 본군本郡의 읍
사邑司와 지방군 및 수원승속隨願僧俗 1,000여 인 외에도 장인匠人·서민庶民 등 폭넓은
계층이 참여하고 있는데,[19] 탑의 형지기形止記에 국가의 번성과 안녕·국왕의 수명장
수·장리長利의 제재 초복·풍년·만민의 화락태평·군내郡內 백성百姓의 기복祈福 등
이 보인다. 또 선종宣宗 10년(1093)에 조성된 나주서문내석등기羅州西門內石燈記에서는 나
주의 호장 나씨羅氏가 성수천장聖壽天長 백곡풍등百穀豊登 부귀항존富貴恒存 금읍안태錦邑安
泰 등을 기원하였다고 한 내용을 볼 수 있다.

여기서 고려 전기 지방 세력가들이 불교신앙을 매개로 위로는 국가와 국왕을 위해,
아래로는 지역민들을 위해 기원하는 모습을 볼 수 있는데, 이는 지방 세력가들이 신
앙을 통해 자신들의 위상을 그만큼 부각시킬 수 있는 계기가 되었을 것으로 생각된
다. 그리고 향도 역시 이와 유사한 조직체였으므로, 향도의 신앙 활동에서도 이런 내
용이 주로 행해졌을 것이다. 이런 사례들을 통해 고려 전기의 향도는 거군적 규모로
이루어진 공동체적 의식과 신앙을 배경으로 지역 세력가들의 위상상승에도 일정한 기

18_ 李泰鎭, 「醴川 開心寺 石塔記의 分析」, 『韓國社會史研究』(知識産業社, 1986), 78~88쪽.
19_ 武田幸男, 「淨兜寺五層石塔造成形止記の研究」, 『朝鮮學報』 25(朝鮮學會, 1962).

여를 하였다고 생각된다.

그러나 이와 같은 성격을 지닌 고려 전기의 향도도 후기에 들어오면서 점차 변질하여 다음과 같이 기능과 성격이 다양해지는 것으로 파악된다.

○ 구성원이 중앙 고관으로부터 여성들만으로 구성된 향도, 향촌의 '소민小民'들의 향도 등 다양해 짐

○ 활동 내용도 불상·석탑 등의 조성에서 염불念佛·제회齊會·소향燒香·회음會飮·장례부조葬禮扶助 등으로 나타남

○ 이에 불교 신앙적 요소가 줄어들고 장례부조와 같은 공동체적인 생활 모습이 보임

○ 인원의 대규모 조직에서 소규모로 구성됨

○ 국가로부터 징발의 대상이 되기도 함[20]

즉, 고려 후기의 향도는 전기와 달리 불교 신앙적인 성격이 점차 퇴색되면서 향촌 사회의 장례나 부조를 주도하는 공동체적인 생활 모습도 나타나고 거군적인 단위에서 향촌 단위로 소규모화하는 성격과 규모상의 변화가 찾아진다. 그리고 고려 후기 향도의 성격에 변화를 보이는 조짐은 이미 중기에 순수한 기불단체祈佛團體로서의 향도가 점차 세속화되면서 국가로부터 금제의 대상이 되었던 상황에서도 볼 수 있다. 인종仁宗 9년(1131) 음양회의소陰陽會議所에서 만불향도萬佛香徒의 폐단을 들어, "승속잡류僧俗雜類들이 무리를 지어 만불향도라 하며, 혹은 염불독경念佛讀經을 하며, 궤탄한 짓을 하거나 혹은 내외사사內外寺社의 승도들이 술과 파를 팔며 혹은 무기를 들고 포악한 짓을 하고 날뛰면서 유희를 하여 윤상倫常과 풍속을 어지럽히니"[21] 금제하도록 청한 것에서 보듯이, 이미 12세기에 향도는 본래의 불교신앙 조직체적인 모습에서 어느 정도 벗어나 있었다. 게다가 고려사회에서 종래 불교가 차지했던 사회적 비중도 후기에 올수록 점

20_ 蔡雄錫, 앞의 논문, 116쪽.
21_ 『高麗史』 卷16, 世家 16 仁宗 9년 5월 丙年條 및 『高麗史』 卷85, 志 11 刑法 2 禁令 仁宗 9年 5月條.

차 약화되어 갔던 사실도 고려 후기의 향도에 불교적인 모습이 변질되어 가는 배경이 되었을 것이다.

그리고 향도의 규모가 거군적인 것에서 향촌 단위로까지 축소되는 현상은 향촌 사회 혹은 자연촌의 대두와 관련하여 이해된다.[22] 즉 고려 전기에는 몇 개의 지역촌을 묶어 이를 군·현으로 편재하고, 이 지역촌 하에 아직 독자성을 지니지 못한 자연촌들이 포함되어 있었다. 그러나 고려 후기에는 이런 지역촌 하에 있던 자연촌들이 꾸준히 성장한 결과 독자성을 확보하게 되는데, 리里가 자연촌의 단위 명칭으로 새로 등장하게 되는 점은 바로 이런 상황에서 이해된다.[23] 그리고 이 시기 사회 구성이 소단위적인 것으로 이행하게 된 동인의 하나로서 농업기술상의 변동도 지적할 수 있다. 즉 시비술施肥術의 강구를 통한 휴한법休閑法의 극복은 단위 면적당 농업생산량을 증대시켜 자영농의 성장을 가져왔으며, 결과적으로 자연촌의 성장에도 일정한 영향을 미쳤을 것이다.[24]

요컨대 고려 후기 자연촌의 성장과 농업기술 상의 발전을 배경으로 이 시기의 향도는 점차 향촌을 단위로 한 향민鄕民들의 공동체적인 생활 모습을 나타나게 된 것이라 할 수 있다. 결국, 향도의 본질은 이미 12세기부터 일부 나타나고 있으나 고려사회에서 불교의 위상 변화와 자연촌의 성장·농업기술의 발전 등을 배경으로 종래 불교 활동을 위한 거군적인 조직체에서 점차 불교와 무관한 활동도 보여주는 향촌 사회의 공동체적 조직으로 전환되어 갔다고 하는 것이다.

2) 촌락공동체로서의 향도

고려 후기의 향도에서 불교 신앙적인 모습이 상당히 약화된 경향을 볼 수 있지만, 그렇다고 하여 불교적인 요소가 전적으로 소멸된 것은 아니었다. 그것은 여말선초麗末

22_ 李泰鎭, 앞의 논문, 88쪽.

23_ 李佑成, 「高麗時代의 村落과 百姓」, 『韓國中世社會研究』(一潮閣, 1991) 36~55쪽.

24_ 李泰鎭, 「高麗末·朝鮮初의 社會變化」, 『韓國社會史研究』(知識産業社, 1986), 107~121쪽.

鮮初에도 향도가 여전히 사종寺鐘·불화佛畵·불상佛像·석탑石塔 조성과 같은 활동을 하고 있었다는 점에서,[25] 여말선초까지 향도는 불교단체로서의 성격을 보여주고 있기 때문이다. 특히 이 시기(14~15세기) 향도의 불교 신앙적인 내용은 매향의식埋香儀式에서도 볼 수 있다. 매향의식이란 발원자가 매침埋沈한 향을 매개체로 하여 하생下生할 미륵과 연결되기를 기원하는 의식으로서, 매향비가 주로 여말선초에 집중되어 있는 것은 이 시기 왜구의 창궐과 같은 현실적 위기감을 바탕으로 해안지역의 민들이 미륵신앙과 접맥하고자 한 데에서 기인한 것으로 이해된다.[26]

여기서 여말선초의 매향사례를 통해, 그 주도집단이 지방관地方官·보寶·결계結契·향도香徒로 나타나고 있는 점에 유의할 필요가 있다. 그런데 여말에는 주로 지방관·보·결계가 중심이 되고 여기에 인접한 여러 지역민이 참여하는 형태였으나, 선초에 이르면 향도를 주축으로 도민島民(암태도岩泰島 매향비埋香碑, 1427년 건립)이 참여하는 형태로 축소되고 있다.[27] 즉 14~15세기의 향도에 어느 정도 불교단체로서의 모습이 남아 있었으나, 선초에는 이미 고려 후기에서부터 보이던 향도의 소규모화의 결과 일개 도島나 리里를 범위로 한 향도의 변질된 모습은 확인할 수 있다. 그리고 이와 같은 소규모의 향도에서는 지역민들과의 유대가 더욱 견고했을 것으로 생각되며, 향도가 신앙을 매개체로 하여 공동체적인 결속을 꾀하고 있는 모습도 찾아진다.

특히 조선 초의 향도에게 보이는 자연촌을 단위로 한 신앙 공동체적인 성격에 대해서는 이른바 '사신향도祀神香徒'에 잘 나타나 있다. 가령, 태조太祖 2년(1393) 12월 도평의사사都評議使司에서

가뭄으로 흉년이 들었는데도 민民들은 사신향도계祀神香徒契 등의 일로써 낭비됨이 적지 않다.[28]

25_ 蔡雄錫, 앞의 논문, 116~123쪽.
26_ 李海濬, 「埋香信仰과 그 主導集團의 性格」, 『金哲埈博士華甲紀念論叢』(知識産業社, 1983), 376~390쪽.
27_ 李海濬, 위의 논문, 381~390쪽.
28_ 『太祖實錄』 卷4, 太祖 2年 12月 乙巳條.

라 하여, 그 금제禁制를 요청하고 있는 여기의 사신향도는 불교와 관련된 향도라기보다는 산신·성황신과 같은 자연신을 대상으로 기우제를 지낸 자들을 지칭한 것으로 보인다. 실제 향도를 불교와 무관한 사신단체로 간주하고 있던 사례는 세종世宗 31년 (1449)의 기사에서도 분명히 볼 수 있다.

> 지금 경외京外의 양반 부녀들이 혹은 향도라 하고 혹은 신사神祀라 하여 각기 주육酒肉을 가지고 공공연히 취회聚會한다.[29]

이처럼 이미 조선 초기 향도가 불교와 무관한 신앙단체로도 나타나고 있지만, 더 주목되는 사실은 세종 5년의 기사에서 "지금 리里마다 사람마다 모두 향도를 맺고 있다."[30]라 한 것처럼 이 시기의 향도가 흔히 리里 단위로 결성되고 있다는 점이다.

이와 관련하여 태종 14년 충청도관찰사忠淸道觀察使 허서許犀가 이사법里社法의 시행을 제안하면서 "조선의 실정에 맞게 40~50호를 단위로 사社를 세워 이에 제사하게 하고, 이후 향리鄕里의 민으로서 음사를 행하고 신당을 따로 리중里中에 세우는 자의 처벌을 요청"했을 때[31]의 향리민鄕里民이나 리중을 들고 있는 것은 역시 이런 신앙 행위가 자연촌을 단위로 성행되고 있던 사실을 말해 준다. 그리고 이사법의 실시 시 그 단위로 제시된 40~50호란 향리鄕里나 리중里中의 범위로서, 당시 자연촌의 규모를 반영한 것으로 생각되고 있다.[32] 본래 선초에 이사법의 시행 논의가 대두된 것은 자연촌에서 행해 오던 신앙 전승을 유교 예제상의 이사里社로 대체하여 국가에 의한 향촌 사회의 통제를 의도한 것이었는데, 지방관이 소재한 행정단위(부府·주州·군郡·현縣 등)에 사직단이 세워지는 정도로 그치고, 그 이하의 향촌 사회에까지 시행되지는 못하였다.[33] 어쨌든

29_ 『世宗實錄』 卷123, 世宗 31年 正月 癸卯條. 그런데 이는 양반 부녀자들에 의한 사신향도로 보이므로, 자연촌을 단위로 한 일반 민들의 사신향도와는 양상이 다소 다르다고 해야 한다.
30_ 『世宗實錄』 卷22, 世宗 5年 12月 丁卯條. "今里里人人 皆結香徒"
31_ 『太宗實錄』 卷22, 太宗 14年 正月 癸巳條. "自今鄕里之民 不遵著令 尙行淫祀 稱爲神堂 別立里中者 一皆燒毁通理"
32_ 李泰鎭, 「士林派의 留鄕所 復立運動」, 앞의 책, 131쪽.

이사법의 실패는 자연촌 규모로 관행되고 있던 전통적인 신앙 행위에 대한 국가의 통제가 실패했다는 것을 의미한다. 다시 말해, 이런 사실은 당시 각 자연촌에서 전통적으로 전해 오던 신앙에 기층민들이 집착하고자 하는 모습을 보여주는 것이자, 선초 집권층에 의해 주도되고 있던 성리학적 이념 또는 유교 예제에 이질감과 거부감을 느끼고 있던 향촌 사회의 실정을 전하는 것으로 파악된다.

한편 이런 내용으로부터 선초의 자연촌에서는 여전히 전통적인 신앙 행위가 전승되고 있었다는 점도 엿볼 수 있다. 즉 이 시기의 자연촌에서는 촌락의 수호신을 모시기 위한 신당을 건립하고, 이 촌락신을 대상으로 촌민들의 정기적인 치제가 행해졌을 것으로 생각된다. 그리고 이런 신앙 행위를 주도한 조직체가 자연촌을 단위로 결성된 향도였을 것이다. 따라서 조선 초기의 사신향도는 신앙을 매개체로 촌민들을 결속하는 구심체적인 역할을 하였다는 점과 바로 이런 점에서 향도가 당시의 공동체 사회를 유지하는데 일정한 역할을 하였다는 사실은 높게 평가할 수 있다. 또한, 향도가 신앙 행사를 주관한 구체적인 사례로 17세기 초 안동지역의 성황제를 주관한 어구향도御溝香徒[34]-에서도 볼 수 있으므로 향도의 사신행위는 조선 전기에만 국한되었다고 할 수는 없다.

이외 조선 전기의 향도가 지닌 공동체적인 유대는 장례 시 부조하는 풍속에서도 확인된다. 태조 7년(1398) "외방의 백성이 그 부모의 장일葬日에 인리隣里 향도를 모아 음주가취하면서 조금도 애통해하지 않는다."[35]-고 한 것이나, 세종 19년(1437) 2월, 세종이 형조刑曹에 전지한 내용[36]-에 상장 시의 낭비를 들어 이와 같은 풍속을 비판하고 있는 것 등이 그런 사례이다. 비록 선초 집권층들은 향촌 사회에서 관행되고 있던 이 같은 상장례의 행사를 부정적으로 인식하고 있었지만, 상장례에 인리의 향도가 참여한다거

33_ 韓㳓劤, 「朝鮮王朝初期에 있어서의 儒敎理念의 實踐과 信仰·宗敎」, 『韓國史論』 3(1976), 163~166쪽.
34_ 『永嘉志』 卷6, 古跡條.
35_ 『太祖實錄』 卷15, 太祖 7年 12月 辛未條. "外方之民 其父母葬日 聚隣里香徒 飲酒歌吹 贈不哀痛"
36_ 『世宗實錄』 卷76, 世宗 19年 2月 甲戌條. "當今民俗 其在平時 無問尊卑 競崇淫祀 尊信巫覡 費散財穀 及其居喪 … 多設酒饌 賓主相慰 務崇豐厚 富者誇張 貧者?勉 召會賓朋 男女雜沓 糜費甚多 然後快於其心 而爲鄕里之所譽"

나 존비나 남녀의 구분 없이 동참하는 모습 등은 오히려 향촌 사회 전래의 공동체적 생활에서 유래한 것이라 할 수 있다. 즉 이런 내용은 오히려 기층민들이 상장례와 같은 대사 시 상호 부조하는 촌락 공동체적 생활 모습을 전하는 것으로 생각된다.

또한, 향도의 정기적인 모임이나 연회를 갖는 집단으로서의 모습을 전하는 점도 향도가 공동체를 기반으로 한 조직체라는 점을 말해 주는 내용이다. 고려 우왕대禑王代 "나라풍속에 결계소향結契燒香하는 것을 향도라 하는데, 서로 돌아가며 연회를 베풀고 남녀소장男女小長이 차례대로 앉아 함께 마시니 이를 향도연香徒宴이라 한다."[37]-라 한 것이나, 조선 성종대成宗代 성현成俔이 "지금 풍속이 날로 척박해지는데 오직 향도만이 아름답다. 대체로 인리의 천민들이 모여 모임을 갖는데 적게는 7·8·9인, 많게는 백여 명이 매월 돌아가며 술을 마신다."[38]-라 한 향도의 모임 등에서 여말 선초 향도가 정기적인 모임과 연회를 가졌던 것을 알 수 있다. 특히 남녀노소·인리의 사람들로 정기적인 모임을 갖는 모습에서는 이 시기 향도가 본질적으로 자연촌 규모의 촌락 구성원 전원이 참여하는 공동체적인 성향을 분명히 전하고 있다.

그리고 향도가 행한 이 같은 정기적인 모임은 이후 촌락민들의 조직체로서 향도가 '촌계류村契類'로 나아가는 선행적인 형태였다고 보인다.[39]- 그것은 조정에서 향약 시행을 논의할 때 "안으로 도하都下에서 밖으로 향곡鄕曲에 이르기까지 모두 동린지계洞隣之契와 향도지회香徒之會가 있다."[40]-라 한 것처럼, 동린계와 향도가 상호 유사한 것으로 파악되고 있던 사정에서 알 수 있다. 이런 점에서 조선 후기 집중적으로 나타나는 향촌 사회의 향도계香徒契·촌계村契·명계名契·소계小契·사계私契 등은 사족士族 중심의 동계洞契와 달리 촌락민들의 생활에 근거를 두고 자생한 것들로, 조선 전기 향도의 촌락 공동체적 유대가 배경을 이루면서 조선 후기의 촌계류로 나타난 것으로 이해된다.

37_『高麗史』卷122, 列傳 沈于慶. "國俗結契燒香 名曰香徒 相與輪設宴會 男女小長 序坐共飮 謂之香徒宴" 또 『牧隱詩集』卷35, '李郞將廷家 會香徒設醴 老夫往與其間 微醉先出'에도 이색이 촌민들의 향도연에 참석하여 지은 시가 있다.

38_『慵齋叢話』卷8 參照.

39_ 이해준, 「조선시대 향도와 촌계류 촌락조직」, 『역사민속학』 창간호(이론과실천, 1991).

40_『宣祖實錄』宣祖 6年 8月 甲子條. "我國之俗 內自都下 外?鄕谷 皆有洞隣之契 香徒之會 私立約條 欲相檢攝"

그리고 이러한 촌락민 조직들은 사족들의 성리학적 지배질서가 확립되는 16세기 이후 점차 사족들의 동계나 향약鄕約조직의 하부단위로 편입되어 부차적인 기능만을 담당하거나, 사족들의 지배 틀 속으로 흡수되어 갔던 것으로 파악되고 있다.[41] 그리고 촌계류가 동계로 편재되는 흐름 속에서 이와 같은 현상은 상上·하합계下合契의 형태[42]로도 나타나면서, 하층 촌계류가 동계에 반발하는 경향도 보여주고 있다. 상하합계가 양난兩難 후 붕괴된 향촌질서의 재편을 다시 사족 중심으로 운영하고자 하는 사족들의 관심과 비록 신분체제 하에서 일정한 제약은 있었겠지만, 하층민들 또한 동계에의 참여를 통해 향촌 사회에서의 운영 폭을 이전보다는 확대할 수 있다는 이점이 있었다.

이와 같은 상황에서 기층민들의 촌계류가 점차 사족들의 동계에 반발할 수 있었던 것이며, 17~18세기 이앙법移秧法의 실시에 따른 농업생산력의 발전에 대응하여 향도가 공동 노동조직으로서의 두레를 발생시킬 수 있던 배경이 된 것으로 생각된다.[43] 이처럼 사회적·경제적으로 달라진 조선 후기의 향촌 사회는 내부적인 성장과 함께 이 시기의 촌계류가 마을 공동체 신앙을 주관한다거나 또는 마을제를 전후로 개최되는 촌민들의 모임 등을 주관하는 주체로 나설 수 있었던 것도 결국 조선 전기 이래 향도 행사를 계승하고 있는 모습이라는 점을 이해할 수 있다.

이처럼 조선 전기의 향도는 자연촌을 단위로 한 생활공동체로서 구성원들에 의해 사신행사·상장부조·촌계 등을 위한 자생적인 조직체로 기능하고 있었다. 즉 이 시기 자연촌이란 그 범위를 대략 40~50호를 단위로 한 촌락 성원들의 공동 참여를 통해 신앙 및 의례행위의 영위, 공동 노역, 정례화된 모임 등을 행하는 단위였다. 그리고 향도가 촌락의 공동체적 생활을 주관하는 촌민들의 자생적인 조직체로서의 성격을 유지하면서 조선 중기 이후에는 촌계류 조직 및 두레 등으로도 나타나고, 또 조선 후기에는 마을 공동체 신앙을 주관하는 조직으로서 기능하는 등 다양한 면모를 보여 왔던

41_ 이해준, 「조선후기 洞契·洞約과 촌락공동체조직의 성격」, 『조선후기의 향약연구』(민음사, 1990).

42_ 朴京夏, 「倭亂直後의 鄕約에 대한 硏究」, 『中央史論』 5(中央大學校 史學會, 1987).

43_ 李泰鎭, 「17·8세기 香徒 조직의 分化와 두레발생」, 『震檀學報』 67(震檀學會, 1989), 1~30쪽.

것이다.

　이것은 고려 전기의 향도가 불교신앙을 배경으로 주로 지방관·보·결계 등이 주축이 되고 여기에 인근 지역민들이 참여하는 거군적인 규모였던 것에 비하면, 여말선초에는 자연촌 단위로 소규모해지고 촌민들이 중심이 되는 촌락의 생활 공동체적 향도로 전환된 것임을 뜻한다. 그런데 이런 향도에서 마을 공동체 신앙의 형성과 관련하여 더욱 주목되는 것은 이 시기의 향도가 촌락 단위의 신앙 행사를 주관하고 있었다는 점이다. 이것은 종래 불교에서 자연신이라고 하는 대상의 변화는 인정되지만, 여말 선초에 들어와서도 삼국시대 이래 향도의 신앙적인 성격이 그대로 반영되어 있는 면이라 할 수 있다. 즉 향도 본래의 신앙 단체적 성격은 여말 선초 사상의 변화와 자연촌의 성장을 배경으로 촌락 공동체적 자연신으로 전환되어 나타났다는 것이다. 바로 이런 점에서 자연촌마다 신당을 세우고 이에 따른 정기적인 사신 행위는 결국 오늘날의 마을신앙으로 이어져 오고 있는 것이라 할 수 있다.

　조선 중기 이후에는 향도가 촌계류나 또는 공동노동조직으로서의 두레 발생·마을 공동체 신앙의 주관 등 성격상 다양성을 보이고 있지만, 그 바탕에는 촌락 공동체적 생활을 영위하는 성격이 꾸준히 지속되어 왔음을 알 수 있다. 여기서 향도가 본래 신앙적인 목적을 위해 활동한 조직체였으나, 조선 시대에 들어와 촌락의 신앙 행사는 물론 그 외의 생활을 유지하는 데에도 일정한 기여를 하였다고 판단된다.

3. 산신·성황제를 둘러싼 중앙과 지방의 대응

　여말선초는 단지 왕조 교체가 이루어진 시기로서가 아니라, 중소지주출신中小地主出身의 신흥사대부新興士大夫가 새로운 지배세력으로 등장하면서 정치적으로 강력한 중앙집권적 관료체제가 추구되고, 사상적으로는 성리학이 새로운 지배이념으로 부각되며, 경제적으로는 지주地主·전호佃戶제가 발달[44]-하는 등의 시대적 변화가 주목되는 시기였다.

이런 시대적 상황에 따라 선초의 향촌 사회에는 중앙정부에 의해 추진된 군현체제郡縣體制 속에서 수령 중심의 행정조직이 점차 구축되어 갔으며, 또 여말 이후 새로 등장한 세력으로 조선 건국에 동참하지 않은 재지사족在地士族과 고려조 이래 토착적土着的인 기반을 갖고 향촌을 주도한 이족吏族들, 그리고 자연촌의 기층민들의 역학관계에서도 변화가 나타나고 있었다. 당시 향촌세력은 재지이족세력과 재지사족세력으로 크게 나눌 수 있는데, 이들은 본래 나말여초의 호족과 고려조의 장리집단長吏集團에 연결되는 세력으로 여말 과거科擧·군공軍功 등을 통해 품관品官으로 신분을 상승시킨 사족세력이 등장하면서 이족吏族과 사족士族이라는 구분이 이루어지게 되었다.[45]

그리고 이와 같은 시대적 상황에 따른 향촌 사회의 동태는 동시에 당시 공동체 신앙의 변화에도 적지 않은 영향을 주었다는 점에서 주목된다. 대표적인 사례가 집권층에 의해 향촌 사회에서의 공동체 신앙을 음사淫祀로 간주하여 금제禁制를 가한다거나 이사제里社制로 대표되는 유교 제례의 실시 등이었다고 할 수 있다. 그러나 중앙정부의 이러한 시도가 군현郡縣 단위에서 어느 정도 실현되었으나, 그 이하 향촌 사회에까지 실현되었던 것은 아니다. 이런 현상에는 왕실이나 중앙정부에서 향촌 사회를 통제하는 데 있어 직접 저촉되지 않는 한 공동체 신앙에 다소 관용적인 태도를 보인 것[46]도 하나의 원인일 수 있다. 그러나 그보다는 당시 집권층들이 단순한 제도적 강제로써 민들의 신앙적 욕구를 금지할 수 있다고 여긴 것 자체가 무리한 발상이었던데 따른 것이 아닌가 보인다. 그것은 신앙적인 측면을 배제한 채 단지 유교 이념만을 내세워 제도화한 관행제官行祭가 조선 후기에 이르기까지 제대로 실행되지 않았다는 것이 이런 이유에서 찾아지기 때문이다. 이에 반해 향촌 사회의 공동체 신앙은 기층민들의 생활과 직결된 기풍·기우·제액 등과 같은 극히 현실적인 목적 달성을 위한 신앙으로 기능한 것이었기 때문에 그 자체 생명력을 지닐 수 있었다고 생각된다.

44_ 李泰鎭, 「高麗末·朝鮮初의 社會變化」, 『韓國社會史研究』(知識産業社, 1986), 107쪽.
45_ 이해준, 『조선시기 촌락사회사』(민족문화사, 1996), 162~163쪽.
46_ 『定宗實錄』 卷6, 定宗 2年 12月 戊寅條 및 『世祖實錄』 卷4, 世祖 2年 5月 乙亥條에서 정종이나 세조가 민들의 산신제·성황제를 금하지 말도록 한 점을 볼 수 있다.

이와 같은 상황을 배경으로 선초 이래 향촌 사회에 관행되어 온 공동체 신앙에 대해서는 앞 절의 향도에서 살펴보았으므로, 여기서는 이 시기의 향촌 사회에 기반을 지닌 사족 및 이족 등의 동태를 통해 공동체 신앙을 검토하는 기회로 삼고자 한다.

1) 재지사족在地士族의 향촌 사회 통제

여말 중소지주 출신의 신흥사대부는 당시의 사회적 모순, 즉 권문세족 중심의 대토지 사유화라든가 불교의 타락과 같은 상황을 부정하면서 이를 개혁하고자 하였다. 그리고 개혁의 결과 역성혁명易姓革命을 내세워 고려를 전면적으로 부정함으로써 조선 건국을 주도한 집권사대부와, 조선을 인정하지 않는 재지사족으로 분화하게 된다.[47] 조선 건국 후 집권사대부는 강력한 중앙집권화를 목표로 하여 향촌정책에도 수령 중심적이고 관권官權 우위적인 정책을 시행하고자 하였다. 그러나 이러한 중앙집권적이며 수령 중심적인 향촌 통치책은 자연 향촌세력의 반발을 초래하게 된다.

이에 재지사족은 유향소留鄕所[48]의 운영을 통해 향촌 사회를 자신들이 주도하고자 한 것으로 보인다. 즉 태종 6년(1406) 6월 대사헌大司憲 허응許應 등이 올린 시무칠조時務七條 가운데

> 네 번째로 … 향원호사鄕愿好事의 무리가 유향소留鄕所를 두고 무시無時로 모여 수령을 저훼詆毁하고 인물을 진퇴進退시키며 백성을 침어侵漁함이 활리猾吏보다 심하니 모두 혁거하소서.[49]

라 한 것이 그것이다. 이는 향원호사의 무리라고 표현한 재지사족이 유향소를 통해 중앙권력을 대행하는 수령과 마찰하고 향촌민에게도 영향력을 행사하고 있는 모습을

47_ 李成茂, 「兩班」, 『한국사』 10(국사편찬위원회, 1984), 555~561쪽.

48_ 留鄕所에 대해서는, 李泰鎭, 「士林派의 留鄕所 復立運動」, 앞의 책; 李成茂, 「京在所와 留鄕所」, 『擇窩許善道先生停年紀念 韓國史學論叢』(一潮閣, 1992), 350~370쪽 참조.

49_ 『太宗實錄』 卷11, 太宗 6年 6月 丁巳條.

전하는 내용이다. 따라서 선초 중앙집권을 도모한 집권층에게는 이러한 유향소를 그대로 둘 수 없었다. 이에 태종은 허응 등의 요청을 재가하여 유향소를 혁파하였다. 그러나 하륜河崙의 건의를 받아들여 지방 사정에 익숙한 자들로 수령을 보좌하게 하는 한편 수령의 비행을 견제토록 하는 조치로서 신명색申明色을 설치하였으나, 이 역시 태종 17년(1417) 본래의 의도와 달리 수령을 기만하고 민생에 해를 끼친다는 이유를 들어 혁파되었다.[50] 이런 사실로 보아, 유향소는 재지사족의 자의적인 기구[51]로 설치·운영되다가 관권官權에 의해 재지세력이 부정된 것이지만, 신명색의 경우 국가가 이들 재지세력을 어느 정도 인정한 선에서 설치된 것이라 할 수 있다. 따라서 신명색의 설치는 재지세력의 향촌 사회에서의 위상을 향상시킨 것이었으나, 그 폐지에 따라 재지 세력의 사회적 지위도 그만큼 위축되었을 것이다.

게다가 세종대에는 수령권의 강화책과 함께 중앙 고위관료들로 하여금 연고지의 유향소를 장악하게 한 것과 같은 제도적인 조치로 재지사족의 지위와 향촌 사회에서의 영향력을 법적으로 제재받게 되었으며, 이에 재지사족은 수령권과 타협하거나 결탁하는 경향을 보이게 된다.[52] 이런 경향은 세조 말 유향소가 재차 혁파된 사실에서 볼 수 있는데, 태종 6년 유향소 1차 혁파 이유가 수령의 능멸이었던 것에 비해 이때의 혁파 이유는 수령과 유향소의 결탁에 의한 백성 침학이었다는 것이 이 사이 재지사족과 관권이 밀착된 사례를 보여준다.

이처럼 관권에 종속되고 있던 14~15세기의 재지사족은 김종직金宗直으로 대표되는 사림파士林派가 서서히 정계에 진출하는 15세기 말의 성종대成宗代부터 향촌 사회에서의 자신들의 위상을 제도적으로 강구하는 방향으로 나아갔다. 즉 성종 원년 특채된 김종직은 이후 세조 말 혁파된 유향소의 복립운동을 주도하면서, 이와 함께 『주례』의 향사례鄕射禮·향음주례鄕飮酒禮를 실천하고자 하였다. 본래 향사례·향음주례는 지방 사회를 향鄕·주州·당黨 등으로 나누고 그 장長을 향대부鄕大夫·주장州長·당정黨正 등

50_ 『太宗實錄』 卷34, 太宗 17年 2月 戊寅條.
51_ 李鎭泰, 앞의 논문, 136쪽.
52_ 李鎭泰, 위의 논문, 147쪽.

이라 하여 주州에서는 향사례를, 당黨에서는 향음주례를 행하는 의례이다.[53] 그리고 이러한 향사·음주례는 여말 성리학의 전래 시 함께 전해진 것으로 생각되고 있지만, 제대로 시행되지 않다가 사림파의 유향소 복립운동 때 본격적으로 그 시행이 논의되었던 것이다. 말하자면, 향촌에서의 불효不孝·불제不悌·불목不睦·불인不婣·불임휼不任恤한 자들을 규제하는 향대부제鄕大夫制를 마련하여 향촌교화와 향촌질서를 확립하자는 것이었다.[54] 요컨대 사림파는 복립 유향소를 통해 향사·음주례를 관장케 함으로써 향촌질서를 통제하고, 또 이를 주도함으로써 자신들의 재지적 기반을 더욱 확고히 하고자 한 것이었다.

그러나 성종 대 사림파의 유향소 복립운동은 집권층인 훈구파勳舊派의 반대로 지연되다가, 성종 19년(1488) 훈구파의 갑작스러운 태도 변화로 복립이 확정된다.[55] 그렇지만 복립 유향소는 사림파의 기반이 확고한 일부 지역(김해·예천 등)에서나 사림파의 의도대로 운영되었을 뿐이고, 오히려 대부분 지역에서는 훈구파가 경재소를 통해 유향소의 인사권을 장악함으로써 유향소가 훈구파의 영향력 하에 있게 되는 결과를 가져왔다.[56] 이런 이유로 복립 유향소를 두고 사림파와 훈구파는 대립하는 경향을 보였으며, 심지어 사림파에 의해 복립 유향소의 혁파가 주장되기도 하였다. 또한, 이와 함께 사림파의 훈구파에 대한 맹렬한 비난과 공격은 도리어 훈구파의 반발을 불러일으켜 마침내 연산군燕山君 4년(1498) 무오사화戊午士禍로 표출됨으로써 사림파의 패퇴로 귀착되었다.

이처럼 성종 대 사림파는 복립 유향소를 통해 향사·음주례를 관장함으로써 자신들이 향촌질서를 주도하고자 한 것이었지만, 오히려 훈구파에게 역이용됨으로써 본래의 목적은 달성되지 못하였다. 그런데 여기서 관심을 끄는 것은 사림파에 의한 향촌사회에서의 향사·음주례로 나타난 유교 의례의 실시이다. 이미 앞에서 보았듯이, 선

53_ 『周禮』 卷12, 司徒敎官之職條, 周禮鄭注
54_ 李泰鎭, 앞의 논문, 159쪽.
55_ 『成宗實錄』 卷216, 成宗 19年 5月 乙亥條.
56_ 이해준, 앞의 책, 177쪽.

초는 집권층에 의한 유교주의에 입각한 국가 예제가 점차 정비되어 가던 시기였다. 그러나 이러한 국가 예제는 군현 단위에 그치고 그 이하의 향촌 사회에는 적용되지 못하였다. 바꿔 말하면, 이 시기의 향촌 사회는 국가 예제에 포함되지 않거나 방치된 범위에 속하였다고 할 수 있다. 바로 이런 시기 사림파는 향촌 사회를 단위로 하는 유교의례를 시행하고자 한 것이다. 그리고 유교의례 실시에 따른 당연한 결과로서 이들 사림파는 향촌 사회의 공동체 신앙을 비판하고 있다. 가령, 성종 19년 3월 장령掌令 김미金楣가 전라도의 완한頑悍한 풍속 가운데 남녀잡답男女雜沓하여 군유노숙群遊露宿을 일삼는 귀신숭상의 풍습을 들고, 특히 나주에서는 국제國祭 사우祠宇 외에도 사설私設된 신사가 5~6개나 되며 운집노숙雲集老宿하여 실절失節이 많아 수령이 금해야 하는데 그러지 못하는 것은 관에서 신당세를 받기 때문이라고 비판[57]하고 있는 것을 들 수 있다. 또한 "고을 사람들이 봄에 용담龍潭 또는 율림栗林에 모여 향주사후鄕酒射侯로써 예를 삼는다"[58]고 한 남원南原의 경우나, 향사음례를 행하였다고 한 용담이나 율림栗林이 본래 전통적인 신사를 행해 온 성역일 것[59]이라는 견해도 이런 점에서 수긍된다. 비록 향사·음주례가 사림파의 근거지인 영남지역과 이에 인접한 남원 등에서 시행될 정도로 제한적이었고 또 이후 사림파의 몰락으로 그 시행이 더 확산되지 못한 것으로 보이지만, 사림파의 이러한 시도는 남원 사례에서 보듯 향촌 사회의 공동체 신앙을 대신하는 것으로 나타난 것이기도 하였다.

어쨌든 복립 유향소를 둘러싸고 발생한 사림파와 훈구파의 갈등은 결국 사림파의 좌절을 가져옴으로써 이후 한동안 사림파의 중앙 진출은 어려운 실정이었다. 그러나 중종대 조광조趙光祖를 중심으로 한 사림파가 다시 중앙에 진출함으로써 이들에 의해 향약보급운동鄕約普及運動[60]으로 이어졌지만, 중종 14년(1519) 기묘사화己卯士禍로 다시 사림파가 축출됨으로써 향약보급운동에도 변화가 나타나게 된다. 즉 이 이후 향약 보급

57_ 『成宗實錄』 卷214, 成宗 19年 3月 丙寅條.
58_ 『新增東國輿地勝覽』 卷39, 全羅道 南原都護府 風俗條.
59_ 李泰鎭, 앞의 논문, 164쪽.
60_ 李泰鎭, 「士林派의 鄕約普及運動」, 앞의 책, 251~288쪽.

은 국가적인 차원에서보다는 개별적으로 시행되는 경향을 보여 주며, 중종 때에는 향약에 구휼적인 성격이 강조되고 있던 데 비해 이 이후의 향약에는 사족들의 향권 장악이나 향촌 통제의 이념이 주로 나타나는 것이 그것이다. 특히 이런 경향은 사림파가 정권을 주도하게 되는 선조조宣祖朝(1567~1608) 이후 두드러졌으며, 이에 하층민에 대한 교화보다 향촌지배를 목적으로 하는 향규鄕規가 주를 이루면서 이와 함께 재지사족 위주의 16세기 동계조직洞契組織들이 나타나게 된다.[61]

결국, 16세기에 이르러 재지사족에 의한 향촌지배가 성립되었다고 볼 수 있는데, 이 시기 향촌 사회의 공동체 신앙에도 그에 상응하는 변화가 있었을 것이다. 그러나 15세기 말 중앙의 사림파에 의한 공동체 신앙 규제를 제외하고는, 실제 16세기 재지사족들이 향촌 공동체 신앙에 대해 취한 태도들은 보이지 않는다. 그렇다고 하여 사족들의 이념상 향촌 사회에서 전해지는 공동체 신앙을 그대로 방치하지는 않았을 것이다. 그것은 이후 시기, 즉 양란兩亂을 겪은 후 일반적으로 나타나고 있던 상上·하합계下合契에서 볼 때 하층 촌계류에 공동체 신앙과 관련된 요소가 상당히 약화되어 전해지는 점에서 유추된다.

이상에서 보아, 선초부터 재지사족들을 향촌 사회를 장악하고자 하였으나 중앙관권의 개입으로 관철되지 못하다가 15세기 말 복립 유향소를 통해 어느 정도 성과를 보았으나, 훈구파에 의해 제지되었음을 알 수 있다. 그러다가 사림파의 정권 장악이 이루어진 16세기에 들어와 비로소 재지사족들의 향촌 사회에 대한 지배 및 통제가 확보되었던 점을 보았다. 특히 중앙정부에서는 통치에 직접적으로 저촉되지 않는 한 향촌 전래의 공동체 신앙에 다소 관용적인 경향도 보였지만, 재지사족의 경우 향촌에서 직접 지역민들과 대면하는 관계에 있었으므로 자신들 위주의 향촌질서나 이념상 이에 적절치 못한 것으로 판단된 공동체 신앙에 대해 더욱 규제를 가했을 것은 당연하다. 따라서 재지사족들은 향촌 사회에 전래하여 오던 공동체 신앙에 상당한 규제를 더하여 향촌 공동체 신앙이 금제되거나 아니면 향사·음주례로 대표되는 유교의례적인

61_ 이해준, 앞의 책, 180~189쪽.

내용으로 전환되어 갔다고 생각된다. 이에 따라 이 시기 향촌 공동체 신앙에 유교 의례적인 내용이나 치제방식을 서서히 접목시키는데 재지사족이 간여하고 있었다는 점을 지적할 수 있다.

2) 재지이족在地吏族의 공동체 신앙

나말여초의 호족에서부터 연원되는 고려의 향리는 각 지방의 실질적인 지배자로서 토호적 성격을 띠고 있었다.[62] 고려 말 이들은 중소지주적 기반 하에 성리학을 수용한 계층으로서 신흥사대부로 부각되었으나, 조선 건국을 기점으로 참여자와 비참여자로 갈리면서 집권사대부와 재지세력으로 양분하게 된다. 선초 집권사대부들은 중앙집권적인 향촌통제와 자신들이 새로 차지하게 된 정치·사회·경제적 지위를 유지하기 위해서도 재지세력에 대해 통제를 가할 필요가 있었다. 이에 여말 선초 토성이족土姓吏族으로서 재지사족과 함께 또 하나의 유력한 재지세력을 구성하고 있던 재지이족들에 대한 신분 격하를 시도하게 된다. 특히 이런 측면은 향리들을 국역國役 부담자로 만듦으로써 선초부터 사족과는 구분되는 하위 신분층으로 격하시켰던 점에 잘 나타나 있다.[63]

또한, 선초 이래 추진된 중앙집권화 및 지방제도의 개편 등도 이들 재지이족들의 지위와 신분을 격하시키는데 일정한 역할을 한 것으로 이해된다.[64] 이에 조선조의 재지이족들은 지방 행정 실무에 종사하는 유역자有役者로서 하급 지배층적인 성격을 띠게 되었다. 그러나 이들 향리는 대대로 일정 지역에 거주하며 신분을 세습하고 지방 행정 실무에 종사하면서 수령과 민들을 연결시키는 계층이었기 때문에 향촌 사회에 지닌 이들의 위치나 역할은 결코 경시될 수 없었다. 결국, 선초 이래 중앙집권화 및 군현제의 개편 과정을 통해 향촌 사회에 지녀 왔던 향리의 위세도 점차 약화되어 가

62_ 李成茂, 「조선초기의 향리」, 『한국사연구』(한국사연구회).
63_ 申解淳, 「중인」, 『한국사』 25(국사편찬위원회, 1994), 143~149쪽.
64_ 李樹健, 『朝鮮時代 地方行政史』(民音社, 1989), 268~310쪽.

고 있긴 하였지만, 중앙을 대표하여 지방에 파견된 수령 역시 재지적 기반을 가지고 실무에 종사한 이들의 역할이나 가치를 무시할 수는 없었을 것이다. 이에 국가에서는 이들로 하여금 지방행정을 보좌케 함으로써 이들이 지닌 재지적 기반을 어느 정도 인정하게 된다.

그러나 공동체 신앙과 관련하여 주목되는 것은 무엇보다도 이들 향리가 각 지방에서의 신앙이나 제의를 주관하여 온 사실에 있다. 향리들이 지방의 제의를 주관하여 온 모습은 이미 고려조에서부터 행해지고 있었지만, 이런 현상은 조선조에 와서도 여전히 향리들에 의해 지방의 제의가 주관되고 있던 점에서 확인된다. 그렇지만 이는 선초 이래 통일적인 국가 예제의 정비와 유교 의례의 실시를 내세운 집권층으로서, 그리고 지방마다 지방관에 의한 관행제의 실시를 내세운 것과는 분명 상충되는 사실이다. 이에 지방관들은 향리들의 제의를 금지시키기도 하였지만, 이는 향리들의 반발을 초래했을 것이므로 자연 향리들의 제의를 두고 지방관과 향리들 간에 갈등이 발생했을 소지는 많았다. 그렇다고 유교 예제의 지방 확산 및 시행을 담당한 지방관으로서도 향리들의 '음사적淫祀的'인 제의를 그대로 방치할 수는 없었을 것이다.

더욱이 국가 예제가 점차 정립되어 지방마다 성황사·사직단·여단 등의 설치를 통해 지방관 치제가 제도화되어 가던 시기에도 지방사회마다 향리들이 주관하는 제의가 행해지고 있었다는 것은 주목할 필요가 있다. 요컨대 향리들이 지방마다 그 지역의 제의를 주관한 사실은 조선왕조의 국가 예제가 지닌 한계를 보여주는 것이라고 할 수 있다. 바로 이 과정에서 향리들의 제의를 두고 수령과 향리 간에 일정한 합의가 이루어지게 되었다고 생각된다. 즉 향리들의 토착적인 제사를 유교 제례식으로 바꿔 지내게 하되, 그 주관만큼은 계속 향리들로 하여금 행하게 한 것이 아니었을까 하는 것이다. 그리고 바로 이런 점에서 향리들의 제의가 점차 유교식으로, 또는 전래하던 방식에 유교식이 절충되는 방향으로 나타나게 된 것으로 생각된다.

어쨌든 향리들이 주로 읍치邑治[65]를 중심으로 그 지역의 신앙이나 제의를 주도[66]한

65_ 邑治란 지방관이 행정 업무를 총괄하는 곳이자 이를 위한 여러 행정부서가 존재하는 곳인데, 이런 읍치의 거

면에서 공동체 신앙의 전승 및 성격에도 적지 않은 영향을 미쳤다고 생각되는데, 실제 이 점에 관해서는 거의 간과되어 왔다. 이런 이유로 여기서는 향리들이 주도한 신앙이나 제의를 통해 이것이 향촌 공동체 신앙과 어떤 상관성 또는 영향성 등을 지니고 있었는지를 살펴보고자 한다.[67]

먼저 향리들이 주도한 제의를 그 방식에 따라 분류하면 대략 전통적인 방식에 의한 것과 여기에 유교 의례가 절충된 것, 그리고 전적으로 유교 의례로만 지내는 것 등으로 구별할 수 있다.

첫째, 전통적인 방식에 의해 향리들이 그 지역의 제의를 주관한 사례이다.

○ 군위軍威 풍속에 효령 서악에 김유신 사당이 있는데 속칭 삼장군당이라 한다. 매년 단오에 그 고을의 수석 아전이 그 고을 사람들을 데리고 역마驛馬로 깃발을 들고 북을 치며 가서 신을 맞이해서 동리로 내려와 제사한다. (『신증동국여지승람』)

○ 삼척 풍속에 그 고을 사람들이 오금烏金으로 만든 비녀를 작은 상자에 잘 담아 동헌東軒 동쪽 모퉁이에 있는 나무 밑에 감추어 두었다가 매년 단오에 아전이 꺼내어 제사를 지내고 다음날 도로 감추어 둔다. …(중략)… 이를 관官에서도 금하지 못한다. (『신증동국여지승람』)

○ 고성 풍속에 군의 사당에 매달 초하루와 보름에 관官에서 제사를 드린다. 비단으로 신의 가면을 만들어 사당 안에 비치해 두면 12월 20일 후에 그 신이 고을 사람에게 내린다. 그 신이 오른 사람은 그 가면을 쓰고 춤추며 관아의 안과 고을 동네를 돌아다니며 논다. 그러면 집집에서 그 신을 맞이해 즐긴다. 그렇게 하다가 정월 보름 전에 그 신을 사당 안으로 돌려보낸다. (『동국세시기』)

주자들은 기본적으로 향리들을 포함한 관속들이었다고 한다(李勛相, 「朝鮮後期 邑治社會의 構造와 祭儀」, 『歷史學報』 147(歷史學會, 1995), 50~51쪽.

66_ 이런 점에서 李勛相에 의해 시도된 향리집단의 제의에 대한 일련의 연구 성과는 주목된다. 李勛相, 「朝鮮後期의 鄕吏集團과 탈춤의 連行」, 『東亞研究』 17(西江大學校 東亞研究所, 1989), 471~502쪽.

67_ 다만, 조선 후기의 사례가 추가 되고 있기 때문에 전기에 있었을 관련 내용에 대해서는 알기 어렵다. 이는 현재 이 시기 향리가 주도한 직접적인 자료가 전해지지 않는다는 점도 한 이유이지만, 이를 다소 보완할 수 있는 자료들에 대한 이해가 아직 부족하다는 것이 더 근본적인 이유이다.

예문에 든 이런 제의가 국가 예제 상의 치제대상이 아니므로, 각 지역에서 향리들이 전통적으로 주도해 왔다는 것은 분명해 보인다. 게다가 북을 치며 신을 맞이하는 방식이나 신체로서 오금잠이 내세워지고 있는 점에서 이런 제의가 전통적인 방식대로 치러졌을 것으로 보인다. 군위의 사례에서는 김유신제를 빌미로 이곳 수리가 주민을 동원하고 있는데, 이는 조선조에 들어와 점차 지위가 전락해 간 향리들의 위세를 유지할 수 있는 계기가 되었을 것이다. 다시 말해, 향리들의 제의는 이를 통해 주민을 동원하고, 제의를 주관하는 자로 나섬으로써 자신들의 사회적 위세를 정기적·공개적으로 과시할 수 있는 계기가 되었다고 할 수 있다. 또한, 향리의 제의는 향리가 지역사회의 자연적 질서(강우·풍년·태평 등)를 책임지는 자로서의 의미도 부각시킬 수 있는 기회도 되었다고 할 수 있다. 그리고 이런 제의에 주민도 참여하고 있는 사실로 보아, 향리들의 제의는 지역사회를 단위로 한 공동체적 결속에도 일정한 기여를 하였다고 간주한다.

그리고 삼척의 오금잠제는 그 신체神體가 동헌東軒에 보관된 점이나 아전이 이를 관리하는 점으로 보아, 이 역시 향리들에 의해 주관되는 제의였다고 생각된다. 특히 삼척의 오금잠제는 당시 관官(즉 지방관)에서도 금제하지 못하였다고 하는데, 이는 그만큼 오금잠제를 주관하는 향리들의 위세를 관권이 제압할 수 없었다는 점을 시사한다. 반면, 안동에서 전해져 오던 오금잠제는 김효원金孝元(1532~1590)이 안동부사로 재임 시 그 사당을 불태운 사실[68]로 보아, 지역사회에 있어 지방관에 의한 음사탄압 사실도 볼 수 있다. 그러나 그 뒤에도 아전과 백성은 여전히 이를 숭상하여 매해 단오에는 무당과 재인才人이 이 신을 받들고 지경 안을 돌아다녔으며 향리 역시 이에 참여하였다고 하므로 지방관에 의한 금제가 행해졌다 하더라도 이는 일시적인 현상에 불과하였다고 보인다.

한편 향리들의 제의에 따른 전통적인 방식은 향리가 이를 주관하고 무당들이 제의를 담당하는 형태였다.

68_ 『牧民心書』 禮典六條 祭祀.

청안 풍속에 삼월 초가 되면 그 현의 우두머리가 읍의 사람들을 거느리고 국사신 부부를 동면 장압산 위에 있는 큰 나무로부터 맞이하여 읍내로 들어온다. 그리고 무격들로 하여금 술과 음식을 갖추어 놓고 징을 울리고 북을 치며 떠들썩하면서 현아縣衙와 각 관청에서 그 신에 대한 제사를 행한다. 그렇게 하기를 20여 일 후 그 신을 도로 그전 큰 나무로 돌려보낸 다. 이런 행사를 2년마다 한 번씩 행한다.[69]

즉 청안에서는 이곳 수리首吏가 지역민들과 함께 신을 맞이하고, 이 신에 대한 제사 는 무격이 담당하고 있는 모습을 보여준다. 군위에서와 같이 이곳에서도 수리가 지역 민과 함께 신을 맞이해 오고 있는데, 이런 점에서 신을 맞이하여 지내는 치제 형태는 읍치제의의 한 양상을 보여주는 것이 아니었을까 추측된다. 다시 말해, 신당에서 제 의를 진행하는 것이 아니라 신을 읍치邑治로 맞이하여 여기서 제사하는 형태는 현행 마을 공동체 제의와는 분별된다고 하는 사실이다. 또한, 이런 읍치제의가 구체적으로 관사官司에서 행해지고 있는 점도 주목된다.

즉 향리들의 제의는 이들의 활동 부서, 즉 관사官司와도 밀접한 면을 보이고 있어 그 치제에 따른 준비를 관사에서 담당하거나 아니면 관아官衙를 제장祭場으로 삼기도 하였다.

○ 일찍이 김해부金海府의 입춘일立春日을 보니 부사府司에서 나무로 소를 만들고 호장戶長이 공복公服을 갖추어 입은 다음 징을 울리며 앞에서 인도하여 동쪽 성문 밖으로 나간다.[70]

○ 풍기豊基 풍속에 정월 보름날 읍邑의 우두머리 아전이 검은 소를 거꾸로 타고 거문고를 안고 관아의 뜰로 들어가 원님에게 절한다. 그리고 일산日傘을 받쳐 들고 나온다.[71]

69_ 『東國歲時記』 三月 月內條. "淸安俗 三月初 縣首吏率邑人 迎國師神夫婦 於東面長鴨山上大樹 入于邑內 用巫 覡具酒食 鉦鼓喧轟 行信祀於縣衙及各廳 至貳餘日後還其神於樹而間 二年行之"
70_ 李學逵, 『東事日知』 春耕制(『洛下生全集』 下 所收) "嘗見本府入春日 府司造木牛府戶長具公復 吹前導 出東 城門外"
71_ 『東國歲時記』 正月 上元條. "豊基俗 上元日 邑首吏倒騎黑牛 抱琴而入衙庭 拜于官擎日傘而出"

또 이와 관련하여 관아에 부군당府君堂을 두고 향리들이 직접 이에 대한 치제를 담당하는 모습도 볼 수 있다.

> 지금 서울의 모든 관사官司와 밖으로 주현州縣에 이르기까지 그 이청吏廳의 곁에 신을 제사하는 사당이 있어 이를 모두 부군당府君堂이라 부른다. 매년 10월에 부리府吏·서리胥吏들이 주식酒食을 마련하여 제사를 지내고 그 뒤 취하도록 먹고 무격이 가무고락歌舞鼓樂으로써 신을 즐겁게 한다.[72]

부군府君은 부근附根[73]이라고도 하였다. 이 신은 주로 관사官司에 위치했던 것으로 보아 관官과 관련된 신격으로 생각되지만, 이에 대한 구체적인 내용은 자세치 않다. 또한, 이런 부군당제에 지역민들이 참여하였는지도 분명치 않으므로 공동체 신앙으로 단정하기도 어렵다. 다만 향리들이 행한 제의로서 조선조에 들어와 새로 나타난 현상이면서 비유교적인 제의를 보이므로, 이것이 본래부터 국행제의 대상이 아니었다는 것은 분명해 보인다.

둘째, 전통적인 방식에 유교식이 절충된 향리들의 제의 사례이다.

> 읍邑에는 각기 성황사城隍祠가 있어 봄과 가을에 제사지낸다. … 매년 4월 15일 이곳 강릉의 시임호장時任戶長은 무격을 거느리고 대관령으로 간다. 여기에는 신당이 한 칸 있는데, 호장戶長은 신당에 나아가 고유告由하고 무격으로 하여금 나무 사이에서 신령을 구하도록 한다.[74]

이는 강릉에서 행한 단오제로서, 지금도 유교식에 무속식이 절충된 방식으로 전해오고 있다.[75] 아마 강릉단오제는 본래 향리들에 의해 무속식으로 전해 왔을 것인데,

---

72_ 『燕巖集』 卷1, 安東縣縣司祀郭侯記. "今之百司 外而州縣 其吏廳之側 莫不有賽神之祠 皆號府君堂 每歲十月 府史胥徒釀財賄醉飽祠下 巫祝歌舞鼓樂 以娛神"
73_ 李能和, 『朝鮮巫俗考』 京城巫風及神祠(1927).
74_ 『臨瀛誌』 風俗條. "邑各有城隍祠 春秋亨祀之 … 每年四月十五日 本部時任戶長 領率巫覡 詣大關嶺上 有神祠一間 戶長就神堂 告由 令巫覡求神靈於樹木間"

유교 제례의 영향을 받아 전래해오던 무속식과 절충된 것으로 생각된다. 이와 같은 향리들의 제의에 유교 제례가 도입되는 과정에 대한 적절한 사례가 순창淳昌 성황당 현판懸板에 자세하다.

이 현판은 고려 때의 순창 사람 설공검薛公儉(1224~1302)의 행적과 관련된 내용이지만,[76] 충렬왕忠烈王 7년(1281) 사전祀典에 더해진 작호爵號와 관련된 내용[77]이 전하는 것으로 보아 이미 13세기 이전부터 사전에 등재되어 온 국행제의 대상이었음을 알 수 있다. 그러다가 조선조에 들어와 사전에서 제외되면서 이곳 사람들에 의해 치제되는 신앙으로 전해져 왔다. 당시 사정을 현판에서 보면 다음과 같다.

> 세월이 오래되어 국제國祭는 폐지되었으나 이후에도 온 경내의 사람들이 지금도 받들어
> 삼가 제사를 지내니 … 해마다 5월 1일에서 5일까지 향리 5명을 번갈아 정하여 각자 그의
> 집에 당을 설치하여 … 무격巫覡들이 어지러이 떼 지어 모이고 나열하여 정재呈才를 하며 순
> 행하여 제사를 받드니 (하략)…[78]

즉 조선조의 순창 성황제는 국행제에서 폐지되었지만, 여전히 이곳 사람들에 의해 신앙되어 왔으며 특히 향리가 관련되어 있고 치제는 무격들이 수행한 점을 보여준다. 이는 앞서 본 바와 같이 향리가 주관하고 무격이 치제하는 제의 양상 그대로이다. 그런데 가정연간嘉靖年間(1522~1566) 이곳 군수로 부임한 능성 양씨에 의해 종전의 제의방식이 혁파되고 대신 유교 제례로 바뀌게 된다. 이때 제일도 종래의 5월 1일을 금하고 매달 초하루와 보름에 지내도록 하여 군수가 주제하였지만, 5월 초하룻날에 이방吏房 등이 다시 제사를 지내고 있다. 다만 이때 향리들이 제의를 지내기 전 재계齋戒를 하

75_ 任東權, 「江陵端午祭」, 『韓國民俗學論考』(集文堂, 1971), 211~244쪽.
76_ 『高麗史』 卷125, 列傳 18 薛公儉.
77_ 『高麗史』 卷29, 忠烈王 7年 正月 丙牛條. "中外城隍名山大川 載祀典者 皆如德號"
78_ "年來太久 因革國祭 以後 闔境之人 至今奉謹行祭者 … 每年五月初一日 至五日輪定于鄕吏五人 各自其家設堂 … 巫覡之輩 紛紛群聚 羅列呈才 巡行奉祀 赤而于今 (下略)…[南豊鉉, 「淳昌城隍堂 懸板에 대하여」, 『古文書研究』 7(韓國古文書學會, 1995)].

는 점이나 축관祝官의 존재 등으로 미루어 유교 제례식으로 지낸 것임을 알 수 있다. 요컨대 16세기 전반 무렵 순창의 성황제가 무속식에서 유교식으로 전환되었다고 할 수 있다.

그러나 이후 순창 성황당의 중수(1740, 1743) 및 현판의 제작(1743) 등을 이곳 향리들이 주도하고 있는 것으로 보아, 순창 성황제 역시 향리들의 제의로서 전해졌을 것으로 생각된다. 또한 경신년庚申年(1740) 성황당 중수 때 전호장前戶長 임계욱林桂郁이 무격들로 하여금 재물을 모아 신당 수리를 하도록 하고 있는데, 이는 순창 성황당이 한편 무격들과도 관련되어 있었기 때문으로 보인다. 즉 순창 성황제가 16세기 전반 유교식으로 전환되었다 하더라도, 그 이후 전래의 치제 방식이 전적으로 폐기되었던 것은 아니라는 점이다. 그 결과 향리들의 제의가 재래의 무속식에 새로 유교식이 절충되는 방식으로 나타난 것으로 생각된다. 이는 향리들의 제의에 유교식이 도입됨으로써 지방관의 음사 탄압을 모면할 수 있는 계기도 되었지만, 동시에 유교 제례가 서서히 향리들의 읍치제의에 도입되어 가는 과정도 보여주는 사례이다.

여기서 이와 같은 무속식과 유교식의 절충이 나타나게 되는 현상에 대해 다음과 같이 생각하여 볼 수 있다. 즉 향리들의 읍치제의에 유교 제례적인 방식이 영향을 미쳐 종전의 제의 방식에도 유교식이 나타나게 되었는데, 이는 한편 지방관의 음사 규제의 결과이기도 하다. 그러나 다른 한편 향리들의 측면에서는 유교식으로 전환함으로써 지방관의 음사 금제를 모면할 수 있는 계기도 되었을 것이다. 그리고 향리 역시 전래해 온 기존의 무속적 제의 방식을 일시에 폐지하기도 어렵고 또 제관만의 참여 하에 지내는 유교식은 지역민들에게도 생경한 것일 뿐만 아니라 종래의 공동체적 신앙 형태를 유지하기 어렵다는 난점이 있다. 이에 향리들은 읍치제의에 유교식과 무속식을 절충함으로써 양자를 해결한 것으로 생각된다.

세 번째로는, 전적으로 유교식으로만 지내는 사례이다.

○ 경순왕영당敬順王影堂은 부府의 동북 4리에 있는데, 절일節日마다 주州의 수리首吏가 삼반三班을 인솔하여 제례를 올린다.[79]

○ 강민첨사姜民瞻祠는 광해군 원년(1609)에 감사監司 강첨姜籤이 중건했고 춘추향사시春秋享祀時 호장이 초헌관이 된다.[80]

경순왕 치제에는 수리首吏가 삼반三班(이방・호방・형방)을 거느리고 제를 올린다고 하였다. 이는 고을 수리가 지역민들과 함께 제의에 참여하는 것과는 달리 일부 사람들만 참여하는 유교식 제례 방식을 보여준다. 그리고 강민첨 제사에도 호장이 초헌관으로 참여하고 있는 것으로 보아, 이 역시 유교식으로 지낸 것임을 알 수 있다. 이처럼 읍치제의가 경우에 따라 유교식으로 지내기도 하였는데, 그럼에도 향리가 참여하고 있는 것은 본래 이런 제례가 향리의 제의로서 전해져 왔기 때문일 것이다.

이상과 같이 향리의 읍치제의는 치제 방식에 따라 무속식, 무속식에 유교식이 절충된 형태, 그리고 유교식 등 세 가지 형태로 전해져 왔음을 알 수 있다. 여기서 향리의 읍치제의에 보이는 무속식은 고려 이래의 계승이라 할 수 있지만, 유교식과의 절충 혹은 유교식으로의 전환은 유교 제례의 확산이 어느 정도 이루어진 16세기 이후의 현상이라 할 수 있다. 또한, 읍치제의에 보이는 유교 제례는 지방관에 의해 도입된 것으로 생각되지만, 결과적으로 읍치제의가 지방관에 의한 음사 규제를 다소 벗어날 수 있는 방안도 되었다. 이처럼 16세기 이후 보이는 읍치제의의 변화, 즉 유교방식의 결부는 또한 이 시기 이후 자연촌 단위의 향촌 공동체 신앙에도 영향을 주었을 것으로 생각된다. 다시 말해, 향촌 사회의 공동체 신앙에도 16세기 이후 읍치제의의 변화에 따라 서서히 유교식이 도입되었다는 것이다. 이 점에 대해 다시 항목을 달리하여 조선 후기 마을의 분화와 마을제의 전승 양상에 대해 살펴보기로 한다.

79_ 『新羅東國輿地勝覽』 卷21, 慶州府 祠廟條.
80_ 『輿地圖書』 下, 晉州邑志

4. 조선 후기 마을 분화와 마을제

여말 선초 이래 자연촌의 성장에 따라 각 마을도 독자성을 지니며, 향도가 주도하는 공동체적 생활을 영위하고 있던 점에 대해서는 이미 앞에서 살펴본 바 있다. 이후 16세기에는 재지사족이 주도하는 천방川防(보洑)·언전堰田의 개발 등[81]으로 농경 지역이 점차 평야 저지대로 확산되는 경향에 따라 촌락도 평야 지대에 형성되었으며, 또한 이 시기 소농경영小農經營에 의한 집약농법의 발전은 집촌화集村化를 가능케 하여, 주도적인 사족촌락을 중심으로 인접한 자연촌들이 결속되는 광역화를 초래한 것으로 파악된다.[82]

그리고 이 무렵 사족들은 일향지배一鄕支配를 목적으로 향약鄕約·향규鄕規 등을 조직하여 자신들의 향촌 사회에서의 지배권을 이념적으로 뒷받침하고자 하였으며, 또한 자신들의 혈연적·배타적 권익 보호를 위해 족계足契·동계洞契·동약洞約 등을 조직하여 하층민에 대한 통제 수단으로 활용하기도 하였다. 그러나 양난兩亂으로 인한 사회 경제적 피폐화는 동시에 사족들의 재지적 기반도 와해시켜 사족들이 종래와 같은 향촌 사회에서의 지위를 유지하는데 어려움을 초래하였다. 이에 사족들은 상하합계上下合契의 결계結契로 대응함으로써 종래의 지위를 유지하고자 하였다.[83] 이렇듯 양란 이후 사족들이 주도하는 상하합계가 나타나는 현상은 사족들이 향촌 사회에 지녀 온 기존의 영향력을 지속하고자 한 데 기인하고 있다. 결국, 16~17세기의 향촌 사회는 대체로 사족들에 의해 주도되고 있었다고 할 수 있다.[84] 또한, 이 시기 수취체제의 변화, 즉 대동법大同法의 실시에 따라 면面·리里 단위의 공동납共同納 체제體制가 강화되면서 그 대응 형태로 면회面會·이회里會 등이 서서히 부각되면서 여기에 일반 민의 의사가 반영되고 있었다.[85] 게다가 동계가 납세의 단위가 되면서 대동법의 부담을 하층민

81_ 李泰鎭,「16세기 川防(洑)灌漑의 발달」및「16세기 沿海지역의 堰田 개발」, 앞의 책 참고.
82_ 이해준, 앞의 책, 45~46쪽.
83_ 정진영,「16, 17세기 재지사족의 향촌지배와 그 성격」,『역사와 현실』3(한국역사연구회, 1990).
84_ 金仁杰,「조선후기 향촌 사회 권력구조 변동에 대한 시론」,『韓國史論』19(서울大學校 國史學科, 1988), 317~331쪽.

들에게 떠넘김으로써 자연 상·하합계에도 변질을 초래하였다.

즉 18세기 중엽 이후 상하합계에서 점차 하층민들의 하계가 이탈하는 현상이 발생하고 있는데, 이는 그만큼 이시기 들어와 하층민의 사회경제적 위상 강화와 결코 무관하지 않다. 조선 후기에는 사회 전반에 걸쳐 광범위한 신분 변동을 보여주는데, 그 결과 양반층의 급격한 증가 및 상민층의 상대적인 감소와 노비의 소멸과 같은 현상이나 양반층의 분화(잔반화殘班化) 등을 통해 이에 따라 사족들의 위상도 전보다는 약화될 수밖에 없었다. 반면 전후의 복구 과정에서 부富나 지위를 새로 획득해 가는 계층이 수령권과 결탁하여 신향세력新鄕勢力의 대두를 보게 되었으며, 이에 따라 신구세력의 향전鄕戰이 전개되었다.[86]

이와 같은 재지세력의 분열상은 결과적으로 민의 성장을 초래하는 하나의 배경을 이루기도 하였다. 또한, 이 시기 이앙법의 시행에 따른 농업생산력의 발전과 그 대응방식으로 나타난 두레는 관직官職이나 사족을 배제한 순수 농민조직으로서, 위로부터의 간섭을 벗어나 자체 결속을 모색할 수 있었다는 점[87]에서 농민들의 경제력 향상에 따른 의식 성장에도 일정한 기여를 하였을 것으로 생각된다. 결국, 조선 후기 사회는 종래의 사족체제가 점차 붕괴되어 가던 시기로 보이며, 그 이면에 조선 전기 이래 꾸준히 지속하여 온 자연촌의 성장을 주목하게 된다.[88]

앞에서 보았듯이, 16~17세기에는 사족이 주도한 촌락을 중심으로 수 개의 자연촌이 결속된 형태였고, 상하합계는 이를 위한 이념 틀이었다. 그러나 18세기 중엽 이후 하계가 이탈하고 있는데, 이를 주도한 하층 촌락들 즉 광역의 리里에 편재되어있던 하부 촌락들이 전 시기와 비교하여 독자성 또는 독립성을 확보한 것으로 해석할 수 있다. 바로 이와 같은 배경에서 조선 후기 자연촌의 분화分化 현상現象이 나타나게 된다. 즉 기존의 상하합계체제에 반발하여 하계가 이탈하고 있는 현상은 하계가 조직되어 있던

85_ 金仁杰, 위의 논문, 348쪽.
86_ 이해준, 「조선 후기 향촌 사회구조의 변동」, 『한국사』 9(한길사, 1995).
87_ 이해준, 위의 책, 56쪽.
88_ 鄭震英, 「18·19세기 士族의 村落지배와 그 해체과정」, 『조선후기 향약연구』(민음사, 1990), 185~236쪽.

촌락의 분화分化·분동分洞을 의미한다.

이와 같은 과정에서 마을 공동체 신앙과 관련하여 주목되는 것은 바로 이 시기의 공동체 신앙을 이들 하계下契 즉 촌계류村契類가 주도하고 있었다는 점이다. 다시 말해, 하계의 이탈은 조선 후기 향촌 공동체 신앙의 자체 발전을 의미한다고 할 수 있다. 더욱이 이 시기가 현행 마을 공동체 신앙과 직결될 수 있다는 것은 이때 장승 등과 같은 동구洞口의 신앙 대상들이 마을제의 대상신으로 성립되고 있다는 점에 있다.

마을신앙으로서 장승신앙은 그 기원이나 형성 및 전승 등에 대해서는 다소 성격을 달리하므로 이하에서 이런 사항들에 대해 자세히 살펴보고자 한다.

5. 마을신앙으로서의 장승(장생長栍)의 형성과 전승

흔히 장승이 마을이나 사찰에 건립되어 마을이나 사찰의 수호신적인 역할을 한다는 것은 새삼 말할 필요도 없다. 이와 같은 장승의 수호신적 역할은 또한 장승의 몸체에 일반적으로 표기되는 '장군將軍'류의 명문을 통해서도 쉽게 확인되기도 한다. 그런데 장승의 몸체에는 명문銘文과 함께 종종 이정里程도 표시되어 있다. 조선조에는 이정표를 지칭한 후堠를 장생長栍으로 지칭하기도 하였는데, 장생은 또한 장승으로도 호칭함으로써 이정표인 후와 현행 장승이 결코 무관하지 않다는 점을 보여준다. 이런 이유로 여기서는 먼저 장승에게 보이는 이정표에 주목하여, 이런 이정표가 어디에서 연유하는 것인지를 검토하여 보고자 한다. 따라서 이정표이기도 한 후堠의 내용을 파악하기 위해 조선의 노표제의 실시 과정 및 노표의 형태에 대해 파악한다. 그리고 노표로 세워진 후와 장생의 검토를 통해 현행 장승의 선행 형태가 이런 후에서 비롯된 것임을 제시하고자 한다.

이어 이정표였던 후 또는 장생·장승에 장군將軍'류의 명문이 부여됨으로써 장승의 수호신적인 성격이 새로 형성되는 과정에 대해 주로 명문銘文의 변화를 통해 살펴보고자 한다. 이런 작업을 통해 조선 후기에 마을신앙으로서 장승신앙이 등장하는 점에 대한 이해를 강구할 수 있다고 생각한다.

1) 노표제路標制와 후堠

(1) 노표제의 실시 과정

노표路標란 일정 거리마다 특정한 물체를 조성하여 방향 및 거리를 알 수 있게 한 표지물을 말한다.[89] 중국에서는 이와 같은 노표를 이른 시기부터 시행하여 왔지만,[90] 우리의 경우에는 조선시대에 들어와 비로소 그 시행에 대해 논의하게 된다. 물론 우리나라에서도 이런 노표제에 앞서 삼국시대부터 조선 개국 초까지 주로 역驛의 수를 통해 대략적이나마 거리수를 파악하기도 하였다.

그러나 역驛의 설치만으로는 대략적인 거리 파악만 가능하기 때문에 실제 노표로서의 기능에는 한계가 있다. 이에 조선 초에는 정확한 거리 측정을 통해 노표를 설치하고자 하는 의도에서 먼저 도로의 이수里數 파악을 시도하게 된다.

그리고 이와 관련된 내용이 태종 14년(1414)의 다음과 같은 기사에서 찾아진다.

> 후자堠子를 폐지하였다. 호조에서 올리기를 "우리나라는 도로 거리의 원근이 같지 않아 무릇 관원을 파견하고 공납의 날짜를 미리 정하기가 어려우니 청컨대 옛 제도에 따라 측량하여 10리에는 소후小堠를 두고, 30리에는 대후大堠 두어 일식一息으로 하소서"라 하니 그대로 따랐다.[91]

후堠란 본래 흙이나 돌무더기를 쌓은 돈대墩臺를 의미하는데 중국에서는 이를 노표로 활용하기 위해 이수里數를 기입하고 5리마다 하나의 후를, 그리고 10리마다 쌍후雙

89_ 金斗河, 「路標장승考察」, 『韓國民俗學』 12(民俗學會, 1980), 3~27쪽.
90_ 가령 『周書』 韋孝寬傳에 "一里 置一土堠"라 한 것으로 보아, 중국에서는 비교적 이른 시기부터 堠를 노표로 사용하였음을 알 수 있다.
91_ 『太宗實錄』 太宗 14年 10月 丁亥條. "罷堠子 戶曹啓 本國境內道路 息數遐邇不同 凡差遣及貢納 限期難以預定 請依古制 尺量十里置小堠 三十里置大堠 爲一息 從之."

堠를 두었다고 한다.[92]- 또한, 후는 흙이나 돌무더기를 쌓은 형태이므로 달리 보堡[93]·
돈墩[94]- 등과도 통용되기도 하였다. 결국, 위의 예문은 조선에서도 이와 같은 중국 노
표제를 모방하여 행정의 편의를 도모하고자 후의 설치가 논의되던 모습을 전하는 내
용이다.

이에 따라 다음 해(1415) 12월 병조兵曹에서는 '각역이수계목各驛里數啓目'을 작성·보
고하여 윤허를 받았는데, 그 기준이 다음과 같이 정해졌다.

○ 주척周尺 6척尺을 1보步로 삼고 360보步를 1리里로 한다.

○ 각 도道에서는 이 척수尺數·보수步數로 이里·식息을 측량하여 10리마다 소표小標를두고,

30리마다 대표大標를 두되 돌로도 쌓고 흙으로도 쌓아 각각 그 편의에 따르도록 한다.[95]-

즉 주척周尺을 근거로 각도에서는 편의에 따라 노표를 흙이나 돌로 쌓고 10리마다
소표를, 그리고 30리마다 대표를 두도록 하였다는 것이다.

또한, 세종 20년(1441)에도 "30리마다 표를 세우되 토석土石이나 식목植木으로 하였
다"고 하는 기록이 보인다.[96]- 이에 앞서 태종 때에도 이러한 노표제를 실시하도록 하
였는데 세종 때 다시 이와 같은 논의가 나온 것은 그만큼 조선 초기 노표제의 시행이
지지부진하였음을 전하는 내용이다. 그러다가 10리, 30리마다 노표를 세우도록 한 조
치는 마침내 『경국대전』(성종 5년 반포, 1474)에 등재됨으로써 이후 조선 노표제의 법
적·제도적 성립을 보게 된다.

외방外方의 도로에는 10리마다 소후를 세우고, 30리마다 대후를 세우고 역을 둔다(후에는

이수와 지명을 새긴다).[97]-

92_ 『正字通』에 "封土爲臺 以記里也 十里雙堠 五里隻堠"라 한 것이 이것이다.
93_ 『箋註四家詩』의 '果川道中'(李德懋 作)에 "堠古兵制 五里一墩 十里一堠"
94_ 『大東韻府群玉』 卷4, 上平聲 元條. '五里置堠'이라 한 細註에 "五里置小墩 立標以記里" 참조.
95_ 『太宗實錄』 卷30, 太宗 15年 12月 丁丑條.
96_ 『世宗實錄』 卷93, 世宗 20年 8月 "每三十里 立一標 或聚土石 或植木以識."

그런데 태종 15년의 노표제는 단지 거리의 차이에 따라 대·소의 후를 두도록 하였지만 『경국대전』에서는 이런 후堠에 다시 이수와 지명을 새기도록 하였다는 점에 차이가 있다.

그런데 후가 흙이나 돌무더기로만 쌓여 있다면, 이런 흙이나 돌무더기에 이수와 지명을 새긴다는 것은 불가능하다. 따라서 이 경우의 후란 단지 흙 또는 돌무더기를 의미하는 것이라기보다는 흙 또는 돌무더기 위에 목주木柱를 세우고, 이 목주에 이수와 지명을 새긴 것이라고 보아야 한다. 이 때문에 이수와 지명이 새겨진 표목標木도 후로 지칭한 사례가 찾아지는데, 이에 대해서는 뒤에서 다시 살펴보기로 한다.

어쨌든 『경국대전』에 보이는 이런 내용은 태종의 노표제 윤허와 함께 다시 『대전통편』(정조 9년 간행, 1785)에 "8도의 거리는 명나라 조정의 예에 따라 주척周尺을 사용하여 6척을 1보로 하고 360보를 1리로 하며 30리를 1식으로 한다."라 한 조목, 그리고 『대전회통』[98]에서도 이와 거의 유사한 내용이 전함으로써 결국 태종대의 조치가 거의 변동 없이 조선 후기까지 지속되어 왔다고 할 수 있다.

이처럼 후堠는 15세기 전반부터 논의되기 시작하여 초기에는 단지 10리·30리의 차이에 따라 크기나 규모를 달리하여 노표로 활용되었다. 그러다가 『경국대전』이 완성된 15세기 후반부터 후에 이수와 지명을 기재하도록 법제화되었고, 이후 후堠에 이수와 지명을 새긴 노표제가 조선 후기까지 시행된 것으로 보인다. 그러나 고종 32년 (1895) 기존의 역참제驛站制를 대신하여 우체사郵遞司가 신설됨에 따라 조선 시대의 노표제인 후도 공식적으로 폐지되기에 이르렀다.

(2) 후堠의 내용과 형태

15세기 후반 『경국대전』에 명문화된 조선 시대의 노표인 후堠는 이후 각처에 건립된 것으로 보인다. 이런 사실은 같은 시기 편찬된 『동국여지승람』에 황해도 우봉현牛

97_ 『經國大典』 卷6, 工典 橋路條. "外方道路 每十里立小堠 三十里立大堠 置驛(堠刻里數地名)"
98_ 『大典會通』 卷6, 工典 橋路條.

峰縣 홍의역興義驛의 '이후里堠'[99]나 평안도 평양平壤 임원역林原驛의 '초후楚堠'[100]라 한 후堠를 통해서도 알 수 있다. 여기의 후는 모두 역에 설치된 것으로 보아 "30리마다 대후를 세우고 역을 둔다[三十里立大堠 置驛]."라 한 대후를 가리키는 것으로 보인다. 동시에 15세기 이후 여러 지방에서 점차 후를 건립한 사례를 보여주고 있기 때문에 이 시기 이후 후의 설치는 전국에 걸쳐 일반화되었다고도 할 수 있다.

먼저 16세기 이후 20세기 초에 걸쳐 세워진 후에 대한 자료들로부터 관련 내용을 발췌하면 다음 〈표 1〉과 같다.[101]

〈표 1〉 조선 시대 후의 건립 사례

연번	후의 명칭	관련 연대	출처
1	一堠	宣祖 26(1593)	『月沙集』
2	古堠	宣祖 31(1598)	『白沙集』 卷2
3	兩堠	宣祖 38~39(1606~1607)	『芝峰集』 卷12, 鶴城錄
4	古堠	光海君10(1618)	『白沙集』 卷3
5	里堠	17세기 전반	『芝峰類說I』 卷13, 文章部 6 東詩條
6	路堠	17세기 전반	『芝峰類說I』 卷13 文章部 6 東詩條
7	小堠・大堠	17세기 후반	『皤溪隨錄』 卷25, 續篇上52
8	松堠	正祖 1(1777)	『箋註四家詩』 卷1, 果川道中
9	堠	18세기 후반	『青莊館全書』 卷2, 嬰處詩稿條
10	一堠	18세기 후반	『青莊館全書』 卷2, 嬰處詩稿 2
11	堠	18세기 후반	『青莊館全書』 卷62, 西海旅言 1
12	路堠	18세기 후반	『增補文獻備考』 卷12, 象緯考 12
13	三堠	正祖 16(1791)	『奇遊錄』(『燕行錄選集』Ⅵ 所收)
14	堠	正祖 22(1798)	『才物譜』
15	亭堠	19세기 전반	『牧民心書』 工典六條

99_ 『新增東國輿地勝覽』 卷42, 黃海道 牛峰縣 驛院條. 金克己의 詩에 "里堠迎人來古道"
100_ 위의 책, 卷51, 平安道 平壤府 古跡條. "鍬鍬楚堠隻還雙"
101_ 金斗河, 『벅수와 장승』(집문당, 1990), 384~571쪽에서 발췌・정리하였다.

연번	후의 명칭	관련 연대	출처
16	木堠	19세기 전반	『五洲衍文長箋散稿』 卷13, 治道辨證說
17	木堠	19세기 중반	『東原世稿』 後集, 雙梨堂遺稿
18	堠	연대미상	『晩圃自吟』
19	斥堠	19세기 후반	『雙洲文集』 臨湍道中
20	路邊古堠	19세기 후반	『晦溪集』
21	雙堠	20세기 초	『梅泉集』 卷4, 壬寅稿 및 甲辰稿

이 표를 통해 조선 시대에 건립된 후堠의 대략적인 성격을 살펴보면, 첫째, 건립 수량은 1기나 2기(3번의 양후兩堠·21번의 쌍후雙堠) 또는 3기(13번의 삼후三堠)[102]가 세워지기도 한 점, 둘째, 후堠가 10리 또는 30리마다 길가나 역관驛館에 세워진 관계로 이후里堠(5번), 소후小堠·대후大堠(7번), 노후路堠(6번·12번·16번), 정후亭堠(15번) 등으로도 표기된 점, 셋째, 후堠의 재질에 따라 송후松堠(8번), 목후木堠(13번·16번)라고도 하였으며 기능상 척후斥堠(15번)로 표기한 명칭도 보이는 점 등을 들 수 있다. 이는 결국 조선조의 후가 건립 수량이나 위치, 재질, 기능에 따라 다양하게 표현되어 왔음을 보여주는 사례들이다.

그리고 이러한 후가 기본적으로 노표였던 것은 물론이지만, 명칭에서 후가 뒤에서 다시 살펴보겠지만, 곧 장승과도 통용되는 점을 보여주므로 이를 통해 후에서 장승으로 전환되어 가는 과정도 추적해 볼 수 있다.

먼저 노표로 건립된 후의 모습을 전하는 사례부터 검토하기로 한다.

1번은 월사月沙 이정구李廷龜가 명나라의 사신과 동행하면서 지은 속성시速成詩, 즉 "안주安州 노상路上에서 말고삐를 나란히 하며 다음 후에 이르기 전에 급히 시 짓기"에 보이는 후이다. 즉, 안주 길가의 후에서 다음 후까지란 한 내용을 통해 여기의 후는 평안도 안주 지방의 일정 거리마다 세워져 있던 노표로서의 후였음을 알 수 있다. 또

102_ 그런데, 이 삼후는 문자 그대로 세 기가 건립된 것이 아니라, 쌍후나 사후로 세워졌다가 어떤 이유로 그 중 한 기가 소멸된 것으로 보인다.

2번은 백사白沙 이항복李恒福이 명나라로 사신 가면서 지은 시인데, 내용 중에 "사람을 맞이하는 오래된 후에게 앞길을 물어보다[古堠逢人問前路]."라 한 점이나, 5번의 이후里堠에서는 "오래도록 행인에게 여정을 가리켜준다[長向行人指去程]."라 한 점, 또한 6번의 노후路堠에 대해서도 "사람을 맞이하고 보내주네[迎人還送人]."라 표현되어 있는 점 등은 모두 후가 기본적으로는 노표路標로 세워졌음을 보여주는 사례들이다.

두 번째로는 후에 이정里程을 기재하여 이정표로 건립된 노표의 사례이다.

4번의 사례에서는 "오래된 후는 소나무 판자에 북청이라 쓰여 있다[古堠松牌記北青]."라 하였는데, 여기서 후는 단지 흙이나 돌무더기만 가리키는 것이 아니라 송판松板에 지명까지 기재되어 있었음을 알 수 있다. 즉 노표인 후堠가 이정표였음을 보여준다. 또 9번에서 "후는 가을장마에 이정里程이 흐려졌다[堠敗秋霖記里訛]."라 한 것도 이정이 기재된 후에 관한 명확한 사례이다. 그리고 16번의 목후木堠 역시 이정과 지명이 기재된 노표였다. 즉

우리나라의 목후木堠는 대로大路에 더러 세워져 이정과 지명이 쓰여 있으나 소로小路에는 아직 설치되지 않아 행인이 동서를 분별하지 못하여 길을 잃고 묻고자 하나 물을 곳도 없으니 각도의 목민관牧民官들은 가장 먼저 유의하여 거듭 밝혀 엄히 다스리도록 함이 옳다.[103]

라 하고 있다. 그런데 여기서 한 가지 유의할 점은 이 시기 즉 19세기 전반에 들어와서도 후堠가 대로에 간간이 세워져 있을 뿐 소로에는 전혀 설치되지 않았다고 전하는 점이다. 이와 관련하여 15번의 출처인 『목민심서牧民心書』에서도 지방관의 임무 가운데 후의 설치를 촉구하고 있는 것으로 보아[104] 조선 후기에 들어와 각 지방에서 점차 후의 설치와 관리를 등한시하고 있었음도 알 수 있다.

또한, 송후松堠·목후木堠라 한 8번·13번·16번도 기본적으로는 목주木柱에 이정과

103_ 『五洲衍文長箋散稿』卷13, 治道辨證說條. "我東木堠 大路或有 紀程地名 小路則并不設 使行者東西不分 而迷失道 欲問無處 各道守牧 最先留心 申明嚴飭 可也"
104_ 『牧民心書』工典六條. "亭不缺堠 亦商旅之所樂也"

지명을 새긴 데에서 비롯된 명칭으로 생각되므로 결국 이정표로서의 후에 속한다고 할 수 있다. 다만 후에 이정과 지명을 기재하는 데 따른 구체적인 방식에 대해서는 알 수 없었다. 그런데 다행히 7번에 "후각모부동거기리堠刻某府東距幾里 지명모남서북동地名某南西北東"이라고 하는 후의 각기刻記 방식에 대해 전하고 있다.

즉 후의 이정 표시는 기점基點 + 동·서·남·북 등의 방위명方位名 + '거距' + 몇 리里라 적은 후, 이어서 지명地名을 기재하도록 하였음을 알 수 있다. 아마 이런 방식이 후堠에 이정과 지명을 기재하는 일반적인 방법이었을 것이다. 실제 우리나라에서 홍수로 일본에 표류해 간 인면형人面形을 한 후堠[105]에 "자관문동거십리自官門東距十里 방명덕진면무동坊名德眞面畝同"이라는 이정과 지명이 보이므로 7번에 나타나는 기재 방식을 그대로 따른 것임을 알 수 있다.

한편 19세기 후반의 작시作詩된 것으로 보이는 20번의 '노변고후路邊古堠'는 이정표이면서도 사모紗帽를 하고 인면人面을 한 현재의 장승과 비슷한 모습이 기록되어 있다는 점에서 주목된다. 즉,

> 이정을 써놓아서 뚜렷이 알기 쉬워 앞 나루 가는 길을 농부님께 안 물으리
> 무슨 벼슬하였기에 검은 사모 쓰셨던고 지금은 벼슬 잃고 대취한 듯 얼굴 붉네
> 한길마다 누구에게나 길을 일러 주는구나 한 곳에 둘 있으니 뉘가 형 아우인고
> 일찍이 헌제軒帝에게 길을 인도하였던들 지남차指南車와 장승이 공 다툼을 하였으리.[106]

후堠라고 하였지만 이 후는 사모를 썼으며 얼굴은 붉게 칠해진 인면형 장승에 가깝고 또 쌍으로 세워져 있다고 하였다. 여기서 본래 노표로 세워진 후가 조선 후기에는 사모를 쓰고 붉게 칠한 얼굴을 지닌 한 쌍의 장승으로도 변화된 사례를 보게 된다.

105_ 이 堠는 藤原貞幹이 쓴 『好古日錄』이라는 책에 소개되어 있는데, 우리나라에서 1765년 홍수로 표류해 간 것이라 한다. 상부에는 눈·코·입이 그려져 있고, 몸체에는 이정과 지명이 기재되어 있다. 따라서 이는 人面形態를 한 조선 후기의 노표로서 堠에서 장승으로 형태가 넘어가는 과정을 보여주는 사례라 할 수 있다. 이에 대해서는 金斗河, 앞의 책(1990), 426쪽을 참조.

106_ 金斗河, 위의 책, 518쪽에서 재인용.

이처럼 후와 장승의 직접적인 관련성을 보여주는 사례는 이외에도 찾아볼 수 있다. 가령 3번의 사례가 그러한데, 이는 17세기 초에 이미 후가 한 쌍의 목우인木偶人으로 전용된 사실을 보여준다.[107] 먼저 관련된 부분을 인용하면 아래와 같다.

> 문천文川과 덕원德源 경계의 양후兩堠
>
> 근엄하게 길가에 서 있는 두 개의 후堠는 마치 상대하여 읍揖하고 있는 듯하다. 희고 또 키는 크지만, 옷도 입지 않고 갓도 쓰지 않았다. 길을 물으니 마치 손바닥을 들여다보듯 거리가 몇십 리라고 분명히 알려준다. 몇 년 전에 만든 우인偶人인지 실컷 풍우를 겪어 젖어 있다. (하략)…[108]

예문에 의하면 이 한 쌍의 후는 문천과 덕원 지방의 경계에서 거리를 알려주는 노표 겸 경계표境界標로 세워진 것으로 보인다.[109] 그런데 이 후堠는 길을 사이로 서로 마주 대한 채 서 있다고 하였다. 또 읍揖을 하고 있는 듯한 모습이나 달리 용俑으로도 표현한 점을 볼 때, 이 후는 우인형偶人形, 즉 인면형을 한 후임을 알 수 있다. 그뿐 아니라 한 쌍으로 세워져 있다고 하였듯이 이 후는 현행 민속에서 장승을 흔히 한 쌍으로 건립하는 점과도 유사하다. 이런 점에서 이 후는 장승과 매우 유사한 노표였다고 할 수 있다. 이처럼 노표로 세워진 후가 장승의 형태와 유사했던 사례는 8번의 송후松堠에서도 확인된다. 즉

107_ 그런데 『訓蒙字會』(1527년간)에 "堠 당승 堠 俗呼五里墩"이라 한 것으로 보아, 堠와 장승은 이미 16세기 이전부터 서로 혼용되고 있었음을 알 수 있다. 또한, 후堠를 장승이라고도 한 사실에서 장승의 발생이나 형성에 노표로 나타난 후堠가 영향을 주었다는 점도 엿보게 한다.

108_ 『芝峰集』卷12, 鶴城錄. "文川德源地境兩堠 兩箇路傍立 儼如相對揖 白而且長身 無衣亦無笠 問道若指掌 分明里幾十 作俑自何季 飽經風雨濕. (下略)…"

109_ 두 고을 사이에 후堠를 경계표로 세운 사례에 대해서는 『宣城誌』(1619) 禮安縣界限條에 "次有炭峴 距縣十五里 禮安安東兩邑 接境故立兩邑程"이나 "次有甘麻村 距縣十二里 禮安安東兩邑 接境之交 故立兩邑程"이라 한 점을 통해서도 볼 수 있다. 여기서 程으로 표현된 것은 里程이 새겨진 堠를 가리키는 의미에서 나온 것이다. 따라서 두 마을 간에 노표 겸 경계표 역할을 한 표지물이 조선 후기에 들어와 흔히 세워져 있었다고 생각된다.

소나무 후는 무슨 벼슬하였기에 머리에 관모를 썼는가

석불石佛은 비록 사내이나 입술은 붉게 칠하여져 있다.[110]

라 하였듯이 이 후는 머리에 관모冠帽를 쓰고 있다. 본래 후에는 이정과 지명만 새기게 되어 있었음을 고려할 때, 이렇듯 조선 후기의 후에 인면이 그려지거나 새겨지면서 점차 현행 장승으로 변화해가는 상황을 확인할 수 있다. 또 이 후의 근처에 있었던 석불石佛도 입술이 붉게 칠해져 있다고 하였다. 이 석불은 아마 미륵불彌勒佛로 짐작되지만, 입술이 붉게 칠하여져 있었던 것은 벽사의 의미였다고 생각된다.[111]

또한, 11번에서는 "후는 옛날의 장정長亭·단정短亭인데 지금 와전되어 장승長丞·장생長生·장성長性이라 한다."라 한 내용을 전한다.[112] 이것은 18세기 후반에 들어오면 노표인 후가 장승 또는 장생·장성으로도 흔히 불렸다는 것을 전하는 적절한 사례가 된다. 그리고 14번의 『재물보才物譜』에서

○ 후堠 : 흙을 쌓아 대를 만들고 이정을 기록한 것이다

○ 후자[堠子, 쟝승] : 중국말로 토지노아土地老兒이다

○ 장승長丞 : 우리 풍속에 후자堠子를 가리키는데 머리에 쓴 모자의 뿔이 마치 벼슬아치의 것과 같아서 장승이라 한다.[113]

라 한 것도 후侯 또는 후자堠子가 장승으로도 통칭된 사례이다.

17번은 『동원세고東原世稿』 후집後集 『쌍리당유고雙梨堂遺稿』에 보이는 내용인데 목후木堠라고 시제詩題를 달았지만, 실제 내용은 "검은 얼굴 붉은 도포에 키가 6척인 목우인[黑面丹袍 尺八身木偶人]"이라 되어 있고, 또 '오방신五方神'이라고도 하고 있다. 여기서 이

110_ 『箋註四家詩』 卷1, 果川道中. "松堠何爵頭加帽 石佛雖男口抹朱" 金斗河는 이 堠가 현 서울시 관악구 사당동 남태평 부근에 있었을 것으로 추정하고 있다.(金斗河, 앞의 책, 1990, 420쪽)

111_ 任東權, 「民俗上으로 본 色彩觀」, 『韓國民俗學論攷』(集文堂, 1971), 90~98쪽.

112_ 『靑莊舘全書』 卷62, 西海旅言 1. "堠古之長亭短亭也 今訛爲長丞 或長生或長性.

113_ 『才物譜』 道條 참조.

후는 노표로서의 기능보다는 이미 민속 신앙화된 오방장승을 가리키는 것이 아니었을까 추측된다. 이처럼 19세기 중반에 작시된 이런 시를 통해 마을장승화한 후侯의 모습도 엿볼 수 있다.

이상과 같이 조선조 후의 사례를 통해 노표에서 점차 현행 장승으로 전환되어 가는 과정을 살펴보았다. 그런데 노표路標를 지칭하는 것으로는 후라는 명칭 외에 장생長栍이라는 명칭도 조선 시대에 흔히 사용되고 있었다. 게다가 장생이라는 명칭은 곧 오늘날의 장승을 가리키기도 하므로 장생과 장승의 관계, 그리고 마을신앙으로서 장승신앙의 형성에 대해서는 항목을 다시 하여 검토해 보고자 한다.

2) 장생의 출현과 신앙의 형성

(1) 장생 여러 용도

앞에서 조선 전기에 이미 노표인 후堠는 달리 장생長栍을 가리키기도 하였음을 보았다. 가령 『용재총화慵齋叢話』(1525년 간행)에 보면 유생儒生 김모金某의 일화가 소개되어 있는데 그 내용 중에 다음과 같은 내용의 장생이 보인다.

> 하루는 사문斯文 윤담수尹淡叟와 김해에서 밀양으로 돌아오는 길에 말고삐를 나란히 하여 이야기하다가 장생長栍을 보면 반드시 하인으로 하여금 이수里數의 원근을 자세히 보게 하였다. … 길가에 장표長表가 있으니 응당 관문關門이 가까웠음을 기뻐하였다.[114]

즉 장생을 보면 반드시 이수의 원근을 살폈다는 것인데, 이는 장생이 곧 노표로 세워졌던 것임을 말해 준다. 다시 말해 노표가 장생으로도 호칭된 사례이다. 또한, 장생을 장표長表로도 표현한 것은 비록 시어詩語라 할지라도 장생의 외형이나 기능에 따른

114_ 『慵齋叢話』 卷5, 一日與斯文尹淡叟 馬金海還密陽 並轡而話 見長栍則必令卒 往審里數之遠近 …(中略)… 路傍長表在 應喜近關門"

'장주長柱의 노표路標'를 의미한다는 점에서 별 차이는 없다. 게다가 "장표를 통해 관문關門이 가까워졌다."라고 한 것도 장생이 관문을 기점으로 하여 일정 거리마다 세워져 있던 노표였음을 가리키는 내용이기도 하다.[115]

그런데 장생의 '생柱'자는 중국에도 없는 우리의 조자造字로서 주로 장승을 지칭하는 용어로 사용되었다. 그러나 신라 말과 고려 시대에 이미 생柱자의 사용례[116]가 있으므로 이 생자가 특별히 조선조의 장승을 지칭하기 위해 만든 글자라고 할 수만은 없다. 게다가 생의 뜻에는 장승 외에도 사슬·간자簡子·후堠·첨籤·찰札 등[117] 여러 의미가 내포되어 있기도 하다. 따라서 장생長柱의 생柱은 조선 시대에 들어와 이와 같은 여러 의미 중에서 특히 장승을 지칭하기 위해 기존의 생자를 차용한 것이 아닌가 생각된다.

한편 『훈몽자회訓蒙字會』에 후堠를 '당승 후'로 새기고 "속호오리돈俗呼五里墩"이라 풀이한 것도 후와 장생이 이미 이 무렵에는 서로 통용되던 명칭이었음을 보여준다.[118] 여기서 태종 14년(1414) 처음으로 건립이 논의되어 15세기 후반 10리 또는 30리마다 그 설치를 법제화한 후堠가 16세기 전반에 들어와서는 장승長柱으로도 불렀다는 사실을 시사 받게 된다. 요컨대 16세기 전반에는 노표인 후가 장승으로도 호칭되었다고 할 수 있다.

그뿐 아니라 실제 후를 장승長丞이라 한 예도 있다. 앞의 노표 사례 5번에서 '세전이후시世傳里堠詩'와 거의 비슷한 내용이 『시화총림詩話叢林』에서는 '영장승시詠長丞詩'로, 그리고 『해동기화海東奇話』에서는 '노방장승路傍長丞'으로 되어 있는 것이 그러하다. 이런 내용 역시 후와 장승이 서로 통용되었던 것임을 의미한다.

또한, 장생長柱만으로 노표를 의미하기도 하였다. 순조純祖 3년(1803)에 행해진 연행燕

115_ 이는 조선 후기의 장승이 邑城이나 兵營과 같은 공공시설 앞에 세워지기도 한 사례를 보면 이해할 수 있다.

116_ 高城 鉢淵寺 眞表律師藏骨塔碑 및 『三國遺事』 卷4, 義解關東楓岳鉢淵藪石記條에 '柱'字, 그리고 『高麗史』 卷82, 志 36 兵 2의 站驛條 金郊道에도 '柱谷'이라 보인다.

117_ 鮎具房之進, 『雜攷』 3(『俗字攷』, 1931), 59~67쪽; 孫晉泰, 「柱考」, 『朝鮮民族文化의 研究』(1948), 247~263 쪽; 金斗河, 『벅수와 장승』(集文堂, 1990), 108~109쪽 등 참조.

118_ 『訓蒙字會』 中卷, 官衙條.

行에

　　○ 각 읍을 따라가는 길의 이정과 참역站驛은 매번 장생長栍에 기재된 것으로 알 수 있으나 그 밖의 동리는 모두 알 수 없다.[119]

　　○ 쌍하오리雙河五里에 고성古城이 있는데 곧 명나라 때의 북진보北鎭堡로 지금의 북진北鎭이다. 이 길로부터 목패木牌가 있으니 교계패交界牌이다. 마치 우리나라의 장생長栍과 같이 길의 원근을 표시해 준다.[120]

라 보이는 것이 그러하다. 여기에서는 중국의 노표를 우리나라의 장생長栍과 비교하고 있는데, 이런 내용에서 19세기 초까지 장생이 노표의 의미로도 사용되었다는 점을 알 수 있다.

　결국, 이런 사실들은 장승長栍이 노표인 후堠에서 유래되었음을 시사해 주는 사례들이다. 또한, 장승에게 보이는 이정표의 기능도 본래 후로부터 장승이 파생되었기 때문에 나타난 것이라고 보인다. 그렇지만 후라는 명칭이 있었음에도 굳이 장생이라는 새로운 조어를 사용한 데에는 전대前代 이래의 사찰장생표寺刹長生標의 '장생長生'과도 관련이 있다고 추정된다.[121]

　그러나 기존의 장생長生이라 표기를 따르지 않고 장생長栍이라 한 것은 장생長栍이 사찰장생寺刹長生과는 성격이나 기능이 구별되었기 때문이라고 생각된다. 다시 말해 노표로 건립된 장생長栍을 장생長生으로 표기할 때 사찰장생寺刹長生과도 혼동될 수 있기 때문에 이를 구별하고자 장생長栍이라는 명칭을 사용했던 것이라고 보인다.

　한편 노표가 아닌 금표禁標를 장생長栍이라고 한 사례도 찾아볼 수 있다. 명종 14년

119_ 『車山紀程』卷1, 癸亥 10月 26日條 (『燕行錄選集』Ⅷ에 所收). "沿邑程站 每I憑長栍所記 其餘洞里 不可盡知."

120_ 위의 책, 卷2 12月 11日條. "雙河五里 有古城 卽明時北鎭堡今北鎭 自此路有木牌 是交界牌也 如我國長栍例而標道里遠近"

121_ 寺刹長生標의 형태 및 성격 등에 대해서는 박호원, 「한국의 석장승과 남원」, 『전북지방 장승·솟대신앙』(국립민속박물관, 1994), 319~326쪽 참조

(1559) 2월 신해조辛亥條를 보면 아래와 같은 내용이 전한다.

양종兩宗이 다시 설치된 뒤로는 봉은사奉恩寺에서는 스스로 사여 받은 땅이라 하여 금표禁標를 세워 백성이 드나들지 못하게 하고 있습니다. 또 강원도 어느 절 앞에 있는 하천은 이전부터 주민이 고기를 잡아먹었는데 지금은 중들이 재궁齋宮 가까이 있다 하여 역시 금표禁標를 세우고 고기잡이를 금하고 있습니다.[122]

즉 봉은사와 강원도의 어느 절(月精寺를 가리킴, 아래 예문例文 참조)에서는 멋대로 금표禁標를 세워 사람들이 출입할 수 없도록 하였다고 한다. 그런데 아래 예문에서 보듯이 이 금표를 장생長栍이라 칭하고 있다.

지평持平 유승선柳承善이 아뢰길, …"봉은사시장奉恩寺柴場인즉 신의 처향妻鄕이 곧 원주 땅이어서 신이 유생儒生으로 왕래할 때부터 도중 양근楊根·월계月溪를 경유하는데 매번 길가에 세워진 장생長栍에 '봉은사시장奉恩寺柴場'이라고 써 둔 것을 보았습니다. … 금렵禁獵인즉 강릉부 서쪽에 오대산이 있고 산 아래에 내川가 있는데 신이 그 도의 도사都事로 있을 때 마침 구황救荒의 명을 받고 편복便服으로 순행하다가 우연히 해가 저물어 월정사月精寺에 투숙하였더니 절 아래의 장생長栍에 '금렵禁獵'이라 쓰여 있기에 신이 이상히 여겨 물어보니 노인들이 모두 말하길 "이 내는 전부터 고기를 잡아먹고 살았는데 중들이 절 안에 비린내가 풍길까 염려하여 이를 금하고 있다."라 하였습니다.[123]

앞에서 이 시기의 장생長栍이 노표나 '장승'을 가리키기도 한 사례에 대해 살펴본 바

122_ 『明宗實錄』 卷25, 明宗 14年 2 月辛亥條. "自兩宗復設之後 奉恩寺自稱受賜 植其禁標 使民不得出入 且江原道有一寺 其前有川梁 自前居民捉魚以食 而今則僧人 以爲齋宮不遠 亦立禁標 使不得漁."
123_ 『明宗實錄』 卷25, 明宗 14年 2 月己未條. "持平柳承善啓曰 …(中略)… 奉恩寺柴場 則臣之妻鄕 乃原州之地 臣自爲儒生往來時 道由楊根月溪之邊 每見長栍立于道上 書曰奉恩寺柴場 …(中略)… 禁獵則江陵府西 有五臺山 山下有川 臣爲其道都事時 適承救荒之命 以便服巡行 偶因日暮 投宿于月精寺 寺下有長栍 書曰禁獵 臣怪而門之 野老皆言 此川近地 居人等自前網魚以食 而寺僧恐其寺中有腥腥Ⅰ之氣 禁之云."

있다. 그런데 봉은사와 월정사의 장생長桂은 내용에서 보듯 분명 금표禁標로 세워진 것이므로 노표인 후로 건립된 것이 아니라는 점도 분명하다. 다만 여기서 주의할 점은 이 장생이라는 용어가 사찰 측에서 사용한 것이 아니라, 보고자 즉 유승선이 한 말이라는 점이다. 게다가 이 장생에 인면의 모습을 하였는지도 분명하지는 않다. 그럼에도 명종 대(1545~1567)인 16세기 중반에 사찰의 금표를 장생이라 한 것은 분명 주목되는 내용이다.

다시 말해 이 내용은 노표나 장승 외의 특정 용도로 건립된 금표와 같은 표주標柱도 장생長桂으로 호칭되었다는 점을 보여주고 있다. 주지하듯이, 사찰에 둔 경계표 또는 금표로는 이미 이전 시기부터 '장생長生'이란 용어가 사용되어 왔다. 그런데도 '장생長桂'으로 표기한 것은 이 무렵 장생長桂이라는 용어가 인위적으로 건립된 목주木柱에까지 적용됨에 따라 사찰에 세워진 금표도 장생이라고 지칭한 것으로 생각된다. 그렇다면 이 경우 장생은 노표나 장승이 아니어도 사용된 사례라고 할 수 있다.

그러나 봉은사와 월정사의 장생은 인면을 지닌 목우가 아니라 단지 금역禁域을 나타내기 위한 표주였다. 그리고 이를 장생이라 한 것은 이처럼 특정 용도로 세워진 표주를 당시 장생長桂으로도 불렀기에 이에 따른 것으로 생각된다. 또 봉은사와 월정사의 장생에는 '봉은사시장奉恩寺柴場'이나 '금렵禁獵'이라고 하는 글자가 쓰여 장생의 건립 목적과 용도를 분명히 하고 있으며, 또한 이와 같은 명문의 등장은 노표에 이정을 기재하는 점과 더불어 이후 장승에 명문이 나타나게 되는 양상을 시사한다.

이렇게 보면 15세기 말에서 16세기 중반에 걸쳐 사용된 장생이라는 의미 속에는 길가에 세워져 있던 인면형 장승을 지칭하는 것과 인면형의 여부는 확실치 않으나 길가나 사찰에 건립하여 이정표 또는 금표를 지칭하는 것 등 두 가지 유형으로 나눌 수있다. 또한, 이 시기의 장생에는 장생을 세운 용도를 나타내는 문자도 새겨 현재의 장승에게 보이는 명문의 출현 시기도 추정할 수 있게 한다. 즉 15세기 말 이후 노표 또는 금표를 표시하기 위해 장생에 명문을 새기는 일도 점차 성행되었다고 추정해 볼수 있다.

이상에서 서술한 내용을 요약하면 다음과 같다. 즉 15세기 전반 노표제도의 실시에 따라 길가에 세워진 후에서 15세기 말경에는 인면형의 목우로도 나타났으며, 이를 장생長栍이라고도 하였다. 그러면서도 후堠와 장생長栍은 노표를 가리키기도 하였다. 그리고 16세기 중반에 들어와 장생長栍이라는 명칭이 보편화되면서 장생長栍은 노표가 아닌 사찰의 금표를 지칭하기도 하였다.

(2) 마을신앙으로서 장승신앙의 성립

한편 장생長栍과는 별도로 '장승'이라는 명칭이 16세기 전반의 『훈몽자회訓蒙字會』에 처음 나타난 후 17세기 말이나 18세기부터는 장승長丞(將丞·長承)[124] 등으로 표기되고 있는 현상을 볼 수 있다. 그렇지만 이러한 '장승'류의 명칭도 기존의 노표 장생과 결코 무관하지 않다는 것이 숙종 38년(1712) 청나라에 파견된 최덕중崔德中의 일기에서 확인된다.

> 청나라의 어느 촌에서 9리쯤 되는 곳에 대고수점大枯樹店이 있고, 또 그 점店에서 2리쯤 되는 곳에 소고수점小枯樹店이 있다. 점店의 동쪽에는 교계문交界門이 세워져 있는데, 이는 우리나라의 이른바 장승류長丞類이다. 이수와 지명을 기재하여 소위 대소고수大小枯樹라 되어 있다.[125]

즉 중국의 노표를 보고 이는 우리나라의 장승류長丞類와 같다고 하였다. 18세기 이전부터 조선에서는 노표에 대해 후堠 또는 장생長栍이라는 명칭을 사용하여 왔는데, 여기에서는 이를 장승長丞으로 표현하고 있다. 이처럼 장생 대신 장승으로 표기한 것은 이 시기에 들어와서는 장승이라는 명칭이 어느 정도 보편화되었음을 보여주는 것으로 볼 수 있다.

또 장생이란 용어가 비교적 식자층에서 사용되었다면, 장승은 민간에서 일반적으로

124_ 『輿地圖書』 참조.
125_ 『燕行錄』 12月 20日條. "村去九里 有大枯樹店 店去二里 有小枯樹店 店東立交界門 此乃上所謂我東長丞之類 也 書里數地名 而所謂大小枯樹者"

불린 명칭이 아니었을까 추측되기도 한다. 그것은 숙종 43년(1717)에 창건된 것으로 전하는 부왕사扶旺寺와 관련하여 김수장金壽長의 『해동가요海東歌謠』에 수록된 아래 가사가 바로 이런 점을 시사하여 준다.

양춘陽春이 포덕布德ᄒ니 만물이 생광휘生光輝라 …(중략)…

남가여창男歌女唱으로 종일토록 노다가 부왕사 긴 동구洞口에 군락으로 드러간이

좌우에 섯는 장승將丞 분명히 반기는 듯 왕래유객往來遊客들은 못뇌부러 ᄒ돗드라

암아도 수성춘대壽城春臺에 태평한민太平閑民은 우리론가 ᄒ노라[126]

여기의 장승은 사찰의 입구에 세워져 있었으므로 노표로 세워진 것은 아니다. 더구나 이 장승이 있는 곳으로 사람들이 왕래하고 있으므로 결코 금표로 세워진 것도 아니라는 점은 분명하다. 그렇다면 이 부왕사 장승은 노표 또는 금표로 건립된 것이 아님을 알 수 있다.

이런 점에서 부왕사의 동구 장승은 사찰 또는 동민들이 자의적으로 세운 것이며, 이를 장생 또는 후로 부르기보다는 민간에서 전해 오던 명칭 그대로 '장승'으로 불렸다고 해석할 수 있다. 또한, 이 장승은 좌우 각 1기씩 세워져 있었던 점과 주민에 의해 군악軍樂의 대상이 된 점 등으로 미루어 볼 때 마을장승으로서 동구제의 대상으로도 신앙되지 않았을까 추측된다. 만약 그렇다면 이는 장승에 대한 주민의 신앙이 18세기 전반 이전에 이미 형성되었던 사실을 반영한다고 할 수 있다.

이와 관련하여 길가의 장승을 '장군將軍'으로 지칭하고 있는 점도 이전의 노표에서 점차 수호신으로 전환되어 가는 장승신앙의 성립을 보여 준다는 점에서 주목된다. 가령 『청구야담靑邱野談』에 '청주졸이권술포도淸州倅以權術捕盜'에는 이지광李趾光이란 명관이 도적맞은 종이를 찾아 준 이야기가 전하는데, 이 이야기 속에 청주에서 10리쯤에 있던 노방장승路傍長丞을 주염장군朱髥將軍이라 하고 있다.[127] 즉 이 장승은 청주에서 10리

126_ 『海東歌謠』 참조.

떨어진 곳에 있다고 하였으므로 노표로 세워졌음을 알 수 있다. 그런데 이런 노표조차 민간에서는 장승이라 불렀기에 노방장승으로 표현하였던 것으로 보인다. 또 얼굴에 붉은 수염을 한 인면형을 하였으며, 달리 '장군'이라고도 불렸기에 이를 주염장군이라 한 것이다. 또한, 장군이라고 한 호칭에서 현행 장승에게 보이는 '천하대장군·지하여장군'등과 같은 장군류將軍類의 명문 출현도 엿볼 수 있다.

결국, 이상과 같은 사례들을 통해 18세기에 들어와 점차 장승이 민간에서는 신앙물로도 건립되지 않았을까 추정케 한다. 게다가 노표인 후에서 신앙물로서의 장승으로의 변화를 보여주는 사례가 후에 이정 및 지명 등을 기재하다가 점차 천하대장군·지하여장군과 같은 명문을 기재하게 되는 양상을 보여준다는 점에 있다.

후나 장생 명문의 기재는 앞의 『호고일록好古日錄』이나 『반계수록磻溪隨錄』 및 봉은사·월정사의 '봉은사시장'·'금렵'등에서도 본 바 있지만, 19세기에서 20세기 초에 걸친 시기의 몇몇 장승의 명문을 통해 이정표에서 '장군將軍'으로의 전환 과정을 보면 〈표 2〉와 같이 나타난다.

『북월설보北月雪譜』에 보이는 '아미산하교蛾眉山下橋'라는 명문은 천연두의 발생 시 이를 막기 위해 세운 소위 두창장승이라는 것은 이미 밝혀진 바 있으므로[128] 이를 예외로 한다면 1870년대부터 장군류 명문과 함께 이정이 기재된 장승이 함께 보이다가 1900년대 이후부터는 장군류 명문을 지닌 장승이 일반적으로 나타나는 점을 볼 수 있다. 이처럼 20세기 초를 전후하여 이정을 기재한 명문이 점차 약화되는 현상은 고종대에 정식으로 노표제가 폐지된 점과 결코 무관하지 않을 것이다. 그리고 이후 장승에 장군류 명문과 이정이 기재되기도 하는 것은 노표제의 잔존 현상이라 할 수 있다. 그러나 전반적으로 20세기 이후 장승의 명문이 주로 장군류로 정착되어 가는 점만큼은 분명해 보인다.

이렇듯 15세기 말부터 보이기 시작하는 장생은 본래 노표인 후와 밀접한 목주를가

127_ 『靑邱野談』 卷4, 淸州倅以權術捕盜. 이 이야기의 정확한 성립 연대는 알 수 없으나 18세기 후반으로 추정된다.
128_ 金斗河, 「痘瘡장승考」, 『韓國民俗學』 5(民俗學會, 1981), 9~93쪽.

리키는 용어였지만 민간에서는 이를 장승이라고도 하였다. 또한, 이 시기의 일부 장
생에서는 이런 목주에 인면을 직접 표현한 것도 세워지곤 하였다. 그러다가 17세기에
들어와서는 후에 인면이 일반적으로 나타났고, 장생과 장승이 명칭 상 혼용되면서 18
세기 전반 이전에는 마을신앙으로서 장승신앙도 성립되었다고 판단된다.[129]

〈표 2〉 장승 명문의 변화(19세기 전반~20세기 전반)

건립(추정) 연대	명문	출처
1825년	蛾眉山下橋	鈴木, 『北月雪譜』, 1842
1876년	振威大將軍	羽柴, 「淫祀の研究」, 1888
1876년	一倉西距□□□地名永老司	上同
1890년	天下大將軍	坪井, 「巴里通信」, 1890
1891년	縣東距二十里地名紅□	羽柴, 「朝鮮里程標」, 1891
1902년	距京□里	八木, 「韓國里程標」, 1902
上同	乾上周將軍・坤下唐將軍	上同
上同	自官門二十里距皇城八十里地名下松□	上同
上同	天下大將軍・天下女將軍	上同
上同	天下大將軍 등	上同
上同	上元周將軍	上同
1906년	地下大將軍・地下女將軍	Hulbert, The Passing of Korea
1910년	地下大將軍・地下女將軍	『朝鮮風俗畫譜』
1913년	天下大將軍・地下大將軍	楢木, 『朝鮮の迷信と俗傳』
1913년	自威城・南距五里里程標(석장승)	孫晉泰, 「長生考」
1920년대	地下大將軍	『韓國風物帖』

129_ 이와 관련하여 석장승의 출현 시기를 17세기 후반에서 18세기 전반으로 추정한 점 역시 장승신앙의 형성에
대해 시사하는 바 크다. 박호원, 앞의 논문, 328~329쪽 참조.

또한, 이 시기 나타나는 장승 명문상의 변화, 즉 장군류 명문의 성행은 기존의 노표를 대신하여 조선 후기 자연촌의 성장과 관련하여 마을의 수호신으로서 장승신앙의 성행을 반영하는 것이기도 하다.

이상으로 장승의 기원과 장승신앙의 형성에 대해 살펴보고자 하였다. 종래 장승의 기원을 선사시대의 원시 경계표나 사찰의 장생표에서 유래된 것으로 보는 견해에 대해 여기서는 조선 초기부터 건립되기 시작한 노표인 후에 주목하였다.

이를 위해 먼저 노표의 도입 논의 및 법제화를 통해 조선 시대 노표제의 실시 과정을 검토하였다. 여기서 이러한 노표가 일정 거리마다 이수와 지명을 새겨 건립되었으며, 그 내용과 형태의 사례를 통해 이정표로서의 노표 외에 인면을 지닌 노표와 후를 장생長栍으로도 지칭한 점에서 노표에서 장승으로의 전환 과정을 제시하고자 하였다.

또한, 장생長栍으로도 불린 노표를 통해 이런 장생이 곧 후를 가리키기도 한 점을 보았는데, 이는 장생과 후가 동일한 대상임을 의미하는 것이기도 하다. 후라는 명칭이 있었음에도 장생이라는 명칭이 사용된 것은 결국 장생이라는 명칭의 확산이 그 배경에 있었다. 그리고 장생과는 별도로 '장승'이라는 명칭 또한 16세기 이후 폭넓게 사용되고 있는 점 역시 장생 명칭의 확산과 결코 무관하지 않다. 다시 말해 노표인 후를 장생 또는 장승으로도 지칭하였기에 이런 현상이 발생한 것이라고 간주된다.

17세기 이후에는 후에 인면人面을 새긴 목주木柱의 성행과 장생·장승의 명칭 상 혼용을 통해 18세기 전반 이전에는 장승신앙도 성립되었을 것으로 판단되며, 19세기 말 이후 장생 또는 장승 명문에 '장군'류가 등장하는 것도 결국 장승에 수호신적인 속성을 부여해 갔던 과정을 반영하는 것이다.

이처럼 장승은 본래 조선 초의 노표路標에서 출발하였던 것인데, 조선 후기에 들어오면 촌락 단위의 동구신앙으로 형성되고 있었다. 노표로서의 장승은 주로 대로에 일정 거리마다 세워져 있었으나 조선 후기에 들어와서는 읍성이나 사찰 및 비보용을 위해 건립되기도 하였다. 또한, 이런 장승은 대체로 공공성이 강한 건립물로서의 성격을 띤 것이라 할 수 있다. 반면 마을 장승은 동구가 지닌 풍수지리상의 결처를 보완하기 위해 건립되면서 차츰 수호신이 지녀야 할 성격도 지니게 된 것이었다. 이런 마을 장승에 주민은 정기적인 제의를 지냈는데, 그것은 주민 참여 하에 치러지는 개방된 형태였다. 그리고 이 같은 장승제의 비유교적인 형태는 동일한 촌락 수호신인 산신이나 성황신이 주로 유교식으로 행해지는 것과 대비되는 점이기도 하다.

이는 산신·성황신에 대한 마을제가 16세기 이후 지방관·사족·향리들에 의한 유교 제례의 강제 또는 확산에 영향받아 대체로 17~18세기 이후 신앙대상으로 정착되면서 비교적 유교 제례의 영향을 받지 않은데 따른 결과라고 할 수 있다. 더욱이 18세기 이후 지방관들의 관행제官行祭에 대한 무관심이나 사족들의 향촌 사회에서의 영향력 상실 및 향촌 사회의 성장은 장승제에 유교적인 영향을 강제할 수 없던 배경을 이루는 것이기도 하다. 그 결과 장승제가 유교식의 제의 형태로 전승되기보다는, 전래의 공동체적 제의 방식(즉 공동 준비·공동 참여 등)이 전해질 수 있었다고 생각된다.

그리고 조선 후기 마을 분화와 함께 마을 공동체 신앙에도 변질을 보여주는데, 대표적인 사례가 장승신앙의 성립과 마을제로의 정착이다. 또한, 이는 마을마다 독자적인 신앙 대상과 마을신을 성립시킴으로써 부차적으로는 각 마을의 독자성·개별성도 상승시키는 효과도 가져왔다고 할 수 있다. 요컨대 종래 사족이 거주하던 촌락 중심적인 편재에서 점차 그 외곽에 있었던 자연촌의 개별화와 독립성은 마을 공동체 신앙의 변화에도 반영되어 있다고 보인다. 그리고 이에 대한 적절한 사례가 곧 장승으로 대표되는 마을신앙의 성립이라 할 수 있다. 즉 장승을 자기 마을의 입구에 건립한 현상은 외부와 분별되는 '마을 의식' 또는 공동체 의식의 발현이라고 간주할 수 있다.

이상으로 현행 마을신앙의 연원과 형성 과정을 살펴보았다. 이를 위해 연원으로서는 상고대의 천신신앙을 검토한 결과, 당시의 천신신앙이나 제천의례에 일부 공동체적 신앙 성격이 확인되긴 하지만, 이와 같은 신앙·의례에는 기본적으로 왕권 강화를 위한 지배 이념적 성격이 강하다는 것을 볼 수 있었다. 따라서 천신신앙에서 어느 정도 공동체 신앙의 연원을 구할 수는 있겠으나, 국왕 중심의 신앙으로서 그 외 계층의 신앙 행위를 배제한 폐쇄적인 속성이 강하여 그 이후 공동체 신앙으로 전승될 수 없는 한계를 지닌 것이었다.

한편 고대 이래 조선 후기까지 전승되어 온 산신신앙에는 영역 관념의 표출과 국가 제사로의 수용 및 일반 민들의 치제라고 하는 신앙의 양분화 현상을 볼 수 있다. 영역관의 표출로서 산신신앙의 의미는 이미 사로 육촌장의 시조설화에서도 나타나 있는데, 그것은 각 촌의 거주자들이 자신들의 시조가 산악을 통해 강림하였다고 하는 일정한 결속의식을 가졌던 점에서 확인된다. 또한, 통일신라를 기점으로 전후 신라의 오악五岳에 변화를 보이는 점 역시 신라가 통일 후 확대된 영역관을 사전체제에 반영하고자 한 것이었다. 특히 사전체제로 수용된 산악들이 국가 예제의 대상이 됨으로써 이들 산악에 대한 민들의 치제는 규제의 대상이 되었다.

그러나 나말여초의 사회적 혼란기에 각 호족은 풍수지리와 결부된 산악신앙을 통해 자신의 세력을 합리화하고 아울러 지역민들을 신앙적으로 결속시키고자 하였다. 특히 이 시기 호족들의 신앙은 전통신앙만 아니라 불교·풍수지리 등 여러 형태를 활용하고 있는데, 이는 그만큼 호족들이 자신의 세력 유지를 위해 신앙에 집착하였던 모습을 전하여 준다. 각 지방에서 호족들의 개별적이고 자의적인 신앙을 고려 초 왕권 강화 및 중앙집권화에 역행되는 현상이므로, 자연 호족들의 신앙에 대한 국가로부터 규제가 뒤따랐다. 대표적인 예가 연등·팔관회의 혁파라 할 수 있다. 호족들은 성종 대 추진된 중앙집권화 및 지방제도의 제정 등에 의해 일정한 제약을 받았으며, 신분상 향리로 전환되었으나 재지세력으로서의 지위는 비교적 고려 후기까지 이어져 왔다. 이 과정에서 향리들은 여전히 지역신앙을 주도하는 계층으로서 자신들의 위상을 유지할 수 있었다. 또한, 이 시기 향리들의 신앙 주도는 주로 읍사邑司를 중심으로 하는 거군적擧郡的인 규모로 전해졌다. 이처럼 향리들이 주도한 지역신앙의 거군적인 규모는 고려 전기 향도 사례에서도 확인된다.

향도는 본래 불교와 관련된 활동을 위해 결성한 단체로서 고려 전기에는 지방관·향리들에 의해 거군적으로 활동하고 있었으나, 후기에는 촌민 중심의 자연촌 단위로 소규모해지고 있다. 이 같은 향도 성격의 변화는 여말 선초 사회적·사상적 변화에 부응하는 것으로서, 이후 향도는 향촌 공동체적 생활을 주도하게 된다. 특히 이 시기 향도가 공동체 신앙을 관장한 것은 공동체 신앙의 형성으로서 뿐만 아니라 오늘날의 마을신앙과 직접 연결된다는 점에서 매우 주목되는 현상이다. 또한, 향도의 공동체적 생활은 이후 하층민들의 촌계류 조직을 발생하게 하는 선행적인 조직으로 평가된다.

그런데 선초 주자학을 국가이념으로 내세운 15세기에는 집권층 및 중앙권력을 대변하는 수령, 그리고 재지사족들에 의해 향촌 사회의 교화나 통제를 명분으로 자연촌에서 자생적으로 전승되고 있던 향도의 공동체 신앙이 음사로 규정되어 제재의 대상이 되었다. 그렇지만 수령도 재지사족도 향촌 공동체 신앙을 전면적으로 근절시킬 수는 없었는데, 더욱이 이 시기 왕실에서의 음사 금단에 대한 완화책이나 수령의 묵인 등은 공동체 신앙이 향촌 사회에서 유지될 수 있었던 원인 중의 하나였다. 이 시기 재지사족들은 향촌 사회에서의 지배권을 확보하기 위해 노력하는 한편, 중앙정계로 진출한 사림파에 의해 유향소 복립과 향약보급운동 등이 꾸준히 추진되었다. 그 결과 재지사족의 향촌 사회에서의 영향력이 확립되었으며, 또 이후 사족들은 향규·향안 및 족계·동계·동약 등을 통해 일향 지배 및 사족들의 유대 강화, 하층민 지배에 따른 이념 틀의 확보가 이루어졌다. 더욱이 중앙정계에서는 사림·훈구파가 대립하는 가운데 사림파가 몰락하자, 사림파는 자신들의 근거지로 낙향하면서 향촌 사회를 집착하게 하는 계기가 되기도 하였다.

이어 양란이라고 하는 대규모의 피해를 극복하는 과정에서 재지사족들은 종래 지녀 왔던 향촌 사회의 주도권을 유지하고자 사족 중심의 동계·동약에 하층민들의 촌계류를 결합하는 상하합계가 성행되었다. 이를 통해 하층민들도 전보다는 향촌 사회에의 참여폭이 확대될 수 있으나, 기본적으로 사족 중심으로 운영되는 상하합계에서 점차 이탈되는 현상을 보여주고 있었다. 이는 사족 주도의 향촌 사회에서 하층민들의 위상이 그만큼 강화되어 가는 모습을 반영하는 것이다.

한편 향촌 사회에 또 하나의 유력계층인 향리들은 고려조에서와 같이 자신들의 근거지인 읍치邑治를 중심으로 신앙이나 제의를 주도하고 있었다. 조선 후기의 사례를 통해 본 향리들의 제의는 그 방식에 따라 전통적인 방식과 여기에 유교식이 결부된 것, 유교식으로만 행해지는 사례로 나눌 수 있다. 전통적인 방식은 고려조 이래의 전통을 계승한 것이지만, 유교식과의 절충이나 유교식으로의 전환은 조선조에 들어와 나타난 변화상이라 할 수 있다. 이를 통해 조선 후기에 들어와 전통적인 제의 방식에 유교식이 도입되는 과정을 볼 수 있고, 또한 향리들의 읍치제의에 보이는 유교 제례성은 이후 향촌 사회의 공동체 신앙의 제의방식에도 서서히 영향을 미치면서 현행 마을제에 보는 바와 같은 여러 양상으로 전해지게 되었다.

근대
공동체 신앙으로서
마을제의
전승

06 ─────────

일제 강점기 마을제의 공동체적 성격
해방 이후의 마을제의 전승 현황

  조선 왕조의 멸망은 민들의 산신과 성황신에 대한 신앙이나 치제 행위가 규제받던
종래의 상황에서 벗어나 민 스스로 이를 활성화할 수 있는 계기가 마련될 수 있었다
는 점에서 공동체 신앙의 전승 과정에서도 주목할 만한 사건이었다. 그러나 이어 일
제에 의한 조선의 강제 병합은 조선의 문화 전반에 대한 부정과 식민지화植民地化라는
변동을 초래하게 되는데, 이는 조선의 문화를 원시적이고 열등한 것으로 인식함으로
써 조선의 식민지화를 합리화하는 한 수단이 되었다. 이 시기 일제의 조선연구가 공
통적으로 조선 문화의 원시성·열등성·정체성停滯性 등을 부각시키고 있는 점이 바로
이를 입증해 준다. 즉 식민지하 일제의 문화정책은 조선의 지배를 위해 군사력·경찰
력에 의한 물리적 통제 이외에 지배의 합법성을 강조, 유지하기 위한 또 하나의 수단
으로 문화와 역사의 왜곡과 조작을 통하여 피식민 민족의 상대적 열등성을 '과학적'으
로 증명하고자 하였다.[1]

  이 과정에서 공동체 신앙으로서의 마을제도 예외는 아니었다. 그 단적인 예가 마을
제를 미신迷信으로 규정하여 이의 타파 내지는 근절을 시도하였다는 점을 지적할 수 있
다. 본래 미신이란 용어는 일본에서 명치明治 이후 개화주의자들이 영어의 superstition
을 번역하여 사용한 것으로,[2] 이를 한국에서도 구한말의 개화기 때 그대로 수입하여

1_ 文玉杓, 「日帝의 植民地 文化政策」, 『일제의 식민지배와 생활상』(城南, 한국정신문화연구원, 1990), 3쪽.

사용하는 한편 일제에 의해서도 한국문화를 부정하는 이론적 틀로 사용되던 것이었다. 결국, 일제에 의한 마을제의 미신화는 그 이면에서는 문화주의文化主義를 표방한 일제의 지배 논리이기도 하였다.[3] 즉 마을제를 전근대적이고 원시적인 것, 따라서 비문화적인 것으로 간주하는 시각이 일제의 문화주의에 내포된 의미이기도 하였다. 이런 논리에 근거하여 마을제는 혁파되어야 할 대상으로 간주되었던 것이지만, 이와 같은 시각은 당시의 한국인에게 열등감과 분열을 초래하였다는 점에 문제의 심각성이 있다. 부언하자면, 일제에 의한 마을제의 미신화는 조선 지배를 합리화하는 한 수단이자 촌락사회의 기반을 해체하는 데 이용되었다는 것이다.

게다가 일제의 식민지를 벗어나 비로소 마을제의 자체적 전승을 부여받을 수 있는 여건이 되었음에도 당국자들에 의해 마을제를 미신으로 간주하는 경향이 한동안 지속되어 온 것은 일제 식민지문화가 남긴 유산으로서 극복되어야 할 사안이었다. 그럼에도 해방 이후 미신 자체에 대한 일체의 정당한 논의나 평가 없이 또는 마을제에 대한 객관적인 조사 없이 이른바 근대화에 저해되는 것으로 마을제를 지목하고 이의 혁파를 시도하여 온 것은 근대 마을제의 전승이 기본적으로 부정되어 왔다는 것을 의미한다.

이처럼 근대 이후 마을제에 대한 인식은 혁파의 대상으로서, 부정되어야 할 촌민들의 관행으로 보는 시각이 일반적이었다. 이에 따라 마을제는 지속적으로 규제되어왔으며, 이 과정에서 적지 않은 마을제가 외부에 의해 강제적으로 해체된다거나 또는 촌민 스스로 그 전승을 포기하기도 한 것으로 보인다. 그러나 근래 전통에 대한 재인식과 민족문화에 대한 자각으로 마을제를 보는 시각도 과거의 미신에서 벗어나 긍정적인 평가를 받고 있는 것은 이런 점에서 매우 고무적인 현상이라고 할 수 있다. 여기서는 근대 마을제의 전승을 크게 일제 식민지와 해방 이후의 시기로 나누어, 각 시기의 전승 양상을 통해 마을제가 지닌 성격을 해명하여 보고자 한다.

2_ 崔吉城, 「迷信打破에 對한 一考祭」, 『韓國民俗學』 7(民俗學會, 1974).
3_ 文玉杓, 앞의 논문, 17쪽에 의하면, 일제의 문화주의는 '문화'라는 말로 武斷的 본질을 은폐하면서 뒷면에서의 조정을 통하여 민족을 분열시키고자 했던 보다 고도의 지배정책이었다고 한다.

1. 일제 강점기 마을제의 공동체적 성격

일제 식민지하의 마을제는 시기상 조선 후기와 현행 마을제를 연결하고 있다는 점과 현행 마을제와 비교하여 뚜렷한 차이가 찾아지지 않는다는 점에서 마을제의 전승 과정상에서 주목할 가치가 있다. 게다가 이 시기 조선총독부에 의해 행해진 조사 자료는 그 목적이 어떻든 당시 민들에 의해 관행되어 오던 마을제의 여러 모습에 대한 자료들을 남기고 있다는 점에서 조선 후기의 사례에 비해 더 자세한 마을제의 사례들에 대해 전하고 있다. 비록 조선총독부의 마을제 조사가 방법이나 목적·활용 등에 있어서 문제가 있긴 하지만, 이 조사가 한국 최초로 전국을 단위로 한 마을제를 분석하고 있는 점과 상당한 관련 사례들을 남기고 있다는 점에서 자료적 가치는 인정할 수 있으며, 이 시기의 마을제를 이해하는 데 있었어도 우선적으로 검토되어야 할 것이다.

더욱이 이 조사를 주도한 무라야마 지준村山智順이 실토하고 있듯이, 마을제를 미신으로 간주하기보다는 적극 장려되어야 할 촌민들의 행사로 인정하고 있었던 점은 주목할 필요가 있다.[4] 그럼에도 종래 일제 식민지시대의 마을제에 대해서는 이를 추진한 일제의 식민정책을 부정할 뿐, 실상 이 시기의 마을제의 내용이나 성격에 대해 접근한 연구는 부족한 편이다.

일제 식민지시대에 들어와 마을제는 전국에 걸쳐 전승되고 있는 것으로 집계되었는데, 마을제의 도별道別 전승 현황을 보면 다음 표와 같다.[5]

〈표 1〉 일제시대 마을제의 전승 현황

道	京畿	忠北	忠南	全北	全南	慶北	慶南	黃海	平南	平北	江原	咸南	咸北	計
%	38	70	20	17	35	75	65	51	63	72	81	81	90	58

4_ 村山智順, 『部落祭』(朝鮮總督府, 1937).

5_ 村山智順, 위의 책, 102~103쪽.

이 〈표 1〉에 의하면 마을제는 거의 전국에서 행해지고 있었으며, 그 비율은 전체적으로 약 60%에 이르고 있다.[6] 그러나 이 통계 수치는 어디까지나 회수된 설문지를 근거로 한 것이기 때문에 실제 마을제의 전승 비율은 이보다 높았다고 해야 할 것이다. 어쨌든 이를 통해 이 시기의 마을제가 민들에 의해 매우 보편적으로 관행되고 있던 현상이었다는 것을 알 수 있다. 또 이 전승 현황을 통해 볼 때, 경기·강원을 중심으로 그 이남 지역에서는 경상도와 충북을 제외하고는 50% 이하의 비율을 보이지만, 이북 지역에서는 모두 50% 이상으로 나타나고 있어 대체로 남한지역보다는 북한지역에서 마을제가 보다 성행되고 있었던 점도 주목된다. 또한, 남쪽과 북쪽 지역에 보이는 마을제 전승의 차이는 제기祭期에서도 찾아진다. 즉 남쪽의 충청도·전라도·경상도에서는 연 1회 음력 정월 15일 이내가 일반적인데 반하여 북쪽의 황해도·평안도·함경도에서는 춘추 2회 또는 1월 외의 다른 달에 1회 또는 2회 행하는 곳이 많고, 경기·강원도는 남쪽과 북쪽의 제기가 혼재되어 있다.

이러한 차이에 대해 보고서에서도 더 이상의 설명이 나와 있지 않아 자세히 알 수는 없지만, 이런 마을제 전승 현황을 통해 이 시기에 들어와 마을제가 지역에 따라 다양하게 전승되고 있는 점만큼은 확인할 수 있다.

마을제명은 전국 505개의 마을에서 모두 114종으로 집계되었지만, 이를 다시 중복되는 제명으로 분류하여 다음과 같이 제시하고 있다.[7] 즉 '동제洞祭'·'산신제山神祭'·'성황제城隍祭'가 당시 일반적으로 불리던 마을제의 명칭이라는 것을 알 수 있다.

〈표 2〉 일제시대 마을제의 명칭

祭名	洞祭	城隍祭	山神祭	堂山祭	山川祭	山祭	洞神祭	堂祭	天祭	里社祭	厲祭	計
數值	85	48	37	34	33	31	21	18	12	11	10	340

6_ 朝鮮總督府가 조사한 마을이 自然村인지 아니면 行政里인지 분명치 않기 때문에 이 통계자료에 대해서는 사실 의문이 남는다. 그러나 1930년대의 마을제 전승 현황을 파악할 때, 개략적이나마 참고자료는 될 수 있다고 생각된다.
7_ 村山智順, 앞의 책, 128~142쪽.

그러나 이 표의 당산제堂山祭·산천제山川祭·산제山祭 등은 모두 산신제 계열로 볼 수 있고, 또 동신제洞神祭·이사제里社祭도 '동제' 계열로 간주할 수 있으므로, 마을제명은 '동제' 계열이 117개소, 산신제 계열이 135개소로 이들 명칭의 비중이 훨씬 컸던 것으로 보인다. 또한, 전체적으로 마을제명은 흔히 마을제에서 대상으로 한 신에 따라 불리고 있는 점도 볼 수 있다. 이렇게 본다면 '동제'란 마을제의 대상에 근거한 명칭이라기보다는 마을에서 전승되는 제의 현상 일반을 지칭하였던 것으로 생각된다. 따라서 이러한 '동제'에서도 실체 대상으로 삼고 있던 신은 산신이나 성황신이었을 가능성을 생각하여 볼 수 있다. 다시 말해, 이 시기 들어와 산신이나 성황신을 대상으로 한 정기적인 제사가 일반적인 마을제의 한 형태로 전해지고 있었다는 것이다.

이러한 현상은 다음 표의 마을제의 신을 통해서도 알 수 있는데, 이는 당시 마을제에서 치제되었던 대상신의 현황에 대해서도 전해준다는 점에서 주목된다.[8]

〈표 3〉 일제시대 마을 제신 현황

神明	山神	洞神	城隍神	山川神	堂山神	木神	土地神	厲疫神	府君神	里社神	堂神	計	其他	合計
地方	114	109	68	23	23	11	11	9	8	8	7	391	132	522

여기서도 당시 마을제의 주신主神이 산신山神·동신洞神·성황신城隍神 등으로 전하고 있었다는 것이 다시 확인된다. 그리고 산천신山川神이나 당산신堂山神 등은 산신 계열로 볼 수 있으므로, 산신의 비율은 더 높게 잡을 수 있다. 또 동신으로 집계된 것도 그 신명神名이 구체적으로 제시되지 않았을 뿐, 앞에서 말한 바와 같이 산신이나 성황신으로 관념되었을 가능성도 있기 때문에, 일제 강점기 때 마을제의 주신主神을 산신·성황신 등으로 간주하더라도 무리는 없어 보인다.

그리고 바로 이러한 사실은 지금까지 검토하여 온 산신과 성황신이 조선 왕조의 멸망 이후 국가 제사 대상으로서의 의미를 상실하고 대신 마을제의 주신으로 전승되어

8_ 村山智順, 위의 책, 124쪽.

왔다는 점을 보여주는 것이기도 하다. 또한, 이것은 왕조의 신분제 하에서 유지되어 온 이족吏族의 소멸과 이들 이족의 위상 강화를 위해 치제되어 온 읍제邑祭도 어떤 형태로든 변화될 수밖에 없었다는 점을 시사하고 있다. 가령 『부락제』에 보이는 강릉 단오제는 무격巫覡·봉화군烽火軍 100여 명과 관복官僕 10여 명이 군주의 명에 의해 동원되고 있는 점과 호장戶長이 그 치제를 통제하고 있는 점[9] 등은 조선조 이족 주관의 관행제官行祭와 읍제의 잔존 현상이 아닌가 생각된다. 한편 읍제는 대부분 마을 단위로 전해지는 마을제에 비해 그 읍이 소재한 지역이나 중심지에서 제의가 행해지는 일이 많았는데, 일제 때 시장市場에서 거행되곤 하던 별신別神굿(별신제別神祭)의 모습은 이런 점에서 시사하는 바가 크다. 강릉 단오제에서도 제관들에 의한 성황제가 끝나면 이어 무격들이 시장에서 굿을 연다고 한 점이나, 충주의 별신제와 경북 김천군 남면南面·개녕開寧의 별신제가 시장 관련자들의 주도 하에 이 지역 시장에서 개최되는 것 등이 그런 사례이다. 이때 많은 사람이 별신제를 보기 위해 모여들었다고 하는데, 이 때문에 이러한 별신제를 시장 번영을 위해 거행되는 것으로 보기도 한다.[10]

그런데 별신제는 대체로 3년 또는 10년마다 열리는 일이 많고 또 여러 날에 걸쳐 진행되며, 이때 광대나 무녀들에 의한 놀이가 수반되는 모습 등은 정기적이고 유교식화된 마을제와는 분명 다른 모습을 보여주는 요소이다. 가령, 충남 부여군 은산에서 격년으로 열리던 별신제는 제관 6인 외에도 역원役員 11인과 악대·무녀 등이 동원되어 은산 일원의 번영을 비는 공동제로 치러졌으며, 제관들의 유교식 제의를 마치면 이어 무녀들에 의한 당굿이 행해졌는데, 이때 역원과 주민도 함께 참여하여 즐기는 모습[11]이나 그 외 강릉 단오제의 관노놀이, 안동 하회 별신굿의 탈놀이[12] 등에서도 이런 사례는 얼마든지 찾아볼 수 있다.

다시 말해, 이러한 별신제는 과거 이족들이 읍제에서 신을 맞이하여 읍민과 함께

9_ 村山智順, 위의 책, 69쪽. 그러나 이 시기에 戶長이라는 신분이 더 이상 유지되지 않았다는 점에 유의한다면, 여기의 호장은 과거 단오제를 주관했던 호장의 단순한 차용에 불과하다.
10_ 朝鮮總督府, 『釋奠·祈雨·安宅』(1938), 201~210쪽.
11_ 朝鮮總督府, 위의 책, 172~182쪽.
12_ 村山智順, 『部落祭』 참조.

놀이를 수반하여 지내던 모습을 연상시킨다. 다만 시대가 변함에 따라 주최자의 구성
이나 치제의 목적에도 변화를 수반하게 된 결과 시장 관련자들이 시장 번영을 위해
지낸다거나 그 지역 유력자들이 주관한다거나 한 것이 아닌가 생각된다. 마산馬山의
성신제聖神祭는 300여 년 전부터 해상의 안전과 풍어를 기원할 목적으로 지내왔다고
하는데, 조사 당시 매년의 치제를 소제小祭, 5년마다 지내는 것을 중제中祭, 10년마다
지내는 것을 대제大祭라 하여, 이 제의 경비를 충당하기 위해 계(이를 '합포사合浦社'라 한다)
의 사장社長과 역원役員이 각기 제관과 독축관이 되었다고 한다. 소제와 중제에서는 제
후 제물을 계원들만으로 음복하였지만, 대제에서는 계원 이외의 참석자도 공식共食하
였다고 한다.[13] 이 사례는 계원契員들에 의한 공동제의 운영을 보여준다는 점에서 주
목된다. 특히 제관을 계의 우두머리가 맡는 점이나, 10년마다 열리는 대제에서 계원
을 초월하여 참석자 전원의 공식共食 행위行爲가 보이는 것은 계契와 제祭의 관련성은
물론 계원들에 의한 공동체적 결속의 유지가 도모되고 있는 것을 볼 수 있다. 이상과
같은 내용으로부터, 이족이 소멸된 상황에서 조선조 읍제는 어느 면에서 '별신別神굿'
(별신제)의 전승으로 이어져 오는 것이 아닌가 생각된다.

한편 마을제는 앞서 말한 대로 마을 단위로 전승된다는 점에 주목할 때, 마을제의
전승 기반이기도 한 마을(촌락村落 또는 자연촌自然村)의 형성 시기는 상당히 중요하다. 이는
무엇보다도 마을제의 전승에는 무엇보다도 마을의 존재가 전제되어야 하기 때문이다.
그리고 이런 사실은 마을제의 축문祝文에서 보더라도 분명하다.

○ 雜歲次(干支)何月(干支)朔何日(干支) … 洞住民 代表 某 敢昭告于 鳳鶴山山神 今以清神 洞中
住居 家內無故 疫病陰去 災厄消滅 安過太平 伏以祝願 (下略)…

○ 雜歲次干支朔某日干支 幼學 某 敢昭告于 君月山大山神・五方之神・牢馬之神・遠邇之神 歲享
明惠 一村民安 謹以清酌庶羞 (下略)…[14]

13_ 朝鮮總督府, 앞의 책, 210~212쪽.
14_ 이상 두 祝文은 모두 『部落祭』 477쪽에 나와 있다.

즉 마을제는 마을신에게 동洞이나 촌村에 거주하는 주민의 제재 초복과 평안을 기원하는데 그 목적이 있다는 것이 위 축문에 나와 있는 내용이다. 이는 마을제가 기본적으로 동민이나 촌민들에게 자신들의 거주 지역으로 인식되고 있던 일정 지역을 대상으로 그 지역 내 거주민들의 안녕을 기원하였다는데 주요 목적이 있다는 점을 의미한다.[15]

주민이 스스로 말하는 바와 같이, 마을제가 자신들의 마을에서 전해온 것은 마을이 형성된 이래라는 구전은 마을제의 형성 시기를 추정하는 데에도 참고 된다. 가령, 경기도京畿道 고양군高揚郡 사정동射亭洞의 산신제는 약 300년 전 마을이 형성되고 나서부터 거행되어온 것[16]이라거나 경성부京城府 용강龍江의 동제가 500년 전부터 제사되어왔다는 전설,[17] 또는 500여 년 전 이래 전해왔다는 경성부 외우이리外牛耳里의 산제[18] 등은 마을제가 모두 500~300년 정도의 전승물이라는 점을 엿보게 하는 사례들이다. 그리고 마을제의 전승과 관련된 이와 같은 구전 내용은 마을제의 형성 시기를 여말선초로 추정한 앞의 논의를 뒷받침하여 주는 것이기도 하다.

한편 마을제의 진행 과정을 보면 내용상 준비·치제·결산의 삼 단계로 구분이 가능하다.[19] 먼저 동제의 준비 단계로는 제일祭日과 제관祭官의 선정, 제비諸費의 지출, 금기禁忌의 공동 준수, 제물祭物의 준비와 조리 등을 들 수 있다.[20]

제일은 마을에 따라 미리 정해져 있는 곳도 있지만, 대부분은 택일擇日에 의해 제일

15_ 반면 마을제가 본질에 있어 풍농을 기원하는 農耕儀禮라는 견해가 있다[態谷治,「洞祭」, 朝鮮學報 74(朝鮮學會, 1975), 97~110쪽]. 마을제에 풍년이나 풍어를 기원하는 의미가 있다는 것은 분명하지만, 단지 풍년(어)을 위해 마을제가 거행되는 것만은 아니다. 오히려 마을제는 주민의 안녕과 건강, 질병 방지, 마을의 번영, 가축의 번성 등 여러 가지 목적의 기원을 위해 치제된다는데 의의가 있는 것으로 생각된다.

16_ 村山智順,『部落祭』, 7쪽.

17_ 村山智順, 위의 책, 16쪽.

18_ 村山智順, 위의 책, 18쪽.

19_ 金漢超,「部落祭構造의 共同體的 樣態」,『植民地時代의 社會體制와 意識構造』(城南, 한국정신문화연구원, 1988), 271쪽.

20_ 이 중에서 제물의 준비와 조리는 신이 흠향할 음식이기 때문에 제관으로 선정된 자나 그 부인에 의해 준비되고 조리되는 경우가 일반적이다. 따라서 이러한 과정은 마을제의 신성함을 부각시키는 측면은 인정되지만, 이를 통해 공동체적인 모습을 확인할 수는 없다. 오히려 제물과 관련하여 동제에 보이는 공동체적인 모습은 제후 제물의 분배에서 확인된다. 이에 대해서는 뒤에서 다시 언급하기로 한다.

이 정해지는 것으로 나타난다.[21] 제관 선정에는 강신선정降神選定이나 생기선정生氣選定・륜번제輪番制・연장제年長制 등도 보이고 있으나 가장 일반적인 방식은 주민 협의住民協議에 의한 것으로 조사되었다.[22] 그리고 주민 협의에 따른 제관 선정도 대체로 마을 회의(동회洞會)에서 결정되는 것으로 나타나 있다. 이처럼 제관이 주민 협의와 동회를 거쳐 선정된다는 것은 마을제가 특정 개인의 주도 하에 거행되는 것이 아니라 주민 모두의 위임에 의한 것임을 의미한다. 다시 말해, 동회에서 주민 협의로 제관을 선정하는 것 자체가 공동생활에 근거한 마을제의 공동체적인 성격을 반영한다.

마을제를 거행하기 위한 제비의 지출은 크게 마을의 공유기본재산共有基本財産에 의한 것과 주민에 의한 갹출醵出로 나눌 수 있다. 『부락제』의 조사 사례 273개 중에서는 전자가 71개(27%), 후자가 202개(73%)로 나타나고 있듯이, 주민 갹출이 제비 지출의 일반적인 방식이라고 할 수 있다. 또한, 공유재산이 있는 마을이라도 제비의 일정 부분을 주민에게 걷을 때 있다. 따라서 제비 갹출은 주민의 공동 부담에 의한 것이 일반적인 방식이었다고 할 수 있다. 그리고 주민 갹출도 미리 마을제의 비용을 정해 놓고 이를 주민에게 균등하게 분담시키는 경우도 있지만, 정해진 비용 없이 주민의 형편에 맞춰 자의에 맡기는 사례도 확인된다. 또 마을제 비용에서 조사된 184개 사례를 분류하면, 20원 이내가 121개로 66%, 20원에서 100원 이내가 53개로 29%, 그리고 100원 이상이 10개로 5%를 차지하는 것으로 집계된다.[23] 당시 백미 한 가마(80kg)의 가격이 17원 60전으로 환산된 것에 따른다면,[24] 당시 마을제를 한 번 치르는데 소요되는 쌀 한 가마 정도의 비용을 주민의 분담으로 거행되었다는 것을 알 수 있다.

이 정도의 비용을 주민의 공동 분담으로 지출하였다면, 당시 마을제가 주민에게도 결코 경제적으로 부담스럽지는 않았을 것으로 생각된다. 게다가 마을제에 소요되는 비용의 공동 갹출・공동 분담은 마을제에의 공동 참여 의식을 보여주는 것으로, 이를

21_ 村山智順의 『部落祭』에 의하면, 조사된 368개 사례 중 택일하는 곳이 224개로 나타나 있다.
22_ 村山智順, 위의 책, 239~281쪽.
23_ 村山智順, 위의 책, 424쪽.
24_ 金漢超, 앞의 논문, 281쪽.

통해 공동체 의식의 유지에도 마을제가 기여하였을 것으로 볼 수 있다. 그리고 어느 면에서 이러한 사실은 마을제가 비록 제관에 의해 치러질지라도 마을제의 주체자는 어디까지나 주민이라는 점을 분명히 하는 것이기도 하다.

마을제가 지닌 공동체적인 모습은 제일이 정해진 후 제일까지 준수해야 하는 금기禁忌의 공동 준수에서도 확인된다. 마을제를 주제하는 제관은 물론이고 마을제에 직접 참여하지 않는 주민일지라도 제일이 정해지면 제일 전까지 평소의 생활과 달리 지켜야 할 규범들이 요구되기 때문이다. 사실 제관은 마을제를 직접 주제하는 자이기 때문에 주민에 비해 더 엄격한 금기 사항이 요구되긴 하지만, 제관으로 선정되지 않은 주민이라도 제의 기간 금주禁酒나 금도살禁屠殺, 금부정禁不淨 등을 준수해야 한다는 것은 주민의 합의 없이는 결코 행해질 수 없었다. 따라서 주민에게 요구되는 공동 금기의 준수 역시 마을제가 기본적으로 공동체 신앙이라는 점을 보여준다. 게다가 공동 금기는 이를 준수함으로써 주민 모두에게 일체감이나 결속의식을 부여하는 주는 의의도 찾아진다.

준비를 거쳐 그다음 단계로서 치제致祭가 행해진다. 치제는 주민의 참석 없이 전적으로 제관들에 의해서만 행해지는 것이 일반적이지만, 이외 주민도 제관과 함께 참여하는 사례도 볼 수 있다. 여기서 제관만의 참석에 의한 치제는 마을제에 미친 유교의 영향이라고 보이는데, 이것은 제관만의 참여에 의한 마을제가 대부분 유교식 마을제로 치러진다는 것이 이를 반증한다. 무라야마村山智順는 『부락제』조사보고서에서 마을제의 방식으로 유교식과 무속식을 제시하고 있지만, 그 구체적인 사례에 대해서는 전혀 언급하고 있지 않다. 대신 당시의 마을제 사례 30개[25]를 제시하고 있는데, 이를 통해 치제 방식을 보면 다음과 같다. 단, 여기서 유교식과 무속식의 구분은 유교식이란 제관들에 의해 분향·헌작·재배·독축 등이 시행되는 것을 뜻하며, 무속식이란 무격에 의한 가무歌舞 위주의 방식대로 행해지는 것을 가리킨다.

25_ 村山智順, 앞의 책, 1~100쪽.

경기도 고양군 사정동	과거 무녀에 의해 주제(도당제)
경기도 신수정	유교식
경성부 용강정	유교식, 제전에는 동민 참배할 수 있음
경성부 외우이리	유교식
충청남도 공주	유교식, 농악대 참여
충청남도 청양	유교식
충청북도 괴산	유교식
경상북도 안동	유교식과 무속식의 혼합, 광대놀이 수반
경상북도 안동 하회	유교식과 무속식의 혼합, 탈춤 수반
경상북도 안동 수동	유교식과 무속식의 혼합, 놀이 수반
경상북도 경주	유교식
경상남도 거창	유교식, 농악대 참여
전라남도 여수	유교식, 상민과 천민은 제관이 될 수 없음
전라남도 해남	유교식(제관만 참여)
전라북도 군산	유교식, 농악대 참여
전라북도 임실	유교식, 농악대 찬여
전라북도 김제	유교식, 농악대 참여
강원도 강릉	유교식과 무속식의 혼합
함경남도 덕원	유교식
함경남도 정평	불명, 동민 참여
함경남도 단천	유교식
함경북도 경성	유교식
함경북도 회녕	유교식
황해도 신천	유교식
황해도 웅진	유교식
평양	유교식

평안도 희천	유교식, 동민 참여
평안북도 영변	유교식과 무속식의 혼합
평안북도 차련관	무속식

이에 의하면, 총 30개 사례 중 유교식이 21개이고 유교식과 무속식이 혼합된 것이 5개, 무속식만으로 행해지는 것이 1개이다. 그리고 나머지 2개(경기도 고양군 사정동과 함경남도 정평의 사례)는 조사 내용에 분명한 언급이 없어 확실치 않다. 다만 경기도 사정동의 경우 이전에는 무속식으로 행해졌다고 하는 내용이 있는 것으로 보아 조사 당시에는 유교식으로 전환되지 않았나 생각된다. 이렇게 본다면, 이 시기 마을제는 대부분 유교식으로 행해지는 것이 일반적이었다고 할 수 있다. 그리고 이러한 마을제의 유교화는 조선 후기 읍제에 보이는 유교화와 무관하지 않아 보인다. 다시 말해, 마을제의 유교화는 읍제가 유교화되는 시기, 즉 조선 후기의 현상으로서 읍제의 유교화가 서서히 마을제에까지 영향을 준 것으로 생각된다.

그러나 이러한 마을제의 유교화는 치제 절차의 차용에 불과할 뿐이고, 실제적인 내용에 아직 전래의 공동체로서의 모습이 남아있다는 점도 주목된다. 그것은 유교 제례에서 치제는 전적으로 제관(주로 남성)만의 참여를 통해 진행되는 것인데, 이 시기 마을제에 유교식화가 이루어졌어도 제관과 함께 동민 또는 농악대가 참여하는 사례는 유교 제례로서의 마을제와는 어느 정도 거리가 있기 때문이다. 이는 전래의 마을제가 주민의 공동 참여 또는 농악대의 동참으로 진행되던 모습이 유교화된 마을제와 혼용되어 있음을 보여준다. 특히 농악대의 동참이나 제관명칭에 있어 두레의 임원 명이 보이는 것은 이들 마을제가 조선 후기 두레와도 무관하지 않다는 점을 시사한다. 가령, 위 경기도 고양군 사정동의 제관 5인의 명칭에 보이는 구장區長·령좌領座·행수行首·소임所任·색정色丁 등은 구장을 제외하고는 모두 두레의 역원役員 명칭名稱이라는 것은 이미 지적된 바 있다.[26] 요컨대 일제 강점기의 마을제는 대부분 유교식으로 진

26_ 愼鏞廈, 「두레 共同體와 農樂의 社會史」, 『한국사회연구』 2(한길사, 1984).

행되었음에도 실제적인 운용에서는 전래의 공동체 신앙으로서의 모습은 전해져 왔다는 것이다.

게다가 유교식과 무속식의 혼합 방식도 적지 않게 전해지고 있는 점도 주목할 필요가 있다. 비록 사례를 놓고 볼 때 유교식과 무속식의 혼합은 5개에 불과하지만, 마을제의 유교화라는 전반적인 추세에 비추어 볼 때 이 수치는 결코 적다고 할 수 없다. 흔히 유교식 마을제가 매년 정기적으로 행해지는 데 반해, 무속식 마을제는 정기적인 것 외에도 몇 년 단위로 크게 지내는 경우가 많다. 이미 앞에서도 언급한 것처럼 이를 '별신굿'이라고 하여, 이때 무격의 굿거리와 함께 광대놀이나 탈춤 등의 연희演戱가 수반되곤 한다. 이러한 별신굿은 정기적인 마을제에 비해 규모도 크고 비용도 많이 소요되기 때문에, 소규모의 마을보다는 주로 읍 단위에서 행해지는 경우가 많다는 것도 이미 언급하였다.

그리고 여기서 한 가지 유추되는 사실은 무속식 마을제의 유지가 유교식과 비교하여 비용이 많이 든다는 점이다. 당시 마을제의 비용으로 백미 한 가마 정도가 소요됨을 보았는데, 무속식으로 진행될 때에는 보통 무격 3~4인 이상이 동원되므로 이들에게 지출되는 비용만 해도 유교식 마을제에 소요되는 비용을 훨씬 초과하기 마련이다. 여기에 더하여 각 굿거리에 드는 제물도 주민이 마련해야 하는 부담이 있다. 따라서 주민의 측면에서 볼 때, 마을제를 전래의 무속식으로 행하는 것보다는 유교식으로 대체하는 것이 비용상 훨씬 효과적일 수밖에 없다. 아마 이런 측면도 마을의 유교화가 성행하게 된 원인의 하나였을 것이다.

한편 치제를 지내면서 마을제의 공동체적인 모습을 보여주는 것으로 음복飮福을 들 수 있다. 음복이란 신에 바친 제물을 먹는 행위인데, 흔히 치제를 마치고 나서 제관이 먼저 간단히 음복한 뒤 남은 제물을 각 가호에 균등히 분배하여 이를 나누어 먹는 경우가 많다. 물론 이러한 행위는 신과 인간이 음식을 공식共食하는 의미도 있지만, 제물 마련에 따른 비용을 균등 분배로 갹출한 것처럼 제후祭後 제물을 다시 균등 분배하는 행위로 볼 수 있다. 따라서 이러한 음복 행위를 통해 주민이 모두 마을제에 참여하고 음식을 나누어 먹는 것이 되며, 결국 음복은 공동체의 성원과 동질성을 재확인하는 의례적 행위라고 할 수 있다.

이어 마을제의 결산 단계로서 동회洞會가 있다. 그런데 동회가 반드시 동제 후에만 열리는 것은 아니다. 그것은 앞에서도 잠시 언급하였지만, 동회가 마을제 전에 개최되는 경우도 흔히 볼 수 있기 때문이다. 이런 사실로부터 동회란 마을제를 전후하여 개최되었다고 할 수 있는데, 여기서 동회가 무엇보다도 마을제와 밀접한 관련이 있다는 것은 인정할 수 있다. 사실 마을제에 앞서 개최되는 동회에서 제관과 제일의 선정, 제비 할당과 갹출 등이 논의되는 점이나 마을제 후의 동회에서 제비의 결산 보고가 이루어지는 것 등은 동회가 마을제 진행을 위한 조직체라는 것을 보여주는 요소이다.

그러나 동회에서 더욱 주목되는 사실은 동회를 통해 마을제뿐만 아니라 마을의 공동 문제와 관련된 여러 가지 사항들이 논의된다는 데 있다. 『부락제』에 보고된 동회 사례에서 논의되는 내용만 보더라도 제비 결산 외에 풍기 교화・마을 공동재산 관리・임원의 임면・이장 수당・노임 결정・농사 문제・연중행사 등이 거론되고 있다.[27] 이처럼 동회에서 여러 마을 문제들이 논의되는 것으로부터 동회가 단지 마을제를 위해 개최되는 것만은 아니라, 마을제가 곧 마을의 공동 행사이기 때문에 동회에서 논의된다고 보는 것이 합당하다. 즉 동회는 마을제를 포함하여 마을 공동행사 전반에 대해 자체적으로 협의하고 결정짓는 의결기구라는 것이다. 그리고 이러한 동회가 조선조 이래 민들의 전통적인 조직체로서의 촌계류나 두레로 소급된다는 것은 이미 밝혀진 바 있다.[28]

요컨대 동회가 마을제와 밀접하게 관련된 것은 마을제가 마을 공동 행사의 하나였기 때문이며, 동회는 이러한 마을 공동 문제를 의결하기 위한 조직체로 기능하여 왔다. 이런 점에서 알 수 있듯이, 동회나 마을제는 어느 쪽이든 주민 공동의 협의를 바탕으로 한 공동체적 조직과 그 표현이라는 것이 된다.

이상에서와 같이 일제 강점기 마을제는 그 준비 단계에서부터 치제, 결산에 이르기

27_ 村山智順, 앞의 책, 460~471쪽.
28_ 金宅圭, 「韓國部落慣習史」, 『韓國文化史大系』 IV (高麗大學校 民族文化研究所, 1971), 759쪽. 이외 金漢超, 앞의 논문.

까지 공동체의 조직화된 의례 행위로서의 모습이 상당수 남아 있었던 점을 볼 수 있다. 이 시기 들어와 조선조의 음사라는 용어 대신 미신이 마을제의 근절에 따른 명분으로 제시되고 있었지만, 음사와 마찬가지로 미신 역시 명분에 불과한 용어일 뿐 실상에 어울리는 용어라고는 할 수 없다. 오히려 마을제를 통해 그 준비 단계에서부터 결산에 이르기까지 주민의 공동 준비와 공동 참여를 통해 주민의 공동체 의식과 결속감이 강화되는 점이 주목되어야 함에도 일제 강점기 때 마을제의 미신화는 그대로 해방 이후 마을제를 보는 시각에까지 영향을 주었으며 아울러 이후 자국민에게 마을제를 부정시하는 결과를 주었다.

2. 해방 이후의 마을제의 전승 현황

일제 식민지하에 전승되던 마을제는 '미신타파'에도 불구하고 해방 이후에 들어와서도 여전히 마을 단위로 전승되어 왔다. 마을제의 이러한 모습은 문화재관리국文化財管理局이 1967년에 실시한 설문지조사說問紙調査에 근거하여 1969년도에 발간한『부락제당部落祭堂』을 통해서도 확인된다.[29] 비록 남북한이 분단된 상황에서 문화재관리국의 조사는 남한지역으로 제한될 수밖에 없었지만, 이 조사가 해방 이후 처음으로 시도된 마을제의 조사였다는 점, 자국인에 의한 자국문화의 조사였기 때문에 선입견을 배제할 수 있었다는 점, 그리고 30년 전의 조선총독부의 조사 내용과 비교하여 그간의 변화나 전승 등을 추적할 수 있다는 점에서 주목할 만한 자료적 가치를 지닌 보고서라고 생각한다.

게다가 이 조사에서는『부락제』에 전혀 언급이 없던 마을제, 가령 동해안의 '골매기'나 제주도의 본향당 등에 대한 보다 상세한 사례들과 내용을 전하고 있다는 것도 조사 자료로서의 신뢰감을 더하여 준다.

29_ 李杜鉉・張籌根・玄容駿・崔吉城,『部落祭堂』(文化財管理局, 1969).

그러나 『부락제』와 『부락제당』에 제시된 마을제의 사례들을 비교하여 볼 때, 30여 년의 시간이 경과되었음에도 마을제 자체의 전승 내용에 확연한 변화를 보이지 않는다는 것도 확인된다. 이는 일제 식민지 하는 물론 해방 이후에도 정부에서는 마을제를 미신시하여 이의 타파에 진력하였던 점과 해방 이후 농업사회에서 산업사회를 지향하는 변화가 수반되었지만, 이러한 미신타파론과 사회 변화가 결코 마을제의 전승에 근본적으로 영향을 주지 못하였다는 것을 의미한다. 또한, 해방 이후 한국 사회의 산업화·근대화로 이행되는 시기에 행해진 문화재관리국의 『한국민속종합조사보고서韓國民俗綜合調査報告書』(1969~1981)의 마을제 조사 내용을 볼 때, 산업화·근대화가 비록 마을제의 양적 소멸을 초래했을지언정 질적 변화를 가져오지 못하였다는 것도 확인할 수 있다. 이처럼 『부락제당』에 보이는 마을제의 내용을 현행 마을제와 비교하더라도 뚜렷한 변화가 보이지 않기 때문에, 여기서는 주로 『부락제당』을 통해 해방 이후 전승된 마을제의 내용에 대해 검토하여 보고자 한다.

『부락제당』에서 회수된 설문지는 21,000여 개의 동리洞里로 집계되었는데, 이 중 마을제를 지내고 있는 곳은 5,577개로 나타나 있다. 이를 통해 약 40%의 마을제 시행 비율을 볼 수 있다.[30] 이렇게 회수된 설문지 내용에 근거하여 보고서에서는 마을제의 개황概況을 동제당洞祭堂의 명칭名稱, 제신祭神, 제관祭官, 제의절차祭儀節次, 제일시간祭日時間, 제수祭需, 제비祭費, 기타其他 등으로 나누어 기술되어 있다.

먼저 당의 명칭을 보면, 비교적 전국적인 분포를 보이는 것으로 산신당·산제당·성황당·상당·하당·삼신당 등을 들 수 있다.[31] 이 중 산신당·산제당·성황당 등은 당에서 치제의 대상으로 한 신명이 그대로 당명이 된 경우이고, 상당·하당은 당의 비중이나 위치에 따라 이를 상·하로 나눈 것이라 할 수 있다(표 4) 참조).

또 당의 일반적인 명칭으로 제당·동제당·동신당·신당 등도 전하고 있는데, 이

30_ 그러나 이는 어디까지나 회수된 설문지에 따른 비율일 뿐이므로, 당시 마을제의 시행은 이 수치를 훨씬 상회하였을 것으로 생각된다.

31_ 1990년대에 들어와 江原·京畿·忠北·忠南의 산간지역을 대상으로 한 신앙 조사보고서에서도 주로 산신과 성황신이 마을제의 주요 대상신으로 나타나고 있다[金宗大 外, 『산간신앙』(文化財管理局 文化財研究所, 1993)].

것들은 마을제가 행해지는 제장祭場 또는 마을신이 거주하는 제소祭所라는 의미에서 그렇게 호칭된 것으로 보인다. 또한, 전남과 경남지역에서 전하는 당산堂山은 현지조사를 통해 볼 때 신목·장승·신당 등과 같이 신의 구체적인 대상물을 지칭하는 경우가 대부분이지만, 그 본래의 의미로 '당이 안치된 산'이라 한다면 당산 역시 산신 계열에서 파생된 것으로 볼 소지가 있다. 이렇게 본다면 상·하당이나 동제당류에서 실제 모셔지는 신도 산신이나 성황신일 개연성이 더 높아진다. 요컨대 당 명칭에서 보더라도 마을제의 주신격은 여전히 산신 또는 성황신이라는 것을 알 수 있다.

〈표 4〉 동제당 도별 명칭 분포

	江原	京畿	忠北	忠南	全北	全南	慶北	慶南	計
城隍堂	735	24	126	4	8		302	61	1,260
上堂	49	12	13	8			117	174	373
山祭堂	41	84	72	79	37	28	50	40	451
山神堂	41	72	21	24	16	18	81	40	288
祭堂	28					12	122	199	361
三神堂	18	8	11	4	5	15	81	32	174
下堂	1	2		2		7	29	37	78
수살			20						20
塔	41		9						50
수살탑			2						2
장승			1						1
선돌			1						1
堂山					61	140	33	337	571
堂上					15	3		111	129
절룡당						3			3
철룡								2	2
洞神堂							152		152
洞祭堂							99		99
堂나무							54		54

	江原	京畿	忠北	忠南	全北	全南	慶北	慶南	計
당수나무							40		40
골매기							28	48	76
神堂							22		22
天皇堂							18		11
수구당							13		13
수구멕이								8	8
신목(당목)							9	44	53
中堂							3		3
其他	168	123	58	67	103	288	866	893	2,566
計	1,081	325	338	188	279	514	1,969	2,064	6,861

그리고 이러한 당 명칭의 전승 양상은 앞의 『부락제』와 비교하여 거의 같다는 것도 분명하다. 그리고 〈표 4〉에 근거하여 도별로 분포된 대표적인 동제당의 명칭 현황을 들면 대략 다음과 같이 정리된다. 즉 강원도에서는 성황당·산신당, 경기도에서는 산제당·산신당, 충북에서는 성황당·산신당, 충남에서는 산신당, 전북에서는 당산·산제당, 전남에서는 당산, 경북에서는 성황당, 경남에서는 당산 등이 그것이다.

이처럼 산신이나 성황신이 각 지방의 전승에 따라 마을제의 주신으로 전해지기도 하지만, 실제 마을제에서 치제되는 산신과 성황신은 그 성격상 거의 구별되지 않는 유사한 신으로 전해지고 있다. 이와 달리 고려 및 조선 시대에 국행제國行祭로 치러진 산신제와 성황제는 별개의 치제 대상이었다. 그러나 이미 고려 시대에 민간에서는 산신과 성황신을 서로 유사한 신으로 신앙하고 있었으며, 이런 현상은 조선조에 들어와서도 민간에서는 거의 유사했던 것으로 보인다. 이에 대한 적절한 사례가 강원도 태백산신제太白山神祭이다.

해마다 사월 초파일이 되면, 그 신神(태백산신太白山神)이 읍邑의 성황城隍에 내려온다고 하여 읍인邑人들은 깃대를 만들고 북과 피리를 성대히 갖추어 읍리邑吏의 집에 둔다. 그리고 읍인들은 이곳에 몰려들어 기도를 드린다. 이렇게 계속하여 허일虛日이 없을 정도로 기도하는 사람이 많았다. 그러나 5월 5일이 되면 환산還山시킨다.[32]

또 강릉에서는 해마다 사월 초파일이 되면 태백산신을 대상으로 한 제사를 지냈는데, 이 신은 본 읍의 성황당에 내려와 좌정하고 있다. 여기서 산신과 성황신이 별개의 신으로 간주되기보다는 산신이 곧 성황신이기도 하였던 당시의 관념을 엿볼 수 있다. 그런데 예문에서 볼 수 있듯이, 이 태백산신제는 읍의 이족들이 주도하였다는 점에서 읍제邑祭의 전형적인 사례로 앞에서도 잠시 언급한 바 있지만, 지금에 이르는 조선조 읍제의 변화 양상에 대해서도 시사하고 있다. 따라서 읍제의 변화와 관련하여 이를 마을제로서의 전승 양상으로 살펴볼 수 있다.

현재 강릉단오제의 주신은 '대관령국사서낭신'으로 전하고 있지만, 이와 달리 삼국시대의 명장인 김유신 또는 강릉지역 출신의 승려 범일국사梵日國師라는 전승이 있어왔다. 대관령신이 김유신이라고 하는 것은 허균許筠(1569~1618)의 문집 속에,

계묘년(조선 선조 36년, 1603) 여름 내가 명주(즉 강릉)에 있을 때, 명주 사람들이 5월의 길일을 택해서 대관령산신을 맞이하러 갔다. 내가 이속吏屬에게 물으니, 이속이 '그 신은 다름 아닌 신라대장군 김유신입니다.'라고 대답했다. 공은 어렸을 때 명주에서 유학했고, 산신에게서 검술을 배웠으며, 명주 남쪽에 있는 선지사禪智寺에서 검을 만들었다. …(중략)… 죽어서 대관령의 신이 되었는데, 지금에 이르기까지 남다른 영검이 있었다. 이 때문에 명주사람들은 매년 5월 초 길일에 제사를 지낸다.[33]

라 기록되어 있는 것에 근거한다. 그런데 경종景宗(1720~1724) 때의 읍지邑誌인 『강릉지江陵誌』에 보면, 이 대관령 산신제가 이미 고려 초에까지 거슬려 올라가는 것임을 전해

32_ 李能和, 『朝鮮巫俗考』(1927), 71~72쪽.
33_ 『惺所覆瓿藁』 卷14, 文部 贊.

주기도 한다. 즉,

> 왕순식이 고려 태조를 따라 남쪽을 정벌할 때, 꿈에 승속僧俗 두 신이 병사들을 이끌고 와 구해 주었다. 깨어나서 싸움에 이기매, 대관령에 제사하였는데 지금에 이르기까지 제사를 지내어 오고 있다[34]

고 하여 고려 초 강릉지방의 대호족 왕순식이 남정시南征時의 승리가 곧 대관령신에 힘입은 것임을 보이고 이때부터 제사를 지낸 것이 지금에까지 이어져 온다고 하였다. 비록 『강릉지』의 기록이 역사적 사실을 반영하고 있는 것인지 하는 고증상의 문제가 있긴 하지만, 어쨌든 이 두 기록에서 한 가지 공통되는 것은 대관령의 신이 산신으로 나오고 있는 점이다. 다시 말해, 조선 후기까지도 대관령신은 산신으로 신앙되어 왔고 아직 성황신과 연관되어 있지는 않았다고 하는 점을 전하고 있다.

반면 대관령신이 범일국사라고 하는 전승 속에는 이 신을 일러 대관령 산신[35]이라고도 하지만, 한편으로는 '국사서낭신'이라고도 하듯이 성황신과 관련되어 전해지기도 한다. 범일국사가 사후 성황신이 되었다고 하는 근원설화로 다음과 같은 유래담이 전하여 온다.

> 옛날 대갓집의 한 처녀가 바가지로 푼 물속에 자꾸 해가 떠있자 이상히 여기며 그 물을 마셨다. 그 후로 임신하여 아이를 낳으매 산모는 가족과 이웃사람 몰래 그 아기를 내다 버렸다. 그러나 모정母情에 못 이겨 다음날 아기를 다시 찾으러 갔는데, 산짐승과 날짐승이 아기를 감싸 보호해 주고 있는 것이었다. 이에 아기가 장차 비범한 인물이 될 것을 짐작하고 데려다 키웠다. 아이는 후에 경주로 가서 열심히 공부하여 국사國師가 되어 돌아왔으며 그 이름이 중국에까지 떨치게 되었다. 국사는 강릉에 살았는데, 임진왜란이 발발하자 대관령에 올

34_ 『江陵誌』 卷2, 風俗條.
35_ 村山智順, 앞의 책, 62쪽.

라 술법을 부려 산천초목을 모두 군세軍勢로 변하게 하니 왜군이 감히 접근치 못하고 달아났
다. 이렇게 나라에 공이 많고 향토를 보호하는데 공이 큰 국사는 죽어 대관령 성황신이 되었
다.[36]

이 이야기의 주인공인 범일국사는 실제 통일신라시대 말경 강릉지방에서 살았던 인
물이다. 그런데 이야기 속에는 임진왜란 시 왜군을 술법으로 격퇴하였다고 하여 조선
중기에까지 생존했던 인물로 전해지고 있다. 이 때문에 범일은 조선 초기의 강릉 출
신인 자로 굴산사堀山寺의 승려였다고 하는 설도 보인다.[37] 이것은 시대를 초월하여
임진왜란의 고통스러운 기억이 아직 생생하게 남아 있었던 민중들로서 이런 고통으로
부터 자신들을 구원해줄 영웅적인 인물로 통일신라시대 강릉 출신의 고승高僧인 범일
을 신격화한 것으로 해석된다. 어쨌든 설화를 통해서 볼 때 범일국사가 성황신이 된
것은 임진왜란과 관련되어 있다. 그러나 거의 비슷한 시기에 남긴 허균의 문집 속에
는 범일에 대한 언급이 전혀 없는 것으로 보아, 아직 이 시기까지 범일의 신격화는 이
루어지지 않은 것으로 보인다.[38] 따라서 범일국사의 성황신화는 조선 중기 이후에 나
타난 현상으로 보아야 한다.

이상의 기록과 설화를 종합해 보면, 본래 대관령 산신으로 김유신을 신격화하여 왔
으나 조선 중기 이후 이 지역에서 점차 성황신앙의 성행 및 확산에 따라 이 지역 출
신인 범일을 성황신으로 인식하여 '국사서낭신'이 된 것이 아닐까 생각된다.

강릉 단오제는 음력 3월 20일부터 5월 6일까지 약 50일에 걸쳐 진행되는 대제大祭
이다. 먼저 이 기간에 진행되는 행사 일정을 보면 다음과 같다.[39]

36_ 任東權, 「江陵端午祭」, 『韓國民俗學論攷』(集文堂, 1971), 216~217쪽에서 축약.
37_ 村山智順, 앞의 책, 62쪽.
38_ 김선풍, 『강릉단오굿』(열화당, 1987), 114쪽.
39_ 秋葉隆, 「江陵端午祭」, 『朝鮮民俗志』(1954); 任東權, 앞의 글, 224쪽 참조.

<표 5> 강릉 단오제 진행 절차

진 행 일 자	행 사 내 용
3월 20일	신주神酒 담그기
4월 1일(초단오)	대성황당大城隍堂에서 헌주獻酒와 무악巫樂
4월 8일(재단오)	대성황당에서 헌주와 무악
4월 14일	봉영奉迎, 출발(현재는 15일 출발함)
4월 15일(삼단오)	봉영, 대관령국사서낭제(홍제동 여국사서낭사에 모심)와 산신제
4월 27일(사단오)	대성황당에서의 무제無祭
5월 1일(오단오)	화개花蓋, 관노가면극
5월 4일(육단오)	관노가면극, 무악 등
5월 5일(칠단오)	관노가면극, 무악 등
5월 6일(팔단오)	소제燒祭, 봉도奉途

　대체로 강릉단오제는 위 표와 같은 순서로 진행되지만, 제의 일정은 그때그때의 규모나 사정에 따라 다소 신축성은 있다. 제의는 표에서와 같이 주로 무격들에 의해 진행되지만, 본제에서는 홀기笏記와 축문祝文 등이 따르는 점을 보면 유교식과 절충된 방식이라 할 수 있다. 제사 준비는 3월 20일에 제사에 올릴 술을 빚는 것에서 시작된다. 4월 1일 초단오에는 대성황당에서 헌주獻酒와 무악巫樂으로 제사를 올리고, 4월 8일 재단오 때에도 역시 대성황당으로 가 이와 유사한 방식으로 제사를 지낸다. 4월 14일에는 대관령 국사서낭신을 맞이하기 위하여 악대樂隊를 선두로 제관과 무격들이 말을 타고 따른다. 도중 노숙路宿을 한 일행이 다음날 15일 국사서낭당에 도착하면 국사서낭신과 산신에게 따로 제사를 드린다. 제사는 4월 1일과 8일에 대성황당에서 한 것과 유사하지만 홀기를 읽어 진행한다. 이 성황당 근처의 수목 앞에서 무녀가 굿을 하고 기도하면 그중 나무 하나가 흔들리는데 이 나무를 베어 신간神竿으로 삼게 된다. 그리고 이 신간에는 치성 드리는 사람들의 의뢰에 따라 액막이용으로 백지·목면실·마른 명태·의복 등을 걸어 놓고 성대한 굿을 한다. 제사가 끝나면 일행은 하산하기 시작하는데, 이때 힘센 무격 한 명이 허리띠에다 신간을 세우고 내려온다. 행렬은 대관

령에서 약 20km 떨어진 성산면城山面 구산리邱山里 구산성황당邱山城隍堂에 도착하여 여기서 잠시 휴식하고 굿을 한 뒤 다시 강릉으로 향한다. 구산에서부터는 거화군炬火軍이 마중을 나와 길을 밝혀 주며, 행렬은 강릉시의 국사여성황당에 이르러 여기서도 굿을 한다. 이어 여성황당을 떠난 행렬은 마지막으로 강릉시의 대성황당에 도착하여 무악이 울리는 가운데 신간을 당 안에 세우고 나서 해산한다. 그리고 이때부터 5월 6일까지는 매일 제관들이 당에 봉안된 신간에 문안을 드린다. 그리고 5월 1일부터 5일까지 관노가면극官奴假面劇과 무제巫祭가 수반되는 단오제가 시작되고, 6일에는 대성황당 뒷마당에서 신간 등을 태워버리는 소제燒祭와 봉도의식奉途儀式을 마침으로써 마침내 강릉 단오제가 모두 끝나게 된다.

이런 점에서 안동 하회 별신굿도 주목되는 제의이다. 하회에서 모시고 있는 신은 '무진생戊辰生서낭님'이라고 하는 여신으로, 이에 대한 제의는 매년 정월 15일과 4월 초파일 2회에 걸쳐 지내는 '동제'와, 10년마다 지내는 '별신굿'의 두 가지가 전하여 온다. 특히 이 별신굿에 오신행사娛神行事로서 탈놀이가 수반되고 있어 강릉단오굿에서의 국사서낭제의 관노가면극과도 비교된다.

제의 준비는 음력 12월 말 경부터 시작되며, 제관인 '산주山主'가 중심이 되어 산속에서 적절한 소나무로 서낭대를 만든다. 이때부터 주민도 부정을 멀리하며, 제사에 직접 참여하는 산주와 광대들은 제의가 끝나는 정월 15일까지 근신하며 목욕재계한다.

정월 2일 광대들은 각자의 가면을 쓰고 산주와 함께 산정山頂에 있는 서낭당('상당'이라고도 함)으로 간다. 당 앞에 제물을 차려놓고 방울과 오색포가 걸린 서낭대를 세우고 강신降神을 청한다. 이어 방울이 울리면 신이 내린 것으로 간주하며, 일행은 다시 이 서낭대를 들고 하산하는 도중 산 중턱의 '국시당'마을 가까이 있는 '삼신당'에 들린 후 동사洞舍로 간다. 동사에 도착하면 처마에 서낭대를 기대어 세운 뒤 그 앞에 주민이 차려온 음식 등을 차려 놓고, 산주는 봉납된 옷가지와 천조각 등을 서낭대에 걸어 놓기도 한다. 그런 후 풍악을 울리며 별신굿탈놀이를 한차례 연다.

다음날부터 서낭대를 앞세우고 걸립乞粒에 나서는데, 일출 때 먼저 이 마을의 형성 당시부터의 수호신을 모신 삼신당에 들린다. 그리고 각 가호를 방문하는데, 서낭대를 맞이한 집에서는 걸립패에게 음식을 대접하며 베나 광목 같은 천을 서낭대에 매어 놓기도 한다. 이렇게 하면 일 년 간의 복을 받기 때문이다. 이런 식으로 걸립은 14일까지 이어지며, 15일에는 다시 서낭당으로 가서 서낭대를 신당에 옮겨 놓는다. 신당의 제단에는 많은 제물이 차려지고 분향과 축문·소지 등이 끝나면, 방울을 해체하여 탈과 함께 다시 동사에 보관해 두고, 서낭대를 천정에 올려놓는 것으로 별신굿은 끝나게 된다. 옛날에는 이 별신굿에 무격도 참여하였다고 한다.[40]

이처럼 하회 별신굿은 정월 2일 서낭대에 신을 내린 후, 이 서낭대를 마을로 갖고 와 정월 14일까지 각 가호를 방문하고, 다시 15일에는 서낭대를 당에 봉안하는 순서로 되어 있다. 제의 방식에서도 과거에는 무격이 참여하는 무속식에 유교식이 절충된 것이었으며, 매년의 정기적인 제의는 유교식으로 진행되었다. 그리고 이 기간에 나타나고 있는 중요한 신앙요소들로 서낭대의 이동과 이 신간에의 오색포나 옷가지·천 등의 헌납獻納, 그리고 제의과정에 탈놀이가 있는 점에서 보면 강릉 단오제와 유사한 면이 찾아진다. 그리고 바로 이와 같은 점에서 한국 탈놀이의 기원을 서낭굿에서 구하기도 한다.[41]

이상 간략히 살펴본 강릉 단오제와 하회 별신굿은 산신과 성황신의 중복과 여러 날에 걸쳐 진행되는 대체라는 점과 유교식과 무속식의 복합 양상, 신간(서낭대)의 왕래 등 여러 가지 점에서 유사한 전승 양상을 보여주고 있다. 그러나 강릉 단오제가 본래 이곳 이족들에 의해 주도된 읍제였던 데 반해 하회 별신굿은 분명치 않다. 어쨌든 이 두 제의에 보이는 유사성을 통해 현전하는 제의가 읍제에 유래했든 아니든 읍제의 강한 전승성을 보여준다는 것도 분명하다.

게다가 산신당에 서낭대를 보관하는 사례 역시 산신과 성황신의 동일시로 간주된

40_ 이상의 하회별신굿 내용은 村山智順, 『部落祭』 29~35面; 성병희, 「하회 별신 탈놀이」, 『한국민속학』 12(민속학회, 1981) 89~113쪽을 참고하였다.

41_ 조동일·서연호, 『서낭굿탈놀이』(열화당, 1991). 반면 강릉 단오제와의 차이점이라면 서낭대에 방울이 걸리는 점과 서낭대의 각 가호 방문이라는 점이다. 왜냐하면, 강릉지역은 물론 강원도에서는 전혀 방울이 나타나지 않으며, 또 서낭대의 가호 방문도 보이지 않기 때문이다. 앞으로 더 정밀한 조사가 선행되어야 하겠지만, 대체로 방울 걸린 서낭대와 이 서낭대의 가호 방문은 경북 영양군·안동군 등 주로 내륙지방에서 성황신앙과 관련되어 나타나고 있다. 따라서 우선 이 점을 경북 내륙지방 성황신앙의 한 특색이라는 점을 지적하는 것으로 그친다.

다.[42]_ 경기도京畿道 포천군抱川郡 신북면新北面 심곡리深谷里 국수봉 밑에 건평 한 칸 내외의 "산신당"이 남향하여 있는데, 당 내부에는 길이 1.5m 정도의 서낭대가 보관되어 있다.[43]_

이처럼 산신과 성황신의 동일시는 마을제에 나타나는 한 특색이라 할 수 있다. 앞 장에서도 보았듯이, 산신과 성황신은 그 기원이나 현 마을제의 분포 상에서 보더라도 분명 별개의 신격임은 분명하다. 그럼에도 마을제의 목적이나 기능에서 산신과 성황신이 뚜렷이 구분되지 않는 점 또한 분명하다. 다시 말해 산신에의 치제 목적이나 성황신에 대한 그것이 마을제에서는 동일하게 인식되고 있다는 것이다. 이러한 현상은 산신과 성황신이 상호 융합된 결과이기도 하겠지만, 민들의 신앙 심리에서는 대상의 구별보다는 모든 신을 기원 목적의 달성을 위해 동질적인 것으로 인식한 결과일 수도 있다.

〈표 6〉 신체와 신격의 도별 분포

구분	神體			神格			
도명	位牌	神圖	其他	男神	女神	男女神	其他
京畿	25	30	469	38	32	21	439
江原	251	42	431	29	56	4	996
忠北	16	5	6		3	3	129
忠南	18	55	122	12	10	2	159

42_ 서낭대는 평소 당 안에 보관되어 신체로서의 역할을 하기도 하지만, 마을 공동체의 거행 시에는 곧 성황신의 강림처가 된다. 慶北 安東의 宜村 2洞의 동제는 매년 음력 정월 14일 지내고 있지만, 이에 앞서 정월 1일 제관의 선출이 따른다. 제관 선출은 제관 후보자들이 모두 모여 이 서낭대를 쥐고 일일이 호명을 하다가 서낭대가 흔들린 자 3명으로 한다. 이렇게 제관의 선정이 서낭의 神意에 의해 이루어지며, 또한 이것을 서낭대에 신이 내린 것으로 간주된다. 일단 신이 내린 서낭대는 이후 제관 집으로 옮겨 놓고, 제관들이 새벽마다 모여 새 물을 떠놓고 절을 하며 정성을 들인다. 2일부터 제사 전까지 농악대와 함께 서낭대가 각 가호를 방문하는데, 이때 방문 받은 집에서는 쌀을 성의껏 내놓는다. 이와 함께 서낭대에 옷을 바치면 좋다고 해서 저고리 안쪽에 생년월일, 성명 등을 써서 서낭대에 걸어 놓기도 한다. 또는 문종이로 옷을 지어 거는 일도 있다고 한대文化財管理局, 『韓國民俗綜合調査報告書』(1974), 145~146쪽].

43_ 李杜鉉 外, 앞의 책, 64쪽; 文化財管理局, 『韓國民俗綜合調査報告書』 慶北篇(1974), 145쪽에 의하면, 경북 안동군 산면 의촌 2동의 "부인당"은 여서낭님을 모신 당으로, 마을 뒷산에 있는 조그만 와당인데, 안에 길이 3m 남짓의 소나무 서낭대와 길이 15~6cm의 鐵馬가 보관되어 있다.

구분\n도명	神體			神格			
	位牌	神圖	其他	男神	女神	男女神	其他
全北	12	40	216	49	33	109	183
全南	53	78	386	71	11	22	265
慶北	133	27	479	32	127	26	1,050
慶南	93	6	1,499	103	236	43	1,273
計	601	283	3,608	334	608	230	4,493

다음 제신祭神으로는 이를 신체神體와 신격神格으로 나누어 위 〈표 6〉과 같이 제시되어 있는데 신체는 당 안에 봉안된 신의 구체적 표현물을 뜻하며, 신격은 신의 성별을 기준으로 이를 남신·여신·남녀신 등으로 나누어 본 것이다.

그런데 신체에서 주목되는 현상은 강원도와 경상남북도의 동부지역에서는 위패位牌가 많이 보이며, 전라도와 충남 등의 서부지역에서는 신도神圖가 주로 보인다는 점이다. 그러나 『부락제당』 보고서에서는 위패를 봉안한 지역만 수치로 제시되어 있을 뿐이고 그 구체적인 실례가 제시되어 있지 않아, 이 점에 대해서는 이 이상으로 자세히 알 수 없다. 하지만 『한국민속종합조사보고서』나 기타 관련 자료에 의하면, 제당에 봉안된 위패의 현존 사례는 확인된다.

○ 강원도 명주군 강동면 안인진리의 성황당은 봉화산의 중턱에 있는 2칸의 목조와당木造瓦堂다. 한 칸에는 목제로 된 위패 3개에 "토지지신土地之神", "성황지신城隍之神", 여역지신癘疫之神"이 쓰여 있고, 다른 한 칸에는 제기를 보관한다. 토지신은 촌락의 수호신이고, 성황신은 마을에 침입하는 귀신들을 방어하는 신이라 하며, 여역신은 온갖 질병을 막아준다고 한다. 그리고 봉화산 정상에는 대관령을 향해 약 한 칸 정도의 해랑사海娘祠가 있어 역시 공동제의 대상이 되고 있다.[44]

44_ 文化財管理局, 『韓國民俗綜合調查報告書』 江原道篇(1977), 130쪽.

○ 강원도 명주군 연곡면 영진리의 성황당은 마을 뒷산 중턱에서 동해를 바라보고 송림松

林 속에 자리하고 있다. 제당祭堂은 한 칸으로 된 맞배와당으로, 당의 중앙에 "성황대신위城隍

大神位"라는 목제 위패가 놓여 있다.[45]

○ 강원도 강릉시 강문동의 서낭당은 골매기서낭당과 여성황당의 2개이다. 골매기서낭당

은 한 칸 정도이고, 안에는 "토지지신", "성황지신", "여역지신"이라고 쓰인 위패가 모셔져

있다. 여성황당은 3칸의 와당으로 안에는 족두리를 쓴 여자가 좌우에 시녀를 거느리고 있는

그림이 걸려있다.[46]

○ 경북 울진군 평해면 후포리의 제당은 "김씨골매기성황당"이라 불리며, 당 안에는 "성

황지신위城隍之神位"라는 목제 위패가 놓여 있다.[47]

위의 사례에서처럼 당 안에 위패가 봉안된 경우 위패는 주로 목제木製를 쓰고 있지

만, 마을 사정에 따라서는 한지韓紙에 신명神名을 묵서墨書하여 놓기도 한다.[48] 그리고

당 안에는 성황신만을 봉안한 사례도 보이지만, 강원도의 사례에서 보듯이 성황신 외

에도 "토지지신土地之神"·"여역지신癘疫之神" 등의 위패를 같이 모시기도 한다.

이미 앞 장에서 보았듯이, 성황당 등에 위패를 봉안하게 된 것은 조선 건국 초의

사전 논의에서부터 시작되었던 것[49]으로 곧 국행제國行祭의 전승물이라 할 수 있다.

그런데 위패를 봉안하기 이전에는 당 안에 신상神像이나 그림이 봉안되어 있었으며,[50]

조선 초기부터 이러한 신상이나 그림을 철거하고 대신 위패를 놓고자 한 조치가 취해

지고 있었다. 이런 점에서 위패보다는 신상이나 신도神圖의 봉안 사례가 더 고형의 전

승이라고 할 수 있다. 또한, 하나의 신당에 여러 신을 함께 봉안하는 사례에서 보듯이

45_ 李杜鉉 外, 앞의 책, 169쪽에서는 당의 정면 들보 밑에 감실을 만들고, 그 안에 1978년도 조사에서는 木製에
    "謹封"이라고 필묵으로 쓴 한지를 신체로 하고 있다고 하였다. 그런데 朴桂弘의 1978년도 조사에서는 木製에
    "城隍大神位"라고 쓴 2개의 위패를 봉안하고 있음을 알려주고 있다(朴桂弘, 앞의 책, 187~188쪽).
46_ 文化財管理局, 『韓國民俗綜合調査報告書』 江原道篇(1977), 133쪽.
47_ 朴桂弘, 앞의 책, 67~68쪽.
48_ 가령 삼척군 가곡면 탕곡리 절골의 성황당에는 한지에 "城隍祠神位"라 묵서된 것이 그런 사례이다.
49_ 『太祖實錄』 卷1, 太祖 元年 壬申 八月條의 禮曹典書 趙璞의 건의 참조.
50_ 『世宗實錄』 卷78, 世宗 19年 3月 癸卯條.

마을신의 복수화도 상당히 진척되었으며, 별개의 신이 하나의 신으로 관념되는 점도 주목된다.

이에 대한 한 사례로서 동해안 어촌지역의 '골매기'를 들 수 있다. '골매기'란 고을[谷]＋막이[防]의 의미로, 흔히 마을에 최초로 들어와 마을을 형성하고 개척한 입향시조入鄕始祖를 뜻하는 경우가 많다. 그리고 사후에는 이 마을의 수호신으로 그 후손들에 의해 또는 지역민들에게 신앙되고 있는 인격신이다. 이러한 골매기에 대한 신앙이 강원도・경상북도의 동해안에서부터 경상남도의 남동부 해안지방 등에 주로 나타나고, 대개 수목이 신체로 관념되며 남신에 비해 여신이라 하는 경우가 많다. 그런데 이러한 골매기가 성황[서낭]과 복합화를 이루면서 '골매기 서낭신'이 되는 경우가 많은데, 이는 본래 골매기와 서낭신에 대한 각기 독자적인 신앙 전승이 어느 시기 서로 중복되면서 마침내 하나의 신으로 동일시되어 형성된 신앙체계로 전승되어 온 것으로 생각된다.

한편 신격의 경우에서도 주목할 만한 점을 볼 수 있는데, 남신 대 여신의 비율이나 지역적 분포가 그러하다. 즉 남신에 비해 여신의 비율이 약 2배 정도 높게 나타날 뿐 아니라, 또 남신이 우월한 도는 경기・충남・전북, 그리고 여신이 우월한 도는 강원・충북・전남・경남인데, 여기서 남신은 중부지역에 많이 보이는 데 반해 여신은 남부 및 동부지역에 분포된 경향을 볼 수 있다. 다시 말해, 마을신의 여신관념이 남신관념에 비해 강하게 전승되고 있다는 점이다. 이러한 여신관은 원초 이래의 지모신 관념과 함께 여성의 생산력에 근거한 농경의례의 성격을 반영하는 것으로 해석된다.[51]

제관은 주로 남자 연장자 중에서 생기복덕生氣福德을 가려 선정하고 부정을 금기하며 신성성을 엄숙히 지키는 점은 『부락제』에 보고된 내용과 거의 같다. 경기・강원・경남 북부지역에서는 제관만의 참여하에 마을제가 진행되는 경우가 많고, 충남・전라도에서는 주민 다수가 참여하는 경우가 많은 것으로 되어 있다. 여기서 제관만의

51_ 張籌根, 『한국의 마을제당』 1(국립민속박물관, 1995), 6~9쪽.

참여에 의한 진행은 유교식 제례의 영향을 받은 것으로 보이지만, 유교식 제례로 마을제가 치러질지라도 이들 제관과 함께 주민 다수가 참여하는 사례는 마을제의 유교식화가 단지 형식이나 절차의 차용에 불과하다는 것을 알려준다.

제의의 방식으로는 유교식, 무속식, 불교식으로 구분하여 다음과 같이 제시되어 있다.

〈표 7〉 제의 방식의 도별 전승

	경기	강원	충북	충남	전북	전남	경북	경남	계
유식	21	116	25	34	60	151	567	352	1,326
무식	53	69		37	88	160	301	83	791
불식	2	17	15		2		197	16	249

위 〈표 7〉에 의하면, 유교식 마을제와 무속식 마을제의 비율이 약 2:1로 나타나고 있지만, 실제 무속식 마을제가 전승되는 곳이 경기·강원·충남·전북·전남·경북·경남의 해안지방이라는 점에 주의한다면 무속식 마을제의 전승은 주로 동·서·남의 해안지방에 국한된 현상이라 할 수 있다. 반면, 유교식 마을제는 전국에 걸쳐 보편적으로 행해지는 마을제의 방식으로 정착되었다는 점도 알 수 있다. 그런데 이 보고서에서는 유교식과 무속식을 구분하였을 뿐 이 두 양식이 혼합되어 행해지는 점에 대해서는 나와 있지 않다. 그러나 실제로는 유교식과 무속식의 혼합 방식도 당시 전해지고 있었다. 가령 위에서 예로 든 강릉시 강문동의 경우, 매년 정월과 팔월의 성황제는 유교식으로 행하고 다시 격년제로 음력 4월에는 무격에 의한 별신굿이 시행되는 사례를 들 수 있다.[52]

그런데 유교식과 무속식이 혼합된 마을제의 전승에서 점차 무속식 마을제가 소멸하여가고 있는 점을 볼 수 있는데, 강문동 마을제의 경우를 보면

52_『부락제당』, 167~168쪽. 또한 강릉시의 대관령산신제(단오지)나 경상북도 하회의 별신굿도 유교식과 무속식이 혼합된 방식이었다.

강릉시 강문동의 동제는 '서낭제'라 하여 매년 음력 정월 15일, 4월 15일, 8월 15일로 3회에 걸쳐 거행되며, 전에는 삼 년에 한 번씩 4월 15일에 6~7명의 무격들에 의한 풍어굿(별신굿)을 하였다고 한다. 그러나 지금은 경비 때문에 풍어굿은 더 이상 행하지 못하고 있다. 그리고 무격이 참여하는 서낭굿을 제외한 매년의 정기적인 제의는 마을 주민에 의해 유교식으로만 지냈다고 한다.[53]

라는 조사 보고가 있다. 즉 강문동의 마을제는 몇 년에 한 번씩 풍어굿 또는 별신굿이라 불리는 무속식 서낭굿이 있고 이외 해마다 1~3회의 유교식의 서낭제가 정기적으로 거행되어 왔지만, 현재 별신굿 또는 풍어굿은 중단되었다고 한다. 이처럼 무속식 마을제의 중단이 유교식 마을제보다 비용이 많이 든다는 점에서 볼 때 경비 관계로 풍어굿이 단절된 점은 주목을 필요로 한다. 즉 무속식 마을제의 중단 또는 단절에는 무속식으로 마을제를 치르는데 드는 비용이 상당히 관련되어 있다. 이는 앞에서도 언급한 바와 같이, 무속식 마을제의 단절에는 이에 드는 비용 때문에 주민이 무속식보다는 유교식을 선호케 하는 계기가 되었다고 생각된다.

한편 제비의 염출에는 주민 균등 분담이나 공동 재산의 이식利殖으로 충당하는데, 경우에 따라 공동 재산만으로 부족하여 그때마다 염출하는 곳도 있다. 또는 동제계洞祭契가 있어 여기서 충당하기도 한다. 마을의 경제적 사정이나 가호의 다소에 따라 다르겠지만, 당시(1967)를 기준으로 10,000원 이하의 제비가 조사된 4,333건에서 3,860건으로 나타나 이 정도의 제비 지출이 일반적이었다고 보인다. 10,000원 이상 제비를 지출하는 곳은 충남·경남·경북으로 나타나는데, 이들 지역은 설문지를 확인해 본 결과 해안지역으로서 풍어굿 때 드는 비용을 기록한 것임을 알 수 있었다. 한편 동제답洞祭畓이나 계契로 마을제가 치러지고 있는 곳은 대부분 영남과 호남지역에서 볼 수 있는 특색이다.

끝으로 제일에 대해서는 다음 〈표 8〉과 같이 집계되어 있다.

53_ 강문동의 서낭굿 사례는 金義淑, 『韓國民俗祭儀와 陰陽五行』(集文堂, 1993), 139쪽에서 참조하였다.

<표 8> 제일의 도별 전승

	경기	강원	충북	충남	전북	전남	경북	경남	계
정초	38	184	237	49	48	132	818	297	1,803
보름	29	160	2	48	97	175	540	746	1,797
10월	171	33	10	29	36	46	51	224	600
기타	288	197	76	72	103	158	314	594	1,802

　　마을제는 정기적인 행사로서 고정되어 있지만, 제일은 대부분 택일로 행하는 곳이 많다. 고정된 제일은 주로 정월 보름으로 집중되어 있고, 고정된 제월은 정월과 10월이 일반적이다. 특히 정초와 보름을 합친 제일이 3,600개로서 전체(6,002)의 50% 이상을 차지하고 있다. 이렇게 볼 때, 마을제는 정월과 10월에 집중된 행사이고 정월에도 보름에 집중되어 있다고 할 수 있다. 그리고 제를 지내는 시각은 주로 밤이나 새벽이지만, 낮에 지내는 곳도 적지 않다.[54]

　　이렇게 제일이 정해지면 마을신에게 주민의 일정한 소원을 기원하게 되는데, 이런 내용의 성취 여부는 단지 제의를 지냈다고 하는 점에 있는 것은 아니다. 이는 흔히 주민을 대표하여 제관이 제일 시까지 일정한 금기의 준수와 정성에 따라 결과가 좌우되는 것으로 생각하였다. 그러나 제관만이 금기를 준수하는 것도 아니다. 비록 제관과 비교하면 상대적으로 약화된 금기라 하더라도 주민 또한 일정한 금기를 준수하여야만 신이 자신들의 기원을 받아들여 줄 것으로 여기고 있다. 이것은 제의 전 마을 전체가 공동의 금기를 준수한다는 것을 의미한다. 공동의 운명을 위해 공동 금기의 준수는 결과적으로 주민에게 지연 공동체임을 정기적으로 확인시켜주는 기능을 지닌다.

　　이러한 지연성은 다시 제의의 공동 준비 및 공동 참여를 통해서도 나타나고 있다. 개인제와 달리 공동제에서는 주민 전체와 관련된 내용이 축원의 대상이므로 지연이 더욱 강조될 수밖에 없다. 그리고 이를 통해 주민에게는 지연에 따른 연대감이 강화

54_ 李杜鉉 外, 『部落祭堂』, 39쪽.

되는 계기가 부여되기도 한다. 바로 이런 점에서 마을제가 지닌 공동체 신앙으로서의 의의가 찾아진다. 민들이 지닌 다양한 신앙 욕구의 충족과 마을제에서 보이는 지연성과 연대감의 부여는 마을신앙이 그 숱한 박해와 혁파책에도 불구하고 지금껏 이어져 오고 있는 전승성의 한 기반이었다고 할 수 있다.

이상 『부락제당』을 통해 해방 이후의 마을제에 대해 개관한 바, 이 시기의 마을제가 일제 강점기의 마을제와 비교하여 거의 변함이 없다는 것을 알 수 있다. 마을제는 여전히 주민의 공동 준비와 금기의 준수를 통해 이루어져 왔으며, 제후 음복과 동회를 통한 제비의 결산 등 기본적으로 지연과 생활을 같이 하는 자들의 공동체 의식이 마을제를 통해 표현되어 왔다. 그것은 앞에서도 지적한 바와 같이, 해방 이후 한국사회가 그 어느 때보다도 급격한 사회 변동을 겪는 과정에서 마을제의 양적 위축만 초래하였을 뿐 결코 마을제가 지닌 본질적인 모습에까지 변화를 줄 수 없었다는 것을 단적으로 보여준다. 그리고 이는 바꿔 말한다면, 마을제가 전승될 수 있었던 기반에는 마을제가 마을의 공동체 신앙으로서 주민의 공동체 의식 강화와 결속에 기여할 수 있었기 때문에 가능했다고 해야 한다.

마을제가 전근대적인 유산으로서 단절되어야 할 대상으로 간주되어 온 뿌리 깊은 관념의 기저에는 유교의 음사관과 일제 이후의 미신관이 그 바탕에 있어 왔으며, 70년대의 '새마을운동'에까지 이어져 왔다. '새마을운동'에서 마을제는 곧 농어촌의 근대화를 저해하는 요인으로 간주되었으며 이에 따라 내무 당국의 금제를 받았을 뿐만 아니라, 마을제의 전승을 반사회적이고 비합리적인 관행으로 인식하게 하는 분위기를 조성하기도 하였다. 또한, 근대화의 모델로 내세운 서구화·합리화는 동시에 자국문화에 대한 부정을 수반하는 결과를 가져오기도 하였다.

그러나 80년대에 들어와 이와 같은 관념에도 전환이 보이기 시작하여, 마을제를 후대에까지 전승되어야 할 전통문화로 간주하는 경향이 대두하였다. 여기에는 해방 이후 서구화 일변도에 대한 반작용과 민족문화에 대한 주체의식의 조성이 하나의 원인으로 지적할 수 있을 것이다. 또한, 마을제가 오랜 기간 공동체 의식의 함양에 기여하여 왔다는 점이 재인식됨으로써, 마을제가 기본적으로 국민화합을 초래하는 전통문화로서 긍정적인 평가를 받는 사회적 분위기도 조성되고 있다.

지금까지 근세에 들어와 전승된 마을제를 해방 이전의 일제 강점기와 해방 이후로 나누어 살펴보았다. 이렇게 근대 마을제의 전승을 해방 전과 후로 나누어 본 것은 해방 전의 마을제가 기본적으로는 조선 후기 촌제의 전승으로 간주될 수 있고, 또 이 시기의 마을제가 다시 해방 이후의 마을제로 전해졌다는 전제에서였다. 게다가 일제 식민지시대에 마을제를 미신시하여 그 타파를 도모한 점이 해방 이후에까지 거의 그대로 재현되어 왔는데, 한 번은 일제에 의해 또 한 번은 당국자들에 의해 조직적으로 가해졌다는 점에서였다.

그러나 일제 강점기이든 해방 이후 시기이든 마을제의 전승 내용에서 볼 때, 마을제를 반사회적인 미신으로 간주할 만한 근거는 사실 찾아지지 않는다. 오히려 지연에 근거한 동질성과 연대감을 부여함으로써 주민에게 정체성正體性을 부여하는 측면이 강하다는 것을 확인하게 된다. 그리고 바로 이와 같은 공동체 신앙으로서의 기반이 근대 이후 마을제에 가해진 혁파책에도 불구하고 전승될 수 있었던 배경이었다. 이렇게 볼 때, 마을제의 미신화는 조선조 음사와 마찬가지로 변형된 지배이데올로기에 불과할 뿐이다.

이처럼 마을제로서의 산신·성황제는 그 역사적 전승성에도 불구하고 당대에 이른바 음사淫祀나 미신으로서만 인식되어 근절이나 타파의 대상으로 인식되어 왔다. 그럼에도 마을제가 지금까지 전승될 수 있었던 공동체 신앙으로서의 측면에 대해서는 도외시되어 왔다. 다행히 근세에 들어와 마을제에 대한 조사가 이루어지면서 마을제에 대해서도 그 어느 때보다 상세한 내용을 접할 수 있다. 이와 관련하여 마을제의 전승에서 더욱 중요시 여겨져야 할 것은 무엇보다도 마을제를 수용하고 신앙하여 온 민들의 신앙 심리에 있지 않을까 보인다. 마을제를 지냄으로써 바라는 결과가 반드시 이뤄질 것이라는 믿음은 단지 합리성으로 판단할 문제는 아니기 때문이다. 결과야 어떻든 마을제의 시행을 통해 얻는 안도감은 그 자체로서 의의를 지니고 있기 때문이다.

최근 마을제에 대해서도 전통문화로 간주하여 이에 대한 관심의 고조와 보호 육성으로 인식의 전환이 보이는 것은 이런 점에서 매우 고무적인 현상이라 할 수 있다.

그러나 농어촌에까지 산업화·도시화가 추진되면서 발생한 농어민의 생업 전환과 인구의 유출은 앞으로 마을제의 전승을 가로막는 심각한 부담으로 남아 있다.

결론

07

　지금까지 각 장에 걸쳐 살펴본 산신과 성황신의 내용을 국가·지배계층·민의 삼자적 입장에서 정리하여 공동체 신앙으로서 산신과 성황신이 마을제로 형성되고 전승되어 온 양상을 제시한 후 현행 마을제의 유교식화가 지닌 의미를 전망하여 보는 것으로 결론을 맺고자 한다.

　현재 대부분의 마을제는 유교식 절차에 의해 행해지고 있다. 그런데 마을제의 유교식화는 본래부터 그러했던 것이 아니라, 유교가 이 땅에 들어온 이후 파생된 것일 뿐이다. 게다가 유교화를 추진한 왕조에서도 오랜 기간 마을제를 인정하지 않았기 때문에, 마을제의 유교화란 어디까지나 마을제를 직접 전승해온 여러 계층에 의해 도입되었다고 보아야 한다. 유교 제례는 유교 이념을 배경으로 치자治者의 제례와 피치자被治者의 제례로 나눌 수 있는데, 이 중 군주와 피치자 모두에게 적용되는 유교 제례는 조상에 대한 제사로서, 이는 유교의 효 사상을 반영한다. 그러나 같은 유교 제례에 입각한 조상제사라 할지라도 신분별로 제사 범위가 제한되어 있으므로, 이런 점에서 유교 제례란 신분에 따른 제사를 강조하는 체계라 할 수 있다.

　특히 유교 제례의 신분별 제한성 내지는 폐쇄성은 자연신을 대상으로 한 군주의 제례에 분명히 나타나 있다. 즉 천자만이 천하의 천지신과 산천신에 제사할 수 있고, 제후는 제후가 관할하는 영역의 산천신에 제사를 지낼 수 있다고 한 것이 그것인데, 이는 유교 제례의 위계적·폐쇄적 측면을 보여준다. 여기서 산천에 대한 국왕의 독점적인 제례는 곧 국왕의 통치 영역을 반영하는 것이기도 하다. 그리고 중국의 이와 같은 삼사체계에 따른 사전체제는 『삼국사기』「제사지」에 처음 보이기 시작하여 이후 고려와 조선조의 사전으로 이어져 왔다.

신라의 사전은 중국과 달리 대·중·소사에 모두 산천을 제사 대상으로 한 점이 특징이다. 그러므로 신라의 사전은 중국 사전을 모방하여 삼사체계를 갖추었다고 하더라도, 그 이면에는 자체의 전통적인 산신신앙을 바탕으로 한 독자적인 사전 관념과 운영을 보여 준다.

산리 사전에 편제되어 국가 제사의 대상이 된 산악들은 이전부터 민들에 의해 신앙되어 오던 전통적인 산신신앙이 국가 차원에서의 제도화된 제사 대상으로 수렴된 것이었다. 또한, 지방에 소재한 5악이나 소사小祀에 편제된 산악들에까지 국가 제사에 따른 산천제의 수행은 중앙집권적인 국가 권력의 뒷받침 없이는 시행이 어려울 수밖에 없다. 따라서 사전의 성립과 이에 따른 국가 제사로서 산신제의 제도화란 전국에 걸친 중앙집권화의 또 다른 측면을 반영한다. 결국, 3산5악의 사전 편제란 전통적인 산신제가 중앙집권적 왕권으로 흡수되는 유교 제례상의 산신제라는 변화가 수반되었음을 뜻한다. 아울러 이것은 왕권의 한 표현으로서 지방에까지 확산된 왕토 관념을 반영하는 것이기도 하다.

고려에서 유교 제례의 형성 과정은 『고려사』예지 서문에서 볼 수 있다. 이에 의하면 성종대成宗代의 원구·종묘와 같은 유교 제례의 도입을 거친 후 예종대睿宗代 최윤의崔允儀가 『상정고금례詳定古今禮』50권을 간행함으로써 일단 고려의 유교 제례가 마무리된 것으로 보인다. 그러나 실제 고려 전 기간에 걸쳐 보더라도 국가에서 행한 유교 제례는 종묘宗廟·사직社稷·환구圜丘·선농先農·방택方澤·문묘文廟 등 수종에 불과했으며, 오히려 국가 제사의 주류를 이루었던 것은 사전상의 잡사조雜祀條에 보이는 제사들이었다.

고려 사전의 특색은 대사에 천자의 제례인 원구제를 수용한 점과 신라 이래의 산악을 소사의 항목 하에 잡사로서 제사하고 있는 점, 그리고 잡사조에 성황城隍이 새로 나타나 있는 점 등이다. 문종文宗 9년(1055)조의 기사내용으로 보아, 늦어도 성황은 11

세기 중반부터 국가의 공식적인 제사 대상으로 수용되었다는 것을 알 수 있다.

그리고 본래 유교 제례의 대상이 아닌 신격들까지 잡사로 편성하여 제사하고 있는 것은 그만큼 잡사에 대한 제사의 비중을 말해준다. 다시 말해, 잡사는 비록 유교 제례의 대상은 아니지만, 고려왕조에서는 이를 유교 제례의 한 항목으로 편성하여 국가 제사로 정당화하고 아울러 이들 잡사를 유교 이념의 표출로 간주하고자 한 것으로 생각된다. 한편 고려의 역대 국왕들은 유교 제례에 근거하여 경내의 산악에 대해 왕도 정치의 구현이나 덕치·교화 또는 자성自省 등에 의해 정치 쇄신을 표명하는 한 수단으로 산신제를 지내기도 하였다.

조선의 경우, 유교 제례의 정비는 건국 직후인 태조 원년(1392) 8월 예조전서禮曹典書 조박趙璞의 상서上書에서부터 보이기 시작하는데, 그 내용은 천자의 제례인 원구제圓丘祭의 폐지, 산천山川·성황제城隍祭 등을 '조정의 예제'에 맞춰 행할 것, 불교·도교의 제례는 혁파할 것 등으로 요약된다. 즉 사전에 합당한 국가 제사는 규정대로 지내되, 명분에 어긋난 일체의 제사는 혁파하자는 것이다.

이에 따라 집권층에 의해 고려의 멸망과 조선 건국의 합리화를 고려 사전의 문란한 운용으로 돌리면서 사전의 개편이 추진된다. 그리고 고려 말 토착세력과 일반 민들에 의해 행해진 산신·성황제를 음사淫祀로 규정하면서 이에 대한 제재를 통해 유교 제례의 강화를 시도한다. 이런 의도 속에는 유교 제례의 명분에 근거하여 신분에 따른 치제 대상을 확립함으로써 건국 초의 취약한 왕권을 강화하고자 하는 측면도 있었다.

그러나 유교 제례에 입각한 본격적인 사전 개편 논의는 태종대太宗代(1400~1418)에 들어와 비롯되며, 이때 명의 '홍무예제洪武禮制'를 비롯하여 고제古制 전반에 대한 예제의 검토가 추진되었다. 그 결과 산천신의 등급等級이 새로 구분되고, 고려조의 잡사雜祀에 편제되었던 산악과 성황이 소사나 중사로 승격되면서 조선조의 사전이 새로 정비되었다.

이어 세종대世宗代에는 명明과의 외교적外交的 관계, 건국에 대한 정당성의 확립 등에 따라 새로운 오례체제五禮體制가 강구되었고, 의례 절차 전반에 대한 규정이 조선의 오례五禮로서 정비된다. 이중 자연신에 대한 국가 제사는 길례吉禮 변사조辨祀條에서 찾아지는데, 대大·중中·소사小祀의 등차는 앞의 태종대의 그것과 거의 같다. 다만 세종 때에는 태종 때보다 제례 전반에 대해 더 세부적인 사항들이 강구되었다.

즉, 세종대에는 국가 제사의 시행에 따라 물적物的 기반의 확보와 제사 절차가 정비 됨으로써 국가 제사에서의 일률적인 치제가 가능해 졌다는 데에 의의가 있다. 즉 모 든 제례에 각기 제일祭日·단유壇壝·신위神位·축판祝版·폐백幣帛·제기祭器·제물祭物 의 진설陣設 및 그 종류種類·재계齋戒·제관祭官·제복祭服 등의 제정과 같은 행례 절차 行禮 節次가 정정定해짐으로서, 국가 제사의 진행에 따른 세부 규정들과 유교 제례의 제도 화도 시행될 수 있게 되었다. 그리고 세종대의 오례는 다시 부분적으로 수정되어 성 종成宗 5년(1474) 『국조오례의』로 완성되는데, 이로써 조선의 국가 제사에 유교 이념이 폭넓게 수용되는 계기가 될 수 있었다.

이로써 경우에 따라 임시 변통적으로 또는 각 지역의 전통에 따라 개별적으로 행해 지기도 한 제사를 초월하여 국가라는 더욱 확대된 영역에서의 통합된 제례祭禮가 확보 되었다는 점에서 국가 제사가 지닌 제도화의 의의가 찾아진다. 다시 말해 유교 제례 로 제도화된 국가 제사는 전 국토에 대한 보편적인 유교 제례의 적용을 의미하며, 이 로써 국가 제사는 기본적으로는 왕을 대리한 지방관들에 의해 수행된다는 점에서 국 토 전역에 왕권을 확산시킬 수 있는 여건 조서에도 기여하였다.

이처럼 산천 성황신에 대한 국가 제사의 성립이 지닌 의의는 국토 및 국가의식의 확립과 왕권 강화 및 유교 제례의 일원적인 운용 등에 있다. 그러나 국가 제사의 시 행에 종교宗敎 전문가專門家가 배제된 채 소재지의 관리가 제관이 되어 치제하였다는 것은 국가 제사가 본래 종교적인 목적보다는 오히려 이념적·형식적인 측면만이 부 각된 것임을 말해 준다. 게다가 산신·성황제를 대상으로 한 민들의 자발적인 신앙과 제사를 금지하고, 국가 제사에 민들의 참여를 배제함으로써 오히려 계층별 위화감이 조성된 점은 유교 제례로서 국가 제사가 지닌 부정적인 요소였다.

이 때문에 제도적인 운용이 해이해지거나 단순한 관념으로만 행해지던 조선 중기 이후 유교 제례로서의 국가 제사가 제대로 행해지지 않거나 형식화된 이유일 것이다. 이것은 민들의 신앙적인 지지기반이 없던 국가 제사의 제도화가 지닌 한계였다.

한편, 국가 제사로서 산신·성황제는 전국의 산신·성황제를 일원화함으로써 지역신을 국가신으로 승격시킨 것인데, 이렇게 볼 때 국가 제사의 시행에는 한편 지방사회에 왕권을 확산시키고자 한 성격도 지닌다고 할 수 있다. 그러나 중앙 정부의 이러한 의도와는 달리 지방에서는 지방 세력들에 의해 주도되는 신앙과 제사가 관행되어 왔으므로, 제사의 시행을 둘러싸고 중앙 정부와 지방 세력 간에 갈등이 노출되기도 하였다.

통일신라 말 장군將軍·성주城主라 불린 호족들은 자신의 관할 하에 있던 지역민들을 지배하면서 당시 선승禪僧들의 풍수도참설을 적극 수용하여 자신의 세력 기반을 합리화하는 한편 신앙을 통해 지역민들의 결속을 내세우고자 하였다.

특히 왕건은 자신의 발흥을 풍수도참으로 합리화하고 있을 뿐만 아니라 선대 호경虎景을 산신화하고 이에 대한 제사를 주민이 지내는 것으로 설화화하고 있는데, 이는 당시 호족들이 자신의 세력에 따른 지배권을 정당화·신성화하고, 또 이런 신앙을 통해 지역민들의 통합을 꾀하고자 한 것으로 이해된다. 따라서 이런 현상은 호족의 지방사회에 지닌 위세를 신앙적으로 강화시켜 주는 측면이 있었다. 그러나 호족들에 의한 개별적인 신앙 형태의 유지 및 주관 등은 왕실이나 중앙 관료들에게 있어서 왕권 강화 및 중앙집권화에 저해되는 요소로 인식될 수밖에 없었다.

이에 고려 초의 유신들은 유교 예제의 시행을 통해 중앙집권적인 통치체제를 확립하고 아울러 지방에서의 자의적인 신앙이나 제사의 혁파를 요청하였던 것이다. 이런 이유로 성종成宗은 지방제도의 제정과 향리직의 개편을 통해 지방사회에까지 왕권을 확산토록 하고 또 호족으로 향리화하여 그 지위를 격하시키고자 하였다. 그러나 이후 호족들의 후신인 향리들은 여전히 지방사회에서 자신들이 주관하는 신앙과 제사를 계속 행해 오고 있었다. 이 때문에 지방관은 향리 주도의 제사를 규제하고자 하였지만, 결코 근절시키지는 못하였다.

고려 중기(12~13세기) 이후 중앙에서 민들의 산신·성황제에 대한 금지론이 제시되는데, 이는 군주의 제례를 민들이 지낼 수 없다는 유교 제례의 명분론이 그 바탕에 있다. 그럼에도 지방의 토착세력들은 자신들의 시조를 산신 또는 성황신으로 설정한다거나, 아니면 산신·성황제를 전통적인 제례(무속식)로 지냄으로써 지방관과 마찰을 일으키기도 하였다.

사후 신으로 받들어진 자들이 대개 고려 중기 이후 지방 세력으로 성장한 성씨들의 시조인 점을 볼 때, 지방 세력들은 자신의 시조를 신격화함으로써 지방사회에서의 위상 승격을 도모하고자 한 것으로 생각된다. 그리고 이들 신격에 대한 제사는 그 후손들인 지방 세력들에 의해 행해졌을 것이며, 지방 세력에 의한 제사 주도 현상은 고려 후기까지 지속되어 왔다. 이처럼 지방 세력이 주관하는 제사 행위가 고려 후기까지 이어지고 있는 것에서 보듯이, 지방관의 산신·성황제 금지는 일시적인 성과만 가져왔을 뿐이다. 결국, 이러한 현상은 중앙 정부의 지방사회 통제에 대한 한계를 보여주는 것으로서 지방 세력을 국가가 쉽게 통제할 수 없었다는 사실을 의미한다.

반면 고려의 지방 세력들은 자신들의 재지在地에서의 위상과 세력을 강화하고자 하는 한 방편으로 기존의 산신이나 성황신앙을 활용 또는 유지하고자 하였다. 그러나 재지세력의 독자적인 산신·성황제를 통한 지역 내 지배권의 강화는 국가의 측면에서 볼 때 오히려 중앙집권적인 통치에 방해되는 요인이었다. 바로 이런 점 때문에 조선 건국 초기부터 중앙집권화의 일원으로 유신들에 의해 지방에서의 자의적인 산신·성황제를 금지하고자 하는 시도가 다시 나타나게 되는 배경을 이룬다.

조선조에 들어와서는 집권 사대부에 의해 추진된 사전정비와 함께 음사금단론陰祀禁斷論을 통해 민들의 신앙 행위에 대한 규제가 가해졌다. 음사란 제사해서는 안 될 자가 지내는 제사로서, 흔히 비유교적 제례에 근거한 신앙 행위 일체를 가리킨다. 이러한 음사론은 유교 정책을 내세운 선초 집권층들에게 사전의 정비 필요성과 민의 신앙 행위를 제재할 수 있는 사상적 근거를 제시하는 것이기도 하다. 또한, 음사의 성행을 국가 멸망의 원인으로까지 인식하고 있던 선초 집권층들에게 음사의 금단이 곧 조선 건국을 합리화할 수 있는 명분이 되기도 하였다.

이에 따라 음사금단론은 비유교적 제례에 따르는 제사나 신앙의 금지와 각 신분을 벗어난 제사의 금지라는 두 방향으로 추진되었다. 특히 후자는 그 대안으로서 가묘제家廟制와 이사제里社祭가 제시되기도 하였다. 가묘제란 신분에 따라 조상의 제사 범위를 제한한 것으로 개인의 조상제사까지도 국가에서 제도화하였다는 것을 의미한다. 이사제는 정종定宗 2년(1400) 6월 응교應敎 김첨金瞻이 중국에서 시행되고 있던 사례事例를 들어 최초로 도입을 건의한 후, 태종 14년(1414) 정월 충청도 도관제사都觀祭使 허지許遲에 의해 본격적으로 논의되었다.

특히 허서의 논의는 중국 이사법의 무조건적인 도입을 의도한 것이 아니라, 조선의 실정에 맞게 운용하자고 한 점에서 이사법의 시행이 더욱 구체적으로 촉구되고 있었다. 또 조선 초기에 추진된 이사제의 시행이 기본적으로 40~50호 정도를 대상으로 하고 있다는 점에서 그만큼 리里 단위의 향촌에까지 국가의 통제력을 확산하고자 하였던 보다 강화된 왕권의식도 찾아볼 수 있다. 그러나 이후 이사제의 지속적인 시행 사례가 보이지 않는 점을 고려할 때, 이사제는 조선에서의 정착은 실패한 것으로 보인다.

조선 초의 지방사회는 중앙정부에 의해 추진된 군현郡縣 편제編制 속에서 수령 중심의 행정조직이 점차 구축되어 갔으며, 또 여말 이래 새로 등장한 세력으로 조선 건국에 동참하지 않은 토족土族과 고려조 이래 토착적土着的인 기반을 갖고 있던 이족吏族, 그리고 기층민들의 관계에서도 변화가 나타나고 있었다. 당시 향촌세력은 재지이족세력과 재지사족세력으로 대별할 수 있는데, 이들은 본래 나말여초의 호족과 고려조의 향리(장리집단長吏集團)에 연결되는 세력으로 여말의 과거科擧·군공軍功 등을 통해 품관品官으로 신분을 상승시킨 사족세력이 등장하면서 이족과 사족이라는 구분이 이루어지게 되었다.

그리고 이러한 시대적 상황에 따라 지방에서의 신앙 행사나 제사에도 변화가 나타난다. 대표적인 사례가 집권층에 의해 향촌의 신앙을 음사로 간주하여 금제禁制를 가한다거나 이사제로 대표되는 유교 제례의 실시 등이었다고 할 수 있다. 그러나 중앙정부의 이런 시도가 군현郡縣 단위에서 어느 정도 실현되었으나, 그 이하 향촌에까지 실현되지는 못하였다. 바꿔 말하면, 16세기의 향촌은 아직 국가의 유교 제례에 포함되지 않거나 방치된 범위에 속하였다고 할 수 있다.

한편 선초로부터 재지사족들은 향촌 사회를 장악하고자 하였으나 중앙관권[수령]의 개입으로 관철되지 못하다가, 16세기에 들어와 점차 재지사족들의 향촌 사회 지배 및 통제가 확보되는데 이르렀다. 특히 재지사족의 경우 향촌에서 직접 촌민들과 대면하는 처지에 있었으므로 자신들 위주의 향촌질서나 이념상 이에 적절치 못한 것으로 판단되는 신앙 행사에 대해서는 규제를 가했다는 것은 당연해 보인다.

또한, 이 시기 중앙 사림파의 유향소의 복립 운동과 함께 이들은 자신들의 근거지에서 『주례』의 향사예鄕射禮·향음주예鄕飮酒禮를 실천하고자 하였다. 본래 향사례·향음주례는 지방사회를 향鄕·주州·당黨 등으로 나누고 그 장長을 향대부鄕大夫·주장州長·당정黨正 등이라 하여 주州에서는 향사례를, 당黨에서는 향음주례를 행하는 의례이다. 그리고 이러한 향사·음주례는 여말 성리학의 전래 시 함께 전해진 것으로 생각되고 있지만, 제대로 시행되지 않다가 사림파의 유향소 복립 운동 시 본격적으로 그 시행이 논의되기 시작하였다. 말하자면, 사림파의 복립 유향소는 향사례·향음주례를 실시·주관하는 기구로서, 향촌에서의 불효不孝·불제不悌·불목不睦·불인不婣·불임휼不任恤한 자들을 규제하는 향대부제鄕大夫制를 마련하여 향촌 교화와 향촌 질서를 확립하자는 것이었다.

즉, 사림파는 복립 유향소를 통해 향사·음주례를 관장케 함으로써 향촌질서를 통제하고, 또 이를 주도함으로써 자신들의 재지적 기반을 더욱 확고히 하고자 한 것이었다. 특히 사림파의 향촌 통제 노력은 사림파가 정권을 주도하게 되는 선조조宣祖朝(1567~1608) 이후 두드러졌으며, 이에 하층민에 대한 교화보다는 향촌 지배를 목적으로 하는 향규鄕規가 주를 이루면서 이와 함께 재지사족 위주의 16세기 동계조직洞契組織들이 나타나게 된다. 이와 관련하여 이 시기 사족들의 향촌 사회 통제를 통해 향촌 사회에 유교적인 내용이나 제사 방식도 서서히 접목되어 나갔다고 추정된다.

향촌 사회에 유교 제례를 확산시킨 또 하나의 계층으로 향리를 들 수 있다. 여초의 호족에서부터 연원되는 고려의 향리는 각 지방의 실질적인 지배자로서 토호적인 성격을 띠고 있었다. 고려 말 이들은 중소지주적 기반 하에 성리학을 수용한 계층으로서 신흥사대부로 부각되기도 하였으나, 조선 건국을 기점으로 참여자와 비참여자로 갈리면서 집권사대부와 재지세력으로 양분된다.

선초 집권사대부들은 중앙집권적인 향촌 통제와 자신들이 새로 차지하게 된 정치·사회·경제적 지위를 유지하기 위해서도 재지세력에 대해 통제를 가할 필요가 있었다. 이에 여말선초 토성리족土姓吏族 출신으로 사족과 함께 또 하나의 유력한 재지세력을 구성하고 있던 이족들에 대한 신분 격하를 시도하게 된다. 특히 이런 측면은 향리들을 국역國役 부담자로 만듦으로써 선초부터 사족과는 구분되는 하위 신분층으로 격하시켰던 점에 잘 나타나 있다. 또한, 선초 이래 추진된 중앙집권화 및 군현제郡縣制의 개편 등도 이들 재지이족들의 지위와 신분을 격하시키는데 일정한 역할을 한 것으로 이해된다.

그 결과 조선조의 재지이족들은 지방 행정 실무에 종사하는 유역자有役者로서 하급 지배층적인 성격을 띠게 되었다. 그러나 이들 향리는 대대로 일정 지역에 거주하며 신분을 세습하고 지방행정 실무에 종사하면서 수령과 민들을 연결하는 계층이었기 때문에 지방사회에 있어 이들의 위치나 역할은 결코 경시될 수 없었다. 선초 이래 중앙집권화 및 군현제의 개편 과정을 통해 지방사회에서 지녀 왔던 향리의 위세도 점차 약화되긴 하였지만, 지방관 역시 재지적 기반을 가지고 실무에 종사하는 향리들의 역할이나 가치를 무시할 수는 없었다. 이에 국가에서도 이들로 하여금 지방행정을 보좌케 함으로써 이들이 지닌 재지적 기반을 가지고 실무에 종사하는 향리들의 역할이나 가치를 경시할 수는 없었다. 이에 국가에서는 이들로 하여금 지방행정을 보좌케 함으로써 이들이 지닌 재지적 기반을 어느 정도 인정하게 된다. 또한, 향촌 사회에서의 사족들의 위상 강화는 결과적으로 수령과 향리들을 상호 연결시키는 계기가 되기도 하였다.

한편 지방에서 전승되어 온 산신·성황제와 관련하여 주목되는 것은 무엇보다도 이들 향리가 각 지방에서의 이런 제사를 주관하여 온 사실에 있다. 향리들이 지방에서의 제사를 주관하여 온 모습은 이미 고려조에서부터 나타나고 있지만, 이런 현상은 조선조에 와서도 크게 변하지 않았다. 지방관들은 향리들의 제의를 금지시키기도 하였지만, 이는 향리들의 반발을 초래했을 것이므로 자연 향리들의 제의를 두고 지방관과 향리들 간에 갈등이 발생했을 소지는 많았다. 그렇다고 유교 제례의 지방 확산 및 시행을 담당하는 지방관으로서도 음사로 간주된 향리들의 제사를 인정할 수는 없었다.

여기서 유교 제례가 점차 정립되어 지방마다 성황사·사직단·여단 등의 설치를 통해 지방관 치제가 제도화되어 가던 시기에 주목할 필요가 있다. 이는 향리들이 지방마다 그 지역의 제의를 주관한 사실은 조선왕조의 전국에 걸쳐 일원화된 유교 제례의 실시가 지닌 한계를 보여주는 것이다. 이러한 과정에서 향리들의 제사를 두고 수령과 향리 간에 일정한 합의가 이루어지는 토대가 마련되었다고 생각된다. 여기에는 16세기 이후 재지사족들의 향촌 장악 및 위상 강화에 따라 그만큼 지방관의 통치를 제한하는 요소로 작용할 수밖에 없었던 점과 재지사족의 규제를 받던 향리들의 이해 관계가 자연 지방관과 향리 간에 타협을 가져오게 된 한 요인이 된다.

그 결과 지방관은 향리들의 토착적인 제사를 유교 제례식으로 바꿔 지내게 하되, 그 주관만큼은 계속 향리들로 하여금 행하게 한 것이 아니었을까 생각된다. 바로 이런 점에서 향리들의 제사가 점차 유교식으로, 또는 재래의 방식에 유교식이 절충되는 방향으로 나아나게 된 것으로 생각된다. 그리고 산신·성황제의 유교식화는 향리들이 주로 읍치邑治를 중심으로 그 지역의 신앙이나 제사를 주도하였기 때문에 읍치 예하의 향촌 사회에도 적지 않은 영향을 미쳤다고 보인다.

향리들이 주도한 제의를 그 방식에 따라 분류하면 전통적인 방식(즉 무속식)에 의한 제사와 이에 유교식이 절충된 제사, 그리고 전적으로 유교식으로만 지내는 제사 등으로 구별할 수 있다. 특히 향리가 주도하는 제사는 국가 제사의 대상이 아니므로, 지방에서 향리들이 전통적으로 행해 온 것임은 분명하다. 군위지방의 김유신제와 같은 경우 이곳 수석 향리가 주민을 동원하고 있는데, 이는 조선조에 들어와 지위가 전락한 향리들의 위세를 유지케 하는 기회로 작용하였을 것이다. 다시 말해, 향리들은 제사에 주민을 참여시키고, 또 자신들이 제사를 주관하는 자로 나섬으로써 자신들의 사회적 위세를 정기적·공개적으로 과시할 수 있는 계기로 삼았던 것이다. 또한, 향리의 제의는 향리가 지방사회의 자연적 질서(강우·풍년·태평 등)를 책임지는 자로서의 의미도 부각시킬 수 있는 기회도 되었다고 보인다. 게다가 이런 제의에 주민도 참여하고 있는 사실로 보아, 향리들의 제의는 지방사회에서의 주민 결속에도 일정한 기여를 하였다고 간주할 수 있다.

여기서 향리의 읍치제의에 보이는 무속식은 제천의례 이래의 계승이라 할 수 있지만, 유교식과의 절충 혹은 유교식으로의 전환은 유교 제례의 확산이 어느 정도 이루어진 16세기 이후의 현상이다. 또한, 읍치제의에 보이는 유교 제례화는 지방관과 향리 간에 이루어진 타협의 부산물이며, 결과적으로 읍치제의가 지방관에 의한 음사 규제를 벗어날 수 있는 방안도 되었다. 그리고 16세기 이후 보이는 읍치제의의 변화, 즉 유교식의 결부는 또한 이 시기 읍치 예하의 향촌 사회의 산신제나 성황제에까지 서서히 유교 제례가 확산되는 계기가 되었다.

한국의 신앙사에 있어 산신은 비교적 이른 시기부터 나타난다. 또 산신제의 목적은 기본적으로 현행 마을제의 산신제와도 거의 일치한다. 다만, 신라의 삼국통일 이후 산신제가 국가 제사로 편입됨으로써 산신제는 국가와 민의 이원화된 제사로 전개되었다. 이후 국가 제사로 승격된 산신제는 역대 왕조에 걸쳐 유교 제례로 행해져 왔지만, 민의 산신제는 전통적인 방식대로 치제되어 온 것으로 보인다.

성황은 10세기 말 고려 성종 때 처음 보이며, 11세기 중반인 문종 9년(1055) 국가 제사의 대상이 되고, 12세기 이후 성황사가 지방의 행정 중심지(주·부·군·현)에 건립되면서 해당 지역의 성황제도 지방관이 주제하게 된다. 또 이 시기 성황사가 행정 중심지의 산중에 주로 설치됨으로써 산신과 성황신의 혼용을 가져오게 되고, 또한 성황이 무속의 대상신이 되면서 성황신앙의 민속화가 이루어지며, 아울러 해당 지역의 토착 세력 즉 향리가 성황제를 주제하는 경향도 보인다. 이처럼 12세기 이후 향리에 의한 성황제의 시행은 성황신앙의 토착화·민속화를 가져왔고, 지방에서의 산신·성황제의 성행과 정착화를 초래하였다.

이어 14~15세기의 여말 선초는 리里가 자연촌의 단위 명칭으로 새로 등장하게 되면서 이 무렵 향도가 리 단위로 조직화하고 이중里中의 장례 부조·이중의 자연신에 대한 제사행위 등을 주도하고 있는 점은 주목을 필요로 한다.

이처럼 조선 초에 들어와 향도의 불교적 요소가 퇴색된 데에는 여말 선초 불교에서 주자학으로 바뀌는 사상계의 변화와도 일정한 관련이 있는 것으로 생각되지만, 특히 향도의 규모가 거군적인 것에서 리 단위로까지 축소되는 현상은 향촌 사회 혹은 자연촌의 성장이란 관점에서 이해된다. 즉 고려 전기에는 몇 개의 지역촌을 묶어 이를 군·현으로 편제하고, 이 지역촌 하에 아직 독자성을 지니지 못한 자연촌들이 포함되어 있었다. 그러나 고려 후기에는 이런 지역촌 하에 있던 자연촌들이 꾸준히 성장한 결과 독자성을 확보하게 되는데, 리里가 자연촌의 단위 명칭으로 새로 등장하게 되는 점은 바로 이런 상황에서 이해되는 것이다.

또한, 이 시기 자연촌의 성장을 초래한 동인의 하나로서 농업기술의 변화도 지적할 수 있다. 즉, 시비술施肥術의 강구를 통한 휴한법休閑法의 극복은 단위 면적당 농업생산량을 증대시켜 자영농의 성장을 가져왔고 자연촌의 성장에도 일정한 영향을 미쳤을 것이기 때문이다. 결국, 고려 후기 자연촌의 성장과 농업기술의 발전을 배경으로 이 시기의 향도가 점차 자연촌을 단위로 한 촌민村民들의 공동체적인 생활 모습으로 나타나게 된 것이었다. 이를 배경으로 고려 후기의 향도는 점차 불교와 무관한 활동을 보여주는 자연촌의 촌민조직으로 전환되어 갔다.

이처럼 여말선초의 향도는 리里를 단위로 한 생활 공동체로서 구성원들에 의해 신앙 및 제사 행위의 영위, 공동 노동, 정례화 된 모임 등을 주관하였다. 향도의 이러한 모습은 이 시기의 향도가 곧 촌제村祭를 관장하였다는 사실을 보여주는 것으로, 이런 점에서 오늘날의 마을제와 연결되는 것이기도 하다. 즉 향도의 촌제 주관 현상은 리를 단위로 리중里中에 신당神堂을 세우고 리민里民들에 의해 제사가 행해졌다는 점에서 현행 마을제의 선행적인 형태라고 생각된다. 그리고 향도가 리의 생활을 주관하는 리민들의 자생적인 조직체로서의 성격은 조선 중기 이후 촌계류村契類 조직으로 이어져 왔다.

한편 16세기는 재지사족이 주도하는 천방川防(洑洑)·언전堰田의 개발 등으로 농경지가 점차 평야 저지대로 확산됨에 따라 촌락도 평야 지대로 형성되어 갔고, 또한 이 시기 소농경영小農經營에 의한 집약농법의 발전은 집촌화集村化를 가능케 하여, 이를 주도한 사족 촌락을 중심으로 인접한 자연촌들이 결속되는 광역화를 초래한 것으로 파악된다. 게다가 이 무렵 사족들은 일향지배一鄕支配를 목적으로 한 향약鄕約·향규鄕規 등을 조직하여 자신들의 향촌 사회에서의 지배권을 이념적으로 뒷받침하고자 하였으며, 자신들의 혈연적·배타적 권익 보호를 위해 동계洞契·동약洞約 등을 조직하여 하층민에 대한 통제 수단으로 활용하기도 하였다. 그러나 양난兩難으로 인한 사회경제적 피폐화는 동시에 사족들의 재지적 기반도 와해시켜 사족들이 종래와 같은 향촌 사회에서의 지위를 유지하는데 어려움을 초래하였다. 이에 사족들은 양란 이후 상하합계上下合契의 결계結契로 대응함으로써 종래의 지위를 유지하고자 하였다. 이렇듯 양란 이후인 17세기에 사족 주도의 상하합계가 나타나는 현상은 사족들이 향촌 사회에 지녀 온 기존의 영향력을 지속하고자 한 데 기인하고 있다.

그러나 양란 이후 수취체제의 변화, 즉 대동법大同法의 실시에 따라 면面·리里 단위의 공동납체제共同納體制가 강화되면서 그 대응 형태로 면회面會·리회里會 등이 서서히 부각되고 여기에 일반 민의 의사가 반영되고 있었다. 게다가 동계洞契가 납세의 단위가 되면서 사족들은 대동법의 부담을 하층민들에게 떠넘김으로써 자연 상·하합계에도 변질을 초래하였다. 결국, 18세기 중엽 이후 상하합계에서 점차 하층민들의 하계가 이탈하는 현상이 발생하고 있는데, 이런 현상은 이 시기에 들어와 하층민의 사회경제적 위상 강화와 결코 무관하지 않다. 또 조선 후기에는 사회 전반에 걸쳐 광범위한 신분 변동을 보여주는데, 그 결과 양반층의 급격한 증가 및 상민층의 상대적인 감소와 노비의 소멸 현상이나 양반층의 분화(잔반화殘班化) 등을 통해 사족들의 위상도 전보다 약화될 수밖에 없었다.

신분제의 분열상은 결과적으로 민의 성장을 초래하는 또 하나의 배경을 이루기도 하였다. 게다가 이 시기 이앙법의 시행에 따른 농업생산력의 발전과 그 대응방식으로 나타난 두레는 관권官權이나 사족을 배제한 순수 농민조직으로서, 위로부터의 간섭을 벗어나 자체 결속을 모색할 수 있었다는 점에서 농민들의 경제적 향상에 따른 의식성장에도 일정한 기여를 하였을 것으로 생각된다. 결국, 조선 후기 향촌 사회는 종래의 사족체제가 점차 붕괴하여 가던 시기였고, 그 이면에 조선 전기 이래 꾸준히 지속하여 온 자연촌의 성장을 주목하게 된다.

이처럼 16~17세기에는 사족이 주도한 촌락을 중심으로 여러 자연촌이 결속된 형태였고, 상하합계는 이를 위한 이념 틀이었다. 그러나 18세기 중엽 이후 하계가 이탈하고 있는데, 이를 주도한 하층 촌락들 즉 광역의 리에 편제되어 있던 하부 촌락들이 이전 시기보다 독자성 또는 독립성을 확보한 것으로 해석할 수 있다. 바로 이와 같은 배경에서 조선 후기 자연촌의 분화 현상이 나타나게 된다. 즉 기존이 상하합계체제에 반발하여 하계가 이탈하는 현상은 하계가 조직되어 있던 촌락의 분화分化·분동分洞을 의미한다.

한편 성리학에 기반을 둔 사족의 향촌 사회 지배는 단지 사회·경제적 지배를 의미하는 것이 아니라 사족들에 의해 향촌 사회에도 유교가 확산되고 정착되는 데 일정한 영향을 미쳤으며, 향리가 주도해 온 읍치제의의 유교식화 역시 향촌 사회의 제사에 유교 제례가 도입되는 계기를 이루었다. 이것은 양란 이후 붕괴된 사회질서를 충·효 등 유교의 실천화가 요구되던 당시의 사회적 분위기를 반영하며, 어떤 의미에서 조선 사회가 추진한 유교화 정책이 리里 단위의 향촌 사회에까지 도달되었음을 뜻한다. 즉 사족의 향촌 지배와 향리 주도의 읍치제의에 보이는 유교화는 16세기 이후 향촌 사회의 마을제에 유교식이 전해지는 계기였다.

이와 같은 과정에서 마을제와 관련하여 주목되는 것은 바로 이 시기의 마을제를 이들 하계下契 즉 촌계류村契類가 주도하고 있던 점이다. 즉 조선 후기 향촌 사회의 사회적·경제적 성장을 배경으로 한 하계(즉, 촌계)의 이탈과 촌계의 마을제 주관 현상은 이 시기 마을제의 자체 시행이 가능해졌음을 의미하며, 이 때문에 이 시기 촌계류가 마을제를 주관한다거나 또는 마을제를 전후로 개최되는 촌민들의 모임(즉, 동회洞會) 등도 주관하는 주체로 나설 수 있었다. 그리고 이는 조선 전기 이래 향도의 신앙행사를 계승하고 있는 것으로 이해된다.

산신이나 성황신을 대상으로 한 마을제와 국가 제사는 사실 같은 신을 대상으로 거의 유사한 기원 내용과 신앙 목적을 지닌 제사였다. 산신을 국가 제사 대상으로 한 최초의 사례는 신라였지만, 이는 전통적으로 민들이 신앙하여 오던 산신을 국가가 수렴하여 국가 제사화한 것에 불과하다.

이런 점에서 신라의 사전은 민의 제사를 바탕으로 이를 국가 제사화하고, 다시 이에 대한 민들의 제사 행위를 금함으로써 국가와 민의 이원화된 신앙이 형성되는 계기가 되었다. 성황의 경우, 중국으로부터 전래 직후 국가 제사의 대상으로 수용되었으나 12세기 이후 민속화되면서 기존의 산신신앙과도 혼용되어갔다. 이로써 고려 중기이후 산신과 성황신은 민속에서는 거의 유사한 신으로 인식되었지만, 국가에서는 산신과 성황을 각기 구별하여 제사하여 왔다.

산신·성황제에서 제사 주체로 나선 왕실이나 국가가 내세운 이념적인 측면을 배제한다면, 신앙 그 자체로부터 차이점을 찾아볼 수 없다. 다만 그것이 국가 제사로의 수렴 여하에 따라 국가로부터 예우를 받거나 아니면 음사로서 금지의 대상이 되어 왔을 뿐이다.

산신·성황제는 사전 성립 이후 역대 왕조에 걸쳐 국가 제사의 대상으로 유교 제례의 적용을 받아 왔지만, 민들은 전통적인 방식(무속 제례)대로 산신·성황제를 전승시켜 왔다. 고려 중기 이후 점차 유교 제례에 대한 이해가 심화되면서 유신儒臣들에 의해 민들의 산신·성황제 금지론이 제기되는데, 여기에는 국왕의 산신·성황제는 국왕의 고유 권한에 속한다는 명분론이 바탕에 있었다. 이에 민들의 산신·성황제는 왕권에 저촉되는 현상으로 인식되고 결국 조선조에 들어와 추진된 왕권 강화책 및 유교화정책과 맞물리면서 민들의 산신·성황제가 음사淫祀로 규정되어 제재를 받게 되고, 국가에 의한 산신·성황제의 유교 제례화가 재차 강화되어 갔던 것이다.

고려조 이래 각 지방에서의 산신·성황제는 읍사邑司를 장악한 향리들에 의해 주관되어 왔으며, 결과적으로 지방에서는 전통신앙이나 제사를 두고 중앙 권력을 대변하는 지방관과 향리 간에 마찰이 발생하곤 하였다. 특히 향리들은 해당 지역에서의 산신·성황제를 주관하면서 이를 통해 자신들의 위상을 과시하고자 하였다. 그러나 조선 초기 중앙집권화에 따라 향리의 신분 하락이 조장되고, 이로써 조선왕조의 향리는 관아의 실무에 종사하는 하급관리로 전락하였지만, 읍치에서는 여전히 이들에 의해 산신·성황제가 시행되어 왔다.

조선 중기 이후 향촌 사회에서의 사족의 지배력 강화가 도모되면서 실천윤리로써 내세운 유교화가 이 시기 향촌 사회에 유교가 정착되는 계기가 되었다. 또 향리의 읍치제의에 보이는 유교식으로의 전환은 조선 중기에 들어와 나타나는 변화상으로, 이 시기 향리들이 기존의 산신·성황제를 유교 제례로도 실시하던 모습을 보여준다. 이는 향리들이 해당 지역에 있어 전보다 약화된 위상을 유지 또는 강화하는 데에도 일정한 역할을 하였다.

또한, 유교 이념을 지방에까지 확산시켜야 할 지방관으로서 이런 향리들의 협조 없이는 지방통치를 할 수 없기에 여기서 지방관과 향리 간의 타협이 발생한 결과 향리들에 의한 산신·성황제의 유교 제례화가 절충되는 방향으로 나타났다. 이에 향리 주도의 유교식화된 산신·성황제가 읍치를 중심으로 전개되었고, 점차 그 관할하의 자연촌의 마을제에까지 확산되어 갔다.

역대 왕조에 걸쳐 민들의 신앙 행위 및 제사는 숱한 제재를 받아 왔음에도 지속되어 온 것은 민들의 실제적이고 현실적인 욕구가 그 바탕에 있어왔기 때문이다. 그러나 국가의 제도적 뒷받침을 받아 시행되어 온 유교 제례는 신앙적인 측면보다 이념적인 측면이 강하였기 때문에 각 왕조의 붕괴와 건국에 따른 이념의 변화에 따라 국가 제사도 변화 내지 소멸되어 갔다. 이는 마을제의 자발적이고 지속적인 전승과 대비되는 점이다. 이런 점에서 조선왕조의 붕괴와 함께 국가 제사로서의 산신·성황제의 소멸은 유교 제례가 지닌 한계였다.

또 조선조의 몰락과 함께 향리 및 거점인 읍치도 신분적·행정적 개편을 거쳐 종래의 의의를 상실하여 이후 향리의 읍치제의는 전하지 않지만, 대신 자연촌에 전해오던 산신·성황제가 유교 제례의 방식을 답습하면서 오늘날의 마을제로 전해오고 있다. 향리의 읍치제의에 보이는 유교식화는 중앙 정부와 지방 세력 간의 타협점을 보여주며, 이와 관련하여 마을제의 유교식화는 조선 후기 자연촌에까지 유교화가 도달하였음과 그 모순을 반영하는 것이기도 하다.

즉 국왕의 산신·성황제가 조선 중기 이후 관념화·형식화되면서 국가 제사가 지닌 본래의 의미도 점차 약화되어 갔고 동시에 유교의 실천 윤리가 요구되던 사회적 분위기와 마을제가 실제적으로 통제될 수 없게 된 상황에서 마을제의 유교화라는 현상으로 나타난 것이다. 이런 점에서 마을제의 유교화는 전근대 왕조의 국가 제사가 향촌 단위의 민속으로까지 이행된 것이라 할 수 있다. 여기에는 본래 민의 제사가 국가 제사로 승격되고 다시 국가와 민, 중앙 정부와 지방 세력의 제사라는 양분된 현상 속에 민과 지방 세력의 제사가 국가의 규제를 받아 오면서도, 국가 제사의 붕괴 후 민의 제사로 이어져 온 과정이 유교화된 마을제에 반영되어 있는 것이기도 하다.

한편 근세 이후 마을제 조사를 통해서는 무속식에서 유교화로 전환된 배경에 제비의 지출 부담이 한 요인이 되었다는 것도 알 수 있다. 무속식 마을제와 비교하면 유교식 동제는 제비 지출에 부담이 적기 때문이다. 이는 마을제의 유교화가 한편으로는 내부로부터 추진되었음을 엿보게 하는 것이기도 하다.

그러나 마을제의 유교화는 동시에 마을제의 형식화를 초래하고, 제관만의 참여에 의한 제사의 시행은 주민의 참여를 배제함으로써 마을제가 지닌 본래의 축제적·통합적 측면을 약화시키는 결과를 가져왔다. 마을제가 공유된 신앙과 제사를 통해 주민에게 일체감과 결속감을 강화하여 주고, 민의 주체적인 참여와 자체적인 운영으로 마을 문제에 대처한 점 등 긍정적으로 평가되어야 할 점이 적지 않은데도 마을제를 미신시하고 불합리한 관행으로 간주하여 온 데에는 역대 왕조에 걸쳐 민의 제사가 지속적으로 부정되어 온 이념과 결코 무관하지 않다.

조선 왕조의 몰락은 이후 마을제의 자체 발전을 꾀할 수 있는 계기였지만, 이어 일제에 의한 식민지화가 강요되면서 이들에 의해 한국문화 전반에 대한 부정이 뒤따랐다. 마을제 또한 이들에 의해 미신迷信으로 간주되었으며, 이에 따라 규제의 대상이 된 데에는 변함이 없었다. 더욱이 이 같은 시각은 해방 이후로까지 이어지면서 마을제의 부정으로 일관되어 왔다. 그러나 마을제를 바라보는 음사론과 유교 제례상의 명분론, 또는 당국자들의 미신론은 지배자의 논리에 불과하며, 최근까지 마을제의 전승과 인식에까지 부정적인 영향을 주었다는 점에서 극복되어야 할 요소이다.

A historical Study on the Community Belief in Korea

A community is considered as a group of which members, who reside in a given region, see face-to-face based on personal relation and maintain their communal bond and cooperation. From this point, a community belief can be said as a process to achieve or solve their same goal by religion.

This study aimed to examine the background of formation and history of tradition of *Tongje* in Korea as a type of such a community belief mainly through historic materials. In particular, it has noticed that the existing *Tongje* believes *Sansin* (a mountain god) and *Sŏngwhangsin* (a tutely deity) an proceeds according to the Confucian procedure, which became a goal to be elucidated a historical process. Also *Sansin* and *Sŏngwhangsin* have been believed the *Goryeo* Dynasty before and these gods had been held by the nation. In this context, considering that the folk rituals for *Sansin* and *Sŏngwhangsin* and their belief have been continuously controlled, it intended to feature such a course with regard to tradition of the community belief in Korea.

Tongje to serve *Sansin* and *Sŏngwhangsin* and a national ritual had almost similar origin and religious goal actually intended for the same gods. The first case of the national ritual for *Sansin* was in *Shilla*, but it can be only confined that the nation made it a national ritual by accepting *Sansin* which the folks have traditionally believed, At this point, *Silla's Sajeon* (for the national rituals) made it as a national one based on the folk ritual, and then prohibited the folk activity for the ritual, which produced a chance to have formed a dual belief for the mountain god, joining the folk belief since 12th century. Since the middle period of *Goryeo*, *Sansin* and *Sŏngwhangsin* have been recognized as almost similar gods to each other in the folk-general, while the nation distinguished two gods from each other to serve them.

Setting aside the ideological aspect which the royal family or the national stood by who led the rituals for *Sansin* and *Sŏngwhangsin*, no difference can't be found from the belief itself. But it has been just duly treated or regulated by the nation according to their acceptance as a national ritual.

While *Sansin* and *Sŏngwhangsin* have been under the application of the Confucian ritual manners for the national rituals through successive dynasties since establishment of *Sajeon*, the folks have handed down those rituals according to their traditional shamanic manners. Since the middle period of *Goryeo*, the Confucian retainers deepened their understanding about the Confucian ritual manners and started to object against the rituals of *Sansin* and *Sŏngwhangsin* by folks. At the basis of this, there was a thought that a king's *Sansin* and *Sŏngwhangsin* belong to his specific right. Therefore, the rituals for two gods by folks were recognized contrary to the royal authority, and finally stipulated as malicious ones, namely, superstitious beliefs and controlled in gear with strategies to strengthen the royal authority and expand Confucianism propelled entering the *Joseon* Dynasty. Accordingly, they became more intensified with the Confucian manners by the nation.

Since the *Goryeo* Dynasty, those *Sansin* and *Sŏngwhangsin* in each province had been held by a native force, so called *Hyangli*, who dominated *Ŭpsa*, the central department of a province, which finally created conflicts between local public service officials who represented the central authority and *Hyanglis* supervised the rituals for *Sansin* and *Sŏngwhangsin* in the pertinent areas and showed off their power through them. With the centralization of early *Joseon* period, *Hyanglis* had rapidly lost their power in social status and degraded to petty officials working for the practical business of government offices, however, they had still observed those rituals in *Ŭpch'i*, the center of a province.

Local scholars strengthened their power in the provinces after the middle period of *Joseon*. Taking this opportunity, the Confucianism stood out as practical morals and tool root in the provinces. Also the confucianism appeared in the rituals served by *Hynaglis* shows that they performed the existing *Sansin* and *Sŏngwhangsin* in the Confucian ritual manners at that time. It played a certain role for *Hyanglis* to maintain or strengthen their weaker status than before in the pertinent areas.

From a point of view of a local public service official who had to expand Confucianism up to the provinces, he couldn't govern the provinces without these native officials's cooperation. As a result of negotiation between the local public service official and *Hyangli*, it showed a tendency that *Sansin* and *Sŏngwhangsin* by the latter adopted the Confucian ritual manners. Accordingly, two rituals led by *Hyanglis* with Confucianism were developed centering on Eupci and gradually expanded to *Tongje* of a small village which fell under the jurisdiction of *Ŭpch'i*.

Though the folk belief behavior and rituals had been institutionally controlled over successive dynasties, such durability was due to their practical and realistic desires. But as the Confucian ritual manners being supported by the national system was stronger in terms of the ideology than belief, the national rituals had changed or vanished according to the change of ideology whenever each dynasty collapsed or was founded. It is contrary to a voluntary and continuous tradition of *Tongje*. In this point, it was the limit the Confucian ritual manners have that *Sansin* and *Sŏngwhangsin* as the national rituals were extinct with collapse of the *Joseon* Dynasty.

With collapse of the *Joseon* Dynasty, *Hyanglis* and *Ŭpch't* as their stronghold had been reorganized by status and administration only to lose the original meaning, which means that there is no *Ŭpch'i* nowadays, however, instead, *Sansin* and *Sŏngwhangsin* handed down to the small villages have succeeded *Tongje* of today, following the Confucian manners. At this point, it can be said that *Tongje* in the Confucian manners reflects that Confucianism has reached to the small villages in late *Joseon* and its inconsistency.

That is, *Sansin* and *Sŏngwhangsin* held by a king had become ideal and formal since the middle period of *Joseon* and their original meanings as the national rituals had weakened gradually. At the same time, the social atmosphere requested for Confucian practical morals and *Tongje* couldn't be controlled anymore, which appeared to be a phenomenon of *Tongje* in Confucianism. It can be said that the national ritual of the premodern dynasty was transmitted up to folklore in the unit of province. This includes that *Tongje* in Confucianism reflects a course of transmission to the folk rituals after collapse of the national rituals even though original rituals by the folks were promoted to the national noes, and then they were divided into two groups such as a nation and the folks or the central government and local power, while those rituals of the folks and local power had been regulated by the government.

But *Tongje* in Confucianism produced adherence to form and was performed only by an officiant participated, which excluded the residents and weakened its original aspects of the ceremony and the unity in consequence. In fact, *Tongje* has no small points to be positively evaluated such as strengthening the integrated and united feeling of the residents through the common belief and rituals as well as coping with village problems with their voluntary participation and own operation. But what *Tongje* has been recognized ad a superstition and an unreasonable practice is not independent of the continuously negative ideology about the folk rituals over successive dynasties at all.

The collapse of the *Joseon* Dynasty was a chance to develop *Tongje* itself, but the colonialization by Japan was accelerated, followed by an entire objection against Korean culture all by them. *Tongje* was also recognized as a superstition by them and accordingly, there was no change to be regulated. Furthermore, such a view has succeeded to the contradiction of *Tongje* even since the liberation. But this negative view of *Tongje* is just an ideology of rulers, which has to be overcome because it has influenced the tradition and recognition of *Tongje* up to recently.

1. 原典

『江陵誌』, 『經國大典』, 『谿谷集』, 『高麗圖經』, 『高麗史節要』, 『高麗史』, 『舊唐書』, 『國朝五禮儀』, 『論
衡』, 『大東韻府群玉』, 『大典會通』, 『東國歲時記』, 『東國李相國集』, 『東事日知』, 『麗韓十家文鈔』, 『臨
瀛誌』, 『朝鮮王朝實錄』, 『牧民心書』, 『牧隱詩集』, 『牧隱集』, 『補閑集』, 『三國史記』, 『三國遺事』, 『三國
志』, 『書經』, 『石洲集』, 『宣城誌』, 『惺所覆瓿藁』, 『星湖僿說』, 『宋史』, 『隋書』, 『新五代史』, 『新增東國
輿地勝覽』, 『輿地圖書』, 『燃藜室記述』, 『燕巖集』, 『燕行錄』, 『永嘉志』, 『禮記』, 『五山說林草藁』, 『五洲
衍文長箋散稿』, 『魏略』, 『才物譜』, 『箋註四家詩』, 『正字通』, 『朝鮮金石總覽』, 『周禮』, 『周書』, 『增補文獻
備考』, 『芝峯集』, 『晉書』, 『册府元龜』, 『靑邱野談』, 『靑莊館全書』, 『海東歌謠』, 『後漢書』, 『訓蒙字會』,
『慵齋叢話』

2. 論著

국립민속박물관, 『어촌민속지』 경기도・충청남도편, 1996.

Christian Deschamps(車基善), 民間信仰의 形態와 特性, 『朝鮮學報』 76, 朝鮮學會, 1985

Henri Maspero, China in Antiquity (김선민 譯, 『古代中國』, 까치, 1995)

M. Eliade & Kitagawa ed, 1974, The History of Religion (李恩奉 譯, 『宗敎學入門』, 成均館大學校出版
    部, 1982

姜敦求, 「鮑石亭의 종교사적 이해」, 『韓國思想史學』 4・5, 韓國思想史學會, 1993

姜英卿, 『韓國 傳統信仰의 政治・社會的 機能 硏究』, 淑明女子大學校 大學院 博士學位論文, 1991

_____, 「新羅 天神信仰의 機能과 意義」, 『淑明韓國史論』 2, 淑明女大 史學科, 1996

康龍權, 「釜山地方의 별신굿考」, 『文化人類學』 3, 韓國文化人類學會, 1970

姜在哲, 「淳昌 '城隍大神事跡' 懸板 硏究」, 比較民俗學會 硏究發表會 發表文, 1995.

姜種薰, 「神宮의 設置를 통해 본 麻立干時期의 新羅」, 『韓國古代史論叢』 6, 駕洛國史蹟委員會, 1994

國史編纂委員會 編, 『中國正史朝鮮傳譯註』 1, 1987

金甲東, 「高麗時代의 城隍信仰과 地方統治」, 『韓國史硏究』 74, 韓國史硏究會, 1991

金甲童, 「高麗時代의 山嶽信仰」, 『韓基斗博士華甲紀念 韓國宗敎思想의 再照明』, 圓光大出版部, 1993

金基卓, 「慶北 尙州地方의 部落祭硏究」, 『文化人類學』 7, 韓國文化人類學會, 1975

金能根, 『儒敎의 天思想』, 崇實大學校出版部, 1988

金東旭, 「兜率歌研究」, 『韓國歌謠의 研究』, 乙酉文化社, 1961

＿＿＿, 「新羅의 祭典」, 『新羅文化祭學術發表會論文集』 4, 新羅文化宣揚會, 1983

金杜珍, 「三韓 別邑社會의 蘇塗信仰」, 『韓國古代의 國家와 社會』, 一潮閣, 1985

金庠基, 「國史上에 나타난 建國說話의 檢討」, 『東方史論叢』, 서울大學校出版部, 1984

＿＿＿, 「花郎과 彌勒信仰에 대하여」, 『東方史論叢』, 서울大學校出版部, 1984

金善豊, 「東海岸의 城隍說話와 部落祭考」, 『關東大論文集』 6, 關東大學校, 1978

김선풍, 『강릉단오굿』, 열화당, 1987

金烈圭, 「高麗王朝傳承의 巫俗素」, 『韓國神話와 巫俗研究』, 一潮閣, 1977

＿＿＿, 「고려왕조의 신화·전설」, 『한국의 神話·民俗·民談』, 正音社, 1983

金映遂, 「智異山 聖母祠에 就하야」, 『민속의 연구』 I, 정음사, 1985

金榮珍, 『韓國自然信仰研究』, 民俗苑, 1997

金煐泰, 「新羅佛教 天神攷」, 『新羅佛教研究』, 1987

＿＿＿, 「佛教信仰의 展開樣相과 생활체계」, 『傳統과 思想』 III, 韓國精神文化研究院, 1988

金瑛河, 「新羅時代 巡守의 性格」, 『民族文化研究』 14, 高麗大學校 民族文化研究所, 1979

金義淑, 『韓國民俗祭儀와 陰陽五行』, 集文堂, 1993

金仁杰, 「조선후기 향촌 사회 권력구조 변동에 대한 시론」, 『韓國史論』 19, 서울大學校 國史學科, 1988

琴章泰, 「祭天儀禮의 歷史的 性格」, 『儒教思想과 宗教文化』, 서울대학교출판부, 1994

金貞培, 「蘇塗의 政治史的 意味」, 『歷史學報』 79, 歷史學會, 1978

金廷鶴, 「檀君神話와 토오테미즘」, 『歷史學報』 7, 歷史學會, 1954

金宗大 外, 『산간신앙』, 文化財管理局 文化財研究所, 1993

金澈雄, 「高麗中期 道教의 盛行과 그 性格」, 『史學志』 28, 檀國大史學會, 1995

金哲俊, 「崔承老의 時務二十八條에 대하여」, 『曉星趙明基博士華甲紀念 佛教史學論叢』, 1966

＿＿＿, 「'東明王篇'에 보이는 神母의 性格」, 『韓國古代社會研究』, 서울大學校出版部, 1990

＿＿＿, 「三國時代의 禮俗과 儒教思想」, 『韓國古代社會研究』, 서울大學校出版部, 1990

金忠烈, 『高麗儒學史』, 高麗大學校出版部, 1987

金泰坤, 「國師堂信仰研究」, 『白山學報』 8, 白山學會, 1970

＿＿＿, 『韓國民間信仰研究』, 集文堂, 1983

金泰永, 「朝鮮初期 祀典의 成立에 대하여」, 『韓國史論文選集』 IV, 一潮閣, 1976

＿＿＿, 「국가제사」, 『한국사』 26, 국사편찬위원회, 1995

金宅圭, 「新羅 및 古代 日本의 神佛褶合에 대하여」, 『韓日古代文化交涉史研究』, 1966

＿＿＿, 「韓國部落慣習史」, 『韓國文化史大系』 IV, 高麗大學校 民族文化研究所, 1971

＿＿＿, 「迎鼓考」, 『韓國民俗文藝論』, 一潮閣, 1980

＿＿＿, 『韓國農耕歲時의 研究』, 嶺南大學校出版部, 1985

金漢超, 「部落祭構造의 共同體的 樣態」, 『植民地時代의 社會體制와 意識構造』, 한국정신문화연구원, 1988

金海榮, 「朝鮮初期 國家 祭禮儀의 정비와 『洪武禮制』」, 『淸溪史學』 9, 韓國精神文化研究院 淸溪史學會, 1992

金海榮, 『朝鮮初期 祀典에 관한 研究』, 韓國精神文化研究院 韓國學大學院 博士學位論文, 1993

_____, 「詳定古今禮와 高麗朝의 祀典」, 『國史館論叢』 55, 國史編纂委員會, 1994

金鉉龍, 『韓國古說話論』, 새문사, 1984

吉岡完祐, 「中國郊祀의 周邊國家への傳播」, 『朝鮮學報』 108, 朝鮮學會, 1983

김경일 역, 「공동체의 개념」(愼鏞廈 編, 『공동체 이론』, 文學과知性社, 1985)

김광언, 「고산지방의 오보신앙 현장」, 『바람의 고향・초원의 고향』, 조선일보사, 1993

金斗河, 「路標장승考察」, 『韓國民俗學』 12, 民俗學會, 1980

_____, 「痘瘡장승考」, 『韓國民俗學』 5, 民俗學會, 1981

_____, 『벅수와 장승』, 集文堂, 1990

김준기, 「古代神話에 나타난 神母信仰」, 『韓國民俗學報』 4, 韓國民俗學會, 1994

김필동, 「삼국・고려시대의 香徒와 契의 기원」, 『한국전통사회의 구조와 변동』, 文學과知性社, 1986

김헌선, 『한국의 창세신화』, 길벗, 1994

羅景洙, 「韓國의 建國神話 研究」, 『韓國의 神話研究』, 敎文社, 1993

羅喜羅, 「新羅初期 王의 性格과 祭祀」, 『韓國史論』 23, 서울대 국사학과, 1990

_____, 「한국 고대의 신관념과 왕권」, 『國史館論叢』 69, 國史編纂委員會, 1996

南豊鉉, 「淳昌城隍堂 懸板에 대하여」, 『古文書研究』 7, 韓國古文書學會, 1995

盧重國, 「4~5世紀 百濟의 政治運營」, 『韓國古代史論叢』 6, 駕洛國史編纂委員會, 1994

大林太良, 『神話學入門』, 中央公論社, 1988

藤川正數, 「郊祀祭について」, 『漢代におおける宗教の研究』, 風間書房, 1968

柳東植, 『韓國 巫敎의 歷史와 構造』, 延世大學校出版部, 1975

柳貞嬰, 「河回 탈놀이의 意味變化」, 서울大學校大學院 文學碩士學位論文, 1989

柳洪烈, 「朝鮮의 山士神 崇拜에 對한 小考」, 『민속의 연구』 I, 정음사, 1985

李龍範, 「風水地理說」, 『한국사』 6, 국사편찬위원회, 1975

武田幸男, 「淨兜寺五層石塔造成形止記의 研究」, 『朝鮮學報』 25, 朝鮮學會, 1962

文暻鉉, 「新羅人의 山岳崇拜와 山神」, 『新羅文化祭學術發表會論文集』 12, 新羅文化宣揚會, 1991

文玉杓, 「日帝의 植民地 文化政策」, 『일제의 식민지배와 생활상』, 한국정신문화연구원, 1990

文化財管理局, 『韓國民俗綜合調査報告書』 慶北篇, 1974

_____, 『韓國民俗綜合調查報告書』 江原道篇, 1977

朴京夏, 「倭亂直後의 鄕約에 대한 研究」, 『中央史論』 5, 中央大學校 史學會, 1987

朴桂弘, 「忠南地方의 現代部落祭와 民俗信仰」, 『忠南大論文集』 10, 忠南大學校, 1971

_____, 「中世社會의 祈雨儀式에 對한 考察」, 『韓國民俗研究』, 螢雪出版社, 1974

_____, 『韓國民俗學槪說』, 螢雪出版社, 1983

朴時仁, 『알타이神話』, 三中堂, 1980

朴容淑, 『神話體系로 본 韓國美術論』, 一志社, 1975

朴龍雲, 『高麗時代史』, 一志社, 1988

박호원, 「솟대신앙에 관한 연구」, 한국정신문화연구원 석사학위논문, 1985.

박호원, 「한국의 석장승과 남원」, 『전북지방 장승·솟대신앙』, 국립민속박물관, 1994

_____, 「高麗 巫俗信仰의 展開와 그 內容」, 『민속학연구』 창간호, 국립민속박물관, 1994

_____, 「중국 성황의 사적(史的) 전개와 신앙 성격」, 『민속학연구』 3, 국립민속박물관, 1996

邊太燮, 「高麗 兩界의 支配組織」, 『高麗政治制度史研究』, 一潮閣, 1982

_____, 「高麗前期의 外官制」, 『高麗政治制度史研究』, 一潮閣, 1982

浜田耕策, 「新羅の祀典と名山大川の祭祀」, 『河沫集』 4, 學習院大學史學科研究所, 1984

_____, 「新羅の神宮と百座講會と宗廟」, 『東アジアにおける儀禮と國家』(日本古代史講座 9), 1992

三品彰英, 『古代祭政と穀靈信仰』, 平凡社, 1973

桑野榮治, 「李朝初期における國家祭祀」, 『史淵』 130, 九州大學 文學部, 1993

서영대, 「한국 고대의 종교전문가」, 『仁荷』 20, 仁荷大學校, 1984

_____, 「무교·도교·풍수지리설」, 『한국사특강』, 서울대학교출판부, 1990

_____, 『韓國古代 神觀念의 社會的 意味』, 서울대학교 대학원 박사학위논문, 1991

_____, 「東濊社會의 虎神崇拜에 대하여」, 『역사민속학』 2, 역사민속학회, 1992

_____, 「단군신화와 고조선의 천신숭배」, 『한국사』 2, 한길사, 1994

_____, 「민속종교」, 『한국사』 16 - 고려전기의 종교와 사상, 국사편찬위원회, 1994

서영대 역주, 『조선무속고』, 창비, 2008

성병희, 「하회 별신 탈놀이」, 『한국민속학』 12, 민속학회, 1981

孫晉泰, 「朝鮮 古代 山神의 性에 就하여」, 『朝鮮民族文化의 研究』, 乙酉文化社, 1948

_____, 「조선의 累石壇과 蒙古의 鄂博에 就하여」, 『朝鮮民族文化의 研究』, 乙酉文化社, 1948

_____, 「柱考」, 『朝鮮民族文化의 研究』, 乙酉文化社, 1948

松前健, 「古代韓族の龍蛇崇拜と王權」, 『朝鮮學報』 57, 朝鮮學會, 1970

宋華燮, 「三韓社會의 宗教儀禮」, 『三韓의 社會와 文化』, 신서원, 1995

_____, 「蘇塗關係文獻記錄의 再檢討」, 『震山 韓基斗博士 華甲紀念 韓國宗教思想의 再照明』, 圓光大學校出版局, 1993

神崎勝, 「夫餘·高句麗の建國傳承と百濟王家の始祖傳承」, 『日本古代の傳承と東アジア』, 吉川弘文館, 1995

신복룡, 「서낭(성황)의 군사적 의미에 관한 연구」, 『학술지』 26, 건국대학교, 1982

愼鏞廈 編, 『공동체 이론』, 文學과知性社, 1985

愼鏞廈, 「두레 共同體와 農樂의 社會史」, 『한국사회연구』 2, 한길사, 1984

辛鍾遠, 『新羅 初期佛敎史 研究』, 高麗大學校 大學院 博士學位論文, 1988

_____, 「불교의 전래와 토착화과정」, 『한국불교사의 재조명』, 불교시대사, 1994

申解淳, 「중인」, 『한국사』 25, 국사편찬위원회, 1994

申瀅植, 「三國時代 王의 性格과 地位」, 『韓國古代史의 新研究』, 一潮閣, 1984

安啓賢, 「八關會攷」, 『東國史學』 4, 東國大學校史學會, 1956

奧村周司, 「高麗における八關會的秩序と國際環境」, 『朝鮮史研究會論文集』, 朝鮮史研究會, 1979

윤광봉, 「돼지의 민속과 상징」, 『열두띠 이야기』, 집문당, 1995

윤선태,「촌락구조와 민」,『한국역사입문』1, 풀빛, 1995

依田千白子,「農耕民の山神信仰」,『朝鮮民俗文化の研究』, 琉璃書房, 1985

_____,「狩獵民の山の神及び狩獵民文化」,『朝鮮民俗文化の研究』, 琉璃書房, 1985

이관호,「충남서해안의 마을공동체 신앙 연구」, 한양대학교대학원 석사학위논문, 1992

李基白,「三國時代 佛敎傳來와 그 社會的 性格」,『歷史學報』6, 歷史學會, 1954

_____,「新羅 五岳의 成立과 그 意義」,『新羅政治社會史硏究』, 一潮閣, 1981

_____ 編,『高麗光宗硏究』, 一潮閣, 1981

_____,『韓國史新論』 改正版, 一潮閣, 1982

_____ · 李基東,『韓國史講座』Ⅰ, 一潮閣, 1982

_____,「三國時代 佛敎 受容과 그 社會的 意義」,『新羅思想史硏究』, 一潮閣, 1986

_____,「高麗 初期 五代와의 關係」,『高麗貴族社會의 形成』, 一潮閣, 1993

_____,「崔承老와 그의 政治思想」,『崔承老上書文硏究』, 一潮閣, 1993.

_____,「한국 風水地理說의 기원」,『韓國史市民講座』14, 一潮閣, 1994

李箕永,「7·8世紀 新羅 및 日本의 佛國土思想」,『宗敎學硏究』, 韓國宗敎史學會, 1973

李淇泰,「洞祭의 象徵과 커뮤니케이션 體系」,『人類學硏究』5, 嶺南大學校文化人類學硏究會, 1990

_____,「공동체 신앙의 역사」,『韓國民俗史論叢』, 지식산업사, 1996

李能和,「朝鮮巫俗考」,『啓明』19號, 啓明俱樂部, 1927

李道學,「泗沘時代 百濟의 4方界山 護國寺刹의 成立」,『百濟佛敎文化의 硏究』, 忠南大學校百濟硏究所, 1994

李杜鉉·張籌根·玄容駿·崔吉城,『部落祭堂』, 文化財管理局, 1969

李杜鉉,「洞祭와 堂굿」,『韓國民俗學論考』, 學硏社, 1984

李杜鉉·張籌根·李光奎 共著,『韓國民俗學槪說』, 一潮閣, 1991

李離和,「國朝五禮儀解題」,『國朝五禮儀』, 民昌文化社, 1979

李萬烈,「韓國古代에 있어서의 토오테미즘的 要素에 대하여」,『李海南博士華甲紀念史學論叢』, 1970

李範稷,「成宗朝 國朝五禮儀의 成立」,『韓國中世思想硏究』, 一潮閣, 1991

_____,「世宗朝 五禮의 分析」,『韓國中世禮思想硏究』, 一潮閣, 1991

_____,「『高麗史』禮志 五禮의 分析」,『韓國中世禮思想硏究』, 一潮閣, 1991

李丙燾,『國史大觀』, 普文閣, 1948

_____,「樂浪郡考」,『韓國古代史硏究』, 博英社, 1976

_____,「檀君說話의 解釋과 阿斯達問題」,『韓國古代史硏究』, 博英社, 1976

_____,「新羅佛敎의 浸透過程과 이차돈 순교문제의 신고찰」,『韓國古代史硏究』, 博英社, 1976

_____,「仁宗朝의 妙淸의 西京遷都運動과 그 叛亂」,『高麗時代의 硏究』, 亞細亞文化社, 1980

_____,「風水地理說의 本質과 그 傳來」,『高麗時代의 硏究』, 亞細亞文化社, 1980

李丙燾 譯註,『國譯 三國史記』, 乙酉文化社, 1982

李成茂,「兩班」,『한국사』10, 국사편찬위원회, 1984

_____,「京在所와 留鄕所」,『擇窩許善道先生停年紀念 韓國史學論叢』, 一潮閣, 1992

李樹健,『朝鮮時代 地方行政史』, 民音社, 1989

李龍範,「處容說話의 一考察」,『韓滿交流史 研究』, 同和出版公社, 1989

李佑成,「高麗時代의 村落과 百姓」,『韓國中世社會研究』, 一潮閣, 1991

李恩奉,『韓國古代宗教思想研究』, 集文堂, 1984

李殷昌,「錦江流域의 部落祭 研究」,『藏菴池憲英憲華甲論叢』, 同刊行會, 1971

李鐘旭,『新羅國家形成史研究』, 一潮閣, 1982

李鐘哲,「西道 部落祭의 考察」,『文化人類學』 4, 韓國文化人類學會, 1971

_____,「장승과 솟대에 대한 고고민속학적 접근 시고」,『윤무병박사환갑기념논총』, 1984

이종철·박호원,『서낭당』, 대원사, 1994

李泰鎭,「16세기 川防(洑)灌漑의 발달」및「16세기 沿海지역의 堰田 개발」,『韓國社會史研究』, 知識産業社, 1986

_____,「高麗末·朝鮮初의 社會變化」,『韓國社會史研究』, 知識産業社, 1986

_____,「醴川 開心寺 石塔記의 分析」,『韓國社會史研究』, 知識産業社, 1986

_____,「士林派의 留鄕所 復立運動」,『韓國社會史研究』, 知識産業社, 1986

_____,「17·8세기 香徒 조직의 분화와 두레 발생」,『震檀學報』 67, 震檀學會, 1989

이필영,「단군신화의 기본구조」,『白山學報』 26, 白山學會, 1981

_____,「조선 후기의 무당과 굿」,『정신문화연구』 53, 한국정신문화연구원, 1993

_____,『마을 신앙의 사회사』, 웅진출판, 1994

李海濬,「埋香信仰과 그 主導集團의 性格」,『金哲埈博士華甲紀念論叢』, 知識産業社, 1983

_____,「조선후기 洞契·洞約과 촌락공동체조직의 성격」,『조선후기의 향약연구』, 민음사, 1990

_____,「조선시대 향도와 촌계류 촌락조직」,『역사민속학』 창간호, 역사민속학회, 1991

_____,「조선 후기 향촌 사회구조의 변동」,『한국사』 9, 한길사, 1995

_____,『조선시기 촌락사회사』, 민족문화사, 1996

李亨求,「文獻資料上으로 본 우리나라의 甲骨文化」,『東方思想論攷』, 종로서적, 1983

李惠求,「別祈恩考」,『韓國音樂序說』, 서울大學校出版部, 1975

李勛相,「朝鮮後期의 鄕吏集團과 탈춤의 連行」,『東亞研究』 17, 西江大學校 東亞研究所, 1989

_____,「朝鮮後期 邑治社會의 構造와 祭儀」,『歷史學報』 147, 歷史學會, 1995

李熙德,「祈雨行事와 五行說」,『高麗儒教 政治思想의 研究』, 一潮閣, 1984

_____,「儒教政治理念의 成立과 孝思想의 展開」,『高麗儒教 政治思想의 研究』, 一潮閣, 1984

任東權,「韓國原始宗教史」,『韓國文化史大系』 IV, 高大民族文化研究所, 1970

_____,「江陵端午祭」,『韓國民俗學論考』, 集文堂, 1971

_____,「民俗上으로 본 色彩觀」,『韓國民俗學論攷』, 集文堂, 1971

_____,「三國時代의 巫·占俗」,『韓國民俗學論攷』, 集文堂, 1971

_____,『韓國의 民俗』, 세종대왕기념사업회, 1974

_____,「山神考」,『韓國民俗文化論』, 集文堂, 1983

任章赫,『雨乞い儀禮의 比較民俗學的 研究』, 筑波大學歷史人類學研究科 博士學位論文, 1992

張德順, 「高麗國祖神話」, 『韓國說話文學研究』, 서울大出版部, 1978

장정룡, 「강원도 서낭신앙의 유형적 연구」, 『韓國民俗學』 22, 民俗學會, 1989

張籌根, 『韓國의 鄕土信仰』, 乙酉文化社, 1975

_____, 『韓國의 歲時風俗』, 螢雪出版社, 1984

_____, 「金閼智 神話와 嶺南地方의 民間信仰」, 『韓國民俗論攷』, 啓蒙社, 1986

_____, 「韓國 民間信仰의 社會的 機能」, 『韓國民俗論考』, 啓蒙社, 1986

_____, 『한국의 마을제당』 1, 국립민속박물관, 1995

張哲秀, 「朝鮮時代의 五禮」, 『朝鮮朝宮中生活研究』, 文化財管理局, 1992

赤松智城・秋葉隆, 『滿蒙의 民族과 宗敎』, 大阪書屋, 1941

_____, 『朝鮮巫俗의 研究』, 大阪書屋, 1941

田村專之助, 「魏志高句麗傳에みえたる宗廟・靈星・社稷について」, 『東洋史會紀要』 4, 1994

全海宗, 『東夷傳의 文獻的 研究』, 一潮閣, 1982

전호태, 「신화의 세계와 제의」, 『한국역사입문』 1, 풀빛, 1995

鮎具房之進, 『雜攷』 3(『俗字攷』), 1931

鄭璟喜, 「三國時代 社會와 儒敎」, 『韓國古代社會文化研究』, 一志社, 1990

井上秀雄, 「高句麗・百濟의 祭祀儀禮」, 『古代朝鮮史序說』, 寧樂社, 1978

_____, 「王者의 死와 天災」, 『古代朝鮮史序說』, 寧樂社, 1978

_____, 「高句麗의 祭祀儀禮」, 『古代東アジア의 文化交流』, 溪水社, 1993

鄭勝謨, 「城隍祠의 민간화와 鄕村社會의 變動」, 『泰東古典研究』 7, 1993

정은주, 「향토축제와 '전통'의 현대적 의미」, 서울大學校大學院 文學碩士學位論文, 1993

鄭鐘秀, 『朝鮮 初期 喪葬儀禮 研究』, 中央大學校大學院 博士學位論文, 1994

鄭震英, 「18・19세기 士族의 村落지배와 그 해체과정」, 『조선후기 향약연구』, 민음사, 1990

_____, 「16, 17세기 재지사족의 향촌지배와 그 성격」, 『역사와 현실』 3, 한국역사연구회, 1990

鄭奭鐘, 『朝鮮後期社會變動研究』, 一潮閣, 1983

조동일, 『한국문학통사』 1, 지식산업사, 1982

조동일・서연호, 『서낭굿탈놀이』, 열화당, 1991

朝鮮總督府, 『釋奠・祈雨・安宅』, 1938

趙芝薰, 「累石壇・神樹・堂집信仰研究」・「서낭竿攷」, 『趙芝薰全集』 7, 一志社, 1973

趙興胤, 「巫敎思想史」, 『韓國宗敎思想史』, 延世大學校出版部, 1990

_____, 「조선 전기의 민간신앙과 도교적 성향」, 『韓國思想史大系』 4, 韓國精神文化研究院, 1991

_____, 「天神에 대하여」, 『東方學志』 77・78・79, 延世大學校 東方學研究所, 1993

佐伯富, 「郊祀」, 『アジア歴史事典』 3, 平凡社, 1971

池田末利, 「續帝釋・天」, 『中國古代宗敎史研究』, 東海大學出版會, 1981

車勇杰, 「百濟의 祭天祀地와 政治體制의 變化」, 『韓國學報』 11, 一志社, 1978

蔡雄錫, 「高麗時代 香徒의 社會的 性格과 變化」, 『國史館論叢』 2, 國史編纂委員會, 1989

채웅석, 「향도」, 『한국민족문화대백과사전』 24, 한국정신문화연구원, 1991

채웅석,「고려시대 향촌지배질서와 신분제」,『한국사』6, 한길사, 1994

천진기,「한국문화에 나타난 돼지(亥)의 상징성 연구」,『돼지의 생태와 관련민속』(제27회 국립민속박물
　　　관 학술강연회, 1994)

村山智順,『部落祭』, 朝鮮總督府, 1937

村上正雄,「魏志韓傳に見える蘇塗の一解析」,『朝鮮學報』9, 朝鮮學會, 1956

崔光植,「蔚珍鳳坪新羅碑의 釋文과 內容」,『韓國古代史研究』, 知識産業社, 1989

_____,「韓國古代의 祭儀研究」, 高麗大學校大學院 博士學位論文, 1989

_____,「韓國 古代 祭儀에 대한 研究史的 檢討」,『韓國傳統文化研究』6, 曉聖女子大學校 韓國傳統文
　　　化研究所, 1990

최광식,「토착신앙과 제사의례」,『한국사』4, 한길사, 1994

_____,『고대한국의 국가와 제사』, 한길사, 1994

_____,「新羅 大祀·中祀·小祀의 祭場研究」,『역사민속학』4, 한국역사민속학회, 1994

_____,「新羅와 唐의 大祀·中祀·小祀 비교연구」,『韓國史研究』95, 韓國史研究會, 1996

崔根泳,「韓國 先史·古代人의 太陽崇拜思想의 一側面」,『千寬宇先生還曆紀念 韓國史學論叢』, 正音文
　　　化社, 1985

崔吉城,「韓國 原始宗敎의 一考」,『語文論集』, 高麗大學校 國語國文學研究會, 1968

_____,「韓國部落祭의 構造와 特徵」,『新羅伽倻文化』5, 嶺南大學校 新羅伽倻文化研究所, 1973

_____,「迷信打破에 對한 一考察」,『韓國民俗學』7, 民俗學會, 1974

_____,「部落信仰의 연구사」,『한국민간신앙의 연구』, 계명대학교출판부, 1989

崔南善,「檀君古記箋釋」,『思想界』2월호, 思想界社, 1954

최덕원,「우실「村垣」의 신앙고」,『韓國民俗學』22, 民俗學會, 1989

崔柄憲,「道詵의 生涯와 羅末麗初 風水地理說」,『韓國史研究』11, 韓國史研究會, 1975

_____,「羅末麗初 禪宗의 社會的 性格」,『史學研究』25, 韓國史學會, 1975

_____,「佛敎·風水圖讖思想」,『한국사연구입문』2판, 지식산업사, 1987

崔順權,「11·12世紀 高麗의 禮制 整備」, 建國大學校 大學院 碩士學位論文, 1994

崔在錫,「新羅의 始祖廟와 神宮의 祭祀」,『韓國古代社會史研究』, 一志社, 1986

崔昌祚,「풍수지리·도참사상」,『한국사』16, 국사편찬위원회, 1984

_____,『韓國의 風水思想』, 民音社, 1984

추만호,『나말려초의 선종사상사 연구』, 이론과 실천, 1992

秋葉隆,「江陵端午祭」,『朝鮮民俗志』, 六三書院, 1954

_____,「朝鮮民俗と北アジア民俗」,『朝鮮民俗誌』, 六三書院, 1954

_____,「村祭の二類型」,『朝鮮民俗誌』, 六三書院, 1954

態谷治,「洞祭」, 朝鮮學報 74, 朝鮮學會, 1975

河炫綱,「光宗의 王權强化策과 그 意義」,『韓國中世史研究』, 一潮閣, 1993

河炫綱,「『編年通錄』과 高麗王室世系의 性格」,『韓國中世史研究』, 一潮閣, 1993

韓國古代史研究會 編,『譯註 韓國古代金石文』Ⅰ·Ⅱ, 1992

韓永愚,「朝鮮前期의 國家觀·民族觀」,『朝鮮前期 社會思想研究』, 知識産業社, 1983

韓㳓劤,「朝鮮王朝初期에 있어서의 儒教理念의 實踐과 信仰·宗教」,『韓國史論』3, 서울大學校 人文大
　　　　　學 國史學科, 1976

許慶會,『韓國의 王朝說話 研究』, 全南大學校大學院 博士學位論文, 1987

許回淑,「蘇塗에 관한 研究」,『慶熙史學』3, 慶熙大 史學會, 1972

許興植 編,『韓國金石全文』中世 下, 亞細亞文化社, 1984

洪淳昶,「古代 韓民族의 大地 및 穀物崇拜에 대하여」,『東洋文化』9, 嶺南大 東洋文化研究所, 1969

_____,「新羅 三山·五岳에 대하여」,『新羅文化祭學術發表會論文集』4, 新羅文化宣揚會, 1983

洪承基,「高麗初期 政治와 風水地理」,『韓國史市民講座』14, 一潮閣, 1994

黃善明,『朝鮮朝宗教社會史研究』, 一志社, 1985

黃壽永 編,『韓國金石遺文』, 一志社, 1994

黃浿江,「檀君神話의 한 研究」,『白山學報』3, 白山學會, 1967

_____,「天神思想」, 제23차 민속학전국대회 발표 요지문, 1994

가